백인의 역사

백인의 역사

THE HISTORY OF WHITE PEOPLE

넬 어빈 페인터 **지음**
조행복 **옮김**

해리북스

차례

머리말

    사건들의 역사 속에 놓여 있는 한 개념을 탐구하고 있기에 나는 이 책
에 『백인 미국인의 형성 ─ 고대부터 현재까지』라는 제목을 붙일 수도 있었
다. 내가 이러한 전략을 취한 이유는 인종은 사실이 아니라 관념이며, 따라
서 인종을 둘러싼 물음은 사실의 영역이 아니라 관념의 영역에서 그 답을
찾아야 하기 때문이다. 미국사에서는 백인이 아니라는 것이 의미하는 바에
관해 아주 많은 논의를 찾아볼 수 있다. 그 논의들은 '유색인'에서 '니그로',
'아프로아메리칸', '흑인', '아프리카계 미국인'까지 피부색으로 규정되는 인
종의 여러 의미 사이를 쉽게 오가면서, 늘 검은색이라는 관념을 노예 신분
과 연결 짓는다.• 그러면서도 백인종에 관한, 그리고 동유럽의 매우 오래된
노예무역에 관한 똑같이 혼란스럽고 변동성이 심한 역사의 담론에는 거의

•   우리는 보통 색으로 인종을 정의하는 것이 간단한 일이라고 추정한다. 마치 미국 '흑인'
    은 늘 어두운 피부색을 가졌다는 듯이 말이다. 그러나 법적으로 누가 흑인이고 누가 백
    인인지를 결정하는 미국의 오랜 인종 판정의 역사를 보면 색으로 구분된 인종과 실제 피
    부색을 강력하게 등치하는 것은 오류임을 알 수 있다.

주목한 적이 없었다.

나는 이 책에서 백인종white races을 복수형으로 쓰고 있다. 인종이 실로 법률의 문제로 귀착된 지난 몇백 년 동안 대체로 교육받은 미국인은 하나 이상의 유럽 인종이 존재했다고 확고히 믿었기 때문이다. 기왕에 너무도 잘 알려진 역사를 하찮게 여기지 않고도 역사의 이면을 탐구하는 것은 가능하고 또한 중요한 일이다.

여기서 분명히 짚고 넘어가야겠다. 이 책은 흑인 대 백인의 역사를 다루는 것이 아니다. 하지만 그렇다고 내가 미국에서 흑인종이 갖는 압도적인 중요성을 저평가하거나 무시하는 것은 결코 아니다. 나는 흑인종이라는 존재의 의미와 중요성, 그 진정한 실체를 설명하고 있는 정말 어마어마하게 많은 문헌에 대해 잘 알고 있다. 하지만 흑인종이 누구인지를 규정하고자 하는 이러한 집착에 비하면, 백인종에 대한 법적이고 생물학적인 정의는 악명이 자자할 만큼 모호하다 ― 흑인이 아닌 나머지가 백인이다.[1] 그렇지만 이렇게 정의가 모호하다고 해서 관심이 부족하다는 뜻은 아니다. 오히려 정반대이다. 오늘날 훨씬 덜 알려져 있기는 하지만, 백인종이라는 존재가 갖는 의미와 중요성, 그 진정한 실체를 설명하는 역사적 문헌은 차고 넘친다.

미국인을 다루면서 고대부터 시작하는 게 좀 이상해 보일지도 모르겠다. 고대는 유럽인이 서반구를 찾아내기 훨씬 전의 시기이자 인종 개념이 창안되기 수천 년 전이기 때문이다. 하지만 인종은 영원하다는 통념이 널리 퍼져 있는 현실을 고려할 때, 백인종으로 인식할 수 있는 것을 2천 년 이상 과거로 거슬러 올라가 추적할 수 있다고 믿는 사람이 많을 것이다. 게다가 적지 않은 서구인이 인종의 관점에서 고대를 분석하려 했다. 고대사를 백인종의 역사로 만들고 고전 문학을 금발을 한 고대 그리스인의 모습으로 가득한 새하얀 분야로 만든 것이다. 고대인이 앵글로색슨족 선조로 바뀌면서 고전 문학은 아프리카계 미국인 고전학자들에게 환영받지 못했다.[2]• 금발에 흰 피부를 가진 고대 그리스인이라는 서사는 이제 학교에서 더는 가르치지 않을지 모르지만, 여전히 신화로 살아남아 있다. 이 책은 그 관념에 맞설 것이다. 그렇지만 고대로 시간을 거슬러 여행을 떠나기 전에 과학의 역할, 인종 '과학'에 관해 몇 마디 언급하는 것이 유용할 성싶다.

나는 '과학'이라는 낱말에, 그것이 설사 심히 거짓되거나 해롭거나 어리석은 이론과 주장이라도, 따옴표를 치고 싶은 마음이 없다. 무엇이 올바른 과학이고 무엇이 문화적 환상인지 결정하려면 진이 빠지기 마련이기 때문이다. 시대의 검증을 통과하지 못한 옛 학자들의 생각에 단순히 '과학'이라는 꼬리표를 달아주기보다는 그들의 능력에 주목하는 편이 낫다. 나는 이 책에서 생전에 저명했던 학자들을 높이 평가할 것이다. 그들의 생각이 얼마간 무의미해졌더라도 말이다.

오늘날 우리는 인종을 생물학의 문제로 생각하지만, 다시 생각해보면 인종의 의미는 곧 단순한 신체적 범주를 벗어난다는 것을 깨닫는다. 한 권의 책처럼 한계가 있는 공간에서도, 백인종의 의미는 인종 분석에서 좀처럼 볼 수 없는 노동과 젠더, 계급, 개인의 미적 이미지 같은 개념 안으로 침투한다. 노동은 인종 담론에서 중심을 차지한다. 노동하는 사람들은 고생스럽고 가난한 삶을 살아가게끔 타고났다고 생각하기가 쉽기 때문이다. 지금도 세계 어디에서나 노예제는 분명히 인종의 차이라는 토대에 근거한다는 잘못된 통념이 지속되고 있다. 상위 계급은 거듭 그들이 그러한 운명을 타고났다고, 최하층에 놓일 만한 이유가 그들에게 있다고 결론지었다. 오늘날 우리

• 윌리엄 샌더스 스카버러(1852~1926)는 미국언어학회 창립자였는데, 1909년 이후 학회는 그에게 학회 모임에 참석하지 말라고 요구했다.

는 이러한 방식의 추론이 흑인종과 연관된 것으로 알고 있지만, 다른 시대에는 같은 논리가 백인에게 적용되었다. 특히 그들이 일자리를 찾는 빈곤한 이주민일 때 더욱 그랬다.

사회의 최하층에는 노예가 있었다. 노예제는 서로 모순되는 두 가지 방식으로 백인종 개념을 구축하는 데 도움이 되었다. 첫째, 미국의 전통은 백인성을 자유와 등치시키며 흑인성을 노예제에 할당한다. 백인 노예제가 (흑인 노예제와 마찬가지로) 대규모로 사람의 이동을 초래하고 인간의 유전자를 뒤섞었는데도 자유를 누리지 못하던 백인의 역사는 대중의 머릿속에서 완전히 잊히고 말았다.˙ 다양한 노예무역의 인구학적 역할은 중요한 역사적 동력이지만 너무나 자주 경시된다. 둘째, 백인종을 지칭하는 데 쓰는 '코케이션Caucasian(캅카스인)'이라는 용어는 동유럽의 백인 노예무역과 연관된 아름다움의 개념에 그 기원이 있으며, 백인성은 미술사와 대중문화에서 발견되는 아름다움에 관한 여러 시각에 깊이 새겨져 있다.

오늘날 대다수 미국인은 백인성을 민족적으로는 나누더라도 인종적으로는 나눌 수 없는 단일한 것으로 본다. 이는 20세기 중반에 인류학자들이 마련해놓은 도식에 따른 것이다. 이 도식에 따르면 실제 인종은 '황인종Mongoloid', '흑인종Negroid', '백인종Caucasoid' 세 가지뿐이지만 민족은 무수히 많다. 그렇지만 오늘날 문학비평가들은 물론이거니와 생물학자들과 유전학자들도 더는 인종이 물리적으로 실재한다고 믿지 않는다. 단지 인종이 존재하고 어떤 인종은 다른 인종보다 우월하다는 믿음을 드러내는 인종주의가 계속해서 힘을 발휘하고 있다는 사실을 인정할 뿐이다. 이러한 결론에 이르

˙ 아르튀르 드 고비노는 『인종 불평등론』에서 인종에 관하여 극단적으로 뒤틀린 추론을 내놓았지만, 인류사의 한 가지 사실만은 제대로 파악했다. 그것은 바로 경제가 발전하면 노동력에 대한 수요가 늘어 먼 곳에서도 사람을 끌어오므로 인종이 뒤섞이게 된다는 것이다.

는 데 두 세기가 걸렸다. 그사이 수많은 인종에 관한 도식이 백인종을 포함하여 무수히 많은 인종을 만들어냈고, 무수히 많은 분류의 시도들이 좌절되었다.

오늘날 과학은 인종을 객관적인 사실로 인정하지 않고 있고, 미국의 인구조사는 분류학적인 곤경에 처해 있지만, 많은 미국인이 여전히 인종에 집착하고 있다. 이는 마치 교육받지 못한 자들이 미신을 붙들고 놓지 못하는 것과 전혀 다를 바 없는 태도다. 인종차별이 변함없이 현실에서 공공연하게 벌어지고 있고 통계가 인종의 차이를 인정하는 방식으로 이루어지는 한, 인종에 대한 미국인의 신념은 지속될 것이다. 그러나 미국인의 백인성 관념은 실제로 존재하는 미국인, 그 부와 권력, 아름다움의 분포에 대면하여, 미국 공화국이 탄생한 이래로 늘 그래왔듯이 계속해서 변해갈 것이다.

1
그리스인과 스키타이인

고대에 백인이라는 범주가 있었을까? 확실히 그렇게 생각하는 사람들이 있다. 오늘날 사용하는 범주들이 마치 몇천 년 전에도 똑같이 쓰이기라도 했다는 듯이 말이다. 밝은 피부색을 가진 사람들은 아주 오래전에도 분명히 존재했다. 그렇지만 고대인들도 그들이 '백인'이라거나 피부색과 그들의 성격이 서로 관련이 있다고 생각했을까? 그렇지 않다. 인종 개념도 '백인'이라는 개념도 아직 생기기 전이었고 피부색이 중시되지도 않던 때였기 때문이다. 중요한 것은 어디에 사는가였다. 습한 곳에 살았는지 건조한 땅에 살았는지, 생식력이 좋았는지 발기부전의 경향이 있었는지, 기질이 사나웠는지 온화했는지, 문명사회의 사치에 현혹되기 쉬운 자들이었는지 아니면 철두철미한 전사들이었는지가 관심사였다. 고대인들의 생활 습관은 어떠했을까? 유럽 북부에 살던 자들은 '백인'이 아니라, 스키타이인, 켈트인으로, 그리고 이후에는 갈리아인, 게르만인 등으로 불리는 모호한 부족 명칭으로 알려져 있었다.

그러나 이를테면 스키타이인이 누구냐는 질문을 던진다면 우리는 당황하게 된다. 왜냐하면 역사 속에서, 특히 먼 과거에서 백인 미국인의 선조를 찾다 보면 부득이 글을 읽고 쓸 줄 모르는 사람들과 마주하게 되기 때문이다. 이들은 자신들에 관하여 아무런 기록도 남기지 않았다.[1] 그러므로 자신이 서양인이라는 미국인들의 주장은 지성사를 통해 면밀하게 검토해야만 한다. 과학이 인간의 차이를 '인종'이라는 용어로 규정하기 한참 전에, 인종학자들이 머리의 크기를 재고 인종 이론을 만들어내기 한참 전에, 고대 그리스인과 고대 로마인이 2천 년 넘게 주변 세계의 민족들에 대해 알고 있었고 그들을 설명할 수단을 갖추고 있었음을 염두에 두어야 한다. 그리고 불가피하게 가장 먼저 이들 민족에 대해 설명한 자들은 높은 자리에 있는 자들, 특정 시기의 지배자들이었다. 권력이 역사에 흔적을 남긴다.

게다가 생물학적 조상을 추적하려는 시도는 무엇이든 곧 전설로 바뀐다. 인구 수가 매우 빠르게 증가했기 때문이다. 오늘날 진화생물학자들은 이삼천 년 전에 살았던 소수의 사람들이 60억에서 70억 명에 달하는 현재 인류의 공통 조상이라고 판단한다. 사정이 이러하니 인종의 순수한 조상을 찾겠다는 주장은 모조리 바보 같은 짓이 되고 만다. 서구 문화의 순수성에 대한 관념도 이에 못지않게 겉치레일 뿐이다. 세련된 이집트 사회와 페니키아 사회, 미노스 사회, 페르시아 사회가 고대 그리스의 고전기 문화에 깊은 영향을 끼쳤다는 데에는 의심의 여지가 없다. 그런데도 어떤 이들은 여전히 고대 그리스를 서구의 유일무이한 순수한 원천으로 생각한다. 고대에 그런 이야기는 없었다. 순수함, 즉 인종적 문화적 순수함이라는 망상은 고대인들이 몰락하고 몇백 년이 지난 후에 생겼기 때문이다. 말인즉슨, 백인의 역사에 대한 탐구는 신화와 현실이 알아볼 수 없게 뒤섞인 고대 그리스 문헌에서 시작해야 한다는 것이다.

그리스인이 북동쪽 변경, 특히 막연하게 캅카스로 알려진 곳을 따라 살던 민족들에 관해 품은 관념은 대체로 신화적이었다.[2] 캅카스는 선사시대부터 서구인에게 알려진 곳으로 흑해와 카스피해 사이에 놓여 있고 북쪽과 남쪽으로는 두 개의 캅카스산맥으로 막혀 있는 지리적으로나 민족적으로나 복잡한 지역이다. 북쪽의 대캅카스산맥은 러시아와 자연국경을 이루며, 남쪽의 소캅카스산맥은 터키 및 이란과 물리적인 경계를 이루고 있다. 조지아 공화국은 캅카스의 분쟁 지역과 터키, 아르메니아, 이란, 아제르바이잔 사이에 있다.

그리스 신화에 따르면 이아손과 그를 따르는 아르고 원정대는 황금 양털을 찾아 (캅카스의) 콜키스 땅(오늘날 조지아의 도시 포티 인근)으로 떠나고 아이에테스 왕의 딸 메데이아 공주의 마법 덕분에 왕으로부터 황금 양털을 얻는다. 호메로스의 『오디세이아』를 보면 아이에테스 왕의 누이 키르케가 오디세우스의 부하 절반을 동물로 바꿔놓고 오디세우스를 유혹한다. 훗날 헤시오도스와 아이스킬로스는 티탄족의 아들 프로메테우스의 이야기를 전한다. 프로메테우스는 제우스에게서 불의 비밀을 훔친 죄로 처벌을 받았는데, 제우스가 캅카스의 어느 산에 그를 사슬로 묶어놓고 독수리 한 마리를 보내 3천 년 동안 날마다 그의 간을 쪼아 먹게 했다.[3] 그리스인들의 이야기에서는 거의 모든 것이 캅카스로 이어진다. 게다가 그리스 신화는 메데이아와 키르케의 마법이든 캅카스를 포함하여 여러 장소에 나타나는 아마조네스의 전투력이든 캅카스의 여인들에게 특별한 능력을 부여한다. 오늘날까지도 이러한 신화는 널리 퍼져 있다.[4]

인류의 기원이 흑해와 카스피해 사이에 있다는 관념은 노아의 방주가 대홍수 끝에 표류하다가 "아라라트산에" 정착했다고 나오는 창세기 제8장 제1절에서 시작된다. 13세기에 마르코 폴로는 아라라트산이 아르메니아에 있다고 했다. 조지아 남쪽 동부 터키의 쿠르드족 땅으로 오늘날 아르메니아와 이라크, 이란이 만나는 곳이다. 어쨌거나 해발 5,185미터의 아라라트산은 터키에서 가장 높은 산이며 많은 사람이 지금도 노아의 대홍수 이후 서아시아에서 인류의 역사가 이어진 장소로 믿고 있다. 최근의 사건들에도 그 중요성은 줄지 않았다.

20세기와 21세기의 여러 전쟁은 석유 확보를 위한 다툼이었고(남오세티야, 아제르바이잔, 그로즈니, 마이코프, 카스피해, 특히 바쿠가 매장량이 풍부하다), 먼 옛날에는 흑해 연안의 분지로부터 노예, 포도주와 과일 등의 농산물, 그리고 망간, 석탄, 구리, 몰리브덴, 텅스텐 등 다양한 천연자원이 교역되었다. 오늘날 캅카스 지역을 찍은 사진들에는 폭탄에 파괴된 도시들과 체첸의 석유 시추 장비, 러시아인들이 '테러리스트'라고 부르는 수염 기른 민족주의자들이 등장한다. 때때로 주름진 노인들을 보여주면서 요구르트가 수명을 연장하는 효과가 있다는 증거로 활용되기도 한다. 캅카스 사람들이 세계에서 가장 아름답다고 생각되던 때가 있었다. 그러나 말뿐만 아니라 사진으로도 이렇게 주장하는 다큐멘터리 이미지는 환상에 불과한 것으로 증명되었다.

반면, 그리스인들은 오늘날 유럽으로 알려진 지역에 살던 스키타이인과 켈트인에 관해서 모호하고 야만적이라는 인상을 품고 있었다. 그리스인들은 종족의 일반적 특성을 폭넓게 표현하여 멀리 떨어져 사는 이방인을 스키타이Skythai(스키타이인)와 켈토이Keltoi(켈트인)라고 불렀다. 예를 들어 스키타이는 그리스인이 잘 모르는 북동쪽의 미개한 석기시대 사람들을 의미했고, 켈토이는 서쪽에 사는 몸에 색을 칠한 미지의 이방인을 지칭했다. 그 사람들이 스스로를 어떻게 불렀는지 우리는 알 길이 없다. 그리스인이 붙여준 이름만이 남아 있기 때문이다. 또한 이삼천 년 전 북유럽과 서유럽, 동유럽에 자리 잡고 살던 그들 중에서 얼마나 많은 사람이 19세기 독일인과 영국인, 아일랜드인, 20세기 이탈리아인과 유대인, 슬라브인의 생물학적 조상이 되었는지도 알 길이 없다.[5] 그리스인이 묘사한 그들의 관습으로부터 족장이든 노예든 모두가 피부색이 밝았다는 사실만을 알고 있을 뿐이다.

이러한 모호함을 이해하기 위해 15세기 유럽인들이 서쪽의 아메리카를 바라볼 때 썼던 작명 기술을 떠올려보자. 대서양을 등지고 있던 유럽인들은 이전에는 본 적이 없는, 드문드문 퍼져 살던 사람들을 '인디언'이라고 불렀다. 먼 곳의 미개한 사람들에 관하여 이렇게 명확하게 이름을 부여하는 것은 시대를 막론하고 일반적인 일이었다. 멀리 떨어진 곳에 사는 사람들은 타자가 되었고, 쉽게 정복된 다음에는 열등한 자가 되었다. 그러나 고대에는 인종이 차별의 이유가 되지는 않았다. 고대 그리스인은 인종의 관점에서 생각하지 않았다(훗날 고대 문헌의 번역자들이 인종이라는 단어를 집어넣은 것일 따름이다). 그들은 장소의 관점에서 생각했다. 아프리카는 이집트와 리비아를 뜻했다. 아시아는 페르시아와 동쪽 멀리 인도까지 의미했다. 유럽은 그리스와 서쪽 멀리 시칠리아에 이르는 그 인접 땅을 의미했다. 서부 터키는 유럽에 속했다. 그리스인이 그곳에 살았기 때문이다. 실로 그리스 세계의 알려진 땅은 대부분 훗날 유럽으로 알려지는 곳의 동쪽과 남쪽에 놓여 있었다.

그리스 학자들은 대체로 기후를 중심으로 인간의 차이를 설명했다. 그들은 각 기후의 상대적 습도나 건조도에서 비롯한 체액으로 한 민족의 기질을 설명했다. 계절의 변화가 없는 곳에 사는 사람들은 차분하다는 평가를 받았다. 반면 계절 변화가 뚜렷한 곳에 사는 사람들은 "거칠고 비사교적이며 용맹하다"는 말을 들었다. "정신이 자주 충격을 받으면 난폭함이 생기고 유순함과 온화함이 없어지기 때문이다." 이 표현은 히포크라테스의 『공기

와 물과 장소에 관하여_De aëre, aquis et locis_』에 나온다.[6] •

무엇보다 거리가 중요했다. 걷거나 짐승의 이동 속도를 이용하는 것 말고는 달리 다른 수단이 없었기 때문이다. 스키타이인은 캅카스의 조지아와 흑해 주변의 땅부터 우크라이나의 스텝 지역과 동쪽으로는 멀리 시베리아까지 떠돌아다녔다. 흥미롭게도 '우크라이나'라는 말은 '세상의 _끄트머리_'를 뜻하는 폴란드어와 러시아어의 어근에서 유래한다.[7] 러시아인들과 우크라이나인들은 고대 스키타이인이 자신들의 영광스러운 조상이라고 주장하며 크림반도의 얄타를 선조의 고향으로 본다. 러시아인들의 조상 중 일부는 확실히 그곳에 살았겠지만, 그 지역에서 전개된 격동의 역사를 보건대 단일기원론은 창안된 역사일 뿐이다. 흑해에 살았던 그들의 선조는 스키타이인이 맞을 테지만, 그곳에는 타타르인, 러시아인, 폴란드인, 튀르크인, 이란인, 그리고 중국에 기원을 둔 여러 민족 등 침입자들과 이주민들도 뒤섞여 있었을 것이 틀림없다. 최소한으로 봐도 그렇다.

오늘날 켈트인 조상이라는 관념이 널리 받아들여지고 있다. 켈트인을 자처하는 사람들은 자신의 뿌리를 프랑스의 브르타뉴와 영국해협의 섬, 웨일스, 스코틀랜드, 아일랜드에 두고 싶어 하는데, 그렇게 하면 자신들을 게르만인과 앵글로색슨족, 프랑크족으로부터 쉽게 분리할 수 있기 때문이다. 한편 그리스인은 그렇게까지 멀리 생각할 수 없었다. 2500년의 시간 장벽과 부족한 정보 때문에 그들은 야만족 켈트인이 다뉴브강에서 이베리아반도에 이르기까지 여러 곳에 살고 있다고 보았고, 나중에 가서야 그리스 학자

• 코스의 히포크라테스(기원전 460년경~기원전 380년경)는 전설적인 의사가 되었지만, 그의 저작은 단지 그 자신만이 아니라 여러 사람의 손에서 나온 것이다. 코스섬은 에게해 남동쪽 역사적인 도시 할리카르나소스(오늘날 터키의 할리카르나스) 인근에 있다.

들이 장거리 이동 상인과 여행자 등으로부터 정보를 습득하면서 켈트인의 민족지학이 확충되었다.

고대의 역사가들은 여행가이자 지리학자인 밀레토스의 헤카타이오스(기원전 550년경~기원전 490년경)에게 켈트인과 스키타이인의 소재를 처음으로 지도에 표시한 공을 돌린다.* 우리가 아는 것은 헤카타이오스가 이집트를 여행했고 페르시아 제국의 크기와 위세를 인식했다는 것뿐이다. 그러나 그는 필시 더 멀리 여행했을 것이다. 켈트인의 땅 인근 리구리아인의 땅에 있는 교역소 마실리아(오늘날 프랑스의 마르세유)의 위치를 가리켰고, 오늘날 오스트리아 남동부 슈타이어마르크주에 있는 켈트인의 부락을 언급했기 때문이다.[8]** 헤카타이오스는 그 밖에도 많은 것을 보았다. 흑해는 지도의 한가운데쯤에 '트라케'의 바로 오른편에 있고, 아조브해는 그 위에 붙어 있다. 다뉴브강과 드네프르강, 돈강은 각각 흑해의 왼쪽과 중앙, 아조브해로 흘러들어가도록 옳게 그려져 있다. 카스피해는 세상의 끝머리 오른쪽 맨 위에 자리를 잡았다. 마지막으로 헤카타이오스는 스키타이인의 땅을 다뉴브강과 드네프르강 사이에, 켈트인의 땅을 서쪽으로 오늘날 이탈리아반도라고 부르는 곳의 왼편에 표시했다.[9] 50년 뒤 헤로도토스는 헤카타이오스의 지도가 분명치 않아 신뢰할 수 없다고 조롱했다. 사실이 그렇다. 그러나 그리스인들은 먼 곳까지 이르러 많은 것을 알아내고 있었다.

헤카타이오스보다 70년 늦게 태어난 할리카르나소스의 헤로도토스(기원

- 헤카타이오스의 저작에는 유럽과 아시아를 두 권으로 설명한 『세계의 답사*Periodos Ges*』가 있다. 책은 330개의 매우 작은 쪼가리로만 남아 있다. 헤카타이오스는 그리스 영웅들의 전기적 사전인 『계보*Genealogiai*』도 썼다. 이 책은 『역사*Historia*』로도 알려져 있다.
- • 슈타이어마르크의 주도는 그라츠로 포도주와 비교적 편안한 삶으로 유명하다.

전 480년경~기원전 427년경)는 더 많은 정보를 활용할 수 있는 유리한 입장에서 서양 최초의 체계적인 역사가라는 평판을 얻었고, 로마의 위대한 연설가 키케로에게서 역사의 아버지라는 찬사를 받았다. 헤로도토스는 명성이 자자하여 사후 100년쯤 지났을 때 실제든 상상이든 그의 얼굴이 그리스에서 돌로 조각되었고 나중에 로마에서도 이를 흉내 냈다.[10]• 오늘날의 서부 터키에서 태어나 자란 헤로도토스는 널리 여러 곳을 여행했고 훌륭한 기록을 남겼으며 그리스(유럽)는 물론 이집트(아프리카)와 서아시아(아시아)를 아우르는 최초의 통합된 세계사를 써냈다. 앞선 시대의 학자들이 소문만 되풀이했다면, 헤로도토스는 실제로 이집트와 바빌로니아, 발칸반도, 흑해 지역을 몸소 방문한 것으로 보인다. 또한 스키타이인을 직접 목격하고 그들에 관한 이야기를 남겼을 가능성이 크다.[11]

기원전 440년경에 쓴 헤로도토스의 『역사』는 기원전 499년부터 기원전 479년까지 페르시아인들과 그리스인들 사이에 벌어진 대전쟁을 연대기적으로 기록하고 있다. 여기서 더욱 중요한 것은 『역사』가 이미 알려진 그리스 세계 주변의 이민족들에 대해 기술하고 있다는 사실이다. 당연히 헤로도토스는 그리스를 세상의 중심에 두고 찬미한다. 그러면서도 헤로도토스는 50년 전에 헤카타이오스가 작성한 지도를 수정하여 크게 개선했다. 물론 헤로도토스의 세계는 여전히 평평했다. 그러한 관념은 1천 년 더 계속된다. 그렇지만 헤로도토스는 그 지도를 더 확장하여 지중해 전체와 이베리아반도의 켈트인, 흑해 북쪽의 스키타이인을 포괄했다. 그는 또한 스키타이인의 땅 동쪽이자 캅카스의 북쪽인 곳에 아마조네스가 있다고 보았다.

• 『온라인 브리태니커 백과사전』의 헤로도토스 항목에 첨부된 초상은 그리스의 원본을 4세기 전반에 모방한 로마의 조각품이다.

동부 지중해에 살았던 헤로도토스는 서쪽의 켈트인보다는 동쪽의 스키타이인을 훨씬 더 잘 알았다. 켈트인이 살던 곳은 너무 멀어서 좋은 정보를 얻을 수 없었기 때문이다. 헤로도토스는 『역사』 제4권의 많은 지면을 스키타이인의 여러 부족과 그 영역을 설명하는 데 할애하고 있다. 헤로도토스는 흑해와 아조브해로 흘러들어가는 다뉴브강, 드네스트르강, 드네프르강 하류 주변에 정착한 '왕족' 스키타이인들에 관하여 집중적으로 기술하지만, 동쪽 멀리 우랄산맥과 카스피해 주변의 유목민까지도 묘사한다. 헤로도토스는 아테네에서 동쪽을 바라보았기에 앞선 시대의 역사가는 갖지 못한 이점을 지녔다. 그가 『역사』를 쓴 기원전 5세기 중엽이면, 그리스의 제국이 흑해까지 확장되었고 스키타이인의 일부 집단이 그리스인과 함께 페르시아인과 주기적으로 교역했기 때문이다. 편의상 스키타이인이라고 통칭되는 여러 다른 부족들은 간단히 야만인으로 지칭되었다.

헤로도토스는 스키타이인이 뛰어난 전사라는 일반적인 견해를 공유했지만, 오늘날의 남부 우크라이나에 살았던 그들의 할례와 마약에 찌든 야만적인 삶을 호기심 어린 시선으로 기술했다.[12]• 헤로도토스는 스키타이인이 마리화나를 피웠고 목욕 대용으로 약물을 썼음을 알았다. 아마도 자신의 눈으

• 오늘날 흑해 연안 조지아에 살았던 콜키스인에 대한 헤로도토스의 기술은 제2권 104~105에 있다. 헤로도토스는 콜키스인의 가무잡잡한 피부와 곱슬머리, 할례를 근거로 그들이 이집트 군인들의 후손이라고 결론 내렸다. 이러한 견해가 아프리카중심주의자들과 회의론자들 간에 활발한 논쟁을 촉발했음은 말할 필요도 없다. 아프리카중심주의자들은 이 발언을 이집트 세력, 즉 아프리카 세력의 확산을 보여주는 증거로 받아들이며, 회의론자들은 콜키스인에 대한 헤로도토스의 평가를 들어 그를 역사가로서 신뢰할 수 있는지 의심한다. 마이클 노박은 『융합되지 않는 민족들의 등장*The Rise of the Unmeltable Ethnics*』에서 예지 코신스키의 『채색된 새*The Painted Bird*』(1965)에 나오는 가슴 아픈 대목을 인용한다. 말 탄 전사가 포로로 잡은 처녀를 난폭하게 강간하는 장면이다. 이 전사가 누구인가에 대해서는 다양한 주장이 있다. 칼미크인이라고 하기도 하고 타타르인 또는 러시아인이라는 주장도 있다. 칼미크인은 곧 다시 언급할 것이다.

로 직접 보았을 것이다(이 점에 관하여 역사가들 사이에서는 의견이 갈린다). "내가 말했듯이 스키타이인은 펠트 덮개를 뒤집어쓴 채 뜨겁게 달궈진 돌로 다가가 그 위에 대마 씨앗을 던진다. 그러면 그 즉시 연기가 피어나고 그리스의 어떤 증기탕보다도 더 많은 김이 퍼진다. 환희에 젖은 스키타이인들은 기뻐 소리를 지른다. 그들에게는 이 증기가 입욕을 대신한다. 그들은 어떤 경우에도 물로 몸을 씻지 않기 때문이다."[13]

헤로도토스가 전하는 바에 따르면, 스키타이인은 또한 전투에서 처음으로 죽인 사람의 피를 마신 뒤 희생자의 머리를 잘라 왕이나 족장에게 바친다. "스키타이인은 이러한 머릿가죽 전리품을 자랑스럽게 생각하여 말고삐에 걸어둔다. 그 수가 많을수록 사람들에게서 더 큰 존중을 받는다. 많은 사람이 마치 우리 농민들의 양가죽처럼 이러한 머릿가죽 여러 장을 꿰매 외투를 만든다." 패배한 자들의 육신은 다른 용도로도 쓰인다. 오른팔의 피부 가죽으로 화살을 담을 화려한 전동을 만든다. "인간의 피부 가죽은 두껍고 광택이 있으며 거의 다른 모든 짐승 가죽보다 하얗다. 몇몇은 심지어 적의 몸에서 가죽을 전부 벗겨낸 다음 이를 틀에 펼쳐 고정시킨 뒤 어디든 가지고 다닌다." 숙적의 두개골은 음료를 마실 때 잔으로 썼다. 여유가 있을 때는 금으로 줄을 입혔다.[14]

헤로도토스는 아마조네스도 매력적이라고 생각했다. 결혼하여 정착하면 "사르마티아 여인들은 예나 지금이나 옛 관습을 지켜왔다. 자주 남편과 함께, 때로는 심지어 남편 없이 홀로 말을 타고 사냥을 나갔으며, 전쟁이 벌어지면 출정했고, 남자와 똑같은 옷을 입었다." 『역사』는 또한 이 남자 같은 여자들이 '에나레Enaree'라고 부르는 능숙한 점술가였다고 기록한다.[15]

고대 그리스의 가장 위대한 의사이자 서양 의학의 아버지인 히포크라테스는 헤로도토스의 고향인 서부 터키 할라카르나소스 근해에 있는 코스섬 출신으로, 기원전 5세기와 4세기 그리스 제국의 세력이 절정에 이르렀을 때 강한 자신감으로 여러 문제에 관해 폭넓게 저술했다.『공기와 물과 장소에 관하여』는 기원전 400년경에 쓰인 종합적인 백과사전으로 스키타이인과 아시아인, 그리스인의 야만적인 관습과 그의 의학적 관심사에 걸맞게 이 민족들의 성생활과 생식의 관행을 담았다.

히포크라테스가 보기에는 풍토와 물이 신체의 유형을 결정했다. 그에 따라, 기운을 돋우는 고지대에 사는 사람들과 저지대 초원 사람들 간에 차이가 발생한다. 히포크라테스는 저지대 사람들이 체구가 크고 살쪘으며 머리가 검다고 단정했다. "그들은 희지 않고 가무잡잡하며 침착하지 못하고 짜증을 잘 낸다. 용맹과 인내는 그들의 천성이 아니지만, 법으로 강제하면 인위적으로 바꿀 수 있다." 물이 흐르지 않고 고인 곳에 사는 사람들은 "틀림없이 배가 튀어나오고 비장이 비대해져 있을 것이다." 비옥한 저지대의 삶은 편안하지만, 정력에서 대가를 치른다. "주민들은 살쪘고 관절이 좋지 않고 감상적이고 게으르며 일반적으로 겁이 많다. 그들은 굼뜨고 번지르르하며, 예술로 말하자면 재주가 없다. 창의력도 솜씨도 없다." 히포크라테스는 고지대에 살고 있다고 가정한 두 유형의 사람들을 좀 더 일반화하면서 평탄하고 바람이 거센 곳에 사는 자들은 "키가 크고 서로 비슷하지만, 마음은 꽤 소심하고 온순하다"고 믿었다. 반면, 토양이 척박하고 메마르며 계절 변화가 확연한 곳에 사는 사람들은 "체격이 건장하고 점잖으며 피부가 가무잡잡하지 않고 희며 성격과 기질이 강하고 독립적이다. 계절의 변화가 잦고 매우 뚜렷한 대조를 이루는 곳에서는 체격과 성격, 체질이 매우 다양하다."[16]

요컨대, 히포크라테스가 묘사하는 산이 많고 지형이 거친 그리스는 유럽인의 특성에 대한 그의 견해를 형성하는 틀이 되었다. "겨울에는 황량하고 여름에는 태양에 바싹 마른" 땅에서는 잘생긴 사람들이, 즉 "강직하고 훤칠한 체구에 마디마디가 다부지고 털이 덥수룩한" 사람들이 태어난다. 그리스/유럽 사람들의 사나운 기질은 그리스/유럽 사람들의 남성미뿐만 아니라 그리스의 제국주의적 지배도 설명해주는 듯이 보였다. "땅이 황량하고 건조하며 거칠고 겨울의 폭풍에 시달리고 태양에 바싹 마른 곳에서는 튼튼하고 마르고 관절이 좋고 점잖으며 털이 덥수룩한 사람들을 볼 것이다. 그러한 부류의 사람들은 성격과 기질이 정력적이며 주의력이 좋고 강인하고 독립적이며, 유순하지 않고 거칠며, 예술에서 평균 이상의 예민함과 지성을, 전쟁에서는 평균 이상의 용맹함을 보여줄 것이다."[17]

유럽인의 강인함에 대한 이와 같은 찬사는 시대가 흐르면서 거듭 나타난다. 용병으로든 자원병으로든 학자들이 군대를 접한 정도에 따라, 그리고 군국주의가 얼마나 영향을 미치고 있는지에 따라 다르긴 했지만 말이다. 미국인들이 유럽 식민국들의 군사력을 크게 부러워한 19세기와 20세기에 이와 같은 찬사는 더욱 두드러졌다.

히포크라테스는 여러 스키타이인 부족을 여러 지역에 배치하고 그들 각각에 일련의 신체 유형을 할당하면서도, 이상하게도 그들이 얼마간 비슷하다는 결론을 내린다. 어떤 부족은 흑해의 온화한 북쪽 만, 아조브해의 우크라이나 해안을 따라 살았다. (고대에는 팔루스 마이오티스[마이오티스 습지]라고 불렸다. 히포크라테스 시절 유럽과 아시아 사이의 경계 지역이다.)• 다른 부족들은 춥고 습한 지역에 거주하며 눈과 얼음이 녹은 물을 마시고 산다. 히포크라테스는 이것이 피부색에 영향을 준다고 믿었다. "스키타이인이 혈색이 붉은

• 남부 러시아와 동부 우크라이나의 크림반도 포도주 산지에서 가장 유명한 도시인 세바스토폴과 얄타는 오늘날 요양지로 알려져 있다.

종족인 것은 태양의 강렬한 열기가 아니라 추위 때문이다."[18]

히포크라테스의 백과사전에 따르면, 일부 스키타이인은 농사를 짓고 또 일부는 유목 생활을 한다. 그러나 사르마티아인이라고 부르는 마이오티스 습지/아조브해 지역의 아마조네스는 늘 전쟁을 벌였던 것 같다. 아마조네스의 어머니들은 어린 딸이 사춘기에 이르기 전에 오른쪽 젖가슴을 불로 지져 발육을 막고, 그로써 오른쪽 어깨와 팔의 힘을 엄청나게 키웠다. 아마조네스의 젊은 여성은 이렇게 전사가 되었다. 처녀로 남아 있는 한 말을 탄 채로 창을 던지고 남자처럼 싸울 수 있도록 키워진 것이다. 그들의 힘은 금욕을 요구했는데, 물론 아마존 전사 한 명이 적을 세 명 죽일 때까지만 참으면 되었다. 그 후 남성과 성교를 나누기 전에 희생 의식을 치렀다. 그렇지만 일단 혼인한 아마조네스는 평화롭게 정착했으며 긴박한 위기가 닥쳐야만 전쟁에 복귀했다. 젖가슴 하나가 없다는 것이 아마조네스의 성생활을 방해하지는 않은 것 같다.[19]

실제로 『공기와 물과 장소에 관하여』를 통틀어 섹스를 멀리하는 인간은 등장하지 않는다. 히포크라테스는 일부 스키타이인의 낮은 출생률을 기후와 문화, 남녀의 신체 탓으로 돌린다. 그들과 함께 살았다고 전해지는 거세된 남자들은 당연히 자식을 가질 수 없었으므로, 이들도 하나의 원인이다.• 게다가 대개 뚱뚱했던 스키타이인 여인들은 정액을 받아들이지 못하여 수정이 안 되는 경향이 있는 축축한 배를 가졌다고 한다. 스키타이인 남자가 대개 기력이 부족하여 정자의 생산이 줄어들었기에 이는 심각한 문제였다. "성교를 방해하는 가장 큰 장애물"인 습기와 물렁함은 스키타이 남성들이 "성교에 강한 열망을 느끼지 못하는" 결과를 가져왔다. 기마는 생식력에 또

• 히포크라테스는 이름을 알 수 없는 다른 민족들 출신의 여성 하인들이 활력이 있고 날씬했다고 덧붙인다. 그들은 스키타이인 여성과 달리 쉽게 임신했다.

다른 장애를 유발한다. 스키타이인 남성은 말을 타면서 다리를 절었는데 이를 이상한 방법으로 치료했다. 양쪽 귀 뒤에서 정맥을 잘라 기절할 때까지 피를 흘린 것이다. "그 후에 그들은 일어났다. 일부는 치료가 되었지만 일부는 그렇지 않았다. 내 생각에 이 치료법은 정자를 파괴한다. 귀 옆에는 자르면 불능이 초래되는 정맥이 있는데, 내 생각에 그들은 바로 이 정맥을 자른다. 이 치료법을 쓴 뒤에 스키타이인 남성은 여인에게 다가가도 성교를 할 수 없다. 그들은 처음에는 전혀 이러한 사실을 눈치채지 못하고, 더 생각하려고 들지도 않는다." 거듭 섹스에 실패하고 나면 그들은 신들에게 죄를 지었다고 결론 내리며, 여인처럼 행동하는 것이 부끄러우면서도 여성의 옷을 입고 희열을 느끼는 성도착자가 된다.[20]

히포크라테스는 동쪽으로 눈을 돌려 더 온화한 아시아(페르시아와 바빌로니아) 기후를 유럽(그리스 주변)의 기후보다 더 높게 평가한다. 늘 봄과 같은 계절에 사는 아시아의 문명인들은 "영양 상태가 좋고 체격이 매우 건강하며 키가 매우 크다. 모습은 서로 다르지만 체격이나 신장에서는 차이가 없다." 그렇지만 자연과 문화에서 약점이 생긴다. 계절의 경계가 뚜렷하지 않아서 아시아인은 "허약하다." 단조로운 계절은 또한 당혹스럽게도 태아의 발달을 저해한다. 언제 수태했든 상관없다.[21] 더 중요한 것은 군주제가 남자를 겁쟁이로 만들었다는 사실이다. "남자의 영혼은 노예가 된다. 기꺼이 무모하게 위험을 감수하여 다른 사람의 힘을 키워주는 일은 하지 않으려 한다." 히포크라테스는 이렇게 말한다. "그들의 모든 훌륭하고 용감한 행위는 단지 주군의 힘을 키우고 높이는 데 이바지할 뿐이며, 그들이 거둔 수확이라고는 위험과 죽음뿐이다."[22]

너무나 당연하게도, 유럽에 가까울수록 상황은 나아진다. 유럽인/그리스인에게는 아시아인과 달리 지시를 내릴 왕이 없다고 히포크라테스는 말한다. (사실상 그는 복잡한 사정을 편의상 무시한다. 그리스인이 다소간 민주주의적인 도시국가에서 살기는 했지만, 주변의 이민족들은 군사 지도자의 통치를 받았다. 그들 다수가 유럽인이었다.) 어쨌든 히포크라테스는 개인주의를 고무한 유럽의 정치 제도를 찬양한다. "타인이 아니라 자신을 위해서 위험을 감수하는 독립적인 사람은 기꺼운 마음으로 위험한 일에 열정적으로 뛰어든다. 왜냐하면 승리에 따른 보상을 자기 것으로 취할 수 있기 때문이다. 그러므로 이런 제도는 용기의 발현에 크게 기여한다."[23] 이후 수천 년간 왕의 횡포에 시달리는 아시아와 진취적이고 개인주의적인 유럽이라는 이 같은 대조 방식은 하나의 어법으로 고착화되었다. 유럽에 대한 정의가 여러 차례 바뀌고, 한편으로는 일부 유럽인들이 왕을 폭력적으로 몰아내기도 했지만 여전히 많은 유럽인이 왕의 지배를 받는 상황에서도 이러한 인식에는 아무런 변화가 없었다.

이 같은 분석은 노예제를 둘러싼 모순을 놓친다. 헤로도토스는 노예제를 거듭 언급하지만 언제나 대수롭지 않다는 듯이 냉담한 태도로 말한다. 그는 노예제를 그리스와 그리스 제국 전역에, 그리고 그들이 아는 세계의 이민족들에게 있던 고대의 일반적인 위계질서에 포함된 하나의 제도로 거론한다. 일찍이 기원전 7세기에 흑해 주변의 느슨하게 조직된 유목민 사회들은 그리스 사회의 부자들에게 노예를 공급하는 효율적인 교역망을 구축했다. 특히 트라케(오늘날의 남부 불가리아, 북동부 그리스, 북서부 터키에 해당하는 곳으로 로마의 노예 스파르타쿠스의 고향)와 콜키스(오늘날의 조지아)처럼 오랫동안 신화에 등장한 지역들이 대부분의 노예를 공급했던 것 같다. 빈곤한 부모들과 납치를 일삼는 해적들이 시장에 노예를 공급했고, 기근과 전쟁도 주기적으로 인신매매의 공급량을 늘렸다.[24]

과두지배 체제의 그리스가 노예제 없이도 번영할 수 있었을까? 노동을 하는 그러한 하층 계급 없이도 철학자들이 국사를 돌보고 시민들이 사사로운 용무를 볼 수 있었을까? 플라톤은 쉰 명의 노예를 소유했고, 열 명 이상의 노예를 보유한 가구가 흔했다. 아테네의 신사들은 시내에 갈 때나 장기간 군사 원정에 참여할 때면 언제나 한두 명의 노예를 데리고 갔다. 기원전 5세기와 4세기에는 노예가 틀림없이 자유민보다 많았을 것이다. 아마도 아테네에서만 8만 명에서 10만 명은 헤아렸을 것이다. 노예가 된 많은 여성은 주로 집안일을 했다. 그 서비스에는 성적인 것과 의료, 가사가 포함될 수 있었다. 반면 남성 노예는 숙련된 기술이 있든 없든 들에서, 선박에서, 수공업 작업장에서 일했다. 아테네인은 300명에서 1천 명 사이의 스키타이인 노예를 경찰로 썼다. 그들은 명궁수로 명성이 자자했기 때문이다.[25]

노예무역은 이런 식으로 이루어졌다. 앞서 얘기했듯이 흑해의 노예 공급선은 끝없는 전쟁으로 시장에 꾸준히 피난민을 내몬 이민족 족장들로부터 시작한다. 족장들은 그들을 그리스 노예상인에게 팔고 포도주와 옷감 같은 사치품을 받았다. 전쟁이 필수적인 조건은 아니었다. 소금이나 필수품을 원한 부모가 자식을 팔아 수많은 아이가 시장에 쏟아져 들어왔다. 소아시아에서 매우 중요한 그리스의 두 도시 비잔티온(이스탄불)과 에페소스(에페스)가 노예 시장을 지배했다.[26] (에페소스는 오늘날 성서에 나오는 에베소인의 고향으로 가장 잘 알려져 있을 것이다. 그곳의 에베소 교회는 사도 바울이 서한을 보낸 아시아의 일곱 교회 중 하나였다.)

이 잔인한 사업에 수치심 따위는 없었다. 어느 마케도니아인은 자신의 묘비에 자랑스럽게 자기 직업이 노예상인이라고 적었고 여덟 명의 노예가 목에 매인 사슬로 한데 묶여 있는 모습을 새겨 넣었다. 몇몇 관행은 그리스인의 도덕관을 해친 것이 사실이다. 헤로도토스는 자유롭게 태어난 소년들을 거세해서 팔아버렸다는 이유로 처벌받은 노예상인을 언급한다. 그러나 고대 그리스인이 잘생긴 소년을 높이 산 것은 분명하다. 고대의 사료가 노예의 아름다움을 이야기할 때, 그 노예는 여자나 소녀가 아니라 소년이었다.

지배계급은 하층 신분이 노예근성을 타고났다고 쉽사리 판단한다. 아리스토텔레스가 『정치학』(제1권 3~7장)과 『니코마코스 윤리학』(제7권)에서 노예제의 자연스러움과 노예가 된 자들의 타고난 노예근성에 관해 논하기 100년도 더 전에, 헤로도토스는 자녀를 해외로 너무 쉽게 팔아버린다고 트라케인을 책망한다. 노예제 문제가 언제나 그렇게 간단하지는 않았다.

헤로도토스는 노예 생활의 두 가지 측면을, 즉 신분 상승의 기회와 제한된 성공 가능성을 보여주는 일화를 전한다. 기원전 512년 무렵 스키타이인 군대가 페르시아 왕 다리우스에 맞서 전쟁을 벌였다. 28년간 이어진 전쟁에서 스키타이인이 승리했다. 그러나 28년 동안의 부재는 국내에 변화를 초래했다. 헤로도토스는 이렇게 설명한다. "시간이 지나고 남편들이 돌아오지 않자 스키타이인 여성들은 노예와 통혼했다." 전사들이 귀환하자 노예와 스키타이인 여성들 사이에서 태어난 아이들은 그들에 맞서 완강히 저항했다. 전사들이 창과 활로 싸우는 동안에는 그렇게 했다. 그러나 전사들은 절반이 노예인 아이들의 본질적으로 비굴한 성격을 이용하여 승리했다. 어느 스키타이인 전사가 군대에 이렇게 말했다. "나의 충고를 들어라. 창과 활을 내려놓고 말채찍을 가져와 담대하게 나아가라. 저들이 우리 손에 무기가 들려 있는 것을 보는 한, 저들은 자신들이 우리와 동등하게 태어났고 똑같이 용맹하다고 생각한다. 그러나 우리에게 무기는 없고 채찍만 있는 것을 보여주면, 저들은 자신들이 노예라고 생각하고 우리에게서 도망칠 것이다." 헤로도토스는 이 전술이 유효했다고 말한다. 노예의 자식들은 "싸울 생각을 접고 즉시 달아났다."[27] 단지 채찍을 보여주었을 뿐인데도 노예의 자식들은 타고난 노예근성으로 돌아갔다. 신분과 기질 사이의 밀접한 관계를 보여주는 오래된 사례이다.

이러한 아전인수식 이야기의 진실이 무엇이든 간에, 확실히 권력관계가 그 시대를 지배했으며, 권력자는 당연히 받을 만한 것을 얻었다. 헤로도토스에 따르면, 콜키스인과 그 주변의 민족들은 전통적으로 5년마다 페르시아에 소년과 소녀를 각각 100명씩 조공으로 바쳤다. 헤로도토스 시절에 이미 확립된 이 조공이 언제 시작되었는지는 알 수 없다.[28]• 이러한 관행은 헤로도토스 시대 이후로도 분명히 오랫동안 계속되었을 것이다. 300년도 더 지난 뒤에 그리스 역사가 폴리비오스(기원전 203년경~기원전 120년)는 일상생활의 필수품인 '가축과 노예'의 기원이 흑해에 있다고 적는다.[29]•• 실로 흑해 지역에서 시작된 이 노예무역(훗날 백인으로 알려지게 되는 자들의 매매)은 2천 년 넘게 지속되다가 20세기에 들어설 무렵 오스만 제국의 근대화로 종식된다.••• 고대 그리스에서 많은 유럽인의 운명이 그러했다.

• 헤로도토스는 에티오피아인들이 3년마다 페르시아에 조공으로 보낸 다섯 명의 소년과 상아도 언급한다.
•• 정부의 견제와 균형에 관한 폴리비오스의 관념은 미국 헌법의 초안을 마련한 이들에게 영감을 주었다.
••• 동유럽과 발칸반도, 우크라이나의 노동자들과 성매매 노동자들의 백인 노예무역은 1990년대에 소련의 몰락으로 그 지역들에서 국가권력과 경찰의 보호가 사라지면서 다시 등장했다. 오늘날에는 서유럽과 미국으로 흘러들어간다.

2
로마인, 켈트인, 갈리아인, 게르만인

우리는 대체로 문화가 그렇게 보라고 가르친 대로 볼 수밖에 없다. 제국의 힘이 그리스에서 로마로 이동함에 따라, 이민족을 바라보는 지배적 문화의 시각도 바뀌었다. 그리스의 현자들은 계속해서 세계를 꽤 순수한 지적 호기심에서 탐구했지만, 그리스도의 탄생을 전후하여 로마의 장군들은 전쟁과 정복이라는 고유의 목적을 위해 실용적인 지식에 관심을 집중했다. 로마 군대는 기원전 1세기에서 기원후 1세기 사이에 대서양과 영국해협에 도달하여 처음으로 서부 이민족들의 영역에 들어가 그들을 대면했다. 로마인은 북쪽과 서쪽으로 이동하여 이전에 그리스인이 모호하게 켈트인이라고 뭉뚱그려 표현한 서부 민족들 중에서 갈리아인과 게르만인을 분리하여 따로 이름을 붙이고 정의했다. 그렇지만 먼 곳에 사는 그 민족들의 이름이 분명하게 등장한 것도, 그들의 정체성이 뚜렷해진 것도 아니다. 갈리아인을 갈리아인으로, 켈트인을 켈트인으로, 게르만인을 게르만인으로 만드는 게 과연 무엇인지는 오랫동안 모호했다.

게르만인은 기원전 70년대나 60년대 무렵에 처음으로 로마인의 시야에 들어왔다. 그 시기에 로마의 학문은 그리스 학문을 대체하고 있었고, 그 과정에서 등장한 당대 최고의 그리스-로마 스토아 철학자인 로도스의 포세이도니오스(기원전 135년경~기원전 51년경)는 로마의 지배를 벗어난 북서쪽의 모든 이민족에 이름을 붙여주었다.[1] 로마 본토 안에서도 이탈리아의 나폴리 지역에서 기원전 73년에서 71년에 걸쳐 일어난 스파르타쿠스 노예 반란은 로마의 시민들이 북부 출신 노예의 존재를 인식하게 되는 계기가 되었다. 스파르타쿠스 자신이 전통적인 고대 노예 공급지인 서부 트라케(오늘날 불가리아와 그리스, 터키의 인접 지역) 출신이었다. 그러나 로마인들은 더 나아가 상대적으로 덜 알려진 지역 출신 노예들이 존재함을 눈치챘다. 그들은 반란을 일으킨 200명 남짓의 노예들 안에 자신들이 갈리아인이나 게르만인이라고 부르는 무리가 섞여 있음을 알게 되었다. 시간이 지나면서 그리스-로마의 박식한 자들은 점차 갈리아인과 켈트인을 명확하게 구분했고 두 종족을 게르만인과 구분했다.

기원전 50년대와 40년대에 글을 쓴 자로 사실과 다른 저자의 글을 부정확하게 다루고 인용하며 단조롭게 말을 반복하여 논란이 된 시칠리아 출신의 그리스인 역사가 디오도로스 시켈리오테스와 그보다 좀 더 권위가 있는 자로 기원전 20년대에 글을 쓴 할리카르나소스의 디오니시오스는 둘 다 게르만인을 켈트인의 한 지파로 분류했다. 위대한 황제 아우구스투스(재위 기원전 27년~기원전 14년)의 치세에 저술가로서 매우 큰 영향력을 행사한 그리스 학자 스트라본은 한 걸음 더 나아갔다. 스트라본은 갈리아인을 이중으로 순화된 게르만인으로 보았다. 당시 그리스인과 로마인이 알고 있는 모든 민족을 고찰한 열일곱 권짜리 『지리학Geographica』(기원전 7년~23년)에서 스트라본은 그의 시대에 진부해진 설명을 되풀이한다. "오늘날 '갈릭Gallic'이나 '갈라틱Galatic'이라고 부르는 종족은 전부 전쟁광이며, 다른 면에서는 단순하고 예의가 없지 않으나 기운이 넘치며 민첩하게 싸운다. …… 그들의 힘으로 말하자면 부분적으로는 커다란 체격에, 다른 한편으로는 그 수적 우세에 있다. …… 그들은 전부 타고난 싸움꾼이다." 스트라본이 보기에 라인강은 결코 장벽이 되지 못했다. "그들은 쉽게 이주했다. 그들은 군대를 비롯하여 모든 것을 이끌고 떼로 이동했다. 자신들보다 더 강한 자들에 의해 쫓겨나면 살림살이를 전부 가지고 피신했다."[2] 오늘날의 서부 터키 출신으로 부유했고 교육을 잘 받은 스트라본은 그렇게 갈리아인과 게르만인을 체격과 문화에 따라 한 덩어리로 취급했다. 그는 두 종족의 상이함을 타고난 차이점이 아니라 역사적 우연의 문제로 판단했다.

로마인이 보기에 두 종족의 차이는 확실히 혈통이 아니라 문명에 있었다. 과거에 호전적이었던 갈리아인은 서쪽에서 동쪽까지 로마에 정복되면서 빠르게 순치되고 있었지만, 아직 정복되지 않은 게르만인은 고유의 거칠고 야만적인 방식을 유지했고 갈리아인보다 더 진정한 켈트인으로 남았다. 스트라본은 어원에 의지하여 자신의 추론을 강화한다. 그는 로마인이 거친 부족들을 '게르마니Germani'라고 불렀다고 말한다. 그 낱말이 라틴어로 '진정한genuine'이라는 뜻이기 때문이라는 것이다. 그러므로 게르만인은 '진정한' 갈리아인이었다.[3] 게르만인은 여전히 크고 금발이고 거칠고 단순하고 호전적이었지만, 갈리아인은 그러한 옛 모습을 잃었다. 서구에서 처음으로 북서쪽을 자세히 들여다본 로마 제국의 가장 위대한 장군은 점차 사라지고는 있었지만 여전히 호전적인 갈리아인의 성격을 강조한다.

율리우스 카이사르(기원전 100년경~기원전 44년)는 직접 목격하고 쓴 『갈리아 전쟁De bellum gallico』에서 서구 최초의 당당한 야만인에 관하여 처음으로 기술했다. 기원전 54년에 쓴 이 책은 이 혼란스러운 명명법을 어느 정도 명확하게 해준다.[4] 카이사르는 제국의 힘을 키우는 과정에서 오늘날 프로방

스라고 부르는 로마 속주 너머의 황무지에서 9년을 보냈다. 당시 로마가 지배한 갈리아에는 오늘날의 프랑스와 남부 네덜란드, 벨기에, 스위스의 대부분, 라인강 서쪽의 독일이 포함된다. 하지만 갈리아는 그토록 넓은 영역에 걸쳐 있었음에도 로마 제국 전체를 혁신하고 개혁한다는 카이사르의 더 큰 목표에서 조연 역할밖에 하지 못했다. 로마는 동쪽으로는 흑해까지 펼쳐진 그리스 제국을 이미 집어삼켰고, 이제 지중해의 남쪽과 서쪽의 주변 지역, 즉 오늘날의 모로코와 알제리, 튀니지, 리비아에서 지배적인 위치에 올라섰다. 그러므로 갈리아는 광대한 제국에 속한 일부였다.

그렇다고 갈리아 전쟁이 무의미했다는 말은 아니다. 갈리아에서 벌인 것과 같은 변경의 군사 활동은 카이사르가 로마에서 벌인 정치활동의 자금원이 되었다. 노획물과 노예 등 정복의 전리품은 꾸준히 남쪽으로 유입되어 동맹군에 보수를 지급하고, 동요하는 세력에게서 충성을 확보하고, 북부 유럽인들을 이탈리아 사회에 끌어들이는 밑천이 되었다. 예를 들면 기원전 57년 카이사르는 벨가이족을 무찔러 5만 3천 명을 잡아들였는데 이들을 일거에 팔아치웠다.[5] 카이사르는 브르타뉴의 베네티족을 격파하자마자 지도층 남성들을 처형하고 남자와 여자, 아이 가릴 것 없이 남은 부족 구성원 모두를 노예로 팔아치웠다. 카이사르는 갈리아에서 금궤를 가득 채우고 북부인들을 이미 다양한 민족으로 구성된 이탈리아 인구에 더하면서 북부 부족들의 정복자이자 그들의 군사 지도자로 알려졌다. 머지않아 로마군은 불가피하게 여러 북부 민족을 용병으로 고용했는데, 로마인들은 그들의 탁월한 전쟁 수행 능력을 타고난 민족적 특징으로 기록하게 된다.

유능하면서도 복합적인 성격의 소유자였던 카이사르는 역사를 만들었고 동시에 민족지民族誌도 써냈다. 제국주의적 목적을 지닌 인류학자로서 카이사르는 훗날 미국인들이 백인의 조상으로 여기게 될 부족들을 가까이에서 관찰하고 분류했는데, 그는 갈리아 전체를 우선 "세 부분으로" 나눈 것으로 유명하다. "그중 하나는 벨가이족의 거주지이고, 다른 하나는 아퀴타니족의 거주지이며, 세 번째는 그들의 언어로는 '켈트인'이라 불리지만 우리말로는 '갈리아인'이라는 불리는 종족의 거주지다."[6] 이때 이미 켈트인과 갈리아인은 로마인이 그들에 관해 말하는 방식에 따라 구분되었고, 점차 이민족의 특성을 나타내는 용어가 되었다. 카이사르가 쓴 게르마니Germani라는 용어는 로마의 지배를 받지 않는 자들에게만 쓰였다. 그렇지만 벨가이족(로마의 지배를 받은 갈리아인)은 약간 더 복잡한 면모를 보여주었다. 그들이 원래 게르마니였기 때문이다. 따라서 다소 성가시게 게르마니라는 용어는 기원전 1세기 무렵부터 600년간 로마 제국 북쪽에 사는 부족들을 지칭하는 이름으로 널리 쓰였다. 로마의 목적에 맞게 정치와 전쟁이 종족 정체성을 규정한 것이다.

카이사르의 고전 『갈리아 전쟁』은 전쟁을 강조했다는 점에서나 갈리아인의 상당한 군사적 용맹함을 존중했다는 점에서 그 제목에 충실하다. 카이사르는 그 용맹함을 규정하는 말을 되풀이한다. "어디서나 학살이 펼쳐졌다." "대량 학살이 이어졌다." "대량 학살이 뒤따랐다."[7] 그렇게 용감한 이민족 전사들을 무찌르려면 대량 학살이 필요했던 것 같다. 갈리아인은 기민하지는 못했어도 매우 잘 싸웠기 때문이다. 카이사르는 이렇게 적고 있다. "갈리아인은 충동적이어서 느닷없이 결정을 내린다." 과연 거구의 강인한 갈리아인은 상대적으로 체구와 키가 작은 로마인을 처음 대면했을 때 어리석게도 자만에 빠졌다. 카이사르는 이렇게 말한다. "갈리아인은 대체로 매우 크고 우리의 가냘픈 체구를 경멸한다." 그러나 크기는 변경에서만 중요했다. 대

• 로마인은 또한 갈리아를 다른 방식으로도, 갈리아 토가타Galia Togata 즉 교화된 갈리아(토가를 입은 갈리아)와 좀 더 야만적인 갈리아 코마타Galia Comata(덥수룩한 갈리아)로 나누었다.

부분의 갈리아인은 전술적 능력이 탁월했던 로마인에게 패배했다.[8]

『갈리아 전쟁』의 마지막 장으로 제일 긴 제7장은 카이사르의 가장 막강한 상대였던 갈리아인 베르킨게토릭스(기원전 46년 사망)의 대대적인 반란을 기록한다.* 카이사르는 기원전 52년 마침내 베르킨게토릭스를 격파했지만, 부족의 자유를 위해 영웅처럼 싸웠다고 그를 치켜세웠다. "자유와 잘 싸우기로 유명했던 이전의 명성을 되찾으려는 바람에서 갈리아 전체가 단합했다."[9] 그러한 영웅담은 질긴 생명력을 가지고 있어서, 19세기와 20세기의 프랑스 민족주의자들은 『갈리아 전쟁』 제7장에 등장한 베르킨게토릭스라는 인물에게서 자신들의 조상이었던 전쟁 영웅, 위대한 "우리의 조상 갈리아인nos ancêtres les Gaulois"을 찾았다. 이러한 표현의 기원은 16세기까지 거슬러 올라간다.** 유명한 프랑스 담배 골루아즈Gauloises만 있는 것이 아니다. 프랑스 만화 『아스테릭스Astérix』는 이보다 훨씬 더 많은 이야기를 들려준다. 『아스테릭스』는 장난을 좋아하는 가상의 갈리아 전사 아스테릭스의 모험을 반백 년 넘게 그려냈다.*** 만화 『아스테릭스』는 1959년 프랑스에서 첫선

- 중부 오베르뉴의 귀족인 베르킨게토릭스는 오늘날의 클레르몽페랑 인근 출신이다. 도시의 중앙 광장에 그의 기마상이 서 있다. 내가 갖고 있는 『갈리아 전쟁』에서 첫 여섯 장은 각각 14쪽에서 31쪽 사이의 분량인데, 베르킨게토릭스와 반란에 관한 제7장은 52쪽에 달한다.
- 1569년 프랑수아 드 벨포레스트가 위그 카페가 프랑크족 귀족들로부터 권력을 되찾은 일을 설명하며 이러한 표현을 사용했다.
- 만화 『아스테릭스』의 주요 등장인물은 프랑스어에 흔한 '크que'라는 접미사와 '릭스rix'로 끝나는 갈리아인 이름의 유사성을 활용한 말장난을 통해 이름이 지어졌다. '아스테릭스'는 별을 뜻하는 프랑스어 '아스테리스크astérique'에서 온 것이고, '오벨릭스Obélix'는 '오벨리스크obélisque'에서, '이데픽스Idéfix'는 '이데 픽스idée fixe(고정관념)'에서, '아쉬랑스투릭스Assurancetourix'는 '아쉬랑스 투르 리스크assurance tour risques(종합보험)'에서, '세토토마틱스Cétautomatix'는 '세토토마티크c'est automatique(자동이다)'에서, '오르드랄파베틱스Ordralfabétix'는 '오르드르 알파베티크ordre alphabétique(알파벳 순서)'에서 나왔다.

을 보인 이래로 백여 개 언어로 번역되었다. 1989년에는 파리 외곽에 놀이 공원 파르크 아스테릭스가 개장되었고, 1965년에는 프랑스 최초의 인공위성 아스테릭스 1호가 발사되었다.

베르킨게토릭스와 그가 이끈 갈리아인의 이야기는 역사를 통해 반향을 일으키고 있다고 할 수 있지만, 이는 단지 프랑스에만 국한된 얘기는 아니다. 우리는 미국사의 여러 국면에서 카이사르의 『갈리아 전쟁』과 유사한 면을 찾을 수 있다. 미국사에서 미국인들은 카이사르의 제국주의적 역할을 수행한다. 미국사의 독자들은 카이사르의 정복 전쟁과 북아메리카의 인디언 전쟁 간에 유사점이 있음을 알 수 있다. 갈리아인 역은 인디언이 맡고, 베르킨게토릭스 역은 세네카족 추장 폰티액과 아파치족 추장 제로니모, 운디드니의 라코타족(수족) 추장 시팅불이 맡는다. 이들은 모두 용맹했으나 패배하고 만다.● 그러나 이 책의 취지로 볼 때 더욱 중요한 것은 카이사르의 『갈리아 전쟁』이 고대 게르만인과 브리턴족●● 부족들을 소개하고 있다는 점이다.

전체적으로 보면 카이사르의 책에서 게르만인에 대해 서술한 부분은 많지 않다. 카이사르는 로마의 지배에 들어온 갈리아 북쪽에 거주하는 이민족들을 생색내듯 간략하게 설명하고 있을 뿐이다. 예를 들면, 카이사르는 게르만인 중에서 가장 큰 부족인 라인강 동쪽의 수에비족을 "무지하고 미개하다"고만 언급하며 수에비족의 떠버리 족장 아리오비스투스 단 한 명만 이름을 거론한다. 아리오비스투스는 자신을 로마의 장군과 동급이라고 여기며 길고 요란스러운 행위로 "자신의 탁월함"을 선언했다. 카이사르는 이

● 영웅적 패배라는 시적인 주제는 19세기에 켈트인에 바쳐진 찬가에 나타난다. 다음을 예로 들 수 있다. Matthew Arnold, *On the Study of Celtic Literature* (1867).

●● 앵글로색슨 민족 이동 이전에 브리튼에 살고 있던 켈트인 — 옮긴이주.

우쭐대는 상대를 비열한 존재로 격하한다. 로마의 제국주의자들이 게르만어를 이해할 수 없었기에 그는 로마인들에게 갈리아어로 말해야 했다.[10] 그외 어떤 게르만인도 개별적으로 등장하지 않기 때문에, 게르만인에 대한 카이사르의 서술은 인류학적 균형을 보여준다.

이를테면 앞서 그리스인들이 스키타이인에 대해 내린 판단과 조금도 비슷하지 않지만, 카이사르는 규율이 부족한 수에비족의 생활방식을 존중하는 것 같으면서도 은근히 경멸한다. 그들은 농사는 거의 짓지 않고 주로 우유와 고기를 먹고 산다. "그들이 누리는 음식과 일상, 억압으로부터의 자유가 그들을 거인처럼 강하고 크게 만든다. 그들은 어릴 때부터 강제나 규율이라고는 모르며 하고 싶은 대로 하며 산다. 그들은 매우 추운 기후에 살면서도 동물의 가죽 말고는 옷을 전혀 입지 않고 지내며, 이마저도 부족해 몸의 대부분을 가리지 못한다. 이들은 강물에 목욕하는 데 익숙하다." 흥미롭게도 카이사르는 수에비족이 안장의 사용을 사내답지 못한 창피한 일로 여긴다고 말한다.

나아가 카이사르는 갈리아인과 게르만인을 구분한 방식에 대한 스트라본의 견해를 되풀이하며 역사에서 더 큰 교훈을 끌어낸다. 카이사르는 이렇게 적는다. "갈리아인이 게르만인보다 더 용맹할 때가, 게르만인에 맞서 군사적으로 공세를 펼칠 때가 있었다." 그러나 로마의 평화pax romana는 정착과 번영을 촉진했다. 정착과 번영은 다시 영향을 미쳐 갈리아인들이 "가난과 결핍, 고난"에서 벗어나게 해주었고, 결과적으로 전사들을 유순하고 군사적으로 무능한 단순한 소비자로 바꿔놓았다.

카이사르에 따르면, 이 문명화와 순화의 과정은 점진적으로 이루어진다. 정복이 이미 갈리아인의 용맹함을 얼마간 파괴했다. 갈리아인의 땅은 정복되었고, 그래서 로마 문화의 중심지들로부터 멀리 떨어져 사는 벨가이족만 여전히 비교적 용맹함을 갖추고 있다고 주장할 수 있다. "벨가이족이 가장 용감하다. 그들은 속주의 문명과 문화에서 가장 멀리 벗어나 있기 때문이다. 상인들이 그들에게 가거나 남자들의 용기를 꺾고 그들을 유약하게 만드는 물품을 가져오는 일은 거의 없다. 게다가 그들은 라인강 너머에 거주하는 게르만인과 아주 가까운 곳에 살며, 지속적으로 그들과 전쟁을 벌인다." 그러한 덫에 빠지지 않겠다고 맹세한 수에비족 게르만인은 남쪽으로부터 포도주 수입을 금지했다. "그것이 남자들을 유약하게 만들고 힘든 일을 견딜 수 없게 한다"고 생각했기 때문이다.[11] 바로 여기에서 야만과 문명 사이의 긴장이라는 카이사르의 핵심 주제 중 하나가 제시되고 있다. 이 주제는 이후 2천 년간 끊임없이 반복해 등장하게 된다.

물론 카이사르는 인종의 관점에서 얘기하지 않았다. 그러한 담론은 몇백 년 지난 뒤에 창안된 것이다. 그러나 게르만인에 대한 카이사르의 묘사는 인종 담론이 지배적이었던 19세기에 튜턴인이 지닌 불변의 특징을 찾는 이론가들에게 도움이 되었다. 이들은 과거를 돌아보며 카이사르가 추적한 갈리아인과 게르만인 사이의 차이를 마치 문화적이라기보다는 인종적인 차이인 듯이, 끊임없이 변하는 것이 아니라 영구적인 차이인 듯이 과장했다. 그들의 말을 곧이곧대로 받아들이지 않으려면, 우리는 카이사르가 뭐라고 했는지 직접 확인해야 한다.

제국주의자로서 늘 군사적 정복에 초점을 맞추어 얘기한 카이사르는 전쟁과 관련된 게르만인의 특징을 강조한다. 카이사르에 따르면, 드문드문 흩어져 살았던 게르만인은 게르만어를 말하든 그렇지 않든 가까이 다가오는 자들이라면 누구든 내쫓으며 변경 지대를 지독하게 약탈했다. 카이사르는 이어 훗날의 인종 이론가들이 좋아할 만하게 게르만인의 성적 윤리와 도덕성, 전쟁을 확실하게 연결했다. 그에 따르면, 게르만인 남자들은 성적으로 경탄할 만한 자제력을 보여주었다. 여자들이 남자들과 함께 살면서 강에서 함께 목욕하고 자그마한 짐승 가죽만을 걸치고 있었는데도, 남자들은 스무 살이 될 때까지 성행위가 금지되었다. 순결은 전쟁과 연관이 있다. 게르만 인은 금욕이 남자를 더 크고 더 용감하게 만든다고 믿었다고 한다. 이는 확실히 성적인 욕구 불만을 유익한 폭력으로 분출시킨 것이다. "각 나라의 국경 밖에서 벌어지는 강탈 행위는 사실상 젊은이들을 단련시키고 그들의 나태함을 줄이기 위한 것이라고 게르만인은 주장한다."[12]

카이사르의 다른 논평은 튜턴주의자들의 전승에 잘 들어맞지 않는다. 전쟁에서 여성이 수행한 중심적인 역할을 생각해보라. 카이사르에 따르면, 여성은 점술가로서 언제 전쟁에 돌입해야 할지를 결정하며, 적과 교전이 시작되면 여성과 아이들은 전사들을 따라 전장으로 가서 그들의 기운을 북돋운다.[13] 훗날의 튜턴주의자들은 전쟁을 성격상 엄밀히 남자의 일로 여겼다.

카이사르의 『갈리아 전쟁』은 또한 브리타니아 주민에 관한 로마 최초의 직접적인 보고서였다. 카이사르는 확실히 브리턴족보다 게르만인에 대해 더 많이 알았지만, 이렇게 지식이 부족했어도 영국해협 건너편의 민족들에 관하여 설명하고 그들을 평가하는 데 아무런 어려움이 없었다. 카이사르는 남동부의 켄트 해안과 템스강 어귀만 가보았다. 그럼에도 그는 내륙에 관하여 확신을 갖고 글을 쓸 수 있었다. 카이사르에 따르면, 내륙의 브리턴족은 수렵채집 생활을 했으며 원주민임을 주장했다. 그들은 고기를 먹고 우유를 마셨으며 짐승 가죽을 걸쳤고 몸에 대청大靑에서 뽑은 푸른색 염료를 칠했다. 그래서 그들은 "전투에서 더 무섭게 보였다. 그들은 머리가 길었고 머리와 윗입술을 제외하고 몸에서 털을 전부 밀었다." 다음으로는 성교 얘기다. 게르만인의 금욕과는 대조되게 브리타니아에서는 "열에서 열두 명의 남자 집단이 아내를 공유했다. 특히 형제간에나 아버지와 아들 사이에서 공유되었다. 태어난 아이는 그 여인을 처음으로 취한 남자의 자식으로 여겨졌다."[14] 브리턴족은 라인강 서안에서 이주해 들어온 벨가이족에 비하면 초라했다. 벨가이족 이주민은 잉글랜드 남부 해안의 원주민을 몰아내고 꽤 문명화한 삶을 살았다. 배로 하루면 닿을 거리에 있는 본토의 갈리아인처럼 평화롭게 농사를 지었다.

카이사르의 『갈리아 전쟁』은 고대 갈리아인과 게르만인을 설명한 선구적인, 최초의 저작으로서 오랫동안 영향을 미쳤다. 앞서 보았듯이 이 책은 다양한 정보를 전하며, 몇백 년 동안 후세에 영감을 주었다. 19세기에 들어서도 꽤 오랫동안 『갈리아 전쟁』은 당시까지 불변의 진실로 여겨진 것의 전거로 인용되었다. 이를테면 라인강이 서로 완전히 다른 민족들을 가르는 경계선이라는 관념이 그렇다. 유감스럽게도 이 관념은 카이사르의 견해를 왜곡한다. 카이사르가 정복과 교역을 설명한 것에 지나지 않은 내용을 인종 간의 타고난 차이로 둔갑시키기 때문이다. 카이사르의 시대에 라인강은 아직 본질적인 차이점에 따라 민족을 구분하는 경계로 생각되지 않았다.

가이우스 플리니우스 세쿤두스 즉 대大 플리니우스(23~79)는 카이사르보다 백 년 늦게 글을 쓴 자로 77년에 『자연사Naturalis Historia』를 완성했다. 2년 뒤 그는 과학자로서 사망했다(그는 폼페이와 헤르쿨라네움을 묻어버린 나폴리 인근 베수비오 화산의 폭발을 목격했다). 『자연사』는 다양한 분량의 37권짜리 책이다. 예를 들면 제7권 '인간'은 오늘날 간행되는 책으로 계산하면 겨우 30쪽밖에 안 된다. 기존의 모든 지식을 종합하고 만물의 본질을 설명하려 한 플리니우스는 그리스와 로마의 권위자들에 크게 의존했다. 제7권에서 플리니우스는 율리우스 카이사르를 "정신의 활력이라는 측면에서 가장 탁월한 인간"이라고 찬양한다.[15] 이 축적된 지식에 플리니우스는 46년부터 게르마니아에서 쌓은 군사적 경험의 성과를 더했다. 그 결과로 나온 것이 영어 번역본으로 전부 다 합해서 600쪽이 넘는 흥미롭고 포괄적인 엄청난 저작이다.

고대와 중세의 학자가 대체로 그렇듯이 플리니우스도 지구를 유럽과 아시아, 아프리카 세 부분으로 나누며, 예상할 수 있는 바이지만 유럽부터 다룬다. 로마가 지배한 그의 유럽, 즉 "모든 국가를 정복한 민족의 터전이요 지금까지 지구상에서 가장 아름다운 지역"은 적어도 세계의 절반을 차지했다. 역시 예상할 수 있는 일이지만, 플리니우스는 고향 이탈리아를 세상에서 가장 좋은 곳으로, "세계의 지배자이자 두 번째 어머니"요 "자연의 왕관을 쟁취한 모든 것을 타고난 가장 아름다운 땅"으로 여긴다. 신들이 세상을 통합하고 세상에 문명을 전하라고, "세계 만민의 유일한 부모가 되라고" 이탈리아를 선택했음에는 의문의 여지가 없었다.[16]

인류 전반에 초점을 맞춘 플리니우스의 책 제7권에는 스키타이인과 그때쯤이면 더 잘 알려진 게르만인이 포함된다. 그들은 전부 식인종이었다. 예를 들면 알프스산맥 너머 게르마니아의 부족들은 "결국에는 인육 먹기로 끝나는 인간 제물 바치기"를 실천하는 잔인한 무리로 묘사된다. 동쪽에서는 "일부 스키타이 부족들이(그들 중 큰 부분을 차지한다) 인육을 먹고 살았다." 플리니우스는 선배인 히포크라테스와 헤로도토스를 참조하여 스키타이인 식인종이 보리스테네스강(드네프르강) 북쪽으로 열흘 여정 거리인 곳에 살고 있다고 보았다. 다른 야만적 관습으로는 인간의 두개골을 잔으로 쓰고 머릿가죽을 "머리털을 밀지 않은 채로 가슴을 덮는 수건으로" 쓴 것을 들 수 있다. 동쪽과 남쪽으로 더 멀리, 드네프르강 너머로 열사흘 여정 거리까지 가면, 사르마티아인 즉 아마조네스가 여전히 살고 있는데 그들은 이틀에 한 번만 음식을 먹는다. 그들 옆에는 "이마 한가운데 눈이 하나밖에 없는 것으로 알려진 부족"인 아리마스피족이 산다. 알바니아에는 시력이 뛰어난 회녹색 눈을 지닌 "어떤 민족"이 있는데, "어린아이 때부터 대머리인 이들은 낮보다 밤에 더 시력이 좋다."[17]

과연 플리니우스의 인간 목록에는 이상한 종족이 엄청나게 많다. 외눈박이 종족 이외에 하나뿐인 발이 너무 크게 자라서 머리 위로 끌어 올려 햇빛 가리개로 쓰는 자들도 있다. 또 다른 종족은 머리가 개를 닮았다. 플리니우스의 생각은 너무도 환상적이어서 1천 년 뒤 중세 잉글랜드의 텍스트들에 각양각색의 인간을 보여주는 그림으로 이 기괴한 사람들이 나온다. (도판 2. 1-4, 기괴한 사람들 참조)

넓디넓은 세상에 기괴한 종족들이 살고 있다는 오싹한 관념은 계몽운동 시대의 과학에도 살아남았다. 18세기 분류학의 아버지인 칼 폰 린네는 식물과 동물의 명명과 분류에 영구적인 토대가 된 혁명적인 체계를 고안해냈다. 그러나 이 선구적인 과학자도 고전이 된 저서 『자연의 체계 Systema naturae』에 기괴한 사람들이라는 범주를 포함시켰고, 괴물은 1775년 요한 프리드리히 블루멘바흐가 박사학위 논문에서 그 존재를 부정할 때까지 인간에 관한 과학적 견해로 계속 수용되었다. 플리니우스의 『자연사』에서 찾아볼 수 있는 관념이 1500년 동안 유지되었다는 사실은 중세 서구 사회의 지적 타성에 관해 많은 얘기를 해준다. 물론 유럽인들이 세상에 대해 더 많이 알게 되면서 플리니우스의 백과사전은 결국 점차 잊혔다. 반면 플리니우스 저작과 동시대에 나온 다른 저작은 지금 시대에 들어선 이후로도 백인종 이론가들 사이에 과학적 진실로서 받아들여졌다.

화려한 저술 이력을 지닌 로마의 역사가 코르넬리우스 타키투스(56~117

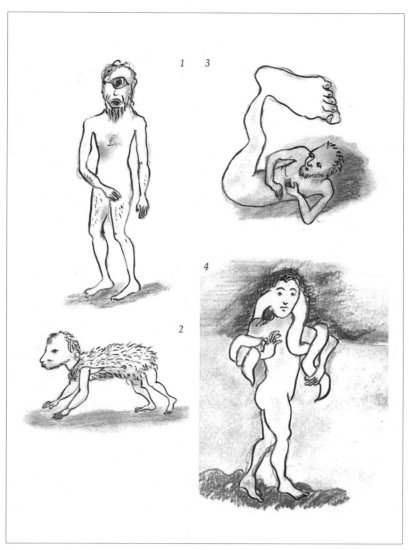

2.1-4 기괴한 사람들: 1 키클롭스, 2 개머리 인간, 3 외발 인간(토마 드 캉탱프레의 글을 토대로 넬 페인터가 그린 그림), 4 큰 귀 인간(영국도서관의 코튼 컬렉션, 티베리우스 필사본에 따라 넬 페인터가 그린 그림)

이후)는 일찍이 보통은 『게르마니아 Germania』(98)로 알려진 『게르만인의 기원과 상태 De orgine et situ Germanorum』라는 제목의 짧은 책을 썼다.* 북부 이탈리아 아니면 남동부 프랑스의 로마 귀족 출신인 타키투스는 뛰어난 연설가이자 저술가였다. 그의 주저 『역사 Historiae』와 『연대기 Annales』는 로마 제국의 역사를 전하며, 상대적으로 중요성이 덜한 저작으로는 『게르마니아』와 자신의 장인인 아그리콜라의 전기, 『대화 Dialogus』라는 제목으로 수사법에 관해 쓴 책이 있다. 고대가 끝나면서 타키투스의 더 중요한 저작들은 사람들이 많이 찾지 않게 되었지만, 백인의 역사라는 틀 안에서 보면 그의 명성은 『게르마니아』에, 더 정확히 말하자면 게르만인의 족내혼에 대해 『게르마니아』가 제시한 견해의 근시안적 해석에 있다.

타키투스는 카이사르의 저작을 답습한다. 카이사르처럼 그는 라인강 서쪽의 상대적으로 더 유순한 갈리아인과 라인강 동쪽의 거친 게르만인을 구분한다. 이주와 정복의 중요성을 인식한 타키투스는 게르마니아라는 말이 최근에 만들어진 것이라는 카이사르의 견해에 동의한다. 타키투스는 다음과 같이 설명하는데 지금 보면 상당히 혼동을 초래하는 말이다. "라인강을 처음으로 건너 갈리아인(오늘날 퉁그리족으로 불린다)을 내쫓은 자들이 당시에 게르마니로 불렸다. 그러므로 한 민족이 아니라 한 부족의 이름이 점차 우위를 차지하여 결과적으로 그들 모두 게르마니로 불렸다. 처음에는 정복당한 자들이 두려움에서 정복자의 이름을 빌려왔고, 이후 그 이름이 만들어지자 게르마니도 자신들을 그렇게 불렀다."[18] 부족들과 민족들을 다소 이상

* 타키투스의 글은 15세기부터 시작하는 독일 민족주의에 이따금 도움이 되지만, 진정으로 널리 인정을 받은 것은 19세기에 독일이 통일된 이후 몇십 년간과 범게르만주의가 퍼진 20세기의 일이다. 게르만인의 순수성이라는 관념은 오늘날에도 아리아인 웹사이트 같은 백인 민족주의자 웹사이트에 계속해서 나타난다. "백인 패권의 문제가 아니다. 인종 순수성의 문제이다."

한 방식으로 구분한 타키투스는 게르마니라고 불린 부족이 로마인이 한때 갈리아인이라고 불렀으나 지금은 퉁그리족이라고 부르는 사람들의 영토로 이동하여 그들을 정복했다고 말한다. 이들 모두 게르만인으로 알려지게 된다. 이 제멋대로인 설명은 실제로 일어난 일을 밝혀주지는 못하겠지만, 이주와 정복, 역사적 변화가 민족 범주의 윤곽에 어떻게 영향을 주는지는 보여준다.

'성스러운 카이사르'에게 그러했듯이 타키투스에게도 전쟁이 가장 중요했다. 이민족 전사들이 로마 제국 군대에 크게 이바지했기 때문이다. 타키투스는 또한 이전 시대의 갈리아인을 강력한 적으로 기억했다. 그러나 이제 그들은 확실하게 정복되어 정착했고 문명을 받아들였다. 포도주 같은 로마의 진미에 익숙해진 갈리아인은 호전적인 남성다움을 잃어버리고 유약해졌다. 한편 당당한 야만인 게르만인은 물욕 때문에 문명의 유혹에 이끌리기는 했어도 전쟁을 치르듯 쌀쌀한 태도를 고수하여 야만족의 활력을 대체로 지켜냈다. "그들은 엄선한 말, 화려한 무기, 장식용 원반과 목걸이 등 이웃 부족들의 개인은 물론 공동체 전체가 보낸 선물을 각별히 좋아했다. 이제 우리는 그들에게 돈을 받는 것도 가르쳤다."[19]

게르만인 남자는 늘 무기를 들고 다녔다. 전투는 그들이 성년이 되어 시민권을 얻었음을 보여주는 징표이기 때문이다. 특혜를 입은 청년들은 평화와 여유로운 생활이 지속되어 게을러질 때면 언제라도 싸움을 건다. 이들은 교역이나 정치가 아니라 싸움을 통해 위신을 높이고 자유인과 노예로 이루어진 대규모 종사단을 부양했다. "밤낮으로 술을 마시는 것은 누구에게도 치욕이 아니다. 취한 자들 사이에서는 흔한 일이듯이 말싸움이 잦으며, 이는 단순한 욕설로 끝나지 않는다. 살인과 유혈극으로 끝날 때가 더 많다." 여기서 타키투스는 약점을, 게르만인 군사 지도자들을 무찌를 더할 나위 없이 확실한 수단을 간파했다. "그들이 바라는 만큼 술을 많이 가져다주어 만취하게 하면, 그들은 무기보다 악습에 먼저 굴복할 것이다."[20]

그럼에도 타키투스에 따르면 게르만인을 정복할 가능성은 크지 않았다. 타키투스는 로마 제국의 정치적 경계를 카이사르보다 더 깊숙한 곳에 그려 제국의 동쪽 끝 먼 곳에 있는 게르만인의 독특함을 강조한다. 나아가 『게르마니아』는 게르만인 부족 간의 여러 가지 차이를 경시하고 대신 모든 소규모 사회의 특징인 자유와 전쟁을 게르만인의 타고난 특성이라고 단언한다.[21] 따라서 로마가 게르만인을 굴복시키지 못한 것은 로마의 결함이 아니라 게르만 특유의 남성다움 때문이다. 그들은 문명의 악습을 피하고 성적으로 금욕하여 뛰어난 정력을 유지한 덕분에 정복을 당하지 않았다. 『게르마니아』에 나타난 전쟁, 남자다움, 무자비함과 같은 이러한 속성들은 현대의 진부한 민족-젠더 시각의 토대이다.

돌이켜보면 타키투스와 카이사르 둘 다 로마 문명의 효과를 비판하고 있는 것이 당혹스럽다. 어쨌거나 광대한 로마 제국은 약 500년간 존속했고 언어와 법률, 건축, 정치에서 서구 세계의 토대를 놓았다. 이 거대한 제국의 저명한 시민들이 어떻게 더럽고 호전적이며 우스꽝스럽게 보이는 북쪽의 이민족을 찬양할 수 있었을까? 귀족 사이에 유포된, 군사적 정복에 기반을 둔 남성다움이라는 관념에 해답이 있다. 이 이데올로기에 따르면, 평화는 인간을 유약하게 만든다. 평화는 남성다움을 약화시킨다. 게르만인의 난폭한 기질은 로마 제국이 잊은 청년의 정력을 떠올리게 했다.

오랫동안 제국 로마의 사치와 타락을 비판한 타키투스는 거친 게르만인에게서 자유를 사랑하는 민족을, 아우구스투스 시절의 더 나은 옛 가치관을 체현한 민족을 발견했다. 그들의 고향은 지저분하고 기후는 혹독했을언정, 그 단순한 사람들은 종종 무질서와 싸움으로 표현되는 자유로움과 카이사르도 기록한 순결함에서 솟아나는 매력을 지녔다.[22] 타키투스가 보기에 야만적인 게르만인의 단순함이 로마의 타락을 이겼다. "모든 가정에서 그들은 벌거벗고 불결했지만 성장하면 우리를 매우 놀라게 한 긴 사지와 큰 체구를 갖추었다. 모든 아이는 어머니의 젖을 먹고 자라며 여자 노예와 유모에게 넘겨지지 않는다. …… 청년 남자에게 사랑은 늦게 찾아오며, 그들의 남자다움은 사랑 때문에 고갈되지 않는다. 처녀들도 재촉을 받지 않는다."[23]

흥미롭게도 도시인이 된 자들은 강인하고 남자다운 이민족을 찬양할 운명을 타고난 듯하다. 카이사르는 일련의 남성 문명인 관찰자들의 선두에 섰다. 가장 유명한 사람으로는 타키투스를 들 수 있다. 이들은 모두 강인한 자와 연약한 자, 강자와 약자, 평화를 사랑하는 자와 호전적인 자를 대비시켰고, 유약한 자로 치부된 문명인을 탐탁지 않게 여겼다. 이 프랑스인을 문명인으로, 독일인을 야만인으로 대조해 보여주는 이러한 진부한 관념은 고대 작가들의 저작에 뿌리가 있다. 그들은 평시에 남성다움이 사라지는 것이 격정스러웠다.

후대의 평자들은 독일인이 남자답다는 주장을 증명하고자 타키투스를 인용한다. 물론 타키투스는 근대적인 의미에서 인종을 얘기하지 않았다. 그 의미는 아직 창안되지 않았기 때문이다. 그러나 그는 확실히 이렇게 썼다. "나로 말하자면, 게르마니아의 주민들이 다른 부족들과의 통혼으로 더럽혀지지 않았고 오로지 자신들만 닮은 독특하고 순수한 민족으로 존재했다고 생각하는 자들의 견해에 동의한다. 결과적으로 그들은 전부 신체의 겉모습이 같다. …… 강렬한 푸른 눈, 황갈색 머리, 크지만 공격에 능한 몸."[24]

게르만인은 왜 순수한가? 격한 민족적 자부심 때문이 아니다. 아무도 원치 않는 곳에 살기 때문이다. "고향이 아니라면 누가 아시아나 아프리카, 이탈리아를 버리고 험한 풍광과 가혹한 기후, 거주하기에나 바라보기에나 황량한 게르마니아를 찾아가겠는가?"[25] 시간이 흐르면서 타키투스의 질문과 답변은 사라지고, 억센 게르만인의 초연함이라는 관념만 남았다.

로마인이 게르만인이라고 부른 자들을 오늘날의 독일인과 확실하게 연결하기는 완전히 불가능하다. 사실이다. 인류는 수없이 이동했기에 2천 년 넘게 과거로 거슬러 올라가 이어지는 분명한 혈통은 없다. 유능한 로마인들조차 갈리아의 속주들 너머 변경에 대해서는 확실한 지식을 갖지 못했다.

카이사르는 이주의 경로를 기록한다. 갈리아로 들어온 게르만인은 곧 벨가이족이 되었고, 벨기에에서 출발하여 영국해협을 건너 정착한 이주민들은 브리타니아 주민이 되었다.[26] 이들의 이주는 기원전 1천 년대와 그 이후의 특징인 훨씬 더 광범위한 현상의 일부였다. 유목민과 반유목민 부족들은 훈족의 압박에 오늘날의 투르키스탄을 떠나 동쪽에서 서쪽으로 이동하여 아시아로부터 육로로 우크라이나를 거쳐 넘어왔다. 서쪽 끝에서는 라인강을 따라 로마 제국 국경에 여러 민족이 몰려왔다. 그 과정은 너무 유동적이어서 부족들은 영토를 두고 내부적으로 또 부족 간에 싸웠으며 그 와중에 생물학적으로 뒤섞여 융합되었다.

우리는 통일 이전(즉 1870년 이전) '독일인'을 단일 언어 집단으로 생각할 수 있지만, 카이사르와 타키투스 시절에 게르만어를 말하는 자들은 오늘날의 폴란드까지, 어쩌면 그 너머에서도 살았을 것이다. 로마인 평자들은 문화적 유형과 신체적 외양에만 주목하고 언어를 게르만인의 특징으로 거론하지 않았다. 언어와 신체, 생활방식 사이에서 게르만인의 정체성은 이미 부조화로 가득했다.

그러한 혼동 탓에 카이사르의 '게르마니'라는 용어는 결국 종교적이고 정치적인 범게르만 정서가 출현할 때까지 버려졌다.[27] 독일어를 쓰는 자들이 11세기에 공통의 이름을 채택했을 때, 그 이름은 '도이치Deutsch'였다. 실제로 '저먼German'은 16세기나 되어야 영어에 나타나 같은 뜻을 지닌 프랑스어 '알레맹Alemain'을 대체했다.[28] 시간이 지난다고 더 명료해지는 것도 아니다. 오늘날 독일연방공화국의 동쪽에서는 작센으로 알려진 동부 독일 지역의 베네티족과 반달족, 이웃의 여러 게르만 부족과 슬라브인의 정체성이 게르만인인지 슬라브인인지를 두고 여전히 격렬한 논쟁이 벌어지고 있다.[29]

여기서 얻을 한 가지 교훈은 전쟁과 제국의 흥망이 정치적 경계를 논란거리로 만들기 쉽다는 것이다. 이는 널리 알려진 사실이다. 게다가 문화적 경계는 확정하기가 훨씬 더 어렵다. 19세기 말 이전에 '독일Germany'을 얘기할 때, 그것은 문화적 관념이자 언어 집단을 뜻했을 뿐이다. 그러나 오늘날 우리는 문화도(이를테면 결혼이나 매장 관습) 언어도 생물학적 혈통의 신뢰할 만한 지표가 아님을 알고 있다. 이름을 붙여준다고 도움이 되지도 않는다. 브랜든 리베라, 매슈 페인슈타인, 타미카 워싱턴 같은 이름들을 거침없이 늘어놓을 수 있다. 혈통보다는 역사와 현재의 문화적 선호도를 반영하는 이름들이다. 극단적인 인종주의자들은 갈색 피부를 지닌 사람들이 영어를 유창하게 말한다는 사실을 인정하기 싫어한다.

호칭의 관점에서 볼 때, 아메리카 원주민과 고대 게르만인 사이의 유사성은 의미가 있다. 로마 제국 밖의 순치되지 않은 게르만인은 다양한 현지 이름으로 자신들을 불렀다. 열거하자면 이렇다. 마르시Marsi, 감브리비Gambrivii, 반딜리Vandilii, 퉁그리Tungri, 에라비스키Eravisci, 오시Osii, 트레베리Treveri, 네르비Nervii, 바타비Batavi, 방기오네스Vangiones, 트리보키Triboci, 네메테스Nemetes, 우비Ubii, 마티아키Mattiaci, 카티Chatti, 우시퍼Usipii, 텡크테리Tencteri,

브룩테리Bructeri, 카마비Chamavi, 앙그리바리Angrivarii, 둘구브니Dulgubnii, 카수아리Chasuarii, 프리시Frisii, 카우키Chaucii, 포시Fosi, 케루스키Cherusci, 킴브리Cimbri, 수에비Suebi(수에비족은 각각 고유의 이름을 갖는 여러 공동체로 나뉜다. 랑고바르디Langobardi, 레우딩게스Reudinges, 아비오네스Aviones, 바리니Varini, 에우도세스Eudoses, 수아르도네스 누이토네스Suardones Nuithones, 헤르문두리Hermunduri, 나리스키Narisci, 마르콤만니Marcomanni, 콰디Quadi, 고티니Gothini, 부리Buri, 아리Arii, 헬베코네스Helvecones, 마니미Manimi, 엘리시Elysii, 나하르발리Naharvali, 리기Lygii, 고토네스Gothones, 루기Rugii, 레모비Lemovii, 수이오네스Suiones). 이 목록은 98년에 쓴 타키투스의 책에 나온다.

그러나 대개 용병으로 로마 사회에 들어간 게르만어 사용자들은 로마의 어법을 채택하여 자신들을 '게르마니'라고 불렀다. 미국의 아메리카 원주민이 '인디언'으로 통합적인 정체성을 만들어야 할 이유를 찾은 것과 마찬가지이다. 라인강 동쪽 로마의 영역 너머 게르만어를 쓰는 다양한 부족은 자신들을 서로 다른 별개의 종족으로 생각했고 제국이 몰락하고 몇백 년이 지나기까지는 공통의 정체성이나 이익에 대한 인식이 없었다.•

로마 제국이 무너지면서, 훗날 '백인'이라고 부르게 되는 사람들에 대한 이야기는 북쪽으로 이동한다. 5세기 중반에서 14세기 르네상스에 이르는 이른바 암흑기 동안에, 끝없는 약탈의 욕구에 사로잡힌 바다의 습격자들이 북쪽 사회들을 혼란에 빠뜨렸다. 이 혼란기의 역사는 많이 남아 있지 않지

• 게르만인 부족들은 1870년 프로이센에 의해 통합될 때까지 계속해서 이동하고 전쟁을 벌이고 서로 뒤섞이고 심지어 소멸하기도 했고 정치적으로 분열했다. 20세기 역사를 통해 알다시피 통일도 게르만인의 경계를 안정시키지 못했다. 독일은 19세기에 프랑스와 폴란드의 땅을 빼앗아 영토를 넓혔지만 제1차 세계대전에서 패배하면서 다시 줄어들었다. 1945년 패배 후에는 나라가 분할되었고, 1949년에 두 개의 별개 국가가 동쪽(독일민주공화국)과 서쪽(독일연방공화국)에 탄생했다. 1990년 독일민주공화국이 몰락하면서 독일은 다시 통일되었다.

만, 삭소네스Saxon(색슨)라는 중요한 이름이 처음으로 등장한다. 이는 잉글랜드 주민이 아니라 유럽 대륙에서 온 이방인 습격자들, 다시 말해 스칸디나비아인, 앙글리(앵글족), 유테스(주트족) 등 로마가 지배한 브리타니아에 도달할 수 있는 모든 이들을 지칭한다. 훗날 '색슨 잉글랜드'라고 부르는 곳의 위대한 창시자인 앨프레드 대왕(849~899)은 자신의 백성을 '엥글리시englisc'라고, 자신은 '앙겔킨Angelcynn'이라고 불렀다.[30] 서쪽에서 브리튼을 공격한 아일랜드인[31]이 스코티Scotti라고 불린 것은 매우 흥미롭다. 북부 유럽 사람들은 안전이 위태롭게 되자 어쩔 수 없이 몸을 웅크리고 남쪽과 동쪽의 도시들에 돈을 퍼부었다.

서쪽에서 군사 지도자들이 싸우는 동안, 기독교 세계 변두리의 중세 도시들과 왕국들이 넓게 퍼진 세계주의적 제국들에서 빛을 발하고 있었다. 교역이 차이를 만들어냈다, 향료와 비단, 면, 염료, 약품, 소금, 그리고 점차 수요가 증가한 설탕의 교역은 물론 사람의 교역이 말이다. 우선 피사와 제노바, 그리고 베네치아의 바다를 항해하는 상인들이 아시아 무역을 장악했다. 1453년 오스만제국이 콘스탄티노폴리스를 점령한 뒤, 베네치아는 서서히 쇠락했다. 서쪽 끝 이베리아반도의 왕국들은 아프리카와 새로이 알게 된 아메리카와의 교역으로 풍요로워졌다. 이탈리아와 이베리아에서는 광대한 교역망을 통해 여러 언어를 사용하고 종교적으로도 다양한 여러 피부색의 사람들 속에서 부와 인간이 만나고 뒤섞였다.

여기에 예속 위에 건설된 풍요롭고 찬란한 세계가 있다. 이탈리아와 이베리아의 제국들에 사는 수십만 명의 사람들은 사실상 자유롭지 않았다. 그들은 끊임없이 번창하는 교역의 품목이었다. 로마 시대와 중세 시대에 이러한 노동자의 교역은 여러 주변부에서 제국의 중심지를 향해 한 방향으로만 이루어졌다. 그리스-로마 시대의 역사가 디오도로스 시켈리오테스가 실마리를 준다. 켈트인은 돈이 없이도 이탈리아 포도주를 살 수 있음을 알아채고 (이들에게는 돈이 없었다) 시장에 노예를 쏟아부었다. 어느 켈트인은 7갤런(약 26.5리터) 가량이 담긴 포도주 항아리 하나와 노예 한 명을 바꾸는 괜찮은 거래를 했다.[32] 다양한 형태의 노예무역으로 수천 명의 북방 이민족, 즉 켈트인과 갈리아인, 게르만인이 부와 권력의 중심지로 흘러들어 과거에 흑해에서 유입된 자들처럼 확실하게 그곳의 유전자 풀을 바꿔놓았다. 북쪽의 가난하고 춥고 외진 곳에 살던 고대의 게르만인은 그렇게 먼 곳에서 물밀듯이 들어오는 사람들을 본 적이 없다. 게르만인 부족 영토는 남쪽의 부유한 중심지와 비교하면 상대적으로 봉쇄된 곳이었지만, 로마 세계와 이를 뒤이은 세계는 많은 불운한 이민족들의 후손들을 뒤섞었다.

베네치아와 이베리아반도의 이와 같은 천 년에 걸친 패권은 지난 200년 간에 걸쳐 형태를 갖춘 미국 백인종의 역사에서는 전혀 보이지 않는다. 오히려 극단적 인종주의의 역사는 타키투스의 고대 게르만인과 삭소네스라고 부르는 중세 게르만 영웅들에 의존한다. 인종 담론은 유럽의 초기 노예제와 이에 수반된 뒤섞임을 무시하며, 오늘날의 독자들에게 백인 노예라는 관념이 당치 않다고 생각하게 한다. 그러나 오늘날 우리가 유럽이라고 부르는 곳에서 대다수 노예는 백인이었고, 이는 놀라운 일이 아니었다.

3
백인 노예

미국인이 지닌 백인성 관념의 핵심에는 자유 개념이 놓여 있다. 따라서 노예제 개념은 언제든 어느 사회에서든 인종의 차이를 상기시키며, 자유인과 노예 사이에 영원한 인종의 간극을 만들어 놓는다. 좋은 도서관이라면 이러한 논리를 구현하는 아프리카 노예에 관한 문헌이 서가를 몇 미터에 이를 정도로 채우고 있을 것이다. 그러한 문헌은 백인 노예에 관한 문헌에 비하면 거의 끝도 없는 것만 같다. 미국에 이어져 내려온 노예제가 백인 노예라는 주제를 덮어 가렸기 때문이다. 로마 제국의 노예제는 주로 영화와 역사소설을 통해 되살아나지만, 중세의 바이킹은 실제로 뛰어난 노예 상인이었음에도 전혀 그렇게 기억되지 않는다. 민족들이 대대적으로 혼합된 유럽의 주민 정착 과정을 이해하려면, 인간의 이동을 촉발한 큰 동인인 바이킹을 반드시 고려해야 한다.

바이킹은 5세기에서 11세기까지 북부 유럽과 러시아를 수백 차례 더 습격하여 가는 곳마다 약탈하고 수천 명씩 노예를 잡아들였다. 노예가 된 자들을 파는 과정에서, 노브고로트 같은 정착지 주변(바이킹은 돈강과 볼가강, 드네프르강을 따라 잡아들이거나 구매한 사람들을 그곳에 모아놓고 각지에 팔았다)과 브리스틀과 더블린(독일 출신의 불운한 자들을 이베리아반도를 거쳐 그곳에 데려 왔다)에 상설 시장이 섰다. 더블린은 11세기에 유럽 최대의 노예 시장이었 다고 한다. 바이킹의 노예무역은 동쪽을 향했든 서쪽을 향했든 북부 유럽 노예들을 인접 지역이나 부유한 지중해 지역으로 퍼뜨렸다.[1]* 이러한 노예 사업은 유럽의 형세를 바꿔놓았다.

역사상 가장 유명한 브리튼의 노예는 중세 초의 패트릭이다. 본명이 수 카트인 아일랜드 수호성인 패트릭은 중세 북유럽 노예무역의 적절한 사례 가 된다. 패트릭의 아버지는 373년이나 389년쯤 아니면 456년쯤에 로마 제국의 브리타니아 서해안 인근에서, 어쩌면 갈리아에서 지역 관료이자 교 회 부제를 지낸 것으로 보인다.[2] 패트릭의 삶은 많은 부분이 여전히 베일 에 가려져 있지만, '퍼트리션patrician(귀족적인)'에서 따온 그의 세례명 '패트 릭'은 도드라져 보인다. 패트릭이 결코 평범한 노예가 아니었음을 확인하 는 것이 매우 중요하다. 4세기 유럽인은 사회의 비천한 자들에 대해 노골적 인 고정관념을 지녔기 때문이다. (그러한 고정관념은 몇백 년 뒤에 대양 너머에 서 '삼보Sambo'로 다시 나타난다.) 앵글로색슨 문헌과 노르웨이 고문헌은 웨알 흐wealh(웨일스인, 노예)를 술고래에 성적으로 공격적이라고 기술하며, 햇빛 에 노출되어 머리와 피부가 검어진 웨일스인과 켈트인이 대개 가무잡잡하 다는 관념은 노예에 색깔을 입히는 전형적인 방식으로 널리 퍼졌다.** 노르

- 아이슬란드의 락스다일라 사가는 바이킹의 습격에 사로잡힌 아일랜드 공주 멜코르카의 이야기를 전한다. 멜코르카는 노르웨이 노예 시장에서 매매되어 노예로서 다시 아일랜 드로 끌려갔다.
- 19세기 말 인류학은 여전히 검은색을 아일랜드인과 짝짓는다. 이 책 제15장에서 논하는 인류학자 존 베도의 '검정 지수Index of Nigrescence'를 보라.

웨이 고문헌의 아이슬란드 시 「릭스툴라Rigsthula」에서 스렐thrall(노예)은 햇볕에 그을린 더러운 사람들로 나타난다. 그 아이들은 못생겼고 잘 다투며 게으르고 수다스럽고 교활하다고 묘사된다.[3] 영웅적인 인물 성 패트릭이 노예가 된 과정은 당시 노예무역의 전형적인 사례이지만, 그는 이 더러운 무리에서 빼내야 했다.

어쨌거나 열대여섯 살 된 패트릭은 노예 사냥꾼의 도달 범위 안에 살았던 수많은 동시대인처럼 바이킹 습격자들에 희생되었다. 그들은 패트릭을 고향에서 먼 곳으로 데려갔다. 패트릭은 아마도 오늘날 아일랜드의 앤트림 카운티였을 곳에서 6년간 양치기와 농장 노동자로 일하다 탈출했다. 그는 신이 개입한 덕분이라고 생각했다. 그 탈출로 패트릭이 평생의 소명을 찾게 된 것은 분명하다. 그는 30년간 이교도인 아일랜드인들을 기독교도로 개종시키는 전도 사업에 종사했다. 그의 사망 연도는 출생 연도처럼 지금도 확실하지 않다. 461년이나 490년, 아니면 493년으로 추정되고 있다. 그러나 전승에 따르면 그의 사망 일자는 정확하다. 널리 기려지는 3월 17일이다.* 영국 제도가 평온해지기까지는 500년이 더 흘러야 했다.

다른 곳과 마찬가지로 앵글로색슨족의 브리튼에서도 노예는 귀중한 재산으로 노예 한 명당 황소 여덟 마리에 해당하는 값어치가 있었다. 아일랜드에서 여자 노예 한 명은 오늘날의 달러나 유로처럼 통화의 단위였다.[4] 게다가 앵글로색슨족의 브리튼에서 노예제는 단지 잡혀온 자들에게만 적용되지는 않았다. 고대 트라케인의 경우처럼 노예 신분은 세습될 수 있었기 때문이다. 얼마나 많은 브리튼의 빈민이 자신과 자녀를 노예 신분으로 팔았는지 알 수 없지만, 그 숫자는 틀림없이 상당했을 것이다. 이를 개혁하려는

• 아일랜드에서 패트릭의 기일인 3월 17일은 국경일이다 — 옮긴이주.

시도가 거듭되었기 때문이다. 성공했는지는 확실하지 않지만 앨프레드 대왕과 카뉴트(1016~1035)는 특히 여자아이들과 관련하여 노예제를 제한하려 했다. 그렇지만 11세기 브리튼 주민의 10분의 1가량이 노예가 된 것으로 추산된다. 잉글랜드 남서부의 웨스트 컨트리에서는 이 비율이 5분의 1로 높아진다.[5] 노예는 영국 제도의 경제에 너무나 깊이 침투해서 상당히 부유한 단체였던 가톨릭교회는 아주 많은 노예를 소유했다.[6]

1066년 노르만의 정복과 뒤이은 잉글랜드의 통합으로 브리튼은 지역의 군사 지도자와 바이킹에 의한 노예사냥에 덜 노출되었다. 그러나 비교적 평화로웠다고 해도 세습 노예 신분이 사라지지는 않았다. 농노제가 노예제를 대체했기 때문이다. 농촌 주민의 40~50퍼센트가 세습적인 예속 상태에 머물렀다. 잉글랜드에서는 어느 때든 간에 약 200만 명에 달했다.[7] 브리튼의 경우는 규모가 훨씬 더 컸을 것이다.

중세에는 누구도 노예무역을 피할 수 없었다. 바이킹과 이탈리아 상인, 오스만제국 상인은 붙잡아 온 자들을 먼 곳으로 데려가 팔았기 때문이다. 부유한 이탈리아로 많은 노예가 들어왔는데 다수가 아시아 출신이었다. '타타르인'이라고 뭉뚱그려 칭했던 그들은 러시아인이나 체르케스인(캅카스인), 그리스인, 무어인, 에티오피아인이었을 것이다. 바이킹 노예상인도 소아시아의 유대인과 시리아인 상인과 결탁하여 러시아의 타타르인 노예와 폴란드와 독일의 다른 노예를 서쪽으로 끌고 가서 갈리아와 이탈리아에서 팔았다. 동시에 아랍 상인은 북아프리카 노예를 이베리아반도로 데려가 팔았다.

거세 소년도 이 사업의 일면이었다. 거세의 중심지(거세 소년 '제조 공장')는 프랑스의 베르됭과 시칠리아에 있었다. 그리스를 제외하면 지중해 지역 대부분에서 거세 소년을 아주 잘 썼다. 그래서 거세 소년 시장은 축소되기는 했어도 1900년 무렵에나 사라진다. 동쪽으로 더 가보자. 국제적인 상업 중심지인 베네치아는 15세기 중반까지 노예를 포함하여 모든 동방 산물의 시장을 통제했다. 제노바와 베네치아가 노예무역을 장악했고, 베네치아는 시장에서 판매되는 모든 노예에 인두세를 부과했다. 1414년에서 1423년 사이에 베네치아에서는 적어도 1만 명의 노예가 팔렸다.[8]•

이러한 체제는 잘 유지되었지만 16세기에 노예 가격이 상승하고 이탈리아 도시국가들이 경제적으로 쇠락하면서 사실상 노예무역에서 사라졌다. 그때쯤이면 오스만제국의 흑해 점령으로 이탈리아 상인들이 노예 공급처로 갈 수 없었고 많은 베네치아인이 생계 수단을 잃었다. 노예가 가격이 올라 사치품이 되면서, 이탈리아 무역은 신체 강건한 노동자에서 잘생긴 청년, 특히 사춘기 소녀로 방향을 바꾸었다. 유럽인의 외모를 지닌 여성이 더 매력적으로 보여 강인한 타타르인 여성보다 더 높은 가격을 받았다. 보기 드물게 아름다운 소녀는 대단히 높은 가격으로 평가되었다. 예를 들어, 1459년 베네치아의 어느 노예 중개상은 메디치 가문의 교황에게 "얼굴이 아주 곱지는 않아도 외모가 괜찮은" 열일고여덟쯤 된 체르케스인 여자를 구해주었다.[9] 노예 신분과 아름다움을 겸비한 이러한 경우는 당연히 환영받을 만한 매물이었으며, 유럽인의 상상 속에서 종종 오스만제국 하렘과 연결되어 오래 지속된다. 반대로 브리튼에서는 예속의 이미지보다 자유라는 관념이 사람의 마음을 더 끌었다.

• 이탈리아의 노예 시장은 소수의 매우 젊은 남자와 더불어 매우 젊고 힘센 여자와 소녀를 요구했다. 노예는 고대부터 존속한 두 개의 주요 시장에서 공급되었다. 아조브해의 돈강 어귀에 있는 타나(타나이스)와 크림반도의 흑해 연안에 있는 카파(페오도시야)였는데, 두 곳 모두 제노바의 무역 식민지였다. 흑해의 이 두 시장에 다양한 상인과 노예가 몰려들었다.

노예제는 영국인의 정체성이라는 관념에서 두드러진 특성을 드러낸다. 심지어 영국의 국가나 다름없는 노래는 이렇게 단호히 선언한다. "브리튼 사람은 결코 노예가 되지 않으리."• 심리학자들은 강한 어조의 이 선언에 종종 '거짓말 단서'라는 꼬리표를 붙여준다. 감추어진 것을 암시한다는 말이다. 그 꼬리표는 이 경우에 잘 들어맞는다. 왜냐하면 앞서 보았듯이 잉글랜드인 남자와 여자는 노예가 된 적이 있기 때문이다. 대니얼 디포가 1719년에 발표한 인기 소설 『로빈슨 크루소』의 영웅이 노예상인이었을 뿐만 아니라 배가 난파하여 섬에 조난당하기 전에 모로코에서 2년간 노예 생활을 했음을 떠올릴 수 있다.[10] 크루소의 이야기에서는 백인 노예의 오래된 이야기가 상대적으로 최근의 현상인 아프리카에서 아메리카로의 노예무역과 결합한다.

『로빈슨 크루소』의 한 장 "노예 생활과 탈출"에서 크루소는 서아프리카 해안으로 가던 중이었는데 모로코의 살레에서 온 해적들이 배에 타고 있던 사람들을 모조리 노예로 잡아간다.•• 이어 크루소는 살레에서 해적 선장의 노예로 2년을 보내다가 노예 소년 무리에 끼어 탈출했다(크루소는 그들을 "우리 노예들us slaves"이라고 불렀다). 탈출 경로가 아프리카에서 브라질로 가는 항로와 교차했기에 그들은 어느 포르투갈 노예상인에게 구조된다.[11]

백인 노예와 흑인 노예를 매매했고 백인과 흑인의 노예가 되었던 크루소의 복잡한 경험은 당시에 그렇게 이례적이지 않았다. 17세기 중엽까지도 해마다 약 3천 명의 브리튼 사람이 북아프리카에서 강제 노동을 경험했다. 아프리카에서 서반구로의 무역이 기세를 더하고 있었고 크루소가 그로부

• 「Rule Britannia」를 말한다 — 옮긴이주.
•• 해적의 본거지로 유명한 살레는 모로코의 수도 라바트 옆 대서양 연안에 있다.

터 이익을 얻고 있을 때였다.* 서구 노예제에 얽힌 방대한 이야기가 1천 년 넘게 주로 백인에 관한 이야기였다는 사실은 독자에게 충격으로 다가올 것이다. 인종이 아니라 지리가 결정적인 요인이었다. 백인 노예는 다른 모든 곳의 취약한 이방인들처럼 가까운 곳에서 잡아들일 수 있었다.[12]

그리고 설탕이 지중해를 통해 유럽에 들어왔다. 그 역사는 공통기원 원년에 이르기 한참 전에 뉴기니 사람들의 사탕수수 재배에서 시작하여 동남아시아와 중국, 인도, 페르시아로의 확산으로 이어진다. 7세기에 무슬림이 중동을 점령하면서 지중해에 설탕이 들어와 "쿠란 뒤에 설탕이 따라온다"는 진부한 표현이 생겼다. 무슬림이 시리아와 팔레스타인, 이집트, 로도스, 몰타, 크레타, 키프로스에 사탕수수를 심었기 때문이다.[13] 북유럽인은 동부 지중해에서 십자군 전쟁을 수행하는 와중에 이 중독성 식품을 맛본 뒤 매우 좋아하게 되었다. 그렇게 또 다른 이야기가 시작된다.

설탕은 1000년 무렵 식민주의와의 연계 속에서 중세 서유럽에 들어왔다.[14] 훗날의 미국인들에게 익숙한 방식으로, 베네치아는 주로 사탕수수가 잘 자라는 베네치아 식민지 크레타와 키프로스에서 자유민과 노예, 소작농이었던 이탈리아인과 그리스인, 불가리아인, 튀르크인, 타타르인 농장 노동자들이 생산한 설탕을 가공하고 판매했다. 1300년대 중반 흑사병으로 노동력이 부족해진 뒤, 동부 지중해의 기독교도 십자군 왕국들은 점차 노예에 의존했다. 아드리아해 동부 해안—유럽의 노예해안—의 십자군 왕국들 인근 발칸반도에서 차츰 많은 사람을 잡아들이면서 '슬라브Slav'라는 낱말이 '노예slave'로 바뀌었다. 그리스와 불가리아, 소아시아, 흑해 지역에서 온 정체불명의 노예 집단이 튀르크인의 정복으로 공급 사슬이 망가질 때까지

• 16세기에서 18세기 사이에 대략 125만 명의 북유럽 기독교인이 남부 지중해와 동부 지중해에서 노예가 되었다.

서유럽인의 식탁을 위해 사탕수수를 재배했다.[15]

15세기에 오스만튀르크가 콘스탄티노폴리스, 발칸반도, 사탕수수 재배 섬인 크레타와 키프로스를 아우르는 동부 지중해를 점령하면서 그 지역은 서유럽과 단절되었고 북유럽으로 이어진 기존의 교역로도 폐쇄되었다.[16] 교역로가 닫히면서 설탕과 향료, 노예의 무역이, 그리고 뒤에 나오는 장 샤르댕의 여행기에서 곧 보겠지만 온갖 종류의 사치품 무역이 영향을 받았다. 베네치아는 동쪽 교역의 관문이라는 그 역할이 끝나면서 점차 북유럽인의 시야에서 사라졌다. 이제 단지 낭만적인 여행지이자 미술품 시장으로만 남았다. 이 부유하고 강력한 제국이 미국의 인종 이론에는 등장하지 않지만, 그 다문화적 이미지는 셰익스피어의 『오델로』와 『베니스의 상인』에 남아 있다.

설탕 시장은 다른 공급지와 다른 노예들도 요구했고, 이로써 서쪽 끝의 유럽인이 자극을 받아 주도권을 쥐게 된다. 우리는 여전히 항해 왕자 엔히크(1394~1460)를 선구자로 알고 있다. 그렇지만 항해 왕자라는 이름이 적절하지는 않다. 엔히크 자신은 먼 곳으로 항해한 적이 없기 때문이다. 대신 그는 포르투갈의 뱃사람들을 대서양과 서아프리카 해안을 따라 내려보내 마데이라와 상투메 같은 섬에 사탕수수를 심게 했고 그 과정에서 아프리카로부터 자신들이 발견하여 브라질이라는 이름을 붙이게 되는 땅으로 대서양 해류가 흐른다는 사실을 알아냈다. 곧이어 아메리카, 특히 카리브해의 섬들은 매우 생산적인 곳으로 드러나 설탕 제조는 아메리카와, 그리고 아프리카 노예와 동의어가 되었다. 아프리카인 노예로 운영되는 이 새로운 플랜테이션 농장은 지중해와 발칸반도의 노동력으로 이루어진 유럽의 설탕 생산 역사를 대부분 감추었고, 그 결과 개념상의 커다란 간극이 생겼다. 그렇지만 시칠리아의 시라쿠사에는 아직도 구도심 성벽에 "설탕 노동자의 문"이 표시되어 있다. 이는 서유럽에서 설탕과 노예제가 결합되었다는 중대한 사실을 보여준다.[17] 담배와 관련된 비슷한 결합은 아프리카인이 아니라 유럽인을 영국령 아메리카 최초의 부자유 노동자로 만들었다.

그러나 서쪽으로의 이동이 백인 노예제의 종식을 알리지는 않았다. 영국이 여전히 움직이고 있었기 때문이다. 급증하는 인구, 종교 전쟁과 왕조 전쟁, 아일랜드인 민족 정화, 범죄 증가에 대한 두려움 때문에 영국은 유럽 제국주의 국가들 중 주민을 배에 태워 먼 곳으로 보내 노예로 삼는 데 단연 으뜸이었다. 최초의 발상은 포르투갈의 항해로부터 얻었다. 포르투갈은 네덜란드에 밀려 세계 최고의 원거리 항해자라는 위치에서 밀려나기 전까지 아시아의 식민지에 자국 아이들을 조금씩 배에 태워 보냈다.[18] 미성년 부랑자와 납치된 자, 기결수, 영국 제도의 노예계약 노동자가 아메리카에서 법률상 여러 상이한 이름으로 다양한 기간 동안 일했으나, 가혹한 삶을 생각하면 그들은 대니얼 디포의 말마따나 "노예라고 부르는 것이 더 적절했다."* 속박

• 디포가 1722년에 발표한 소설 두 편은 버지니아로 보내진 영국인을 다룬 것으로 제목이 줄거리를 드러낸다. 『유명한 몰 플랜더스 등의 행운과 불행. 그는 뉴게이트에서 태어났고 60년간의 생애 동안 아동기를 제외하면 12년간은 매춘부였고 다섯 남자의 아내였으며(그중 한 번은 남자 형제의 아내였다) 12년간은 도둑이었고 8년간은 죄수로서 버지니아로 이송되어 지내다 마침내 부자가 되었고 정직한 삶을 살다가 죽을 때 참회했다. 그녀 자신의 비망록을 토대로 썼다.』『속칭 잭 대령이라고 부르는 진정으로 존경받을 만한 자크 대령의 매우 놀라운 삶과 엄청난 경험의 이야기. 그는 신사로 태어났으나 소매치기에게서 기술을 익혀 26년간 도둑으로 살다가 납치되어 버지니아로 끌려갔고 상인으로 돌아왔으며 네 명의 매춘부와 다섯 차례 결혼했고 전쟁에 참여했고 용감하게 행동하여 진급했으며 어느 연대의 대령이 되었고 잉글랜드로 돌아와 슈발리에 드 생조르주의 운명을 따라 프레스턴 반란에 휘말렸고 선왕으로부터 사면을 받았으며 지금은 연대장으로 차리나를 섬겨 튀르크인에 맞서 싸우면서 경이로운 삶을 완성하고 있다. 그는 장군으로 죽기로 결심했다.』

된 잉글랜드인과 스코틀랜드인, 아일랜드인은 17세기와 18세기에 처음에는 바베이도스에서, 뒤이어 자메이카에서, 그다음에는 북아메리카, 특히 버지니아와 메릴랜드, 펜실베이니아에서, 즉 아메리카 곳곳에서 중요한 노동력을 제공했다. 1618년 런던시와 버지니아 회사는 떠돌이 아이들을 보낸다는 협약을 체결했다. 런던은 관세지불인도shipment on the Duty 조건으로 회사에 일인당 5파운드를 지불하기로 했다. 그래서 그 아이들의 별명이 '듀티 보이스Duty boys'였다. 이 집 없는 아이들은(4분의 1이 여자아이였다) 애초에 도제 수업을 받을 것으로 추정되었지만 한 명당 담배 20파운드에 팔려 야외 노동에 투입되었다.[19]

첫 번째 수송에서 100명의 집 없는 아이들이 1619년 부활절 전후로 버지니아에 내렸다. "스무 명 남짓의 니그로"가 도착하여 아프리카계 미국인의 선조가 된 상징적인 사건이 벌어지기 약 넉 달 전이었다. 그렇게 명백한 노예계약 노동자였던 아프리카인과 브리튼인은 주인의 완벽한 통제 속에 살았고 언제라도 가재도구처럼 팔릴 수 있었다. 사업에 여념이 없던 버지니아 회사는 "신부 배bridal boat"에 가난한 여성들을 태워 버지니아와 메릴랜드에서 담배 120파운드를 받고 팔았다.

17세기의 그 시점에 브리튼인 남녀는 미국 담배 농장에서 아프리카인보다 많았다. 버지니아의 정착민 숫자가 약 1만 1천 명이었던 17세기 중반에도 아프리카인은 대략 300명뿐이었다. 아프리카인, 잉글랜드인, 스코틀랜드인, 아일랜드인 가릴 것 없이 이들 중 누구도 계약 기간을 마치는 행운을 누리지 못했다. 1619년에서 1622년 사이에 브리튼에서 배를 타고 넘어온 300명의 아이 중 고작 12명만이 1624년에도 여전히 살아남아 있었다.[20]

강제로 이송된 자들은 결국 대부분 체서피크만으로 갔으나, 매사추세츠도 제몫의 부자유인을 가져갔다. 뉴잉글랜드°의 초기 청교도 중 5분의 1은 노예계약 노동자였다. 그중 여덟 명은 1620년 메이플라워호를 타고 바다를 건너던 중에 죽었다. 매사추세츠 총독 존 윈스롭은 1630년에 이렇게 철학적으로 설명했다. "전능하신 하느님이 거룩하고 현명하신 섭리에 따라 인류의 조건을 언제라도 어떤 이는 부유하고 어떤 이는 가난하게, 어떤 이는 권력과 지위에서 높고 뛰어나게 어떤 이는 비천한 예속에 처하도록 처리하셨다." "비천한 예속"에 처한 청교도는 어느 종족에 속했든 불운한 다른 모든 이들처럼 버지니아에서 노예 신분으로 팔릴 수 있었고 실제로 팔려나갔다.[21] 올리버 크롬웰 정부는 아일랜드 가톨릭교도의 반란을 진압하는 수단으로 사람들을 해외에 노예계약 노동자로 팔기 시작했다. 1648년에서 1655년 사이에 약 1만 2천 명의 정치범을 바베이도스에 팔았는데, 그곳에는 1627년 이래로 자발적인 도제 계약 노동자들이 건너가 일하고 있었다.[22] 17세기 북아메리카에서 야외 노동은 백인 하층 계급의 역할이었다.

이렇게 비자발적인 자들을 수송하는 것은 이문이 큰 사업이었다. 그리고 이 사업은 오래 지속되었다. 죄수가 넘쳐나자 의회는 1718년 수송법을 통과시켜 기결수를 북아메리카 식민지로 추방하는 것을 허용했다. 이 법에 따라 수만 명이 끌려갔다. 기결수는 거의 인간 취급을 받지 못했고 이미 '크래커cracker(백인 빈민)'로 알려졌으며 '인간쓰레기'로 여겨지기 일쑤였다.[23] 이를 혐오한 식민지 정착민들을 설득력 있게 대변한 벤저민 프랭클린은 기결수를 받는 대가로 아메리카 주민들이 본국에 같은 숫자의 방울뱀을 보내야 한다고 주장했다. 이러한 수송이 시작된 이후 미국혁명에서 끝날 때까지,

---

• 미국 북동부 지방. 메인, 뉴햄프셔, 버몬트, 매사추세츠, 코네티컷, 로드아일랜드의 6주에 걸친 지역으로 명칭이 말하고 있듯이 영국계 이주민이 다수를 차지하고 있다. 버지니아가 남부 식민의 중심이었다면 뉴잉글랜드는 북부 식민의 중심이었다 ─ 옮긴이주.

약 5만 명의 기결수가 강제로 영국령 북아메리카로 이송되었다.[24] 미국 독립 직후, 영국은 다른 출구가 필요했고 기결수를 오스트레일리아로 보내기 시작했다. 이는 90년 동안 계속되었다. 그 관행이 중단된 1868년까지 약 16만 명이 이송되었다.

요컨대, 18세기에 아프리카인 노예무역이 호황을 이루기 전에 서반구의 영국 식민지로 이주한 초기 백인 이주민은 절반 내지 3분의 2가 부자유한 노동자였다. 약 30만 명에서 40만 명에 달했다.[25]• 18세기는 하나의 인종을 흑인으로, 흑인을 노예로 바꾸는 오늘날에 익숙해진 방정식을 만들어냈다.

• 흑인 노예제를 백인의 죄과라는 관점에서 보아야 하는 괴로움과 흑인들의 시정 요구에 분개하는 오늘날의 백인 민족주의자들은 미국인들에게 백인 노예제의 역사를 상기시키려 한다. 예를 들면 마이클 A. 호프만 2세의 『그들은 백인이었고 또한 노예였다*They Were White and They Were Slaves*』는 이러한 항의로 시작한다. "오늘날, 노예가 된 우리의 선조 수백만 명의 고초는 전혀 애도를 받지 못한다. 200년간의 아메리카 백인 노예제는 미국인의 집단 기억에서 거의 철저히 지워졌다." 호프만은 역사 연구를 토대로 삼았음에도 백인 노예에 관한 정보를 대중에게 감추었다는 이유로 전문가들과 언론사들을 비난한다.

4

아름다움의 이상으로서의 백인 노예

18세기에 유럽에서 인종학이 발달하면서, 영향력 있는 학자들의 인류학 저작에서 두 종류의 노예제가 언급되었다. 주로 아프리카인과 타타르인 등 짐승처럼 일하는 노동과 연관된 자들은 거의 언제나 흉하게 등장하는 반면, 흑해 지역의 체르케스인, 조지아인, 캅카스인 등 성적 매력을 드러내는 여성들은 아름다운 인간의 전형으로 여겨졌다. 19세기가 되면 유럽과 미국의 미술에서 '오달리스크' 즉 백인 여성 노예는 종종 섹스의 상대가 될 수 있는 젊고 아름다운 나체의 여자로 나타난다. (오달리스크는 비록 백인종의 과학적 역사에서는 어떤 역할을 했는지 대체로 잊혔지만, 미술사에서는 나체화로서 여전히 역할을 하고 있다.)

말할 필요도 없지만, 이 초기 학문은 아프리카인과 점차 칼미크인이라고 부른 타타르인을 추하다는 점에서 짝지었기에 민족지학적으로 부정확하다. 그러나 어떤 이는 추하게 묘사하고 어떤 이는 아름답게 묘사한 것은 분명히 민족지학적 일관성보다 훨씬 더 중요해 보였다. 노예제와 인종 분류 간의 관계는 아름다움의 규범을 백인성의 역사 속에 곧바로 들여

온다.

알려진 것 중 가장 이른 인간 분류표인 "지구에 사는 여러 인종에 따른 새로운 세계 구분Nouvelle division de la terre par les différentes espèces ou races d'hommes qui l'habitent"을 보자. 원래 이는 1684년 4월 파리 프랑스 과학아카데미의 정기 간행물에 익명으로 발표된 것이다. 저자는 여행가이자 인도 무굴제국 마지막 황제의 개인 의사였던 프랑수아 베르니에(1625~1688)로 밝혀졌다. 베르니에는 네 가지 지리적 구분에 따른 특이한 분류법을 제시했다. 이후의 수많은 다른 인종 분류표보다 특별히 더 이상하지 않았다.

서구 문헌에서 일반적으로 그러하듯이, 베르니에의 네 인종은 유럽에 높은 위치를 부여하며 북아프리카와 아시아, 멀리 태국과 인도네시아까지 포함하는 광대한 영역에 퍼져 있다. 어떤 이유 때문인지는 몰라도 "러시아의 일부" 즉 모스크바 주변 지역은 제외되었다. 더 이상한 것은 아메리카 원주민이 대체로 유럽인인 베르니에의 첫 번째 인종에 속한다는 것이다. 두 번째 인종은 사하라 사막 이남 아프리카에 사는 사람들이며, 세 번째는 러시아와 동남아시아, 중국에 사는 사람들, 타타르인을 포함하여 중국과 러시아 사이의 광대한 땅에 사는 사람들, 비옥한 초승달 지대 주변 전역과 레반트에 사는 사람들이다. 조지아인과 러시아인, 타타르인, 우즈베크인, 투르크멘 전부 세 번째 인종에 속했다. 네 번째 인종은 사미인*뿐이었다. (인종 이론가들은 사미인을 어떻게 해야 할지 여전히 난감해한다.)

왜 이렇게 이상하게 분류했을까? 베르니에의 답변은 적어도 부분적으로는 신체의 외양에 있는 것 같다. 세 번째 인종(아시아인)은 피부색에서 "정말

---

* 북유럽의 스칸디나비아반도 북부와 콜라반도 등 러시아 백해 이서 지역의 북극권 지역에 거주하는 소수민족 — 옮긴이주.

로 하얗지만 어깨는 넓고 얼굴은 납작하며 코는 작고 뚱뚱하고 돼지 눈처럼 작은 눈은 길고 깊게 들어앉았고 턱수염은 세 가닥뿐이다." 사미인은 "발육이 부진한 작은 인간들로 다리가 굵고 어깨가 넓으며 목은 짧고 얼굴은 엄청나게 길다. 매우 보기 흉하며 곰을 많이 닮았다."

베르니에는 성욕으로 방향을 돌려 글의 절반 이상을 여성의 상대적 아름다움에 할애했다. 그는 진부해진 표현과 잊힐 운명에 처한 관념을 사용했다. 베르니에는 어느 정도 상대주의를 보여주면서 각각의 민족은 저마다 아름다운 여인과 추한 여인의 분류 체계를 갖고 있을 것이라고 인정했다. 그렇지만 그는 어떤 민족은 정말로 다른 민족보다 더 잘생겨 보인다고 단언한다. "그리스인의 아름다움에 대해 이미 많은 얘기를 들었을 것이다." 그리고 이렇게 말한다. "모든 레반트인과 모든 여행객"은 "밍그렐리아와 조지아, 체르케스에서 그들에게 온 엄청나게 많은 노예 중에서 …… 세상에서 가장 예쁜 여인을 볼 수 있다"고 인정한다고. 여기까지는 진부하다. 그러나 베르니에는 이렇게 독백으로 덧붙인다. 동아프리카 해안 외해 인도양의 모카에서 매매에 나온 벌거벗은 흑인 노예 소녀들보다 "더 아름다운 것은 결코 보지 못했다."[1]

베르니에의 글은 권위 있는 저널에 실리고 상당한 토대를 놓았지만, 분량이 짧은 탓에 곧 역사의 뒤안길로 사라졌다. 5년 뒤에 나온 장 샤르댕의 더 긴 여행기는 훨씬 더 널리 퍼졌다. 아름다운 백인 노예에 대한 그의 묘사는 시대를 거치며 메아리친다.

장바티스트 샤르댕(1643~1713)은 루이 14세 궁정의 보석세공인으로 일한 집안에서 태어난 프랑스 프로테스탄트(위그노)로 1670년대와 1680년대에 프랑스 왕실을 위해 희귀한 물건을 찾으러 페르시아와 인도를 정기적으로 여행했다.* 샤르댕의 두 권짜리 책 『기사 샤르댕의 흑해와 콜키스를 거친 페르시아와 동인도제도 여행기, 1673~1677 _Journal du Voyage du Chevalier Chardin en Persie aux Indes Orientales par la Mer Noire et par la Colchide, 1673-1677_』(1689)는 그가 일반적으로 다니던 경로에서 벗어난 여행을 설명한다. 지역 분쟁 탓에 베네치아를 거쳐 이스탄불을 지나 소아시아로 가는 길을 취할 수 없었던 샤르댕은 이스탄불 북쪽으로 진로를 변경하여 캅카스(오늘날의 체첸)와 조지아의 황무지를 지났다. 샤르댕에 따르면 17세기에 그곳은 "종교도 경찰도 없는 민족"의 거친 땅이었다. 뼛속 깊은 곳까지 학자였던 그는 끊임없이 공포에 시달리면서도 세심하게 기록을 남겼다.[2] 샤르댕은 그 혼란스러운 흑해 지역을 혐오했다. 산적들이 큰길을 장악하여 그의 물품과 자유, 생명을 종종 위협했다. 그는 체르케스인에 관해 이렇게 말한다.** "그들은 도적질의 기회를 포착하면 그냥 넘어가는 일이 없다." 그들은 맨손으로 음식을 먹으며, 음식을 먹다가 바로 옆에서 배설하고, 이어 손을 씻지도 않고 다시 음식을 먹는다.[3] 샤르댕은 심히 역겨웠다.

흑해 북동쪽 해안에 거주한 캅카스 민족인 밍그렐리아인은 혐오스러운 관습을 지녔다. 그들은 "그리고 그 이웃 주민은 대단한 술고래로 음주로 말하자면 독일인과 모든 북유럽 민족보다 더 심하다." 암살과 살인, 근친상간은 밍그렐리아인의 놀라운 특징이다. 게다가 그들은 거리낌 없이 서로 아내를 훔친다. 여자들도 더 나을 것이 없다. 화장이 너무 심하고, 외모를 가꿔 추파를 던지려는 의도를 품었는지는 모르나 몸의 악취 때문에 다가가기 어

• 장 샤르댕을 프랑스 정물화가이자 풍속화가인 장바티스트시메옹 샤르댕(1699~1779) 과 혼동하지 말아야 한다. 화가 샤르댕은 빈센트 반 고흐, 폴 세잔, 앙리 마티스 같은 19세기와 20세기의 인상파 화가와 입체파 화가 조르주 브라크에게 영향을 끼쳤다.

•• 샤르댕은 영어 서캐시언Circassian 대신 튀르크어 체르케스Cherkes를 쓴다.

렵다. 샤르댕은 이렇게 악담을 퍼부었다. "이 민족은 완전한 야만인이다. 이들은 한때 기독교도였지만 지금은 아무런 종교도 없다. 이들은 통나무집에 살며 사실상 벌거벗은 채 돌아다닌다. …… 그곳을 찾는 사람은 노예상인뿐이다."[4]

이익이 많이 남는 사업인 노예무역이 흑해 경제를 움직였다. 튀르크인이 돈을 벌었지만, 상품은 밍그렐리아인이 공급했다. 샤르댕은 밍그렐리아인의 믿을 수 없는 "잔학행위, 동포와 심지어 피를 나눈 일족에게도 보여준 잔인함"을 개탄했다. "……그들은 아내와 자식을 팔아치우며 이웃의 자녀를 유괴하여 똑같은 짓을 한다. 심지어 자식과 아내, 어머니까지 판다." 샤르댕은 섬뜩했다. "이 비천한 놈들은 실망하지 않았다. 자신들의 상황이 비극적이라고 느끼지 못한 것 같다. …… 여자들은 자신들이 노예로서 가치가 있음을 알기에 성애의 달인이며 사랑의 말을 속삭일 때 부끄러움이라고는 조금도 없다."[5]

과연 그러한 속성은 값진 것이었다. 샤르댕의 흑해 선박에 실린 화물은 성적 가치의 척도에 따라 팔렸다. 열세 살에서 열여덟 살 사이의 어여쁜 소녀는 20크라운에 팔렸고,• 더 평범한 소녀는 그에 못 미치는 값을 받았다. 성인 여자는 12크라운에, 아이는 3크라운에서 4크라운에 팔렸다. 스물다섯 살에서 마흔 살까지의 남자는 15크라운에, 그보다 더 나이가 많은 남자는 8크라운에서 10크라운에 팔렸다. 샤르댕의 방에서 가까운 방에 지내던 어느 그리스 상인은 여자 한 명과 그의 젖먹이 아기를 12크라운에 사들였다.

• 샤르댕은 은화 3파운드에 해당하는 에퀴(크라운)로 값을 제시한다. 예쁜 처녀와 가축은 값이 대체로 같다.

스물다섯 살의 그 여인은 안색이 마치 백합처럼 고왔고 얼굴이 경탄스러울 만큼 아름다웠다. 그렇게 아름답고 둥근 가슴은 본 적이 없다. 그 아름다운 여인은 욕망과 동정의 온갖 감각에 불을 지폈다.[6]

이 특별한 장면은 유명해지지만, 샤르댕은 그 밖에도 캅카스산맥 특히 조지아의 주민 중에서 사랑스러운 얼굴과 몸매를 발견했다.

조지아 혈통의 사람들은 동방에서 가장 아름답다. 아니 세상에서 가장 아름답다고 해야 하겠다. 이 나라에서는 남녀 불문하고 흉측한 얼굴을 본 적이 없기 때문이다. 어떤 이들은 하늘에서 내려온 천사 같다. 대다수 여인은 다른 곳에서 볼 수 없는 우아함을 타고났다. 그들을 보고 사랑에 빠지지 않기란 불가능하다고 말할 수밖에 없다. 조지아 여성이 아니면 어떤 매혹적이고 사랑스러운 얼굴과 몸매도 화가에게 영감을 줄 수 없을 것이다. 그들은 키가 크고 단아하고 날씬하고 균형이 잡혀 있으며, 옷을 많이 걸치지 않기는 하지만 볼록해 보이는 경우가 없다. 유일하게 그들을 망치는 것은 화장을 한다는 사실이다. 예쁠수록 화장은 더 짙다. 그들은 화장을 일종의 장식으로 생각하기 때문이다.[7]

체르케스인, 조지아인, 캅카스인 등 아름다운 백인 여성 노예에 관한 전설은 샤르댕의 17세기 이래로 지속된다. 그러나 20세기 조지아인들은 사진 속에서 상당히 평범해 보인다.[8](도판 4.1, 조지아 처녀와 도판 4.2, 오세티야 처녀 참조) 지저분하고 악취를 풍기는 캅카스인에 대한 샤르댕의 노골적인 묘사는 인종 이론에서 매우 빨리 사라지지만, 흑해 연안의 옷이 벗겨진 무력한 어린 여성 노예라는 그가 본 이미지는 우생학적 힘을 얻었다.[9] 『기사 샤르댕의 흑해와 콜키스를 거친 페르시아와 동인도제도 여행기,

4.1 조지아 처녀, 1881

4.2 오세티야 처녀, 1883

1673~1677』는 전체적으로 매우 좋은 평가를 받아서 샤르댕은 새로이 설립된 런던왕립학회의 회원이 되었다.[10]•

50년이 채 지나기 전에 샤르댕이 묘사한 성욕을 불러일으키는 인물은 서구 미술에 침투한다. 그 안에서 선호된 용어 '오달리스크'의 어원은 '하렘(후궁)의 방'을 뜻하는 튀르크어 오달크odalk이다. 조지아인과 체르케스인, 캅카스인은 그 자태를 가리키는 낱말로 서로 바꿔 쓸 수 있다. 각각의 낱말은 젊은 백인 여성 노예를 가리키며, 더불어 신체의 매력과 복종, 성적 대상 즉 여성

• 유럽의 학술 단체는 17세기의 산물이다. 1660년에 런던왕립학회가 설립되었고, 프랑스 과학아카데미는 1666년에, 베를린학술원은 1700년에 설립되었다. 그러나 여성은 20세기 중반까지, 왕립학회의 경우에 1945년, 베를린학술원은 1949년, 프랑스과학아카데미는 1979년까지 그러한 지식의 관문을 통과할 수 없었다. 여성은 오랫동안 과학적 지식의 주체였지만 지식의 창조자로 인정받지는 못했다.

스러움의 분위기도 띤다.[11] 이들은 자유로울 수 없다. 노예라는 지위와 하렘의 위치가 그들 정체성의 핵심에 있다.[12]

다른 많은 사람처럼 철학자 이마누엘 칸트(1724~1804)도 이 주제를 다루었다. 오늘날의 폴란드에 속하지만 당시에는 독일 땅인 동프로이센에 살던 칸트는 『아름다움과 숭고함의 감정에 관한 고찰*Beobachtungen über das Gefühl des Schönen und Erhabenen*』(1763)에서 인종 관념을 제시했다. 책에서 칸트는 사실상 인간의 아름다움을 판별하는 기준이 문화에 따라 다를 수 있다는 관념을 논박한다. 그는 아름다움의 규범이 보편적이라고 주장한다. "우리가 예쁜 자태라고 부르는 미인은 모든 남자가 다 매우 비슷하게 판단한다." 칸트는 샤르댕에게서 실마리를 얻어 "체르케스와 조지아의 처녀들을" 튀르크인과 아랍인, 페르시아인은 물론 "그들의 땅을 여행한 모든 유럽인이 언제나 지극히 예쁘다고 생각했다"는 데 의견을 같이했다. 칸트는 심지어 페르시아인이 여성 노예와 성관계를 가져 아름다운 용모의 자식을 낳는다는 샤르댕의 진술을 거론하며 "방탕하고 부유한 남자들"에게 팔린 "그렇게 아름다운 여자들을 거래하는 사악한 거래"에서 큰돈을 벌 수 있다는 사실에 개탄했다.[13] 칸트의 분석에 보이는 양면성은 하나뿐이다. 그렇게 비윤리적인 결합에서 생긴 아이가 종종 아름다우며, 튀르크인과 아랍인, 페르시아인은—칸트는 이들을 뭉뚱그려 추하다고 말한다—유전적인 도움을 얻을 수 있었다고 칸트는 결론지었다.

그다음으로 이 논쟁에 끼어드는 인물은 칸트의 동프로이센 후배 철학자 요한 고트프리트 폰 헤르더(1744~1803)이다. 헤르더는 그때나 지금이나 영향력 있는 인물이다. 헤르더의 『인류의 역사 철학에 대한 이념*Ideen zur Philosophie des Geschichte der Menschheit*』(1784~1791)은 불변의 보편적인 인간 본성이라는 관념에 이의를 제기한 것으로 기억되지만 예속과 아름다움, "이 아름다운 형상들의 중심지"인 흑해/카스피해 지역을 계속 연결한다. 칸트의 논문처럼 헤르더의 글도 샤르댕을 떠올리게 한다. 다만 샤르댕의 페르시아인을 튀르크인으로 바꾸고 소문자 t를 썼을 뿐이다. 영어 번역문을 보자면, "튀르크인The turks은 원래 무시무시한 종족인데 더 잘생긴 민족들을 노예로 삼으면서 외모가 나아졌고 좀 더 싹싹하게 변했다."[14] 샤르댕은 노예가 주인 사회 사람들의 외모를 바꿔놓은 것에 주목하며 인구학적 역할을 언급한다. 유럽과 아메리카의 상층 계급은 이를 전혀 순순히 인정하지 못했다.

19세기 초 미인과 그들의 소재라는 인습적인 관념은 서쪽으로 꾸준히 이동하여 프랑스와 영국해협을 건너 영국 문헌에도 등장하기 시작했다. 많은 저술을 남긴 학자이자 여행가인 에드워드 대니얼 클라크(1769~1822)는 『유럽과 아시아, 아프리카의 여러 나라 여행Travels in Various Countries of Europe, Asia, Africa』(1810)에서 체르케스인의 아름다움이라는 관념을 확정된 진실로 여긴다. 클라크는 잘생긴 체르케스인과 못생긴 타타르인을 두드러지게 서로 대조하여 설명한다. "체르케스인은 오랫동안 얼굴과 몸매가 좋다는 평판을 받았는데 그 아름다움은 확실히 그들 사이에 널리 퍼져 있다. 코는 매부리 같고 눈썹은 반달 모양으로 균형이 잡혀 있으며 입은 작고 이는 놀랍도록 희며 귀는 타타르인의 귀처럼 크거나 튀어나오지 않았다. 그렇지만 머리를 밀어서 우리 유럽인의 아름다움에 대한 관념에 따르면 손해를 보는 것 같다." 체르케스인의 아름다움은 한 번 더 노예로 귀속된다. "그 여인들은 아마도 세상에서 가장 아름다울 것이다. 황홀한 용모는 완벽하며 안색은 매우 은은하다. 우리가 본 여자는 전부 전쟁 때문에 우연히 사로잡힌 자들로서 가족과 함께 끌려왔다. 그렇지만 그들은 기막히게 예쁘다."[15]

흑해 지역 주변에서 터진 군사적 충돌도 역할을 했다. 러시아제국과 오스만제국이 먼저 1820년대 그리스 독립전쟁 중에, 이어 1850년대 크림전쟁 중에 맞붙었다.* 두 전쟁으로 백인 노예는 서구에서 점점 더 많은 주목을 받았다. 특히 러시아인들이 공급선을 끊기 전에 튀르크인 노예상인들이 체르케스인 여자 노예를 시장에 쏟아부었다는 말이 퍼진 뒤에 관심이 더욱 커졌다. 미국인들까지도 크림전쟁에 흥미를 느끼고 자세히 파고들어 유럽 문화를 따라 아름다운 체르케스인 노예 소녀에 마음을 빼앗겼다. 미국 노예제에서도 피부색이 밝은 아름다운 여자 노예에 매혹되는 현상이 나타나고 지역 간 긴장이 증대했음을 감안하면 이는 매우 자연스럽다. 이런 긴장은 해리엇 비처 스토의 인기 소설 『톰 아저씨의 오두막*Uncle Tom's Cabin*』(1851~1852)에 나오는 인물 엘리자에게서 볼 수 있다.[16] **

돈 벌 기회를 절대로 놓치지 않았던 뉴욕의 흥행사 P. T. 바넘은 차고 넘친다는 백인 노예에 주목했고, 남북전쟁이 한창이던 1864년 유럽의 대리인에게 "아름다운 체르케스인 소녀 한 명"이나 브로드웨이에 있는 바넘미국박물관에 "백인종의 가장 순수한 사례"로 전시할 여러 소녀를 찾으라고 지시했다. 미국적 상황에서 인종의 순수성이라는 관념은 신체의 아름다움과 확실하게 뒤섞였다. 바넘은 소녀들이 어떻게 보일지 걱정했지만 민족성은 그다지 염려하지 않았다. 그는 대리인에게 그들이 "예뻐야 한다고", 그러면 "체르케스인 노예로 인정받을 거라고" 일렀다.

바넘의 '체르케스인 노예 소녀들'은 전부 흰 피부에 심한 곱슬머리여서 밝은 피부를 지닌 흑인의 외모와 비슷했다. 상충하는 미국인의 미 관념(즉

---

* 크림반도는 아조브해와 흑해 사이에 있다.

** 너무나 착한 젊은 친구여서 토머스 제퍼슨이 자신의 '양자'라고 했던 윌리엄 숏은 제퍼슨에게 결국에는 흑백 혼혈이 미국의 인종 문제를 해결할 것이라고 썼다. 혼혈 여성의 다수가 매우 아름다웠기 때문이다. 제퍼슨의 노예로 오랫동안 그의 배우자였던 샐리 헤밍스, 그녀의 어머니, 제퍼슨과 그녀 사이에 태어난 딸은 모두 매우 아름답다는 평판을 들었다. 제퍼슨은 숏의 편지에 답장하지 않았다.

4.3 윈슬로 호머, 「체르케스 소녀」, 1883~1910. 제도용지에 잉크로 그림, 5¾×8¾ in

희다는 속성)과 노예 관념(즉 흑인)이 이러한 조합에서는 양립한다. 이러한 용모가 유럽인이 생각한 곧은 머리의 체르케스인 노예 소녀라는 관념에서 벗어난 것임을 생각하면, 아마도 바넘은 실제로 그들을 데려오지 않기를 잘했을 것이다. 진실로 미국에서 체르케스의 미인이 어떻게 생겼는지 안 사람은 거의 없다. 그러나 1890년대 말 바넘의 공식은 미국인 사이에 충분히 굳어져 화가 윈슬로 호머가 흰 피부와 흑인의 머리라는 체르케스인 소녀의 핵심을 포착했다.(도판 4.3, 호머, 「체르케스 소녀」 참조)[17]

체르케스 미인이라는 관념은 지속적으로 영향을 미쳐 『브리태니커 백과사전』의 제11판(1910~1911)에도 들어갔다. 백과사전은 체르케스인을 아름다운 사람 중에서도 최고로 아름답다고 절절하게 칭찬한다. "가부장제의 간명한 예법과 타고난 이지적 능력, 돋보이는 몸매의 아름다움과 조화로운

4.4 장오귀스트도미니크 앵그르, 「그랑드 오달리스크」, 1814. 캔버스 위에 유화, 91×162cm

이목구비에서 그들은 캅카스의 다른 대다수 부족을 능가한다."[18]

　이러한 문학적 은유에는 당혹스러운 괴리가 따라붙는다. 사진으로든 그림으로든 인류학자의 저술에서든 실제로 존재한 사람의 이미지는 거의 없었다. 그러한 결손 탓에 19세기에 오달리스크를 그린 화가들은 다음 네 가지 원천에 의지했다. 18세기의 에로틱 아트와 귀족 후원자를 위해 고안된 성적으로 자극적인 모든 무대, 1798년부터 1801년까지 나폴레옹이 이집트에서 보낸 시기(이때 수많은 물건을 약탈했고 학술 서적이 풍부하게 나왔다), 19세기 초 프랑스의 알제리 점령(이로써 오스만제국을 향한 창이 열렸다), 프랑스의 가장 위대한 화가 중 한 사람이 이탈리아에서 보낸 시절.[19]

　프랑스가 서구 미술을 지배했을 때 크게 성공한 프랑스 화가 장오귀스트도미니크 앵그르(1780~1867)는 동방의 영향이 널리 퍼진 나라인 이탈리

4.5 장오귀스트도미니크 앵그르,
「튀르크 목욕탕」, 1862. 나무 위에 유화
110×110cm. 지름 108cm

아에서 화가로서 첫걸음을 내디뎠다. 호사로움과 성적 쾌락의 요체인 그의
오달리스크는 호화로운 오스만제국 하렘에 느른하게 누워 있다. 그들은 옆
집 소녀처럼 보이며 언제나 피부가 매우 하얘 프랑스인으로 생각할 수 있
다. 일종의 소프트 포르노그래피이다. 벌거벗은 젊은 여인은 미술 애호가의
도락을 위한 방편이었다. 앵그르가 로마에서 그린 초기 작품으로 그에게
명성을 안겨준 「그랑드 오달리스크Grande Odalisque」(1814)가 그 증거다. (도
판 4.4, 앵그르, 「그랑드 오달리스크」 참조) 「그랑드 오달리스크」는 오리엔탈리
즘 회화의 전형으로서 용모는 서유럽인이지만 호사롭게 치장한 채 옷을 벗
고 한가롭게 앉아 있는 흰 피부의 젊은 여인을 묘사한다. 보는 사람에게는
잔등이 매우 길다. 그녀는 어서 오라는 듯 도발적인 시선으로 상아빛 어깨
너머를 응시한다.

동양적인 주름 천으로 둘러싸인 「그랑드 오달리스크」는 인물 자체가 주
제를 표현하고 있지만, 다른 많은 작품은 아름답고 젊은 백인 여성들로 가
득한 넓은 하렘을 그린다. '오달리스크'가 제목에 나오지 않을 때도, 특징

4.6 하이어럼 파워스, 「그리스 노예」, 1846, 대리석, 66×19×17in

적인 장면과 인물이 그 장소가 오스만제국 하렘이고 벌거벗은 백인 여성은 노예임을 가리킨다. 이따금 흑인 인물들이 환관이나 여성 성노예로 등장한다. 「튀르크 목욕탕Le Bain Turc」(1862)은 앵그르가 여든세 살에 그린 작품으로 육감적인 벌거벗은 백인 여성들과 목욕탕을 어슬렁거리며 나른하게 음악을 즐기는 흑인 한 명을 보여준다. (도판 4.5, 앵그르, 「튀르크 목욕탕」 참조)

미국 미술도 그다지 뒤지지 않았다. 19세기 미국에서 가장 큰 인기를 끈 조각품은 하이어럼 파워스(1805~1873)의 「그리스 노예 The Greek Slave」(1846)이다. 흰 대리석으로 실물보다 더 크게 만든 그 조각상은 손목과 허벅지에 쇠사슬을 걸쳤을 뿐 완전히 벌거벗은 젊은 백인 여성을 묘사한다. (도판 4.6, 파워스, 「그리스 노예」 참조) 제목이 보여주듯이 젊은 여인은 조지아인/체르케스인/캅카스인이 아니라 그리스인이고 주름진 직물 안에 십자가가 보이니 무슬림이 아니라 기독교도이다. 그렇다고 해도 「그리스 노예」는 재료로 오리엔탈리즘 미술의 흰 속성을 드러낸다. 이탈리아의 흰 대리석은 그리스의 아름다움이라는 관념에 결정적으로 중요했다. 1847~1848년 이 거대한 조각품이 미국에서 순회전시에 들어갔을 때, 여성의 나체를 보는 것이 익숙하지 않은 젊은 남자들은 거의 졸도할 지경이었다. 과연 「그리스 노예」는 평범한 여성 나신이 아니었다. 파워스는 자신의 조각품에 역사적인 의미를 담았다. 그리스 독립전쟁 중에 튀르크인 병사들이 사로잡은 그리스 처녀의 이미지로 본 것이다. 소수의 노예제 폐지론자만이 파워스의 백인 노예와 미국 남부의 흰 피부의 노예들을 관련지을 수 있었다. 미국 남부에서는 아름다움이나 흰 피부, 젊음의 어떠한 척도도 아프리카인을 조상으로 둔 사람을 예속에서 구해내기에 충분하지 않았다.[20]

다시 프랑스로 돌아가자. 오달리스크는 매력을 잃지 않았다. 인기 많은 다작 화가 장레옹 제롬(1824~1904)은 파리 미술 아카데미의 교사로서, 그리고 영향력이 큰 그 연례 전시회에 단골로 참여하는 작가로서 시각 예술의 정상에 올라섰다. 그의 작품 「노예 시장」(1866)은 평범한 하렘을 오리엔탈리즘의 특징을 보여주는 다른 장소로 대체한다. 우리가 보는 것은 구매자들이 살펴볼 수 있도록 옷을 벗겨 놓은 아름다운 백인 노예 처녀이다.(도판 4.7, 제롬, 「노예 시장」 참조) 여기서도 시장의 관리인 흑인 인물이 그림의 이국적이고 성애적인 성격을 강화한다.[21] 20세기에 들어서고도 시간이 한참 지나 제1차 세계대전에 뒤이어 식민지 주민들이 강력히 독립을 추진할 때까지 이 장르는 매력을 잃지 않았다. 반식민주의자들의 불만은 안중에도 없던 앙리 마티스(1869~1954)는 1920년대에 오달리스크를 스무 점 남짓 그렸는데, 이는 미술사에서 풍자화가 아닌 마지막 오달리스크의 일부이다.(도판 4.8, 마티스, 「붉은 퀼로트를 입은 오달리스크」 참조)[22]

문화가 있는 곳에는 비평 이론도 따라가기 마련이다. 그래서 20세기 말에 오리엔탈리즘이라는 문화 연구의 새로운 장이 열려 이국적인 동양과 무

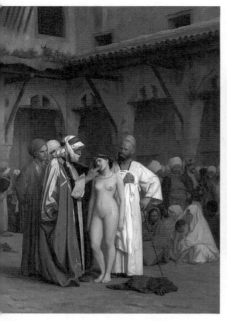

4.8 앙리 마티스, 「붉은 퀼로트를 입은 오달리스크」 1921년 니스에서 그림. 캔버스 위에 유화, 26 ⅜×33⅛in

4.7 장레옹 제롬, 「노예 시장」, 1866. 캔버스 위에 유화, 33¼×25in

슬림의 여성화에 매혹된 서양이 탐구 대상이 되었다. 이 새로운 오리엔탈리즘은 19세기 서구 오리엔탈리즘의 관음증과 고정관념에 맞서기는 했지만, 그럼에도 여전히 제롬의 압도적인 백인 노예 도상학을 벗어나지 못했다. 이 분야의 기초가 되는 고전적인 저작은 에드워드 사이드의 『오리엔탈리즘Orientalism』(1978)과 앤 매클린톡의 『임피어리얼 레더Imperial Leather』(1995)인데, 두 책의 표지는 제롬의 그림 일부를 상세히 보여준다. 사이드 책의 표지에는 흔한 여성 오달리스크가 아니라 벌거벗은 노예 소년이 나온다.(도판 4.9, 에드워드 사이드, 『오리엔탈리즘』 표지 참조) 매클린톡 책의 표지는 제롬의 하렘 목욕탕 장면 중 하나를 상세히 보여준다.(도판 4.10, 『임피어리얼 레더』 표지 참조) 여기서 백인 여성 나체와 흑인 인물, 실내 장식을 더 많이 볼

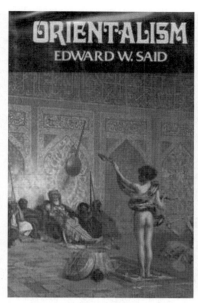

4.9 에드워드 사이드, 『오리엔탈리즘』(1978) 책 표지. 장레옹 제롬의 작품을 상세히 보여준다. 「뱀 부리는 사람」, 1860년대 초. 캔버스 위에 유화, 84×122cm

4.10 앤 매클린톡, 『임피어리얼 레더』(1995) 책 표지. 장레옹 제롬의 작품을 상세히 보여준다. 「부르사의 대목욕탕」, 1885. 캔버스 위에 유화. 27.6×39.6in

수 있다. 전부 오달리스크의 두드러진 특징이다. 그러나 백인 노예의 초상이 책 표지를 장식하고 있음에도 두 책의 내용은 백인 노예제를 논하지 않는다. 20세기 말 미국 학자들은 제롬에서 벗어날 수 없거나 전형적으로 흑인이 아닌 노예에 대면할 수 없는 것 같았다.[23]

오늘날 오리엔탈리즘은 벌거벗은 백인 여성을 호색한처럼 응시하는 유럽인이나 미국인의 욕구에 더는 영합하지 않는다. 학자들은 제이네브 함의 『튀르크 여인의 유럽인에 대한 인상*A Turkish Woman's European Impression*』과 멜레크 함의 『압둘 하미드의 딸*Abdul Hamid's Daughter*』처럼 스스로를 잘 대변할 수 있는 오스만제국 사람의 논평을 재발견했다. 둘 다 1913년에 출간되었는데,

제이네브의 편지는 서양을 자세히 들여다보며, 멜레크의 책은 하렘을 내부에서 바라본 것이다.[24] 2005년에는 개인과 단체의 국제적 협력으로 '체르케스 세계Circassian World'라는 웹사이트가 만들어져 체르케스인의 '민족' 정체성을 북돋고 그 과거를 가르치고 있다. 웹사이트에는 체르케스인의 사진이 들어 있다. 웹사이트가 만들어지지 않았다면 찾기 어려운 사진들이다.[25]

오늘날 하렘의 백인 노예라는 실체와 오달리스크의 용모 둘 다 그 노예제를 따라 대체로 사라졌다. 노르만이 잉글랜드의 작은 왕국들을 정복하면서 그곳의 노예제가 약해진 것처럼, 유럽 제국과 오스만튀르크 제국의 세력도 흑해 지역에서 장거리 노예매매를 종식시켰다. 서쪽에서는 19세기 중반에 노예제 폐지 운동으로 대서양 노예무역이 사라졌다.* 동쪽에서도 거의 동시에 러시아가 노예제를 폐지하고 동유럽과 캅카스의 노예무역을 강력히 단속했다. 이렇게 노예제가 소멸하면서 그 도상학도 사라졌지만, 백인의 아름다움이라는 이상은 인종학에 확고히 자리 잡고 지속되었다.

- 오늘날에도 여전히 노예제가 존재한다는 사실은 케빈 베일스의 저작들에 기록되어 있다. Kevin Bales, *Dispensable People: New Slavery in the Global Economy* (1999); *Understanding Global Slavery* (2005); *Ending Slavery: How We Free Today's Slaves* (2007). 오달리스크는 완전히 사라지지 않았다. 역설적이게도 21세기의 화가들이 오리엔탈리즘 회화의 도상학을 쓰고 있기 때문이다. 2005년 미국인 화가 엘런 갤러거가 하나의 사례를 제시했다. 1920년대에 마티스가 그린 오달리스크처럼 자리를 잡고 있는 자신 앞에 지그문트 프로이트가 스케치북을 들고 있는 그림이다.

5
과학으로서의 백인의 아름다움이라는 이상

역사가들은 요한 요아힘 빙켈만(1717~1768)을 미술사의 아버지로 생각한다. 그 분야에서 그가 갖는 중요성에 딱 어울리는 찬사이다. 그리고 빙켈만은 인종 이론에 직접적으로 이바지한 바는 없지만 아름다운 인간의 이상적인 형태와 피부색에 관하여 가설을 세워 18세기와 19세기의 인종 이론 수립에 큰 영감을 줌으로써 이 이야기에서 실로 큰 역할을 수행한다. 빙켈만이 널리 퍼뜨린 선명한 순백의 미학은 르네상스의 권위에 의존하여 흰색 대 유색의 문제를 단순한 취향의 문제를 벗어나는 것으로 만들었다.(도판 5.1, 맹스, 「요한 요아힘 빙켈만」 참조)

프로이센에서 가난한 구두장이의 아들로 태어난 빙켈만은 동부 독일 작센의 수도 드레스덴에서 사서로 인생의 첫발을 내디뎠다. 로마에서 고대 미술을 공부하기 위해 가톨릭으로 개종한 그는 정치적으로 강력한 귀족이자 고대 미술품 수집가로 유명한 추기경 알레산드로 알바니와 함께 살며 그를 위해 일했다. 당시에는 로마가 미술사 연구의 중심지였다. 이집트와 그리스의 찬란한 유산은 오스만제국이 엄격하게 통제했기 때문이다. 여행은 모험

5.1 「요한 요아힘 빙켈만」, 안톤 라파엘 멩스, 1755. 캔버스에 유화, 25×19⅜in

으로 가득했다. 게다가 이탈리아는 쾌적하고 우호적이며 매우 재미있는 곳이었다. 전부 18세기 독일인 학자들의 마음을 끄는 요소였다.

빙켈만의 두 권짜리 걸작 『고대 미술사Geschichte der Kunst des Alterums』(1764~1767)는 고대 미술사에서 빠르게 국제적 표준이 되었다. 연대기이자 빙켈만의 지식으로 가득한 고대 미술의 정전인 이 책은 또한 양식의 차이를 역사와 고고학과 관련지어 설명한다. 그러한 야심은 학문적인 미술사 연구의 토대를 놓았으며 그의 상세한 연대기보다 훨씬 더 오래 살아남았다.

빙켈만의 주된 논지는 역사상 가장 훌륭한 그리스 미술이 그 문화의 자유에서 성장했다는 것이다. 나아가 빙켈만은 근대 서양인들이 미술에서, 어쩌면 문화의 모든 측면에서 그리스인의 탁월한 수준에 도달하려면 그들의 생활방식과 자유를 받아들여야 한다는 생각을 내놓았다. 빙켈만은 고대 미술의 연대기와 표준을 확립했을 뿐만 아니라 특유의 음탕한 남성 미학을 바탕으로 고대 그리스인의 아름다움이라는 이데올로기를 옹호했다.[1] 이 저작의 핵심은 아름다운 소년들이며, 이들은 고대 그리스인을 시간을 초월하는 보편적인 미의 전형으로 만드는 데 중심적인 역할을 한다.

고대 그리스인의 아름다움에 맹목적으로 열광한 사람이 빙켈만이 처음은

5.2 「벨베데레의 아폴로」(일부). 원본인 그리스 청동상을 로마 시대에 대리석으로 복제한 것이다

아니다. 그러나 그는 문화 비평의 아이콘으로서 그 현상을 쉽게 심화시켰다. 예를 들면, 빙켈만은 이미 유럽에서 가장 유명한 조각상이었던 「벨베데레의 아폴로Apollo Belvedere」가 인간의 아름다움을 완벽히 구현했다고 선언했다.(도판 5.2, 「벨베데레의 아폴론」 참조)

동시대의 많은 사람처럼 빙켈만도 어느 정도의 문화적 상대성을 참작하여 자신의 유럽중심주의를 다듬어야 했다.[2] 그는 여러 민족이 다양한 신체 유형을 보여주며, 따라서 취향도 각양각색이라고 인정한다. 확실히 인간은 자신과 비슷한 사람을 아름답다고 생각한다. 그렇지만 빙켈만은 독일-이탈리아 미학에 갇혀 중국인의 눈은 "아름다움을 해치는 불쾌한 것"이고 칼미크인의 납작한 코는 기형이나 다름없는 "비정상적인 것"이라고 선언한다.[3] 결국 그가 전 인류에 공통적인 단일한 이상적 형상이라는 칸트식의 관념을 채택하면서 상대성은 패배한다. "그리스인의 옆모습은 탁월하게 아름다운 얼굴 형태의 첫 번째 특성이다." 그리고 빙켈만은 흰 피부가 신체의 외양을 더욱 아름답게 한다고 덧붙인다. 서양 세계 전역에서 이러한 규범은 곧 돌에 새겨졌다. 그 기준에 따라 많은 조각상이 만들어졌다.

흰색에 대한 빙켈만의 높은 평가는 애초에 그가 그리스로부터 멀리 떨어져 있었기에 가능했다. 그는 로마에서 이탈리아의 조각 방식으로 표현된 고대 그리스 조각의 로마 시대 복제품을 아주 많이 보았다. 그리스의 원본이

종종 어두운 색깔이었음을 몰랐던 빙켈만은 그리스인들이 일상적으로 조각상에 색을 칠했다는 사실을 알지 못했다(아니면 알고도 속였을 것이다). 그는 흰색으로 번득이는 이탈리아의 단단한 대리석에 새겨진 로마식의 아름다운 청년 남자들만 보았다. 따라서 빙켈만은 로마의 흰 대리석으로 그리스 조각상을 복제한 작품을 아름다움의 표상으로 추켜세웠고 새로운 흰색의 미학을 창조했다. 이는 고대 작품과 그리스 미술뿐만 아니라 모든 미술과 전 인류에 적용된다.•

빙켈만과 그 지지자들에게 조각상의 색채는 야만을 의미하게 되었다. 그들은 고도로 세련된 고상한 고대 그리스인이 미술품에 색을 칠했을 리 없다고 추정했기 때문이다. 색채가 원시주의와 동일시되면서 전문가들은 그리스의 작품에서 색채를 발견하면 대체로 이를 감추고 제거했다. 오늘날에도 고대 그리스인이 여러 색깔을 썼다는 사실의 발견은 계속해서 뉴스거리가 된다. 빙켈만의 선명한 순백의 젊은 몸이 지닌 매력이 계속되고 있기 때문이다.[4]••

빙켈만 이후로도 오랫동안 세계 곳곳의 연구자와 박물관은 교육 목적으로 고전 미술 작품을 복제했다. 그리스 미술 작품의 복제는 부득이 더 흔한

• 1873년 월터 페이터는 이렇게 주장했다. 빙켈만이 고대 그리스의 조각상에 묘사된 인체를 찬미한 것은 "단지 지적인 것만은 아니었다. …… 빙켈만은 청년 남자들과 뜨거운 연애 관계를 맺고 있었기에 인체에 자부심을 느꼈다." 빙켈만은 여성을 묘사한 미술을 경멸했다. 그리스 미술의 "최고의 아름다움"은 "여성적인 것이 아니라 남성적인 것"이라고 생각했기 때문이다.

•• 흰 대리석이라는 이상은 모든 사람을, 특히 영국의 최고로 유명한 전통적 화가 프레더릭 레이턴 같은 인종주의적 태도를 지닌 전문가들을 매혹했다. 1880년 레이턴은 채색되지 않은 파르테논 신전의 조각상을 배경으로 자화상을 그렸는데, 추정컨대 작업실의 석고상을 기준으로 삼았을 것이다. 빙켈만도 아마 고대 그리스인이 조각상에 색을 칠하고 금박을 입혔을 수 있음을 깨달았겠지만 그러한 의심을 드러내지는 않았다.

재료인 흰색 석고를 이용할 수밖에 없었다. 빙켈만에 따르면 그들은 흰색 석고에 의도적으로 채색을 하지 않았다. 그렇게 빙켈만의 흰색의 미학은 계속 전진했다. 흰색의 부드러운 이탈리아 대리석은 고대 그리스 조각상의 원재료도 아니고 원래의 색깔도 아니라는 사실을 무시한 것이다.[5]•

이러한 사실은 어느 스코틀랜드인 덕분에 밝혀졌다. 바로 이스탄불의 오스만제국 궁정에 영국 특명대사이자 전권공사로 파견된 엘긴 백작 토머스 브루스이다. 브루스는 빙켈만의 그리스인을 찬미한 나머지 스코틀랜드의 파이프에 있는 새집을 그리스 미술로 장식했다. 그의 말에 따르면 영국 미술의 수준을 높이는 것이 목적이었다. 브루스는 1799년 이스탄불로 가던 길에 작은 조각 작품 몇 개를 가져가려고 당시로는 오스만제국의 버려진 오지였던 아테네에 들렀다. 그러나 바람은 곧 탐욕으로 바뀌어 그는 더 큰 작품을 원했고 아테네 민주주의의 상징인 파르테논 신전에서 조각품을 빼내기 시작했다.

현지의 오스만제국 지방정부가 이를 막자, 브루스는 멀리 떨어진 이스탄불의 중앙정부에 호소했다. 파르테논 신전은 이미 약탈자들의 먹이가 되었다는 그의 주장에 흔들린 오스만제국 궁정은 마침내 그에게 파르테논 신전의 거대한 건축 조각품을 뜯어 배에 실어 갈 수 있도록 허용했다. 브루스는 1802년부터 1806년까지 메토프와 프리즈, 박공의 인물상을 가져갔다. 결국에는 비용이 자신의 능력을 넘어섰다. 그래서 그는 1816년 어쩔 수 없이 조각품을 영국 정부에 매각했다. 영국박물관에 전시된 작품들은 그리스의

• 고대 그리스 조각상을 복제한 흰색 석고상은 1920년대와 1930년대에도 뉴욕의 미술에서 최고 작품의 사례로 두드러졌다. 아실 고르키와 조지 맥닐 같은 미술가들은 메트로폴리탄 미술관의 그리스 조각상을 기반으로 작업했으며, 그러한 석고상은 미술가들이 애호하는 커피하우스에 장식품으로 비치되었다.

반환 운동이 무색하게 아직도 그곳에 있다.

엘긴 백작이 영국으로 가져간 이른바 파르테논 대리석 작품들은 대리석으로 만들어진 것이 맞지만, 이탈리아에서 더 흔한 부드러운 순백의 대리석이 아니라 어두운 색깔에 군데군데 패인 그리스 대리석이었다. 여기에 흰색대 유색이라는 미학적 문제가 있다. 유럽 대리석 '세척'의 놀라운 역사에는이 조각상에 관한 한 장이 들어 있다. 그것은 고대 그리스 미술을 흰색으로만들려는 충동을, 그 미술 자체를 거의 파괴하다시피 한 충동을 설명한다. 1930년대에 영국박물관의 직원들은 원래의 색깔이 흰색이라는 잘못된 가정에 따라 거무스름한 녹을 철제 도구로 지워 없애라는 지시를 받았다. 그러한 '세척'은 파르테논 대리석 작품들을 크게 훼손했다. 영국박물관의 상임위원회는 작업을 중단시키고 조사에 들어갔다.[6] 빙켈만의 흰색에 대한 집착이 크게 오래도록 부정적 영향력을 행사한 것은 분명하다.

빙켈만은 1768년 로마에서 드레스덴으로 돌아가던 중 트리에스테에서의심스러운 정황에서 살해되었다. 가장 최근에 그의 전기를 쓴 사람은 빙켈만이 강도를 만나 저항하다가 살해되었다고 주장하지만, 다른 유력한 설명은 모험을 좋아하는 나이 많은 동성애자였던 빙켈만이 난폭한 동성애자와충돌했다고 의심한다.[7]

빙켈만이 죽었을 때, 독일의 뛰어난 지식인이자 독일 낭만주의의 진수였던 요한 볼프강 폰 괴테(1749~1832)는 열아홉 살이었다. 괴테에 앞서 독일 귀족들은 고전 교육을 목적으로 고대 그리스어를 공부했다. 그러나 그리스 문화는 전체적으로 신화적 지위를 잃었고, 근대 그리스인은 수백 년 동안 오스만제국의 지배를 받은 뒤라 튀르크인보다 별반 나을 것이 없다고생각되었다. 빙켈만처럼 고대 그리스의 아름다움을 사랑한 괴테는 마침내 그것에 그리스인의 탁월한 지능에 대한 찬사를 덧붙였다. 어느 영국인 학자는 이를 "그리스가 독일에 가한 폭력"이라고 말했다.[8]• 괴테의 절친 프리드리히 폰 실러(1759~1805)는 「그리스의 신들Die Götter Greichenlandes」을 포함하여 그리스를 주제로 여러 편의 시를 썼으며, 괴테는 『빙켈만과 그의 시대 *Winckelmann und sein Jahrhundert*』(1805)를 출간했다. 세월이 흐르면서 괴테의 명망 덕분에 고대 그리스의 지적 탁월함은 너무도 큰 지배력을 행사하여 독일 지식인들은 고대 그리스의 신체와 문화를 자신들의 진정한 조상이라고 주장하기 시작했다.

괴테는 1760년대 중반 라이프치히에서 학생일 때 빙켈만의 저작을 처음으로 알게 되었다. 괴테는 1786~1788년 이탈리아를 여행할 때 빙켈만의 편지와 저작을 길잡이로 삼았다. 마치 50년 뒤에 랠프 월도 에머슨이 괴테의 『이탈리아 여행기*Italienische Reise*』(1817)에 의지했던 것과 같다. 또한 빙켈만처럼 괴테는 실제로 그리스에 가본 적이 없었다. 에머슨도 동일한 방식으로 독일 땅에 발 한 번 내디딘 적 없이 괴테와 색슨족(작센족)을 흠모했다.

괴테는 『타우리카의 이피게네이아*Iphigenie auf Tauris*』와 1800년에 쓰다가 중도에 그만둔 『아킬레우스*Achilleis*』 같은 저작에서 거듭 그리스를 주제로 삼았다. 걸작 『파우스트*Faust*』(1808, 1832)에는 어울리지 않게도 완벽한 인간의 아름다움을 구현한 트로이의 헬렌을 등장시킨 대목이 나온다. 『파우스트』의 제2부에서 헬렌은 성난 메넬라오스를 피해 독일로 피신한다. 그곳에서 파우스트를 만나 유혹당하며, 두 사람은 아들 에우포리온을 낳는다. 에우

• 괴테는 빙켈만을 크리스토퍼 콜럼버스에 비유하며 이렇게 결론지었다. "누구는 그의 글을 읽어도 아무것도 배우지 못하지만, 누구는 대단한 인물이 된다." 빙켈만의 생일(12월 9일)은 베를린에서 1828년 이래로, 로마에서는 1829년부터 휴일로 축하를 받는다. 괴테에게서 영감을 얻은 영국 지식인 월터 페이터는 『르네상스*The Renaissance*』(1867)에 빙켈만에 관한 글을 포함했다.

포리온은 바이런 경을 풍자한 인물이다. 영국 낭만주의의 가장 유명한 인물로 그리스 독립전쟁에서 순교한 바이런은 북유럽의 이상과 그리스의 이상을 종합했다. 에우포리온도 바이런 경처럼 죽어야 했다. 헬렌은 에우포리온을 따라 저승 세계로 가며, 파우스트는 독일로 돌아간다.* 괴테의 이러한 글에서 우리는 독일 신화와 고대 그리스 신화가 얼마나 단단히 얽혔는지, 빙켈만의 미학이 어떻게 괴테를 통해 19세기 독일 사상을 지배했는지 알 수 있다.

유럽의 인류학자들이 이와 같은 그리스 열병에서 큰 역할을 했다. 18세기에는 인류학적 도해가 급격히 늘었는데, 많은 도해가 미술로부터 흰색의 이미지를 빌려왔다. 가장 유명한 도해를 남긴 네덜란드의 페트뤼스 캄퍼르 (1722~1789)와 스위스의 요한 카스파어 라바터(1741~1801)는 정교한 삽화를 곁들인 책을 썼는데, 이는 자연과학자뿐만 아니라 화가를 위한 것이기도 했다.

캄퍼르는 레이던 대학교에서 해부학과 미술 분야에서 학문적으로 견고한 지식을 쌓았기에 두 분야에서 공히 굉장한 인물이 되었다. 그는 프라네커르 대학교와 암스테르담 대학교, 호로닝언 대학교에서 가르쳤으며, 얼굴에 그린 두 개의 선 사이의 각인 안면각에 대한 자신의 이론이 옳다는 점을 증명하고자 여러 곳을 돌아다녔다. 하나의 선은 이마에서 치아까지 수직으로 이어지며, 다른 선은 얼굴을 수평으로 가로질러 두 귀의 구멍으로 들어

---

* 『파우스트』와 제3막의 헬렌 에피소드 때문에 괴테는 큰 어려움에 봉착하여 25년 넘게 더 글을 써야 했다. 그로써 얻은 성과는 괴테가 빙켈만이 틀렸음을, 독일인은 아무리 훌륭한 시를 쓴다고 해도 고대 그리스의 아름다움을 재현할 수 없음을 깨달은 것이다. 괴테는 파우스트 신화에서 헬렌 에피소드를 창안하지 않았다. 그는 게르만인의 옛 주제들과 크리스토퍼 말로의 『파우스투스 박사*Dr. Faustus*』를 고쳐 쓰고 있었다.

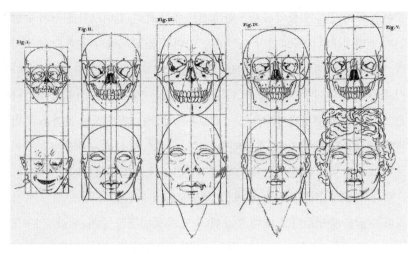

5.3 페트뤼스 캄퍼르의 여러 얼굴을 대비한 안면 도해, 1770년대

간다. 결과적으로 이마와 입, 턱의 돌출부 사이에 수치상의 관계가 나타난다. 기능적인 관계가 아니라 시각적인 관계이다.[*] 훌륭한 삽화를 곁들인 매우 단순한 인간 분류법이 인기를 끌면서 캄퍼르는 먼 곳까지 갔다. 그는 영국에서 환영을 받았고 런던왕립학회의 특별회원이 되었다.

캄퍼르의 가장 유명한 도해(이 도해는 1770년대에 그려졌을 가능성이 크지만, 사후인 1792년에야 알려졌다)는 매우 혼란스러운 방식으로 몹시 상충하는 이미지를 전달한다.[**] (도판 5.3, 캄퍼르의 여러 얼굴을대비한 안면 도해 참조) 여러 지점을 통과하는 선이 그어진 두개골과 안면을 정면에서 바라본 형태로 비

- 19세기와 20세기의 인종학자들은 훗날 캄퍼르가 측정한 특징에 '프로그내티즘 prognatism'이라는 말을 붙였고 이를 피부색과 인종 가치에 연결했다.
- 캄퍼르의 전기를 쓴 미리엄 클로드 메이어의 웹사이트 PetrusCamper.com에서 캄퍼르의 저작과 연관된 이미지는 이것이 유일하다.

교한 도해는 왼쪽 윗줄의 오랑우탄(침팬지)에서 흑인, 칼미크인을 거쳐 유럽인과 벨베데레의 아폴로까지 순서대로 '안면각'을 묘사하기 위해 그린 것이다. 옆얼굴에서 계산된 치수를 보여주고자 정면 그림을 사용한 것에 한 가지 혼동의 원인이 있다. 그림에 나타난 안면각은 입이 이마보다 더 튀어나온 오랑우탄/침팬지에서는 58도, 그보다는 얼굴이 더 수직에 가까운 흑인과 칼미크인의 경우 70도, 유럽인은 80도, 그리스의 신은 100도이다. 캄퍼르가 그림을 배치한 순서는 추가로 결정적인 모호함을 끌어들인다.

인간 평등의 옹호자로서, 캄퍼르는 이 도해가 인종들이 서로 거의 유사하다는 점을 증명한다고 내내 주장했다. 도해에 연결된 수치 — 58, 70, 80, 100 — 를 보면 실제로 흑인과 칼미크인의 안면각이 오랑우탄/침팬지의 안면각보다 유럽인의 안면각에 더 가까움을, 유럽인의 안면각과 그리스 신의 안면각 사이의 차이보다 흑인과 칼미크인의 안면각과 유럽인의 안면각 사이의 차이가 더 적음을 알 수 있다. 캄퍼르는 이것이 자신이 전하려는 메시지라고 주장했다. 그 근본적인 의미는 수치에 있었다. 캄퍼르는 인류의 단일성을 역설했다. 심지어 아담과 이브가 흑인이었을지도 모른다고 암시했다. 어떠한 피부색도 다른 피부색보다 우수하지 않기 때문이다. 그렇지만 그 도해가 다른 사람들에게 전달한 의미는 형제애가 아니었다.

캄퍼르의 도해에 드러난 시각적 배치에서 완전히 다른 메시지가 튀어나와 그의 평등주의적 신념을 철저하게 꺾어버린다. 18세기 말 대서양 노예무역이 절정에 달했을 때 널리 퍼진 그의 이미지는 흑인을 오랑우탄/침팬지 옆에 두었고 유럽인을 「벨베데레의 아폴로」옆에 두었다. 사람들의 머릿속에 가장 선명한 인상을 남긴 것은 상대적인 수치가 아니라 배열 속의 위치였다. 이러한 시각적 구도에서 그러한 짝짓기는 곧 비전문가들 사이에서 인류학적 진실이 되었다.

한편 유럽의 학자들은 더 곤란한 질문을 던졌다.* 프랑스와 독일에서 캄퍼르에 대한 비판은 점점 더 고조되었다. 결국 그의 보잘것없는 간행물 실적이 그의 학문적 평판을 갉아먹었다. 캄퍼르는 수많은 논문과 도해를 발표했지만 유력한 저서는 한 권도 없었고, '안면각'은 학계에서 신뢰를 잃었다. 19세기 중반 두개골의 체계적인 측정이 시작되면서 머리 측정치 하나에 의존한 캄퍼르의 지극히 평이한 방식은 공박을 당했다. 그러나 캄퍼르가 유럽 대륙에서 학문적 지위를 잃었다고 해도, 로버트 녹스와 조사이아 놋, 조지 글리던 같은 영국과 미국의 과학적 인종주의자들은 백인의 우월성을 보여주는 논박할 수 없는 증거로서 그의 도해를 계속 퍼뜨렸다. 캄퍼르 자신은 백인의 우월성을 결코 인정한 적이 없다. 스위스의 요한 카스파어 라바터도 다소 비슷한 경로를 밟았다.

취리히의 프로테스탄트 성직자이자 시인이었던 라바터는 신이 인간을 외모, 특히 얼굴이 내면을 반영하도록 만들었다고 확신했다. 삽화가 들어간 그의 책 『관상학*Von der Physiognomik*』(1772)과 『인류에 대한 지식과 사랑을 증진하기 위한 관상학 소고*Physiognomische Fragmente, zur Beförderung der Menschenkenntis und Menschenliebe*』(1775~1778)는 출간되자마자 번역되어 널리 알려졌다. 학자나 비전문가에게 똑같이 친숙한 이 책들은 개인의 아름다움과 인간적 덕성 사이에, 외모와 내적 영혼 사이에 상관관계가 있다는 추정을 정성껏 논증한다. 매력적이고 단순한 관념이다.

---

* 1779년 캄퍼르는 청년 요한 프리드리히 블루멘바흐가 포함된 괴팅겐의 회의적인 학자들에게 그의 생각을 제시했다. 몇 년 지나면서 블루멘바흐는 캄퍼르가 주장하는 이론 체계의 타당성을 한층 더 의심하게 되었고 과학적 자료라기에는 너무 단순하다며 이를 거부했다. 라바터는 캄퍼르보다 더 오래 살았고 안면각의 유용성에 관하여 유보적인 태도를 취했다.

라바터는 주저 『관상학』의 몇몇 장을 "고대인의 이상적인 아름다움"에 할 애함으로써 고대 그리스인에 대한 빙켈만의 시각을 확대했다. 라버터는 또 한 근대 그리스인이 고대 그리스인과 근본적으로 다르다는 진부한 관념을 되풀이했다. "그리스 종족은 당시에[고대에] 지금의 우리보다 더 아름다웠 다. 그들은 우리보다 뛰어났다. 현재의 [그리스인] 세대는 지독히 퇴화했 다!"[9] 라바터도 캄퍼르처럼 그리스의 아름다움을 유럽의 대표적인 아름다 움으로 보았지만 이상적인 안면각에 관해서는 그와 의견을 달리했다. 두 사 람의 생각에는 안면각이 중요한 특징이었다. 라바터의 아폴로는 이마가 수 직으로 솟아오르지 않고 뒤쪽으로 기울었다. 물론 (우리에게는) 사소한 이 불일치 때문에 동일한 그리스 신에 구현된 흰색의 아름다움이라는 주된 관 념이 훼손되지는 않았다.

이러한 인종의 문제에 관하여 여러 견해가 유럽 전역에 퍼졌다. 우선 라 바터는(캄퍼르처럼) 자신의 생생한 삽화로 청년 괴테를 포함하여 거의 모든 사람에게 깊은 인상을 남겼으며, 그의 책은 인기도서가 되었다. 그러나 라 바터가 당시에 재치 넘치는 경구로 이름을 알린 괴팅겐의 지식인이자 블루 멘바흐의 친구인 게오르크 크리스토프 리히텐베르크(1742~1799)가 주도 하는 비판에 직면하자 괴테와 여타 지지자들은 곧 떨어져 나갔다. 리히텐베 르크가 의혹을 품을 만한 이유는 충분했다. 라바터의 이론에 따르면, 리히 텐베르크는 꼽추인데다 대중적 시각에서 보면 유달리 못생겼으므로 내면 의 가치가 부족해야 했다. 그에게 그리스인다운 것은 전혀 없었다. 캄퍼르 와 라바터가 동일한 개념상의 약점을 지녔지만, 캄퍼르도 라바터의 저작을 회의적으로 바라보았다.

학자들은 또한 지나치게 단순하다는 이유로 결국 라바터의 견해를 거부 했으나, 그의 기발한 착상, 특히 두개골과 얼굴이 인종의 가치를 드러내며

두부는 면밀하게 측정할 필요가 있다는 견해는 자연과학자들의 머릿속에서 떠나지 않았다.[10] 라바터로 말하자면 훨씬 더 멀리 나아갔다. 두부의 형태와 성격 사이에 긴밀한 연관이 있다고 생각한 그는 증거 자료를 모으기 위해 저명인사들과 비천한 자들의 초상화로 가득한 책들을 출간했다. 캄퍼르와 라바터 두 사람 모두 "관상학적 감각"의 본능을 통해 외모와 내적 가치의 연관성을 주장했고, 이상적인 백인을 표상하기 위해 그리스 신들의 이미지를 사용했으며, 다른 이미지는 거리의 사람들에게서 취했다. 이들의 이론과 이들이 사용한 이미지는 희다는 속성과 아름다움의 결합을 크게 확대한 것으로서 곧 영미권 작가들의 저작을 통해 널리 울려 퍼진다. 캄퍼르와 라바터가 사용한 이미지들이 존 헌터와 찰스 화이트의 강연과 출판물을 통해 영국해협을 건너면서 벌어진 일이다.[11]

존 헌터(1728~1793)는 건방지고 오만하며 세련되지 못한 스코틀랜드인으로 7년 전쟁과 북아메리카의 프랑스-인디언 전쟁에서 영국군 군의관으로 일했다. 실용적인 지식을 많이 쌓은 뒤 1763년 런던으로 돌아온 헌터는 하노버 왕조 시대에 번창한 런던에서 정치적 연줄을 통해 후원을 받아 국왕 주치의, 영국군 군의감, 군병원 감찰관 등 고위직을 차지했다. 1780년대 중반 헌터는 여러 학회의 회원이 되어 인정을 받았다.•

• 특히 부유한 자연학자 조지프 뱅크스 준남작이 회장을 맡은 런던왕립학회를 들 수 있다. 헌터는 왕립학회 특별회원이 되었다는 사실에 크게 고무되어 살아남은 유일한 아들의 이름을 존 뱅크스 헌터라고 바꾸었다. 1793년 헌터가 사망한 뒤 그가 고생스럽게 수집한 1만 3,682개의 건식과 습식의 동물 표본이 뱅크스에게 증정되었으나 뱅크스는 이를 선물로 받기를 거부했다. 그것이 "자연사의 일반적인 연구에 중요한 물건"이라고 생각하지 않았기 때문이다. 수집품은 헌터의 사망 이후 런던에서 이곳저곳을 떠돌아다닌 뒤 1941년 나치의 런던 폭격에서 3분의 2가 소실되었다. 인간의 위계적 질서를 표현하는 데 관심이 있던 다른 많은 사람처럼 헌터도 "자신의 박물관을 민주주의자에게 보여주느니 차라리 불태우기를 원한" 보수주의자였다.

유럽과 영국 사이에 학문적 소통이 크게 늘면서 헌터는 캄퍼르의 저작을 알았고 캄퍼르처럼 인간과 동물의 두개골을 분석하여 옆얼굴의 수직적 변화를 그림으로 나타내려 했다. 캄퍼르의 안면각에 관한 연구와 상당히 유사한 작업이었다. 헌터는 다양한 인간 두개골(유럽인의 두개골, 아시아인의 두개골, 미국인의 두개골, 아프리카인의 두개골)을 원숭이와 개, 악어의 두개골과 비교했다. 헌터는 위계를 세우려는 의도가 없다고 명확히 밝혔지만, 산부인과 의사 찰스 화이트(1728~1813)는 그의 상상력에 영감을 받아 신체적 외형으로서의 인종에 관심을 가지게 되었다.

헌터처럼 화이트도 혁신적인 의사로 명성을 얻었다. 산과를 전공한 그는 '남자 산파'로 이름을 알렸고 처음에는 내과 의사인 아버지와 함께 진료했다.[*] 18세기 공업도시 맨체스터의 부와 세력이 커지면서, 화이트의 사회적이고 지적인 명성도 치솟았다. 오랫동안 자연사에 관심이 있던 그는 1790년대에 다양한 종류의 인간과 동물 사이의 연관 관계에 대한 연구에 더 많은 노력을 기울였다. 화이트는 1795년에 맨체스터 문학철학회에서 삽화를 곁들여 여러 차례 강연을 했는데, 그중 하나가 1799년에 『인간과 여러 동물과 식물의 규칙적 등급에 관한 보고서, 전자로부터 후자로 *An Account of the Regular Gradation in Man, and in Different Animals and Vegetables; and from the Former to the Latter*』라는 제목으로 출간되었다.[**](도판 5.4, 찰스 화이트의 도해 참조)

화이트는 캄퍼르를 따라 인간의 머리(두개골과 옆얼굴)를 왼쪽에서 오른쪽

● 화이트는 자연분만을 옹호했다. 1773년에 출간된 그의 책 『임산부 치료론 *Treatise on the Management of Pregnant and Lying-in Women*』은 프랑스어와 독일어로 번역되었으며 미국판도 나왔다. 화이트는 런던에서 존 헌터의 형 윌리엄과 함께 의학을 공부했는데, 그에게 이 책을 헌정했다.

●● 존경받는 의사였던 화이트는 부인과와 산과에 관한 논문은 물론 존 헌터의 해부학 강의 노트도 출간했다.

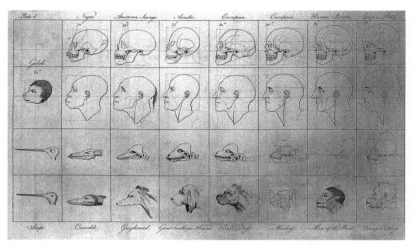

5.4 찰스 화이트의 도해, 1799. 찰스 화이트, 『인간과 여러 동물과 식물의 규칙적 등급에 관한 보고서, 전자로부터 후자로』(1799)

으로 위계적으로 배열하고 인종과 지위, 지리에 따라 이름을 붙였다. 입이 얼굴에서 다른 부분보다 앞으로 많이 돌출한 '니그로'는 원숭이 다음 자리를 차지한다. 니그로의 다른 쪽 옆으로는 오름차순으로 '아메리카 야만인', '아시아인', 그리고 세 종류의 '유럽인'이 있다. 그중 하나인 '로마' 화가의 모델 옆 오른쪽 맨 끝에는 '고대 그리스인'이 있다. 그들의 코와 이마는 입 위쪽으로 높이 달려 있다. 그러나 화이트의 글은 모든 인간의 조상이 아담과 이브라는 데 이의를 제기함으로써 캄퍼르의 글에서 결정적으로 이탈한다. 화이트는 이따금 '인종race' 대신 '종specie'이라는 용어를 사용하며 여러 유색인이 신의 별개의 창조 행위로부터 나왔으리라고 추정했다. 곧 다원발생론으로 알려지는 이러한 견해는 창세기의 단일발생론을 넘어서 인류의 기원을 추적한다. 다원발생론은 19세기 중반에 미국 인류학계의 인종주의자들 사이에 지속해서 퍼졌다. 1859년 『종의 기원』 출간으로 온갖 종류의 창조론이 지닌 매력은 크게 줄었지만, 그렇다고 다윈의 진화론이 다원발생론적 사고를 완전히 제압한 것은 아니다.

화이트는 경제 발전과 신체의 매력 사이에 관계가 있다고 주장하며 여유 있는 백인 유럽인을 가장 진보한 인류일 뿐만 아니라 "인류의 가장 아름다운 인종"이라고 생각한 자들의 계보에 이름을 올렸다. 화이트는 『인간과 여러 동물과 식물의 규칙적 등급에 관한 보고서』를 끝맺으며 인종 담론에서 사라지지 않는 두 가지 주제, 즉 지능과 아름다움에 초점을 맞추어 화려한 표현으로 일련의 질문을 제기한다.

화이트는 이렇게 묻는다. "그렇게 큰 용량의 뇌수를 담고 있는 고상하게 둥근 머리를 유럽인이 아니라면 어디서 보겠는가?" 뇌의 언급은 캄퍼르의 안면각을 떠올리게 하는 지능의 관상학으로 이어진다. 화이트는 이렇게 질문을 이어간다. "수직 얼굴, 돌출한 코, 둥글게 내민 턱을 어디서 찾겠는가?" 그는 백인 여성의 아름다움에 소프트 포르노를 연상시키는 사랑의 쪽지를 보내며 글을 맺는데, 거기에는 백인성에 바쳐진 수많은 찬사에서 발견되는 얼굴의 홍조가 포함된다. 화이트와 토머스 제퍼슨은 특혜를 받은 여성들의 고결한 창백함에 대한 이 감격을 다른 많은 이와 함께 나누었다.[*] 화이트는 묻는다. "유럽의 아름다운 여인들의 부드러운 얼굴을 뒤덮은 홍조를, 정숙함과 섬세한 감정, 감각의 상징을 지구의 다른 어느 곳에서 찾을 수 있겠는가? 용모에 멋지게 표현된 사랑스럽고 온화한 열정을, 얼굴과 안색의 전

---

* 1780년대 초에 쓴 『버지니아주에 관한 해설Notes on the State of Virginia』 제14장에서 제퍼슨은 이렇게 과장된 표현으로 묻는다. "두 인종이 아름다움을 다소간 공유하는 토대가 중요하지 않은가? 한 인종에 드러나는 붉은색과 흰색의 훌륭한 혼합, 색조의 다소간의 확산이 드러내는 온갖 감정의 표현이 다른 인종의 안색을 지배하는 영원한 단조로움, 모든 감정을 덮어 가리는 치울 수 없는 검은 장막보다 낫지 않은가?"

체적인 우아함을 어디서 찾겠는가? 유럽 여인네의 가슴이 아니라면 어디서 그렇게 풍만하고 눈처럼 새하얗고 주홍으로 물든 두 반구를 찾겠는가?"[12]

지나치게 감상적인 산문이나 무미건조한 과학적 발언에서, 아름다움은 일찍이 치수와 대등하게 인종의 현저한 특징으로 자리 잡았다. 학자들은 화이트처럼 과도한 표현을 넘치게 사용하지는 않았지만, 영향력이 훨씬 더 컸던 다른 이들은 인종학을 퍼뜨렸고 그 과정에서 아름다움은 의미 있는 과학적 범주로서 꾸준히 타당성을 얻었다.

6

블루멘바흐가 백인을
'캅카스인'이라고 이름 짓다

분별 있는 독자라면 사회과학과 형법 제도가, 그리고 실로 영어권 세계의 대부분이 어째서 백인에 '캅카스인Caucasian'이라는 꼬리표를 달아주었는지 의아할 것이다. 어째서 터키의 북쪽 국경에 바로 붙은 말썽 많은 산악지대에서, 러시아와 끝없이 전쟁을 벌이는 오늘날의 체첸과 스타브로폴크라이, 다게스탄, 잉구셰티야, 북오세티야, 남오세티야, 조지아의 민족들에서 이 범주가 생겨났을까? 그 긴 이야기는 1795년 니더작센의 괴팅겐에서 시작하며, 그중 더 잘 알려진 부분은 요한 프리드리히 블루멘바흐에게 속한다.

블루멘바흐(1752~1840)는 중동부 독일 튀링겐의 학구적인 명문가에서 태어났다. 1768년 열여섯 살의 나이에 천재로 인정받은 그는 지역 공작의 생일 자리에서 한 연설로 청중으로 모인 유력인사들을 기쁘게 하며 널리 이름을 알렸다. 7년 뒤인 1775년 괴팅겐 대학교에 제출한 박사학위 논문 『인간의 자연발생적 변종들에 관하여De generis humani varietate nativa』는 다시 정리하면 겨우 쉰 쪽에 불과하지만 엄청나게 많은 정리되지 않은 자연사 수집물을 보유한 나이 많은 교수와 함께 1년간 연구한 성과물이었다. 『인간의 자연발생적 변종들에 관하여』는 여러 판을 찍었고 곧 블루멘바흐를 의사이자 독일 학계의 유명인으로 만들었다.[*] 20대 중반에 들어선 블루멘바흐는 빠르게 괴팅겐의 게오르크아우구스트 대학교의 교수가 되었다. 이 대학교는 독일 귀족 청년들 사이에서 가장 명망 있는 근대적 교육의 중심지였다. 많은 사람이 블루멘바흐를 지적 스승으로 삼기를 원했고, 그는 일군의 귀족과 특권층 남자들을 가르쳤다. 그중에는 영국 왕자 세 명, 바이에른 왕세자, 학구적인 귀족 형제 빌헬름 폰 훔볼트와 알렉산더 폰 훔볼트도 있었다.[1]

니더작센(주도는 하노버였다)의 그 대학교는 최신 학문뿐만 아니라 영어권 교양 세계로 진출할 기회도 제공했다. 18세기에 하노버 왕조가 영국을 통치했기 때문이다. 따라서 괴팅겐의 위치는 블루멘바흐의 관념이 어떻게 급속히 퍼졌는지를 상당 부분 설명해준다.[**]

세계적으로 유명한 학자의 지위를 유지하려면 자연에서 인간이 차지하는 위치 같은 중요한 주제에 관하여 깊이 숙고하는 것만으로는 부족했다. 그보다 더 많은 것, 즉 유력한 연줄과 명예, 강력한 기관의 후원, 그리고 예를 들어 두개골 수집물이나 호화로운 정원 같은 무언가 보여줄 게 필요했다. 블루멘바흐에 앞선 두 세대 동안, 유럽 최고의 위대한 자연학자들은 거대한 정원을 관리했다. 스웨덴의 움살라에서 정원을 관리한 칼 폰 린네와

- 서양의 분류법 체계를 고안해낸 위대한 린네는 훨씬 더 빠르게 출세했다. 그는 네덜란드의 하르데르베이크 대학교에서 열세 쪽짜리 논문으로 한 주 만에 박사학위를 받았는데, 어느 과학사가는 이 대학교를 "통신 판매" 기관이라고 칭했다. 이는 심히 가혹한 평가로 보인다. 그렇지만 하르데르베이크 대학교는 학위를 판매하기로 유명했다.
- •• 블루멘바흐의 전성기는 18세기 마지막 사분기에 그가 다닌 대학교가 정점에 이르렀을 때와 일치했다.

파리에서 정원을 관리한 뷔퐁 백작 조르주루이 르클레르는 잘 알려진 사례이다. 어떤 의미에서 블루멘바흐에게는 그가 수집한 두개골이 정원이었다. 그리고 그는 학계에 연줄을 만드는 법을 알았다.

블루멘바흐가 왜 『인간의 자연발생적 변종들에 관하여』의 세 번째 판을 영국의 유력한 인사로 엄청나게 부유한 모직물 상인이자 자연학자인 조지프 뱅크스(1740~1820)에게 헌정했는지는 학문의 네트워크로 설명된다. 뱅크스는 블루멘바흐가 전혀 모르는 사람이었다. 블루멘바흐는 두개골과 여타 귀중한 과학적 물건에 대해서, 그리고 1792년에 런던에서 환대해준 데 대하여 뱅크스에게 절절한 아부를 담아 사의를 표했다. 뱅크스는 왕립학회 의장으로서 당대의 주류 자연사학계를 관리하며 세계적인 과학 탐구를 지배했다.[2] 런던과 파리에 비하면 여전히 지방 소도시에 불과한 괴팅겐의 변변찮은 연구자였던 블루멘바흐가 뱅크스에게 책을 헌정한 것은 유럽 과학 왕국의 군주와 유대를 다지려는 의도의 발로였다. 블루멘바흐는 뱅크스와 서신을 주고받으면서 국제적인 연줄을 지닌 과학자로서 입지를 다졌을 뿐만 아니라 뱅크스가 통제한 색다른 두개골과 기타 표본을 쉽게 요청할 기회를 얻었다.

뱅크스는 많은 사업을 후원했는데, 제임스 쿡 선장이 새로이 발견해 보타니Botany라고 이름 붙인 오스트레일리아의 만으로 두 번째 항해(1772~1775)에 나서 독특한 식물과 동물의 표본을 수집할 때도 지원했다. 블루멘바흐는 이러한 희귀 표본들을 몹시 탐내 자신의 수집품으로 가져오려 했지만 성공하지 못했다. 1783년 블루멘바흐는 뱅크스와 (프랑스어로) 서신 교류를 시작하여 그에게 독일의 식물에 관한 정보를 제공했다. 블루멘바흐는 곧 뱅크스의 집과 그의 방대한 과학적 수집물을 보려는 순례단에 합류해 영국으로 건너간다. 뱅크스는 1787년 블루멘바흐의 편지에 대한 답장에서 남태평양에서 가져온 두개골을 보낼 수 없다고 설명했다. 이유는 네덜란드의 페트뤼스 캄퍼르가 먼저 요청했기 때문이었다.[3] 그러나 블루멘바흐는 쉽게 단념하지 않았다. 그는 프랑스어로, 이어 영어로 집요하게 편지를 보내 마침내 뱅크스가 남태평양에서 가져온 두개골 하나를 손에 넣었다. 뱅크스는 블루멘바흐에게 원주민들로부터 신체 일부를 빼앗는 것이 얼마나 어려웠는지 절절하게 얘기했다. 어쨌거나 블루멘바흐는 18세기 말 자연사 연구에서 가장 강력한 인사에게 계속해서 아부하며 남태평양의 그 두개골이 새로운 종류의 인간(말레이인)을 대표한다고 선언했고 이를 아름다운 캅카스인과 추한 몽골인 사이에 두었다. 그렇게 블루멘바흐는 1795년에 뱅크스에게 책을 헌정한 덕에 일종의 서유럽 동맹을 공고히 다졌고 과학의 신에게 제물을 드렸다. 생애 말기에 블루멘바흐는 유럽에서 가장 많은 수집물을 보유했다. 그가 "골고타Golgotha"라고 부른 수집물은 245개의 온전한 두개골과 부서진 두개골, 두 개의 미라였다.[4]•

블루멘바흐는 결코 선동자가 아니었다. 그는 당대의 엄격한 과학적 방침에 따라 연구하여 두 가지 중요한 측면에서 갓 시작된 인간 분류학을 발전시켰다. 첫째, 괴물(병자를 포함한)을 별개의 인간 종류로 분류하는 방식이 오랫동안 인기를 끌었는데, 블루멘바흐는 이러한 관행을 없앴다. 괴물이라는 범주는 다른 점에서는 견실했던 린네의 연구에도 등장한다.•• 둘째, 블루멘바흐는 이제는 대체로 받아들여진 피부색 지표에 더하여 일련의 다른 신

• 독일의 나치 정권은 뼈와 두개골을 모아놓은 그러한 인류학적 수집물을 변태적이고 살인적인 극단적 정책에 이용했다.

•• 뷔퐁 백작은 린네가 괴물을 인종과 혼동했다고 블루멘바흐보다 더 거세게 비판했다. 린네는 또한 지리와 기후 사이에 연관이 있다고 보았는데, 이러한 시각은 19세기와 20세기에 진부해졌다.

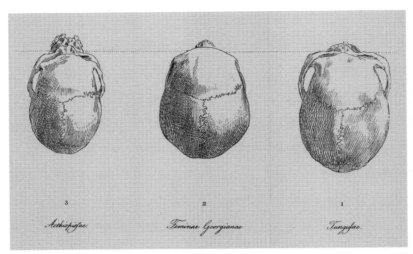

6.1 블루멘바흐의 수직 표준: 에티오피아인, 조지아인 여성, 아시아인, 「요한 프리드리히 블루멘바흐의 인류학 논고」, 토머스 벤디시 옮김(1865)

체 치수, 특히 두개골의 크기를 하나의 인자로 포함했다. 블루멘바흐와 그 동료들은 이를 완벽한 과학적 분류법이라고 생각했다.

블루멘바흐는 페트뤼스 캄퍼르와 달리 두개골의 크기를 여러 방식으로 측정하여 점점 더 정교한 측정법을 추구하는 광증을 불러일으켰다. 블루멘바흐는 세계 곳곳에서 가져온 인간 두개골 수십 개를 일렬로 늘어놓고 이마의 높이와 턱뼈의 크기와 각도, 치아의 각도, 안와, 코뼈, 캄퍼르의 안면각을 측정하여 그가 말한 이른바 "수직 표준norma verticalis"을 제시했다.[5] (도판 6.1, 블루멘바흐의 수직 표준 참조) 그는 피부색을 수직 표준에 추가하여 단일한 인간종을 네 개, 이어서 다섯 개의 '종'으로 분류했다. 앞으로 보겠지만, 그렇게 세심한 측정법은 '캅카스인'에 더할 나위 없는 과학적 순혈종의 지위를 부여했다.

『인간의 자연발생적 변종들에 관하여』 초판(1775)은 많은 장점을 지녔다. 한 가지 말하자면, 이 책은 여러 민족 사이의 차이에 관한 중대한 오해를 교정한다. 블루멘바흐에 따르면(합리적이지만 다른 이들과 반대로), 기후는 피부색의 차이를 낳는다. 짙은 피부색을 지닌 사람들은 더운 곳에 살고 옅은 피부색을 지닌 사람들은 서늘한 곳에 산다. 이러한 사실은 고대의 기록에 남아 있지만 이후 학문적 문헌에서는 이따금씩만 인정되었다. 블루멘바흐는 모든 인간의 신체에는 상대적으로 옅거나 짙은 부분이 있음을 독자에게 일깨운다. 예를 들어 옅은 피부색을 지닌 사람도 생식기는 짙은 색일 수 있고, 야외 노동은 옅은 피부색을 지닌 사람들도 가무잡잡하게 만든다. 야외에서 일하는 가난한 사람들의 피부색은 더 짙어지고, 유럽인의 피부는 겨울에 더 옅어진다. "매우 우아하고 고운 여인들이 겨울의 실내 생활로 인하여 봄에 가장 빛나는 흰 피부를 보여준다는 사실을 우리는 매년 경험으로 안다." 그 여인들이 부주의하여 여름에 햇빛과 공기에 몸을 드러낸다면, 그들은 "가을이 오기 전에 봄의 아름다움"을 잃고 "갈색이 더욱 두드러질 것이다."[6]

블루멘바흐는 또한 적은 표본을 토대로 전 인류에 관해 결론을 도출하지 말라고 경고한다. 인류학의 세계는 언제나 단 한 사람의 이미지에 구현된 인간 '유형'에 관해 이야기하기 때문이다. 유감스럽게도 이 경고는 무시되었다. 블루멘바흐는 앞서 언급한 북동부 캅카스 지역과 서아시아 지역의 칼미크인을 예로 들자고 말한다. 칼미크인이 추한 인간의 전형이라는 고정관념을 잘 알고 있던 그는 어느 여행자가 그린 추한 칼미크인의 두개골 그림으로는 그 집단 전체에 관한 결론을 입증할 수 없다고 매우 적절하게 경고한다.

블루멘바흐는 다른 여행객이라면 칼미크인을 아름다운, 심지어 균형이 잡힌 사람들이라고 묘사할 수 있을지도 모른다며 젊은 칼미크인 여인들이

6.2 '몽골인 유형'의 칼미크인. 윌리엄 Z. 리플리, 『유럽의 인종』(1899)

"교양 있는 유럽에서는 찬미자를 발견할 것"이라고 결론짓는다.[7] 유럽의 남자들이 젊은 칼미크인 여자에게 성적 매력을 느낄 수 있다는 블루멘바흐의 암시는 17세기의 프랑수아 베르니에까지 기원을 추적할 수 있는 유럽의 여행자들과 학자들 사이의 일반적인 기준을 떠올리게 한다. 예를 들면, 프랑스의 자연학자 뷔퐁 백작은 칼미크인이 가장 추한 민족이라고, 칼미크인 여자는 남자만큼 추하다고, 그렇지만 동양 술탄의 아름다운 부인들은 체르케스인과 조지아인이라고 했다.[8]

이처럼 칼미크인은 19세기에

6.3 '칼미크인 해군 병사'. 콜리스 러몬트, 『소련의 민족들』(1946)

들어선 이후로도 못생긴 용모의 현저한 사례로 남았다. 그러나 윌리엄 Z. 리플리의 『유럽의 인종*Races of Europe*』(1899)과 콜리스 러몬트의 『소련의 민족들*Peoples of the Soviet Union*』(1946)에 나오는 사진은 상당히 평범한 칼미크인 두 명과 잘생긴 칼미크인 한 명을 보여준다. (도판 6.2, 리플리의 칼미크인과 도판 6.3, 러몬트의 칼미크인 해군 병사 참조) 그러므로 아름다운 사람과 추한 사람에 관한 가정은 실제의 신체 모습보다는 관념에 속하는 문제이다. 앞서 체르케스인과 캅카스인, 조지아인에 관해 보았듯이, 그들이 탁월하게 아름답다는 관념은 실재하는 사람의 진짜 이미지가 널리 퍼져 생긴 것이 아니다. 관념 자체가 반복되어 법칙처럼 굳어졌을 뿐이다.

블루멘바흐도 다른 인종 이론가들처럼 서로 모순되는 것들 사이에서 아슬아슬한 줄타기를 했다. 한편으로 그는 외모의 결정에서 문화와 기후가 두드러진 역할을 수행한다고 강력히 주장했다. 그러면서도 블루멘바흐는 특정 집단들은 수 세대에 걸쳐 신체와 문화의 독특한 특징을 유지한다고 믿었다. 유럽인 중에서 이를테면 스위스인은 솔직한 표정을 가졌으며, 터키인은 대담하고 진지하며, 북쪽 먼 곳의 사람들은 단순하고 순진한 표정을 지녔고, 오랫동안 이교도 사이에서 섞여 살았는데도 "유대 민족은 악명이 자자한 가장 분명한 사례이다. 그들은 어디에 살든 동방의 기운이 감도는 눈만 봐도 그 정체를 쉽게 드러낸다."[9] 과학적 사실로 언명된 이 마지막 진술은 인종 과학 전반에 걸쳐 캅카스인/체르케스인/조지아인의 미모에 대한 숭배처럼 불멸의 지위를 얻게 된다.

이러한 분류는 전부 블루멘바흐 책의 초판에 나온다. 그는 1781년에 『인간의 자연발생적 변종들에 관하여』 개정판을 내면서 새로이 발견한 말레이인을 추가하여 인간을 다섯으로 분류하는 방식을 도입했다. 그렇지만 유럽인은 아직 캅카스인이라는 꼬리표를 달지 않았다. 이 점에 주목하라. 블루멘바흐는 '변종'이라고 이름 붙인 다섯 집단이 린네가 열거했고 자신이 처음에 받아들인 네 집단보다 "자연에 더 일치한다"고 설명한다.* 1781년 블루멘바흐는 사미인 문제로 돌아와 마침내 그들을 핀란드인 혈통의 유럽인으로 인정했다. 그들은 "피부가 희고, 다른 이들과 비교하면, 몸매가 아름답다."[10] 유럽인들이 점점 더 많은 인간 공동체를 발견하면서, 민족들과 그 지리적 경계가 분류의 혼란을 더욱 심화시켰다. 블루멘바흐는 한 번 더 수정을 가했다.

1795년 4월 11일에 출간된 세 번째 판에서 블루멘바흐는 인간 변종의 숫자를 늘리지 않는다. 그러나 그는 열두 가지 인간 분류법이 서로 경쟁하고 있다고 과감하게 말하며 독자에게 "그중에서 가장 좋아하는 것을 고르라"고 권한다. 괴팅겐의 동료 크리스토프 마이너스를 포함한 세 명의 전문가는 두 변종을 선택했고(마이너스가 선택한 것은 "잘생긴 사람"과 "못생긴 사람"의 두 변종으로 나눈 분류법이었다), 한 명은 세 변종, 여섯 명은 네 변종, 뷔퐁 백작은 여섯 변종(사미인 혹은 북극인, 타타르인, 남아시아인, 유럽인, 에티오피아인, 아메리카인), 한 명은 일곱 변종의 분류법을 택했다.[11] 이러한 혼란은 처음부터 인간 분류법에 따라다녔다. 학자들이 얼마나 많은 인간 변종이 존재하는지, 그들 간의 경계는 어디에 있는지, 어떠한 신체적 특징으로 그들

• 블루멘바흐는 '말레이인'을 새로운 집단으로 추가한 이유를 설명하고자 제임스 쿡 선장의 두 번째 남태평양 항해(1772~1775)에 관한 요한 라인홀트 포어스터(1729~1798)의 글을 인용한다. 그 항해에서 포어스터와 그의 아들 게오르크(1754~1794)는 일군의 자연학자들을 이끌었다. 영국에서 독일로 이주한 집안에서 태어난 포어스터 부자는 독일에서 살며 일했다. 이들은 책을 출간하여 그 항해를 설명했다. 게오르크 포어스터, 『제임스 쿡 선장이 지휘하는 영국 범선 '레졸루션호'의 세계 일주 항해, 1772, 73, 74, 75년』(1777); 요한 라인홀트 포어스터, 『세계 일주 항해 중에 수행한 자연 지리, 자연사, 민족학에 대한 관찰』(1778). 요한 라인홀트 포어스터는 1771년에, 게오르크 포어스터는 1777년에 제임스 뱅크스의 후원으로 왕립학회 회원이 되었다.

을 분간할 것인지 결코 합의할 수 없었기 때문이다. 200년 넘게 인종에 관한 연구가 이루어졌는데도 그 문제에 관한 혼란은 줄어들지 않았다. 블루멘바흐의 다섯 변종이라는 관념이 받아들여졌지만, '캅카스인'이라는 용어를 우리에게 던져준 것은 1795년에 분류에 미학적 판단을 집어넣은 것이었다.[12]

1795년이면 『인간의 자연발생적 변종들에 관하여』 초판이 나온 지 20년이 지난 때이다. 그동안 이전에는 블루멘바흐에게 결정적인 요인이 아니었던 피부색이 큰 역할을 하게 되었다. 그는 이제 피부색을 위계적으로, 당연히 백인을 제일 높은 지위에 두고 분류할 필요가 있다고 보았다. 블루멘바흐는 백인이 가장 오래된 인간 변종이라고 믿었기에 백인을 '첫째'로 삼았다. 그의 계산에는 홍조를 필두로 상당한 미학적 추론이 들어 있다.[•] "1. 대다수 유럽인의 피부색 같은 흰색이 첫 번째 자리를 차지한다. 이 변종의 볼에 나타나는 붉은색은 거의 그 변종에 고유하다. 그것은 다른 변종에서는 드문 경우를 제외하면 결코 볼 수 없다." 흰색 다음에 "올리브색이 더해진 황색"이 온다. 그다음 세 번째는 "구리색bronze", 네 번째는 "황갈색basané", 마지막으로는 "거의 역청같이 새까만 황갈색–흑색"이다.[13] 『인간의 자연발생적 변종들에 관하여』 세 번째 판도 초판과 두 번째 판처럼 계속해서 피부색의 차이가 유럽인이든 비유럽인이든 기후와 개인적 경험에 원인이 있다고

•　블루멘바흐와 그의 다섯 인종 분류법에 관한 논의는 다음에서 가장 쉽게 이해할 수 있다. Stephen Jay Gould, *The Mismeasure of Man*, rev. ed. (New York: W. W. Norton, 1996), 특히 401~412쪽[스티븐 제이 굴드, 김동광 역, 『인간에 대한 오해』(사회평론, 2003)]. 그러나 토머스 정커가 지적하듯이 굴드가 시각적으로 보여준 블루멘바흐의 '인종 배열'은 오해를 불러일으키기 쉽다. Junker, "Blumenbach's Racial Geometry," *Isis* 89, no. 3 (1998): 498~501.

말한다.

블루멘바흐는 한 번 더 자기 자신과 논쟁하는 것 같다. 개인의 차이에 대한 자신의 공정한 설명을 무시하면서 자신의 다섯 인간 변종의 고정된 "인종의 얼굴"을 묘사하기 때문이다. 그는 캅카스인을 아주 길게 애정을 담아 강조했다. 사미인은 1781년에는 그 안에 한 자리를 받았지만 이제 다시 배제되었다.

> 캅카스인 변종. 피부색은 흰색, 볼은 장밋빛. 머리카락은 갈색이나 밤색. 머리는 작은 공 모양. 얼굴은 달걀형으로 수직이고 각 부분은 적당하게 윤곽이 드러나 있고 이마는 반반하고 코는 좁고 약간 매부리코이며 입은 작다. 유치는 각 턱에 수직으로 자리를 잡았다. 입술은(특히 아랫입술은) 알맞게 열려 있고, 턱은 불룩하고 둥글다. 전체적으로 그러한 외모는 대칭에 관한 우리의 견해에 따르면 매우 잘 생기고 적당한 것이다. 이 첫 번째 변종에 유럽의 주민들(사미인, 그리고 핀족의 남아 있는 후손은 제외)과 멀리 오비강과 카스피해, 갠지스강까지 사는 동아시아 주민들, 그리고 마지막으로 북아프리카의 주민들이 속한다.[14]

블루멘바흐도 다른 많은 인류학자처럼 북아프리카인을 '캅카스인'으로 분류했다. 그렇게 해도 문제는 없었다. 적어도 당분간은 그랬다. 그러나 그는 캅카스인 변종의 동쪽 경계를 우랄산맥 동쪽으로, 남쪽으로는 멀리 갠지스강까지 둠으로써 캅카스인의 영토를 당시 유럽으로 인정되는 영역의 경계 너머로 확장했다.● 러시아는 때로는 유럽 안에, 때로는 유럽 밖에 있다고

● 블루멘바흐는 동쪽 멀리 오비강까지 캅카스인이 산다고 보았다. 러시아의 큰 강 중 하나인 오비강은 중앙아시아에서 북쪽으로 흘러 러시아에서 세 번째로 인구가 많은 도시인 노보시비르스크를 지나 카라해로 흘러든다.

여겨졌는데, 이것은 늘 문제였다.

블루멘바흐는 인도를 캅카스의 품에 끌어들일 때 분명히 언어의 관점에서 사고했다. 1786년 언어학자 윌리엄 존스는 유럽과 아시아의 여러 언어가 지닌 유사성을 추적하다가 고어인 산스크리트어에 이르렀다. 블루멘바흐의 동료이자 친구였던 게오르크 포어스터는 1791년에 존스가 번역한 고대 산스크리트어 희곡을 독일어로 옮겼다. 다른 이들도 곧 인도유럽 또는 아리안이라는 언어학적 범주를 인종으로 변환시켰고, 이에 생물학적으로 결정된 인도유럽 인종이라는 관념이 등장했다. 19세기 중반이면 신중한 학자들은 인도유럽/아리안 어족에 생물학적 토대가 있다는 관념을 거부했지만, 이는 전혀 중요하지 않았다. 올바른 학문적 판단은 독일인과 그리스인은 포함되고 셈족은 배제되는 인도유럽/아리안 인종이라는 관념을 없애기에 충분하지 않았다. 단호한 인종주의자들에게 특히 20세기에 들어선 후 인종 정체성과 언어는 언제나 일치해야 했으며, 외모는 늘 인종 개념에서 두드러져야 했다. 인종은 아름다움을 낳았으며, 과학자들까지도 욕망에 굴복했다.

인간의 아름다움은 과학적으로 증명된 인종의 특징이라는 관념이 등장하면서 백인의 역사는 결정적인 전환점에 도달했다. 이제 블루멘바흐는 '캅카스인'을 확고히 아름다움과 연결하면서 마음이 분열했다. 그의 분류법에서 첫째 자리를 차지한 것은 언제나 두개골의 과학적 측정이었다. 그러나 인간 변종에서 두 번째로 중요한 것은 신체의 아름다움에 대한 관심이었는데, 이는 두개골의 아름다움을 크게 뛰어넘는 것으로 인종 사고에서 강력한 낱말을 탄생시켰다. "캅카스인 변종. 나는 이 변종의 이름을 캅카스산맥에서 따왔다. 그 주변 지역, 특히 남쪽 사면이 가장 아름다운 종족 즉 조지아인을 배태했기 때문이다." 17세기 여행자 장 샤르댕을 조지아 여인의 아름다움을 찬미한 "수많은 목격자"의 한 사람으로 인용하는 긴 각주가 뒤따른다. 블루멘바흐의 인용문은 샤르댕이 조지아인의 과도한 화장과 그들의 욕정, 여러 가지 악습에 퍼부었던 비난을 무시한다. 이제 샤르댕은 블루멘바흐에게 조지아인의 아름다움을 찬미하는 자일 따름이다.

> 조지아의 피는 동양에서 최고이며, 어쩌면 세상에서 최고일 것이다. 나는 그 나라에서 남녀를 불문하고 추한 얼굴을 단 하나도 목격하지 못했다. 천사 같은 얼굴만 보았을 뿐이다. 자연은 그곳의 여인들에게 다른 곳에서는 볼 수 없는 아름다움을 넘치게 주었다. 나는 그들을 보고도 사랑에 빠지지 않는 것은 불가능하다고 생각한다. 조지아인의 얼굴보다 더 매력적인 얼굴, 더 나은 자태를 찾기란 가능하지 않을 것이다.[15]

아름다움의 매력은 과학의 위상에 이르렀다. 그렇다면 과학의 토대, 두개골의 측정은?

여기서 블루멘바흐는 머뭇거린다. 그는 계몽사상 시대의 과학(두개골의 측정)을 붙잡았다가 낭만주의의 아름다움에 대한 주관적 열정을 붙들려 한다. 둘 사이를 번갈아 오간다. 그렇다. 두개골 측정은 중요하다. 그러나 신체의 아름다움을 얘기하자면 그것이 더 중요하다. 그렇지만 최종적이지는 않았다. 블루멘바흐는 캅카스인의 아름다움을 극찬하면서도 제3의 추론 방식을 채택하여 유럽인의 인종적 배타주의를 멈추려 한다. 블루멘바흐는 두꺼비를 생각해보자고 말한다. "두꺼비가 말을 할 수 있어서 신이 만든 세상에서 가장 아름다운 피조물이 무엇이냐는 질문을 받는다면, 두꺼비는 선웃음을 치며 겸양을 차리느라 그 점에 관하여 속마음을 내보이지 못하겠다고 답할 것이다."[16] 『인간의 자연발생적 변종들에 관하여』 초판에서 그랬듯이 블루멘바흐는 유럽인의 아름다움에 대한 스스로의 평가를 유럽인의 넘치는 자기도취증으로 본다.

그렇더라도 블루멘바흐는 애호하는 유형학의 토대인 뼈, 즉 조지아 여인의 두개골을 묘사하면서 한 페이지에 '아름다운'이라는 낱말을 다섯 번이나 쓴다. "관찰력이 심히 모자라는 자들의 눈까지도

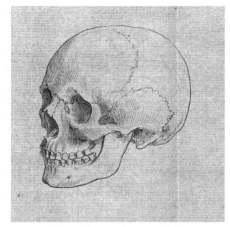

6.4 블루멘바흐의 "조지아인 여성의 아름다운 두개골"

늘 자연스럽게 잡아끄는 것은 젊은 조지아 여인에 전형적인 아름다운 머리"이다.* (도판 6.4, 블루멘바흐의 "아름다운 두개골" 참조)

두개골에 관한 블루멘바흐의 이야기는 18세기 러시아 제국주의의 공격에 취약했던 캅카스인의 길고 유감스러운 역사에 속한다. 블루멘바흐의 후원자인 게오르크 토마스 폰 아슈는 오늘날 잘 알려진 인물은 아니다. 상트페테르부르크에서 독일인 부모에게서 태어난 아슈는 1750년 괴팅겐에서 의학 학위를 받은 뒤 예카테리나 대제의 러시아제국 군대 의무부대에 합류했다. 군인이요 상트페테르부르크와 모스크바의 러시아 학회들의 지도자였던 아슈는 크게 팽창하던 러시아제국 곳곳을 공직자의 자격으로 또 과학의 후원자로서 여행했다. 후자의 관점에서 보면, 그는 1780년대와 1790년대에 러시아와 그 배후지 전역을 돌아다니며 두개골과 필사본, 기타 다양한

---

* 여기서, 이른바 인종 사고의 권위자라는 다른 사람들처럼, 블루멘바흐는 훈련받지 않은 관찰자들의 권위에 의지하여 자신의 과학적 진리를 보강한다.

기념물을 수집했다. 이는 블루멘바흐가 넘치게 선사받은 표본들과 괴팅겐 모교의 학술 소장품이 된다.•

1793년, 예카테리나 대제가 오스만제국에 맞선 두 번째 캅카스 전쟁에서 승리한 직후, 아슈는 블루멘바흐에게 새것인 여성 두개골 하나를 보내며 편지를 덧붙여 그 출처를 설명했다.[17] 러시아 군대가 포로로 잡은 조지아인 여성의 두개골이었다. 그러한 상황은 아름다운 캅카스인 여성과 체르케스인 여성에 대한 수많은 묘사에 나타나는 것과 정확히 똑같다. 복종하여 사랑스러운 가엾은 포로의 전형 말이다. 실제로, 치아의 형태가 완벽하게 남아 있다는 사실은 그 포로가 매우 젊은 사람이었으리라는, 성인 여자라기보다는 사춘기 소녀였으리라는 추정을 뒷받침한다. 이 경우에 이야기는 그 여인이, 아니면 소녀가 모스크바로 끌려갔을 때 비극적 결말로 흘렀다. 아슈는 그녀가 러시아에서 어떤 삶을 살았는지 거의 말해주지 않지만, 그녀가 성병으로 사망했다는 사실은 전해준다. 모스크바의 어느 해부학 교수가 부검을 한 뒤 상트페테르부르크에 있는 아슈에게 그 두개골을 보냈다. 얄궂게도 자신의 두개골로 백인에게 이름을 준 그 여인은 러시아와 오스만제국의 수많은 동포처럼 아마도 모스크바에서 성노예로 살았을 것이다.

블루멘바흐는 자신의 소중한 두개골에 '아름답다'와 '조지아인 여성'이라

• 아슈는 튀빙겐에서 의학 공부를 시작했고 이후 1750년에 괴팅겐에서 유명한 알브레히트 폰 할러 밑에서 학업을 마쳤다. 블루멘바흐가 태어나기 전이었다. 아슈는 블루멘바흐의 손아래 동서인 고전학자 크리스티안 고틀로프 하이네(1729~1812)와 같은 해에 태어났는데, 하이네는 괴팅겐 대학교 도서관의 책임자였다. 아슈와 하이네는 1771년부터 서신을 교환했다. 아슈가 하이네에게 보낸 편지는 120통이 넘는데, 편지가 갈 때마다 여러 차례 괴팅겐 대학교 도서관에 보내는 선물이 후하게 따라갔다. 괴팅겐에서 아슈는 도서관의 가장 중요한 후원자 중 한 사람으로 알려져 있다. 그가 블루멘바흐에게 많은 두개골을 보냈을 뿐만 아니라 슬라브어와 페르시아어로 쓰인 책들을 보내 대학교 도서관의 소장품을 풍부하게 했기 때문이다.

는 꼬리표를 붙였고 그것에서 연상된 인간 변종을 '캅카스인'이라고 불렀다. 그는 그렇게 부르게 된 이유를 설명하지 않았다. 여기서 이렇게 의문을 품을 수도 있을 것이다. 두개골이 조지아에서 온 것인데 왜 '조지아인'이라고 부르지 않았을까? 그 답은 북아메리카에 있을지도 모른다. 신생국 미국에는 이미 조지아라는 주가 있었고 따라서 짐작컨대 조지아인이라고 부르는 사람들도 있었을 것이다.• 어쨌거나 블루멘바흐 시절에 '캅카스인'이라는 개념은 널리 유포되었다.

블루멘바흐가 이해한 '캅카스인'은 지리적인 관념인 만큼이나 신화적인 관념이기도 했다. 한편으로 그는 그 관념으로 흑해와 카스피해를 가르는 17만 평방 마일의 땅을 의미했다. 그 땅은 쟁탈전의 대상인 기독교도의 조지아와 무슬림의 체첸을 포함하며 약 50여 민족 집단의 고향이다. 오늘날 인류학자들은 이 민족들을 캅카스인과 인도유럽어족, 알타이어족의 세 개 주요 범주로 나눈다. 알타이어족에는 서구 전통의 시각에서 추하다고 여겨진 칼미크인이 포함된다. 그들 바로 옆에 전설 속의 아름다운 백인 노예인 체르케스인과 조지아인이 사는데, 이들은 캅카스인의 범주에 들어간다. 1899년 윌리엄 Z 리플리가 권위 있는 저서 『유럽의 인종』에서 캅카스인의 모습을 제시했음에 주목하라.(도판 6.5, 리플리의 "캅카스 산악지대" 참조)

백인성은 이제 인종 분류에서 확고한 자리를 차지했고, 이에 따라 인간 분류학은 린네의 지리적 지역에 따른 분류법에서 피부색을 아름다움으로 강조하는 블루멘바흐의 분류법으로 방향을 조정했다. 블루멘바흐가 캅카스

• 20세기에 러시아의 조지아(그루지야) 출신으로 가장 유명한 사람은 이오시프 비사리오노비치 주가시빌리(1879~1953)이다. '강철 인간'을 뜻하는 이오시프 스탈린으로 더 잘 알려진 그의 무자비한 권력 남용으로 그의 외모에 대한 고려는 무의미해졌다.

인을 하나의 인간 변종으로 확립한 뒤로, 그 용어는 그 지리적 기원에서 벗어나 멀리 전파되었다. 실제의 캅카스인, 즉 동부 지중해의 튀르크인과 셈족과 매우 친밀하게 지내는 캅카스 지역에 사는 사람들은 유럽인의 원형이라는 상징적 지위를 잃었다. 진짜 캅카스인은 백인이 우월한 자리를 차지하는 위계제의 정점에 도달한 적이 전혀 없다. 실제로 많은 러시아인은 거칠고 다루기 힘들다는 추정에 따라 그들을 체르니chernyi('검은색')라고 부른다.[18] 여하튼 구체적인 대상을 지칭하는 성격은 점차 사라졌고, 반면 지극히 아름다운 '캅카스인' 변종이라는 관념은 살아남아 결국 백인을 지칭하는 학문적 용어가 되었다. 오늘날 학자들이 '캅카스인'을 인종적 용어로 쓸 때, 그들은 그 점에서 화려한 업적을 쌓은 블루멘바흐를 따르는 것이다. 그러나 그 용어는 더 복잡한 계보를 갖는다. 그중 하나를 따라가면 인종과 아름다움, 반동 정치의 더 큰 역사가 나온다.

이야기의 그 부분은 블루멘바흐의 괴팅겐 시절 동료로 괴팍한 성격의 크리스토프 마이너스(1747~1810)를 끌어들인다. 자료의 부족으로 블루멘바흐와 마이너스의 사사로운 교류가 정확히 어느 정도였는지는 알 수 없다.[19] 그러나 분명한 것은 인간의 아름다움에 몰두했고 정치적으로 반혁명적이었던 마이너스가 독일 인종 이론의 바탕이 되었다는 사실이다.

블루멘바흐와 마이너스 둘 다 괴팅겐 대학교에서 공부하고 가르쳤다. 그곳에서 마이너스는 1776년에, 블루멘바흐와 거의 동시에 교수직을 얻었다.• 평등주의적 태도를 지닌 블루멘바흐의 명성은 남아 있다. 1840년 블루멘바흐가 여든여덟 살의 나이로 사망했을 때, 그가 일흔여덟 개 학회

• 마이너스의 삶은 블루멘바흐의 삶만큼 잘 기록되어 있지 않다. 그에 관한 정보의 가장 충실한 최근의 원천은 이 장의 후주에 언급한 Dougherty, Zantop, Britta Rupp-Eisenreich, Carhart의 연구이다.

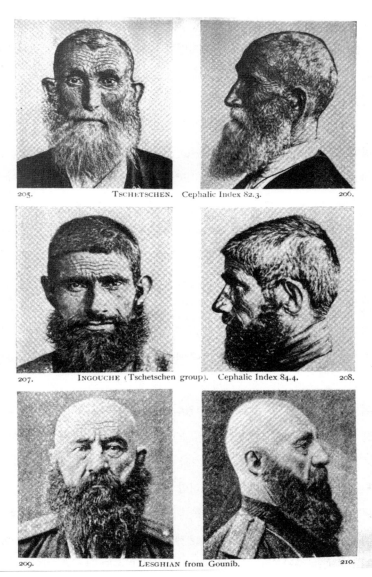

205.   Tschetschen.   Cephalic Index 82.3.   206.

207.   Ingouche (Tschetschen group).   Cephalic Index 84.4.   208.

209.   Lesghian from Gounib.   210.

6.5 "캅카스 산악지대", 윌리엄 Z. 리플리, 『유럽의 인종』(1899)

에 회원이었다는 사실은 남성적인 학계에서 그가 출중했다는 증거이다.[20]•
1825년 블루멘바흐의 학생들은 저명한 훔볼트 형제의 지휘로 그의 박사학
위 취득 50주년을 축하했다. 정치적으로 퇴행적이었던 마이너스는 대체로
잊혔다.

　1790년대에 이미 둘 중에 더 출중했던 블루멘바흐는 의미가 모호했지만
방대했던 마이너스의 저작에 주목했던 것 같다.[21] 1795년『인간의 자연발생
적 변종들에 관하여』초판에 마이너스의 이름은 확실히 단 한 번밖에 나오
지 않는다. 그러나 블루멘바흐가 강조한 것, 특히 아름다움(그리고 고대 그리
스를 이상으로 불러낸 것), 타키투스와 '고대 게르만인', 인종의 순수성, 나아가
'캅카스인'이라는 명칭의 반복적인 거론은 고약한 동료의 영향을 보여준다.

　마이너스와 블루멘바흐 둘 다 인간의 구분이라는 큰 주제에 집중했지만,
그 점을 제외하면 방법론과 정치, 결론에서 두 사람의 견해는 달랐다. 인간
변종들의 명칭에 관해서, 그리고 차츰 신체 외모의 중요성에 관해서 의견이
가까워졌을 뿐이다. 알다시피 블루멘바흐는 두개골 측정을 가장 중요하게
여긴 반면, 마이너스는 불가피하게 자민족중심주의에 치우칠 수밖에 없는
여행기에 의존했다. 다른 차이도 있다. 마이너스는 급하게, 그리고 길게 글
을 써서 학자들이 뜻한 바를 왜곡하여 인용했고 책에 서로 심히 모순되는
주장들을 같이 담았다. 블루멘바흐와 좀 더 엄격한 동료들은 비록 자신들도
일관성의 모범은 아니었지만 그러한 불합리함에 반대하며 마이너스의 반
동적인 지적 편견을 비판했다. 마이너스는 열등한 민족들의 열등함은 그들
의 노예화를, 폭정으로써 그들을 통제해야 한다는 점을 정당화하고, 심지어
요구한다고 솔직하게 인정했다.[22] 그는 아름다움과 추함은 자연적으로 상

• 　런던과 상트페테르부르크의 왕립학회와 괴팅겐의 왕립과학회 같은 단체들은 서양 세계
　전역에서 '학자들과 부자들'을 끌어모았다.

이한 운명을 맞이한다고 말했다. 블루멘바흐는 이에 동의하지 않았다.

마이너스는 처음에 직관에 반하는 이원적 인종 구도를 제시했다. 그 기이한 이원적 인종 분류법은 1785년에 출간된 『인류사 개요Grundriß der Geschichte der Menschheit』에 나타난다.

1. 타타르-캅카스인. 켈트인과 슬라브인으로 나뉜다.
2. 몽골인

타타르-캅카스인은 가장 아름다운 인종이었다. 몽골인은 추한 인종으로 칼미크인의 특징에서 보듯이 "신체와 영혼이 허약하고 사악하며 미덕이 없다." 마이너스는 유대인을 아르메니아인과 아랍인, 페르시아인과 더불어 몽골인(즉 아시아인)으로 분류한다. 전부 블루멘바흐가 캅카스인으로 규정한 종족들이다. 마이너스는 추한 몽골인은 피부가 검다고 말한다. 그리고 당대의 대다수 독일인처럼 인간의 이상적인 아름다움을 고대 그리스에서 찾는다. 그렇지만 그는 독일인이 아름다움과 신체의 강인함에서 그리스인에 필적한다고 주저 없이 덧붙인다.[23]

괴팅겐의 학문 공동체는 마이너스가 엄밀함이 부족하고 결론이 허술하다고 크게 불평했지만, 비판은 대체로 학회의 공식 서한에 드러나지 않고 개인의 편지에 묻혔다. 어쨌거나 마이너스는 주류 사회 밖에서 널리 인기를 끌었으며, 그의 저작은 폭넓게 유포되었다. 『인류사 개요』는 세 판을 찍었고 여러 언어로 번역되었다.• 그의 동아리에는 훗날 20세기 나치즘의 지성사

• 베를린의 인기 작가 아우구스트 라폰테인(1758~1831)은 1795~1796년에 네 권짜리 풍자 소설을 출간하여 마이너스와 그의 추하고 검은 사람들과 아름다운 금발의 사람들을 조롱했다.

에 자양분을 제공한 프랑스의 반혁명주의자들이 포함되었다.

블루멘바흐가 마이너스로부터 '캅카스인'이라는 명칭을 빌려왔을 가능성은 충분하다. 그러나 그러한 차용이 이루어졌다고 해도, 블루멘바흐는 훨씬 더 권위 있는 책에 손을 뻗었다. 그는 트집 잡기 좋아하는 동료의 책이 아니라 저명한 장 샤르댕을 인용했다. 마이너스는 왕립학회 회원 자격은 없었지만 추종자들을 납득시켰다.

1790년대에 마이너스는 괴팅겐 대학교의 인종 담론을 유럽인과 비유럽인의 비교를 넘어서는 수준으로 진척시켰다. 유럽 내부에서 고대 게르만인이 가장 높은 위치를 차지하는 옅은 피부색과 아름다움의 위계에 집중한 것이다.[24] 마이너스는 유럽인 가운데에서 독일인이 우월하다고 허풍 떠는 논문을 연이어 발표하여 독일인이 아닌 유럽인의 피부색을 "더러운 흰색"이라고 평하고 이를 독일인의 "가장 희고 가장 화려하며 가장 은은한 피부"와 비교하여 폄하한다. 그는 과거의 게르만인이 "지구상의 다른 모든 민족보다 더 크고 더 날씬하며 더 강하고 더 아름다운 신체를 지녔다"고 설명한다. 마이너스는 타키투스를 따라서 게르만인이 인종적 순수성이라는 높은 자질을 지닌다고 주장한다. 18세기 말 마이너스는 학계 일부가 이후 100년 동안 답습하게 되는 북유럽인/튜턴인 속성이라는 고정관념을 주창했다.[25] 이 정도로도 충분히 과격했지만, 그는 여기서 멈추지 않았다.

생각이 계속 발전하면서, 마이너스는 여러 상이한 유럽인을 구분했을 뿐만 아니라 서로 다른 독일인, 즉 북쪽의 독일인과 남쪽의 독일인도 구분했다. 그는 드레스덴과 바이마르, 베를린, 하노버, 괴팅겐의 프로테스탄트 같은 북부 독일인은 끌어안았지만, 빈의 가톨릭 같은 남부 독일인은 배척했다.

이는 작위적인 이분법처럼 보일지도 모르지만 실제로 새로운 것은 아니었다. 당시에 남부 독일이라는 관념은 건설된 지 1900년 된 도시로 신성로마제국의 세련된 수도인 빈을 의미했다. 고대 로마제국의 후예를 자처한 그 제국은 네덜란드부터 체코와 슬로바키아, 그리고 오스만제국과 국경을 맞대고 있는 헝가리 땅까지 유럽 전역에 퍼져 있었다. 신성로마제국은 사멸 직전에 있었지만, 로마 시대에 게르만인을 막는 장벽으로 건설된 빈은 문명 안의 민족들과 문명 밖의 민족들 사이의 공간을 수사적으로나마 차지하고 있었다. 그러므로 18세기 말에 북부 독일인과 남부 독일인 사이의 차이는 카이사르와 타키투스가 얘기한 로마제국 내부의 갈리아인과 그 밖에 있는 북쪽의 미개한 게르만인 간의 차이를 닮았다. 질투심도 한몫했다. 부유한 제국의 수도 빈은 오랫동안 북부 독일인들은 갖지 못한 고급문화를 자랑했다.

그러한 질시는 경멸과 결합하기 쉬웠다. 북부 독일인들이 빈을 여성화하고 그들을 유약한 갈리아인으로 바꿔놓고 길들지 않은 북부인의 지속적인 남성성을 과시한 것은 하나의 작은 발걸음이었을 뿐이다. 이러한 반문명화 전략은 북쪽과 남쪽, 갈리아인과 게르만인, 갈리아인/프랑스인과 게르만인/독일인이라는 비유를 만들어냈고, 이는 전도유망한 인류학적 전략이었다. 여기에는 또한 정치적 차원도 담겨 있었다. 마이너스는 인종적 위계질서를 옹호하는 자가 대체로 그러했듯이 혁명을 일으킨 프랑스인에 분개했다. 혁명 탓에 독일인의 땅에 불운하게도 평등화의 경향이 나타났고 결정적으로 유대인이 해방되었기 때문이다.

그러므로 마이너스가 훗날 나치에 의해 지적 선조로서 총애받게 되는 것은 전혀 놀랍지 않은 일이다. 그는 타키투스를 나름대로 해석하고 그 위에 성을 지었기 때문이다. 마이너스는 19세기의 튜턴인 광신도를 연상시키는 말로 독일인이 "가장 희고 가장 화려하며 가장 은은한 피부"를 지녔다고, 유럽은 물론 전 세계에서 "가장 크고 가장 아름다운" 사람들이라고, "순수한 피"를 지녀 누구보다도 더 뛰어난 신체와 도덕, 지성을 갖게 되었다고 설명한다. 고대 게르만인은 "오크 나무처럼 강했다." 그렇지만 그 후손들은 아직도 다른 이들보다 뛰어나기는 하지만 문명의 향락에 빠져 타락했다. 무도의 엄격한 수련만이 독일인이 과거의 사내다움과 아름다움을 회복하는 길이 될 터였다.[26]

유럽의 어떤 이들은 이 극단적 인종주의 이론을 열렬히 받아들였다. 마이너스가 1790년대 말 장조제프 비레와 샤를 드 빌레 같은 프랑스의 일부 반혁명주의자들의 마음을 잡아끌었기 때문이다. 장조제프 비레는 『인종의 자연사*Histoire naturelle du genre humain*』(1800)를 써서 인간을 "아름다운 백인"과 "추한 갈색인이나 흑인"으로 구분했다.[27] 칸트 전문가로서 제르멘 드 스탈 부인과 서신을 나누었던 빌레는 괴팅겐에 정착하여 마이너스와 함께 연구했다. 그가 스탈 부인에게 영향력을 행사하면서 독일의 인종 이론은 서쪽으로 전파되었다. 그 인종 이론은 유럽인과 아프리카인의 현저한 차이에 입각한, 또한 유럽인과 아시아인, 북부인과 남부인, 옅은 피부색과 진한 피부색, 독일인과 프랑스인 사이의 차이에 입각한 일군의 개념들로 이루어졌다.

7

제르멘 드 스탈이 가르친 독일

영향력의 세계, 사상 전파의 세계에서 부자라는 건 좋은 일이다. 안루이 즈제르멘 네케르 드 스탈(1766~1817)은 물질적으로 가장 부유하고 지적으로도 가장 풍부한 축에 드는 사람이었다.[1] (도판 7.1, 제르멘 드 스탈 참조) 의심의 여지 없는 당대의 거물 스탈 부인은 아름답고 명민하며 독립적인 주인공을 다룬 소설을 여럿 발표했다. 그 주인공들은 후대의 여성 작가들에게 선구적인 어머니 역할을 했다. 스탈 부인의 작품은 시공간을 넘나들며 조르주 상드, 조지 엘리엇, 해리엇 비처 스토, 윌라 캐더 같은 다양한 여성 작가에게 영감을 주었다. 스탈 부인은 또한 활발한 정신을 소유한 동료들 가운데서도 가장 똑똑했던 미국의 초월주의자 마거릿 풀러에게도 모범이 되었다.[2] 이는 전부 아직 도래하지 않은 미래의 일이지만, 스탈 부인은 당대에 독일어로 쓰인 글을 직접 읽을 수 없는 프랑스와 영국, 미국의 수많은 일반 독자들을 온갖 성격의 독일 사상가들과 연결하는 중요한 가교 구실을 했다. 스탈 부인은 괴테라는 천재와 초월주의라는 자연주의적 종교, 유럽인을 여러 종족으로 분류하는 방법을 널리 알렸다. 특히 그녀의 책『독일에 관

7.1 코린으로 표현된 제르멘 드 스탈, 엘리자베트 비제르브룅,
1807년경. 캔버스에 그린 유화. 140×118cm

하여De l'Allemagne』(1810~1813)는 독일 지식인들과 독일 밖의 지식인들을
연결한 지극히 중요한 작품이다.

"프랑스인의 영혼 속에 유럽인의 정신"을 소유한 제르멘 네케르는 일찍부
터 강력한 지적 호기심을 보여주었다.[3] 제르멘 네케르의 어머니 쉬잔 퀴르
쇼 네케르(1737~1794)는 딸에게 최고의 지성인들(드니 디드로, 장 달랑베르,
클로드 엘베시우스, 기타 네케르 부인의 살롱에 자주 드나든 유명인사들)을 만나게
하고 어릴 때부터 소설과 시를 쓰라고 권함으로써 그녀의 지적 능력을 키
웠다. 굉장한 부자 집안인 네케르 가문에서 그러한 양육 방식은 지극히 자
연스러운 것이었다. 원래 제네바 출신인 프로테스탄트 은행가 자크 네케르
는 금융업으로 재산을 모았으며 루이 16세의 재무부 장관으로 일했다. 제

르멘이 스무 살에 스웨덴 귀족 외교관과 결혼했을 때, 그녀의 남편은 8만 파운드의 지참금을 받았는데, 이는 21세기 초 미국 돈으로 150만 달러가 넘는다.[4]•

남편이 곧 지참금을 탕진하지만, 스탈 부인은 평생 자금이 넉넉했고 많은 하인을 부렸다. 그녀는 자신의 성에서 살았고 안락하게 여행했으며 다른 귀족들을 대등한 지위에서 만났다. (1792년에 영국에 망명했을 때는 동료 망명객들과 더불어 돈이 쪼들렸는데 혁명 정부가 프랑스에 있는 그녀의 계좌를 동결했기 때문이다.) 독일의 내로라하는 지식인들이 그녀의 현학적 욕구를 채워주었다. 스탈 부인은 베를린의 귀족 빌헬름 폰 훔볼트로부터 독일어를 배웠는데, 그는 프로이센의 교육 제도와 베를린 대학교 설립 책임자이자 저명한 지리학자인 알렉산더 폰 훔볼트의 형이었다.•• 스탈 부인은 또한 독일 낭만주의의 창시자로 알려진 시인이자 평론가 아우구스트 빌헬름 슐레겔을 아들의 가정교사로 고용했다.

스탈 부인은 여성이었기에, 그녀에 대한 묘사는 언제나 외모를 언급한다. 관대한 평자들은 그녀의 외모에 대한 평가를 지성에 대한 찬탄으로 균형을 잡으려 했다. 1802년에 어느 방문객은 이렇게 썼다. "미모가 부족하다고 그녀를 험담하는 인간도 그녀의 지성에 황홀해져서 그녀 앞에 무릎을 꿇을 것이다."[5] 영국 낭만주의의 화신인 바이런 경은 그녀가 모든 여성 중에 으

• 스탈 부인의 어머니는 『로마제국 쇠망사』를 쓴 영국 역사가 에드워드 기번의 연인이자 파리의 이름난 살롱의 주인으로 유명했다. 통화의 상이함과 오랜 시간의 경과를 고려하면 1786년의 8만 파운드와 오늘날 150만 미국 달러 사이의 등가는 대략적일 수밖에 없다.

•• 19세기 초 빌헬름 폰 훔볼트는 고전을 토대로 한 독일 교육을 확립했으며 그로써 독일의 그리스 광증을 촉진했다. 1810년에 설립된 베를린 대학교는 제2차 세계대전 이후 독일과 베를린이 서방과 소련의 두 세력권으로 분할되었을 때 훔볼트 대학교로 알려졌다. 1948년 훔볼트 대학교의 학자들은 서베를린에 베를린 자유대학교를 세웠다. 1990년대에 독일이 통일된 이래로 베를린의 두 대학교는 점점 더 불편하게 공존했다.

뜸이라며 이렇게 결론지었다. "그녀는 남자로 태어났어야 했다." 그녀를 만난 남자들이 대체로 그러했듯이 바이런도 스탈 부인이 "눈사태처럼 압도적"이라고 보았다.[6] 미국에서 스탈 부인의 전기를 처음으로 쓴 작가로 페미니스트이자 노예제 폐지론자인 리디아 마리아 차일드는 1832년 그녀에 대한 연구를 시작하며 이렇게 말한다. "저명한 여자를 열거할 때 첫 번째 자리가 안마리루이즈 제르멘 네케르, 즉 스탈 폰 홀스타인 남작부인에게 돌아가야 한다는 데에는 의심의 여지가 없다."

그러나 누구나 스탈 부인을 보면 아름답지 않다고 생각할 수밖에 없었는데, 그녀가 총명하다는 사실만으로는 이러한 충동을 막을 수 없었다(그녀는 상당히 평범한 외모에 약간 살이 쪘다). 마리아 차일드는 그녀의 "고운 손과 팔"만 언급하며 "매우 투명한 흰색"이라고 묘사했다.[7] 차일드는 투명함을 흰색에 연결하면서 흰색의 아름다움이라는 표현을 쓰는데, 이는 명백히 모순이지만 그렇다고 그 표현의 수명이 줄지는 않았다. 투명한 피부 — 멜라닌이 아주 적은 피부 — 는 흰색이 아니다. 피부가 투명하면 피하의 몸이 분홍색과 파란색, 회색으로 얼룩덜룩해 보인다. 이는 파란색 피의 '파랑'이다.[*] 반면 옅은 피부색의 흰 외모는 그 밑의 짙은 색 정맥과 살을 가리려면 약간의 멜라닌이 필요하다. 그러므로 '투명한 흰색'이라는 비유는 언어상으로는 완벽한 흰색이라는 관념을 뜻하지만 실제의 신체 외모와는 거의 관계가 없다.

* '파란색 피blue blood'는 19세기 영어에서 유한계급, 즉 야외에서 일하지 않아 볕에 타지 않은 피부를 통해 정맥이 보이는 사람들을 야외 노동 탓에 정맥이 보이지 않을 정도로 피부가 검게 된 노동자들과 구분하기 위해 쓴 표현이다. 이는 유대인이나 무어인의 후손이 아니라 비지고트족 귀족의 후손을 가리키는 스페인어 '상그레 아술sangre azul'에서 영어로 들어왔다.

스탈 부인은 문필 혁명의 시대에 성장했다. 1789년에 인간의 평등과 형제애라는 계몽운동의 이상과 더불어 시작한 프랑스 혁명은 이미 진행 중인 추세에 박차를 가했다. 한편으로 혁명은 노예제와 불평등을 지지하는 논거를 도려내 프랑스의 국력이 미치지 않는 곳에서도 해방을 촉진했다. 그러나 다른 한편으로 프랑스 혁명의 이데올로기는 인간의 자연스러운 위계질서를 신뢰하는 보수주의자들을 화나게 했다. 스탈 부인은 자유주의적인 경향을 보였지만, 높은 그녀의 사회적 지위로 인해 논란을 자아냈다.

실제로 스탈 부인은 곧 소용돌이치는 프랑스 정치의 두 이면에 마주했다. 그녀는 자신이 입헌군주제를 지향한다는 점을 분명히 밝혔지만 과격한 유혈 혁명은 그녀의 바람을 무참히 짓밟았다. 폭정에 반대하고, 무제한의 언론 자유를 옹호하고, 당대 여성으로서는 지나치게 솔직한 태도를 보임으로써 그녀는 먼저 파리에서, 이어 프랑스 전역에서 기피 인물이 되었다. 스탈 부인은 적어도 갈 곳은 있었다. 1792년 그녀는 파리를 벗어나 영국으로 갔으며 이어 돌연 스위스의 코페에 있는 가족의 성으로 돌아갔다. 제네바 호수 인근이 고향인 그녀의 부모는 혁명 전에 호숫가의 코페 성을 매입한 터였다.

1794년 공포정치가 끝난 후 파리로 돌아온 스탈 부인은 정치에 뛰어들어 1799년 9월(프랑스 혁명력에 따르면 프뢱티도르 18일) 나폴레옹 보나파르트의 쿠데타를 후원하고, 한때 연인이었던 약삭빠른 귀족 외교관 샤를모리스 드 탈레랑을 교묘한 계략으로 외무부 장관직에 앉혔다. 그녀의 문인으로서의 이력은 소설 『델핀Delphine』(1802)과 『코린Corinne』(1807)과 더불어 상업적으로 성공했다. 두 작품 모두 앞서 언급한 입지전적인 여성 영웅들을 묘사한다. 지적으로나 정서적으로나 탁월하지만 결국에는 여성이라는 한계를 넘지 못한 총명하고 정신이 자유로운 여인들. 『델핀』과 『코린』 둘 다 널리 번역되어 많은 사람이 읽었지만, 『코린』은 너무도 유명해져서 그 이름 자체가 여전히 독립적인 정신을 가진 명민한 여성을 상징한다. 코린은 나폴레옹의 마음에 들 리가 없는 인물이었기 때문에, 나폴레옹과 스탈 부인의 관계는 빠르게 식었다.

"일의 황제 대 정신의 황후"• 사이의 다툼에서 나폴레옹은 1797년 그녀를 처음 만났을 때부터 1815년 최종적으로 몰락할 때까지 거의 20년간 스탈 부인을 비난했다. 삶이 다할 무렵 나폴레옹은 『코린』을 다시 읽고 자신이 그녀를 어떻게 생각했는지 되새겼다. "나는 그 여자가 싫다."• 나폴레옹이 스탈 부인을 괴롭힌 이유는 표면상 그녀가 그의 정책에 노골적으로 반대하고 영국을 좋아했다는 데 있지만, 나폴레옹은 또한 단지 여자가 그렇게 큰 목소리를 내는 것을 참을 수 없었다.

과연 스탈 부인은 정치를 비롯하여 여러 문제에 관하여 부단히 의견을 밝혔다. 스탈 부인의 한 친구는 그녀를 "말하는 기계"라고 불렀다. 스탈 부인의 견해를 존중한 남자들에게 그녀의 여성성보다는 그녀의 지성이 더욱 중요하게 보였던 것 같다. 그녀는 세 자녀를 두었지만 나폴레옹이 이상적이라고 생각한 여성의 근본적인 가치, 즉 다산을 구현하지는 못했다. 1803년 나폴레옹은 스탈 부인에게 파리에서 150마일 이상 떨어지라고 강요했다. 그래서 그녀는 시인 요한 볼프강 폰 괴테와 프리드리히 폰 실러가 별처럼 빛나는 독일 낭만주의의 중심지인 작센의 바이마르로 갔고, 뒤이어 베를린으로 넘어가 그곳에서 초월주의의 자연 중심적인 주제들에 집중한 독일 낭만주의의 초기 발명자 슐레겔 형제와 요한 고틀리프 피히테와 교류했다.

스탈 부인은 이미 유럽 문학을 연구하여 『사회 제도와의 관계 속에서 본

• 이 어구는 19세기 중반 프랑스의 저명한 문학평론가이자 아카데미 프랑세즈 회원이었던 샤를 생트뵈브(1804~1869)의 표현이다.

문학에 관하여_De la literature considérée dans ses rapports avec les institutions sociales_』(1800) 를 써냈다. 보통『문학에 관하여』라고 번역되는 이 책은 이탈리아와 프랑스, 독일의 문학을 고찰한 연구이다. 독일이 흥미로운 문학의 원천으로서 이제 막 눈에 띄기 시작했기에, 독일 지식인들은 비록 망명객이요 여성이었지만 프랑스 문학의 대표자로부터 주목을 받는 것이 고마웠다. 스탈 부인은 『문학에 관하여』가 성공을 거두고 독일에서 따뜻한 대접을 받자 1803년과 1804년, 1807년에 자신의 가장 위대한 논픽션『독일에 관하여』를 준비하고자 독일 지역을 세 차례 여행했다.

나폴레옹의 치세 거의 내내 스탈 부인은 사랑하는 파리를 떠나 망명 생활을 했으며 독일에 관한 그녀의 책은 출간되지 않았다. 나폴레옹은 인쇄된 『독일에 관하여』5천 부는 물론 인쇄판과 원고까지 없애라고 명령했다. 다행히도 스탈 부인은 인쇄판과 원고를 구하는 데 성공하여 훗날 출간할 수 있었다. 그렇게 스탈 부인의 글을 혹독히 탄압하자 근본적인 질문이 제기되었다. 그녀는 패배를 인정하고, 유럽에서의 삶을 포기하고 신세계에서 새롭게 출발해야 할까? 스탈 부인과 열일곱 살 아들 알베르는 여권을 구해 미국으로의 이민을 준비했다.

1810년 스탈 부인은 미국 대통령 토머스 제퍼슨에게 편지를 보내 자신과 아들이 미국에서 살 계획이라고 말했다. 제퍼슨과 스탈 부인은 모르는 사이가 아니었다. 과거에 제퍼슨은 스탈 부인의 파리 살롱을 자주 방문했었다. 제퍼슨은 따뜻한 답장을 보내 군인이 되기에 족한 나이가 된 그녀의 아들이 미국에서 환영받을 것이라고 장담했다. 그러나 스탈 부인에 관해서는 한마디도 하지 않았다. 이 침묵은 당시 미국 사회의 상황에 관해 많은 얘기를 해준다. 제퍼슨은 스탈 부인이 그렇게 거친 나라에서 결코 오래 머물 수 없을 것임을 알았다. 스탈 부인의 가까운 친구인 샤를모리스 드 탈레랑은 청년이었던 1795년 많은 시간을 미국에서 보냈고, 이 경험으로 하나의 결론에 도달했다. "한 해 더 이곳에 머물면 나는 죽을 것이다."[9] 확실히 19세기 초 미국의 어느 도시에서도 스탈 부인은 파리에서 누린 활기를 찾을 수 없었다. 게다가 1810년이면 스탈 부인은 더는 젊지 않았을 뿐만 아니라(마흔네 살이었다) 아편에 중독되었고 건강 상태가 나빴다. 그녀에게는 확실히 유럽적인 환경은 물론 똑똑한 종자도 여럿 필요했다.

스탈 부인은 실제로 1800년에 뉴욕주 북부 온타리오호숫가에 땅을 구하여 소유했다. 이 매입에서 중요한 역할을 한 사람은 뉴욕의 건설자 중 한 명인 거베너르 모리스(1752~1816)였다. 스탈 부인의 가족은 1790년대 초 모리스가 미국 전권대사로 프랑스에 왔을 때 그를 만났다. 모리스는 부유한 네케르 집안에 미국 땅에 투자하라고 강권했다. 스탈 부인과 그녀의 아버지가 투자한 뒤, 모리스는 보유지 관리에 관하여 그들에게 조언했다.

모리스는 비록 들쑤시기는 했지만 스탈 부인에게 움직이지 말고 가만히 있으라고 충고한 자들에 속했다. 모리스는 파리에 체류하는 동안 미국과 프랑스 사이에 교양의 수준에서 깊은 간극이 있음을 깨달았다. "유럽 사상의 삼부회"였던 코페에 있는 네케르/스탈 부인의 살롱에서 모리스는 시골뜨기 멍청이 같은 기분이 들었다. 그는 집에 보낸 편지에 이렇게 썼다. "이 모임에서 나는 심히 바보 같다는 생각이 든다." "나는 이곳의 논의에 낄 만큼 총명하지가 않다." 결코 둔한 미국인이 아니었던 모리스는 고국에서는 미국 사회의 가장 높고 중요한 위치까지 올랐다. 그는 킹스 칼리지(오늘날의 컬럼비아 대학교)에 다녔고 뉴욕의 저명한 변호사와 함께 공부했다. 모리스는 졸렬한 문장을 쓰는 사람이 아니었다. 그는 "더 완벽한 단합을 이루기 위해 우리 미국 국민은" 같은 문장도 썼다. 미국인 중에서 모리스는 결코 무지렁이 축에 들지 않았다. 하지만 미국 사회는 그 최상층부에서조차 프랑스 환경이 스탈 부인에게 제공하던 지성이 결핍되어 있었다. 모리스는 스탈 부인의 살롱을 "일종의 아폴론 신전"이라고 말했다. 스탈 부인은 미국에서 그에 견줄 만한 것을 전혀 찾지 못하면 기운이 빠져 죽을 것이었다. 미국인들은 "뛰어난 프랑스 사회의 매력을 알지 못하기" 때문이다.[10]

러시아의 일류 시인 알렉산드르 푸시킨 또한 비슷한 결론에 도달했다. 그는 1812년 스탈 부인이 나폴레옹의 프랑스를 떠나 망명객으로 방문했을 때 러시아 사회의 최상류층이 그녀를 얼마나 따분하게 했는지 알았다. 모스크바의 가장 총명한 자들이 그녀를 즐겁게 해주려 애를 썼지만, 그러기에는 그들의 지성이 충분하지 않다는 사실을 푸시킨은 깨달았다. "그런 여인에게 우리 사교계는 얼마나 텅 비어 보였을까! …… 장장 세 시간 동안 제대로 된 생각 하나, 주목할 만한 말 한마디 없었다. 다들 표정이 굳어 있었고 자세는 경직되었다. 얼마나 지루했을까!"[11] 시간이 지나면서 미국인들과 러시아인들은 종종 자신들이 젊고 앞날이 창창하지만 조잡하기 그지없는 사회의 구성원으로 여겨지고 있음을 알게 된다.

아무튼 스탈 부인은 미국으로 이민하지 않았다. 사실 그녀는 미국을 방문하지도 않았고 미국과 그 국민에 관해 책을 쓰지도 않았다.* 그렇지만 스탈 부인은 미국 사회에 관하여 계속해서 타당한 견해를 지녔으며 노예제를 그 나라의 약점으로 보았다. 그녀는 『프랑스 혁명에 관한 고찰Considérations sur la Révolution française』(1813~1816)에서 미국이 향후 위대해질 가능성을 어렴풋

---

* 스탈 부인은 1810년에서 1811년으로 넘어가는 겨울에 마지막 연인을 만났다. 스위스 경기병인 알베르장미셸 로카(1788~1817)였는데, 당시 그녀는 마흔네 살이었고 그는 스물두 살이었다. 두 사람은 1812년에 아이를 낳았고 1816년에 결혼했다.

이 보았지만 큰 단서를 달았다. "언젠가 진정으로 위대해질 국민이 있다. 바로 미국인들이다. 그 나라를 빛나게 하는 완벽한 모습을 어둡게 하는 오점이 하나 있다. 남부에 아직도 존재하는 노예제이다."[12] 스탈 부인은 다른 많은 사람과 달리 노예제를 미국이라는 사회가 갖는 의미와 떼어놓고 생각할 수 없었다.

한편, 『독일에 관하여』는 나폴레옹이 1810년으로 예정된 프랑스어판 출간을 망쳐놓기는 했지만 1813년 런던에서 출간되었다. 19세기 초 서양 세계의 다른 곳은 독일 학문의 가치와 힘에 눈을 뜨고 있었으나, 프랑스와 영국, 미국에서는 그 지식이 분명하게 보이지 않았다. 독일인이 아닌 지식인 중 독일어를 읽을 수 있는 사람이 거의 없었기 때문이다. 독일인의 사상과 견해를 국제적으로 퍼뜨리는 데에는 모종의 수단이 필요했다. 스탈 부인은 독일 사상을 소개함으로써 그 욕구를 채웠다.

『독일에 관하여』를 읽은 영국 지식인들은 충격에 휩싸였다. 프랑스와 다른 유럽 국가들, 미국의 수많은 세계주의자들이 그 책을 찬미했다. 이유는 쉽게 이해할 수 있다. 첫째, 스탈 부인의 책을 읽은 많은 독자가 그녀의 비공화주의적 성향을, 따라서 독일 사상에 대한 그녀의 보수적인 해석을 공유했다. 더욱 중요한 것은 독일의 신비주의와 광신("하느님이 우리 안에 있다")에 관한 장이 훗날 미국인에게 초월주의로 알려지는 것을 소개했다는 사실이다. 그렇지만 우리의 목적에는 『독일에 관하여』 시작 부분에 나오는 인종에 관한 논의가 가장 중요하다.

세월이 흐르면서 여러 분석가가 매우 많은 유럽 종족을 내세웠다. 스탈 부인은 기후와 정부, 언어, 역사까지 차이를 추적하여 라틴인, 게르만인, 슬라브인 세 종족을 선별했다. 그녀의 생각에 로마의 지배(정치적, 종교적 지배)가 라틴인(이탈리아인, 프랑스인, 이베리아인)을 형성했고 그들에게 세속적인 관심과 즐거움을 부여했다. 스탈 부인의 설명에 따르면, 자부심이 있었던 게르만인 즉 튜턴인은 오랫동안 로마의 정복과 기독교 전파를 성공리에 막아냈다. 그 과정에서 게르만인은 라틴인보다 더 추상적 사고에 적합해졌고 중세 기사도에 더 깊이 젖어 들었다. 스탈 부인은 폴란드인과 러시아인이 주도하는 슬라브인에 관해서는 할 말이 거의 없었다. 유럽인과 아시아인 사이에서 중도를 걷기에는 아직 너무 새롭고 발달이 미진한 종족이라고 보았기 때문이다.[13]

스탈 부인이『독일에 관하여』에서 종족에 관해 한 논평은 대부분 독일 사상에 대해 그녀에게 조언한 주요 인물에게서 직접 나온 것이다. 그는 프랑스와 독일의 경계 지역인 로렌 출신으로 두 문화를 체득한 반혁명가로 기억되는데 프랑스인이 독일인으로부터 교훈을 얻어야 한다고 생각했다.[14] 샤를프랑수아도미니크 빌레(1765~1815)는 프랑스 군대에서 복무한 뒤 1796년 서른한 살의 나이로 괴팅겐 대학교에서 공부를 시작했다. 1797년에서 1800년 사이에 그는 함부르크의『스펙타퇴르 뒤 노르Spectateur du Nord, journal politique, littéraire et moral』의 주된 기고자로서 약 예순 편의 기사를 썼다.[15] 스탈 부인이『독일에 관하여』에서 말한 것은 대부분 그가 발표한 기사에 나와 있다.

빌레는 처음에 어렵기로 악명 높은 이마누엘 칸트 철학의 안내자로서 스탈 부인의 주목을 받았다. 빌레는 칸트에 관한 짧은 글을 여러 편 쓴 뒤 1801년에『칸트 철학: 선험철학의 기본 원리La Philosophie de Kant, ou Principes fondamentaux de la philosophie transcendantale』를 출간했고, 스탈 부인의『독일에 관하여』와 독일 문학을 고찰한 글을 읽은 뒤 1802년부터 그녀와 서신을 교환했다.* 이후 빌레는 스탈 부인을 독일 사상 안으로 인도했고, 『독일에 관하여』에는 늘 모든 "고귀하고 편견 없는" 견해의 제일 앞에 있는 자로 그를 칭찬하는 문구가 들어갔다. "그는 정신의 힘과 깊이 있는 연구로 독일에서 프랑스를, 프랑스에서 독일을 대표할 임무를 띤 것 같다."[16]

인종에 집착한 괴팅겐의 반동적인 크리스토프 마이너스 동아리의 일원이었던 샤를 빌레는 인종이 문화를 결정한다고 확신했다. 1809년 그는 독일의 역사와 문학에 관한 글에서 유럽을 대립하는 두 '민족' 즉 갈리아인과 게르만인으로 나눈다. 빌레에게 갈리아 문학은 현실의 제국을 품는 반면, 게르만 민족의 문학은 관념의 제국을 품는다. 빌레에 따르면, "우리의 작은 유럽"에는 서로 이웃한 두 민족이 있는데, 그들의 "자질과 특성은 인간이 걸어야 할 지성의 범위에서 두 극단에 해당한다. 그들은 프랑스인과 독일인이다. …… 그들이 취한 전체적인 사고와 견해는 심히 모순되고 철저히 대립적이어서 마치 모든 이해의 방법이 서로 간에 쓸 수 없고 그렇게 하려는 노력은 전부 무익한 것처럼 보인다."[17] 4년 뒤, 스탈 부인은 『독일에 관하여』에서 이러한 가정을 되풀이한다.[18]

스탈 부인은 또한 빌레의 낭만주의 정의도 반복하지만 프랑스어 어휘 선택이 더 좋았다. 그녀는 앙투지아슴enthusiasme을 더 좋아했다. 빌레는 철저히 독일화하여 '라 로망티크la Romantique'라고 말함으로써 프랑스어에 대한 경멸을 드러냈다. 이는 프랑스어를 독일어 방식으로 비튼 것이라고 의심할 수 있다. 프랑스어의 로망티슴romantisme은 남성 명사인데, 독일어의 로만티크

---

* 스탈 부인과 빌레가 처음에 철학은 물론 신비주의에 관해서도 의견이 일치했다는 것은 잘 알려져 있다. 스탈 부인은 코페에서 신비주의자들을 맞아들였으며, 빌레는 스물두 살 때 소설 『최면술사Le Magnétiseur』(1787)를 발표했는데 그 기본적인 주제가 동물 자기설 mesmérisme이었다. 두 사람의 관계가 식고 나서도, 스탈 부인은 그가 괴팅겐 대학교 교수직에서 해임된 후인 1815년 그를 변호했다.

Romantik는 여성 명사이기 때문이다. 스탈 부인과 빌레는 독일 낭만주의가 중세 기사도와 기독교에 바탕을 둔 토착 민족 문학에서 성장했다고 보았다. 독일인을 로마와 그 기독교에 저항한 게르만인으로 보는 정의는 전혀 염두에 두지 않았다. 스탈 부인은 이를 그리스와 프랑스의 고전주의와 대비시켰다.[19]

프랑스와 독일의 대립이라는 주제는 순수 문학과 인류학, 전쟁, 평화에서 19세기와 20세기 내내 울려 퍼졌다. 19세기가 끝날 때까지 유럽 사조의 계보와 그 힘의 원천은 프랑스 계몽운동과 이탈리아 르네상스를 거쳐 고대 그리스-로마로 직접 이어진다. 빌레와 스탈 부인, 그들의 지지자는 다른 길을 취했다. 그들이 보기에 19세기의 위대함에 불을 지핀 것은 중세 북유럽의 비기독교였다.* 어쩌면 역설적이게도 북유럽이 더욱 부유해지고 강력해지면서 암흑기와 그 시대의 이교도 야만인에 대한 열광은 더욱 커졌다.

샤를 드 빌레가 『독일에 관하여』에 끼친 영향은 대체로 잘 드러나지 않는다. 그의 동료 크리스토프 마이너스가 요한 프리드리히 블루멘바흐의 인류학 연구와 캅카스인 이론에서 거의 보이지 않는 것과 비슷하다. 반면 독일 문학의 다른 떠오르는 선도자는 『독일에 관하여』의 전면에 나타난다.

마이너스-빌레-스탈 부인의 인종 이론이 잘 작동하려면 북부 독일 특성에 상징적인 인물이 필요했는데, 요한 볼프강 폰 괴테가 바로 그 사람이었다. 『독일에 관하여』에는 괴테의 지성에 관해 한 장, 그의 주요 저작에 관하여 몇 장, 그리고 그 저작의 발췌문이 들어 있다. 스탈 부인은 이렇게 결

---

* 르네상스 이탈리아에 뿌리를 둔 고대와 근대의 싸움은 1690년대 프랑스와 영국에서 학자들을 둘로 갈라놓았다. 고대주의자들은 고대 양식을 존중해야 한다고 주장했으며, 근대주의자들은 자기 시대에서(프랑스에서는 루이 14세 시대에서) 실마리를 찾았다.

론짓는다. "괴테만이 독일 문학 전체를 대표할 수 있다." 왜냐하면 그가 "홀로 독일의 특성을 전부 지니고 있기" 때문이다.[20] 앞서 보았듯이 괴테는 동부 독일의 도시 바이마르와 밀접한 연관이 있으며, 독일의 문화적 르네상스는 작센에 집중되었다. 이 책의 목적을 생각하면, 세 가지 서로 다른 작센이 있음을 명심할 필요가 있다. 유럽인에게 중요한 작센은 폴란드와 이웃한 이 동부 독일 주에 닻을 내리고 있다. 그곳의 드레스덴과 라이프치히는 문화적으로나 상업적으로나 중부 유럽의 가장 풍요로운 도시로 돋보였다. 두 번째, 서부 니더작센은 영국의 하노버 왕조 왕들과 괴팅겐 대학교를 낳았다. 세 번째 작센은 중세 잉글랜드 색슨족의 신화적인 고향으로 독일 땅의 서쪽, 북해에 면한 덴마크와 네덜란드 사이에 있다. 이 세 번째 궁벽한 작센은 영국과 미국의 앵글로색슨주의자들의 마음속에서만 중요하다.

스탈 부인은 『젊은 베르테르의 슬픔Die Leiden des jungen Werthers』(1774)이 발표된 이래로 괴테의 작품을 찬미했다. 그녀는 그 "사상과 감정, 열정과 철학의 숭고한 결합"을 칭찬했다. 이에 괴테는 『델핀』을 긍정적으로 평했다.[21] 그러나 스탈 부인이 1807년 바이마르에 와서 독일에 관한 자신의 책을 준비하면서 두 사람의 사사로운 관계는 순조롭게 이어지지 않았다. 괴테는 가능하면 그녀를 피했다. 스탈 부인이 마침내 그를 붙잡았을 때, 그는 프랑스가 지적으로 세상을 선도하던 때에 그녀를 저명한 프랑스 지식인으로 존중하면서도 그녀를 받아들이기는 어려웠다. 스탈 부인은 말이 너무 많았고, 자신의 확신을 너무 강하게 고수했다(그녀는 괴테가 샴페인 한 병을 다 마신 뒤에야 아주 멋지게 말했다고 밝혔다). 요컨대 스탈 부인은 괴테를 충분히 존중하지 않았다.[22] 그러나 결국 『독일에 관하여』는 괴테를 크게 만족시켰다. 이 책은 1806~1807년 독일이 나폴레옹에게 거친 대접을 받은 후 민족적 자존감을 키우는 수단이자 확실히 기분 좋은 칭찬이었다.

스탈 부인이 괴테를 독일 특성의 정수로서 찬미한 데에는 중대한 모순이 들어 있다. 한편으로 그녀는 빙켈만에게서 영감을 받아 고대 그리스에 느낀 매력을 19세기까지 전달했다. 그러나 다른 한편으로는 낭만주의를 본질적으로 독일적인 것으로, 중세 기독교에서 비롯한 것으로 본 빌레를 받아들였다. 『독일에 관하여』는 고대와 중세 사이의 오랜 모순을 해결하지 않은 채 낭만주의를 (짧게) 장려하는 동시에 고전주의를 (길게) 묘사한다.* 그리스인과 독일인은 『독일에 관하여』에서 마치 근대 독일인이 고대 그리스인의 후손인 것처럼 종종 함께 등장한다. 이들은 『독일에 관하여』의 영향력이 치솟던 19세기에 함께 있었다.

미국의 세계주의적인 노예제 폐지론자이자 작가인 마리아 차일드는 스탈 부인이 "다른 어떤 인간보다도 더 외국인에게 독일 문학과 독일인을 존중하게" 했다고 평했다.[23] 사실이다. 1813년 런던에서 간행된 『독일에 관하여』 초판은 사흘 만에 다 팔렸다. 1814년에는 프랑스어판과 독일어판이 나왔다. 1814년에 국제적으로 긍정적인 평을 받은 『독일에 관하여』는 한 해가 지나기 전에 최소한 다섯 권의 소책자에 영감을 주었고, 독일 사상에 관한 길잡이로는 1830년대에 이르기까지 가장 많은 사람이 찾은 책으로 남았다.[24] 이 책은 "낭만주의자들의 경전"이었다.

스탈 부인은 독일어를 읽지 못하는 서유럽인에게 독일 사상을 소개했을 뿐만 아니라 독일의 특성을 분명히 남부 독일이 아닌 북부 독일에 두었다. 그녀는 북부에서 에너지와 상상력을 발견했다. 반면 독일의 문화적 수도였던 빈은 프랑스의 영향을 받은 단조로운 과거에 빠져 있는 것 같았다. 이런

• 괴테는 『독일에 관하여』가 독일의 정체성을 촉진하는 데 매우 이로움을 인식하였기에 스탈 부인이 고전주의와 낭만주의를 대비시킨 것을 중요하지 않게 치부했다.

식으로 스탈 부인은 빈을 작센의 바이마르와 드레스덴, 기타 북부 독일의 지적 중심지로 대체했다. 그곳에서는 독일인과 고대 그리스인을 동일시하는 풍조가 강했다. 그녀는 작센을 독일의 특성으로 세웠다.

여기에 영향을 받아, 19세기가 되면 서유럽의 모든 순수 문학가는 북부를 가치 있게 보고 남부를 경박하게 보는 스탈 부인과 빌레의 판단을 되풀이했다. 그렇게 독일 이론은 영국 작가들에게 감화를 주었고, 이어 영국 사상가들은 미국인들에게 인종적 의미가 깃든 독일 이론들을 전달했다. 앵글로아메리칸 사상은 독일의 가정을 밑바탕에 둔 채 내적 가치를 드러내는 지표로서 신체의 아름다움이라는 관념과 고대 그리스인을 완벽한 아름다움의 유일한 표현으로 보는 관념을 철저하게 통합했다.

바로 이것이 중요했다. 왜냐하면 고대 그리스인의 아름다움이라는 고고한 주제와 독일의 인종 이론은 미국의 삶이라는 진흙투성이 현실에서 벗어난 세계에서 탄생했지만 18세기 말에서 19세기 초에 이르면 서유럽 지식인들은 미국을 백인의 중요한 전초로 서서히 인정했기 때문이다. 그곳에서 인종 이론은 비옥한 토양을 발견했다. 왜냐하면 인종 사상의 한 차원으로서 계급이 대서양 건너편에서 이미 출현하고 있었기 때문이다.

8

미국 초창기 백인에 대한 관찰

온갖 사람들로 뒤섞인 북아메리카는 서유럽 지식인들에게 인류를 시험하는 장으로서 흥미를 자아냈다. 누가 미국인인가? 미국인은 어떤 사람인가? 서쪽 바다 건너 먼 곳에 있는 미국이 인류의 미래를 보여줄 수 있을까? 아니면 최소한 유럽인의 미래라도 보여줄 수 있지 않을까? 미국인이 백인이고 평등주의적이라고 보았던 평자들이 있었던 반면, 또 어떤 평자들은 그 안에서 여러 인종이 압제자들과 피억압자들로 나뉘어 있다고 보았다. 한편이 새로운 공화국의 정부는 자신들의 의도에 따라 주민을 헤아려 고유의 문제에 해답을 제시함으로써 현실적인 문제들을 처리하고 있었다.

미국은 헌법 제1조 제2절과 제9절에서 의원과 직접세를 할당하는 기발한 방법을 만들었다. 10년마다 전국적인 인구조사를 시행하는 것이다. 1790년에 시행된 미국 최초의 인구조사는 여섯 범주의 국민을 인정했다. (1) 세대주, (2) 열여섯 살 이상의 자유로운 백인 남성, (3) 열여섯 살 미만의 자유로운 백인 남성, (4) 자유로운 백인 여성, (5) 성별과 피부색을 불문하고 기타 모든 자유로운 사람, (6) 노예.[1] 미국 정부의 연방보안관들이 이 첫 번째 인구조사를 수행했다. 손에 잡히는 대로 아무 종이에나 그 결과를 기록했다. 이 일을 하는 데 18개월이 걸렸다. 전부 390만 명이었는데 조지 워싱턴은 너무 적다고 생각했다. 최초의 인구조사는 주민 숫자를 실제보다 적게 헤아렸다.

세 가지 조건은 언급된 유일한 인종(백인)을 설명했고, 두 개 범주는 노예와 법적으로 자유로운 신분을 분리했다. '자유로운'이라는 수식어가 네 번이나 언급된 것으로 미루어 보건대 노예 상태에 있는 부자유한 백인 신분의 존재가 확인되지만, 새로운 연방에 많았던 부자유한 백인은 1790년 인구조사에서는 빠진 것으로 보인다. 오늘날 흔히 추정되듯이 모든 백인이 자유로웠고 흰 피부색이 곧 자유를 의미했다면, '백인'에 '자유로운'을 덧붙일 필요는 없었을 것이다. 1800년 인구조사에서는 "과세 대상이 아닌 인디언들을 제외한 다른 모든 사람"의 숫자를 헤아림으로써 이 문제를 해결했다.[•] 이 초기 인구조사에서 '자유로운'이라는 수식어는 의미 있는 분류 기준이 되지만 '백인'과 동일한 범주는 아니었다.

인구조사의 범주는 10년마다 계속 변했다. 통치상의 필요성이 변했고, 인종 분류법과 더불어 분류 범주도 변했기 때문이다. 미국 인구조사 역사에서 비유럽인과 유럽인의 피가 섞인 사람들은 미국 인구의 일부로 헤아려졌지만, 1850년과 1860년의 인구조사처럼 때로는 흑인과 물라토로 분리되었다.

자유로운 백인 남성을 연령별로 헤아린 것은 당시 유일한 군대인 국민군에 복무할 수 있는 남자를 확인할 필요가 있었기 때문이다. 의회는 각 주를 대표할 의원 숫자를 계산하기 위해 모든 자유민(투표권은 없지만 여성도 포함)

[•] 아메리카 원주민은 1800년 인구조사에 등장했고, 유색인은 1820년에 별개의 범주가 되었다. 이후 1850년에 인종은 백인과 흑인, 물라토로 분류되었다. 중국인은 1870년에 등장한다.

을, 그리고 '기타ohters' 즉 노예계약 노동자와 노예는 5분의 3을 집계했다. 시간이 지나면서 노예와 인종을 신중하게 분리한 인구조사의 배후 현실이 변하여 새로운 범주가 필요하게 된다. 정치가 모든 백인에게 자유를 주고 이데올로기가 자유의 얼굴을 흰색으로 만들면서, "자유로운 백인 남성"은 쓸데없는 동어반복이 된 것 같았다.•

19세기 초, 백인이면서 자유롭지 않은 사람이 점점 줄어들면서 "자유로운 백인 남성"이라는 규정이 효용성을 잃고 있을 때, "보통선거권"이라는 다른 표현이 쓰였다. 그 수명은 훨씬 더 길었다. 미국은 투표에서 경제적 장벽을 급격하게 줄인 최초의 국가였다. 1790년에서 1850년대 중반 사이에 민주주의라는 이데올로기는 널리 받아들여졌고, 그 결과로 대다수 이민자를 포함하여 사실상 모든 성인 백인 남성에게 실질적인 시민권이 부여되었다. 그러므로 18세기에는 재산 소유와 세금 납부, 지속적인 소득 등 사회적 이해관계와 정치적 독립성을 증명하는 조건을 충족해야 투표할 수 있었지만 이제 단순하게 "성인 백인 남성"이 그 조건을 대체했다. 투표권은 공적 생활에 참여함을 뜻했고, 그 결과로 앤드루 잭슨의 "보통 사람common man"이 등장한 남북전쟁 이전 시기에 미국인이라는 의미는 처음으로 크게 확장되었다.[2]

모든 여성, 시민이 되기에 부적합한 사람들(아메리카 원주민과 아시아인), 노예, 뉴잉글랜드 밖의 아프리카계 자유민은 빈민과 흉악범, 그리고 운하 노동자와 선원 같은 일시 체류자와 마찬가지로 계속해서 배제되었다. (오늘날에도 아이들과 시민권이 없는 자, 대부분의 기결수는 투표권이 없다. 거주 요건을 충족

• 1840년 인구조사는 "자유로운 백인 남성과 여성" 그리고 "자유로운 유색인 남성과 여성"의 숫자를 요구했다. 1850년에 그 질문은 단순히 "가구 내 모든 자유민"으로 바뀌었다. 그러나 5분의 3을 인정한다는 조항은 미국 헌법 제1조 제1항 제3절에 남아 있다. 일정 기간 예속의 지위에 매인 사람들 — 추정컨대 백인 — 은 온전히 한 사람으로 헤아렸다.

할 수 없고 투표 전에 등록하지 못한 사람도 선거권을 박탈당한다.) 이러한 상황에서 "보통선거권"은 때때로 "백인"의 정의가 문제가 되기는 했지만, 성인 백인 남성의 선거권을 의미했다. 부모 중 한 명은 백인이고 한 명은 흑인인 사람, 조부모 중 세 명은 백인이고 한 명은 흑인인 사람은 '백인'이었을까? '백인'은 오로지 앵글로색슨족만 뜻했을까? 아니면 켈트인으로 분류된 자들을 포함하여 캅카스인으로 생각되는 모든 남자였을까?•

백인 남성의 투표를 막는 경제적 장벽이 제거되면서 미국은 당시의 일반적인 말로 "백인 남성의 나라a white man's country"가 되었다. 미국의 정치체제는 인종에 의해 규정되고 백인 남성에게만 국한된 것이었다. 실질적인 시민권의 전제조건이 남성과 백인으로 귀착되자, 가난한 사람들도 백인으로 규정되는 한 미국인의 정의에 수용될 수 있었다. 미국인의 백인성이 처음으로 확대된 것이다.

'미국인'과 유럽인의 후손이 짝을 이룬 시기는 프랑스의 군인이자 외교관이며 작가였던 미셸기욤장 드 크레브쾨르(1735~1813)가 1782년에 쓴 『어느 미국 농부의 편지Letters from an American Farmer』가 빠르게 번역되어 널리 읽히고 끝없이 인용된 때로 거슬러 올라간다. 크레브쾨르는 계급으로 분열된 유럽, 풍족한 귀족, 가난한 농민의 땅을 사회적 이동과 민주주의의 고향인 평등주의적 미국과 대조하는 오래 지속될 전통을 만들었다.

크레브쾨르는 명성을 얻기까지 멀고 험난한 길을 걸었다. 그는 캐나다로 이민하여 7년 전쟁과 1754~1763년의 프랑스-인디언 전쟁에서 프랑스 편

• 로드아일랜드는 수정헌법 제15조의 비준을 1870년까지 미루었다. 켈트인에 속한 자들에게 선거권을 주게 될 수 있다고 의원들이 두려워했기 때문이다. 그곳에서 흑인은 1840년부터 투표할 수 있었다.

에 서서 싸운 뒤 뉴욕으로 이주했고 존 헥터 세인트 존으로 개명했다. 크레브쾨르는 『어느 미국 농부의 편지』에서 미국인을 우호적으로 묘사하고, 뒤이어 미국에서 프랑스 외교관으로 성공한 덕분에 크게 출세했다. 그는 배타적인 미국철학회 회원으로 선출되었을 뿐만 아니라 여러 곳에서 명예 훈장을 받았다. 버몬트주 의회는 크레브쾨르를 너무나 추앙한 나머지 세인트존스버리에 그의 이름을 붙였다. 세인트존스버리는 버몬트의 가난하고 매우 보수적인 북동쪽 지역에서 가장 큰 도시가 되었다.

크레브쾨르는 세 번째 편지에서 이렇게 묻는다.* "그렇다면 미국인, 즉 이 새로운 인간은 누구인가?" 답변은 이렇다.

그는 유럽인이거나 유럽인의 후손이다. 그렇게 다른 어느 나라에서도 찾지 못할 기이한 피의 혼합이 나타났다. 여기 한 가족이 있다. 조부는 잉글랜드 사람이고 그 아내는 네덜란드인이며 그 아들은 프랑스 여자와 결혼했고 그녀의 현재 네 아들은 각자 다른 민족 출신의 아내를 맞이했다. 그는 미국인이다. 오랫동안 간직한 모든 편견과 관습을 뒤로하고 새롭게 받아들인 생활방식과 새롭게 따르는 정부, 새롭게 얻은 지위로부터 새로운 생각과 관습을 채택한다. …… 여기서 온갖 민족 출신의 사람들이 새로운 종으로 융합된다. 그들의 노력과 후손은 언젠가 세상에 큰 변화를 가져올 것이다. …… 그는 [유럽에서의] 비자발적 나태와 도움에 의존하는 태도, 빈곤, 무익한 노동에서 벗어나 매우 다른 성격의 일에 땀을 쏟았고 충분한 생계로 보상받았다. 이것이 미국인이다.[3]

혁신과 새로운 사고방식에 대한 의지에 더하여 이질적이지만 순수하게

•   책은 12편의 편지로 구성되어 있다 — 옮긴이주.

유럽인인 조상이 미국인의 특징이다.

이 "새로운 인간"은 구유럽의 억압에서 벗어나 새로운 기회를 받아들이고 사상의 자유와 경제적 이동성을 자랑한다. 크레브쾨르의 문구는 이제 '미국인'의 특징을 설명한 고전적인 서술이 되어 미국인의 정체성에 대한 객관적인 목격담으로서 부단히 언급된다. 그러나 세 번째 편지는 단지 이야기의 일부일 뿐이다. 다른 계급들과 인종들, 여성, 그리고 남부가 크레브쾨르의 그림에 들어왔을 때, 온갖 종류의 수정이 불가피해졌다. 예를 들면, 가난하고 거친 백인은 특히 남부인의 경우에 계속해서 '미국인'보다 한참 아래에 있는 별개의 범주였다. '미국인'과 가난한 백인은 미국 법에 따라 둘 다 백인으로 판정될 수는 있었지만, 가난한 백인은 빈곤과 분명하게 드러나는 난폭함 때문에 배타적 집단에 가까이 다가가지 못했다. 사정이 이처럼 복잡했기에 "누가 미국인인가"라는 질문에 쉽게 답할 수 없었다. 그러나 유럽과 미국의 평자들은 이러한 질문에 답하려는 노력을 결코 멈추지 않았다.

크레브쾨르는 다른 미국인들, 즉 다른 백인 미국인들의 존재를 인정했다. 그들은 "썩 유쾌한 광경을 보여주지 못하는" 자들이다. 크레브쾨르는 진보하는 미국의 행진이 곧 그 술 취한 게으름뱅이들을 쫓아내거나 교화할 것이라는 희망을 피력한다. 동시에 법과 질서가 닿지 않는 곳에 사는 백인 가족들은 "우리 사회의 가장 섬뜩한 부분"이라고 보았다. 크레브쾨르는 변경의 거친 가족들이 일시적인 단계에 있는지 아니면 구제 불능의 퇴보를 대표하는지 결정하지 못한다. "한번 사냥꾼이었으면 쟁기는 영영 안녕이다." 혼혈에 절반은 야만인이고 게으르며 술에 취한 백인 사냥꾼 가족에 비하면 아메리카 원주민은 단연 양반이다.

노예제에 관해 말하자면, 사우스캐롤라이나주 찰스턴의 추한 광경이 크레브쾨르의 가슴을 아프게 했지만, 그의 비관적인 시각은 대체로 자신을 초대한 자들의 무정함에서 비롯했다. 크레브쾨르를 환대한 부유한 노예 소유자들은 미국에서 "가장 쾌활한" 사람들이지만 대신 인간성의 상실을 대가로 치렀다. 그들은 자신이 소유한 노예들의 "비애를 보지도 듣지도 느끼지도 못한다." 사회 제도의 소름 끼치는 폭력도 마찬가지다. 크레브쾨르는 그러한 태평함에 그저 놀랄 따름이었다. 그는 그들의 처지에 대해 이렇게 말한다.

나는 조금도 마음이 편하지 않았다. 그들을 잡아들이려는 목적에서 아프리카에서 자행된 사기, 보통 사람의 상상을 크게 뛰어넘는 사기가 자꾸 떠올라 끊임없이 잠에서 깨곤 했다. ······ 관습에 힘입어 이 모든 반성에 귀를 막고, 이 도시의 부유한 주민들처럼 [노예] 무역의 불의와 [노예의] 불행에 무감각해지는 것이 과연 가능한가?[4]

남부의 노예제 현실을 직접 대면한 크레브쾨르는 "뿌리 깊은 분노"와 "멈출 수 없는 복수"의 불가피한 귀결로서 노예 반란이 일어날 것임을 제일 먼저 예언한 사람이 된다. 이는 만연한 빈곤과 역겨운 부의 관점에서 생각하고 노예를 단지 하나의 인종이 아니라 빈민으로 보는 유럽인다운 방식이다. 따라서 크레브쾨르의 미국은 인종뿐만 아니라 계급에 의해서도 분열했다. 미국의 밝은 민주주의적 이미지를 담은 그의 견해가 더 널리 알려져 있긴 하지만, 이러한 미국은 그와는 현저히 다른 사회였다.

크레브쾨르는 이처럼 빈부의 격차와 노예제에 크게 놀랐지만, 토머스 제퍼슨(1743~1826)은 그보다 몇 년 뒤에 쓴 글에서 계급의 차원을 놓쳤다. 버지니아에서 태어나고 자란 제퍼슨은 미국 사회가 계급이 아니라 인종에 따라 구축되었다는 점을 절대 의심하지 않았다. 그가 보기에 남을 섬기는 가난한 사람들은, 대표적으로는 자신의 노예를 포함하여, 원래 노예 인종에 속했다. 제퍼슨은 흑인들에게 "우리 국민"인 미국인의 지위를 부여하지 않았다.

다른 많은 지식인처럼 제퍼슨도 노예제는 흑인보다 백인에게 더 해롭다고 주장했다. 『버지니아주에 관한 해설Notes on the State of Virginia』(1787)의 "질문 제18: 관습"은 노예제가 노예 소유자 계급에 미친 "불행한" 영향을 깊게 다루는데 노예가 된 사람들의 고초는 좀처럼 언급하지 않는다. 그 조항은 오히려 남부의 백인 노예 소유주들이 치른 대가를 길게 논했다. 노예를 소유한 아이들은 노예를 학대하는 부모를 흉내 내서 성격이 조악해지고 따라서 사회도 조악하게 만든다. 제퍼슨은 이렇게 경고한다. 백인 아이들은 "그렇게 양육되고 교육을 받아 일상적으로 포악한 짓을 일삼기에 밉살스러운 버릇이 들지 않을 수 없다. 그러한 상황에서도 태도와 품행이 저열해지지 않을 수 있는 사람은 비범한 인간임에 틀림없다."[5]

제퍼슨과 크레브쾨르는 노예제가 끼치는 해악에 대해서는 대체로 의견이 같았다. 그러나 미국인의 조상에 관한 이론에서는 서로 충돌한다. 제퍼슨이 자신이 소유한 여성 샐리 헤밍스와 일곱 명의 자녀를 두었는데도 혼혈 미국인이라는 관념을 거부했기 때문이다. 그는 또한 크레브쾨르의 "네덜란드Dutch" 사람이(아마도 독일deutsch 사람을 의미했을 것이다) 미국인 족보에 필수적으로 들어간다는 생각도 거부했다. 제퍼슨 가족의 족보는 단단한 오크나무, 즉 잉글랜드의 색슨족으로 이어졌다.

토머스 제퍼슨은 평생 색슨족의 신화를 믿었다. 미국인의 조상은 잉글랜드를 거쳐온 색슨족이라는 얘기였다. 1762년 윌리엄 앤 메리 칼리지 학생일 때 그 신화에 빠진 이래로 그의 신념은 흔들린 적이 없다. 제퍼슨은 50년 넘게 책을 수집하면서(그의 개인 장서가 의회도서관의 토대가 되었다) 앵글로색슨 문서와 고대 영어 문서를 나라에서 가장 많이 보유하게 되었다.[6]

제퍼슨은 건국의 선조로서 색슨족이 조상이라는 것을 토대로 미국인의 독립 권리를 이론으로 정립했다. 그는 1774년 7월 그러한 권리를 주장하면서 잉글랜드인을 "우리의 조상"으로, 마그나 카르타의 창안자들을 "우리의 색슨족 조상"으로 표현했다. 마그나 카르타가 작성된 때가 1215년이고 노르만의 정복은 1066년의 일이지만, 제퍼슨은 "우리의 조상"의 권리 체계가 "노르만 법률가들"이 공모하여 색슨족에 부당한 짐을 지웠을 때 이미 자리를 잡은 상태에 있었다고 주장한다.[7] 그는 마치 거의 피의 문제인 듯이 자유주의적 정당과 보수적 정당이 아득한 옛날부터 존재했던 것처럼 계속해서 색슨족을 자유주의적인 휘그와, 노르만을 보수적인 토리와 연결한다.[8] 제퍼슨에게 잉글랜드식의 색슨족 자유는 독일인에게서는 찾아볼 수 없는 특징이었다.

제퍼슨의 색슨족 계보는 여러 가지 불편한 사실을 무시한다. 억압적인 영국 왕 조지 3세는 실제로 색슨(작센)족이었고, 동시에 니더작센의 하노버 선제후 즉 브라운슈바이크-뤼네부르크 공작이었다. 게다가 조지 3세보다 먼저 하노버 가문 출신의 영국 왕이었던 그의 아버지와 할아버지는 독일에서 태어났고 독일어가 모어였다. 그것은 조금도 중요하지 않았다. 제퍼슨에게 암흑기의 색슨족이 잉글랜드인에게 물려준 자유의 기풍이 어떤 것이든 간에 그것은 잉글랜드 땅에서는 살아남았지만 독일에서는 사멸했다.•

1776년 필라델피아 대륙회의에서 제퍼슨은 미국의 국새에 자신의 영웅적인 색슨족 조상들을 새겨 넣자고 제안하기까지 한다. "우리가 자랑스럽게도 조상이라고 주장하는 색슨족 족장인 헹기스트와 호르사"의 이미지는 새로운 국가의 정치적 원리, 정부, 물리적 계보를 적절하게 기념할 터였

• 제퍼슨이 헹기스트와 호르사 ─비드(730년경)에 따르면 주트족이었다 ─ 와 자기 시대의 잉글랜드인과 미국인 사이의 관계를 추적하려 했다면, 독일의 두 작센 지역의 혼란스러운 역사에 그는 진절머리가 났을 것이다. 프로이센을 중심으로 독일이 통일되기까지 지역 간의 경계는 새로운 세대의 통치자가 등장할 때마다 결혼과 전쟁, 동맹으로 끝없이 변했다.

다.[9]•이 제안은 승인받지 못했지만, 제퍼슨은 고집을 꺾지 않았다. 1798년 그는 『앵글로색슨 언어에 관한 소론Essay on the Anglo-Saxon Language』을 써서 언어를 생물학적 혈통과 동일시했는데, 이는 당시 언어학자들 사이에서 흔히 볼 수 있는 혼동이었다. 이 글에서 제퍼슨은 고대 영어와 중세 영어를 결합하여 6세기부터 13세기까지 길게 이어진 위대한 앵글로색슨의 시대를 창안했다.

이는 혈통의 순수성을 강조했기에 인종 담론을 연상시킨다. 제퍼슨의 색슨족은 로마에 점령된 시절에 종족적으로 순수했을 뿐만 아니라("원주민인 브리턴족과 스스럼없이 섞이는 일은 거의 없었다."), 놀랍게도 그들의 언어는 노르만 정복 이후에도 200년간 원래의 형태를 유지했다. 앵글로색슨의 언어는 "6세기 색슨족이 그 나라를 점령했을 때부터 13세기 헨리 3세 시대에 이르기까지, 이렇게 말하는 것이 적절한 바, 잉글랜드 전체의 언어였으며, 다른 언어와 섞이지 않은 채 순수한 형태로 쓰였다."[10] 그러므로 앵글로색슨/고대 영어는 미국 사상의 토대로서 연구할 만했다.

제퍼슨의 마지막 위대한 업적 중 하나는 1818년 버지니아 대학교를 설립한 것이다. 이로써 미국의 문화와 법, 정치의 언어로서 앵글로색슨 언어에 대한 그의 관심은 제도 안으로 들어섰다. 1825년에 개교한 버지니아 대학교는 미국에서 유일하게 앵글로색슨어 교육을 실시한 대학이었고, 앵글로색슨어는 학교에서 영어에 관해 제공한 유일한 강좌였다. 당연히 『베

• 색슨족 잉글랜드의 전설적인 건설자인 헹기스트('씨말')와 호르사('말')는 윌란 반도(덴마크의 일부)에서 왔다고 전해진다. 비드가 『잉글랜드인의 교회사Ecclesiatical History』에서 밝힌 바에 따르면, 449년 보티건 왕이 픽트족과 스코트족의 공격을 격퇴하는 데 도움을 받고자 이들을 잉글랜드로 불러들였다. 보티건은 그들에게 감사의 표시로 새닛섬을 주었다. 『앵글로색슨 연대기Anglo-Saxon Chronicle』에는 헹기스트와 호르사가 켄트의 왕으로 나온다.

오울프_Beowulf_』가 교육의 주된 주제였다. 역설적이게도 교수는 작센 동부의 라이프치히에서 데려왔다. 엄격하여 몹시 인기가 없던 게오르크 블레터만은 프랑스어와 독일어, 스페인어, 덴마크어, 스웨덴어, 네덜란드어, 포르투갈어도 가르쳤다. 블레터만은 몇 년간 학생들의 폭동과 항의를 버텨냈지만 1840년 공개된 장소에서 아내를 채찍으로 때렸다는 이유로 해고되었다.[11]

앵글로색슨어를 가르치려는 제퍼슨의 열정은 1840년대까지는 남부의 대학들에 국한되었고, 1798년에 대부분 작성된 5,400단어의 산만한 글인 『앵글로색슨 언어에 관한 소론』은 1851년에 가서야 출간되었다.* 미국인의 조상이 앵글로색슨족이라는 주장보다 노예제와 흑인의 특성이 더 큰 격정을 불러일으켰음은 분명하다. 반면 제퍼슨의 『버지니아주에 관한 해설』(1784)은 즉각 널리 읽혀 독자들의 감동을 불러일으켰다. 매우 자기중심적이기는 하지만 버지니아의 정체성뿐만 아니라 미국의 정체성을 설득력 있게 요약한 이 책은 아프리카계 미국인의 생김새를 비난하며 이들을 타고난 노예로 취급한다. 억압당하는 사람들을 향한 이러한 모욕이 찬성만 얻은 것은 아니다. 비판하는 사람이 많았는데, 그중 한 사람은 북부에 있는 대학들 가운데 버지니아적인 성격이 가장 강한 뉴저지 대학에 있었다.

품위 있는 미남 새뮤얼 스탠호프 스미스(1751~1819)는 마흔세 살에 뉴저지 대학(훗날의 프린스턴 대학)의 총장이 되었다. 졸업생으로는 첫 번째 총

---

* 랜돌프메이콘 대학과 앨라배마 대학이 북부의 대학들보다 먼저 앵글로색슨어에 관한 강좌를 제공했다. 애머스트 대학(1841)과 하버드 대학(1849)은 가장 먼저 앵글로색슨어를 가르친 비남부 교육기관이었다.

장이었다. 스미스의 부모는 둘 다 프린스턴 대학과 깊은 관계가 있었다. 그의 외조부는 창립 이사 중 한 명이었고, 장로교 목사이자 교사였던 그의 아버지도 이사로 봉직했다. 스미스는 1769년 프린스턴 대학을 우등으로 졸업했다. 스미스는 스코틀랜드 출신의 저명한 학자 존 위더스푼 밑에서 강사이자 대학원생으로 생활하며 스코틀랜드 리얼리즘의 '상식'이라는 이상을 빨아들였다.

스미스는 프린스턴 대학에서 정해진 경로를 따라 선교사로서 남쪽의 버지니아로 갔고 나중에 햄프던시드니 대학으로 바뀌는 프린스에드워드 카운티의 전문대학 총장이 되었다. 미래가 보장된 스미스는 존 위더스푼의 딸과 결혼했고 플랜테이션 농장을 구입했다. 감사하는 마음을 표한 버지니아 사람들과 함께 있으려는 의도가 분명했다. 그러나 프린스턴 대학의 도덕철학 교수 자리에 매력을 느낀 스미스는 뉴저지로 돌아갔다.

프린스턴 대학에 안착한 스미스는 신생국의 명예로운 자리를 여럿 차지했다. 1783년 예일 대학교에서 신학박사 학위를 받았으며, 1785년에는 미국철학회 회원이 되었다. 1788년 토머스 제퍼슨이 버지니아에서 폭넓은 초등교육을 옹호하는 법안을 제안한 뒤에는 그와 서신을 교환하며 그 방안을 지지했다. 법안은 통과되지 않았고, 이후 두 사람의 정치 여정은 엇갈렸다. 1801년 스미스는 정치적 성향이 보수적으로 바뀌어 제퍼슨이 대통령 후보로 나선 일은 "소요와 무정부상태"를 초래할 가능성이 크다고 개탄했다.[12]

그때 스미스는 스승인 위더스푼의 뒤를 이어 프린스턴 대학 총장이 되었고, 독립적인 지식인이 되어 대학의 전통과 장로교를 격하하고 대신 과학을 편애하여 이사들의 분노를 샀다.[13] 스미스가 나이가 들고 프린스턴 대학 학생들이 더욱 과격해지면서, 그는 1807년 폭동을 일으켰다는 이유로 전체 학생의 4분의 3을 축출했다. 장로교회가 대학의 내소 홀 안에 신학교를 세우자, 스미스는 정통파의 관행에서 벗어난 자신의 행위가 어떤 결과를 초래하는지 이해했다. 1812년 그는 총장직에서 물러날 수밖에 없었으며 그로부터 7년 뒤에 사망했다.[14] 1787년 스미스가 미국철학회에서 피부색의 차이에 관해 연설했을 때 이 모든 일은 아직 벌어지기 전이었고, 당시 그는 아직 떠오르는 별이었다.

스미스는 연설에서 케임스 경 헨리 흄이라는 이름의 스코틀랜드 철학자가 쓴 다원발생론적 평론 『인류 본래의 다양성에 관한 논설Discourse on the Original Diversity of Mankind』(1776)을 되짚었다. 케임스 경의 주된 논점 중 하나는 한 쌍의 근원적 부부까지 혈통을 추적하여 인류의 통일성을 확인하는 성서의 교의를 거부한 것이었다. 스미스는 케임스 경에 동의하지 않았다. 모든 사람은 같은 종에 속했고, 차이는 환경에서 비롯했다. 스미스는 이렇게 선언한다. "인간의 외모에 드러난 다양성은 대부분 체질로 보는 게 옳다고 믿는다." 사람들의 근원적 조상이 아니라 그들이 사는 곳이 인간의 다양한 피부색을 설명해준다. "흰 피부의 독일인, 짙은 빛깔의 프랑스인, 가무잡잡한 스페인인, 시칠리아인의 기원을 추적한 결과 그들 모두 원시의 동일한 종족에서 유래했음이 입증되었다."[15] 인류는 전부 아담과 이브의 자손으로, 이후 환경에 적응하면서 분화되었다.

성서의 진리를 옹호한 스미스의 연설은 열렬한 반응을 끌어냈고 즉시 책으로 출간되었다. 선구적인 페미니스트 메리 울스턴크래프트는 『애널리틱 리뷰Analytic Review』에서 스미스의 『인간의 안색과 외모의 다양성의 원인에 관한 소론Essay on the Causes of Variety of Complexion and Figure in the Human Species』을 우호적으로 평하며 인류의 통일성에 관한 그의 확고한 주장을 환영했다. 스미스의 손아래 동서로 사우스캐롤라이나에 살고 있던 펜실베이니아 사람 데이비드 램지(1749~1815)가 이 일에 끼어들었다. 저명한 의사이자 역사가였던 램지는 피부색에 관한 스미스의 견해에 찬성했고, 토머스 제퍼슨의 흑인 비방을 비판한 스미스를 칭찬했으며, 인류 문화가 형성되는 과정에서 기후가 매우 중요하다는 스미스의 의견에 동의했다. 램지는 제퍼슨에게 직접 편지를 보내 "사회의 상태"도 결정적인 역할을 한다고 지적했다. 크레브쾨르와 스미스의 견해에 전적으로 찬동한 램지는 이렇게 덧붙였다. "변경에 사는 우리나라 사람들은 체로키족만큼이나 야만적이다."[16] • 제퍼슨은 램지에게 답장을 하지 않은 것 같다. 그러나 지지에 고무된 스미스는 자신의 『소론』을 계속 수정했다.

스미스의 이러한 생각에 영향을 미친 것은 블루멘바흐의 1795년 판 『인간의 자연발생적 변종들에 관하여』였다. 스미스는 이 책을 라틴어로 쓰인 원본으로 읽고, 1810년에 낸 『소론』의 개정증보판에 그 내용을 반영했다.[17] 책에서 스미스는 미개함이 아니라 문명이 인간의 원상태였다고, 문명을 갖

• 스미스의 글을 검토한 메리 울스턴크래프트는 이렇게 썼다. "정독이 주는 즐거움을 표하지 않고는 이 글을 손에서 놓을 수 없다. 매우 흥미로운 주제임에 분명하다. 우리가 사는 세상에서 신의 지혜를 드러내는 데 도움이 된다면 그것이 무엇이든 우리의 행복에 지극히 중요하다. 사소한 것에 호기심이 발동하고 이것이 충족되면 확실히 즐겁다. 그러나 이 경우에 그것은 가치에 대한 새로운 지지이다."
데이비드 램지는 제퍼슨에게 "노예제에 대한 전체적인 분노"를 높이 산다고 말하면서 이렇게 덧붙였다. "그러나 당신이 니그로를 너무 심하게 경시한다고 생각한다. 나는 모든 인간이 원래 동일하다고, 다만 우연한 환경에 의해 차이가 생겼다고 믿는다. 나는 몇백 년 안에 니그로가 그 검은색을 잃을 것이라고 생각한다. 내 생각에 그들은 캘리포니아보다 저지Jersey에서 피부는 덜 검고, [입술은] 덜 두꺼우며, 코는 덜 납작하다." 펜실베이니아의 랭카스터 출신으로 프린스턴 대학을 졸업한 램지는 1783년 필라델피아에서 존 위더스푼의 딸과 결혼했고 1792년 사우스캐롤라이나에 작은 플랜테이션 농장을 구입했으며 1811년 찰스턴으로 이사했다.

추지 못한 사람들은 가혹한 삶의 조건 때문에 퇴보했을 것이라고 추정한다. 예를 들면 상이한 기후가 인간의 상이한 피부색을 낳는다. 전혀 새로운 설명이 아니다. 스미스는 몇몇 흑인에게서도 신체의 매력을 볼 수 있다면서 어쨌거나 아름다움만 중요한 것이 아니라고 말한다. "프린스턴에서, 그리고 그 인근 지역에서 나는 유럽인이나 앵글로아메리칸의 열등한 노동계급들만큼이나 멋진 팔다리를 가진 아프리카인을 날마다 본다."[18]

다소, 말하자면 아주 소소한 정도로만 문화적 상대주의자였던 스미스는 아름다움이라는 이상의 문화적 특이성을 블루멘바흐나 캄퍼르보다는 더 명확하게 인정한다. "각 민족은 생김새만큼이나 아름다움에 대한 생각도 다르다. 라플란드 사람들은 넓적하고 둥근 얼굴에 짙은 피부의 시골 여인을 잉글랜드의 가장 뛰어난 미인보다 더 좋아한다." 앞서 보았듯이 당대의 인류학자들은 스웨덴과 핀란드의 북부에 사는 사미인을 유럽인으로 볼 수 있는지 논쟁하고 있었다. 예를 들면 위대한 분류학자 린네는 사미인은 유럽인이 아니라고 말했고, 독일의 주요 인종 분류학자인 블루멘바흐는 망설이기는 했지만 그들이 유럽인이라고 했다. 인류학의 분석 조건이 신체의 아름다움에 순위를 매기려는 수상한 시도에서 멀어지면서, 결국 그 문제는 무의미해졌다.

스미스는 결코 다문화주의자가 아니었다. 크레브쾨르의 미국인처럼 스미스의 미국인도 조상은 오로지 유럽인이었다. 스미스는 미국 땅에 아메리카 원주민과 아프리카인이 존재함을 인정하고 이따금 오세이지 인디언의 키를 고대 게르만인의 키와 비교하기도 했지만, 그에게 '미국인'의 범주를 확대할 의도 따위는 전혀 없었다.

토머스 제퍼슨과 새뮤얼 스탠호프 스미스는 혼혈인들이 뒤섞여 사는 버지니아에서 성공적인 삶을 살았고, 제퍼슨 자신의 가족 중에는 혼혈인들이 있었다. 버지니아에서 스미스의 가정이 어떻게 구성되어 있었는지 우리는 아는 바가 없지만, 두 사람이 순수함의 관념을 서로 다르게 이해했다는 점은 분명하다. 제퍼슨은 몬티첼로*의 다양한 인종으로 구성된 사람들을 자신의 인종 이론에서 배제함으로써 "섞인 것이 없는 순수한" 색슨족이라는 관념적인 이상을 상상할 수 있었다. 스미스가 보기에 그렇게 유럽적인 것은 있을 수 없었다. "끝없는 이민과 정복의 결과로 그 주민들은 다른 지역의 원주민들과 뒤섞여" 부단한 변화가 지속적으로 일어나는 와중에 "뒤죽박죽이 되었다."[19] 스미스와 제퍼슨은 유럽의, 나아가 신세계 유럽인의 순수성과 혼합에 적합한 말을 찾았지만, 18세기 버지니아에서 그들의 눈앞에서 일어나고 있던 아프리카인과 아메리카 원주민, 유럽인의 혼합은 어떻게 표현해야 할지 몰랐다. 미국 사회의 지도자들은 그 사실을 똑바로 응시할 수 없었다. 그들에게 혼합은 미국인이라는 독특한 새로운 인간을 만들어냈지만, 이 미국인은 유럽인들만의 혼합이었다.

그렇게 기후가 가장 중요하다면, 극단적인 더위와 추위, 고인 물을 가진 미국 기후에 대해서는 뭐라고 해야 할까? 스미스가 생각하기에 그다지 좋을 것은 없었다. 그 기후는 미국인에게 "어느 정도 안색의 창백함과 용모의 유약함"을 주었다. 그리고 "……전체적으로 미국인의 피부색은 영국인이나 독일인처럼 선명하게 붉고 흰 색조를 보이지 않는다. 그 위에는 청황색[창백함, 핼쑥함, 누르스름함]의 색조가 퍼져 있다." 해발 고도가 어느 정도인지, 바다에 얼마나 가까운지도 피부색에 영향을 준다. 그렇기에 뉴저지의 백인은 고지대인 펜실베이니아의 백인보다 피부색이 짙다. 남쪽으로 더 내려가면 흰 피부는 더 어두운색으로 바뀐다. 기후가 덥고 해발 고도가 낮은

* 샬러스빌에 있는 토머스 제퍼슨의 사저. 팔라디오 양식으로 지어진 이 건축물은 세계문화유산으로 등재되어 있다 — 옮긴이주.

곳에 사는 남부의 백인, 특히 가난한 사람들은 북부의 백인보다 눈에 띄게 피부색이 거무스름하다. 서로 다른 기후에 사는 미국인들은 저마다 다르게 보이지만, 전체적으로 미국인은 상당히 비슷하게 보인다.[20]

스미스는 무리하게 해석한 자신의 기후 이론을 정당화하려고 기후를 피부색과 연결 짓고 이어서 미개함과 무모하게 결합해야 했다. 스미스는 남부의 하층 계급 사람들이 조상이 전부 유럽인이었는데도 아메리카 원주민과 매우 비슷하고 "순전한 야만 상태"로 살고 있음을 알았다. 이러한 생각, 백인 미국인도 원주민 가운데 살면 피부색이 그들을 닮게 된다는 생각은 18세기와 19세기 초에 널리 유포되었다. 크레브쾨르는 이렇게 주장했다. "수많은 유럽인이 인디언이다." 그리고 식민지 아메리카의 다른 이들도 인디언들과 함께 살아가는 유럽인이 복식뿐만 아니라 피부색에서도 그들을 닮아가는 경향이 있다고 증언했다. 게다가 그러한 생활은 그들의 몸을 "야위고 빈약하게" 만들어 피부 밑으로 뼈가 보일 정도였다. 스미스는 이렇게 추측한다. 가난한 남부인들이 오지에서 발견되면, 다원발생론자들은 그들을 복수의 인간 기원을 보여주는 증거로 제시한다.[21] 스미스는 크레브쾨르를 되풀이하듯이 "인디언과 전혀 피가 섞이지 않은 미개한 남부의 빈민을" 미국 사회의 잠재적인 골칫거리로 묘사한다.

하지만 스미스는 토머스 제퍼슨과 그의 자기 만족에 빠진 특권 계급 같은 남부의 엘리트 백인들도 천하게 여겼다. 제퍼슨은 『버지니아주에 관한 해설』에서 보스턴의 노예 필리스 휘틀리●가 쓴 시를 '니그로'는 결코 재능을 입증할 수 없다는 증거라며 경멸했다. 스미스는 제퍼슨의 견해를 반박하며 흑인을 옹호하고 남부의 백인들을 모욕한다. 그가 보기에 제퍼슨이 먼저

●　시집을 출판한 최초의 아프리카계 미국인 — 옮긴이주.

아프리카에서, 이어 아메리카에서 노예로 그토록 비참하게 산 인종의 능력을 조롱한 것은 너무도 명백한 잘못이었다. 스미스는 이렇게 말한다. "재능은 자유를", 그리고 교육적으로나 심리적으로나 창의적 사고를 가능하게 하는 조건을 "요구한다." 스미스는 여기서 멈추지 않고 제퍼슨과 같은 계급이 지닌 지적 능력을 추적해 "제퍼슨 씨에게, 또는 미국인 플랜테이션 농장주를 잘 아는 사람"에게 묻는다. "그 주인들 중 필리스 위틀리의 시에 비길 만한 시를 쓸 수 있는 자는 과연 얼마나 될까?"[22] 이 모든 이야기에서 알 수 있는 것이 있다. 백 년 넘게 미국인의 정체성에는 모순이 들어 있다는 것이다. 미국인은 거의 비슷하게 보이고 행동하지만, 남부인은 다르다는 것, 열등하다는 것을 말이다.

평자들이 오로지 유럽인만을 미국인으로 생각하는 한에서만 미국이라는 나라의 평등주의적 이미지는 밝게 빛났다. 그러나 비록 잘 알려지지 않았지만 미국인의 특성을 피부색이 아니라 경험으로 평가한 반론이 늘 있었다. 흑인 작가들은 종종 백인의 특성을 일반화해서 얘기하지만, 그들의 평은 대체로 아프리카계 사람들에 초점을 맞춘 글에 여담처럼 끼어든다. 데이비드 워커와 호세아 이스턴은 백인 우월주의를 비판하며 아프리카계 미국인을 대변했다.[23]

1829년 보스턴에 거주한 사려 깊은 아프리카계 미국인으로 정치적 활동에 관여한 데이비드 워커(1785~1830)는 다음과 같은 제목의 여든 쪽짜리 책자를 출간했다. 『서문이 첨부된 네 개의 논설로 세계의 유색인 시민에게, 특히 미국 시민에게 더욱 명백하게 전하는 데이비드 워커의 호소David Walker's Appeal: in four articles, together with a preamble, to the coloured citizens of the world, but in particular, and very expressly, to those of the United States of America』. 노스캐롤라이나주

월밍턴에서 자유인으로 태어난 워커는 1825년경 보스턴으로 이사하여 중고 의류 상인으로 일하며 생계를 꾸렸다. 그는 다양한 활동을 했다. 미국 최초의 흑인 신문 『프리덤스 저널Freedom's Journal』에 글을 쓰고 신문을 배포했으며, 보스턴 흑인들이 아이티가 독립했을 때나 근래 남부 노예제의 속박에서 벗어난 아프리카 왕자가 보스턴을 방문했을 때 등 무언가를 기념하기 위해 행사를 벌이는 장소에서 자주 대중 연설을 했다. 프리메이슨 회원이자 감리교도였지만 흑인의 광적인 신앙을 비판했던 워커는 약 1천 명 정도로 추산되는 보스턴 흑인들 사이에서, 그리고 윌리엄 로이드 개리슨을 중심으로 모인 노예제 반대 단체에서 활동가로 잘 알려져 있었고 꽤 존경을 받았다. 개리슨은 조만간 미국에서 가장 영향력이 큰 노예제 폐지론 간행물이 되는 『리버레이터Liberator』의 초창기 발행 호에서 『워커의 호소』를 긍정적으로 평했다.

『워커의 호소』는 '백인'과 '기독교 미국'의 잔인함과 위선을 폭넓게 통렬히 비난했다. 오랜 인종주의 역사에서 워커는 두 가지 본질을 추적한다. 한편에는 고대 이집트인("우리처럼 아프리카인이거나 유색인")에서 출발하여 "우리의 형제 아이티인"을 포괄하는 흑인의 역사가 있고, 또 다른 한편에는 잔인하고 거짓된 고대 그리스에서 자라난 백인이 있다. 이러한 대립 구도에서 인종적 특징은 절대로 변하지 않는다.

백인은 언제나 부당하고 시샘하며 무자비하고 탐욕스럽고 피에 굶주린 존재였고 늘 권력과 권위를 추구했다. 우리는 그리스의 연맹체 곳곳에서 그들을 본다. 그곳에

- 『데이비드 워커의 호소』 초판은 1829년 말에 나왔고, 1830년 봄에 세 판이 이어졌다. 판과 판 사이의 차이는 미미했지만, 워커는 백인 미국인의 위선을 점점 더 신랄하게 고발했다.

서 그들은 처음으로 의미를 지닌 존재가 되었고, (교육의 결과로서) 우리는 그곳에서 서로 상대를 불행과 고통에 빠뜨리려 하면서 서로의 목을 자르는 그들을 본다. 그들은 온갖 거짓되고 불공정하고 무자비한 수단을 사용했다. 다음으로는 폭정과 속임수의 정신이 더욱 심하게 창궐한 로마에서 우리는 그들을 본다. 우리는 그들을 갈리아와 스페인, 브리튼에서 본다. 유럽 전역에서 그들을, 이교도처럼 아시아와 아프리카에 널리 흩어진 그들을 우리는 선명하게 본다. 설명할 수 있는 인간이라기보다는 악마에 더 가깝게 행동하는 그들을 본다.•

워커는 이렇게 결론 내린다. 자유라는 미국의 유산에 미래를 위한 실낱같은 희망이 남아 있긴 하지만, 살인이 여전히 백인의 주된 특징이다. 그는 미국 독립선언문을 인용하며 글을 맺는다. 백인 미국인의 사악함에서 그것을 제외하면서. 영국인은 이를테면 그들의 역사를 극복했다. 노예제를 버렸으며 흑인에게 우정의 손길을 내밀었다. 워커는 영국인이 아일랜드인을 더는 억압하지 않을 때 그들의 갱생이 완성될 거라는 의견을 피력한다.[24]

『워커의 호소』는 내심 "백인 기독교도들"에게 말을 걸며, 그들을 비난하고 조롱하고 흑인 학대에 대한 보복으로 파멸시켜버리겠다고 위협한다. 워커는 백인의 도덕과 행동에 들어 있는 결점을 생각하면 도대체 누가 열등한 인종인지 모르겠다며 의아해한다. "그러므로 나는 천지를 주관하는 주 하느님을 두려워하는 마음으로 주의 이름을 걸고 나의 것이든 백인의 것이

• 남북전쟁 후, 에머슨과 동시대인인 아프리카계 미국인 문인 윌리엄 웰스 브라운 (1814~1884)은 『성장하는 아들: 유색인종의 조상과 성취 *The Rising Son: or, The Antecedents and Achievements of the Colored Race*』(1874)에서 옛 북유럽인을 묘사하는데 그것은 헤로도토스와 데이비드 워커가 묘사한 북유럽인을 모두 떠올리게 한다. "독일의 어둑한 숲속에서 피투성이의 섬뜩한 우상에 제사를 올리는 그들을 보라. 포로의 따뜻한 피를 마시고, 인간의 두개골에 신주를 부어 벌컥벌컥 들이키며, 발트 해변을 떼로 몰려다니며 약탈하고 강탈하며, 악취가 풍기는 적의 머리 가죽을 집으로 가져와 왕에게 제물로 바친다."

든 피부색에 대한 편견을 버린 채 그들이 우리처럼 천성이 선한지 아닌지 감히 의심한다."²⁵ 그렇다고 워커가 노예를 자랑스럽게 생각한다는 것은 아니다. 흑인에 대해 말하자면, "우리는(이 미국의 유색인들은) 세상이 시작된 이래로 여태껏 살았던 존재 중에서 가장 불쌍하고 천한 대접을 받은 비참한 존재이다." 그는 북부의 자유로운 흑인을 꼭 집어 비판했다. "그들 중 일부는 글씨를 잘 쓸 수 있지만, 솜씨 좋게 글씨를 쓰면서도 비교하자면 거의 우마와 같이 무지하다." 워커는 자신이 "내 피부색"이라고 묘사하는 사람들 속에서 "비열하고 비굴한 영혼"을 본다. 흑인은 조직을 갖추어 압제자가 씌운 멍에를 벗어던질 때만 "이 죽은 듯한 무관심에서 떨쳐 일어나 인간이 될" 것이다.²⁶

『워커의 호소』는 저자가 아일랜드인과 유대인, 그리스인에 영향을 미친 당대의 정치에 정통했을 뿐 아니라 미국과 유럽의 고전 문화에 조예가 깊음을 드러낸다. 그는 독립선언문과 토머스 제퍼슨의 행적에 드러난 백인 미국인의 위선을 강력히 고발한다. 제퍼슨은 1826년에 죽었지만, 워커는 새뮤얼 스탠호프 스미스처럼 제퍼슨의 키에 대한 어느 미국인의 모욕에 화답해야 한다고 느꼈다. 엄청나게 박식하고 "훌륭한 몸을 타고난" 제퍼슨이 "사슬에 묶인 한 무리의 사람들을" 평하려고 어떻게 몸을 굽힐 수 있을까. 제퍼슨은 흑인들이 백인이 되고 싶었다고 믿었을지 모르지만, 이 점에서 그는 "철저히 속았다. 우리는 창조주가 우리를 만들고 기뻤듯이 바로 그런 존재이기만을 원한다."²⁷

선전에 뛰어났던 워커는 자신의 책 『워커의 호소』를 널리, 심지어 노예제를 유지한 남부까지 흑인과 백인 선원들을 통해 보급했다. 책 덕분에 그곳에서도 저자는 매우 유명해졌고 증오의 대상이 되었다. 아프리카계 미국인에게 직접적으로 말을 거는 그 선동적인 소책자에 버지니아주의 상류층은 매우 놀라 의회의 비공개 회의에서 이에 어떻게 대처할지 논의했을 정도였다. 노스캐롤라이나주의 뉴번과 윌밍턴에서 흑인 독자들은 『워커의 호소』에 찬동한 것에 목숨을 대가로 치렀다.[28]

1830년 워커는 겨우 마흔다섯 살의 나이에 결핵으로 숨졌다. 19세기 도시 빈민에게 천형과도 같았던 그 질병은 불과 며칠 전에 그의 딸의 목숨을 앗아가기도 했다. 몇 달 전 그는 『워커의 호소』를 또 찍었는데 이것이 마지막이었다. "난잡한" 청중(즉 남자만이 아니라 여자도 포함된 청중)에게 공개적으로 연설한 최초의 미국 여성인 보스턴의 마리아 스튜어트는 워커를 "매우 숭고하고 두려움을 모르는 불굴의" 인간이라고 칭송했다. 혁명의 해인 1848년 헨리 하일랜드 가닛 목사는 워커를 지칠 줄 모르는 자유의 투사라고 찬미했다. 가닛은 워커의 실천이 "그에 대한 기억을 신성하게 했다"고 글을 맺는다. 워커에 대한 기억은 19세기 중반까지도 노예제 폐지론자들 사이에 생생하게 남아 있었고 남북전쟁이 끝난 후에야 조금씩 희미해졌다. 그러나 동시에 그는 전 역사를 통틀어 백인성은 긍정적으로 평가받을 만하다는 관념에 강력한 일격을 날렸다.[29]

코네티컷주 하트퍼드의 목사 호세아 이스턴(1799~1837)은 전형적인 혼혈 미국인이라는 배경을 가진 운동가 가정에서 태어났다. 크레브쾨르가 미처 생각하지 못했던 부류였다. 이스턴의 어머니는 적어도 일부는 아프리카인 혈통을 지녔고, 독립전쟁의 용사였던 그의 아버지 제임스는 아메리카 원주민인 왐파노아그족과 내러갠싯족의 후손이었다. 전쟁 후에 제임스 이스턴은 노스브리지워터(오늘날의 매사추세츠주 브록턴)에서 제철업자로 성공했다. 복잡한 혈통을 지닌 호세아는 자신을 '유색인'으로 보았고 사실상 자신의 아메리카 원주민 계보를 감추었다. 아마도 논란의 여지 없이 시민권을 얻기 위해 그랬을 것이다.*

19세기의 첫 사반세기 동안 매사추세츠주에서는 피부색에 따른 차별이 심해지고 있었다. 그 결과로 이스턴 가족은 공적 영역에서 밀려났다. 제임스 이스턴은 지역 학교와 교회에서 인종 분리를 실행하는 것에 반대하는 오랜 저항이 지리멸렬한 실패로 끝난 뒤 1810년대 중반에 유색인 청년을 위한 학교를 열었다.

목사가 되어 아버지의 실천을 본받아 그 뒤를 따른 호세아 이스턴은 1831년 필라델피아에서 열린 전국유색인자유민대회 첫 번째 회의에 참석했다. 그의 나이 서른두 살 때였다. 때는 유색인에게 가혹한 시절이었고, 분노한 백인우월주의 폭도들이 1836년 이스턴의 교구 신도들을 공격하고 하트퍼드에 있는 그의 교회를 불태웠다. 이스턴은 그런다고 물러설 사람이 아니었다. 그는 여기에 대응해 이듬해 다음과 같은 제목의 책을 발간했다. 『미국 유색인의 지적 성격과 시민적, 정치적 상황, 그리고 그들을 향한 편견에 관한 논문. 그리고 그들에 대한 교회의 의무에 관한 설교A Treatise on the Intellectual Character and Civil and Political Condition of the Colored People of the U. States: and the Prejudice Exercised towards Them: with a Sermon on the Duty of the Church to Them』.[30]

고대사와 현대사를 인용한 이스턴의 『논문』은 노아의 아들 함과 고대 이집트에서 시작하는 아프리카의 역사를 고대 그리스에서 출발한 유럽의 역사와 비교함으로써 『워커의 호소』를 되풀이한다. 완강한 아프리카중심주의자였던 이스턴은 검은색과 갈색 피부를 가진 고대 이집트인이 그리스인에게 가치 있는 모든 것을 가르쳤다고 주장한다. 거꾸로, 그는 유럽사를 유혈극으로 얼룩진 일련의 사건들로, 그런데도 19세기에 유럽인과 백인 미국인

• 보스턴의 학교에서 인종 분리 반대 투쟁의 지도자였던 벤저민 로버츠는 호세아 이스턴의 조카이자 제임스 이스턴의 손자였다. 아프리카인과 아메리카 원주민의 피가 섞인 뉴베드퍼드 출신의 무역상 폴 커피는 제임스 이스턴의 딸 메리 이스턴과 결혼했다.

이 우월한 문명을 지녔다고 크게 떠벌렸기에 아이러니로 가득 찬 사건들에 관한 이야기로 생각한다.

19세기에 그 야만인들의 일부가 자국민의 지성과 지혜, 종교가 우월하다고 자랑해야만 했다는 것을 주목하지 않을 수 없다. 그들은 17세기에 대서양을 건너 자신들의 미개한 조상이 4세기와 5세기, 6세기에 저지른 것과 동일한 범죄를 실행에 옮겼다. 그들은 똑같은 모험심을 지녔다고 자랑했고, 메뚜기 떼처럼 서부를 향해 우르르 몰려갈 때 조상들과 다르지 않게 가는 곳마다 피로 물들였다. 최근에 인디언들과 치른 지독한 전쟁과 멕시코의 평화를 깨뜨린 사악한 십자군은 이 인종의 고귀함과 그들의 정신의 힘을 보여주는 두드러진 사례이다.

그는 다섯 쪽 반에 걸쳐 유럽인이 그 시대에 자행한 섬뜩한 악행을 설명한 뒤 이렇게 끝을 맺는다. "진정한 위대함이 무엇인지 조금이라도 이해한 사람이라면 우리가 걸어온 역사에서 두 인종을 비교하기만 해도 함의 후손들에게 지지를 보낼 것이 분명하다. 이집트인 한 민족이 야벳(노아의 아들)의 후손 전체보다도 인류의 행복에 어울리는 개선을 더 많이 이루어냈다."

백인우월주의자들이 힘과 모험심의 결과물이라고 찬양하는 것을 이스턴은 노획물이라고 묘사한다.

그 노획물은 기원후 49년 런던을 건설한 이래로 전쟁의 힘으로, 피정복민을 파멸시킴으로써 얻은 것이다. 그들이 거둔 성공의 역사는 전부 야만과 문명, 사기와 자선, 애국심과 탐욕, 신앙과 학살의 뒤범벅을 보여준다. …… 그들의 진보한 과학은 지적 능력의 뛰어난 발달에 기인한 것이 아니다. …… 그것은 오로지 …… 피와 약탈을 원하는 내부의 갈망에서 비롯했다.[31]

이스턴은 조금 양보하여 백인과 문명의 연관성을 인정하지만, 이는 내적 지성의 결과물이 아니라 폭력의 결과물일 뿐이었다. 백인은 더 똑똑하지 않다. 그들은 더 비열할 뿐이다.

신랄하기는 했지만 『워커의 호소』도 이스턴의 『논문』도 19세기 동안 미국에서도 유럽에서도 대중의 의식에 제대로 뿌리내리지 못했다. 『워커의 호소』는 19세기 말과 20세기 초에 사람들의 주목을 받기는 했지만, 외국의 분석가들로부터 훌륭하다는 평판을 얻지 못했다.

『미국의 민주주의Démocratie en Amérique』(1835)는 미국에서 가장 많이 인용되는 프랑스어로 쓴 책이라는 기록을 갖고 있다. 애초에 두 권으로 나온 그 책은 각각 1835년과 1840년에 출간되어 큰 찬사를 받았는데, 프린스턴 대학교 도서관은 그 영어판을 31부 소장하고 있다. 이렇게 인기가 있는 이유를 찾기는 어렵지 않다. 알렉시 드 토크빌(1805~1859)은 미국에 찬성했을 뿐만 아니라, 미국인이 방문객들에게서 높이 평가한 혈통을 지녔다.

전형적인 가톨릭이자 전형적인 보수적 귀족 집안인 토크빌 가족은 노르망디에 살았다. 청년 토크빌은 샤를 10세를 위해 법률가로 일하며 1830년 7월혁명으로 샤를 10세가 퇴위할 때까지 베르사유에서 성공적인 삶을 이어갔다. 프랑스 국가 경영의 최상층에서 그러한 격변이 일어나자 토크빌의 미래도 위험해졌다. 토크빌과 그의 친한 친구였던 진보적 성향의 귀족 법률가 귀스타브 드 보몽이 감옥 개혁을 연구한다는 명분으로 프랑스를 떠나 미국에서 안식년을 보내기에는 적절한 때였던 것 같다. 실제로 보몽과 토크빌은 1833년에 감옥에 관한 보고서를 발표했다.[32] 그러나 토크빌을 유명하게 만든 것은 뒤이어 발표한 미국에 관한 연구 『미국의 민주주의』였다.

『미국의 민주주의』는 인종 사상의 전통에 속하는 책으로 인용되는 경우가 거의 없다. 토크빌이 미국인의 행태를 인종의 특징이 아니라 미국 사회 전체에 속하는 것으로 보기 때문이다. 사회는 법과 통치방식, 경제적 기회에서 성장한다. 미국에서 예외적인 사회를 발견한 토크빌은 그 예외주의의 근원이 미국의 민주주의에 있다고 생각한다. 종교가 미국인의 삶에서 일정한 역할을 하지만, 민주주의는 이를 압도하며 공적 영역과 사적 영역에서 공히 그 기조를 결정한다. '평등'이 키워드이다.

『미국의 민주주의』는 첫 쪽에서 "사회적 조건의 평등"을 세 차례 언급하며, 800쪽이 넘는 본문의 여러 곳에서 이 기본적인 논점을 자세히 설명한다. 책을 여는 선언적 문장들과 이후 수백 쪽의 본문에서 미국은 잉글랜드인의 직접적인 후손인 백인들이 사는 나라로 제시된다. "잉글랜드인 종족 the English race"이라는 어구가 앞머리와 본문에서 거듭 등장한다. 첫 번째 권의 결론에서 토크빌은 "신세계 잉글랜드인 종족의 온전한 미래"를 일별한다. 두 번째 권의 제3장 제목은 이렇다. "미국인은 왜 조상인 잉글랜드인보다 보편적인 개념에 대해 더 많은 재능과 적성을 보여주는가."[33]●

『미국의 민주주의』에서 다루는 '미국인'은 기본적으로 북부인, 대체로 잉글랜드 청교도의 후손인 뉴잉글랜드 주민이다. 만일 그가 명민함이 부족하고 손님들을 따분하게 한다면, 이는 그가 돈을 버는 데 집중하고 있기 때문이다. 그러나 '미국인'의 가슴은 어쨌든 미래에 언젠가 나라를 위대하

●　토크빌은 "우리 게르만인 조상"과 타키투스의 견해, 프랑스의 "게르만인 제도"에 관해 말하면서 그의 피후견인인 고비노의 견해를 되풀이한다. 프랑스인이 별개의 두 종족으로 이루어진다는 관념은 대개 계급적 사고방식을 지닌 극단적인 유전론자 역사가인 앙리 드 불랭빌리에(1658~1722)가 제시했다고 얘기된다. 노르망디에서 태어난(따라서 어떤 설명에 따르면 바이킹의 후손인) 불랭빌리에는 1911년 판 『브리태니커 백과사전』에 따르면 "가장 강경한 유형의 귀족"이었다. 그는 귀족은 독일에서 온 프랑크족의 후예이며 농민은 갈리아인과 로마인이 뒤섞인 혼혈의 후손이라고 보았다.

게 만들기에 매우 적합한 곳에 있다. 토크빌은 노예제를 중요한 분석 주제로 삼지 않는다. 왜냐하면 그가 고려하는 '미국인'은 전형적인 자유주인 매사추세츠주의 시민이기 때문이다. 따라서 그는 인종에 관한 장에서 노예제를 살짝 다루는 데 그치며, 그로써 미국의 정치와 문화에서 핵심적인 한 가지 문제를 경시한다. 노예제는 분명코 친구인 보몽에게 떠넘기고 싶은 주제였다.

펭귄 출판사 고전 총서 판으로 370쪽을 넘긴 후에야 토크빌은 미국에 인종적 이질성이 있으며, 그것에 많은 불화가 따른다고 인정한다. 그 뒤에 이어진 100쪽은 "미국 영토에 사는 세 인종의 현재 상태와 예상되는 미래에 관한 소견"이라는 제목을 달았는데 제1권의 나머지 부분과는 날카로운 대조를 보인다. 미시시피강 하류에서 토크빌과 보몽은 "눈물의 행진"* 중인 아메리카 원주민을 마주쳤다. "이 강제 이주의 끔찍한 불행은······ 상상도 할 수 없을 정도이다. ······ 나는 재앙을 목격했다." 토크빌은 이후 한두 단락에서 이렇게 인정한다. "뭐라 형언할 수 없을 정도다."** 아메리카 원주민의 비참한 처지를 보며 토크빌은 사실상 말을 잃었다.

흑인에 관해 말하자면, 그들은 아메리카 원주민보다 파멸의 위험성이 적은 듯했지만, 그럼에도 상황은 암울했다. 흑인은 노예든 자유민이든 "땅을 전부 소유한 거대한 종족 가운데에서 길을 잃은 불행한 자투리, 가난한 소규모의 방랑 부족일 뿐이다." 21세기 사람들에게 이러한 평가는 터무니

---

* 1830년에서 1850년 사이에 미국 정부가 이른바 문명화한 다섯 부족인 체로키족과 치카소족, 촉토족, 크리크족, 세미놀족 약 6만 명을 강제로 원주민 준주로 이주시킨 것을 말한다 ─ 옮긴이주.

** 토크빌은 발 빠르게 미국의 노예제가 남부 백인들의 나태와 무지, 오만함, 빈곤, 방종, 우둔함이라는 해로운 영향을 초래한다고 언급하며, 이어 전형적인 미국인이라고 본 뉴잉글랜드 주민들에 관한 얘기로 넘어간다.

없는 소리까지는 아니더라도 어쩐지 이상하게 보인다. 이 "가난한 소규모의 방랑 부족"은 200만 명 이상으로 전체 인구의 18퍼센트가 넘었기 때문이다.

토크빌은 노예제가 남부 경제뿐 아니라 남부의 백인에게도 해롭다는 점을 매우 분명하게 깨닫는다. 노예제 탓에 남부 백인의 관습과 평판은 다른 미국인들에 비해 초라해 보인다. 다음과 같은 토크빌의 한탄은 크레브쾨르와 제퍼슨을 떠올리게 한다. "남부 미국인들은 태어날 때부터 일종의 가내 독재권을 받는다. …… 그리고 그들이 처음으로 체득하는 습성은 힘들일 필요 없는 지배이다. …… 남부 미국인을 거만하고 조급하며 성마르고 폭력적이며 욕망이 강렬하고 장애물에 부딪히면 짜증을 내는 사람으로 만든다." 남부인은 인내심이 부족한 탓에 성공에 필수적인 결단력을 잃는다. 반면 '미국인'의 비상한 재능은 그 활력에 있다. 그는 곳곳을 다니며 황무지를 개간하고 땅에서 부를 뽑아낸다. 남부인은 그렇지 않다. "그 남부인은 화려함과 호사, 자극적인 것, 쾌락, 그리고 특히 나태함을 사랑한다. 무엇도 그를 열심히 일하여 생계를 꾸리도록 강제할 수 없으며, 그는 해야 할 일이 없으므로 내내 잠만 자고 유익한 일을 시도조차 하지 않는다."[34]

아프리카계 미국인에 가해지는 가혹한 차별에 토크빌은 매우 놀라며 인종 간 전쟁이 불가피하여 결국 "크나큰 불행"이 초래되리라고 예언했다. "미국이 거대한 혁명을 겪는다면, 이는 미국 땅에 흑인이 존재한다는 사실로 촉발될 것이다. 다시 말해서, 사회적 조건의 평등이 아니라 그 불평등이 혁명을 일으킬 것이다."[35]

남부에서 '혁명'의 위험성이 곧 닥쳐올 것 같았다면, 북부도 이를 면할 수 없었다. 인종 전쟁의 유령이 "마치 악몽처럼 [모든] 미국인의 상상 속에 늘 출몰한다." 그러나 토크빌은 이 정도로 그치고 두려움을 버린다.[36] 이러한 사고방식을 추적하면 미국에 대한 그의 평등주의적 이미지가 왜곡될 것이다. 실제로 토크빌은 노예제 문제를 어떻게 처리해야 할지, 미국을 묘사하면서 남부를 어떻게 다루어야 할지 몰랐다. 혁명은 공평한 경쟁의 장에서 생기지 않으며, 그는 자신의 밝은 민주주의적 분석이 정당함을 입증하려면 공평한 경쟁의 장이 필요했다. 토크빌은 이 난제를 자신의 이론에서 남부와 노예제, 흑인을 잘라냄으로써 해결한다. 그는 제2권의 각주에서 자유주에 사는 미국인들만 자신이 그리는 민주적이고 평등주의적인 사회의 이미지에 부합한다고 인정했다.[37]

오하이오강이 편리한 구분선을 제공한다. 오하이오주에서 성공에 몰두한 미국인들은 창의적 능력을 통해 목표를 이루었다. 노예주인 켄터키주의 오하이오강 이남에서 남부인들은 노동을 경멸했다. "긴장을 풀고 여유롭게 사는 남부인은 게으른 인간의 취향을 지녔다. 돈은 그가 보기에 가치를 일부 잃었다. 그는 재산보다 자극적인 것과 쾌락에 더 관심이 많다. …… 그러므로 노예제는 백인들이 돈을 버는 것을 방해할 뿐만 아니라 그들에게서 돈을 벌려는 욕구까지 앗아간다." 북부인들은 나라의 강과 바다를 오갈 배와 막대한 부를 생산할 공장, 생산품을 시장으로 운반할 철도, 그 대륙의 거대한 천연 수로들을 연결할 운하를 갖고 있다.[38] 오직 북부만이 이러한 미국의 상징들을 보유한다.

이 길고 괴로운 장은 토크빌의 미국이라는 널리 퍼진 이미지에서 그다지 두드러지지 않는다. 많이 읽히지 않았고 주목을 받은 경우는 더욱 적은 이 장은 축약본에서는 아예 빠졌다. 토크빌의 '미국'은, 인종 전쟁과 인종 문제를 둘러싼 미국의 전체적인 난처함과 관련된 모든 것이 정말로 깨끗이 제거되었든 아니든, 모든 인종적 사실을 전부 직시하지는 않는다.[39]● 토크빌은 결국 다인종 사회 미국이라는 주제에서 빠져나오면서 독자들에게 친구

보몽의 소설을 권함으로써 그 문제를 짧게 논의한 데 대한 평계를 댄다.

토크빌의 동료 법률가이자 1820년대에 베르사유에서 그와 같은 방을 썼고 그의 여행 동료였으며 평생의 친구였고 전기 작가이자 유작 관리자였던 귀스타브 드 보몽(1802~1866)은 1835년 미국과 아일랜드 여행에서 그와 동행했다. 보몽은 노예제와 관습적인 인종 정체성 담론에 토크빌보다 더 많은 관심을 보였다. 그의 사회학적 소설『마리, 미국의 노예제, 미국 풍습의 조망Marie, ou L'esclavage aux États-Unis, tableau de moeurs américaines』은 사실상 노예제를 미국 사회의 부차적인 단면이 아니라 필수적인 요소로 보았다.『마리』는 토크빌의『미국의 민주주의』첫 권이 간행된 1835년에 두 권으로 나왔다. 두 책 모두 아카데미 프랑세즈의 몽티옹 상을 받았으며, 두 저자 모두 정신과학·정치학 아카데미 회원으로 선출되었지만 종국에는 토크빌만 주도면밀하게 운동을 벌여 훨씬 더 권위 있는 아카데미 프랑세즈의 회원이 되었다.

보몽의 소설에서 주인공은 미국으로 이민한 프랑스인 뤼도비크와 그가 사랑하는 미국인 부부의 딸 마리다. 그녀의 부모는 둘 다 백인처럼 보이는데, 아버지는 보스턴 사람이고 어머니는 뉴올리언스에서 성장했다. 보몽은 미국의 사회적 관행에 따르면 마리의 아버지는 정말로 백인이고 어머니는

- 마거릿 콘은 많은 학자가 노예제와 인종에 관한 토크빌의 논평에 관하여 침묵하거나 아니면 그가 이 문제를 회피했음을 비판한다고 지적한다. 토크빌의 전략을 보건대 그가 회피했다는 혐의가 확증된다.『미국의 민주주의』에서 더 유명한 제1권은 평등을 화두로 시작하며 미국의 세 인종에 관한 논의를 책의 말미로 밀어낸다. 토크빌은 본문에서는 남부가 게으르고 나태하다고 흠을 잡지만, 각주에서, 또 지나가는 이야기에서 노예제와 남부 사회가 미국에 관한 자신의 일반화에 맞지 않는다고 인정한다. 그는 자신의 분석에 다인종 사회라는 주제를 집어넣는 대신 독자에게 보몽의 책을 보라고 권한다. 토머스 벤더가 호의적으로 쓴『미국의 민주주의』서문은 토크빌이 미국의 내부 갈등이라는 사실을 회피했다고 인정하며, 토크빌을 마빈 메이어스와 루이스 하츠 같은 '합의consensus' 사상가들의 탁월한 원천으로 보는 이들에 동의한다.

백인이 아니라고 말한다. 루이지애나 출신인 마리의 어머니는 증조모가 물라토로 마리에게 흑인 피의 희미한 흔적을 남겼다. 알아차릴 수 없을 만큼 미세하게 섞인 피 때문에 구혼자 뤼도비크가 마리를 단념하지는 않지만, 미국의 '한 방울 법칙'[•]은 자유롭다는 북부에서도 그녀를 흑인으로 만든다. 마리의 피에 섞인 한 방울의 흑인 피로 인해 그녀와 프랑스 남자의 결혼은 이종 간 결혼이 된다. 뉴욕시에서는 폭동을 일으키기에 충분한 위반 행위였다.[••] 그 결혼은 성사될 수 없었다. 뤼도비크와 마리는 미시간주의 황무지에서 평안을 구한다. 그러나 두 사람이 그곳에 정착하기 전에 마리가 사망한다. 뤼도비크는 그 황무지에서 유랑자로 떠돈다.

소설의 암울한 메시지에도 불구하고, 보몽은 은근히 유머 감각을 드러낸다. 『마리』의 서문에서 그는 미국인의 터무니없는 인종 규정을 보여주는 일화를 얘기한다. 극장은 사실상 뉴올리언스에 있었지만, 보몽은 그 사건이 필라델피아에서 벌어진 것처럼 말한다.

나는 미국에서 처음으로 극장에 갔을 때[1831년 10월], 백인 관객과 얼굴이 검은 관객의 자리가 엄밀하게 구분되어 있는 것에 매우 놀랐다. 맨 아래 객석에는 백인들이 있었고, 두 번째 층 객석은 물라토, 세 번째 층 객석은 니그로가 차지했다. 내 옆에 앉은 어느 미국인은 나에게 백인의 피는 존귀하기 때문에 이러한 분리가 필요하다고 말했다. 그렇지만 물라토가 앉아 있는 객석을 보았을 때 아찔할 정도로 아름다운 젊은 여인이 눈에 들어왔다. 완벽하리만큼 흰 그의 안색은 가장 순수한 유럽인의 피를 뚜렷하게 내보였다. 나는 옆자리에 앉은 사람의 편견을 모조리 파고들어 잉글랜

- [•] one-drop rule. 미국에서 흑인 조상이 한 명이라도 있으면 흑인으로 보는 규정. 20세기 초에 몇몇 주에서 입법되어 인종차별의 토대가 되었다 — 옮긴이주.
- [••] 보몽은 '이종혼인miscegenation'이라는 단어를 쓰지는 않는다. 그 말은 1864년이 되어야 만들어진다.

드인 혈통의 여인이 어떻게 아프리카인 사이에 앉을 정도로 수치심을 모를 수 있는지 그에게 물었다.

그는 이렇게 대답했다. "저 여인은 유색인입니다."

"뭐라고요? 유색인이라고요? 백합보다 더 하얗잖아요!"

그는 쌀쌀맞게 되풀이했다. "그녀는 유색인입니다. 이곳에 전하는 얘기에 따르면 그녀의 혈통을 알 수 있어요. 그녀의 조상 중에 물라토가 있다는 사실을 누구나 알고 있지요."

그는 들으면 바로 알아들을 수 있는 말을 했다는 듯 더 이상의 설명 없이 이같이 말했다.

바로 그때 나는 백인 객석에서 매우 거무스름한 얼굴을 발견했다. 내가 이 새로운 현상을 설명해달라고 하자 그 미국인은 이렇게 대답했다.

"당신의 주목을 끈 여성분은 백인입니다."

"뭐라고요? 백인이라고요! 그녀는 물라토와 같은 피부색을 지녔는데요."

그는 대답했다. "그녀는 백인입니다. 이곳에 전하는 얘기에 따르면 그녀의 핏줄에는 스페인 사람의 피가 흐르고 있어요."

이 일화에 이어 보몽은 미국에 퍼진 인종 편견의 진절머리 나는 의미를 설명한다. 크레브쾨르와 제퍼슨을 되풀이하듯이 보몽은 미국에서 백인은 패권을 누림으로써 "지배와 폭정"을 학습하여 타락하며 동시에 흑인의 운명을 결딴내고 그들 안에 지독한 증오와 분노를 심어주어 피비린내 나는 위기를 자극한다고 결론 내린다.[40]

보몽은 토크빌에 못지않은 귀족이었지만 미국 사회의 성격에 관하여 친구와 의견이 크게 갈렸다. 보몽은 미국에서 유럽의 장벽만큼이나 넘기 어려운 장벽을 발견하고 이에 주목했지만, 토크빌은 그곳에서 고결한 민주주의만 볼 수 있었다. 보몽은 미국의 백인들이 오염된 피라는 관념으로 움직이는 신화와 보이지 않는 조상에 대한 믿음에 힘입어 세습 귀족에 속한다고 결론 내린다. 이 사실만으로도 진정한 민주주의의 가능성을 파괴하기에 충분하다. 데이비드 워커에게서 본 위선의 고발이 다시 나타난다.

보몽의 대변인인 뤼도비크는 "모든 인간의 권리가 보호받는 이 나라의 법과 관습"에 이끌려 미국으로 온 젊은 프랑스인 여행자에게 가르침을 준다. 뤼도비크는 그렇지 않다고 조언한다. 그는 유색인 가족과 살았기 때문에 그러한 인상은 단지 "환상"이자 "망상"이라는 사실을 알고 있다.[41]

동전의 양면과도 같은 이 독창적인 두 권의 책은 번역에서 대조적인 운명을 맞이했다. 『미국의 민주주의』는 1835년에 출간되자마자 영어로 번역되었지만, 『마리』는 1958년에 영어 번역본이 처음으로 나오기까지 123년을 기다려야 했다. 영어로 된 보급판은 164년 동안 어디에서도 모습을 드러내지 않다가 1999년 존스 홉킨스 대학교 출판부에서 간행되었다. 1938년 조지 윌슨 피어슨은 『미국의 토크빌과 보몽*Tocqueville and Beaumont in America*』을 발표했다. 두 사람의 노트와 편지를 토대로 그들을 학문적으로 분석한 글이다. 제목의 변경이라는 한 가지 사실은 보몽을 희생시켜 토크빌을 추켜세운 것에 관해 많은 얘기를 해준다. 1996년 존스 홉킨스 대학교 출판부가 그 책을 다시 발간했을 때, 내용은 그대로였지만 제목에서 보몽이 사라졌다. 책의 제목은 이제 간단하게 『미국의 토크빌*Tocqueville in America*』이었다. 그렇게 조용히, 그렇지만 확실하게 보몽과 그의 곤란한 다인종 미국은 토크빌의 평등주의적이고 민주주의적인 백인 남성 미국에 자리를 내주었다.

워커와 이스턴, 보몽은 각각 저마다의 방식으로 미국의 민주주의라는 신화에 경계의 시선을 보냈다. 이와 동시에 미국 백인성의 역사에 다른 이야기가 전개되고 있었다.

9

외국인의 첫 번째 대규모 유입

200년 전, 이미 미국인들은 오늘날 우리에게 익숙한 여러 가지 사고 유형에 깊이 빠져들었다. 대체로 아프리카인 노예에 의존하여 살았고 인종 관념을 발명한 시대에 세워진 사회에서, 피부색으로 구분되는 인종은 언제나 두드러진 역할을 맡았다. 피부색은 인종은 물론 시민권, 아름다움, 가치 등도 결정했다. 검다는 관념은 미국의 인종 사고에서 지속적으로 주된 역할을 했다.

피부색의 차이를 인종의 차이로 보는 이데올로기에서 성장한 오늘날의 미국인은 자신들이 역사적으로 아일랜드 가톨릭교도를 백인으로 받아들이면서도 심히 증오했다는 사실을 인정하기가 어렵다. 그러나 미국의 반가톨릭 역사는 길고도 때로 잔인했다. 그 역사는 오늘날 피부색을 인종과 동일시하는 편협한 태도에서 쉽게 찾아볼 수 있는 인종주의적 언어와 폭력으로 표출되었다. 그렇지만 사실상 종교적 증오가 서구 문화에 훨씬 더 일찍 등장했고 훨씬 더 오래 지속되었으며 더 많은 사람을 죽였다. 계급과 종교를 연결하지 못하면 역사적 다층적 의미를 잃는다. 흑인을 혐오한다고 해서 다른 백인을(다르고 열등하다고 생각되는 사람들을) 혐오하지 않는다거나 낙인이 찍힌 백인에게 잔인한 폭력을 행사하지 않는다는 법은 없다.

1850년 즈음이면 자랑스러운 색슨족 미국인이라는 괴물은 계급과 출신을 막론하고 프로테스탄트 미국인을 가톨릭 위에 올려놓고 있었다. 아일랜드 가톨릭교도는 분명히 백인이었다. 특히 남부에서는 흰 피부색의 권위에 의존하여 흑인과 중국인보다 높은 위치를 차지하기에 충분했다. 그러나 빈곤한 아일랜드인은 켈트인으로서 억압을 당하기에 충분할 정도로 인종적으로 다르며 원숭이에 비견될 만큼 추하고 흑인과 짝을 이룰 만큼 가난하다고 생각되었다.

1820년 무렵을 기준으로 그 이전에는 대다수 아일랜드 이민자가 아일랜드 북부에서 건너온 프로테스탄트였다. 이들은 그저 '아일랜드인'으로서 미국 사회에 꽤 쉽게 통합되었다. 반면 비록 1830년 이전에는 소소했지만 아일랜드 가톨릭교도의 이민에 연방주의자들은, 뒤이어 휘그당원들•은 이민 반대의 수사법에 이끌렸다. 이에 프로테스탄트 아일랜드인은 자신들을 가톨릭과 구별하여 "스코틀랜드계 아일랜드인"이라고 불렀다.[1] 그리고 1830년 이후, 아일랜드에 닥친 기근 때문에 점점 더 많은 빈민이 미국으로 밀려들면서, 이들과 그들이 가진 종교에 대한 반대도 심해졌다. 이러한 반감을 이해하려면 역사적 배경을 들여다볼 필요가 있다.

영국 식민지에서 반가톨릭 법률은 오래전부터 있었다. 이 법률은 잉글랜드의 반가톨릭 투쟁에서, 특히 16세기 중반 헨리 8세가 이끈 싸움과 17세기 중반 잉글랜드 내전 중 올리버 크롬웰이 찰스 1세에 맞서 수행한 싸움에

• 휘그당은 1833년에서 1856년까지 존속한 정당이다 — 옮긴이주.

서 물려받은 것이다. 예를 들면 로마가톨릭 종교의식을 금지한 아메리카 식민지의 여러 법령은 엄격하게 집행되던 시기를 지난 후에도 오래도록 살아남았다. 1821년까지 뉴욕은 정치적이든 종교적이든 모든 문제에서 교황에 대한 충성을 거부하지 않으면 가톨릭교도에게 시민권을 주지 않았다. 매사추세츠주에서는 1833년까지 가톨릭이나 프로테스탄트를 가리지 않고 모든 사람이 국가가 후원하는 프로테스탄트 교회를 지원하는 데 세금을 냈다. 뉴저지주의 헌법은 1844년까지도 반가톨릭 조항을 담고 있었다.[2]

1830년대와 1840년대에 아일랜드가 감자 기근으로 위기로 치달을 때, 굶주리던 아일랜드는 비뚤어진 방식으로 매력적인 관광지로 떠올랐다. 알렉시 드 토크빌과 귀스타브 드 보몽, 토머스 칼라일을 비롯하여 온갖 부류의 지식인이 그렇게 창자를 후벼 파듯 고통스러운 얘기가 과연 사실인지 확인하고자 배를 타고 아일랜드로 건너갔다. 보몽과 토크빌은 미국에 다녀온 뒤에 아일랜드를 돌아보고 받은 인상을 기록으로 남겼다. 토크빌의 기록은 20세기 중반까지 초고 상태로 남아 있었지만, 보몽은 1839년에 자신의 연구를 『아일랜드의 사회와 정치, 종교*L'Irlande sociale, politique et religieuse*』라는 제목으로 출간했다.[3]

보몽은 아일랜드를 찾기 전에 미국의 유색인과 아일랜드의 빈민을 비교하는 것이 의미가 있으리라고 판단했다. 미국에서 다른 곳에서는 볼 수 없는 퇴화를 목격했다고 여겼고, 인디언과 흑인이 "불쌍한 인간의 극치"라고 생각했던 보몽은 아일랜드에서 미국의 두 세계보다 더한 최악의 상황을 보고 매우 놀랐다. 빈곤한 아일랜드인에게는 노예의 상대적인 안전도 인디언의 자유도 없었기 때문이다. 결과적으로, "아일랜드인의 불행은 다른 어느 곳에서도 모델이나 비슷한 것을 찾을 수 없는 독특한 유형을 형성했다." 기본적으로 아일랜드는 빈민과 부자가 제각기 역할을 수행하는 다른 나라의 다양한 역사가 없었다. 기근 너머를 볼 수 없던 다른 많은 사람처럼 보몽에게도 아일랜드의 본질은 단 하나였다. "빈민의 역사가 아일랜드의 역사이다."[4]

보몽은 아일랜드를 덮치고 있는 저주의 뿌리가 영국의 해로운 정책의 역사 속에 있다고 보았다. 17세기에 아일랜드를 점령한 잉글랜드의 프로테스탄트 정착민들은 가톨릭교도인 원주민의 재산을 빼앗고 그들로부터 소유권을, 나아가 자유로운 토지 이용권을 박탈하여 그들을 가난의 구렁텅이에 빠뜨렸다. 아일랜드 원주민들은 감자를 먹고 살았는데, 감자 잎마름병이 돌아 그 주식 작물이 못쓰게 되자 100만 명 이상이 굶어 죽었다. 사망자의 두 배가 넘는 사람이 국외로 이민을 떠났는데, 많은 이가 미국으로 향했다. 더 없이 끔찍한 역설은 아일랜드인들이 굶주리는 동안 정착민이 소유한 아일랜드 농장은 식량을 수출하고 있었다는 사실이다. 보몽은 이 식민지 역사를 탐구했고 나름의 결론을 내렸다. 그는 아일랜드인이 아니라 정치를 비난하며 아일랜드인의 타고난 종족적 결점이 그들의 비참함을 초래했다는 당대의 가정을 반박했다.

19세기의 널리 퍼진 대중적 인식과 인류학에 따르면, 아일랜드인은 켈트인으로, 앵글로색슨족인 잉글랜드인과 다르며 그들보다 열등한 별개의 종족이었다. 보몽의 계몽된 견해가 결국에는 우세하게 되지만, 당시에 서구 세계에서 그의 견해를 지지하는 이론가는 거의 없었다. 빅토리아 시대 영국에서 영향력이 가장 큰 평론가였던 토머스 칼라일(1795~1881)은 1846년과 1849년에 짧게 아일랜드를 방문한 뒤 혐오감에 휩싸여 그 결핍의 현장을 떠나며 종족 결함 이론을 주장했다. 그는 한 기이한 글에서 아일랜드를 "인간 개집a human dog kennel"이라고 일렀다.[5]

칼라일은 런던에서 고고한 태도로 아일랜드인을 지배당하기 위해 번식

되는 민족이자 역사적 행위를 결여한 민족으로 보았다. 그는 색슨족과 튜턴인이 늘 창조적 행위에 필요한 에너지를 독점하는 것을 당연하게 생각했다. 반면 켈트인과 흑인은 이 세상의 가치를 높이는 데 필요한 기운은 물론 미래상도 갖지 못했다. 칼라일은 이러한 유사점을 더 끌고 나가 "나는 인간도 형제도 아닙니까?Am I Not a Man And a Brother?"*라는 노예제에 반대하는 질문을 갖고 장난을 친다. 노예제 폐지론자들의 질문이 인간의 형제애를 강조하는 반면, 칼라일은 그 질문을 고쳐 억압당하는 자들을 모욕했다. 그는 신랄한 『래터데이 팸플리츠Latter-Day Pamphlets』(1850)의 첫 번째 글 「지금 시대The Present Time」에서 이렇게 묻는다. "나는 말도 배다른 형제도 아닙니까?Am I not a horse, and half-brother?" 그리고 이어서 "검은 자메이카"와 "하얀 코너마라"**를 "우리의 검은 서인도제도와 우리의 하얀 아일랜드"로 병렬하여 비교한다.[6] 칼라일은 "더러운 매춘부처럼 굶주리는" 아일랜드인들을 보고 서인도제도의 게으른 해방노예 흑인들을 떠올린다. "검은 아일랜드. 실은 '자유롭다', 하지만 아일랜드이고, 그리고 검다!"[7]

아일랜드인을 동물로 취급한 사람이 결코 칼라일만은 아니다. 젊은 영국 튜턴주의자로 옥스퍼드 대학교 교수였던 찰스 킹즐리는 가난한 아일랜드인들을 "흰 침팬지"라고 칭했다. 스코틀랜드의 로버트 녹스는 색슨족과 켈트인의 통혼을 색슨족과 호텐토트족의 결합만큼이나 자연법에 위배된다고 보았다.[8]

1840년대 중반에 필사적인 아일랜드인 이민자 200만 명이 미국 북부

• 도자기 회사 웨지우드의 창업자 조사이아 웨지우드(1730~1795)가 노예제 폐지 운동의 일환으로 만든 메달에 새긴 문구 ─ 옮긴이주.

•• Connemara. 아일랜드 서부 지역으로 아일랜드 전통문화와 깊은 관련이 있는 지역이다 ─ 옮긴이주.

의 여러 도시로 쏟아져 들어오자, 반발이 일었다. 1835년 뉴욕시에서 미국 본토인당Native American Party이 등장했고, 이어 뉴욕과 뉴잉글랜드에서 수많은 반가톨릭 잡지와 단체가 생겨났다. 미국 전화의 아버지인 새뮤얼 모스와 예일 대학교에서 공부한 장로교 목사이자 소설가인 해리엇 비처 스토, 목사 헨리 워드 비처의 아버지인 라이먼 비처는 가톨릭을 혹평하는 책을 발간했다. 모스의 책은 제목이 극도로 거칠다. 『미국의 자유를 겨냥한 외국인의 음모Foreign Conspiracy against the Liberties of the United States』, 『외국인 이민과 현재 상태의 귀화법을 통해 미국의 자유로운 제도에 임박한 위험에 대한 어느 미국인의 경고Imminent Dangers to the Free Institutions of the United States through Foreign Immigration and the Present State of the Naturalization Laws, by an American』. 책에서 모스는 "반박의 여지 없이 명백하게 증명된 중대한 진실", 즉 유럽의 가톨릭 군주국들 특히 오스트리아와 그 협력자인 예수회가 "오로지 우리를 천주쟁이의 종교로 개종시키려는 목적에서 로마가톨릭 이민자들을 무더기로" 보내고 있음을 일깨운다.[9] 또 비처의 『서구를 위한 변명A Plea for the West』은 유럽인들이 미국에 가톨릭교도들을 쏟아부음으로써 미국 민주주의의 프로테스탄트적인 미덕들을 파괴하려 한다고 비난했다. 비처가 보기에 가난한 가톨릭교도가 마치 백인인 양 투표를 하고 공직을 맡게 된다는 것은 비극이었다. 뉴욕시와 북동부의 다른 많은 도시에서 부르주아들이 "인간쓰레기들"과 "비천한 아일랜드인들"이 선거 결과를 좌우하는 현실을 개탄하며 모스와 비처의 진영에 합세했다.[10]

1834년에 비처는 독일인이 많이 거주하는 도시인 신시내티에서 레인 신학교를 운영하고 있었다. 그러나 그는 1820년대에 살았던 보스턴을 이따금 찾았다. 한번은 그렇게 보스턴으로 갔다가 하루에 세 번의 설교에서 격하게 가톨릭에 반대했는데, 24시간이 지나지 않아 폭도가 인근의 찰스타운에 있는 성 우르술라 수녀회의 부속학교를 불태웠다. 건물은 완전히 주저앉았다. 이것이 기폭제가 되어 뉴잉글랜드와 미드웨스트 전역에서 교회 방화가 잇따랐다.[11] 그리고 이보다 더 역겨운 짓들이 아직 대기하고 있었다.

선정적이고 외설적인 『마리아 몽크의 굉장한 폭로: 어느 수녀원 수녀의 삶에 숨겨진 비밀*Awful Disclosures of Maria Monk: The Hidden Secrets of a Nun's Life in a Convent Exposed*』은 1835년에 연재된 후 1836년 책의 형태로 출판되었고 1860년까지 약 30만 부가 팔렸다. 이 책은 『톰 아저씨의 오두막』 다음으로 많이 팔렸다. 『마리아 몽크의 굉장한 폭로』는 남북전쟁 이전 미국에서 가장 큰 인기를 끈 책이 되었다.[12]

1816년생인 캐나다인 몽크는 다음과 같은 설명으로 폭로를 시작한다. "[수녀로서] 나의 큰 의무 중 하나는 무슨 일이든 사제의 명령에 따르는 것이었고, 그리고 곧 지극히 경악스러웠고 두려움에 떨면서 배우게 되었는바, 습관적으로 그들과 죄 되는 교접을 행하는 것이었다."[13] 몽크는 수녀를 강간하고 그녀들이 출산한 자식을 살해하고 반항하는 수녀를 때려죽이는 사제들을 생생하게 묘사한다. 몽크의 이야기는 도망친 수녀 이야기라는 사람들이 좋아하는 줄거리의 단 한 사례를 추적했다. 한때 프로테스탄트였던 소녀가 사제의 꾐에 빠진 정황을 거의 그림이 그려질 만큼 생생하게 묘사한 것이다. 그러한 책들은 가톨릭교회가 성적 부도덕을 타고난 것처럼 묘사했다. 가톨릭교도는 단지 프로테스탄트가 아닌 것으로 끝나지 않았다. 그들은 술을 마셨고, 안식일에 잔치를 벌였으며, 늘 섹스를 했다. 특히 수녀원과 교회 안에서 말이다.[14]

조사한 결과 금세 몽크의 주장이 전혀 근거 없음이 드러났지만 그 책은 훗날 노예제 폐지론자들의 주인과 노예의 섹스에 대한 묘사만큼이나 원주민주의자nativist들을 자극했다.* 문학적 유명세를 돈벌이에 이용하지 못한 몽크는 도시의 최하층 세계로 사라졌고, 1839년 가난하고 버림받은 무명의 미혼모로 죽었다.[15]

몽크의 수치스러운 종말은 아무런 주목을 받지 못했지만, 가톨릭에 반대하는 증오심은 숫구쳤다. 1830년에서 1860년 사이 약 270권의 책과 25개 신문, 13개 잡지, 그리고 일시적으로 나왔다가 사라진 수많은 간행물이 반가톨릭 정서를 퍼뜨렸다.[16] 그 많은 반가톨릭 신문에는 뉴욕의 『더 프로테스탄트The Protestant』, 『더 프로테스탄트 빈디케이터The Protestant Vindicator』(이 신문사가 『마리아 몽크의 굉장한 폭로』를 연재했다), 그리고 『다운폴 오브 바빌론 Downfall of Babylon』이 포함된다.

실제로 그 시대의 사회정치적 배경은 많은 불안을 일으켰다. 서구 세계는 1840년대 중반 엄청난 위기가 잇달아 나타나면서 풍파를 겪었다. 프랑스와 독일, 이탈리아, 중부 유럽에서 만연한 실업과 빈곤으로 촉발된 정치적 소요는 결국 1848년 혁명으로 이어졌다. 어떤 작가들은 그러한 봉기를 겪으면서 계급 갈등을 인종 전쟁으로 해석하려 했다. 프랑스의 아르튀르 드 고비노는 『인종 불평등론Essai sur l'inégalité des races humaines』을 써서 1850년대 중반에 책으로 출간했다. 런던의 로버트 녹스는 강연을 통해 인종에 관한 편협한 견해를 쏟아냈는데, 1850년에 그러한 강연들을 모아 『인종론 소고 Races of Men: A Fragment』로 출간했다. 혁명의 해인 1848년에는 또한 교육받은

---

* 원주민주의는 토착주의라고도 한다. 그 지역의 국적을 가진 원주민의 권리를 옹호하는 사상이다. 이 사상은 이민자들의 유입을 반대하며, 그들의 이익을 억제하는 정책을 옹호한다 ─ 옮긴이주.

여성들과 노동자들도 소요를 일으켰다. 여성의 권리를 위한 회의가 뉴욕의 세니커폴스에서 처음으로 열렸다. 영국에서는 여성의 권리와 남성 보통선거제를 옹호하는 차티스트들*이 하원에 세 번째(마지막) 인민헌장을 제출했다.** 유럽 전역에서 차티즘이 스러져가고 혁명적 정서가 팽배했지만, 아일랜드의 상황은 한층 더 절망적인 상태로 빠져들었다.

아일랜드는 영어권 국가들에서 가장 큰 주목을 받았지만, 기본적인 조건이 비슷한 유럽 대륙에서도 독일어권의 빈민들이 미국으로 이민을 떠나고 있었다. 중부유럽 사람들은 반동적인 정치를 피해, 그리고 산업화로 인한 수공업 노동자들의 실직뿐만 아니라 밀과 포도주, 감자의 작황 실패에도 원인이 있는 빈곤을 피해 조국을 떠났다. 이처럼 고생에 찌든 이민자들이 급증하자 미국 정부는 깜짝 놀랐다. 미국 정부는 처음으로 얼마나 많은 사람이 필사적으로 자국에 들어오고 있는지 정확히 파악할 필요가 있음을 느끼고 이를 행동으로 옮겼다.

1850년 미국 인구조사는 처음으로 이민자 통계를 작성했다. 총인구 2,319만 1,876명 중에 약 224만 4,600명이 이민자로 판단되었다. 그중 37만 9,093명은 영국에서, 58만 3,774명은 독일에서, 96만 1,719명이라는 터무니없이 많은 숫자가 아일랜드에서 왔다. 서유럽이 힘들었던 시기, 특히 1845년에서 1855년 사이에 아일랜드에서 134만 3,423명, 독일어권 지역

• 영국에서 1830년대에서 1840년대에 걸쳐 노동자의 정치적 권리, 특히 보통 선거권의 획득을 목표로 싸운 참정권 운동가 — 옮긴이주.

•• 차티스트들은 1839년에 처음으로 하원에 인민헌장 청원서를 제출했다. 애초에 노동자들에 공감했지만 이러한 태도를 버리던 중이었던 토머스 칼라일은 유력한 소책자 『차티즘Chartism』으로 이에 대응했는데, 그 책은 필요한 개혁이 과연 이루어질지 의구심을 피력했다. 300만 명이 서명한 두 번째 인민헌장은 1842년에 제출되었다. 뒤이은 경찰과의 충돌로 24명이 사망했다. 하원은 세 번의 청원을 전부 거부했다. 1840년대에 칼라일은 민주주의를 노골적으로 경멸했다.

에서 101만 1,066명이 들어왔다.[17]

독일어권에서 들어온 자들은 재산과 정치, 종교의 관점에서 이질적인 집단이었다. 대체로 미드웨스트의 '독일인 삼각지대' 즉 밀워키와 신시내티, 세인트루이스에 정착한 이들은 아일랜드인들에게 쏟아진 야유에 비하면 비교적 논란을 불러일으키지 않았다.[18] 한 가지 말하자면, 독일계 미국인은 독립전쟁 이전부터 프로테스탄트 백인 미국인의 삶 속으로 통합되고 있었고, 많은 사람이 나라의 경제적 사다리에서 꼭대기까지 올라갔다. 예를 들면, 1763년 하이델베르크 인근에서 태어나 1784년 미국으로 이민한 요한 야코프 아스토어는 1848년 사망할 당시 미국에서 가장 부유한 사람이었다. 19세기에 급진적 공화당원이었던 칼 슈어츠와 철도 부호 헨리 빌라드도 중간계급과 상층계급 독일계 미국인의 충성스러운 이미지를 확실하게 보여주었다.• 슈어츠는 1848년 혁명들이 실패한 뒤 다른 많은 독일인과 함께 미국으로 향했다. 급진주의의 낙인이 이들을 따라다녔지만, 독일 급진주의가 전국적 규모로 불안을 끼친 경우는 아주 드물었다. 가톨릭교도인 아일랜드인은 완전히 다른 사람들이었다.

1855년경 보스턴에는 약 5만 명의 아일랜드인이 살고 있어서 도시 인구의 3분의 1이 외국 태생이었다. 그곳은 "아메리카의 더블린"이었다. 이들은 그곳의 제조업, 철도와 운하 건설, 가사에서 낮은 급여의 일거리를 찾았다. 머지않아 아일랜드인들은 민주당(남부에 기반을 두었고 노예제에 찬성했다) 후

• 칼 슈어츠(1829~1906)는 남북전쟁 중에 연방군 장군이었고 미국 내무부 장관을 역임했으며 미국 상원의원에 당선된 최초의 독일계 미국인이었다. 페르디난트 하인리히 구스타프 힐가르트로 태어난 헨리 빌라드(1835~1900)는 노예제 폐지론자인 윌리엄 로이드 개리슨의 딸 헬렌 개리슨과 결혼했다. 이 부부의 아들 오즈월드 개리슨 빌라드는 21세기 초 중요한 자유주의적 기자(『네이션*Nation*』의 발행인)가 되었다.

보자들에게 투표하는 정신 나간 집단이요 술고래에 시끄럽고 게으르며 가난하고 범죄를 저지르는 자들이라는 오명을 얻었다. 이 모든 결점이 '패디 Paddy(아일랜드계 사람)'라는 인물상에 붙어 다녔다.

남북전쟁 이전 미국의 주요 지식인이었던 랠프 월도 에머슨이 가난한 아일랜드인들을 무심코 "패디들"이라고 지칭했을 때, 그는 1714년 리처드 스틸 경이 "가난한 패디"가 "자신이 한 주 동안 번 돈을 전부 써버린다"고 묘사한 데서 드러나듯이 아주 오래된 경솔하고 무지한 고정관념을 드러낸 것이었다.[19] 1820년대 말 젊은 목사였던 에머슨은 아일랜드 가톨릭교도를 포함하여 열등한 민족들이 많다고 가정했다. 후진적 종족들의 특징을 목록으로 작성한 그는 마치 정체停滯가 인간의 핏속에 흐르고 있다는 듯이 그것을 목록의 맨 꼭대기에 올려놓았다. 여러 해 동안 에머슨은 세계 곳곳에서 무차별적으로 무능한 종족들을 골라냈지만, 두 민족은 거의 언제나 나타났다. 아프리카인과 아일랜드인이었다. 에머슨은 일찌감치 아일랜드인을 코케이션 인종에서 사실상 배제한다.

솔직한 사람이라면 누구든지 아프리카 인종이 인간 집단에서 아주 높은 자리를 차지한 적이 있다거나 그럴 가망이 있다고 주장할 수 없으리라고 나는 생각한다. 그들의 현재 상태가 그럴 수 없음을 보여주는 가장 강력한 증거이다. 아일랜드인도, 아메리카 인디언도, 중국인도 그럴 수 없다. 코케이션 인종의 에너지 앞에서 다른 모든 인종은 기가 죽어 복종했다.

이 글은 1829년에 쓴 글이다. 하지만 1852년에 이르러 쓴 다음 글에서도 에머슨의 생각에는 변함이 없었다.

박애가 가진 최악의 측면은 우리에게 보호를 요청하는 생명들이 보호할 가치가 없다는 사실이다. 하층민은 재난이다. 나는 어떤 하층민도 원하지 않는다. 정직한 사람들만, 재능 있는 사람들만, 사랑스럽고 친절하며 교양 있는 여성만 원할 뿐, 거친 손을 가진 아일랜드인이나 파이브포인츠*, 성 자일스** 같은 이들, 술 취한 패거리, 양말 짜는 이들, 200만 명의 구호 대상 극빈층과 궁핍한 공장 노동자들, 라차로니***따위는 전혀 원하지 않는다.[20]

여기에 아일랜드인으로 대표되는 빈민에 대해 에머슨이 가진 견해의 핵심이 들어 있다.

1848년 헝가리혁명이 실패하고 코수트 러요시가 영웅으로서 의기양양하게 돌아다니며 망명 생활을 한 뒤, 에머슨은 헝가리의 사정을 아일랜드라는 렌즈를 통해 고찰할 방법을 찾아냈다. "패디의 시대는 길게 이어진다. 헝가리는 다시 멍에를 쓰게 될 것이 틀림없다. 오스트리아와 이탈리아, 프로이센, 프랑스도 다를 바 없다. 오직 잉글랜드 종족에게만 자유를 맡길 수 있다."[21] 에머슨은 아일랜드인뿐만 아니라 중부유럽인에 대해서도 거들먹거렸다. "종족들. 폴란드인과 헝가리인에 대한 우리의 생각은 확실히 인간에게 길들어진 지 얼마 되지 않은 말보다 거의 나은 것이 없다."[22]

에머슨은 20세기 말에 폴란드인에 대한 농담이 많았다는 사실에 놀라지 않았을 것이다. 그의 시대에 18세기 영국 '궁정 광대' 책에서 되살려낸 패디 농담은 확실히 유복한 계급들을 웃게 했다. 아일랜드인이 얼마나 멍청한지

---

* Five Points. 19세기 뉴욕시 로어 맨해튼의 한 지구. 인구가 조밀하고 질병과 범죄가 만연했던 곳이다 ― 옮긴이주.
** 650년경~710년경. 아네테에서 태어나 론강 하류 지역에서 활동한 기독교 수행자. 황무지에 살다가 사슴으로 오인되어 무릎에 화살을 맞았으나 고행을 위해 치료를 받지 않아 불구로 살아서 '장애인의 수호성인'으로 알려졌다 ― 옮긴이주.
*** lazzaroni. 19세기 전반 나폴리의 극빈층 ― 옮긴이주.

조롱하는 두 수병에 관한 다음과 같은 농담은 100년 넘게 회자되었다.

한 명은 아일랜드인이고 한 명은 잉글랜드인인 두 명의 수병은 둘 중 하나가 곧 시작될 전투에서 부상을 당하면 서로 돌봐주기로 약속했다. 머지않아 잉글랜드인 수병의 다리가 포탄에 맞아 잘렸다. 그가 서로 미리 약속한 것에 따라 의사에게 데려다 달라고 패디에게 요청하자 패디는 매우 신속히 응했다. 그러나 패디가 부상당한 동료를 등에 업자마자 두 번째 포탄이 날아와 그 불쌍한 친구의 머리를 때렸다. 소음과 혼란 탓에 친구의 마지막 불행을 인지하지 못한 패디는 계속해서 최선을 다해 의사에게 갔다. 머리 없는 몸통만 어깨에 걸쳐 멘 그를 본 어느 장교가 어디를 가냐고 묻자 패디는 이렇게 대답했다. "의사한테 갑니다." 그 장교가 말한다. "의사라고! 이 멍청아. 이 친구는 머리가 없잖아." 이 말을 들은 패디는 짊어졌던 몸뚱이를 바닥에 팽개치고 유심히 바라보며 말했다. "틀림없이 다리가 날아갔다고 했는데."[23] •

패디라는 고정관념을 강화하는 데 만화가 중요한 역할을 했다. 종종 원숭이와 비슷하게 그려지고 언제나 초라하고 추하며 술에 취해 있고 폭력적이고 미신을 믿는, 그렇지만 매력 있는 악당처럼 묘사되는 패디와 못생기

• 오늘날 웹사이트를 찾아보면 미국인 골프 선수 타이거 우즈를 다룬 아래와 같은 최신판 패디 농담이 아주 많다.

　골프 대회를 돌다가 잠시 짬을 낸 타이거 우즈가 새로 뽑은 BMW 승용차를 몰고 아일랜드인이 운영하는 주유소에 들어갔다. 이 프로 골프 선수를 알아보지 못한 종업원이 전형적인 아일랜드인의 태도로 인사를 건넨다. "안녕하시오."
　타이거 우즈가 차에서 나올 때 그의 호주머니에서 티가 두 개 떨어졌다. 그러자 그 종업원이 물었다. "젊은이, 이게 뭐요?"
　타이거가 대답했다. "티라고 하는 거예요."
　그 아일랜드인이 물었다. "뭐에 쓰는 거요?"
　타이거가 답한다. "드라이브샷을 칠 때 공을 올려놓는 거예요."
　그 아일랜드인 종업원은 탄성을 질렀다. "오, 예수, 마리아, 요셉! BMW에서 일하는 친구들은 별걸 다 고려하는군!"(아일랜드 종업원은 우즈의 말을 운전할drive 때 불알balls을 올려놓는다는 말로 받아들였다 ― 옮긴이주)

9.1 "두 얼굴의 대비", 플로렌스 나이팅게일과 브리짓 맥브루저. Samuel R. Wells, *New Physiognomy, or Signs of Character, Manifested through Temperament and External Forms, and Especially in "the Human Face Divine"*(1871)

고 무식하며 더럽고 아이를 많이 낳고 인내심이 강한 그의 브리짓[•]은 맑은 정신의 교양 있는 앵글로색슨족을 시각적으로 표현한 그림과 근본적으로 달랐다. (도판 9.1, "두 얼굴의 대비" 참조) 교도소의 독방을 뜻하는 '패디 도일 Paddy Doyle'이나 격분했다는 뜻의 '인 어 패디in a Paddy', 아일랜드를 말하는 '패디랜드Paddyland', 백인을 뜻하는 '패디Paddy' 같은 말은 오늘날에는 일상어에서 쓰이지 않으며, 오직 '패디 왜건paddy wagon(죄수 호송차)'만 남아 아일랜드인을 미국의 범죄자들과 연결한다.

미국의 시각 문화를 보면 아일랜드인을 흑인과 연결하기를 좋아하는 성향이 널리 퍼져 있음을 알 수 있다. 이러한 유비에 토머스 내스트보다 더 좋은 소재를 제공한 사람은 없다. 그는 독일 태생의 만평가로 『하퍼스 위클리 *Harper's Weekly*』에 만평을 그렸다. 예를 들면, 1876년 내스트는 진부한 고정관

9.2 토머스 내스트, "무지한 표 — 백중지세", 『하퍼스 위클리』(1876)

넘 속의 남부 해방노예와 북부 아일랜드인을 남북전쟁 이후 재건 시기에 똑같이 선거권을 주기에 부적합한 것으로 그렸다. (도판 9.2, "무지한 표" 참조)

이 만화는 두 가지를 동시에 처리한다. 영국과 미국에 만연한 아일랜드 반대 정서를 이용하는 동시에 두 인물을 미국의 인종주의적 관점에서 묘사한다. 시골뜨기 옷차림과 맨발은 '흑인'이라는 꼬리표를 단 인물이 남부 시골의 빈민임을 드러내며, '백인' 인물은 얼굴과 표정, 볼품없는 프록코트로 보아 전형적인 아일랜드인이다. 여기서 중요한 것은 아일랜드인으로 묘사된 인물이 문제적이라는 사실을 인지하는 것만이 아니다. 그보다 더 중요한 것은 이 아일랜드인으로 묘사된 인물에 백인 딱지가 붙었다는 사실을 알아차리는 것이다. 내스트는 노예제에 반대하여 싸우는 정당인 공화당을 지지하는 잡지를 위해 그림을 그렸다. 그렇지만 노예제 문제에서 반대 의견을 지닌 자들도 흑인과 아일랜드인을 마찬가지로 쉽게 비교할 수 있었다. 주의 연방법 거부권을 옹호한 하원의원이었고 사우스캐롤라이나주 상원의원과 주지사를 지낸 제임스 헨리 해먼드는 영국이 아일랜드인을 "절대적이고 완전한 노예 상태"에 밀어넣었다고 비난했다.[24] 조지 피츠휴는 『전부 식인종이다! 주인 없는 노예들Cannibals All! or Slaves without Masters』(1855)에서 노예 노동자들이 자유로운 노동자보다 더 좋은 대접을 받는다는 점을 증명하기 위해 아일랜드인 비교를 이용했다.[25] 피츠휴는 두 빈민 사회 어디에도 자유를 권할 뜻이 없었다.

이 문제를 다른 시각에서 본 노예제 폐지론자들은 노예 해방의 필요성을 자주 옹호했다. 1840년대, 개리슨을 지지한 자들은 아일랜드 가톨릭교도의 해방을 보편적 개혁 운동의 필수적인 요소로 보았다. 종교개혁 이후 가톨릭으로는 처음으로 영국 하원의원이 된 사람으로 가톨릭 해방을 위해 일한 중요한 아일랜드인 투사이자 지칠 줄 모르는 아일랜드 독립운동가였던 대니얼 오코넬(1775~1847)은 미국을 방문했을 때 굶주리는 아일랜드인과 노예가 된 흑인들에게 필요한 것이 비슷하다고 보았다. 미국의 노예제 폐지론자인 웬들 필립스와 프레더릭 더글러스는 동일한 표현법을 이용했다. 기근이 한창이던 1845년에 아일랜드를 방문한 더글러스는 아일랜드 빈민의 처지를 흑인 노예의 처지에 비유했다. 두 집단의 비참하기 짝이 없는 몰골에 그는 마음이 찢어졌다. "노골적이고 무식한 입, 길고 수척한 팔, 질질 끄는 걸음걸이, 속이 좁아 벌어지는 언쟁과 싸움. 모든 것이 플랜테이션 농장과 잔인하게 혹사당한 우리나라 사람들을 생각나게 했다." 아일랜드인은 "검은 피부와 곱슬머리만 있으면 플랜테이션 농장 흑인과 완전히 같아진다."[26] 더글러스 같은 노예제 폐지론자들에게 두 집단의 비극은 억압당한다는 점에 있었다. 두 경우에 공히 혐오감은 인종에 기인한 결점에서 생기지 않았다.

그러나 일단의 사람들은 흑인과 아일랜드인이 유사하다는 관념을 전혀 받아들이지 않았다. 바로 미국의 아일랜드인들이었다. 아일랜드인 이민자들은 백인을 아무리 비참하더라도 흑인보다 우위에 두는 미국의 피부색 경계를 이용하는 법을 재빨리 배웠다. 경계선의 백인 쪽에서 길을 찾은 아일랜드인 유권자들은 노예제에 찬성하는 민주당을 강력히 지지했다. 1840년대 중반 아일랜드계 미국인 단체들은 표와 주먹으로 노예제 폐지에 적극적으로 반대했다. 1863년 뉴욕을 비롯하여 북동부의 여러 도시에서 발생한 징병 반대 폭동에서 아일랜드계 미국인들은 흑인과 아일랜드인 사이에 공통점이 있다는 관념을 격렬하게 거부하면서 열정적으로 아프리카계 미국인을 공격했다. 아일랜드와 영국에서도 인종적 약점을 떨쳐버리려 애쓴 문화적 민족주의자들이 반격에 나서 앵글로색슨주의자들의 역사에 상응하는 켈트인 아일랜드인의 역사를 만들어냈다.•

영국에서 독립하려는 아일랜드의 정치적 투쟁 때문에 켈트 문학 부활의 아일랜드적인 특성이 시간적으로 지체되어 19세기 말에야 나타난다면, 아일랜드인의 정치적 민족주의는 1921년 아일랜드 독립 투쟁이 성공하기 훨씬 전부터 융성했다. 아일랜드 민족주의자들은 색슨족 우월주의를 데이비드 워커 같은 노예제 폐지론자들의 방법과 유사한 방식으로 뒤집을 수 있

• 켈트인을 옹호하는 민족주의자들은 앵글로색슨족이 켈트인으로 분류되는 아일랜드인을 모욕한 오랜 역사에 자극을 받아 문화적으로 역습을 가했다. 스코트족은 아일랜드인과 달리 옹호자들이 없지 않았다. 1760년대에 스코틀랜드 시인 제임스 맥퍼슨(1736~1796)은 『오시안의 시*Poems of Ossian*』를 발표했는데, 그는 이것이 3세기 켈트인 음유시인 오시안의 작품이라고 주장했다. 맥퍼슨은 이 고대 작품을 발견하여 번역했다고 말했지만, 새뮤얼 존슨이 신빙성에 의문을 제기했을 때 맥퍼슨은 원본을 제출할 수 없었다. 『오시안의 시』는 오늘날 영국 문학의 크나큰 사기 중 하나로 여겨진다. 반면 로버트 번스(1759~1796)는 지금도 여전히 스코틀랜드의 민족 시인으로 남아 있다. 번스는 1786년 『대체로 스코틀랜드 방언으로 쓰인 시집*Poems, Chiefly in the Scottish Dialect*』을 발표했다. 스코틀랜드 방언으로 쓰인, 오래도록 사랑받은 수많은 작품 중 첫 번째였다. 월터 스콧(1771~1832)이 지금은 1819년에 발표한 소설 『아이반호*Ivanhoe*』의 색슨-노르만 인종적 정, 반, 합으로 더 유명하지만, 그의 작품 경력은 1802~1803년 민요 모음집인 『잉글랜드와 스코틀랜드 사이 경계 지방의 민요*The Minstrelsy of the Scottish Border*』에서 시작하여 스코틀랜드를 무대로 한 일련의 소설과 시로 이어졌다.

었다. 1839년 대니얼 오코넬은 미국 제국주의를 통렬히 비판하여 미국의 노예제 폐지론자들의 마음을 사로잡았다. 팽창주의자들이 멕시코 영토의 강탈을 열망할 때, 노예제 폐지론자들은 평화를 옹호했다. "그대 앵글로색슨 종족이여! 영국인 혈통이여! 온 세상의 교화자여! …… 가장 비열하고 불법적인 종족이여. 그대들이 갈 길이 있다! …… 온 세상의 교화자라니, 어이가 없다!"[27] 오코넬에게 앵글로색슨족은 그저 타고난 도둑놈들일 뿐이었다. 이와 동시에, 아일랜드인이 아닌 두 명의 문학가가 켈트인 문학 연구의 토대를 놓았다.

19세기 중반, 프랑스 철학자 에르네스트 르낭(1832~1892)과 영국의 문화비평가이자 시인 매슈 아널드(1822~1888)는 『켈트인의 시가*Poetry of the Celtic Races*』(1854)와 『켈트 문학 연구에 관하여*On the Study of Celtic Literature*』(1866)에서 신비적이고 낭만적이며 숙명적인 켈트인을 찬미하며 상세히 묘사했다. 르낭은 크게 존경받는 종교철학자였고, 아널드는 영국의 일류 문학평론가였다. 이들의 저서는 둘 다 반응에서 호오가 갈렸는데 분명한 사실은 애정을 담으려 했다는 것이다. 그러나 르낭과 아널드는 앵글로색슨족과 튜턴인의 근대성에 대한 좋은 균형추로서 아일랜드인들이 자연에 친밀하다는 점을 높이 사면서 그들을 아둔하고 우스꽝스러운 토착민으로 격하시켰다.

르낭을 보자. 원래 프랑스에서 자칭 켈트인의 고향이라는 브르타뉴 출신인 르낭은 "그 작고 유순한 종족" 켈트인의 자연스러운 기독교를 즐겨 인용한다. 반면 "튜턴인은 심술궂게 저항하다가 내키지 않는데도, 계획적으로든 강요에 의해서든, 뒤늦게야 몹시 괴로워하며 기독교를 받아들였다." 근대성의 화신인 잔인한 튜턴인에 비하면 르낭의 켈트인은 어린아이 같고 미신에 사로잡혀 있으며, 모든 민족 중에서 "실용적인 분별력이 …… 가장 떨어진다."[28] 세상이 무섭게 기계화하고 산업화하는 가운데, 르낭의 이 같은 표현은 칭찬을 의미했다.

아널드의 묘사도 비슷한 가정에 깊이 젖었다. 모계를 통해 켈트인과 미약하나마 연관이 있다고 주장하면서도 자신이 색슨족임을 강하게 확신한 아널드는 색슨족 잉글랜드의 종족적 특징을 켈트인에 속하는 아일랜드인의 특징과 대비했다. 어느 종족이 "출발할 때"에는 가장 상서로운 기질을 갖고 있다고 해도 성공에는 늘 "균형, 능력, 인내"가 필요하기 때문에, 켈트인에 속하는 아일랜드인은 실패할 운명에 있다. "균형과 능력, 인내는 켈트인이 가진 적이 없는 것"이기 때문이다. 아널드는 켈트인의 무능력을 한층 더 확장했다. "켈트인은 물질문명에서 무능했듯이 정치에서도 무능했다." 사실상 아널드는 그 종족의 실패를 차분하게 예언한다. "오랫동안 세상은 지속적으로, 점점 더 확실하게 켈트인의 지배력에서 벗어났다. 오시안이 아주 정확하게 말하듯이 '그들은 전쟁에 나갔지만 늘 패배했다.'"[29]

여기에 수수께끼가 하나 있다. 이런 평가가 어떻게 켈트인을 기쁘게 할 수 있었을까? 그러나 믿거나 말거나 르낭과 아널드는 사실상 당시에 켈트인의 친구로 여겨졌다. 1877년 아널드는 옥스퍼드 대학교 켈트학 교수직을 얻는 데 성공했으며, 그와 르낭은 19세기 말과 20세기 초 아일랜드 르네상스의 만개에 일조했다는 칭찬을 받았다. 켈트인에 대한 그들의 묘사가 명백히 인종적으로 묘미가 있었던 것은 사실이다. 그러나 인종이란 당시에 뜬구름 잡는 얘기였고, 르낭과 아널드가 생색내듯 거론한 것이 아니라면 토머스 칼라일 같은 부류가 제기하는 모욕뿐이었다.

켈트인에 속하는 아일랜드인을 옹호한 자들은 잉글랜드의 호전적인 색슨족 배외주의에 맞서 더 오래되고 기독교적 특성도 더 강한 자신들의 종족 역사로 대응했다. 영국 역사가이자 서적상인 섀런 터너가 쓴 여러 권짜리 인기도서 『앵글로색슨의 역사*History of the Anglo-Saxons*』(1799~1805)는 근대 잉글랜드인을 중세 색슨족의 직계 후손으로 묘사하여 모형을 만들어 냈다. 아일랜드 민족주의자들도 그렇게 할 수 있었고 실제로 그렇게 했다. 자신들이 고대의 빛나는 여러 무리의 켈트인 조상들로부터 이어진 순혈 후손이라고 주장한 것이다. 예를 들면, 선사시대의 피르볼그족과 투아데다넌족, 그리고 기원전 1500년에서 1000년 사이에 스페인에서 건너와 아일랜드를 침공했다는 밀 밀레시우스 왕의 추종자들이 있었다. 게다가 이들 즉 밀레시안은 스코트족에 이름을 준 이집트 파라오의 딸 스코타를 통해 스키티아(우크라이나와 러시아)까지 거슬러 올라가는 역사를 지녔다.•

아일랜드인의 고난이 어디에 근원을 두고 있는지 알아내려는 영국 지식인들은 친구였든 적이었든 아일랜드인이 켈트인으로나 가톨릭으로서 인종적으로 위대해질 특성을 갖추지 못했다는 의심을 좀처럼 거두지 못했다. 그러나 대서양의 반대편에서 인종은 장기적으로 다른 기능을 수행했다.

앞서 보았듯이, 아일랜드인은 여러 상이한 정치 문화 속에 살았다. 영국과 아일랜드에서 그들은 가톨릭 켈트인이라는 꼬리표를 달았고 인종적으로는 멸시당한 프랑스인과 연결되었다. 미국에서 그들의 상황은 더 복잡했다. 종교는 미국보다 영국과 아일랜드에서 훨씬 더 중요했다. 어쨌거나 종교전쟁이 오랫동안 잉글랜드를 휩쓸었고, 수백 년간 잉글랜드는 성공회를 프로테스탄트 국교회로 칭했다. 미국에서는 어떤 종파도 헌법으로 승인받지 못했다. 미국은 또한 가톨릭 프랑스와 적대하고 뒤얽힌 긴 역사가 없었다. 북아메리카에서는 종교를 둘러싸고 벌어진 전쟁이 없었고, 미국의 역사는 국민 의식의 뿌리에 종교적 정체성을 심어줄 만큼 길지 않았다. 그래서 가톨릭교회와 가톨릭교도에 대한 반감이 미국인의 삶에서 결코 사소한 일

• 스코타는 스코트족에 이름을 줌으로써 스코틀랜드 사람들에게 아프리카 기원을 부여했다.

면이 아니었고 격렬한 폭력으로 불타오를 수 있었지만, 그것은 결코 장기간에 걸쳐 미국인의 정체성을 규정하지 못했다.

그리고 영국 식민주의와 식민지 아일랜드의 추한 역사가 있다. 1800년 통합법으로 아일랜드와 잉글랜드의 왕실이 하나가 되기 이전 몇백 년 동안 잉글랜드는 무엇보다도 식민국이었다. 19세기에 한 가지 문제가 곪아 터졌다. 아일랜드를 어찌해야 하는가? 아일랜드인은 자치에 적합하지 않다는 확고한 가정이 종종 영국 국내 정치를 지배했다. 미국은 흑인 및 노예제와 씨름해야 했다. 이 문제는 너무 거대해서 반아일랜드 정서가 정치적 갈등의 원인으로서는 무뎌지는 결과를 초래했지만, 그래도 10년간 소란이 있었다. 앞서 주목했듯이, 1840년대는 미국에서 긴장된 시기, 원주민주의가 거세지는 시기였다.

피로 얼룩진 미국인결사단Order of United Americans은 1844년 뉴욕시에서 처음 나타나 곧 매사추세츠와 펜실베이니아, 뉴저지, 코네티컷으로 퍼져나갔다. 1830년대 중반 이래 시시때때로 가톨릭교회에 방화가 이루어졌다(흑인 교회도 불탔지만 종교가 이유는 아니었다). 1834년 원주민주의자 무리가 매사추세츠주 찰스타운에 있는 우르술라 수녀원을 불태웠다. 방화는 풍토병처럼 번져 1844년 필라델피아에서 절정에 이르렀다. 600명의 자칭 미국공화당원American Republicans이라는 폭도가 가톨릭의 성 미카엘 성당과 성 아우구스티누스 성당을 불태우고 아일랜드인의 주택 여러 채에 방화했다. 사흘간 이어진 폭동으로 13명이 죽고 50명이 부상당했다.[30] 1850년 피츠버그에서는 '인민과 반가톨릭'이라는 정당 후보자로 나선 이가 시장 선거에서 승리했다. 1850년대에 매사추세츠주와 코네티컷주는 민주당을 지지하는 이민자의 표를 줄이기 위해 유권자 문자해독능력 시험을 입법화했다.[31]

1850년대 중반 미국인결사단의 지부가 열여섯 개 주에서 번창했다.[32]

훨씬 더 이른 시기의 반가톨릭 폭력은 얼마간 자발적이었고 조직도 낮았으며, 아일랜드인 때문에 임금이 하락하고 범죄가 늘어난다는 두려움에서 비롯했다. 그러나 원주민주의는 1850년경 뉴욕시에서 비밀조직인 성조기최고결사단Supreme Order of the Star-Spangled Banner이 창설되면서 중요한 제도적 기반을 획득했다. 단원들은 곧 '모르쇠들know-nothings'이라고 불리게 되었다. 결사단에 관한 질문에 습관적으로 이렇게 대답했기 때문이다. "나는 아무것도 모른다I know nothing." 이러한 단체들의 단원은 남자여야 했고 부모가 미국 본토박이여야 했다. 가톨릭과 결혼한 본토인은 가입할 수 없었다. '모르쇠들'은 계급과 지역에 따라 상이한 폭넓은 과제를 지녔다. 그들은 특히 가톨릭을 증오했지만, 술과 정치적 부패에도 반대했다. 뉴잉글랜드에서 그들은 노예제를 옹호하는 민주당으로 간 많은 이민자 표의 유효성에 이의를 제기했다.

전술의 측면에서 보자면 미국인결사단과 성조기최고결사단 같은 '모르쇠들' 단체들은 애국심에 편승했다. 지역 지부들은 대부분 건국의 선조들이나 영웅들, 독립전쟁의 전투들에서 이름을 가져왔다.[33] 성조기최고결사단에서 생긴 어느 정당은 실제로 이름이 아메리카당American Party이었다. 그렇게 애국적인 명칭에 고무된 당원들은 정적에 "반아메리칸anti-American"이라는 낙인을 찍었다. 예를 들면, 독일인이 대규모로 정착하여 많은 사람이 선거권을 행사한 미드웨스트에서 1848년 혁명 이후 유럽에서 건너온 자들은 급진주의자라는 의심을 받았기에 거의 자동적으로 '반아메리칸'으로 보였다.

그렇게 집단 폭력이 빈번해지면서 폭동은 모르쇠들의 대표적인 활동이 되었다. 폭동은 아일랜드인과 가톨릭교회를, 그리고 다른 정당들에 투표하는 유권자를 겨냥했다. 1853년 다툼의 대상이 된 교회 재산을 둘러싼 권리

주장을 중재하기 위해 교황 사절이 방문하면서 상황은 더욱 나빠졌다. 이 일이 여러 반가톨릭 비밀결사와 협회의 화를 돋우었기 때문이다. 교황 사절의 여정을 따라 미국인과 외국인 기독교연합American and Foreign Christian Union이 군중을 선동했다. 신시내티에서는 한 패거리가 교황을 폭행하려 했다. 동부에서는 모르쇠들 패거리가 대리석 토막을 공격하는 심히 기괴한 사건이 벌어졌다. 욕을 본 돌은 교황 피우스 9세가 준 선물로 당시 아직 건축 중이던 워싱턴 기념관에 전시할 예정이었다. 돌이 깨지지 않자, 폭도는 이를 포토맥강에 던져버렸다.

1854년 메인주의 엘즈워스에서는 폭도가 어느 가톨릭 사제에게 타르를 칠하고 깃털로 뒤덮은 뒤 불을 질러 죽이려고 시도했다. 뉴저지주의 뉴어크에서는 뉴욕에서 온 모르쇠들과 오린지먼Orangemen(프로테스탄트 아일랜드인)이 성모 마리아 성당의 창문과 조각상을 깨뜨렸고 이를 지켜보던 아일랜드인 가톨릭교도 한 명을 살해했다. 특히 선거가 울분을 자극했다. 모르쇠들 폭도는 워싱턴과 볼티모어를 비롯하여 여러 도시에서 반대파 유권자들을 구타했다. 1855년 루이지애나주의 선거 폭동 이후, 어느 사제는 이렇게 전했다. "[1844년] 필라델피아 폭동 다음으로 무서운 테러의 시대. 100명에 가까운 가난한 아일랜드인이 학살당하거나 불태워졌으며, 약 스무 채의 집이 화염 속으로 사라졌다."[34] 무섭게 창궐한 죽음의 종교전쟁이었다.

가톨릭에 대한 증오의 열기가 뜨거워지던 1854년 가을, 모르쇠들은 선거에 뛰어들었다. 1만 개의 지방의회에서 100만 명이 넘는 추종자가 여러 주 정부를 완전히 통제했다.[35] 매사추세츠와 뉴욕, 그리고 예닐곱 개의 다른 주에서 모르쇠들 정부가 수립되었고, 75명에서 100명 사이의 하원의원과 보스턴과 필라델피아, 시카고의 시장을 포함하여 일군의 주정부 공무원과 지방정부 공무원이 선출되었다. (정확히 누구를 모르쇠들로 보아야 하는지 판별하기 어려운 탓에 숫자는 유동적이다.) 훗날 대통령이 되는 러더퍼드 B. 헤이스는 감격에 겨워 이렇게 환호성을 질렀다. "사람들이 가톨릭을 얼마나 증오하는가."[36]

모르쇠들은 권력을 장악하자마자 부패 정치에 맞서고 금주를 장려하는 등 다양한 조치를 추진했지만, 가톨릭 이민자가 여전히 주된 표적이었다. 미국 태생이 아닌 사람들이 행정 관료가 되는 것을 금지하고 귀화 대기 기간을 21년으로 연장하는 법안이 제출되었다. 그러한 장벽과 기간 연장이 통과되었다면 분명코 노동계급의 많은 사람이 투표권을 행사하지 못했을 것이다. 정확히 모르쇠들이 의도한 바였다. 초선 입법자들이 제출한 다른 대부분의 모르쇠들 조치처럼 이러한 법안도 입법되지는 않았다. 그러나 매사추세츠주에서는 모르쇠들이 수녀원 검열법을 제정하는 데 성공했다. 이 법률로 입법부는 가톨릭 수녀원과 학교를 검사할 권한을 얻었다. 의원들은 이 임무를 열성적으로 수행했는데, 의심스러운 구석이 있었다.

몇몇 유명인사도 제 역할을 했다. 텍사스혁명의 지도자로 텍사스 공화국 대통령을 지냈고 이어 텍사스주지사와 상원의원을 역임한 샘 휴스턴(1793~1863)은 이러저러한 발상을 끌어모아 옛 이민자와 새로운 이민자의 차이점에 관한 이론을 정립했다. 이 이론은 20세기에 들어선 후로도 오랫동안 작동했다. 휴스턴에게 독립전쟁의 건국의 아버지들과 영웅들은 훌륭한 옛 이민자로 1850년대의 새로운 이민자들과 현저하게 대비되었다. 새로운 이민자들은 영국의 감옥과 유럽의 구빈원이 토해낸 혐오스러운 인간들이었다.[37]

율리시스 S. 그랜트(1822~1885)는 대통령이 되기 불과 10년 전에 온갖 행운은 다 차지한 것 같은 독일 출신 구직자들에 비해 자신은 '특혜'가 없다며 스스로를 불쌍히 여겼다. 남북전쟁 중에 자신의 편견이 정당하다는 점을 입증할 기회를 잡은 그랜트는 19세기에는 드물었던 반유대인 정책을 법령으로 세웠다. 일반명령 제11호라는 이 조치로 1862년 12월 아이가 있는 가족을 포함하여 모든 유대인이 테네시 군사지구에서 추방되었다. 그랜트는 어떤 핑계를 댔을까? 그는 유대인 행상인을 통제해야 했다고 주장했다. 실제로 그의 명령은 직업과 성별, 연령을 불문하고 테네시주의 모든 유대인에 영향을 미쳤다. 에이브러햄 링컨 대통령은 신속히 그 명령을 폐기했지만, 이미 여러 가족이 쫓겨난 뒤였다.[38]

남부에서도 모르쇠들은 1850년대 선거에서 좋은 성과를 냈다. 모르쇠들이었던 앨라배마주의 어느 하원의원은 많은 사람을 대변하여 이렇게 말했다. "나는 유럽 대륙의 해충을 뒤집어쓴 죄수들을 원하지 않는다. …… 나는 피부에 역병을, 목구멍에 굶주림을 동반한 그 거지 떼가 본토의 가난한 사람들의 빵을 빼앗는 것을 원하지 않는다. 자선은 집에서 시작한다. 자선은 절룩거리며 신음소리를 내는 이 흡혈귀들의 도래를 금한다."[39] 이민자가 많은 북부와 마찬가지로 이민자가 적은 남부에서도 이러한 성격의 선언은 영향을 미쳤다.

알다시피 결국 미국 사회의 피할 수 없는 사실이었던 노예제가 상황을 더어렵게 만들면서 근본적인 정치적 긴장이 조성되었고, 이 때문에 모르쇠들의 정책이 무산되었다. 1855년 네브래스카 준주의 노예제 문제로 모르쇠들은 양분되었다. 남부의 모르쇠들은 노예제를 보호할 안정 장치를 명시적으로 요구했고, 북부의 모르쇠들은 이에 동의하지 않았다. 노예제 문제로 모르쇠들 운동이 노선에 따라 분열하자, 새로이 창당된 공화당은 노예제에 대한 애착이 강한 남부에 굴복할 뜻이 없던 북부의 모르쇠들을 붙들었다. 이 분열이 원주민주의가 최종적으로 끝났다는 신호는 아니었다. 예를 들면,

앞서 휘그당원으로 대통령을 역임한 밀러드 필모어가 1856년 모르쇠들의 대통령 후보로 나서 비록 메릴랜드주에서만 승리하기는 했지만 전국 투표의 5분의 1이 넘는 약 80만 표를 획득했다. 민주당은 펜실베이니아주의 제임스 뷰캐넌을 후보로 선출했는데, 그가 당선된 뒤로 1884년 그로버 클리블랜드가 당선될 때까지 민주당 출신 대통령은 나오지 않는다. 미국에서 가톨릭에 대한 증오와 연관된 최악의 폭력은 서서히 사라졌지만, 가난한 아일랜드인 가톨릭교도는 계속 다른 인종, 즉 켈트인으로 남았다. 동시에 아프리카계 미국인의 10분의 9는 여전히 노예였다. 이들은 열등한 인종으로 학대를 받았을 뿐만 아니라 미국인으로 집계되지도 않았다. 두 열등 인종, 즉 켈트인과 아프리카인이라는 관념 위로 치솟아 있는 색슨족의 특성이 '미국인'의 정체성을 독점했다. 그러나 적어도 켈트인들은 그들만의 백인성을 지니고 있었다.

10
랠프 월도 에머슨의 교육

랠프 월도 에머슨(1803~1882)은 당대에 미국 르네상스를 체현한 인물로 우뚝 서 있지만 그는 또한 미국 백인종 이론의 철학자 왕으로 대접받아야 한다. 하지만 현실은 그렇지 않다. 지성과 비범한 작품으로 널리 환영받은 에머슨은 19세기와 20세기 초 미국인의 여러 백인성 개념을 전부 종합하여 훗날 앵글로색슨주의라는 이름이 붙는 이데올로기의 표준을 가장 일찍 제시했다.

보스턴에서 태어난 전형적인 뉴잉글랜드 사람이었던 에머슨은 미국에서의 뿌리가 1635년까지 거슬러 올라가는 학구적인 목사 집안에서 태어났다. 널리 존경받은 에머슨의 아버지 윌리엄 에머슨 목사는 하버드 대학교에서 파이 베타 카파 협회 연설을 했으며(아들도 한 세대 뒤에 그 연설을 한다) 보스턴 제일교회 목사로 재직했다. 윌리엄 에머슨 목사가 살던 당시에 그렇게 명망 있는 자리도 경제적 안정을 보장하지는 못했다. 월도가 채 여덟 살도 되기 전에 윌리엄이 사망하면서 가족은 고생길에 접어들었다. 다행히도 키가 130센티미터 정도밖에 안 되는 월도의 자그마한 고모 메리 무디 에머슨

(1774~1863)이 월도의 교육에 생긴 결정적인 틈을 집에서 메워줄 수 있었다.*

1814년 스탈 부인의 『독일에 관하여』 미국판이 나와 메리 무디 에머슨 같은 미국의 지식인들에게 독일 낭만주의와 인도의 지혜를 소개했다. 그녀는 평생 그 책을 가까이 두고 스탈 부인과 독일 낭만주의에 대한 자신의 열정을 아직 공식 교육을 받기 전인 조카에게 전하는 데 썼다. 공식 교육을 받던 중이나 받은 후에도 마찬가지였다.[1] 에머슨은 뉴잉글랜드의 전통적인 훌륭한 교육을 받았다. 보스턴 라틴 스쿨을 다녔고, 이어 조상들을 따라 하버드 칼리지로 갔다. 그곳에서는 학비를 대기 위해 식당에서 웨이터로 일했다. 그는 4년 동안 교편을 잡았다가 하버드 신학교에 등록했고 1829년 유니테어리언파 목사가 되어 학교를 떠났다. 같은 해에 그는 엘런 루이자 터커와 결혼했고 보스턴 제이교회의 목사가 되었다.

에머슨이 독일 사상의 매력에 빠진 것은 사실상 이미 결정된 일이라고 할 수 있다. 하버드에서 그는 확실한 낭만주의자인 조지 티크너와 에드워드 에버렛과 함께 공부했다. 이 두 젊은 학자는 괴팅겐의 게오르크아우구스트 대학교에서 공부를 마치고 막 돌아온 참이었다. 고모 메리가 잘 가르친 덕에 에머슨은 1821년 졸업논문에 그녀의 의견을 넣어 2등상을 탔다. 그의 형 윌리엄도 보탬이 되었다. 1824~1825년에 괴팅겐에서 공부한 윌리엄은 미국에 있는 월도에게 편지를 보내 "최대한 빨리 독일어를 배워" 자신을 따라 독일로 오라고 강력히 권했다.[2]

독일 사상은 젊은 보스턴 지식인들의 분위기를 지배했다. 1820년대에 에머슨은 새뮤얼 테일러 콜리지 같은 영국 작가들의 글을 읽었는데, 콜리지는

• 랠프 월도 에머슨은 1869년 보스턴 여성협회에서 '친구Amita'라는 제목의 시로 고모에게 감사를 드렸다.

괴팅겐에서 블루멘바흐[3]와 윌리엄 워즈워스와 함께 공부했다. 에머슨의 독일어 능력이 전혀 뛰어나지 않았기 때문에 두 사람은 독일에 관하여 필수적인 안내자였다. 전체적으로 보면, 하버드 칼리지 수학과 독일 낭만주의에 정통한 고모 메리 무디 에머슨, 그리고 제르멘 드 스탈의 『독일에 관하여』 때문에 에머슨이 독일의 철학과 문학에 더 깊이 빠졌다고 할 수 있다.

1830년대 중반부터 1840년대까지 뉴잉글랜드에서, 특히 동부 매사추세츠에서 독일 낭만주의(칸트, 피히테, 괴테, 슐레겔 형제)의 미국판인 초월주의가 번성했다. 독일 초월주의는 기이한 혼합을 제공했는데, 여기에는 심지어 프리드리히 폰 슐레겔이 고취한 인도 신비주의도 꽤 많이 들어 있다. 메리 에머슨도 이를 좋게 생각했다.• 초월주의는 확고한 기반을 지닌 기독교 신앙(특히 당시 널리 퍼진 유니테어리언파) 대신 자연과 직관, 천성, 개인주의, 성령의 작용, 그리고 특히 종교적 신념의 성격에 관하여 일련의 낭만적 관념을 제시했다. 초월주의는 기본적으로 연구보다 직관을 높게 평가했으며 삼라만상을 하나로 통합하는 내재적인 신이라는 관념을 강조했다. 에머슨은 고모 메리의 인도를 받아 초월주의로부터 영적인 힘으로서의 자연에 초점을 맞추는 태도를 빌려와 이제는 초월주의자들의 성명서로 여겨지는 『자연 *Nature*』(1836)에 담았다.[4]••

뉴잉글랜드의 주요 초월주의자들은 대부분 하버드 칼리지를 다녔으며,

• 프리드리히 폰 슐레겔은 파리에서 산스크리트어를 공부했으며, 1808년에 인도의 언어들과 지식에 관한 책 『인도인의 언어와 지혜 *Über die Sprache und Weisheit der Indier*』를 발표했다. 옥스퍼드 대학교에서 인도이란어를 연구한 학자 막스 뮐러도 에머슨처럼 인도의 언어와 철학에 매력을 느꼈는데, 에머슨은 1873년에 그를 직접 만나지만 그전에도 수십 년 동안 편지로 우정을 나누었다.

•• 독창적인 초월주의자이자 오랫동안 에머슨의 친구였던 헨리 헤지도 독일에서 공부했다.

다수가 하버드 신학교에 들어가 유니테어리언파 목사를 준비했다. 에머슨은 목사로서, 신앙의 위기를 겪은 후 강단을 떠난 목사로서도 여러 점에서 그 틀에 완벽히 들어맞았다. 그러나 에머슨은 목사직을 포기한 이후에도 생애 내내 초월주의의 종교적 차원에 흥미를 잃지 않았다. 『자연』에서 에머슨은 미국 초월주의를 영성을 느끼는 새로운 방법이라고 선언한다. 이는 2년 뒤에 뛰어난 '하버드 신학교 연설Divinity School Address'에서 더 상세히 설명되었다.•

독일이 주도한 이 초월주의의 소용돌이 안에서 가장 돋보이는 사람은 영국인 토머스 칼라일(1795~1881)이다. 키 180센티미터의 호리호리하고 구부정한 사람으로 평생 건강염려증에 시달린 칼라일은 거의 늘 반쯤 감기에 걸린 상태로 살았다. 마찬가지로 키가 크고 말랐으며 건강염려증이 있던 스물네 살의 에머슨은 1827년 『에든버러 리뷰Edinburgh Review』와 『포린 리뷰Foreign Review』에서 칼라일의 익명 비평을 보았고 그 영국 작가를 "어쩌면 현재 색슨족 최고의 사상가"일 뿐만 아니라 "독일적인 새로운 유파의 작가"로 추앙했다.[5] 독일 신비주의를 체득한 칼라일이 미국 초월주의의 토대를 놓았음은 분명하다.

실제로 칼라일은 지리적으로 말하자면 정말로 간신히 "색슨족 사상가"가 될 수 있었다. 잉글랜드 경계에서 약 13킬로미터 떨어진 스코틀랜드의 작

• 이 두 글 사이에 나온 에머슨의 『미국인 학자American Scholar』(1837)는 미국이 영국 모델에서 지적으로 독립한다고 선언한다. 미국의 지적 독립은 아주 완성되지는 않았다. 영국 모델은 버려졌지만 초월주의에서 독일이 그 자리를 대신했기 때문이다. '초월주의'라는 용어도 독일 철학자 이마누엘 칸트가 『순수이성 비판Kritik der reinen Vernunft』(1781, 1787)에서 제시한 '초월적 실재'라는 관념으로부터 스탈 부인의 『독일에 관하여』를 거쳐 들어왔다.

은 읍 에클페칸에서 태어났기 때문이다.[•] 이 출신지는 칼라일에게 매우 중요했다. 그가 북부 스코틀랜드인이 아니라 '남부' 스코틀랜드인 즉 색슨족으로 알려지기를 원했기 때문이다. 그의 생각에 북부 스코틀랜드인은 켈트인이며 따라서 이러한 사고방식에서는 열등한 인종이었다.

칼라일은 에든버러 대학교에서 공부한 뒤, 영어를 쓰는 다른 많은 사람처럼, 1817년에 스탈 부인의 『독일에 관하여』를 읽고 독일 사상을 알게 되었다. 이 책에 매우 깊은 감명을 받은 그는 훗날 아내가 되는 제인 웰시에게 스탈 부인의 소설 『델핀』을 한 부 보냈다. 또한 칼라일은 『독일에 관하여』에서 본 것, 다시 말해 그 인종주의적 머리말과 괴테를 신화적인 지위에 올려놓은 것, 독일의 초월적 신비주의에 관한 결론 부분에 자극을 받아 독일어를 공부했다. 독일어와 독일 문학에 대한 열정 덕분에 그는 스코틀랜드에서 독일어 가정교사 자리를 얻었으며, 1824년 괴테의 『빌헬름 마이스터의 수업시대 _Wilhelm Meisters Lehrjahre_』를 번역했다. 칼라일은 바이마르에 있는 괴테에게 번역본을 보냈다. 이를 시작으로 1832년 괴테가 사망할 때까지 두 사람 사이에 정중한 서신이 오갔다.[6]

칼라일은 실제로 괴테를 "정신의 아버지"로 여기게 되었고 초월주의 복음 전파의 임무를 자임했다.[7] 그는 1820년대 말과 1830년대 초 에머슨이 뉴잉글랜드에서 읽은 잡지에 글을 써서 이를 전파했는데, 여러 글이 독일 작가들과 독일 사상에 관한 평론이었다.[8] 에머슨도 칼라일처럼 학자로서 사는 동안 내내 괴테를 숭배했다. 얼마나 열렬히 숭배했던지 1833년 괴테의 『이탈리아 여행 _Italienische Reise_』을 따라 유럽을 돌아다녔는데 처음으로 간 곳이

• 에클페칸은 글래스고에서 남쪽으로 한참 떨어진 스코틀랜드와 잉글랜드의 경계 지역 로커비(1988년 팬암103 비행기가 추락하여 270명의 사망자가 발생한 곳)와 그레트나그린 사이 중간쯤에 있다.

로마였다.[9] 에머슨은 심지어 괴테의 모습을 담은 작은 조각상과 초상화를 수집했으며, 집에서 기르는 고양이를 '괴테'라고 불렀다.[10]

에머슨은 서른 살에 유럽을 처음 가보았다. 이미 목사 직책을 버리고 결혼 2년 만에 사랑하는 젊은 아내를 결핵으로 잃은 때였다. 이제 에머슨은 이 새로운 철학의 선각자들을 만나는 데 힘을 쏟았다. 처음 만난 사람은 콜리지와 워즈워스였는데, 에머슨은 두 사람에게 크게 실망했다. 콜리지는 "작고 뚱뚱한 늙은이로 거리낌 없이 킁킁거려 그의 넥타이와 말끔한 검은 정장이 이내 더러워졌다." 워즈워스는 더 나빴다. 그는 소중한 괴테와 칼라일을 매도했고 자기 책을 큰 소리로 띄엄띄엄 읽듯이 중얼거렸다. 워즈워스는 나중에 에머슨도 비웃었다. 그를 "영어의 해충"이라고 불렀고 칼라일과 한데 묶어 "(자신들의 말을) 영어랍시고 (출세의) 수단으로 삼은……" 철학자들이라고 칭하며 이렇게 말했다. "그들에게 어울리는 보상은 서로에 대한 칭찬뿐인데, 우리 시대의 결함 때문에 그것만이 아니어서 애석하다." 에머슨은 앵무새와 한 시간을 보냈다는 느낌을 받았다.[11]

그러나 칼라일과 함께한 스코틀랜드 방문은 더할 나위 없이 좋았다. 에머슨은 콜리지와 워즈워스보다 훨씬 어린 칼라일에게 넋을 빼앗겼다. 두 사람은 하루 밤낮 동안 참신한 생각을 열정적으로 교환했다. 두 사람 다 아직 대표작을 발표하기 전이었지만, 기질이 비슷함을 알게 된 그들은 서로 부둥켜안았고, 노예제와 남북전쟁에 관한 이데올로기적 긴장까지 극복해낸, 평생토록 이어질 서신교환을 시작했다. 서로 밀어준 덕분에 두 사람은 더욱 성공 가도를 달렸다.

에머슨이 방문할 당시 대중은 칼라일의 소설 『의상철학Sartor Resartus』을 잡지의 연재물로만 볼 수 있었다. 이상하지도 않은 것이 이 지루한 자전적 이야기는 영국 독자들을 독일 초월주의와 이마누엘 칸트의 신비주의라는 늪으로 끌어들였기 때문이다. 게다가 스탈 부인에게서 볼 수 있는 문체의 명료함도 전혀 없었다. 독일적인 것으로 점철된 칼라일의 소설은 영국에서 팔리기가 쉽지 않았다. 예를 들면 그 주인공은 디오게네스 토이펠스드뢰크라는 도발적인 이름을 가졌다.* 훗날 『의상철학』을 칭찬한 어떤 사람은 그 소설이 "튜턴인의 위대한 영적 각성"의 일부라고 선언하지만, 당시에는 우리가 아는 독자 중에서는 오직 두 사람만 잡지의 연재물에 찬사를 보냈다. 아일랜드 코크의 신부 오셰이와 랠프 월도 에머슨이다.[12]**

칼라일의 작가 이력은 에머슨의 지칠 줄 모르는 선전이 없었다면 사실상 그대로 끝났을지도 모른다. 그러나 에머슨은 칼라일의 소설을 떠맡아 미국판이 간행되도록 했으며 서문도 써주었다. 『의상철학』이 문체가 매우 난삽하고 내용이 모호했는데도 초월주의자로 알려지는 미국인들을 흥분시킨 것은 이러한 도움이 있었기에 가능했다. 시어도어 파커는 "독일 유행병"을 칭찬했고, 윌리엄 엘러리 채닝은 그 소설이 자기 생각에 "자극제"가 되었음을 느꼈다.[13] 에머슨 덕에 칼라일이 쓴 『프랑스 혁명French Revolution』의 미국판도 곧 출간되었다. 칼라일이 글을 써서 처음으로 번 돈 50파운드는 에머슨으로부터 나왔다. 에머슨이 미국에서 여러 해 동안 그의 대리인으로 활동했기 때문이다.[14] 에머슨 덕분에 칼라일은 미국에서 그때까지 영국에서 얻은 것보다 더 많은 인기를 얻었다. 칼라일은 1841년 에머슨의 『평론집Essays』을 출간하여 에머슨이 영국에서 경력을 쌓을 수 있게 함으로써 은혜에 보답했다. 칼라일의 옹호에 많은 영국인 평론가들이 에머슨을 양키 천재라고 불렀다. 천재

- 　토이펠스드뢰크Teufelsdröckh는 '악마의 똥'이라는 뜻이다 — 옮긴이주.
- 　칼라일이 아일랜드인을 부정적으로 보았음을 감안하면, 그는 아일랜드인의 칭찬에 감사하지 않고 미국인의 박수를 훨씬 더 귀하게 여겼을 것이다.

는 낭만주의자들이 보내는 최고의 찬사였으므로 이는 대단한 칭찬이었다.

에머슨은 독일어를 아주 잘 읽지는 못했다. 따라서 칼라일이 초월주의 교사로서 개입했다. 언제나 무비판적이지는 않았다. 두 사람 간 우정의 초기 국면에서 칼라일은 에머슨의 생각에 모방적인 특성이 있음을 알아챘고 훗날 이렇게 설명했다. "에머슨은 우선 첫째로 그의 체제를 '사르토르(의상철학)'와 [칼라일의] 다른 글에서 취했지만 이를 자신의 것으로 만들어냈다."[15] 런던의 유니버시티 칼리지 설립자로 영국의 저명한 학자였던 헨리 크래브 로빈슨은 에머슨을 만나기 전에 그를 "칼라일 덕분에 영국의 유명인사가 되어 우쭐대는 양키 작가"로, "칼라일의 어설픈 모방자"로 치부했다. "칼라일 자신은 콜리지를 서투르게 모방했고, 콜리지는 독일인들의 평범한 모방자였다." (두 사람이 만났을 때 에머슨에 대한 로빈슨의 견해는 누그러졌다.) 존 러스킨의 에머슨 평가는 시간이 지나면서 흔들렸다. 영국을 선도하는 지식인 중 한 명이었던 러스킨은 어느 때인가 에머슨을 "칼라일을 뒤덮은 일종의 거미줄일 뿐"이라고 생각했다.[16]

물을 탄 칼라일 유의 튜턴주의자라는 에머슨의 이러한 이미지는 결코 완전히 사라지지 않는다. 칼라일과 에머슨, 초월주의자들을 비판한 평자들이 그들 문체의 튜턴적인 불명료함을 지겨울 정도로 이야기했기 때문이다. 아마도 자연스러운 현상이었겠지만, 남부의 평론가들은 뉴잉글랜드 반대, 반노예제 반대를 고수함으로써 이러한 비난을 증폭시켰다. 1850년대에 미국이 더욱 심하게 분열하고 에머슨이 노예제와 노예제 세력을 더욱 신랄하게 비판하면서, 그를 향한 남부의 증오도 커졌다.[17] •

• 『서던 리터러리 메신저*Southern Literary Messenger*』의 어느 평자는 에머슨의 문체가 "부자연스럽고 지나치게 꼼꼼하고 정교하며 모호하다"고 보았다. 에머슨의 관찰은 "은색 그림 속의 황금 사과가 아니라 진흙 바닥에 박힌 진주 같았다."

반면 미국인들은 칼라일의 명확한 문체와 막연하기는 했지만 겉으로 드러난 보통 사람에 대한 동정과 엘리트에 대한 경멸을 높이 샀다. 만인의 시민권을 옹호한 개리슨파의 노예제 폐지론자들과 페미니스트들까지도 그의 정견에 담긴 더 깊은 의미를 보지 못한 것 같았다. 1840년이 되면 칼라일은 이들의 운동을 철저히 경멸하고 보편적 인권이라는 개념 자체를 비난하기에 이른다. 칼라일을 애호한 미국인들은 그를 세심하게 해석했다면 이 점을 깨달았을 것이다. 1840년 세계노예제반대회의에 참석하고자 런던을 방문한 미국의 노예제 폐지론자들은 칼라일이 노예제를 열등한 인종에 최적인 노동 제도로 보고 찬성했음을 알지 못한 채, 뜻하지 않게 그를 찾아 나섰다. 엘리자베스 캐디 스탠턴은 칼라일이 자신의 집을 방문한 노예제 폐지론자들을 내쫓은 뒤에도 그를 계속 칭찬했다. 1860년대에 노예제 폐지론자들이 (교육받은 백인 여성이 선거권을 받기 전에) 가난한 흑인에게 참정권을 부여하는 문제로 분열했을 때, 스탠턴은 칼라일의 사고방식에 더 가까운 속 좁은 색슨족 배외주의에 빠져들었다. 스탠턴은 칼라일의 『의상철학』을 인용하여 그녀 스스로 원래 열등하다고 생각한 사람들에게 해를 끼쳤다.[18]

칼라일과 에머슨 둘 다, 그리고 스탠턴처럼 자유주의자로 추정되는 미국인들까지도 색슨족을 영웅시했고 그러한 관념의 인도를 받았다. 토머스 제퍼슨과 소설가 해리엇 비처 스토, 19세기의 가장 대중적인 미국 여성 잡지의 편집장 세라 조지파 헤일을 비롯한 많은 미국인이 자칭 색슨족이었다.[19]• 이들은 대부분 간략하고도 편리하게 "우리의 색슨족 조상"을 회고하

• 제퍼슨의 동료인 버지니아 사람 토머스 페인은 대다수 미국인의 조상이 색슨족이라는 데 동의하지 않았다. 『상식Common Sense』에서 그는 이러한 결론을 내렸다. "[미국] 주민의 3분의 1도 영국계가 아니다."

고 말지만, 에머슨은 책 한 권 전체를 그 주제에 바쳤다. 인종의 역사로서 짜깁기된 그 책은 8세기 잉글랜드 역사가 비드와 북유럽 신화, 그리고 당대에 널리 퍼진 여러 가지 영국사 해석, 특히 (남성) 역사가이자 서적상인 섀런 터너의 선풍적인 인기를 끈『앵글로색슨족의 역사. 엘베강 상류에 처음 등장했을 때부터 에그버트 왕이 죽을 때까지』에 의존했다. 이 책은 1799년에 처음으로 출간되었고 1852년에 열한 번째 판을 찍었다. 에머슨은 제7판 한 부를 갖고 있었고 그 색슨족 배외주의를 열렬히 빨아들였다. 스칸디나비아 고문헌을 깊이 판 터너는 색슨족과 스칸디나비아인을 하나로 취급하여 잉글랜드인이 지닌 불멸의 '특징'을 열거했다. 그는 자유가 가장 중요한 첫 번째 특징이라고 선언한다. 그는 자유가 5세기 색슨족/스칸디나비아인의 정복 때부터 내내 확고하게 이어져 내려왔다고 믿는다. 토머스 제퍼슨처럼 터너도 자유라는 앵글로색슨의 전통을 노르만의 폭정 성향과 대비시킨다. 그러나 노르만이 잉글랜드에 원래 있던 앵글로색슨 '종자'에 '접목'되었다는 터너의 개념은 영구불변의 순수한 앵글로색슨족이라는 제퍼슨의 관념과 다르다.[20]

자신이 영국의 스칸디나비아 유산을 대표한다고 생각한 칼라일은 에머슨을 포함한 추종자들에게 "우리 색슨족we Saxon"이라는 용어를 퍼뜨렸다. 미국 일류의 독일 낭만주의 해석자이자 세계주의자였던 마거릿 풀러조차도 그 주문에 빠졌다. 1846년 런던에서 칼라일을 만난 풀러는 그를 감탄의 어조로 묘사한다. 칼라일 자신이 그렇게 보였으면 하고 바라던 대로였다. "칼라일은 과연 거만하고 건방졌지만, 그의 오만함에는 편협함도 이기심도 없다. 그의 거만함은 옛 스칸디나비아인 정복자들 몇몇에게서 볼 수 있는 영웅다운 것이다. 그에게 용을 짓밟을 힘을 준 것은 바로 그의 본성과 길들일 수 없는 충동이다.……우리는 그를 진심으로 좋아한다. 그를 용광로에서 오래된 철을 모조리 녹여버리는 강력한 대장장이 지크프리트°로 보기를 좋아한다."[21]

칼라일과 에머슨 둘 다 나이를 먹으면서 이 튜턴인/색슨족 우월주의를 더욱 강화했지만, 칼라일이 훨씬 더 심했다. 색슨족을 독일인과 동일시하는 그의 태도는 끝이 없는 것 같았다. 그가 독일 민족주의와 튜턴인 우월주의를 샤를 빌레의 방침에 따라, 스탈 부인의 친구였던 슐레겔 형제 같은 낭만주의자들의 방침에 따라 완전히 신봉했기 때문이다.[22] 칼라일은 일찍이 1820년 스물다섯 살 때 독일 작가들의 "골격에 근육이 있다"고 칭찬했다.[23] 10년 뒤 그는 독일에 관한 주제로 대중 강연을 했다. 1837년에 했던 강연들 가운데 하나에는 "튜턴인 사람들, 독일어, 북유럽인의 이주, 니벨룽겐의 노래에 관하여"라는 제목이 달렸다. 니벨룽겐의 노래는 비기독교 시대 게르만 서사시로 나중에 리하르트 바그너의 「니벨룽겐의 반지Der Ring des Nibelungen」에 영감을 주었다. 오늘날의 독자에게는 이상하게 들릴 수도 있지만, 칼라일이 "독일 민족"을 얘기했을 때 그 안에는 영국 주민이 많이 포함되었다. 어쨌거나 칼라일의 말은 로마 작가 타키투스의 『게르마니아』를 의도적으로 발췌한 것처럼 보인다. 『게르마니아』는 당시 독일 민족주의자들 사이에 서서히 유포되고 있었다. 시대의 가치관에 예민했던 칼라일은 자신의 독일 민족주의를 남성으로 분류한다.

그의 독일인은 "유일하게 이방인과 뒤섞이지 않은 진짜 유럽인"이다. "그들은 실제로 정복당한 적이 없으며, 그들이 살고 있는 넓고 탁 트인 비옥한 땅을 생각하면 이 사실은 그 종족의 남성적 성격과 불굴의 성격을 동시에

● 　노르웨이어로 시구르Sigurd. 게르만인 신화에서 용을 죽였다는 전설적인 영웅 — 옮긴이 주.

증명한다. 그들은 정복당하지 않았을 뿐만 아니라 그들 자신이 지금까지 세계에서 가장 위대한 정복자였다."[24] 이러한 남성성과 종족 순수성의 주제는 곧 에머슨에게서, 남성성이 훨씬 더 중요한 형태로 다시 나타난다. 에머슨은 종족 순수성의 문제에 관해서는 흔들린다.

그러나 두 사람 다 프랑스나 프랑스인에 대해서는 좋게 말하지 않았다. 칼라일의 주장에 따르면 그들은 "원숭이 집단"이었다. 프랑스는 1789년에, 그리고 다시 1848년에 혁명적으로 변했고, 칼라일은 민주주의를 암시하는 것이라면 무엇이든 혐오했다. 그렇게 광범위한 비난은 여러 문제를 제기했다. 남성다운 프랑스의 노르만 정복자들은 어떻게 해야 하는가? 칼라일은 노르만이 그저 프랑스어를 배웠을 뿐인 스칸디나비아인이라고 선언함으로써 그 모순을 교묘하게 처리했다. 명백히 그에게는 언어가 바뀐다고 혈통이나 본성, 남성다운 힘까지 바뀌지는 않았다. 노르만의 정복은 분명히 영국에 이로웠다. "강력한 남자[정복왕 윌리엄]와 …… 규율을 갖추고 봉건적으로 편제된, 싸울 준비가 되어 있고 단합된 …… 치안 병력으로 쓰일 수많은 자원자 …… 강력한 튜턴인 전사들이 함께 들어왔다."[25] 이 모두는 어느 정도 과장되었지만, 미국인 독자들은 이 이야기를 좋아했다. 칼라일이 프랑스인을 보다 맹렬하게 비난했을지는 모르지만 에머슨도 나름대로 제 몫을 다했다.

1835년의 어느 강연은 에머슨이 얼마나 멀리 갈 수 있었는지 보여준다. 「잉글랜드 종족 천성의 영원한 특징Permanent Traits of the English National Genius」은 미국인과 잉글랜드인을 연결하면서 시작한다. "미국 주민은, 특히 북부 주민은 잉글랜드인의 후손이며 그 민족 품성의 특징을 물려받았다." 프랑스인에 관해서 말하자면, 그들의 옛 적이 내놓은 이러한 주장을 신뢰할 수 있다. "약속을 깨뜨리고 조롱하는 것은 프랑크족에 흔한 일이다. 프랑크족은 신의

가 없다.…… 웃음과 범죄의 결합, 속임수와 정중함의 결합은 영국인과 독일인만이 아니라 심지어 프랑스인 스스로 묘사한 프랑스인의 특성에 담긴 불쾌한 이미지이다."[26] 천박함과 퇴폐, 실용적인 지식의 부족이라는 남자답지 못한 결점이 프랑스인을 괴롭혔다. 잉글랜드인이 셔츠를 발명할 때 소맷부리를 발명한 민족을 달리 어떻게 보겠는가?[27]• 남자다운 실용성을 찾으려면 "잉글랜드인"을 보라. "노래하고 춤추는" 유치함을 찾으려면 남쪽을 보라.[28] 그 북/남 이분법은 오래도록 이어지는 이론으로 입증된다. 에머슨이 널리 알리고 그의 추종자들이 되풀이한 이론이다. 그의 추종자 중에는 그보다 나이가 어리고 꽤 건방진 영국 찬미자이자 겉으로 보기에는 공격받는 켈트인의 옹호자였던 매슈 아널드도 있다.

에머슨과 칼라일은 대서양을 관통하는 색슨족 왕국의 밑그림을 그렸고, 아널드를 포함한 많은 사람이 이러한 견해를 적극적으로 받아들였다. 칼라일은 1833년 에머슨의 방문 후 처음으로 쓴 편지에서 이렇게 말한다. "내가 이미 희미하게나마 대서양 양안에서 모든 잉글랜드인의 정서라고 믿는 것, 즉 우리들과 당신들이 두 나라가 아니며 우리 생애 동안 두 나라일 수가 없다는 것을 한 번 더 되풀이하겠다. 우리들과 당신들은 한 나라의 두 '교구'일 뿐이다. 알다시피 교구의 친절한 봉사와 이따금씩 벌어지는 교구의 더러운 싸움이 다 있다. 용감한 두 교구 만세! 만세!"[29] 1830년대 말 에머슨은 칼라일에게 미국 방문을, 나아가 미국 영구 정착을 강권했다. 에머슨은 이렇게 썼다. "여기 와서 나와 같이 삽시다."[30] 두 사람이 가진 색슨 왕국의 지식을 통합하면 얼마나 기쁠까!

이러한 결합의 수사법은 끝이 없어 보였다. 1841년 칼라일은 고대 그리

• 에머슨은 1848년 프랑스를 여행한 뒤 프랑스인에게 어느 정도 남성다움이 보인다고 인정했다. 그러나 프랑스인 혐오증은 생애 내내 그의 기본적인 성향이었다.

스인에 매료된 괴테를 따라하듯 이렇게 썼다. "내가 사실상 우리는 늘 그랬다고 말한 바대로 머지않아 우리는 뚜렷하게 지속적으로 서로를 방문하는 두 인접 교구의 구성원이 될 것입니다. 작은 왕국 미칼레가 그리스 부족들에 지닌 것과 같은 의미를 거대한 런던이 보편적인 색슨 왕국에 갖지 못하게 방해할 수 있는 것이 있겠습니까.…… 모든 잉글랜드인의 회합은 모든 이오니아인의 회합만큼 좋은 것이어야 합니다."³¹ • 에머슨은 동의했다. 1853~1855년에 미국은 물론 영국에서도 천재라는 평판을 누린 에머슨은 "앵글로 아메리칸"이라는 제목의 강연을 반복했다. 그가 "경건하고 위대한 영국 민족"에 대한 논평에서 자전적으로 말한 것도 당연한 일이다. "지리와 무관하게 이 근면하고 자유를 사랑하는 색슨족이 어디서 일하든 그들을 존중하는 것이 옳다. 말하자면 색슨족은 좁은 대서양 위에 두 다리를 벌리고 서 있는 거인이다……."³² 그러나 이 모든 상호 찬미에 곧 균열이 생긴다.

에머슨은 자기 자신을 새로운 잉글랜드인New Englander으로, 사실상 잉글랜드인으로, 따라서 '색슨족'으로 보았다. "우리 색슨족"이라는 말은 그의 강연과 에세이, 일지 곳곳에 흩뿌려져 있었다. 1841년에 그가 쓴 대표적인 에세이 「자립Self-Reliance」에서 에머슨은 독자들에게 "우리 색슨족 가슴 속의 용기와 지조"를 깨우라고, 뉴잉글랜드 주민은 일찍이 1천 년이 넘는 기간 동안 스칸디나비아인을 잉글랜드인으로 바꿔놓은 추출 과정의 마지막 결과물임을 깨달으라고 훈계한다.•• 나중에 그는 뉴잉글랜드 주민을 잉글랜드인보다

• 미칼레는 오늘날 터키 아나톨리아 반도 서해안 남쪽의 삼순다이이다. 고대 그리스에서는 이오니아 지방의 중심지였다. 그리스 본토의 이오니아인들이 에게해를 건너 이주했다는 사실을 말하는 듯하다 ― 옮긴이주.

•• 문장 전체는 이렇다. "만일 우리가 즉시 복종과 신앙의 신성한 의무를 다할 수 없다면, 최소한 유혹에 저항하자. 전쟁 상태에 들어가 토르와 오딘을, 우리 색슨족 가슴 속의 용기와 지조를 깨우자."

더 잉글랜드인다운 사람들로, "이중으로 추출된 잉글랜드인"으로 묘사한다.

칼라일은 그 정도까지는 아니었던 듯하다. 칼라일은 독일을 그토록 찬양했으면서도 런던을 현재와 가까운 미래에 색슨 왕국의 자연스러운 수도로 보았다. 어쩌면 나중에, 아마도 꽤 오랜 후에 수도는 서쪽으로 더 이동할지도 모를 일이었다. "몇백 년 지난 뒤, 만일 보스턴이, 뉴욕이 가장 편리한 '모든 색슨족의 왕국'이 된다면, 우리는 기쁜 마음으로 그곳으로 가서 잔치를 벌일 것이다······."[33] 머지않아 이 종기는 곪아 터진다. 에머슨의 시간표는 영국이 과도한 상업주의와 노사 분쟁, 사치로 인해 이미 사실상 닳아 없어졌다는 확신에서 비롯했기 때문이다. 대양 건너편 미국의 색슨족, 에머슨에게 타키투스의 게르만인을 생각나게 한 숲의 인간들이 일찌감치 색슨족을 지도하는 임무를 떠맡을 것이었다.•

에머슨은 1833년에서 1847년 사이에 영국을 방문하지 않았다. 나중에 방문했을 때 그는 우정의 접착제로 쓰인 색슨족의 정체성이 약해지고 있음을 알았다. 영국은 찰스 디킨스의 『어려운 시절Hard Times』을 탄생시킨 경제적으로 힘든 시기를 겪고 있었다. 늘 성미가 고약했던 칼라일은 한층 더 권위주의적인 사람이 되어 1848년에는 에머슨의 침착함을 불평하기에 이르렀다. 에머슨은 "모든 것이 다 괜찮다"는 사람이었고 "유쾌한 공상적 강연"으로 "다소 지루한" 사람이 되고 있었다. 에머슨은 칼라일이 "4층짜리 대저택에 앉아 비아냥거린다"고 되받아쳤다.[34] 기본적으로 에머슨과 칼라일의 우정은 끝났지만, 한 가지 문제에서 두 사람은 여전히 의견일치를 볼 수 있었다. 둘 다 아일랜드인을 비딱하게 보았다.

칼라일은 아일랜드인과 돼지의 유사점을 지적하는 흔해 빠진 비유에 기

• 에머슨은 『잉글랜드인의 특성English Traits』에서 독일 민족주의의 주제들을 다루며 최소한 네 차례 타키투스를 언급한다.

대어 아일랜드인에게 "인간 돼지"라는 이름을 붙였다. 아일랜드인은 돼지와 함께 산다고 생각되었고, 돼지는 "패디의 돼지처럼 아일랜드적인"이라는 말에서 보듯이 전형적으로 아일랜드적인 동물로 간주되었다. 아일랜드인 노동자가 오두막에서 살며 진흙을 뒤집어쓰고 일하던 매사추세츠주 콩코드에서 에머슨은 이러한 모욕적인 표현을 논박할 이유를 전혀 찾지 못했다. 에머슨은 그 지역에서 거의 시간을 보내지 않았기에 그곳의 가난한 사람들에 대해 거의 논평하지 않았는데, 드물게 남긴 어느 평은 편견과 고지식함을 드러낸다. "아일랜드인 거주 구역에 사는 사람들은 체구와 생김새가 나빠졌다. 작아진 뇌와 짐승 같은 모습에 코는 내려앉았고 잇몸이 드러났다"[35] 칼라일이 『차티즘』(1840)에서 그랬듯이, 에머슨은 아일랜드인을 추하게 만든 게 단지 인종만의 문제인지에 대해서는 언급을 회피한다. 그렇게 쉬운 주제에 관해서 두 사람은 의견이 같았다.•

그러고 나서 남북전쟁이 발발했다. 에머슨은 결코 과격한 노예제 폐지론자가 아니었지만 미국 노예제에는 반대했다. 특히 1850년 도망노예법이 강화되고 1859년 존 브라운••이 버지니아주 하퍼스페리의 연방정부 무기고를 습격한 뒤에 더욱 강력히 반대했다. 그는 또한 전쟁 중에 북부연방을 지지했다. 에머슨은 1872~1873년에 세 번째이자 마지막으로 유럽을 여행했는데 이제 둘 다 나이가 들어 허약해진 자신과 칼라일이 더는 정신적 교류를 할 수 없음을 깨달았다. 칼라일은 거의 모든 사람에게 점점 더 심한 반감을 보였다. 언제나 모호하고 추상적이기는 했지만 평범한 보통 사람들에

• 1858년 칼라일은 1740년부터 1786년까지 프로이센의 왕이었던 프리드리히 대왕의 전기인 여섯 권짜리 마지막 대작을 발표했다. 봐주기 어려울 정도로 튜턴인과 독일인, 프로이센인을 찬미한 이 산만하고 전투에 집착한 역사는 에머슨조차 견딜 수 없을 정도로 독일 군국주의를 철저하게 편들었다.

•• 미국의 노예 해방론자 — 옮긴이주.

게 공감을 드러내는 듯했던 젊은 시절 칼라일의 모습은 완전히 사라졌다. 칼라일은 1850년 이른바 "검둥이 문제"에 관하여 모진 견해를 밝힌 뒤로는 서반구에서 근래 해방된 자들이든 아일랜드와 영국의 멸시당하고 빈곤해진 사람들이든 빈민을 조금도 동정하지 않았다.

그러나 두 사람의 황금기는 지나갔어도 그들의 영향력은 살아남았다. 빙켈만과 괴테까지 거슬러 올라가 독일 인종 이론을 공부한 두 사람은 각각 이 문제에서 자기 나라의 대표자가 되어 유창한 언어로 미국인을 잉글랜드인과, 잉글랜드인을 색슨족과 동일시했다. 우월한 종족이라는 앵글로색슨 신화는 이제 미국에서, 사실상 영어권 세계 전역에서 인종 개념에 스며들었다. '미국인'이 된다는 것은 색슨족이 된다는 것이었다.

11

잉글랜드인의 특성

1850년대 중반 에머슨은 새로운 자료를 찾아 나섰고 동시에 두 차례 유럽 여행의 기록을 책으로 출간할 필요가 있다고 느꼈다. 1833년과 1847~1848년의 방문이 남긴 일지에는 잉글랜드와 색슨족에 관한 책에 쓸 자료가 풍부했다. 그러나 그는 논지를 뒷받침하기 위해 자신이 지구의 영원한 주인이라고 여긴 남자들의 종족을 다룬 역사책과 과학책을 폭넓게 읽었다. 에머슨의 책이 다 그렇듯이 1856년에 출간된 『잉글랜드인의 특성*English Traits*』도 10여 년 넘게 다양한 청중 앞에서 한 강연을 모은 것이다. 부분적으로는 여행기요 또한 전기이자 역사적 민족지학인 『잉글랜드인의 특성』으로 그의 명성은 더욱 높아졌다. 그의 책 중에서 가장 재기가 넘치는 것으로 평가받은 『잉글랜드인의 특성』은 20세기에 들어서도 인기를 끌다가 그 인종 이론 때문에 서서히 평판이 나빠졌다.[1]

색슨족과 잉글랜드인에 관한 관념이 미국에 침투한 지는 오래되었다. 1835년의 강연 「잉글랜드 종족 천성의 영원한 특징」에서 에머슨은 붉고 흰 안색, 금발, 푸른 눈, 큰 키 등 미국인과 잉글랜드인 사이 외모의 유사성과 당연하게도 맹렬한 남성성에 주목했다. 이렇게 경탄할 만한 특징은 전부 아시아에서 기원하고 있는 것이 분명한 작고 까무잡잡한 켈트인의 여러 특성과는 매우 달랐다. 이러한 관념은 1843년의 강연 「앵글로색슨족의 천성Genius of the Anglo-Saxon Race」과 1852~1853년의 강연 「앵글로색슨족의 특징과 천성Traits and Genius of the Anglo-Saxon Race」, 그리고 「앵글로아메리칸The Anglo-American」에서 되풀이된다.[2]

이처럼 반복된 강연을 통해 『잉글랜드인의 특성』을 읽을 예비 독자층이 형성되었다. 책은 발간된 지 석 달 만에 미국과 영국에서 2만 4천 부가 인쇄되었고, 많은 사람에게서 긍정적인 평가를 받았다.[3] 노골적으로 잉글랜드인/색슨족 우월주의를 드러내고 있는데도, 아니 어쩌면 바로 그 때문에 『잉글랜드인의 특성』은 다양한 정치적 신조와 종족적 배경을 지닌 독자들을 사로잡았다. 예를 들면 필라델피아의 부유한 흑인의 딸로 열아홉 살의 나이에 자발적으로 노예제 폐지론자가 된 샬럿 포턴은 그 책을 옹호했다. 당시 매사추세츠주에 살던 포턴은 책을 구입하여 출간된 지 3주 만에 다 읽었다. 1857년 2월 포턴은 에머슨이 「노동과 일상Works and Days」이라는 주제로 한 강연을 들으러 갔다. 연설은 깨우침을 주었고 에머슨이라는 인간은 대단했다. 그녀는 강연이 "아주 많이" 좋았다. "잉글랜드인의 성격에 관한 작가의 견해는 미국의 일반적인 여행객들이 보여준 견해보다 훨씬 더 자유롭다. 확실히 그는 사랑스러운 옛 잉글랜드를 높이 평가하며 내가 사랑하는 것만큼 사랑한다. 나는 그의 책이 좋으며 이에 진심으로 감사한다."[4] 노예제에 반대하는 매사추세츠주 상원의원 찰스 섬너도 포턴과 다른 많은 미국인처럼 광적인 잉글랜드 애호가의 대열에 합류했다. 그는 "유명한 런던 시내"에 매료되었다고 말했다. 그는 그곳이 "마법을 부린다"고 생각했다.[5] 이들이 미국 사회의 결함을 얼마나 명료하게 인식했든 간에, 뉴잉글랜드 사람들은 잉글랜드인에 무분별하게 열광했다.

에머슨 자신은 런던 사회를 그다지 좋아하지 않았지만, 그는 색슨족의 폭력성과 남성미에 집착했다. 둘 다 자신에게는 결여된 자질이었다. 사실 키가 크고 호리호리했던 에머슨은 친구 토머스 칼라일처럼 평생 여러 정신적 신체적 질환에 시달렸다. 청중 앞에서 강연할 때가 아니면 집에 틀어박혀 지낸 지식인이었던 에머슨은 야외에서 활동하는 강건한 남자들의 원시적인 사내다움에 점차 매료되었다. 다른 많은 이들이 이러한 열망을 공유했다.[6] 영국과 미국에서 개척지의 변경에서 일어나는 폭력 장면이 대중오락의 단골 주제가 될 정도로 말이다.

『잉글랜드인의 특성』의 핵심이 되는 "인종"이라는 제목의 장은 신중한 어조로 시작한다. 에머슨은 잉글랜드 인구의 세 가지 구성 요소를 열거한다. 첫째, 켈트인. 그는 켈트인에게는 단 한 단락도 할애하지 않는다. 둘째 독일인. 독일인도 마찬가지로 간략하게 다룬다. 셋째, '노스먼Northman.' 이 장은 대체로 신체의 아름다움과 흉포함이라는 특징이 지배하는 옛 바이킹의 역사에 빠져 있다.

『잉글랜드인의 특성』의 나머지 부분에서 인종의 의미는 한층 더 명확해진다. 잉글랜드인은 여러 인종이 뒤섞였지만, 그렇다고 해도 인종의 "종자"가 국민의 운명을 결정한다. "각 부족의 초기 역사는 영속적인 성향을 보여준다. …… [웨식스의 대왕] 앨프레드 [왕]에게서*, 노스먼에게서 우리는 잉글랜드 사회의 자질을 볼 수 있다……." 에머슨이 "종자" 같은 육종 용어를

---

* 웨식스는 앵글로색슨 7왕국의 하나로 잉글랜드 남부의 옛 이름이다. 웨식스의 앨프레드 대왕은 바이킹의 침략을 막아내고 잉글랜드 통일의 기틀을 마련하여 잉글랜드의 국가 및 민족 정체성을 확립한 왕으로 평가받고 있다 — 옮긴이주.

쓴 것은 20세기 우생학 용어의 출현을 미리 보는 것 같다.

"인종"이라는 제목이 붙은 장은 에머슨과 그의 주제를 좋아한 미국인 대중의 공동 관심사에 뿌리 내린 두 가지 생각을 표현한다. 그 두 생각은 내용과 형식으로 표현되었다. 잔인함은 그 장에서 높이 평가되는 특성이다. 일찍이 1835년에 에머슨은 스스로 데인, 노스먼, 색슨, 앵글로색슨으로 번갈아 부른 사람들을 "짐승처럼 사납다"고 찬양했다.[7] 그는 『잉글랜드인의 특성』에서 이 주제를 상술한다. 체력과 활력, 남자다움, 원기는 피에 굶주린 초기 색슨족에서 자연스럽게 분출한 것으로 애정을 듬뿍 담아 제시한다. 자연은 색슨족/노스먼을 "전부 남자답게 잔인한 힘을 지닌 야만스러운 인종"으로 창조했고 그들의 후손 잉글랜드인에게는 "사내다움을 넘치게" 주었다.[8]

에머슨에게는 남성의 대단한 정력과 같은 뜻이었던 살인의 역사는 그의 '노스먼'의 전형이었던 두 사람, 즉 색슨 잉글랜드의 전설적인 건설자인 호르사와 헹기스트 형제에게서 소생한다. 토머스 제퍼슨이 존경의 표시로 신생국 미국의 국새에 그들을 새겨 넣을 것을 고려했음을 생각해보라. 전설에 따르면, 5세기 중엽 브리턴족 지도자 보티건은 픽트족과 스코트족, 그리고 그들을 지배한 로마로부터 섬을 빼앗기 위해 잉글랜드 남단 오늘날의 켄트로 호르사와 헹기스트 형제를 불러들였다. 백 년 뒤 수도사 길더스는 호르사와 헹기스트를 "신과 인간이 똑같이 증오한 이루 말할 수 없이 혐오스러운 색슨족"이라고, "그러나 그들의 명성은 세월이 몇백 년이 지나면서 상당히 높아졌다"고 썼다.[9]

오늘날 호르사와 헹기스트는 지금의 덴마크에서 온 주트족으로 알려져 있지만, 전승에 따르면 그들은 9세기 말 앨프레드 대왕이 위대하게 만든 앵글로색슨 국가의 건설자이다. 에머슨은 지리의 세세한 차이를 무시했고 노스먼과 주트족, 색슨족을 놀라운 스칸디나비아 해적으로 뭉뚱그려 얘기했다. "전부 남자답게 잔인한 힘을 지닌 야만스러운 인종.…… 들소들이 서로 들이받고 가장 강한 놈이 풀을 뜯는다!"[10] 마치 위에서 내려다보듯이 에머슨은 새뮤얼 랭이 번역한 『헤임스크링라, 노르웨이 왕들의 연대기 *Heimskringla, or Chronicle of the Kings of Norway*』에서 알게 된 색슨족/주트족/노스먼의 잔인함에 깊이 빠졌다.• '노스먼'이라는 낱말이 보통은 북쪽 먼 곳의 사람들, 다시 말해 중세 스칸디나비아인 일반을 가리키지만, 에머슨은 『헤임스크링라』에 의거하여 결국 자기 이론의 중심지로 노르웨이에 초점을 맞추는 것 같다. 사실상 실제의 독일 작센족은 『잉글랜드인의 특성』에 전혀 등장하지 않는다. 괴테를 예외로 하면 에머슨은 독일인이 어떤 종류든 모델로 적합하지 않다고 보았기 때문이다. 일찍이 1835년에 그는 "아시아 인종들"과 더불어 독일인은 인종적으로 정치적 위대함의 소질이 없다고 말했다. 독일인도 "의지력 부족"에 기인한 아시아인의 정치적 무능력을 공유한다는 것이었다.[11] 노스먼이 잉글랜드 출신 미국인의 아름다운 풍채를 제공한다.

　스칸디나비아는 북유럽 백인의 선조들이 살던 고향 역할을 할 수 있지만, 1850년대의 스칸디나비아는 딜레마였다. 후진적이었고 정말로 매우 빈곤했기 때문이다. 대국인 영국에 비하면 작고 하찮았다. 에머슨은 스칸디나비아인의 인종적인, 다시 말해 영구불변의 훌륭함이 필요했다. 그는 어떻게 현실을 이러한 욕구에 어울리게 할 수 있을까? 노스먼이 영국에 '색슨족'의 위대함을 모조리 주었다면, 당대 스칸디나비아의 상대적으로 궁벽한 처지는 어떻게 설명해야 할까? 노르웨이인과 덴마크인이 산업혁명을 일으켜 전

• 　새뮤얼 랭이 스노리 스툴루손(1179~1241)의 아이슬란드어 책을 번역하고 서문을 첨부한 『헤임스크링라, 노르웨이 왕들의 연대기』는 1844년 런던에서 출간되었다. 1847년 에머슨이 런던을 방문했을 때 구입한 많은 책들 중 하나이다.

세계적인 무역으로 부유해지고 지구를 식민지로 삼지 못한 이유는 무엇일까?

여기서 에머슨은 과일나무라는 자신이 즐겨 쓰는 비유에 의지한다. 그는 스칸디나비아가 암흑기에 그 최고의 인간들을 잃었다고, 잉글랜드에 빼앗기고 다시는 되찾지 못했다고 생각한다. "노르웨이와 스웨덴, 덴마크의 최고의 인간들이 끊임없이 노략질 원정에 나가면서 그들의 나라는 아직 다 자라지 않았는데도 열매가 많이 매달린 나무처럼 피폐해졌고 그 이후로 내내 이등 국가로 남았다. 인종의 힘은 이전되었고 노르웨이는 영원히 기운이 고갈되었다.[12]• 이는 불완전한 이론이며, 에머슨은 이에 심하게 기대지 않는다. 그의 목적을 위해서라면 스칸디나비아인의 최근 역사는 크게 드러날 필요가 없다. 과거의 역사면 충분했다.

하찮은 지위의 노르웨이 왕들과 제후들에 그가 느끼는 애착을 생각해보자. 에머슨은 이렇게 말한다. "이 노스먼은 대체로 분별력과 끈기, 뛰어난 표현력, 기민한 행동을 갖춘 우수한 인간들이다." 이어서 아주 즐거운 기분으로 그들의 놀이를 상세히 이야기한다.

그들에게 인간의 주된 목적은 인간을 죽이거나 죽임을 당하는 것이다. 노, 낫, 작살, 쇠지레, 샵, 쇠스랑 등이 그들이 높이 평가한 도구들이다. 매력적일 정도로 암살에 어울리기에 더욱 좋아했다. 두 명의 왕이 저녁 식사를 마친 뒤 검으로 상대의 몸을 찔러 기분을 푼다. 윙베와 알프가 그랬다. 다른 한 쌍은 아침에 즐거운 모임을 위해 말을 타고 나가는데 근처에서 무기를 찾지 못하면 타고 간 말의 입에서 재갈을 벗겨내 상대의 대갈통을 후려친다. 알리크와 에리크가 그랬다. 천막 줄이나 망토 줄을

• 에머슨은 인종이 피로에 빠질 수 있다는 관념을 자주 되풀이했는데, 이는 20세기에 들어선 후로도 널리 받아들여졌으며 문화다원주의자 호러스 칼렌이 1923년에 쓴 글에서 "소모되지 않은" 인종들이 있을 가능성을 언급하여 다시 나타난다.

보면 그들은 그 줄로 누군가의 목을 조른다. 아내일 수도 있고 남편일 수도 있지만 제일 좋은 것은 왕의 목을 매는 것이다. 농부가 쇠스랑이 너무 많으면 다그 왕의 몸에 쑤셔 넣는다. 잉이알드 왕은 여섯 명의 왕에게 잔뜩 술을 먹인 다음 넓은 실내에 집어넣고 불태우며 아주 재미있어했다. 어떤 불쌍한 신사도 노스먼처럼 삶에 물리거나 삶을 버릴 정도로 분노하지는 않았다. 그는 달리 싸움을 걸 일이 없으면 에길처럼 편안한 마음으로 황소 뿔에 받히든가 농부 왕 오눈드처럼 산사태에 휩쓸려 죽임을 당할 것이다.[13]

아름다움과 힘, 힘과 아름다움. 『잉글랜드인의 특성』을 관통하는 두 개의 실타래이다. 에머슨은 이어지는 페이지에서 "살결이 흰 금발의 색슨족 남자"를 "잘생겼다"고 세 차례나 찬미하며 그를 "아름다움"과 네 번 관련짓는다. 어느 대목에서는 잉글랜드인과 스칸디나비아인이 로마의 "잘생긴 포로들"처럼 "아름다움으로 기쁨을 주"며 "아름다움이 돋보이는" "잘생긴 인종"으로 나온다. 에머슨은 이를 뒷받침하여 『헤임스크링라』에서 "영웅들의 신체적 아름다움"이 자주 언급되었다고 쓴다.

백 년 전에 스위스의 골상학자 라바터는 외적 아름다움은 내면의 자질을 드러낸다고 주장했고, 에머슨은 『잉글랜드인의 특성』에서 이러한 확신을 되풀이한다. 그는 이렇게 말한다. "잉글랜드인의 얼굴"은 "결단력과 담력"을 "고운 안색, 푸른 눈, 시원하고 밝은 생김새"와 결합한다. "이로부터 진리에 대한 사랑이, 감수성과 뛰어난 지각력, 시적인 해석이 생긴다. 훤칠한 이마와 순수한 의도를 지닌 흰 피부와 금발의 색슨족 남자는······ 식인종이나 심문관, 자객이 될 재목이 아니다. 그는 법과 합법적인 거래, 정중함, 결혼, 양육, 대학과 교회, 자선, 식민지에 맞는 인물이다."[14] 그는 노스먼 자객이 어떻게 남자다운 잔인함이라는 인종적 특성을 잃지 않고도 사랑스러운 아버지로 바뀌는지 설명하지 않는다.

신체의 매력에 대한 이와 같은 열광은 아름다운 조지아인의 두개골을 찬미한 요한 프리드리히 블루멘바흐를 떠올리게 한다. 물론 블루멘바흐의 경우에 그 두개골은 여성의 두개골이었지만 말이다. 독일 애호가였던 메리 무디 에머슨과 조지 티크너, 에드워드 에버렛의 손에서 자라고, 괴테에 깊이 빠져든 에머슨에게 그런 식의 사고 전개는 너무나 자연스러운 것이었다. 블루멘바흐와 에머슨은 둘 다 고대 그리스인에 반하여 그들을 아름다움의 전형으로 여겼다.●

로마에 살던 미국 출신 젊은 미술가 허레이쇼 그리나우의 생각도 다르지 않았다. 에머슨은 1833년에 피렌체에서 그리나우를 만났고, 『잉글랜드인의 특성』에서 그가 "얼굴이 …… 매우 잘생겼고, 풍채가 좋은" 진정한 "그리스인의 숭배자"라며 훌륭한 외모에 어울리는 훌륭한 정신을 갖추었다고 칭찬을 쏟아낸다.[15] 그리스적인 것에 몰두한 그리나우는 빙켈만식의 아름다움에 관한 묵상인 『미술가의 신조Artist' Creed』를 썼고, 런던의 파르테논 대리석 작품들을 비롯하여 그리스의 아름다움과 관련하여 에머슨에게 직접 많은 것을 가르쳤다. 두 사람의 우정은 거의 20년간 이어졌다. 그리나우는 에머슨보다 나이가 어렸지만 1852년 말 뇌막염으로 사망했다. 에머슨의 저녁 식사 초대를 받은 직후였는데 겨우 마흔일곱 살이었다.[16]

에머슨은 그리나우와 다른 많은 사람만큼 맹목적으로 그리스인을 숭배하지는 않았지만, 출간된 저작과 미발표 글 곳곳에 들어 있는 평을 보면 확실히 빙켈만의 이상을 받아들였다. 예를 들면 1855년 9월 에머슨은 콩코드의 새로운 공동묘지에 그리스인을 찬양하는 헌사를 바쳤다. 그리스인은 "삶을 사랑했고 아름다움을 즐겼다." 신체의 미학은 독일 교육에, 따라서 에머

●　에머슨은 1850년에 빙켈만에 관한 괴테의 글을 읽었다.

슨에게도 중요했지만, 여기에는 문제가 하나 있었다. 블루멘바흐는 여성의 아름다움이라는 개념으로서 무기력한 포로라는 여성적 함의로 가득한 '캅카스인'이라는 인종 명칭을 만들어냈다.[17]

앞선 시절의 많은 지식인, 특히 이마누엘 칸트와 에드먼드 버크, 그리고 18세기 에든버러의 철학자들은 아름다움을 작음과 약함, 여성과 관련지었다. 에머슨은 그렇지 않았다. 그는 여자 포로에게서, 백인 노예무역의 오달리스크에게서, 프랑스의 전통적 회화에서 색슨족의 아름다움을 떼어내는 데 착수했다. 에머슨은 피에 굶주린, 사내다운 노스먼을 위한 아름다움의 개념을 원했다. 그는 『잉글랜드인의 특성』에서 이 과제를 떠맡았고, 이로 인해 동성애의 극치에 이르렀다.

에머슨은 깊이 생각했다. "잉글랜드는 왜 잉글랜드인가? 잉글랜드인들이 다른 민족에 행사하는 그 힘의 요소는 무엇인가?" 그러면서 인종과 역사, 신체의 힘에 주목했다.[18] 그는 이렇게 역설한다. 잉글랜드인은 "대단한 신체의 활력과 끈기"를 보여준다. "다른 지방 사람들은 그들 옆에 서면 가냘프고 작은 병자처럼 보인다. 그들은 미국인보다 더 크다. …… 그들은 등치가 크고 혈색이 좋으며 잘 생겼다. 적어도 상반신은 전체적으로 풍채가 좋다. 체격이 건장하고 강한 경향이 있다. …… 모든 연령대에서 그들은 잘생긴 인종이다."[19] 그러한 활력은 자연히 토머스 칼라일의 잉글랜드인 이미지를 보여주는 순수한 군사주의로 이어진다. "나침반의 네 방향을 향한 견고한 정사각형 팔랑크스 속의 …… 이마가 넓고 엉덩이가 큰 튜턴인. 그들이 지금의 세계를 만들어낸다……"[20]

이러한 허세는 독자에게 이상하게 다가올지도 모른다. 그 책에서 다른 인종이나 민족은 많이 나오지 않기 때문에, 이는 확실히 편협하다. 켈트인과 프랑스인은 부정적으로만 짧게 언급되며, 아메리카 원주민은 제2장의 중요하지 않은 문장에서 단거리 달리기 선수처럼 얼핏 나타났다가 사라지고, 유대인과 흑인은 인종 개념으로 정의되는 사람들로서 단 한 번만 언급된다. 색슨족 옆에서 다른 모든 인종은 젠더화한, 즉 원래부터 여성적인 하등 인종이다.

이러한 판단의 배후에는 미국인이 이미 모국, 아니 아버지 나라의 위대함의 기준을 저버렸다는 두려움이 놓여 있다. 에머슨이 이러한 사고방식의 시발점은 아니었다. 뷔퐁 백작 조르주루이 르클레르는 아메리카에서는 동물들이 퇴화한다고 주장한 유럽 자연학자들의 선두에 섰다. 뷔퐁은 36권짜리 『자연사*Histoire Naturelle*』(1749~1788)의 제5권에서 아메리카 퇴화론을 제시하며 아메리카의 자연은 "더 약하고 활기가 떨어지며 생산물의 다양성이 더 제한적"이라고 주장했다. 이러한 종류의 비방은 감정을 크게 해쳐 반박을 불러왔다. 토머스 제퍼슨이 1780년대에 『버지니아주에 관한 해설』을 쓰는 데 착수한 것은 미국의 말―은연중에 미국인 남성을 암시하고 있다―에는 구세계의 말이 지닌 생식력이 없다는 뷔퐁의 주장을 부정하고 싶었기 때문이다. 제퍼슨은 아메리카의 동물이 어마어마한 크기로 성장한다는 증거로서 말코손바닥사슴의 유해를 파리로 보내기도 했다.

에머슨이 『잉글랜드인의 특성』을 쓰고 있을 때, 스코틀랜드인 해부학자 로버트 녹스는 힘줄투성이의 미국인을 헐뜯고 있었다. "미국인은 이미 외모에서 유럽인과 다르다. 여성들은 일찍 이가 빠진다. 남녀 불문하고 피부와 널힘줄[근육을 뼈와 연결하는 섬유성 연결 조직] 사이에 완충 역할을 하는 지방질 세포가 자리 잡고 있으며, 근육은 소실되거나 적어도 지방질을 잃으며, 근육은 섬유질로 바뀌어 드러나며, 힘줄이 겉으로 보이고, 조기 노화의 징후들이 명백하게 나타난다."[21]

에머슨도 문명이 남자다움을 없앤다는 진부한 두려움을 가졌지만, 이는 미국인에게 특별히 더 어울리는 얘기 같았다. 그가 교육받은 잉글랜드인과 교육받은 미국인을 비교한 것을 예로 들어보자. 이상하게 보이기는 하지만, 에머슨은 잉글랜드인이 미국인보다 더 개화했고 더 많은 교육을 받았다고, 그러면서도 동시에 더 크고 힘도 더 세고 더 강인하다고 생각할 수 있었다. 대학교에 관해 쓴 장에서 에머슨은 옥스퍼드에서는 "음식과 거친 운동으로 옛 노스먼의 힘이 어느 정도 확보된다"고, 동시에 "그들은 우리보다 더 글을 잘 읽고 더 잘 쓴다"고 기록한다.[22] 에머슨은 일지에 몇 년에 걸쳐 여러 차례 이 근심을 되새긴다.

1852년: 잉글랜드인은 초원의 오크나무이고, 우리는 소나무 묘목이다. 이곳의 큰 남자들은 뼈대가 있어 보이지 않는다. …… 가냘프고 짜임새가 엉성하다……[23]

1853년: 미국 문화는 잉글랜드 문화에 비하면 빈곤하기가 그지없어 보인다. 하나는 그저 말라빠진 뼈다귀 주머니로 절망적으로 뼈만 앙상하게 남았고, 다른 하나는 살찌고 번지르르하며 빛나고 기운차다.[24]

1855년: 유럽인이 미국인보다 더 나은 동물임은 분명하다. 여기서는 농부나 하층민의 첫 번째 자식으로 웹스터나 파슨스, 워싱턴이 전부이다. 그들의 아들들은 평범한 사람일 것이나, 잉글랜드에서, 유럽에서 특권 계급은 계속해서 최고의 인류를 공급할 것이다. 러시아의 차르는 계속해서 좋은 종자일 것이다.[25]

아마도 무심코 그런 것으로 보이는데, 에머슨은 미국의 남성성 상태를 계급과 관련짓는다. 에머슨은 가장 빈번히 인용되는 글인 「자립Self-Reliance」에서 콩코드와 보스턴에 기반을 두고 하버드에서 교육받은 자신의 역사를 떠나 교육 수준이 낮은 자들을 편들고, 보통 사람들의 잔인한 광포함을 대학교육을 받은 수줍음 많고 여성적이며 "교양 있는 계급들"의 "점잖고 신중한" 분노와 대비시킨다. 무엇이든 다 해보며 실패의 두려움이 전혀 없는, 거친 "뉴햄프셔나 버몬트 출신의 건장한 청년"은 "도시의 이 예쁜 여자 같은 남자들 수백에 맞먹는 가치가 있으며", "사회 밑바닥의" 야수 같은 자들은 자신보다 더 나은 자들의 "여성적인 분노"를 쉽게 압도한다.[26] 그러한 철학적 사고에는 억지스러운 분석이, 심지어 자기 증오까지도 아주 많이 필요했다. 예를 들면 그가 정의한 교육은 지역적인 차원을 포함한다.

에머슨은 1840년대에 남부인의 특성을 뽑아내기 시작했다. 노예제를 둘러싼 남부의 호전성 때문에 국가의 정치와 그의 고향인 매사추세츠주의 정치가 노예제 찬성파와 반대파로 분열하여 서서히 어지러워진 때였다. 1845년 텍사스주가 노예주로 병합되고 1848년 미국이 멕시코를 물리친 다음 엄청난 크기의 영토를 획득한 여파로 분파적 긴장이 고조되면서 북부인과 남부인 간의 본질적인 차이에 대한 에머슨의 인식도 확장된다. 보스턴은, 아니 실제로는 뉴잉글랜드 전체가 에머슨의 생각에서 남부인보다 영리하지만 더 약한 '인종'인 북부를 대표하게 되었다. 남부인들, 즉 백인 노예소유주들은 더 강하고 더 잔인해 보이지만 명백히 지성이 부족해 보인다.

남성성의 관점에서 볼 때, 영리함과 강함 사이의 균형은 노예제에 반대하는 북부인에 부정적으로 기울었다. 1852년, 에머슨은 노예제 찬성파의 성공을 개탄했을 때도 이렇게 추정했다. "민주당이 나라를 이끌고 있다. 그들이 생식력을 더 많이 지니고 있기 때문이다. 마찬가지로 나의 이웃 일부는 그들의 지배를 받는 자들보다 더 많은 용기와 동물적인 힘을 지녔기에 정당하게 우리의 작은 읍을 다스린다."[27]

에머슨이 그러한 고정관념을 창안한 사람은 아니겠지만, 그의 지적 명성이 그 관념에 영향력과 긴 수명을 준 것은 확실하다. 뉴잉글랜드 주민들이 남부인보다 더 영리하고 교육을 더 잘 받았다는 사실은 다가올 싸움을 생각하면 위안이 되는 사실처럼 보였다. 그러나 에머슨에게 남부인의 잔인한 힘은 일종의 야만적인 남성성을 구현했다.

애팔래치아산맥 너머에 사는 서부인들은 1850년 그가 처음으로 서부를 일주할 때까지 그의 철학에서 모습을 드러내지 않았다. 그는 한 번에 오백 달러의 강연료를 받으며 여덟 번의 강연을 했는데, 돈 때문에 여러 차례 더 서부로 갔고, 서부인은 그의 인식 속에 특별한 유형의 색슨족으로 새겨졌다. 어떤 점에서 에머슨은 서부의 백인을 남부인 족속의 확장으로, 땅과의 관계가 긴밀하다는 점에서 동부 족속보다 더 많은 생식력을 보유한 자들로 보았다.

잉글랜드에 관한 에머슨의 많은 관념처럼 색슨족이 언제나 자유로웠다는 관념은 진실이 아니다. 에머슨은 권리와 자유를 잉글랜드인이나 색슨족의 인종적 특성으로 설명하면서 당시 미국 정치를 휘저은 노예제 문제는 물론 대서양 양편의 최근 역사까지도 무시한다. 어쨌거나 예속의 한 형태인 미국의 계약 노역은 그가 살아 있는 동안 계속 이어졌고, 영국인 기결수들은 에머슨이 하버드에서 공부하고 있던 1820년대에도 여전히 해외로 유배되고 있었다. 게다가 그가 보스턴 제이교회에서 목회를 시작할 때 노예제는 영국 식민지에서 여전히 예외적인 것이 아니라 일반적인 현상이었다.

그럼에도 에머슨은 제퍼슨처럼 『잉글랜드인의 특성』에서 "색슨족의 씨앗"이 "자유의 본능"을 전한다고 주장하며, 자유와 권리가 색슨족의 결정적이고 영구적인 인종적 특성이라고 상상한다.[28] 이후 자주 보게 되는 태도 변화에서 에머슨은 정치적 관행을 인종적 특징으로 바꾼다. 역사적으로 중요한 발전이나 경제적 발전이 아니라 인종적 자질이 앵글로색슨족을 형제애 안에서 자유를 존중하는 자들이자 다른 인종들의 자연스러운 지배자로 만들었다는 것이다. 따라서 정치력은 잉글랜드 보통법의 초석인 1215년의 대헌장과 영국 내에서 노예제를 불법화한 1772년 서머싯 판결이 상징하듯 이 잉글랜드인의 특징으로 추정된다.

대헌장은 실제로는 교회와 국가 사이의 투쟁에서 비롯했다. 탐욕스러운 협잡꾼으로 국제적으로 분란을 일으킨 잉글랜드의 존 왕은 제3차 십자군의 비용과 신성로마제국 황제가 선왕 리처드 1세의 석방을 조건으로 요구한 몸값을 마련하고자 신민에게 무거운 세금을 부과했다. 리처드 1세는 1192년 제3차 십자군에 나섰다가 귀국길의 긴 여정 중에 빈 근처에서 포로가 되었다. 존 왕은 리처드 1세의 석방을 위해 교회에 특히 무거운 부담을 안겼다. 그 할당액에 화가 난 캔터베리 대주교는 대영주들 사이에 퍼진 동요를 이용하여 권리, 즉 교회와 대영주의 권리를 공식적으로 천명할 것을 요구했다. 교회와 대영주들은 브리튼섬의 부를 사실상 거의 전부 통제한 세력이었다.[29] 1215년 6월 초안이 수정된 후 존 왕과 대영주들은 오늘날 서리주 에검 인근 템스 강변의 러니미드에서 대헌장에 서명했다. 라틴어로 쓰인 대헌장은 잉글랜드 교회의 자유를 보장하는 구절로 시작한다. "첫째, 신 앞에 맹세하건대, 이 헌장은 잉글랜드 교회가 자유로울 것이며 그 권리가 축소되지 않을 것이고 그 자유가 손상되지 않을 것임을 우리와 후손에게 영원히 확약했다." 여기에 주목하라. 자유로워야 하는 것은 특정 제도, 즉 "잉글랜드 교회"이다.

대헌장을 잉글랜드의 색슨족 유산의 증거로 쓰는 행태는 17세기 초까지 거슬러 올라간다. 1610년 에드워드 코크*가 먼저 색슨족의 과거라는 관념을 대헌장과 잉글랜드의 자유와 연결했고, 1640년 존 헤어가 여기에 독일

• 17세기 영국의 판사, 정치인. 법의 지배를 주장한 것으로 유명하다 ─ 옮긴이주.

적 성격을 추가했다. "잉글랜드인이 어떤 사람인지 옳게 이해하는 자는 아무도 없지만 그래도 우리가 튜턴인의 일원이며 독일에서 왔음은 안다……." 데이비드 흄과 에드먼드 버크는 18세기에 이 혼합을 더욱 빛나게 했다. 에머슨이 잉글랜드 역사의 권위자로 여긴 섀런 터너는 자기 시대의 잉글랜드인이 고대 색슨족과 동일한 사람들이라고 보았다. 에머슨의 시대에 이르면, 1688~1689년 명예혁명에 뒤이은 1689년의 권리장전과 진화하던 잉글랜드 헌법(보통법)은 잉글랜드 인종의 자질을 드러내는 부적으로 바뀌었다.

에머슨은 잉글랜드인이나 색슨족의 종교적 정체성인 프로테스탄트를 당연시했다. 물론 가톨릭과 날카롭게 대비되는 것으로 말이다. 가톨릭교회와 분리된 역사적인 프로테스탄트 성공회는 16세기에 헨리 8세와 교황 클레멘스 7세 사이의 사사로운 싸움에서 출현했다. 헨리 8세는 아라곤의 캐서린(카탈리나 데 아라곤)과의 혼인을 무효화하고 앤 불린과 결혼하기를 원했다. 앤 불린이 유럽 대륙에서 진행 중인 프로테스탄트 종교개혁에 공감했기 때문이다. 클레멘스 7세가 혼인 무효에 동의하지 않으려 하자, 헨리 8세는 불린과의 결혼을 강행했다. 교황은 그를 파문했으며, 잉글랜드 의회는 새로운 결혼이 유효하다고 인정했고, 갈등은 악화되었다.

왕의 혼인을 둘러싼 힘겨루기에 더하여 가톨릭교회의 재산도 매력적인 표적이었다. 의회가 헨리 8세를 잉글랜드 교회의 수장으로 선포하자, 가톨릭교회 소유였던 재산이 잉글랜드 것이 되었다. 잉글랜드 민족주의의 힘이 점점 커짐에 따라, 헨리 8세와 가톨릭교회의 불화는 가톨릭인 프랑스 노르만의 후손으로 추정되는 자들과 앵글로색슨족 프로테스탄트의 후예로 추정되는 자들 간의 상징적인 투쟁으로 번졌다. 에머슨은 색슨족을 프로테스탄트에, 프로테스탄트를 잉글랜드 교회에, 잉글랜드 교회를 대헌장에, 대헌장을 '자유'에 이어주는 연결고리를 취하여 과장했다.[30]

1772년 노예제에 관한 서머싯 판결도 중요한 연결고리였다. 이 재판은 미국독립전쟁 이전 윌리엄 에머슨이 목사로 일하던 보스턴에서 노예로 살았던 아프리카인 제임스 서머싯과 관련된 것이다. 서머싯의 소유주는 그를 영국으로 데려갔고 이어 서인도제도로 보내 되팔 준비를 했다. 이 문제가 영국 노예제 반대 운동의 주목을 끌었다. 개혁주의 지도자 그랜빌 샤프는 고등법원(오늘날 미국 대법원과 동일한 기능을 수행한 법원)에서 서머싯을 옹호했고, 재판장 맨스필드 경은 그를 영국에서 강제로 내쫓을 수 없다고 판결했다. 맨스필드의 판결은 곧 더 넓은 의미를 획득했다. 전하는 바에 따르면 그는 이렇게 덧붙였다고 한다. "어떤 노예든 영국 영토에 발을 들이는 순간 곧 자유인이 된다." 이렇게 말했다는 전언도 있다. "영국의 공기는 너무도 깨끗하여 노예는 숨 쉴 수 없다."• 여기에 에머슨을 기쁘게 한 관념이 있다. 잉글랜드의 공기는 자유를 준다는 관념이다. 그 결과로 미국의 공기도 자유를 줄 수 있었다. 기존의 노예제 문제와 미국인의 노예제 반대 운동은 걱정할 필요가 없었다. 에머슨은 그 역사의 설명을 잉글랜드 전문가들에게 맡겼다. 인류학에 관해서 그는 다시 영국과 독일에 의지했다.

에머슨은 『잉글랜드인의 특성』을 쓰기 전에 당대의 인류학 서적을 닥치

• 1785년 시인 윌리엄 쿠퍼가 「임무The Task」에서 표현한 인기 있는 해석은 인신보호영장에 근거한 실제의 협소한 판결보다 더 폭넓은 의미를 따랐다.

> 노예는 영국에서 숨 쉴 수 없다, 그들의 폐가
> 우리의 공기를 마신다면, 그 순간 그들은 자유로운 사람이 된다
> 그들은 우리 땅에 닿았고, 그들의 족쇄는 풀려 떨어진다.

쿠퍼는 노예제의 존재 자체에, 특히 영국 제국에 존재하는 노예제에 항의했다("나는 내 땅을 경작할 노예를 갖지 않을 것이다"). 쿠퍼는 「흑인의 항의The Negro's Complaint」 (1788)를 비롯하여 노예제에 반대하는 시를 다섯 편 더 썼다.

는 대로 읽었다. 에머슨은 『잉글랜드인의 특성』에 '캅카스인'이라는 용어를 한 차례 집어넣을 정도로 요한 프리드리히 블루멘바흐의 저작에 대해 잘 알고 있었지만 블루멘바흐의 개념이 유용하다고 느끼지는 못했다. '캅카스인'이라는 블루멘바흐의 넓은 의미의 용어는 켈트인과 색슨족을 뭉뚱그렸지만, 반면에 에머슨은 더 정교하게 구분할 수단을 원했다.

1850년대에 미국 인종 이론은 전혀 간명하지 않았고 여전히 혼란스러웠다. 예를 들어 존경받는 영국 의사 제임스 콜스 프리처드의 단일발생론은 미국 민족학자 조사이아 놋과 조지 글리던의 강경한 인종주의와 두개골 측정학에 근거한 다원발생론을 부정했다. 놋과 글리던은 까다로운 성미를 가진 아르튀르 드 고비노가 쓴 『인종 불평등론*Essai sur l'inégalité des races humaines*』을 매우 느슨하게 번역하여 출간했다. 이 책은 당시에는 별로 알려져 있지 않은 상태였다. 이러한 당대의 전문가들 중 그 누구도 에머슨을 만족시키지 못했다. 노예제에 찬성하는 놋과 글리던의 옹졸한 사고방식이나 이들이 크게 존경한 스승인 필라델피아의 새뮤얼 조지 모턴의 생각은 특히 더 마음에 들지 않았다. 대신 에머슨은 당시에 인기를 끌던 스코틀랜드 과학자들에 의지했다.

19세기 초 윌리엄 체임버스와 로버트 체임버스 형제는 『체임버스 에든버러 저널*Chambers's Edinburgh Journal*』을 간행했다. 이 인기 있는 주간지는 독학으로 소양을 닦으려는 진지한 젊은이들을 독자층으로 겨냥했다. 체임버스 집안의 이 두 남자는 아버지의 면 공장이 실패로 돌아간 뒤 힘든 길을 걷다가 출판업에서 서서히 성공했다. 1850년대에 『체임버스 에든버러 저널』이 번창하면서, 윌리엄 체임버스는 잡지 일을 계속 보았지만, 로버트 체임버스 (1802~1872)는 스코틀랜드인의 전기와 해양생물학, 문학 같은 다양한 인기 주제에 관하여 일련의 '강의'를 썼다. 1844년 그는 런던지질학회 회원으로서 국제적으로 널리 학문적 서신을 교환했다.

로버트 체임버스는 지질학상의 증거가 성서에서 확인되는 것보다 더 오래된 흙을 보여주며 살아 있는 종들은 시간의 흐름과 더불어 변했다는 사실을 일찍부터 깨달았다. '진화'라는 용어가 아직 존재하지 않을 때였다. '변이transmutation'라는 이름으로 불린 그 이론은 사회주의자들과 급진주의자들, 프랑스인들과 연관되었다.[31] 1844년 체임버스는 『창조의 자연사적 흔적Vestiges of the Natural History of Creation』을 익명으로 출간했다. 신의 창조가 들어설 자리에 변이를 집어넣은 자신의 과격한 설명이 반발을 불러일으킬까 두려웠던 것이다. 이 판단은 옳았다. 생명의 형태가 진화한다는 그의 이론은 기본적으로 옳았지만, 책의 내용은 신뢰할 수 있는 과학과 풍문, 오랫동안 틀렸음이 입증된 이론들을 뒤섞은 것으로 일관성이 없었다. 에머슨은 1845년 일지에 이렇게 적었다. "신학을 제외하면 이 『창조의 흔적』에서 모든 것이 다 좋다. 신학은 정중하고 소심하며 따분하다."[32] 초월주의자 에머슨은 체임버스가 창세기를 부정해도 개의치 않았다. 그의 글에서 문제는 확신이 부족하다는 데 있었다. 실제로 체임버스는 그의 주장을 잠정적인 것으로 제시했다.

『창조의 자연사적 흔적』은 우주와 인간을 포함하는 모든 생물을 포괄하는 통합된 진화 이론을 제시한다. 별과 천구는 자연의 전기적인 발생으로부터 진화했다. 그러한 전기적 발생이 가장 단순한 최하등의 유기체로부터 인간의 정점인 유럽인에 이르는 동화 과정을 통해 모든 형태의 생명을 탄생시켰다는 것이다. 스물한 개의 장 중 한 장에서만 인간을 다루는데, 그 어조는 모호하다. 체임버스는 단일발생론자로서 모든 인간을 동일한 기원에서 비롯한 결과물로 본다. 그러나 그는 인류의 형제애가 가능한지에 관해서는 주저하는 태도를 보인다. 체임버스는 앞선 시절의 미국인 새뮤얼 스탠호프 스미스처럼 생활방식이 아름다움을 포함하여 개인의 외모에 영향을 준다고 강조한다. 체임버스는 잉글랜드인을 오크나무에 비유한 에머슨과 달리 "잉글랜드인의 부드럽고 통통한 형태"를 "그 후손인 미국인의 홀쭉한 얼굴"과 대비시킨다.[33]

『창조의 자연사적 흔적』은 전문가들의 비난을 받기는 했지만 영국과 미국에서 베스트셀러가 되어 출간 첫해에 일곱 판을 찍었고, 찰스 다윈의『종의 기원Origin of Species』이 나올 때까지 17년간 2만 3,750부가 팔렸다. 에머슨이 소장한 책은 1845년에 미국에서 인쇄된 것이다.[34] 어떤 사람들은 경솔하게도 체임버스의 책을 다윈의 선구자로 인용한다. 체임버스의 논지와 방식은 다윈과 크게 달랐지만, 두 저자 모두 비판에 직면했다. 그들의 과학이 성서에 어긋났기 때문이다.[35]

체임버스는『창조의 자연사적 흔적』을 몰래 쓰고 익명으로 출간했지만, 에머슨은 저자의 정체를 빠르게 알아챘다. 두 사람을 다 알았던 기자 알렉산더 아일랜드가 통로가 되었을 가능성이 가장 크다. 에머슨이 체임버스 형제를 만나고 싶다는 의사를 표명하자, 아일랜드는 1846년에 에머슨을 영국으로 초청했다. 돈이 되는 순회 강연을 약속하여 좋은 조건을 덧붙였다.[36] 아일랜드는 1848년에 마침내 런던에서 체임버스와 에머슨의 만남을 주선했고, 두 사람은 분명히 즐거운 대화를 나누었다.[37] 그러나 에머슨은 권위자로 생각했던 다른 스코틀랜드인 로버트 녹스는 만나지 못했다.

에머슨은 로버트 녹스의『인종론 소고』(1850)를 읽었고 자신이 이해한 것을 정말로 좋아했다.[38]기본적으로 그는 인종의 중요성에 관한 녹스의 인식과 인종이 원래 거주지에서 벗어나면 퇴화한다는 그의 확신에 동의했다.

에머슨은 또한 미학적으로 인종들의 순위를 매기고 켈트인에 속하는 아일랜드인을 모욕하는 녹스의 태도를 공유했다. 녹스도 칼라일처럼 로랜드 스코틀랜드인Lowland Scot이었고, "로Low"는 칼라일에게 그러했듯이 녹스에게도 같은 이유로 완전히 중요했다. "로" 덕분에 그들은 켈트인의 피로 더럽혀지지 않은 색슨족이 될 수 있었다.

녹스(1791~1862)는 로버트 체임버스와 달리 에든버러와 프랑스에서 의사로서 나무랄 데 없는 교육을 받았다. 아직 젊은이였던 1820년대에 그는 에든버러 대학교의 유명한 의학부에서 해부학 강의를 하면서 동물 해부에 관해 스무 편이 넘는 논문을 발표했다. 이 논문들은 지금도 프린스턴 대학교 도서관 서고에서 찾아볼 수 있다.

그리고 나서 녹스가 마흔 살이 되었을 때 추문이 터졌다. 그가 해부학 수업을 하는 데 필요한 시신을 버크와 헤어라는 악명 높은 아일랜드인 흉악범들로부터 공급받은 것으로 드러났다. 그들은 녹스의 해부대에 시신을 전달하려는 목적으로 살인을 저지르고 다녔다. 녹스는 유죄 선고를 받지 않았지만 불명예스럽게 에든버러를 떠났다. 그는 이후 과학 논문을 번역하고 인류학 강연을 하며 살았는데, 그의 강연은 당연히 그가 최고의 인종이라고 여긴 색슨족에서 출발했다.

녹스는 이렇게 말한다. "인종 즉 유전적 혈통이 전부이다. 그것이 인간의 특질을 드러낸다." 당대 서구의 모든 인종주의자처럼 그도 피부색이 가장 검고 가장 가난한 사람들 즉 아프리카인과 오스트레일리아인을 인종의 위계에서 가장 밑바닥에 두었다.[39] 그 정도는 이미 정해진 것이었다. 그러나 유럽 밖에 사는 사람들의 피부색 문제는 독일 인종 이론에서 그렇듯이 녹스의 인종 위계에서도 중요하지 않았다. 그는 현지 지역 사람들인 색슨족과 켈트인에 가장 많은 관심을 보였다. 그는 그들이 영구적으로 대립된다고 보았다. 이러한 견해를 굳히기 위해 녹스는 블루멘바흐의 '캅카스인'이라는 명칭의 가치를 떨어뜨릴 필요가 있었다. 그것은 북아프리카와 스페인, 유럽, 러시아, 오스만튀르크, 인도의 민족들을 다 포괄하는 폭넓은 개념이었기 때문이다. 녹스는 그것이 지나치게 넓은 의미를 지닌 "블루멘바흐의 캅카스 꿈"일 뿐이라고 투덜댔다.[40]

녹스의 인류학자로서의 명성은 1848년 혁명 이후에 절정에 도달했다. 1848년 혁명은 또한 다른 정치적 반동인 아르튀르 드 고비노를 깨웠다. 고비노는 혁명에 소스라치게 놀랐다. 1848년 혁명은 우연하게도 에머슨이 『잉글랜드인의 특성』을 준비하던 시기에 바로 앞서 일어났다.[41] 1850년대에 녹스의 색슨주의는 영국과 미국의 인류학이 이후 75년간 그 분야를 지배하게 될 인종주의적 결정론으로 흐르는 경향을 촉진했다. 녹스가 1850년에 발표한 논문 『인종론 소고』는 1862년에 『인종: 인종이 국가의 운명에 미친 영향에 대한 철학적 연구 The Races of Man: A Philosophical Enquiry into the Influence of Race over the Destinies of Nations』로 다시 발간되었다. 그러고 나서 다윈이 무대의 중앙을 차지하게 되면서 녹스의 연구는 상대적으로 잊혔다가, 오늘날 다시 명성을 되찾았다. 우리 시대의 학자들이 인종주의라는 악령을 과학 안에서 찾으면서 그의 연구를 되살려냈다. 단지 그것을 매도하기 위해서 말이다.

에머슨은 열심히 연구했으나 수렁에 빠졌다. 그는 로버트 녹스의 견해에 따라 인종이 지닌 결정적인 힘을 널리 알리고 싶었지만, 그러한 견해를 지탱하기가 곤란했다. 에머슨은 『잉글랜드인의 특성』에서 순수성과 영속성에 관하여 모호한 태도를 보인다. 물론 그가 색슨족, 잉글랜드인, 미국인에게 변치 않는 노스먼의 특징이 있다고 본 것처럼 그 밖의 거의 모든 경우에는 연속성을 지지하기는 했지만 말이다. 에머슨은 미국 방방곡곡을 돌아다니며 「잉글랜드 인종 천성의 영원한 특징」이라는 제목의 대중 강연에서 불변의 "특징"이 존재한다고 선언했다. 강연은 1835년에 처음으로 시작해서 이후 여러 해 동안 그의 생각을 받아들일 준비가 된 청중에 되풀이되었다.

잉글랜드적인 것에 매혹된 에머슨과 그의 독자들은 그의 생각에서 드러나는 많은 부조리한 점들을 간과했다. 인종에 관한 담론이 대체로 그렇듯이, 『잉글랜드인의 특성』에서 핵심인 "인종"에 관한 장은 논조와 서술에서 모순을 드러낸다. 하나의 명제가 철회되지 않았는데도 그것과 상충하는 내용이 제시된다. 예를 들면, 그 장은 "천재적인 해부학자"(로버트 녹스)의 인종 결정론적인 글을 버리면서 시작한다. 그가 인종이 "불멸"한다고 성급하게 판결하기 때문이다. 에머슨은 블루멘바흐를 포함하여 자신에 앞선 다른 이들처럼 실제로 존재하는 인종의 숫자에 관하여 혼동을 드러냈다.[42] 그는 블루멘바흐의 이름을 거론하며 인종들이 서로 섞여 미세하게 변한다는 데 동의한다. 그리고 나서 지극히 모순되게 인종을 고유의 특징에 따라 명확하게 구분한다.

한편으로 에머슨은 "인종의 생식력"이 영국 제국의 성공을 설명한다고 생각했고, 다른 한편으로(이 장은 여러 측면을 보여준다) 영국의 성공 원인을 인종에 돌리는 것은 단지 잉글랜드인에게 아첨하는 것이라고 보았다. 아무튼 에머슨은 이렇게 말한다. "누구나 자신의 장점을 공기나 흙, 바다, 또는 광산과 채석장 같은 현지의 자원 덕분으로 돌릴 수 없다고, 법이나 전통이나 행운 덕분도 아니고 우수한 두뇌 덕분으로 돌릴 수 있다고 생각하기를 좋아한다. 그래야만 자신에게 더 직접적인 칭찬이 되기 때문이다." 그리고 또 다른 측면에서, 인종은 실제로 많은 것을 설명한다.

수억 명에 이르는 인도인을 북유럽의 섬의 지배하에 놓이게 한 것은 인종인가 아닌가? 추정대로 켈트인은 전부 가톨릭이고 색슨족은 전부 프로테스탄트이며 켈트인은 권력의 통합을 사랑하고 색슨족은 대표의 원칙을 사랑하는 것이 만약 사실이라면, 인종은 많은 가치가 있다. 인종은 유대인에게서는 통제하는 힘이다. 유대인은 2천 년 동안 기후와 상관없이 동일한 특성과 일을 유지했기 때문이다. 흑인의 경우에 인종은 지독히도 중요하다. 조상으로부터 단절된 캐나다의 프랑스인은 인종적 특징을 유지했다. 근자에 나는 미주리주에서, 일리노이주의 심장부에서 "게르만인의 풍습에 관한" 타키투스의 글을 우연히 읽었고, 헤르키니아 삼림의 게르만인과 미국 삼림 지대의 촌사람, 어리숙한 사람, 행상인 사이에 닮은 점이 많다는 사실을 알았다.

문명처럼 "인종의 효과를 중화하는 힘을 추가하기는 쉽다." 에머슨은 잉글랜드인의 절망적일 정도로 잡다한 성격을 덧붙인다. 잉글랜드인에는 단지 켈트인과 노르만, 튜턴인만 포함된 것이 아니다. 그는 잉글랜드인이 "온갖 인종이 뒤섞인 진창"이라는 의미로 대니얼 디포를 인용하며 이렇게 묻는다. "누가 그들을 역사적으로 추적할 수 있는가?"[43]

진짜 잉글랜드적인 것의 모범은 좁고 제한된 구역 안에, 유행을 선도하는 런던에 깃들어 있다. 상스럽고 촌스러우며 걱정이 너무 많아 만족시키기 어려운 스코트족은 너무 많은 방언을 갖고 있다. 아일랜드는 더 심하다. "아일랜드는 잉글랜드와 기후와 토양은 같지만 식량이 더 적고 땅에 대한 관계가 올바르지 않으며 정치적 종속과 소차지농, 자리를 잘못 찾은 열등한 인종이 있다."[44]

최종적인 분석에서, 에머슨은 결국 로버트 녹스에 동의하면서 엄청난 모순에서 빠져나온다. "특성Character"이라는 제목이 붙은 장에서, 에머슨은 인종이 역사를 결정한다고 말한다. "국가의 운명은 바로 인종의 깊은 특징 속에 새겨져 있으며, 기원이 어디에 있든 — 운이 더 좋은 종족이었든, 여러 종족의 피가 섞인 것이든, 대기나 어떤 환경이 그들에게 기질적으로 가장 조화로운 특성을 안겼든 간에 — 여기 잉글랜드에 세계 최고의 종자가 존재한다. 이마가 훤칠하고 엉덩이가 큰, 그 깊이와 범위, 온화함에서 최고인 종자가 말이다……."[45]

그리고 이것이 1850년대 중반에 『잉글랜드인의 특성』을 썼을 때 에머슨이 취한 입장이었다. 19세기 후반에 학자들은 색슨족의 정치적 자질을 마르크mark(고대 게르만인의 공유지)나 독일의 숲에서 찾는다. 그러나 에머슨에게는 암흑기의 아름답고 잔인하며 생식력 넘치는 노스먼이 미국인의 인종 정체성을 좌우했다.

『잉글랜드인의 특성』의 저자로서 그리고 대개는 19세기 말에 나타나는 주제들의 원천으로서 에머슨은 백인종 이론에 최고로 기여한 자로 불릴 자격이 있다. 그는 엄청난 지적 능력과 놀라운 저작으로 중대한 사조의 뿌리가 되었다. 사실상 19세기와 20세기 초 앵글로색슨주의의 모든 두드러진 개념을 다 제시했기 때문이다. 『잉글랜드인의 특성』은 미국에서 가장 명망 있는 지식인의 견해를 표현했으며, 그 명확한 체계를 미국의 이데올로기로 고양시켰다. 미국인은 잉글랜드인과 동일했고, 잉글랜드인은 색슨족과 노스먼과 동일했다. 그러므로 "색슨"은 켈트인으로 분류되는 아일랜드인을 (비록 백인일지라도) 미국인의 정체성에서 추방하는 키워드가 되었다. 에머슨은 블루멘바흐의 여성적인 아름다움에서 색슨족을 떼어냄으로써 남자답고 풍채가 좋은 백인종의 전형을 창조했다. 자기 시대에 우뚝 솟은 에머슨은 점점 더 부유하고 강력해진 미국 지배계급을 대변했다. 다 알고 있듯이 그의 사고가 헤게모니를 쥐었다.

12

미국 백인 역사 속의 에머슨

19세기 미국 문화에서 에머슨이 얼마나 중요한지 구태여 강조할 필요는 없어 보인다. 당대의 어느 식자는 그 존경심을 이렇게 표현했다. "나는 에머슨 씨가 가장 위대한 사람이라고, 역사상 가장 완벽한 사람이라고 생각한다.…… 그는 정말로 '천상계의 통찰력'을 지닌 사람이다. 신과 거룩한 천사들이 틀림없이 그를 기쁘게 바라보리라는 생각이 종종 든다."[1]● 또 어떤 이는 그를 "우리 작가 중 가장 미국인다운 작가", "우리의 독창적인 제도들의 밑바탕에 있는 미국이라는 이상"의 화신이라고 설명했다. 이러한 견해는 지

● 1854년이면 에머슨은 무려 644편의 놀랍도록 많은 서평을 받은 가장 유명한 미국 작가였다. 1960년대와 1970년대에 에머슨은 그 자유주의가 빛을 잃어 잠시 위상이 추락했지만 그래도 그의 시대를 지배했다. 에머슨은 그렇게 일시적으로 독창성 없는 단순한 사상가로 추락했다가 곧 모범적인 저자의 지위를 회복했고 다시 잃지 않았다. 프린스턴 대학교 도서관은 1903~1904년에 간행된 호튼 미플린 출판사의 열두 권짜리 『랠프 월도 에머슨 전집Complete Works of Ralph Waldo Emerson』과 하버드 대학교 출판사에서 펴낸 『랠프 월도 에머슨 선집Collected Works of Ralph Waldo Emerson』 일곱 권(2008년 현재), 에머슨의 『일지와 잡록Journals and Miscellaneous Notebooks』 열여섯 권, 에머슨의 수많은 시와 설교, 평론, 서신을 포함하여 제목에 "랠프 월도 에머슨"이 들어간 651권의 책을 소장하고 있다.

금도 여전히 울려 퍼진다.[2] 에머슨과 비슷한 지위에 있던 많은 19세기 사람이 자신의 사고방식을 성서에 맞추었던 반면, 에머슨은 모든 것을 다 읽고 이를 미국인이 알아차릴 수 있는 말로 다시 표현했다. 그가 미국의 지성계를 풍요롭게 했기에 '랠프 월도 에머슨'이라는 이름은 빅토리아 시대 미국 지성사의 압축판이 되었다.

에머슨은 비록 용어 선택에서 매우 신중하기는 했지만 자기 시대의 최선을 표현했다. 진보적 개혁을 우호적으로 바라본 그는 미국 노예제의 야만성을 비난했으며, 자기 세대에서 가장 지적인 인물에 속한 여성 마거릿 풀러와 교우했다.[*] 실로 에머슨은 노예제에 반대하는 자유주의적 뉴잉글랜드를 미국 지성의 산실로 만들었으며, 그 화려하고 암시와 뉘앙스가 매우 풍부한 그의 언어는 오늘날까지도 독자들을 놀라게 한다.[3] 그의 인기는 대부분 당대의 사상을 흡수하여 조화롭게 조직하는 능력에서 나왔다. 마치 거울처럼 에머슨은 교육받은 미국인들이 이미 받아들인 익숙한 개념들을 반영했으며, 마치 관현악 작곡가처럼 단순한 생각들을 편곡하여 기억에 남을 만한 정교한 공연을 보여주었다. 그의 모든 음표는 겉보기에 진실처럼 연주되었다. 그런데 정말 진실했을까?

에머슨이 '미국인'이라고 말할 때 그가 의미한 것은 일정한 사회경제적 지위를 갖춘 백인 남성이었음에 주목할 필요가 있다. 노골적으로 말하고 있지는 않았지만, 비기독교인과 거의 모든 가난한 백인은 그가 정의한 미국인에서 배제되었다. 아메리카 원주민과 아프리카계 미국인은 미국인에 들지 못했다. 에머슨은 『잉글랜드인의 특성』에서 미국 인구를 계산할 때 분명히 노예를 제외하고 원주민을 완전히 건너뛴다.[4]

• 에머슨은 백인 여성이나 흑인 남녀의 선거권을 옹호할 정도까지 나아가지는 않았다.

전체적으로 보아, 에머슨은 색슨족의 인종 정체성에 몰입한 탓에 다른 모든 것을 간단히 배제한다. 인종이 검은색을 노예제와 연결하는 한, 에머슨은 확실히 인종사상가의 반열에 들지 못한다. 당대의 많은 사람이 피부색에 집착했지만, 에머슨은 흑인에 대해서는 할 말이 거의 없었다. 그가 실제로 한 말에서, 남북전쟁 중에 흑인 부대인 제54 매사추세츠 보병연대가 이룬 업적을 기념하는 시 「의용병들Voluntaries」을 제외하면, 다정한 형제애를 찾아보기는 어렵다.[5]

우리는 에머슨 생전에 발표되지 않은 일지에 적힌 사색에서 그의 생각이 어떠했는지 판단해야 한다. 에머슨은 1840년대 중반, 그의 견해가 굳어지기 전에, 관념만이 "인종을 구원할" 수 있다는 이론에 따라 감정이입보다 추상을 더 좋아했다. 그는 흑인종의 궁극적인 가치를 확신할 수 없다고 말했다. "만일 흑인이 다가올 새로운 문명에 필수 불가결한 요소를 가슴에 품고 있다면, 그 요소를 봐서라도 어떤 해악이나 힘, 사정도 그를 다치게 할 수 없을 것이다. 그는 살아남아 제 역할을 할 것이다." 그러나 "만일 흑인이 유약하고 기존 인종들에 중요하지 않다면, 최고의 종족과 동등하지 않다면, 흑인은 남을 섬겨야 하고 팔려야 하고 전멸해야 한다."[6] 그렇게 해서 일개 인이라기보다는 하나의 관념인 '흑인'은 역사의 힘에 휘둘리는 노리개에 지나지 않게 된다.

에머슨이 노예제를, 특히 1850년의 도망노예법을 혐오했다는 사실로도 이러한 혼동은 줄어들지 않는다. 그의 일지에서 그 법과 이를 지지한 뉴잉글랜드 사람들에 대한 통렬한 비난은 다른 어떤 정치적 문제보다도 더 많은 지면을 차지한다. 1851년 일지 원본에서 여든여섯 쪽이 이 문제를 다루고 있다.[7] 하지만 예를 들면 토머스 제퍼슨의 경우처럼 에머슨에게서도 노예제 반대는 결코 인종평등주의를 반영하지 않았다. 오히려 그것은 그의 문명관에 연결된다. 에머슨은 노예제를 문명에 나쁜, 다시 말해 그의 백인에 나쁜 야만성의 잔재라고 생각했다. 그는 미국인이 노예 소유자들에 관대하여 미국 전체가 위협을 받는다는 점을 조금도 의심하지 않았다. 그는 1851년에 이렇게 썼다. "이 나라의 백인에게 도덕적 감정이 없다는 사실이 바로 내가 개탄하는 재앙이다." 그리고 이렇게 쌀쌀하게 결말을 덧붙인다. "천 명의 흑인이 포획되더라도 나와는 무관한 일이다."[8]

1850년대 중반, 흑인과 아메리카 원주민이 소멸할 수 있다는 것도 에머슨의 마음을 어지럽히지 못했다. 오히려 그 반대였다. 그들의 최종적인 소멸은 "인간과 짐승" 사이의 간격을 넓힘으로써 인류를 향상시킬 터였다. 흑인은 "백인보다 낮은 차원에서 창조되었기에 할 수만 있다면 인간을 잡아먹고 납치하고 고문한다. 흑인은 모방적이고 종속적이며, 요컨대 그저 성공에 역행한다. 정신적 도덕적 영역에서 흑인에게서 비롯한 것은 전혀 없다."[9]

에머슨의 일지에는 이따금 이름 없는 흑인이 갑자기 나왔다가 사라진다. 한 가지 사례는 에머슨의 콩코드가 지닌 다인종적 성격을 확인해준다. 1845년 그는 이질적인 교회 모임을 언급하는데, 그곳에서 "우리 작은 촌락 사회의 온갖 다양한 양극단의 사람들이 단 한 번 함께 모였다. 흑인과 백인, 시인과 잡화상, 청부업자와 벌목꾼, 감리교도와 설교자가 드물게 정식 집회로 연합했다."[10] 만일 인종이 흑인의 속성을 의미한다면, 에머슨은 비록 꽤 무정한 것이었을망정 미국 지성사에서 아주 작은 역할을 수행한다. 자연법이 정한 인종의 위계질서에 대면해서도 감정에 휘둘리지 않는 사실주의를 전할 수 있다고 자부한 에머슨은 아주 잠깐 영원한 인종적 위계질서라는 관념에서 이탈한다.

1840년대 중반 모르쇠들의 외국인혐오증과 군중 폭력에 심란했던 에머슨은 혼혈이라는 관념을 건드린다. 일지에서 그는 그 새로운 나라를 구성한 온갖 다양한 성분들이 융합된 새로운 미국을 그리며 다문화주의를 찬양하기에 이른다. 다음은 종종 인용되는 대목이다.

온갖 민족의 피난처인 이 대륙에서, 아일랜드인과 독일인, 스웨덴인, 폴란드인, 카자크인, 유럽의 온갖 종족들의 에너지, 아프리카인과 폴리네시아인의 에너지가 새로운 인종, 새로운 종교, 새로운 국가, 새로운 문학을 형성할 것이다. 그것은 암흑기의 도가니에서 만들어진 새로운 유럽만큼이나, 일찍이 펠라스고이Pelasgoi[고대 그리스인]와 에트루리아인의 야만성에서 출현한 유럽만큼이나 활력이 넘칠 것이다.[11]

에머슨이 민족-인종의 관점에서 편견이 없었다는 평판은 대체로 미국인의 정체성을 이처럼 넓은 마음으로 이야기한 진술에 의존하는데, 이는 사실상 단 한 번뿐이었다.[12] 이따금 혼합과 '이종교배'(그는 이 단어를 보통 프랑스어로 썼다)에 관해 끄적거리기는 했지만 그는 다른 어느 곳에서도 다문화적 미국을 그토록 따뜻하게 환영하지 않았다. 에머슨의 1847년 일지는 혼합에 관하여 다섯 번 언급한다. "자연은 이종교배를 사랑한다La Nature aime les Croisments", "이종교배들Croisements", "이종교배Croisment" 두 번, "자연은 이종교배crosses를 사랑하며, 야만족들의 교접이 이를 증명한다. 그리고 결혼은 이종교배crossing이다."[13] 그러나 지속적인 언급은 없었고, 완성된 문장도 없었다.

그러나 인종이 백인의 피를 의미할 때, 에머슨은 전면에 나선다.[14] 그의 견해는 미국과 영국에서 이미 유포되고 있던 것이기 때문에, 그를 창시자로 볼 수는 없다. 에머슨의 역할은 오늘날이라면 촉진자라고 할 만하다. 그렇지만 그는 진부한 내용을 학문적인 문장으로 우아하게 표현함으로써 그러한 견해에 값진 지적 위신을 부여했다. 그러한 견해는 아무리 모순적이고 예리하지 못했어도 미국의 정설로 널리 퍼졌다.

도망노예법은 드문 예외였지만, 에머슨은 고난과 정치적 격변을 일으킨 역사적 과정에 좀처럼 주목하지 않았다. 그에게 역사는 인종주의의 서막이라는 역할을 했다. 인간의 상호 관계에 영향을 미친 사건들이 아니라 드라마의 시작을 알리는 첫 장면이었던 것이다. 경제적 계급들은 인간의 상호작용이 가져온 결과물이 아니라 마치 운명으로 정해진 듯이 존재했다. 그러므로 가난한 사람들, 특히 가난한 백인은 토착민이든• 이민자든 에머슨의 시야에서는 주변부에 남아 있다. 1850년대 말, 에머슨은 빈민이 타고난 본성 때문에 가난하다고 생각했다. 그가 "구아노_guano"••라고 부른, 아일랜드인을 비롯한 남북전쟁 이전의 노동계급은(20세기로 넘어갈 무렵의 유대인, 이탈리아인, 그리스인은 아직 대규모로 들어오지 않은 상태였다) 인종 때문에 기계의 세계에서 비참한 역할을 수행할 수밖에 없는 운명에 처했다.

1860년이 되면 정치적 격변으로 에머슨의 인종적 견해는 더욱 굳어졌다. 도망노예법이 통과되자(에머슨은 이를 미국 문명의 난파선으로 여겼다) 그는 즉각 역겨운 정치에 맞서 어떻게 살아야 할지 동포 미국인들에게 조언하기 위해 평론집을 출간했다. 『삶의 안내_Conduct of Life』(1860)라는 제목의 이 평론집은 그가 1840년에 냈던 그 어떤 목소리보다 더 신랄한 견해를 드러낸다. 이 책에서 에머슨의 태도는 사실상 토머스 칼라일만큼이나 저급하다. 예를 들어, "운명"은 땅을 강탈하려는 열광을 "명백한 숙명"으로 받아들인다고 그는 웅변적으로 옹호한다. 그 안에서 모든 인종은 자연의 더 큰 선을 위해 소멸할 처지에 놓여 있다.[15]

•   '토착민native'은 최초 13개 식민지 주민의 후손으로 이후 들어온 이민자와 구분된다. 책에서 '토착 백인', '토착 미국인', '토착 백인 미국인' 등으로 표현된다 — 옮긴이주.

••   바닷새의 배설물이 응고되어 굳은 것. 비료로 쓰인다. — 옮긴이주.

에머슨은 일찍이 1851년의 일지에서 이러한 문제들에 관하여 숙고했다. "구아노가 너무 많다. 흑인처럼 독일 민족과 아일랜드 민족도 그 운명 안에 많은 구아노를 갖고 있다. 그들은 배를 타고 대서양을 건너 마차로 미국 전역에 퍼져 도랑을 파고 힘든 노동을 하고 토지를 비옥하게 일구고 옥수수를 저렴하게 하고 때 이르게 누워 대초원 지대에 더 짙은 녹색의 장소를 만든다."[16] 에머슨의 구아노 인종들 사이에 '독일' 민족이 등장한 것은 그가 잉글랜드의 놀라운 '색슨족'과 단순한 독일인을 구분했음을 생각나게 한다. 독일인과 아일랜드인, 아프리카인 같은 가난하고 힘들게 일하는 인종들이 색슨족처럼 더 진보한 종족의 이익을 위해 희생하는 것은 바로 자연의 불가피한, 불가피하기에 이로운 법칙의 결정이었다. "운명"이 민족의 기회를 인종의 숙명으로 바꿔놓았다.

에머슨이 열등하다고 생각한 인종들에 관하여 가혹했던 만큼, 그의 이론은 훨씬 더 저급해질 수 있었다. 그가 사랑한 뉴잉글랜드의 남쪽에 살던 자들은 아프리카인 노예제라는 토대 위에 이론적 건조물을 구축했다. 에머슨은 자유로운 자들에게 비열하다고 말할 수 있었지만, 노예제는 그보다 훨씬 더 큰 비열함을 조장했다.

13

‘미국학파’인류학

에머슨은 1882년에 사망했지만, 그의 냉혹한 공식은 같이 죽지 않았다. 미국인의 조상, 외모, 남성성에 관한 그 난해한 견해는 오래도록 더 이어졌으며, "미국 인류학"이라는 편협한 학파에 비하면 실제로 온건해 보인다. 에머슨은 자기 시대의 해로운 인종적 사고에 대해 잘 알았고 그 최악의 사고 방식을 거부했다.

18세기 이래로 여러 인종 이론이 번성하여 제각각 인종의 수를 다르게 제시했고, 심지어 캅카스인 인종의 수도 다르게 제시했다. 에머슨은 콩코드의 강단에서 이를 이해해야 했다. 에머슨은 철저하게 영국화했기에 불가피하게 자기 나라가 아니라 유럽 대륙을 지향했다. 그는 영국에서, 특히 인종의 '특징'이라는 기본적인 개념을 널리 퍼뜨린 섀런 터너의 기념비적 저작 『앵글로색슨족의 역사』에서, 그리고 스코틀랜드인 지질학자 로버트 체임버스와 의사이자 인류학자였던 로버트 녹스에게서 자신의 생각을 보강해줄 무언가를 찾기로 했다. 에머슨은 이들의 생각이 더 정연하고 그 기원이 훨씬 더 훌륭하다는 인상을 받았다.

이는 부분적으로는 미국의 인종 사상이 대체로 노예제의 정당성을 주장하는 데 이바지했으며 천박했다는 사실과 관련이 있었다. 에머슨은 노예제 폐지론으로 기울었기에 이러한 사실이 마음에 들지 않았다. 그러나 그는 흑인을 단호히 경멸했다. 그는 인류학의 백인 우월주의 '미국학파'를 열심히 공고하게 다져 널리 존경을 받은 미국인 학자들에 의지했을지도 모른다.

그중에서도 가장 큰 존경을 받은 미국인 인류학자 새뮤얼 조지 모턴(1799~1851)은 아일랜드에서 건너온 퀘이커교도 이민자 가정의 아들로 인생을 고생스럽게 시작했다. 상인이었던 아버지는 새뮤얼이 어릴 적에 죽었고, 이어 어머니도 1817년 그가 열여덟 살 때 죽었다. 고국의 부자 삼촌이 고등교육 학비를 대겠다고 제안하면서 모턴은 기회를 잡았다. 그는 1820년 펜실베이니아 대학교에서 석사학위를 받고 유럽의 의학 교육 중심지인 에든버러와 파리에서 시간을 보냈다. 그동안 모턴은 당시 과학으로서 크게 유행한 골상학에 반했다.* 그는 1823년에 에든버러 대학교에서 석사학위를 받고 유럽에 다양한 연줄을 지닌 덕에 국제적으로 유명해졌다. 필라델피아로 돌아온 모턴은 점차 그 도시의 의료계와 학계에서 이름을 알렸다. 모턴은 미국 최고의 의과대학이 있던 펜실베이니아 대학교에서 1839년부터 1843년까지 해부학 교수로 일하면서 미국의 일류 의사들과 인류학자들을 폭넓게 만났다.

당시 미국 인류학을 지배한 것은 두개골이었다. 두개골 광증은 그대로 20세기 초의 두개골 측정학에 대한 열광으로, 제1차 세계대전과 그 이후

---

* 미국학파의 실제 창시자는 필라델피아의 의사이자 골상학 예찬론자였던 찰스 콜드웰이었는데, 그는 1811년에 새뮤얼 스탠호프 스미스의 『인간의 피부색과 외모의 다양성의 원인에 관한 소론』을 비판적으로 평했다. 콜드웰은 새뮤얼 조지 모턴에게 직접적으로 영감을 주었다.

의 지능검사로 이어진다. 모턴은 매우 많은 두개골을 보유했다. 1851년 사망할 당시 그의 수집품은 인간 두개골 918개(이에 더해 51개가 운송 중이었다), 다른 포유동물의 두개골 278개, 조류 두개골 271개, 파충류와 어류의 두개골 88개였다. 요한 프리드리히 블루멘바흐에 비견할 만한 수집품이었다.[1]• 모턴은 각각의 인간 두개골을 열두 개의 축선에 따라 부지런히 측정했고 — 위아래, 옆, 앞뒤, 내부, 둘레, 내부용적 등 — 알아낸 결과물을 아메리카 원주민과 고대 이집트인에 관한 연구로, 즉 『아메리카인 두개골*Crania Americana*』(1839)과 『이집트인 두개골*Crania Ægyptiaca*』(1844)로 발표하여 널리 찬사를 받았다. 모턴은 두개골 용량 측정치를 바탕으로 인종별 지적 능력을 예측하여 유명세를 얻었다.••

이를 토대로 모턴은 아메리카 인디언을 백인과 흑인 사이에 놓인 별개의 인종으로 분류했고, 그로써 당대인들에게는 물론 스스로도 만족스럽게 인종 간 차이를 확실하게 증명했다.[2] 모턴은 또한 이누이트족의 두개골도 몇 개 보유했다. 이 인종에 관해서는 어떻게 추론해야 할까? 어떻게 답해야 할지 몰랐던 그는 그 두개골들을 한쪽으로 치워버리고 만다. 유럽의 인종 이론가들이 유럽인의 인종 정체성을 주무를 때 사미인을 넣었다 뺐다 했듯이 말이다.

• 모턴 스스로도 그랬거니와 그를 찬양한 미국인들도 그를 블루멘바흐의 계승자로, 심지어 블루멘바흐보다 더 뛰어난 인물로 여겼다.

•• 자연인류학과 지능검사에 관한 스티븐 제이 굴드의 고전적 연구 『인간에 대한 오해』(1966)는 모턴의 두개골 측정에 심한 결함이 있다고 본다. 그러나 좀 더 최근에 미시건의 인류학자 로링 브레이스는 『'인종'은 네 글자 단어이다: 인종 개념의 탄생*"Race" Is a Four-Letter Word: The Genesis of the Concept*』에서 굴드의 결론에 이의를 제기했고 모턴의 전체적인 결과를 다 옹호하지는 않았지만 그의 측정치가 옳다고 주장했다. 브레이스는 두개골 측정치에 드러난 인종의 상대적 지능에 관하여 모턴의 결론을 지지하지 않는다. 그러나 그는 모턴의 방법론을 존중하며 흠결은 굴드에게 돌린다.

이는 확실히 무리한 추정이었다. 모턴이 『이집트인 두개골』에서 사회경제적으로 차이가 있는 고대 이집트의 여러 계층을 서로 다른 인종으로 분류한 것도 마찬가지이다. 그는 흑인으로 여겨진 일부 소수를 제외한 대다수 이집트인을 캅카스인의 범주에 넣었고, 동시에 이들을 다시 '펠라스고이'와 '셈족', '이집트인'으로 분류했다. 이 세 유형은 미심쩍게도 각각 백인, 유대인, 흑인의 인종적 계열로 고착되었다. 이는 대체로 고대 그리스인의 아름다움과 대칭에 관한 빙켈만의 관념과 페트뤼스 캄퍼르의 안면각 개념을 반영했다. 모턴의 많은 수집품 중에서 맨 위에는 펠라스고이라고 표시된 것 즉 그리스인의 커다란 두개골과 곧은 안면각이 보인다. "온전한 두개골 구조의 대칭과 우아함"이 "그리스 미술의 아름다운 모델 속의" 펠라스고이를 "우리에게 친숙하게" 한다.

모턴은 셈족 유형이라고 분류한 두개골을 인종 서열의 거의 밑바닥에 놓으며, "히브리인 공동체"의 특징을 "비교적 뒤로 물러난 이마와 궁형 모양으로 삐죽하게 튀어나온 기다란 코"로 규정했다. 요컨대 "안면 전체의 구조가 종종 눈에 거슬릴 정도로 강력하게 발달했다"는 것이다. 모턴은 "이집트에 노예로 받아들여졌기 때문에" 셈족을 크게 존중해서는 안 된다고 주장한다. 작은 두개골은 전부 정보가 없는 검은 피부의 이집트인 유형, 즉 노예의 것이었다. 이 두개골들은 모턴으로부터 셈족 유형만큼도 주목을 받지 못했고 설명할 가치도 거의 없었다. 모턴의 이집트에 있던 유대인과 아프리카인에 대해서는 이 정도로 해두자.[3]

모턴과 그의 찬미자들에게(스코틀랜드의 로버트 녹스와 프랑스의 아르튀르 드 고비노가 포함된다) 고대 이집트의 위대함은 19세기 인종 이론의 토대인 인종적 위계질서의 영속성을 증명한다. 고대 이집트의 영광은 19세기 북유럽 기독교도와 매우 비슷하다고 생각된 고대 그리스인의 영광처럼 미국인을 포함한 백인의 우월성과 연결된다. 혼란스러운 세부 내용은 신경 쓸 필요가 없다. 고대 이집트인의 묘사에서 양털 모양으로 보이는 머리를 모턴은 이집트인들이 진짜 머리 위에 덮어쓴 가발이라고, 진짜 머리는 분명 "오늘날 가장 아름다운 유럽인"의 머리처럼 곧고 연한 색이라고 생각한다. (이집트인들이 왜 양털 모양 가발을 쓰려 했는지는 설명할 필요가 없다고 보았다.) 모턴은 더 과감하게 고대 이집트인, 적어도 옷을 잘 갖춰 입은 채 더 호화롭게 매장된 이집트인의 두개골 형태가 "현대의 백인" 두개골 형태와 동일하다고 선언한다.[4]•

인종 이론가들은 어째서 탁월한 고대 이집트인들과 "현대의 백인"을 동일시한 모턴의 주장이 타당하다고 여겼을까? 답은 온전히 당대 국가들의 부와 세력과 관계가 있다. 인종적 위계질서는 거듭 가난하고 무력한 자들을 밑에 두고 부유하고 강력한 자들을 맨 위에 올려놓았다. 20세기 초 사회학자 막스 베버는 이를 잘 표현한다. 귀족 계층은 자신들의 우월함이 그들의 "근본적이고 궁극적인 질적으로 특별한 존재"에서 나온다고 믿는다. 유리한 상황에 있는 사람은 누구도 특권의 우연성을 인정하려 하지 않는다. 베버는 이렇게 말한다. "운 좋은 사람은 운이 좋다는 사실에 좀처럼 만족하지 않는다. 그는 이를 넘어서 자신에게 그 행운을 누릴 권리가 있는지 알 필요가 있다. 그는 그럴 '자격이 있다'는, 나아가 다른 사람들과 비교해도 그럴 자격이

• 모턴과 그의 추종자들은 제임스 콜스 프리처드가 『인간의 자연사: 신체적, 도덕적 요인이 인간의 여러 종족을 변화시키는 영향에 관한 포괄적 탐구*The Natural History of Man: Comprising Inquiries into the Modifying Influence of Physical and Moral Agencies on the Different Tribes of the Human Family*』(1848)에서 제시한 널리 퍼진 정설에서 이탈했다. 프리처드는 이집트인을 포함한 북아프리카인을 아프리카에서 기원한 민족으로 분류했다. 아르튀르 드 고비노로부터도 조롱당한 프리처드는 인류의 단일발생론을 고집했다. 발생 이후에 별개의 종족들로 세분화되었다는 것이다. 프리처드는 19세기 중반의 뛰어난 단일발생론자였다.

충분하다는 확신을 얻고자 한다. ⋯⋯ 그러므로 행운은 '정당한' 운이어야 한다."⁵ 내면의 자질이 현 상태의 정당함을, 자연스러움과 변경 불가능성을 증명해야 한다. 미국에서, 19세기에 들어선 이후로도 노동자의 매매가 가능했던 새뮤얼 조지 모턴의 필라델피아에서, 이는 종종 아프리카인 노예제를 옹호하는 핑계로 바뀌었다.•

모턴은 두개골에 관한 연구로 미국과 프랑스에서 엄청난 명성을 얻었다. 프랑스에서 가장 유명한 인류학자로 역시 다원발생론자였던 폴 브로카조차도 그에게 깊은 감명을 받았다. 1861년 프랑스인과 독일인의 머리 크기에 관한 프랑스 인류학계의 논쟁에서는 인종 우월성이라는 모턴의 개념이 울려 퍼졌다. 당대의 저명한 인류학자는 전부 두뇌의 크기가 지능과 상관이 있다고 추정했다. 여기에 문제가 있었다. 몸이 크면 머리도 크고, 머리가 크면 두뇌도 크다. 독일인의 몸은, 심지어 교수들의 몸조차 프랑스인의 몸보다 컸다. 따라서 독일인의 두뇌는 프랑스인의 두뇌보다 컸다. 프랑스 인류학자들은 어떻게 할 작정이었을까? 독일인이 그저 더 똑똑했을 뿐인가? 다른 사람들에게 적용할 때는 머리의 크기와 지능 간의 상관관계를 인정한 프랑스 인류학자들조차 불쾌감을 느끼며 그 상관관계가 언제나 유효하지는 않다고 판단했다.⁶•• 논쟁은 결말이 나지 않았고, 시간이 흐르면서 관심이 시들해졌다. 두개골은 인류학에서 계속해서 중요한 위치를 차지했고, 그와 더불어 두개골을 세계적인 규모로 수집한 소유자도 마찬가지로 높은 지

• 펜실베이니아주는 1780년에 노예를 해방했지만, 그 근거가 된 법은 아이들을 최소한 스무 살이 될 때까지 노예계약에 묶어두는 것을 허용했다. 그리고 그 계약서는 공개시장에서 매매될 수 있었다.

•• 인류학자들은 다양한 두개골 측정치의 의미에 대해 상이한 의견을 지녔지만, 이 모든 측정치에 어떤 의미가 있다는 확신은 흔들리지 않았던 것 같다. 그중 한 사람인 루이피에르 그라티올레는 얼굴에 드러난 두뇌의 부분 즉 이마, 정수리, 후두부에 따라 세 인종을 구분했다.

위를 유지했다. 모턴은 '미국학파' 인류학을 매우 확고하게 체현하여 야심 찬 젊은 과학자들에게는 그를 방문하는 일이 필수적인 것이 되었다. 그중에서도 주목해야 할 방문자는 조사이아 놋과 루이 애거시이다.•

조사이아 놋(1804~1873)은 사우스캐롤라이나주의 번창한 집안 자식으로 사우스캐롤라이나 대학에서 학부를 마친 뒤 펜실베이니아 대학교에서 의학박사 학위를 받았다. 솜씨 좋은 외과 의사이자 앨라배마 대학교 의과대학 설립자로 불가지론자였던 놋은 인습적인 신자들을 괴롭히기를 좋아했다. 다원발생론자로서 그는 첫 번째 중요한 저작인『캅카스인과 니그로 인종의 자연사에 관한 두 번의 강연*Two Lectures on the Natural History of the Caucasian and Negro Races*』(1844)에서 창세기의 창조 설명을 문제 삼았다. 놋은 인종이 성서의 시간이 시작되기 훨씬 전에 제각각 별개로 창조되었다고 주장한다.[7]•• 놋과 미국학파 인류학의 다른 사람들에게 다수 인종이 창조되었다는 것은 모세오경의 역사가 오직 서구 백인에게만 적용된다는 뜻이었다. 비백인 민족들은 별개의 역사를 지녔다. 그 역사는 어쩌면 그들만의 다양한 창세기로 서술될 수 있을 것이다. 이러한 견해는 국제적으로 널리 퍼졌다.

놋은 디프사우스•••에서도 가장 깊은 앨라배마주 모빌에 살았지만 유럽의 최신 인류학에 정통했다. 고비노의 1천 쪽에 달하는 염세주의적『인종 불평등론』(1853~1855)을 읽은 놋은 "그토록 큰 기쁨과 가르침을 준 책을 일찌

<hr />

• 조사이아 놋은 새뮤얼 모턴이 1839년부터 1843년까지 가르친 펜실베이니아 대학교에서 공부했지만, 모턴이 교수진에 합류하기 전인 1827년에 졸업했다.

•• 단일발생론/다원발생론 논쟁에서 놋의 가장 완고한 반대자는 뉴욕 태생으로 사우스캐롤라이나주 찰스턴의 성 요한 루터교회 목사로 일한 존 바크먼이었다. 1848년 베를린대학교에서 박사학위를 받은 바크먼은 1849년부터 놋을 비판했다.

••• Deep South. 보통 미국 남부 여러 주 가운데 특히 루이지애나, 미시시피, 앨라배마, 조지아, 사우스캐롤라이나 등 다섯 개 주를 말한다. 흑인이 많이 거주하고 있는 지역이다 — 옮긴이주.

기 읽은 적이 없다"며 탄성을 내질렀다.[8] 고비노는 작센 출신의 영국 하노버 왕조 국왕 조지 5세에게 바치는 헌사의 첫 줄에서 이렇게 확신에 차 선언했다. "인종 문제는 역사의 다른 모든 문제를 무색하게 하며 다른 모든 문제를 풀 열쇠이다. 인종들의 불평등은……." 놋은 이것에 완전히 매료되었다.[9] ●

다른 많은 인종주의자처럼 고비노도 온갖 도서관의 여러 언어로 된 문헌을 섭렵하여 보편적인 진리를 체계화한 것으로 보인다. 분명코 아리아인인 정력적인 인종들이 위대한 국가를 만들었다는 것이다. 아리아인의 번성은 이어 운명적으로 열등한 인종들의 시선을 끌었다. 인종들의 상호간 혼합도 똑같이 불가피하다. 그렇게 되면 우월한 인종은 퇴화하며, 그 나라는 혁명으로 무너진다. 고비노에 따르면, 인종 퇴화의 이 냉혹한 과정이 그에게는 재앙이었던 1848년 혁명을 설명해준다.

고비노는 산스크리트어 같은 사어를 연구하는 언어학자들의 모호한 연구로부터 아리아 '인종'이라는 개념을 뽑아내 결국 이를 익숙하게 만들었다. 1780년대에 영국 언어학자 윌리엄 존스는 산스크리트어와 고대 그리스어와 라틴어 사이에 유사성이 있음을 발견했다. 베를린의 프란츠 보프, 파리와 베를린에서 활동한 프리드리히 슐레겔, 옥스퍼드의 막스 뮐러 같은 다른 학자들은 19세기 초에 언어와 민족 간의 관계를 상세히 설명했다. 이들은 인도 아대륙부터 서유럽에 이르기까지 널리 퍼진 여러 인도유럽어의 원형 언어가 있다고 가정했다.

그렇게 19세기의 인종을 향한 열광은 언어를 민족으로 바꿔놓았고, 산스크리트어로 '고귀한'이나 '영적인'을 뜻하는 낱말 '아리아arya'는 상상 속의 우월한 인종 '아리아인'에 적용되었다. 언어와 인종의 융합에 어느 정도 저

●　놋은 고비노가 문장을 끝낸 방식을 무시했다. "융합되어 한 민족을 탄생시킨 인종들의 불평등은 그 운명의 전 과정을 설명하기에 족하다." 미국인은 인종 융합과 무관했다.

항이 인 것도 사실이다. 영어권 비교언어학의 선도적인 학자였던 옥스퍼드의 뮐러는 결국 '아리안'을 종종 반유대주의적으로 언어가 아닌 인종과 동일시하는 태도에서 물러났지만, 이미 때 늦은 각성이었다. 고비노 같은 극단적 인종주의자들은 이미 그 용어를 우월한 인종이라는 관념에 적용했고 그 인종의 미래를 결정했다.[10] 그렇더라도 '아리안'이라는 용어는 20세기 초에 고비노의 『인종 불평등론』이 영어로 출간되기까지는 큰 인기를 누리지 못했다. '아리안'이 조사이아 놋이 고비노의 저작에서 발견한 가장 유용한 개념도 아니었다.

오히려 놋은 두 가지 본질적인 점을 찾아냈다. 첫째, 인종은 불평등하다. 둘째, 따라서 인종 혼합은 나쁘다. 그는 고비노의 『인종 불평등론』이 다른 추종자들을 얻기 훨씬 전부터 그 두 가지 생각을 진심으로 지지했다. 고비노의 『인종 불평등론』은 1853년에 출간된 후 여러 해 동안 대체로 읽히지 않았고, 읽은 사람도 특별히 좋게 평가하지 않았다. 고비노의 조언자였던 알렉시 드 토크빌은 그에게 보낸 편지에서 그 책이 "정신의 피로"를 조장한다고 매도했다. 책에 드러난 인종결정론이 개인의 자유의지를 박탈하고 개선의 동기를 파괴한다는 것이 이유였다.[11]

그러나 놋은 그 낱말을 미국의 청중에 퍼뜨리기로 결심했다. 1855년 놋은 모빌에 사는 스물한 살 된 스위스 태생의 헨리 호체를 고용하여 그의 도움으로 고비노의 『인종 불평등론』을 번역했다.[12]• 『여러 인종의 도덕적, 지적 다양성: 인류의 문명사와 정치사에 끼친 각각의 영향에 각별한 방점을

• 호체는 모빌의 『리지스터Register』에서 일한 뒤에 모빌의 남부연합 의용군에서 잠시 복무했고 런던에서 남부연합의 선전원이자 첩보원으로 활동했다. 남북전쟁이 지속되는 동안 그는 런던에서 내내 남부연합 신문을 발행했다. 호체는 남부연합에 공감하는 영국인들을 만났는데, 그중 한 사람은 로버트 녹스의 제자로 흑인혐오 인류학의 발전을 위해 런던인류학회를 설립한 제임스 헌트 박사였다.

두어, 아르튀르 드 고비노 백작의 프랑스어본 번역』이라는 제목을 단 이 번역본은 고비노의 이름을 저자로 달고 있지만, 대부분은 순전히 놋의 견해이다. 예를 들면, 놋은 자신만의 다원발생설을 부록으로 추가하여 모턴의 분류법에 따른 그의 두개골 측정법을 보여줌으로써 아프리카인 노예제에 대한 고비노의 무관심을 교정한다. 흥미롭게도 고비노는 이 보정 내용이 자기 생각을 왜곡했다고 비난했다.

비난할 만했다. 고비노는 아프리카인이 열정과 춤, 음악, 리듬, 낙천적 성격, 관능미 같은 디오니소스의 재능을 제공함으로써 번영을 구가하는 식민국 중심지의 인종 혼합에 긍정적으로 기여한다고 아주 분명하게 말하기 때문이다. 반면 백인은 원기와 행동, 인내, 합리성, 기술적인 소질 등 아폴로의 재능을 제공한다. 이는 최종적인 결과가 철저한 파멸을 수반할 수밖에 없더라도 단기적으로는 전부 좋은 것이다. 적어도 고비노에게는. 그렇지만 놋에게는 좋지 않았다. 고비노는 백인이 명백히 인종적으로 우월하기는 하지만 그 자체로 충분하지 않으며 문명의 발전을 위해 다른 인종들의 기여가 필요하다고 생각했다.[13] 고비노의 아프리카인은 불가피하게 혁명을 초래할지언정 인종 혼합에 기여한다. 1848년 유럽의 혁명에 고비노는 식겁했지만, 놋은 관심을 두지 않았다.

놋과 고비노를 가르는 명백한 차이점은 또 있다. 두 사람은 각자 다른 대륙에서 다른 민족들에 둘러싸여 다른 정치적 사건들의 자극을 받으며 살았다. 두 사람은 각각 자신의 특별한 욕구를 채우기 위해 '인종' 개념을 규정

• 1855년 놋과 호체가 고비노의 『인종 불평등론』 번역을 준비하고 있을 때, 토크빌은 1830년대에 자신과 자신의 여행 동반자 보몽이 회원으로 선출된 정신과학 정치학 아카데미에 고비노를 추천했다. 토크빌은 고비노의 『인종 불평등론』을 싫어했지만 인간 고비노는 좋아했다.

했다. 고비노는 아리아인을 흰 피부색의 다른 열등한 인종들에 대립시킴으로써 정치혁명을 설명한 반민주주의적인 보수주의자였고, 놋은 노예제 폐지론자에 저주를 퍼부은 반동적인 노예 소유자로서 백인종과 흑인종이 대결한다고 보았다. 놋에게는 피부색으로 판별되는 인종이 무대의 중심을 차지한 반면, 고비노는 켈트인, 슬라브인, 아리아인을 계속 주시했다. 결과적으로 놋의 부정확한 번역본은 인종 혼합에 대한 고비노의 두려움을 유지했지만 적합하지 않은 다른 것은 전부 내버렸다. 예를 들면 동유럽 하층민에 대한 고비노의 근심과 백인 미국인을 바라보는 그의 염세주의적 시각은 사라졌다.[14]• 종합해보면, 놋이 어설프게 번역한 고비노의 책은 미국 인종주의의 확산에 크게 이바지하지 못했고, 무명의 지역 출판물에 머물렀다.[15]••

일찍이 1843년에 놋은 인종학의 골칫거리였던 이종혼인에 관하여 중요한 논문을 발표했다. 제목이 모든 것을 말해준다. 「혼혈 물라토 ― 백인과 흑인 간의 결혼이 허용되면 가능해질 두 인종의 절멸.」[16] 놋은 왜 흑인과 백인의 짝짓기가 생식력이 없는 혼혈아를 낳을 것이라고 썼을까? 자신이 살던

• 아리아인의 아름다움은 1천여 쪽에 달하는 고비노의 책을 관통하는 주제이다. 고비노와 에머슨은 홍조 띤 흰 안색과 넓은 어깨, 큰 키, 극도의 대담무쌍함을 지닌 그 금발의 야만적인 리바이어던에 찬사를 보냈다는 점에서, 그리고 앵글로색슨족이 스칸디나비아에서 유래했고 아리아인의 지극히 중요한 본질을 보존하고 있다고 확신했다는 점에서 서로 모방한 것 같다.

•• 1856년 1월 『퍼트넘스 먼슬리Putnam's Monthly』에 실린 익명의 서평은 『여러 인종의 도덕적, 지적 다양성』을 조심스럽게 논의한다. 평자는 호체와 놋이 고비노의 원본에서 핵심을 빼버렸다고 아쉬워하면서도 토크빌처럼 고비노의 숙명론에는 동의하지 않았다. 평자는 번역본이 읽을 만하다고 결론 내린다.

고비노는 19세기 말과 20세기 초 리하르트 바그너를 비롯한 독일 민족주의자들과 휴스턴 스튜어트 체임벌린, 매디슨 그랜트의 튜턴인 광증과 더불어 크게 인기를 얻었다. 1915년 새로 출간된 고비노 책의 영어 번역본은 놋의 번역본보다 더 많은 독자를, 보는 눈도 더 좋은 민족주의자들과 인종개량론자들을 끌어들였다. 고비노의 『인종 불평등론』은 1856년에서 1915년 사이에는 영어판이 나오지 않았다.

앨라배마주의 인근 지역을 한번 둘러보기만 해도 그러한 생각이 틀렸음을 확인할 수 있었을 텐데 말이다. 놋이 불가피한 이종 간 섹스보다 이종 혼인의 가능성에 확실히 더 짜증이 났다는 것이 실제로 더 적절한 지적으로 보인다. 어쨌거나 이 불임 후손 이론은 이론상으로나 실제로나 무의미했지만 놋의 학문적 목적에 보탬이 되었으며 그의 대단한 과학적 명성과 더불어 퍼져나갔다.

유명해진 놋은 두 권의 선집 『인류의 유형*Types of Mankind*』(1854)과 『지구의 토착 인종*Indigenous Races of the Earth*』(1857)을 편찬하여 이름을 더욱 빛냈다. 두 권 다 조지 글리던과 함께 편집한 것인데, 글리던은 영국인으로 이집트에 오래 거주하면서 모턴에게 두개골을 공급했고 놋에게 영감을 주었다. 『인류의 유형』에 실린 삽화는 글리던의 아내가 그렸다.[17] 근거가 박약한 이 두 책이 너무나도 잘 팔렸다는 사실은 19세기의 학문적 인종 담론에서 엄밀함이 얼마나 부족했는지 보여준다. 매우 많은 기고자가 여러 주제에 관하여 다양한 분량으로 쓴 잡다한 글을 모은 이 선집에는 루이 애거시의 글이 들어 있다. 루이 애거시는 확실한 유럽 태생인데다가 하버드 대학교에서 교수까지 지냈기에 어떤 책이든지 일정 정도의 학문적인 명망을 얹어주었다.

루이 애거시(1807~1873)는 스위스에서 태어나 독일에서 교육받은 매력적인 의사이자 학자로서 프랑스 자연학자 조르주 퀴비에의 추종자로 이름을 알렸다. 바다 건너편에서 기회를 포착한 애거시는 1846년 미국으로 건너가 순회 강연을 했는데 내심 보수가 좋은 정규직을 기대했다.* 먼저 필라델피아에 들른 애거시는 새뮤얼 조지 모턴에게 경의를 표했고, 이동하여

---

* 조지 글리던도 비슷한 목적으로 두 번째로 미국을 찾았지만 안정된 일자리를 찾지 못했고 끝까지 놋에 대한 의존에서 벗어나지 못했다.

1847년에 매사추세츠주 케임브리지에서 강연했다. 그곳에서 그는 하버드 대학교 교수직을 얻게 해줄 후원자들을 발견했다.

12년 뒤 찰스 다윈이 생물학을 정복하고 과학을 영원히 바꿔놓은 『종의 기원』을 발표했다. 그러나 다윈은 애거시를 납득시키지 못했다. 애거시가 다윈의 점진적 변화 개념을 절대 수용하지 않았다는 사실은 잘 알려져 있다. 애거시는 마지막까지도 신이 태초에 여러 인종을 별개로 창조했다는 다원발생론 이론을 더 지지했다. 그랬는데도, 애거시는 하버드 대학교 비교동물학 박물관을 설립하여 엄청난 영향력을 갖는 학문 기관을 관장했다. 그는 죽을 때까지 26년 동안 미국자연사박물관 세계를 구축했을 뿐만 아니라 미국 인류학의 무대도 마련했다. 20세기에 들어선 후 한참이 지날 때까지도 자연사박물관들은 미국 인류학을 품었다. 애거시는 이 유산을 하버드 대학교에서 그의 피보호자요 후임자인 켄터키 사람 너새니얼 사우스게이트 셰일러(1841~1906)에게 물려주었다.

셰일러는 1870년대에 하버드 대학교에 눌러앉아 종종 애거시를 "나의 스승"이라고 불렀다. 그는 지질학과 고생물학, 과학 전반에 관해 가르치는 교수로서 미국을 이끌 운명을 타고난 한 세대를 가르쳤다. 시어도어 루스벨트도 그중 한 사람이다. 앵글로색슨족 우월주의에 빠진 셰일러는 미국인의 삶에 관한 논평을 통해 뉴잉글랜드를 기반으로 하는 남유럽과 동유럽 이민자들에 대한 반대 운동에 보루를 제공했다. 20세기 중반 인종이 흑/백으로 정리된 이후 오늘날에 셰일러는 역사에서 흑인열등설을 주창한 인물로 등장한다. 그러나 그는 또한 1880년대와 1890년대에 주로 켄터키주 백인 남성이라는 이미지를 미국의 상징으로 드높이는 데 일조했으며 남유럽인과 동유럽인 이민자가 미국의 인종적 완결성을 위협한다며 그들을 공격했다.

인류학의 미국학파는 1850년대에 걸작들이 발표된 이후 조금씩 쇠퇴했다.[18] 그 핵심 학설의 하나, 즉 상이한 인종race은 상이한 종species이며 여러 별개의 인종적 피조물에서 유래했다는 다원발생론은 1859년 찰스 다윈의 『종의 기원』 출간으로 진실성에 큰 타격을 받았다. 그러나 그 인종주의적 관념은 완전히 사라지기에는 미국 문화의 요구에 너무도 잘 맞았다. 과연 영구불변의 인종 정체성에 대한 미국학파의 기본적인 신념은 아직도 소멸하지 않았다.

1890년대 초가 되면 미국 인류학의 지도자들, 즉 모턴과 놋, 애거시는 자기 할 일을 다하고 무대에서 사라졌다. 백인 분류법은 어쨌거나 이민규제와 인종개량론으로 발전했다. 새뮤얼 조지 모턴은 1851년 쉰두 살에 죽었고, 놋은 남부연합에 봉사한 뒤 노예제 폐지 이후의 남부에 실망한 채 1873년에 죽었으며, 루이 애거시도 같은 해에 죽었다. 애거시의 친구 에머슨은 오랫동안 인지력 감퇴를 겪다가 1882년에 죽었다. 고비노도 그해에 죽었다.

이들은 음울한 유산을 남겼다. 키가 크고 안색이 창백하며 금발에 아름다운 앵글로색슨족을 맹목적으로 숭배했고, 두개골과 두뇌의 측정에 매료되었으며, 인종 구분선을 정하고 인종 유형을 확정했고, 단일한 "점진적 변화"의 발전 노선에 따라 인종의 서열을 결정했으며, 섹스와 재생산, 성적 매력에 몰두했다. 이 모든 것은 오랫동안 지속되었을 뿐만 아니라 오늘날 백인으로 여겨지는 사람들에게 적용되었다.

14

미국 백인성의 두 번째 확대

미국 역사를 관통하여 이어지는 명쾌한 백인성의 역사에 매달리고 싶지만, 여기서 우리의 임무는 역사적 기록을 들추어 훨씬 더 복잡한 이야기를 찾아내는 것이다. 여기에서 우리는 단일하고 지속적인 백인성의 정의 대신에 흑/백 이분법을 바탕으로 여러 차례 발생한 백인성 개념의 확대를 살펴볼 것이다.

노예 소유주들이 세운 나라는 당연히 그 계급 제도의 정당성을 뒷받침할 논거를 찾기 마련이다. 미국 노예제는 흑인의 타고난 열등함을 기본적인 신념으로 만들었다. 19세기 미국인들은 이 신념을 좀처럼 문제 삼지 않았다. 아프리카인 혈통의 사람들이 '미국인'의 숫자에 포함된다고 믿은 사람은 거의 없다. 동시에 미국인들은 특히 정치와 투표와 관련하여 유럽인을 '백인'의 범주에서 거의 배제하지 않았다. 19세기 초 선거권의 재산 자격이 폐지된 후(미국 백인성의 첫 번째 확대), 유럽인 남성과 그들의 자유인 아들은 거의 전부 시민권을 얻고 백인으로서 투표할 수 있었다. 그러므로 법률상의 미국인 문제는 남부의 흑/백 문제처럼 비교적 명확했다. '남부인'은 남부의 백인을 의미했고, '미국인'이 되려면 흰 피부색이 필요했지만, 사회에서는 단순히 흰 피부색만으로 충분하지 않았을 것이다. 정치적 의미에서 누구를 '백인'으로 볼 것인지는 분명했지만, '미국인'의 일부가 되는 과정에서 백인성 자체의 역할은 거기에서 그쳤다.

앞서 보았듯이, 누구에게도 정복당한 적이 없는 옛 정복자인 강인한 게르만인-스칸디나비아인 혈통까지 뿌리를 추적할 수 있는 튜턴인/색슨족/앵글로색슨족을 왕좌에 올리기 위해 엄청난 노력이 기울여졌다. 이 영웅시와 같은 서술에서 켈트인 집단은 빠졌다. 다시 말해 색슨족의 피가 흐르지 않는다고 추정된 수많은 프랑스인과 아일랜드인, 북부 스코틀랜드인, 그들의 자식들은 여기서 제외되었다. 19세기 중반에 이 문제를 제기한 자들은 주로 아일랜드인 가톨릭교도였다. 랠프 월도 에머슨에게 이들은 뼛속 깊이 철저한 진짜 미국인이 아니었다. 일부 가톨릭교도와 유대계 독일인도 마찬가지였다. 이 점에서 에머슨의 시대는 지나가고 있었다.

남북전쟁이 거대한 서막이었다. 두 진영에서 똑같이 수십만 명의 이민자가 군대에 자원했다. 병력의 4분의 1가량이 외국 출신이었던 연방군이 남부연합보다 이민자의 지원으로부터 더 많은 이득을 보았다는 것은 놀라운 일이 아니다. 여러 연대 곳곳에 아일랜드인과 독일인이 흩어져 있었기에, 일부 이민자는 이질적인 연방군에 잘 통합되었다. 게다가 연방군은 매우 기민하게도 민족별로 부대를 편제했다. 36개 아일랜드인 부대 중에는 제69 뉴욕 보병 연대와 아일랜드 주아브(제164 뉴욕 의용병 연대), 아일랜드 의용병 연대, 패트릭 켈리의 아일랜드 여단 등이 있었다. 84개 독일인 부대에는 슈토이벤 연대(제7 뉴욕 의용보병 연대), 독일 소총 연대, 터너 라이플 연대(제20 뉴욕 의용보병 연대) 등이 있었다.[1] 남부연합은 여러 언어를 쓰는 북부연방

부대를 불편한 시선으로 바라보았고, 남북전쟁이 끝난 후로 몇십 년 동안 현충일 휴일은 기분이 몹시 상한 과거의 남부연합 병사들에게 자기편을 미국인으로 규정하고 연방군을 "돈을 위해 싸운 외국인과 흑인 위주로 구성되었다"고 비난할 기회를 주었다.[2]

거꾸로 이전의 연방주의자들은, 그리고 대다수 민주당원도 이민자의 복무를 모르쇠들의 우월주의에 대한 다문화주의의 승리로 보았다. 어느 목사에 따르면, 이민자 아버지들의 희생 덕택에 죽은 자들의 아이들은 "더는 이방인이나 외국인 취급을 받지 않았다. 그들은 이 피의 세례로…… 영원한 미국 시민으로 축복받았다."[3] 연방 현충일 연설은 전쟁 중 이민자의 미국인화에 깃든 밝은 측면을 보여주어 수십만 명을 백인 미국인 클럽에 들이는 데 일조했다. 그러나 그러한 견해는 결코 보편적이지 않았다. 공화당과 그 대변인들은 처음에는 아일랜드인의 그토록 쉬운 미국인화를 노예제에 찬성하는 민주당의 전통적인 백인 우월주의의 다른 면일 뿐이라고 생각했다.

엄청나게 인기를 끌어 큰 영향력을 행사한 『하퍼스 위클리』와 그 뛰어난 독일 태생의 만평가 토머스 내스트(1840~1902)가 공격을 주도했다. 북부의 아일랜드인 민주당원들에 맞서 남부의 흑인 공화당원들 편에 선 내스트는 영국에서 여러 주 동안 오래 인기를 얻은 만화를 가져다 썼다. 그는 아일랜드인을 술에 취한 잔인한 원숭이로 묘사했다. 성 패트릭 축일에 폭동을 일으켰고 남부의 재건을 뒤엎었으며 백인으로서 미국 정치에 우격다짐으로 진입했다는 것이다. 아일랜드인들은, 이전의 남부연합 병사들과 북부의 특혜를 입은 민주당원들과 동맹하여, 연방을 지킨 충성스러운 남부 흑인들의 권리를 짓밟았다고 얘기되었다. 내스트에게 아일랜드인의 기회는 흑인의 패배를 의미했다. 물론 기회와 패배 둘 다 아일랜드인에게 미국 정치가 어떻게 작동하는지 가르쳤다. 인종은 흑인과 백인이라는 관점에서 여전히 중요했다. (그러나 인종이 가장 중요하지는 않았다. 여성은 투표할 수 없었다.)

내스트가 1868년에 그린 만평을 보자. (도판 14.1, 내스트, "이것이 백인 정부다" 참조) 왼쪽에 전형적인 아일랜드인으로 묘사된 사람이 가운데의 남부 연합(허리띠 버클에 CSA이라고 적혀 있다)에 충성을 맹세하고 있고 오른쪽에는 뉴욕의 부자 민주당원 허레이쇼 시모어가 돈을 움켜쥐고 있다.• 아일랜드인이 들고 있는 곤봉에는 '투표'라고 쓰여 있는데, 이는 아일랜드인 이민자들이 민주당 후보에 투표하는, 따라서 추정컨대 진정한 미국의 가치관을 훼손하는 경향이 있음을 가리킨다. 아일랜드인의 모자에 적힌 '파이브포인츠'는 1867년 뉴욕시의 가장 큰 슬럼가에서 발생한 살벌했던 성 패트릭 축일의 폭동을 떠올리게 한다.•• 아일랜드인 뒤쪽의 화염에 휩싸인 건물 '유색인 고아원Colored Orphan Asylum'은 1863년의 격렬한 징병 폭동 중에 아일랜드인 폭도들에 의해 그 건물이 파괴되었음을 가리킨다. 이 세 사람은 함께 충성스러운 미국 흑인 참전용사를 짓밟고 있으며, 그의 연방군 모자와 성조기가 먼지를 뒤집어쓴 채 버려져 있고, 투표함은 그의 손이 닿지 않는 곳에 뒹굴고 있다. 내스트의 불완전한 풍자를 담은 제목은 이렇다. "이것이 백인 정부이다."

내스트의 만평은 의심의 여지 없이 현실을 깊이 반영하고 있다. 아일랜드인 노동자들은 새롭게 얻은 자신들의 백인성을 조금도 주저하지 않고 타

• 1868년 민주당 대통령 후보 지명 전당대회가 뉴욕에서 열렸다. 시모어는 민주당의 대통령 후보로 선거에 나섰으나 율리시스 그랜트에 패했다.

•• 1892년 뉴욕시는 로어맨해튼의 멀베리가와 베이어드가에 콜럼버스 공원을 만들기 위해 슬럼가인 파이브포인츠를 쓸어버렸다. 자석처럼 끊임없이 이민자들을 끌어들인 이 지역은 이전에는 리틀 이탈리아로 알려졌고 지금은 뉴욕의 차이나타운으로 알려져 있는데, 관광 목적으로만 찾게 되는 곳이다.

14.1 토머스 내스트, "이것이 백인 정부다" 『하퍼스 위클리』(1868)

자에 맞서는 무기로 휘둘렀다. 1880년대 서부에서 아일랜드인 노동자들은
'백인'으로서 중국인 노동자들을 직장과 집에서 쫓아내려고 선동했다. 이
중국인 배척 운동으로 나라에서 처음으로 인종이 중요한 요소가 되는 이민
법이 제정되었다. 바로 1882년의 중국인이민금지법이다. 모든 중국인이 이
법의 적용을 받은 것은 아니지만(상인과 교사, 학생, 외교관, 기타 전문직은 제외
되었다), 아일랜드인과 다른 백인들은 '몰아내기Driving Out'라고 부른 일련의
서부 포그롬으로 계속해서 중국인을 공격했다.[4] 나중에 다시 되풀이되듯이,
'인종' 폭력은 경제적 경쟁과 관련된 문제였다.

1870년대와 1880년대에 들어서면서 정치는 미국 생활의 여러 영역에서 아일랜드인과 독일인 이민자의 경제적 이익에 봉사했다. 예를 들면 선거권은 정부의 공직 임명권과 공무원 일자리를 통해 고용으로 이어지는 길을 열어주었다. 노동조합이 통제력을 얻으면서 조합원의 아들과 형제가 정규직을, 뒤이어 숙련공 자리를 기다리는 대기자의 첫 줄에 섰다. 아일랜드인 경찰의 숫자가 늘어난 것은 이러한 공직 임명제 덕분이었다. 공직 임명제와 정부 계약 덕분에 이대와 삼대의 후손 중에는 굶주려 나라를 등진 선조를 지독하게 괴롭힌 지긋지긋한 가난으로 고생한 사람이 훨씬 적었다. 그러는 동안 이들은, 당대의 진정한 미국 방식으로, 선거에서 배제되어 집단 투표의 과실을 맛보지 못한 비백인 미국인들의 약점을 이용하여 이득을 취하는 법을 배웠다.[5] 피부색은 중요했다. 걸출한 색슨주의자인 랠프 월도 에머슨에게도.

물론 에머슨에게는 모순이 있었다. 1856년 『잉글랜드인의 특성』에서 그는 인종주의적 판단을 비난하기도 했고 포용하기도 했다. 1860년 『삶의 안내』에서 다시 그는 "무수한 독일인과 아일랜드인을 니그로처럼" "운명 속에 수많은 구아노"를 지닌 인종으로 묘사한 로버트 녹스의 인종주의적 견해를 비난하다가도 이어 이를 그대로 되풀이했다.[6] 영원한 색슨족 우월주의자였던 에머슨은 그럼에도 아마 아일랜드인이었을 가난한 이민자들에게 그 피부색이 충분히 엷다는 전제하에 너그러운 태도를 보일 수 있었다. 1851년 에머슨은 주변의 새로운 이민자들을 훑어본 뒤 그들을 대체로 자신의 세상에 합류하기에 적합하다고 판단했다.

미국.   이민.

미국인 인종의 자질을 구분할 때는 배를 타고 이곳으로 오는 자들이 유럽의 무차별
적 대중이 아니어야 한다는 점을 고려해야 한다. 각각의 도시와 씨족, 가족 중에서
마음이 넓고 모험을 즐기며 민감하고 미국을 사랑하는 자들만이, 주로 그들만이 들
어올 수 있도록 대서양이라는 체로 걸러내야 한다는 점을 생각해야 한다. 들어오는
것은 유럽의 옅은 안색, 푸른 눈이다. 검은 눈과 단 한 방울일지언정 검은 피는, 유럽
의 유럽은 남겨두고 와야 한다.[7]

에머슨과 그의 찬미자들에게 똑같이 아일랜드인에게 진정한 미국인의
정체성을 부여한 것은 푸른 눈과 옅은 안색이었다. 20세기에 들어서면서
검은 눈을 가진 새로운 이민자들이 무수히 많이 들어오자 그가 우선시한
자질은 한층 더 중요해졌다.

많은 이민자가 미국으로 쏟아져 들어오면서 새로운 위계질서가 구축되
었다. 앵글로색슨족이 맨 위에 있고, 그 바로 아래의 아일랜드인은 조만간
북서 유럽인으로 이루어진 상층에 통합되어 '북유럽인Nordics'이 된다. 새로
운 이민자들 중에서도 가장 최근에 들어온 오스트리아헝가리 제국의 슬라
브인과 러시아와 폴란드의 유대인, 이탈리아인, 특히 로마 남쪽 출신의 이
탈리아인은 아직 평가와 판정을 받아야 했다. 이러한 분류는 앞선 이민 물
결의 역사 속에서 이루어졌다.

19세기 중반으로 다시 돌아가면, 가난한 가톨릭교도 무리는 '옛' 이민자
와 '새로운' 이민자 사이의 대비를 초래했다. 텍사스의 국부 샘 휴스턴은 식
민지 세대의 옛 이민자와 19세기 중반에 새로 들어온 가톨릭교도를 대비시
켰다. 그러고 나서 20세기에 들어설 무렵 아일랜드인 가톨릭교도와 독일인
은 '옛' 이민자의 자리를 차지했고, 남유럽과 동유럽에서 온 '새로운' 이민

자들이 휴스턴의 굶주린 아일랜드인들이 받았던 자리에 들어갔다. 1880년 이후에 들어온 새로운 이민자들이 빈곤했고 외모에서 낯설었기 때문에, 아일랜드인과 독일인 이민자들, 그리고 특히 더 부유했고 더 나은 교육을 받은 그들의 후손들은 미국인으로 받아들여지기에 더 적합한 사람처럼 보였다.

그렇게 미국 백인성은 두 번째로 크게 확대되었다. 그 과정에 저항도 있었고 또한 여러 가지 조건이 따라왔기에 아일랜드계 미국인은 계속해서 자신이 배제되었다고, 권리를 침해당했다고 느꼈다. 미국인으로 받아들여졌음을 실감하기까지는 매우 오랜 시간이 걸렸다. 그 과정이 19세기 중반에 시작되어 한 세대 이상의 기간에 걸쳐 계속되었기 때문이다. 옛 이민자들을 환영하는 논평보다 새로운 이민자들을 혹평하는 논평이 나올 가능성이 훨씬 더 컸다. 이 새로운 이민 물결에 가해진 지독한 비난 중에서 어느 뉴잉글랜드 주민의 목소리가 가장 멀리 퍼졌다.

1890년대에 당대의 가장 존경받는 미국인 경제학자이자 통계학자였던 프랜시스 애머서 워커(1840~1897)는 이민자 숫자를 제한할 필요가 있다고 단정적으로 주장하는 유력한 논문을 다수 발표하여 학문적 토대를 놓았다. 미국 의회에서도 일한 어느 경제학 교수의 아들이었던 워커는 1860년에 애머스트 칼리지를 졸업했고 남북전쟁 중에 연방군 사병에서 장교로 진급했다. 그는 독일에서 공부한 뒤 1870년에 미국 통계청장에 임명되었다. 워커는 1872년부터 1880년까지 예일 대학교의 셰필드 과학대 소속이었는데 1880년 인구조사를 지휘했다. 1881년 그는 매사추세츠 공과대학 총장이 되었고, 이듬해에는 미국통계학회와 미국경제학회의 회장이 되었다. 1969년 노벨경제학상이 신설되기까지는 미국경제학회가 매년 수여하는 워커 상이 경제학자가 받는 세계 최고 권위의 상이었다. 게다가 워커는 보스턴에서 태어났기에 거의 자동적으로 영리하고 유능하며 진취적인 사람으로 여겨졌다. 미국인이 알아야 할 필요가 있는 것에 대해 보스턴 사람보다 더 잘 말할 수 있는 사람이 누가 있겠는가? 그리고 워커는 도움도 받았다.

앞서 보았듯이 '뉴잉글랜드'라는 관념은 미국의 인종 사상에서 중추적인 역할을 했다. 뉴잉글랜드는 하나의 지역이었지만 인종적으로 잉글랜드인의 특성을 대표했다. 이런 의미에서 미국사 서술은 인종 담론으로 가득했다. 명문대학 출신의 작가이자 하원의원이었던 헨리 캐벗 로지가 좋은 평을 받은 저술에서 이 점을 보여주었다.

로지는 앵글로색슨법 전문가로 그의 하버드 대학교 박사학위 논문도 이 주제를 다룬 것이었다. 그는 하버드 대학교에서 3년 반 동안 가르친 뒤 1881년에 정치활동을 시작했다. 로지는 로웰 연구소(루이 애거시가 이미 거쳐 간 곳이다)에서 일련의 강연을 하고 560쪽에 달하는 『아메리카의 영국 식민지 약사Short History of the English Colonies in America』를 출간한 덕에 정치적으로 빠르게 출세했다. 잉글랜드인 우월주의의 완벽한 표본인 이 책은 미국의 위대함을 중간계급의 "튼튼한 잉글랜드인 종자"와 조지 워싱턴 집안 같은 가족들의 "훌륭한 잉글랜드인 종자"에, "그들이 속한 민족성의 좋은 표본과 …… 훌륭하고 강인하며 남자다운 인종"에 돌린다.[8] 로지는 거듭하여 "잉글랜드 인종"의 자질을 자랑하며 그 인종의 타고난 가치에 근거하여 미국 독립의 불가피성을 주장한다.

10년 뒤, 로지는 이후 40년간 찬성의 취지로 인용된 한 논문에서 뉴잉글랜드인의 우월함을 보여주는 증거를 확신을 갖고 제시했다. 그는 움직일 수 없는 증거라고 생각했다. 「미국의 능력 분포The Distribution of Ability in the United States」(1891)는 매사추세츠주가 저명한 미국인을 가장 많이 배출했음을 증명하려는 목적에서 여러 쪽에 표와 목록을 실어 당대의 통념을 양적으로 표시했다. 여섯 권짜리 『애플턴 미국 인명사전*Appletons' Cyclopædia of American Biography*』에 나오는 1만 4,243명 중 2,686명이 뉴잉글랜드 사람이라는 것이다. 로지의 방법론은 그 포함 기준이 미묘하여 명백히 결함이 있지만 인종 관련 일에 종사하는 거의 모든 사람에 잘 맞았다. 한 가지 말하자면, 그는 대상의 초상화 크기에 따라 차이를 판단했다. 그래서 스스로 "초상화는 단순히 능력과 탁월함을 근거로 배분된 것으로 보이지 않는다"고 인정한 이후에도 『애플턴 미국 인명사전』에서 큰 삽화는 별 두 개를 받았고 작은 것은 하나만 받았다. 다른 것을 더 보자. 로지는 "인종 계통"을 확신을 갖고 수치화하기는 불가능하다고 솔직히 인정하고 이를 오직 부계로만 추적했음에도 이름과 출생지를 토대로 한 인종 범주를 계속해서 이용했다.[9] 이러한 한계는 아무래도 상관없었다. 로지는 계속해서 잉글랜드인을 가장 위대한 미국 "건설자들"로 인정했다.

남부인에 관해서 말하자면, 로지는 "우리의 여러 남부 주에 정착하여 그곳을 건설한 자들보다 더 훌륭한 사람들은 없었다"고 하면서도 그들에게 결함이 있다고 보았다. 문제는 노예제였다. 노예제는 "능력을 저해했고 문명의 발전을 지독하게 방해했다."* 남부인들은 지역적 위대함을 빼앗겼지만, 로지의 개요는, 결정적인 포함의 제스처로, 잉글랜드를 넘어 "그레이트 브리튼과 아일랜드의 다른 지역에서 온 자들"을 포함하기에 이르렀다.[10] 뉴잉글랜드가 여전히 지배적이었지만, 이제 아일랜드인들도 그 영광 안에 한 자리를 차지했다.

많은 이민규제론자의 사례에서 그렇듯이, 프랜시스 애머서 워커의 경우

---

* 로지의 견해에 반대한 몇 안 되는 인물들 중에 미시시피 출신의 역사가인 존 해먼드 무어가 있다. 그는 로지의 엉성한 방법론이 남부의 지위를 박탈했다고 이의를 제기했다. 사실이다.

에도 뉴잉글랜드 혈통은 그의 피와 생식력에 연관된 것처럼 보였다. 1923
년 워커의 전기를 쓴 사람은 이 여섯 아이의 아버지를 "남북전쟁 이전 뉴잉
글랜드에서 우월하고, 가장 좋은 의미에서, 독특한 모든 것이 훌륭하게 꽃
을 피운 사람"이라고 묘사했다. 이 전기는 순수함이라는 익숙한 주제를 반
영하여 이렇게 주장한다. 워커의 "조상은 대단히 동질적이었다. 그의 조상
은 거의 전부 1650년 이전 잉글랜드인의 첫 번째 대규모 이주 때 건너왔
고, 이후 영국인 종자 이외의 다른 이들과의 혼합은 거의 없거나 전혀 없었
다."[11] 뉴잉글랜드 정체성은 당당한 신체 속의 영리한 정신을 의미했다. 그
것이 아메리카니즘의 필수 요소였다. 그러나 그러한 요소들이 그들에게 충
분히 있었을까?

　1880년 인구조사에서는 토착 백인 미국인의 출생률 하락이 보였다. 워
커는 이민을 재생산에 확고히 연결했기 때문에 토착 백인 미국인의 "재생
산 능력이 …… 우리의 …… 음부에서 …… 빠져나가 감퇴된" 책임을 초라한
외국인들의 해로운 영향력에 돌렸다. 그는 토착 백인의 인구 정체가 "사치
하는 습성", "도시 생활", 하숙집의 "인구를 늘리기에 좋지 않은 관행", 남북
전쟁의 토착 백인 사상자 수 때문이라고 인정하기는 했다. 이후의 인종주
의 사상과 인종개량론도 도시 생활과 전쟁의 해로운 영향을 지속적으로 되
풀이하여 지적한다. 둘 다 '인간 종the race'의 건강에는 적이었다.* 그러나 대
부분의 걱정거리는 외국에서 최근에 도착한 "총 525만 명이라는 엄청난 숫

---

* 'the race'는 인간 종을 가리키는 것처럼 보이지만, 문맥상 그 의미는 종종 잉글랜드인 혈통
의 중간계급과 상층계급의 백인을 가리켰다. 워커의 인구학적 근심은 오직 백인 미국인에만
관련되었다. 그는 다른 이들을 미국인에 포함하지 않았다. 워커는 아메리카 원주민이 여전
히 북동부에 살고 있었고 집계된 미국인의 5분의 1이 아프리카인의 후손이었을 때인 1790
년의 미국 인구를 설명하면서 이렇게 말했다. "(아프리카인을 계산에서 빼면) 전부 유럽인
종자의 후손이었다." '종자'라는 용어는(좋은 의미든 나쁜 의미든) 인간을 동물로 평가했다.
그 모든 가치는 가축 품종 개량의 은유 속에 표현되었다.

자"의 사람들에게 있었다.[12] 그들이 인종의 절멸 위기를 초래했다.

1890년대에 워커를 비롯한 여러 사람이 이민의 폐해를 한층 더 강력히 비난하면서, 우월주의와 그 냉혹한 축산 용어는 더욱 힘이 커졌다. 주된 용어로 "종자stock"에 "퇴화degradation"가 추가되었다. 1895년 「이민규제」라는 제목의 두 논문이 "퇴화"와 "퇴화한"이라는 낱말을 여섯 번, "무식하고 잔인한 농민"을 두 번 되풀이했다. "음부loin"가 역시 앵글로색슨족과 이민자에 똑같이 완곡하게 덧붙여졌다. 예를 들면 "생존경쟁의 최악의 실패자들을 대표하는 기진맥진한 인종들의 기진맥진한 사람들beaten men from beaten races"의 "음부"처럼. 이 문구들은 이후 엄청나게 유명해지게 된다.

샘 휴스턴처럼 워커도 '옛' 이민자와 '새로운' 이민자를 대비시켰지만, 그의 연대기는 좋은 이민자(남북전쟁 이전의 '옛' 독일인과 아일랜드인)와 나쁜 이민자(나중에 도착한 '새로운' 이민자들)의 구분에 이해하기 어려운 점이 있음을 드러냈다. 이민 문제가 1850년대에 철도와 운하의 건설에 필요했던 "퇴화한 농민"과 더불어 처음으로 등장한 것은 맞다. 워커는 이민자의 쇄도가 토착 백인의 생식력을 얼마나 감소시켰는지 보라고 경고한다. 토착 미국인들이 초기에 들어온 아일랜드인과의 경쟁에서 '위축'되기 시작한 것은 분명하다. 이제 그런 일이 다시 일어나고 있었다. 어쨌거나 '옛' 아일랜드 이민자들은 미국인이 되었고 인구학적으로 돌이킬 수 없게 쇠약해지고 있었다.•

워커는 상세히 설명하지도 않은 채 미국으로 들어온 아일랜드인 이민자들을 북유럽인이라고 인정했다. 미국인화와 더불어 인구학적 쇠락이 따라

• 워커의 인구학적 몰아내기 이론은 1954년 로이드 워너와 리오 스롤의 『미국 민족 집단들의 사회 체제The Social Systems of American Ethnic Groups』에서 논박당할 때까지 살아남았다.

왔고, 결과적으로 미국인이 된 아일랜드인들이 이탈리아인과의 경쟁에서 '위축'될 차례가 되었다. 그들은 더는 활발한 재생산 능력을 보여주지 못했다. 그러나 이번에는 미국인화 과정이 중단되었다. 워커는 새로운 이민자들이 옛 이민자들과는 달리 타고난 불쾌함을 유지해야 한다고 생각했다.[13] 이 새로운 무리는 결코 북유럽인처럼 발전할 수 없었다. 그들은 불가피하게 미국 시민의 자질을 '퇴화'시킬 것이었다.

워커가 보기에는 적은 비용으로 손쉽게 대서양을 건널 수 있게 한 교통이 이민자의 자질 하락에 일부 책임이 있었다. 이전에는 용감하고 모험심 강한 자들만이 위험을 무릅쓰고 대서양을 건넜다. 그러나 이제 "유럽의 온갖 더럽고 정체된 주민 집단"에서 "헝가리인과 보헤미아인, 폴란드인, 남부 이탈리아인, 러시아 유대인"이 기어 나와 쉽게 미국에 당도할 수 있었다. "우리가 생각할 수 있는 최악의 수준보다도 더 비천하게 퇴화한 이 방대한 농민 대중"은 토착 백인 미국인이 "물려받은 본능과 성향"을 모조리 결여했다. 워커는 자신의 감정을 숨길 생각이 없었다. "게다가 그들의[새로운 이민자들의] 생활 습관은 가장 역겨운 편에 속한다."

더군다나 이 "외국인 대중"이 일으킨 문제는 정치와 경제, 인구통계에 영향을 끼쳤다. 워커에게는 이것이 가장 의미심장했다. 낮은 임금을 받고 일한 이들은 선동정치가에 휘둘리기 쉬운 무지한 노동자가 되었다. 이들은 노동조합의 꾐에 쉽게 "속아" 넘어가 파업에 나섰다. 그러한 이민자 급진주의는 미국 민주주의의 발전 자체를 위협했다.

워커가 널리 알리고 로지가 지지한 주제들, 즉 뉴잉글랜드의 우월함, 재생산 능력, 노동자 급진주의는 다윈 진화론의 자연선택설을 악용하고 노동자의 자율권을 두려워한 매우 보수적인 이데올로기를 표현했다. 이러한 관념들은 인종학이라는 새로운 진리의 언어에서 장수를 누렸다. 자연법을 엄격히 따른다는 인종학은 미국에서 아프리카인의 후손은 물론 여러 유럽인 사이의 차이를 구분하는 이론과 실천을 제공했다. 이제 더는 본질적으로 다르다는 오명을 뒤집어쓰지 않은 아일랜드인과 독일인은 미국인 백인성의 두 번째 확대에 포함되어 미국인을 구성하는 성분이 되었다. 이제 새로 들어온 자들이 힘든 노동을 하게 되고 인종적으로 열등하다는 낙인이 찍히게 되었다.

15

윌리엄 리플리와 『유럽의 인종』

프랜시스 애머서 워커의 유명한 표현 "기진맥진한 인종들의 기진맥진한 사람들"은 백인 인종학에서 계속 사용되었지만, 워커 혼자 그런 생각을 드러낸 것은 결코 아니었다. 저술가이자 강연자인 존 피스크, 당대의 주요 사회학자 에드워드 로스, 컬럼비아 대학교의 선도적인 정치학자 프랜시스 기딩스 같은 명망 있는 학자들 등 수십 명에 이르는 사람들이 북유럽 인종이 새로운 이민자 집단보다 인종적으로 우월하다고 주장하며 워커의 진영에 합류했다. 이들과 전혀 다른 영역에서 활동하는 미국노동조합총연맹도 새로운 이민자들을 "기진맥진한 인종들의 기진맥진한 사람들"로 규정하고 선을 그었다.[1] 하지만 1897년에 사망하는 워커의 영향력이 이중 가장 강했으며, 사실상 미국인들이 수십 년 동안 백인을 위계적으로 정렬하는 방식을 결정했다. 윌리엄 Z. 리플리는 바로 이 시기에 등장했다.

매사추세츠주 메드퍼드 출신인 윌리엄 Z. 리플리(1867~1941)는 워커와 로지처럼 자신이 뉴잉글랜드 혈통임을 자랑스러워했다. 리플리에 따르면 그의 중간 이름 제비나Zebina는 플리머스 선조 다섯 세대에 경의를 표하는 것이었다.* 리플리는 "미국에 있는 우리의 원 조상 앵글로색슨족"과 "지금 우리에게 쏟아져 들어오는 잡다한 무리들"의 조상을 비교했고, 워커처럼 외모에 신경을 써 남자답게 말쑥이 차려입었다.[2]

리플리는 매사추세츠 공과대학에서 공학 학사학위를 받은 뒤 컬럼비아 대학교에서 식민지 버지니아의 경제에 관한 논문으로 경제학 박사 학위를 받았다. 매사추세츠 공과대학과 컬럼비아 대학교에서 2년간 가르친 뒤 그는 1895년에 자신이 뭔가 미진하다고 느꼈다. 그는 더 많은 돈을 벌 일자리가 필요했고, 연로한 프랜시스 워커에게는 미국 이민자를 과학적으로 분류할 필요가 있었다. 워커는 총애한 학생이었던 리플리를 선택했고, 리플리는 이 기회를 잡아 이민자 무리를 분류했다.[3]**

리플리는 나중에 『유럽의 인종*The Races of Europe*』을 쓰는 데 열아홉 달이 걸렸다고 말했다. 그 시절의 학자에게 그렇게 긴 시간으로 보이지는 않는다. 리플리는 참정권 운동가인 아내 아이다 S. 데이비스와 보스턴 공립도서관의 사서들과 함께 일하면서 수많은 인류학자의 연구를 종합했다.[4]*** 영국의 존 베도와 프랑스의 조제프 데니커와 조르주 바셰 드 라푸주가 특별히 큰 도움이 되었다. 유럽의 인류학자들은 수십 년간 자국 주민을 측정해야 했기에, 리플리에게 상세한 측정치와 도표, 지도, 사진을 많이 제공했다. 리플리는 그것들을 전부 이용했다. 그렇게 모든 것을 망라한 연구인 『유럽의 인종』은 속표지의 앵글로색슨족 이름 리플리에 '박사PH. D'가 덧붙여졌기에

•　그러나 리플리의 부모 중 누구도 제비나라는 이름을 갖지 않았다.

••　리플리는 『뉴욕 타임스』 기자에게 자신은 아이들을 가르치기 위해 돈이 더 많이 필요하다고 말했다.

•••　리플리는 아내가 『유럽의 인종』의 준비에서 '상당한 몫'을 차지하여 속표지에 그녀의 이름을 넣고 싶었다고 책의 서문에서 말한다. 그런 일은 없었다.

강력한 학문적 권위를 얻었다.

리플리의 연구는 1896년 매사추세츠주 케임브리지의 로웰 연구소에서 한 일련의 강의로 처음으로 대중에게 알려졌다. 19세기 초에 로웰 연구소는 조지 글리던(조사이아 놋의 협력자)과 루이 애거시(곧 하버드 대학교 교수진에 합류한다)처럼 인종에 관해 얘기하는 자들에게 연단을 제공했다. 뉴욕의 출판사 애플턴은 그러한 강연을 『파퓰러 사이언스 먼슬리*Popular Science Monthly*』에 연재했으며 이후 1899년에 삽화를 잔뜩 곁들여 책으로 출간했다.●

본문이 624쪽에 달하고 초상화 222개, 지도 86개, 도표와 그래프, 여러 언어로 된 2천 항목 이상의 참고문헌 부록이 첨부된 『유럽의 인종』은 그 묵직함만으로도 독자를 압도하기에 충분했기에 대부분의 독자는 그 안에 담긴 모순을 보지 못했다. 리플리 자신은 과제의 중대성에 눈이 멀었는지도 모른다. 상충하여 양립할 수 없는 인종 분류법들을 양립시키려 했기 때문이다. (도판 15.1, 리플리의 "유럽 인종의 유형" 참조) 이 표에서 리플리는 여러 학자가 세운 다양한 분류법과 더불어 자신이 중요하다고 생각하는 '특징' 즉 머리 모양과 색소, 키를 제시한다.

분류법상의 한 가지 딜레마가 "알프스인Alpine" 아래 괄호로 "켈트인Celtic"이라고 써넣은 것에서 드러난다. 인류학자들은 고대 켈트인과 근대 켈트인 사이의 관계, 아일랜드와 브르타뉴처럼 켈트인이 거주한 유럽의 여러 지역 사이의 관계, 게일어 같은 켈트어 계열의 고대 언어와 근대 언어 사이의 관계를 정리하기 위해 오랫동안 노력했다. 프랑스는 켈트인 국가였을까? 그

●   1899년에 독창적인 인종주의 연구가 두 개 더 등장했다. 휴스턴 스튜어트 체임벌린의 『19세기의 토대*Grundlagen des neunzehnten Jahrhunderts*』(영어로 번역되었다)와 조르주 바셰 드 라푸즈의 『아리아인: 그 사회적 역할*L'Aryen: Son rôle social*』이다(1939년에 독일어로 번역되었으나 영어로는 번역되지 않았다). 당대에는 떠오르는 학자였으나 지금은 잊힌 미국 인종주의 학자 칼로스 C. 클로슨이 아리아인에 관한 라푸주의 짧은 글을 번역했다.

		Head.	Face.	Hair.	Eyes.	Stature.	Nose.	Synonyms.	Used by.
1	TEUTONIC.	Long.	Long.	Very light.	Blue.	Tall.	Narrow ; aquiline.	Dolicho-lepto. Reihen-gräber. Germanic. Kymric. Nordic. Homo-Europæus.	Koll-mann. Ger-mans. English. French. Deniker. Lapouge
2	ALPINE (Celtic).	Round.	Broad.	Light chest-nut.	Hazel-gray.	Medium, stocky.	Variable ; rather broad ; heavy.	Celto-Slavic. Sarmatian Dissentis. Arvernian. Occidental Homo-Alpinus. Lappanoid	French. Von Hölder. Germans Beddoe. Deniker. Lapouge Pruner Bey.
3	MEDITER-RANEAN.	Long.	Long.	Dark brown or bl'k	Dark.	Medium, slender.	Rather broad.	Iberian. Ligurian. Ibero-Insular Atlanto-Med. }	English. Italians. Deniker

European Racial Types.

15.1 "유럽 인종의 유형", 윌리엄 Z. 리플리, 『유럽의 인종』(1899)

렇기도 하고 그렇지 않기도 하다. 프랑스의 공화주의자들은 국민의 혁명적 유산을 끌어안으면서 카이사르의 『갈리아 전쟁』에 나오는 비극적 주인공 베르킨게토릭스 같은 명예로운 고대 켈트인 영웅들에 일체감을 느꼈다.[5] 반면 알렉시 드 토크빌과 그의 동료 귀스타브 드 보몽 같은 왕당파는 게르만인 정복자의 후예임을 자랑스럽게 주장했다. 보몽이 『마리』의 프랑스인 주인공에게 프랑스 이름으로 익숙한 루이 대신 프랑크족의 이름 뤼도비크를 붙여주었음을 우리는 기억한다.

리플리의 괄호는 켈트인 문제를 해결하지 못하며, 그는 수치스럽게도 조르주 바셰 드 라푸즈를(프랑스의 시골 대학교에서 근무한 이 변덕스럽고 반동적인 사서는 뒤에서 다시 얘기하겠다) 전거의 명부에 집어넣었다. 그로써 리플리는 라푸주가 어느 정도 과학적이라고 인정했다. 물론 라푸주의 광적인 아리아인/튜턴인 우월주의 때문에 프랑스에서 그의 명성은 실추되었다. 의심스러운 지식을 제쳐두고 말하자면, 리플리는 미치광이 같은 과격한 인종주의자들의 "널리 퍼진 견해"를 초월하려 했으며, 철두철미한 성격 덕에 여러 해 동안 자신감을 유지할 수 있었다. 보통의 평범한 독자는 그의 책이 과학적이라고 판단했고, 인류학자들은 그의 방법론을 높이 샀다.

이때까지 인종학에서 진정으로 해결된 것은 아무것도 없었지만, 리플리는 거의 해결책에 근접했다. 유럽 인종은 몇 개인가? 리플리는 튜턴인, 알프스인, 지중해인, 이렇게 세 인종이 있다고 말한다. 사용한 기준은 무엇인가? 리플리는 일반적으로 인정되는 인류학에 의거하여 "인종의 시금석으로 알려진 것 중에서 가장 이용하기 쉬운 것 중 하나"인 머리지수(머리의 모양; 너비를 길이로 나눈 것 곱하기 100)를 선택한다.[6] 여기에 키와 색소에 관한 정보를 덧붙인다. 그는 세 백인종 각각의 특징을 다음과 같이 못박았다.

튜턴인: 큰 키, 장두형, 금발
알프스인: 중키, 단두형, 중간 밝기 색조의 머리카락
지중해인: 작은 키, 장두형, 흑발

머리지수는 새로운 것이 아니었다. 사실 진짜 유럽인 학자였던 스웨덴 인류학자 안데슈 레치우스가 이미 1842년에 납작한 머리와 긴 머리를 설명하고자 '단두형brachycephalic'과 '장두형dolichocephalic'이라는 용어를 만들어냈다. 이 기법은 곧 유럽에 뿌리를 내렸고, 연구자들은 수만 명의 머리를 측정했다.

인류학자들은 머리지수가 무엇인가 안정적인 것을 측정하는 듯했기에 이를 좋아했으며, 인종 이론가들은 영속성을 요구했다. 머리는 여러 세대가 끝없이 이어져도 변하지 않는다고 추정되었다. 머리에 집중하는 것이 새로운 현상은 아니었다. 블루멘바흐가 두개골에서 영감을 받아 백인에 '캅카스인'이라는 이름을 붙여주었음을 기억할 것이다. 새뮤얼 조지 모턴과 조사이아 놋은 백인이 우월하다고 주장하면서 글리던 부인의 두개골 그림으로 이를 뒷받침했다. 당대에 가장 유명한 인류학자였던 프랑스의 폴 브로카도 두개골 측정치를 바탕으로 인종 이론을 전개했다.

레치우스를 비롯한 머리지수 애호가들은 머리 형태를 모험심과 아름다움, 그리고 당연한 얘기지만 지능 같은 '인종적' 자질에 연결하면서 아무런 곤란도 느끼지 못했다. 오래된 두개골을 토대로 이론을 수립한 자들은 대체로 켈트인으로 여겨지는 고대 석기시대의 원시적인 유럽인들이 단두형에 피부색이 어둡다고 상상했다. 이러한 이론은 인정을 받았고 곧 장두형 인간들이 유럽에 침입하여 이 원시적인 단두형 인간들을 정복했다고 주장했다. 오래된 토착민은 여전히 많이 존재했다. 단두형의 바스크인과 핀족, 사미인, 꽤 많은 켈트인처럼 후진적이라고 여겨진 사람들이다. 이들은 농민과 여타 무기력하다고 생각되는 집단들처럼 여전히 원시적인 토착민으로 추정되었다.•

리플리는 영국 인류학자 존 베도를 따라 "이 섬[영국 제도]에 켈트어를 말하는 자들의 기질과 튜턴인 기질 사이에 존재하는 깊은 차이"를 매우 조심스럽게 얘기한다. "……이탈리아인과 스웨덴인이 다르듯이 아일랜드인과 웨일스인은 침착한 잉글랜드인과 다르다."[7] 인종의 특징으로서 기질이라

• 폴 브로카는 19세기 중반 프랑스의 가장 열정적인 인체측정론자가 되었다. 그러나 1870년대 프랑스와 새롭게 통일된 독일 사이의 첨예한 군사적 긴장 속에서 브로카는 긴 머리와 튜턴인, 모험심의 결합에서 후퇴했다. 이제 과학과 강경한 대외정책 사이의 밀접한 관계에 주목한 브로카는 장두형을 과학적으로 가장 크게 찬미하는 자들은 북유럽 사람들이라고 지적했다. 그들은 인종 우월주의에 입각하여 프랑스를 단두형 지대와 연결했다.

는 관념은 다윈 진화론의 전도에 입각해 있다. 인류학자들은 완벽한 수직의 얼굴을 보고 진화가 인종들 전체에 작용했다고(개인이나 번식 집단이 아니라), 인종은 개성을 지닌다고, 머리의 물리적 측정은 인종의 개성을 드러낸다고 추론했다.

시간이 지나면서 머리지수는 인종의 상징으로 우뚝 섰고 동시에 피부색이 추가되었을 때는 양날의 검이 되었다. 예를 들면, 장두형 인간들은 피부색이 옅은 튜턴인(좋다)이거나 피부색이 가무잡잡한 지중해인(나쁘다)이어야 했다. (그 중간일 수도 있고 어쩌면 나쁠 수도 있는) 알프스인은 갈색 피부에 단두형으로 추정되었다. 이러한 상관관계는 "조화로운" 일치로 여겨졌다. 인류학자들은 금발의 알프스인처럼 이 유형에 들어맞지 않는 자들은 다루지 않고 "조화롭지 않은" 자들로 여기고 간단히 무시해버렸다. 장두형에 흑발과 검은색 눈과 피부를 지닌 완벽하게 "조화로운" 지중해인들도 점차 시야에서 사라졌다. 인류학자들이 그들을 확실히 열등한 존재로, 따라서 중요성이 떨어지는 자들이라고 판단했기 때문이다.

처음에는 이 모든 머리 크기 측정이 대다수 미국인에게 거의 아무런 의미가 없었다. 노예제와 인종 분리 때문에 인종은 매우 명확하게 피부색에 있었다. 아니면 적어도 흑인 아니면 백인으로 분류될 수 있는 신체의 외양이나 선조에 있었다. 그러나 최신 전문가들은 시각적인 것을 통해 과학적 설명을 제시함으로써 자신들의 입장을 고수했다. (도판 15.2, 리플리의 "단두형 두개골과 장두형 두개골" 참조) 왼쪽 사진들 하단에는 다음과 같은 사진 설명이 붙어 있다. "단두형. 지수 87. 네덜란드 자위트베벨란트." 또 오른쪽 사진들 하단에는 이렇게 쓰여 있다. "장두형. 지수 73. 네덜란드 제일란트."• 이

• 이 두개골들이 장두형은 물론 단두형도 네덜란드에서 온 것이지만, 인류학자들은 네덜란드인을 대체로 장두형-금발 지역으로 분류했다.

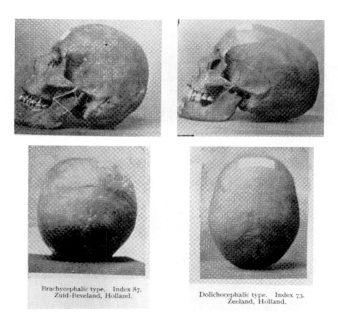

Brachycephalic type. Index 87.
Zuid-Beveland, Holland.

Dolichocephalic type. Index 73.
Zeeland, Holland.

15.2 "단두형 두개골과 장두형 두개골". 윌리엄 Z. 리플리, 『유럽의 인종』(1899)

이미지들은 머리지수 73의 긴 장두형 두개골과 머리지수 87의 둥근 단두형 두개골 사이의 차이를 보여주기 위한 것이었다.

일반 독자들은 일상생활에서 두개골을 마주할 일이 드물었고 리플리는 이들이 이해하기를 간절히 원했기 때문에, 그는 추가 분류를 위해 인종 "유형"의 머리지수와 더불어 그 사진을 첨부했다. (도판 15.3, 리플리의 "유럽 인종의 세 유형" 참조)

세 유형은 수직으로 위계적으로 배열되었다. 당연히 튜턴인이 맨 위를 차지했고, 지중해인이 역시 필연적으로 맨 아래를, 알프스인이 중간을 차지했다. 알프스인 유형의 머리지수는 88로 적혀 있다. 다시 말해 단두형이라는 말이다. 지중해인 유형의 머리지수는 77로 장두형이며, 두 유형의 머리카

Teutonic types. NORWAY. Pure blond.

Alpine type. AUSTRIANS. Blue eyes, brown hair. Index 88.

15.3 "유럽 인종의 세 유형", 윌리엄 Z. 리플리,
『유럽의 인종』(1899)

락과 눈의 색깔이 적혀 있다. 튜턴인 유형에 속하는 장두형 노르웨이인 두 사람은 '순수한 금발'이다. 다만 오른쪽 남자의 머리카락 색깔은 단두형의 오스트리아인과 시칠리아인의 머리카락 색깔처럼 검게 보이는 것이 이해가 가지 않는다.

"유럽 인종의 세 유형"을 구체적으로 표현한다고 묘사된 네 남자는 이름이 없다. 당대의 인류학자들은 이름이 필요하다는 생각을 하지 못했다. 그들은 서로 맞바꿔도 문제가 없다고 추정되는 수많은 사람을 대표한 이상적인 '유형'을 다루었다.

624쪽에 달하는 리플리의 책에는 정말로 많은 정보가 담겨 있지만, 불행

하게도 그 대부분은 내적인 모순으로 가득 차 있다. 그는 자신이 내세운 세 가지 인종 특징 즉 머리카락 색깔과 키, 머리지수가 실제의 인간에서는 확실하게 연결되지 않는다는 점을 일찍 깨닫는다. 키가 작은 사람이 금발일 수 있고, 금발인 사람이 둥근 머리를 가질 수 있으며, 장두형 머리에 흑발이 자랄 수 있다. 리플리는 그러한 복잡성 때문에 뚜렷한 인종 유형이라는 관념이 성립하지 않는다고 인정하며, 이를 애석하게 생각한다. 얼마 되지 않는 그의 인종 특징만으로도 인종과 하위인종이 무한히 생겼다. 분류법의 악몽이었다.•

리플리는 대다수 인류학자가 기꺼이 무시하는 혼혈과 환경도 외모에 영향을 준다고 인정함으로써 인종의 영구성이라는 관념을 더욱 흔들었다. 그러한 복잡성과 수많은 미지의 요인에 직면한 리플리는 그 자신의 말을 빌리자면 "절망감에 그만두고 싶은 유혹에 빠졌다." 그렇지만 그는 손을 뗄 수 없었다.⁸ 실제로 리플리는 미국 남부에 등을 돌렸다. 겉보기에 백인으로 보이는 사람들이 그곳에서 니그로로 차별을 받았기 때문이다. 미국 연방대법원은 1896년 플레시 대 퍼거슨Plessy v. Ferguson 재판에서 그 문제를 다루었다. 백인처럼 보인 호머 플레시는 새로이 백인 전용으로 지정된 객차에서 흑인이라는 이유로 쫓겨났다. 그는 소송을 제기했으나 법원이 인종 분리를 합법

• 이 세상의 사람들을 정연하게 구분할 생물학적 토대는 당시에 없었고 지금도 없다. DNA 검사 시대가 오기 전에 인류학적 분류는 두 종류의 관찰에 의존했다. 하나는 머리지수 같은 수치 측정이었고, 다른 하나는 외관의 관찰이었다. 개인에 관해서든 집단에 관해서든 어느 것도 생물학적 계통을 보여주지 못한다. 오늘날 DNA 검사는 리플리 시대의 관찰과 수치 측정보다 훨씬 더 신뢰할 만한 확률과 유사성을 보여준다. DNA 검사는 종종 오류가 없다고 추정되기는 하지만 실제의 사실이 아니라 확률을 평가하며, 포렌식 과정에는 오류가 끼어든다. 앨런 H. 굿맨은 1997년 『사이언스』에 기고한 「타고난 것?Bred in the Bone?」이라는 제목의 논문에서 1995년 오클라호마시티 폭탄 테러에서 사망한 흑인 여성의 DNA를 통한 신원 확인의 오류를 분석한다.

으로 판결하면서 패소했다. 아프리카계 미국인 소설가 찰스 체스넛은 "16분의 15가 백인인 사람을 흑인으로 분류하는 명백한 부조리"에 대해 한마디 했지만, 그 판결은 오랫동안 효력을 유지한다.[9]* 리플리는 전혀 개의치 않았다. 남부에서 일어난 일은 북부로 쏟아져 들어오는 이민자를 분류하는 방법보다는 중요하지 않았다. 리플리가 흑백의 문제를 해결하려 했다면 그의 인종 체계는 절망적일 정도로 혼란스러워졌을 것이다.

그 책의 편제에는 다른 개념상의 문제도 있었다. 누가 유럽인이고 무엇이 유럽 영토를 구성하는가에 관한 정의가 장마다 상충했다. 리플리에게서 유럽과 그 인종들이 어디서 시작하고 어디서 끝나는지는 확실하지 않았다. 그는 단일한 캅카스 인종이라는 블루멘바흐의 관념을 버리지만, 『유럽의 인종』은 튜턴인과 알프스인, 지중해인의 영토를 지나 러시아와 동유럽, 멀리 인도에 이르는 서아시아까지 들어간다. 튜턴인은 스칸디나비아와 독일에 속한다고 추정되며, 지중해인은 이탈리아와 스페인, 아프리카에, 알프스인은 스위스와 티롤, 네덜란드에 속한다고 추정된다. 그리고 별도로 하나의 장을 할애하여, 아일랜드 전설에서 스페인 왕 멜리시우스가 아일랜드의 시조로 언급되고 있음을 감안하여 브리턴족(켈트인)의 기원이 이베리아반도에 있는지 궁금해한다. 분류법상의 이상함은 아직도 더 남아 있다.

앞서 언급한 대로, 리플리의 세 인종 체계는 유대인과 슬라브인, 동유럽인, 튀르크인 같은 많은 유럽인을 배제한다. 사미인은 특히 곤란한 문제였다. 그들은 확실히 유럽에 살고 있지만 인류학자들이 유럽인에게 원하는 외모를 갖추지 못한 것 같았다. 언어학자들은 그런 문제에 부딪히지 않았

* 체스넛은 부가 공적 영역에서의 평등한 대우를 가져올 것이라고 예견했다.

15.4 "스칸디나비아", 윌리엄 Z. 리플리, 『유럽의 인종』(1899)

다. 사미인을 마자르족과 핀족, 기타 핀어를 쓰는 자들과 함께 두었기 때문이다. 여기에는 아무런 문제가 없었다. 그러나 리플리는 이 언어학적 분류를 거부한다. 사미인은 아름답지 않았기 때문이다. 그는 이렇게 말한다. "서유럽인의 한 유형을 가장 훌륭하게 대표하는 자들 가운데 있는 마자르족은 오스트레일리아 부시먼과 비슷하지 않은 만큼 사미인과도 비슷하지 않다." (도판 15.4, 리플리의 "스칸디나비아" 참조) 사미인의 사진 밑에 붙은 설명은 키(1미터 46센티미터와 1미터 43센티미터)와 큰 머리지수(둘 다 87.5)만 제시한다. 사미인이 키가 너무 작고 머리는 너무 넓다고 확증하는 것이다.[10]* 리플리는 다소 과장되게 어느 독일인 인류학자의 모욕적인 발언을 그의 이름을 밝히지 않은 채 이렇게 덧붙인다. "그들[사미인]은 '병적인 종족'이다." 이 사진들은 실제로 병리학의 증거 자료가 아니며 인종학의 순수성에 대한 집착이 스칸디나비아인의 한 이종을 조작했음을 증명할 뿐이다.

유대인은 또 다른 문제였다. 유대인은 유럽의 여러 인종 안에서 개념상 오랫동안 별개의 자리를 차지했기 때문에 하나의 범주로 논의해야만 했다. 동시에 그들은 너무도 다양해서 리플리의 세 유형의 유럽인 중 어느 하나에 들어맞지 않는다. 이러한 결점을 일찍 알아본 리플리는 로웰 연구소 강연과 『파퓰러 사이언스 먼슬리』에 발표한 논문들에 유대인에 관한 '보충' 강연을 추가했다. 『유럽의 인종』은 유대인과 셈족에 별개의 한 장을 할애한다.

반유대주의 작가들은 오랫동안 영구불변의 유대인 인종을 상정했다. 그러나 리플리는 이를 좋아하지 않는다. 오히려 그는 유대인을 단순히 "사람들"이라고 부른다. 유대인이 거주하는 곳의 다른 주민들과 매우 비슷해지기 때문이었다. 그가 가진 유대인 얼굴 사진은 지역적 변이가 있음을 확인해준다.[11]** (도판 15.5, 리플리의 "유대인 유형" 참조)

다음으로 코를 보자. 리플리는 고정관념 속의 유대인 코를 별스럽게 논의하는데, 이는 그가 마음이 불편했음을 드러낸다. 그는 '유대인'이 얼마나 쉽게 로마인으로 바뀔 수 있는지 증명하고자 그림 세 개를 그린다. (도판 15.6,

---

- 사진 설명에는 다음과 같이 적혀 있다. "스칸디나비아. 튜턴인 유형. 55: 바게, 지수 75. 56: 헤달렌, 지수 76. 57: 외데렌. 58: 노르웨이인. 사미인. 59: 신장 1미터 46센티미터. 지수 87.5. 60: 지수 87.5. 신장 1미터 43센티미터."
- •• 『내셔널 지오그래픽』에 실린 『유럽의 인종』 서평은 리플리가 유대인을 별도로 다룬 것이 반유대주의적 행태라고 보았다. 그가 유대인을 마치 유럽에 완전히 속하지는 않는 사람들처럼 다루었기 때문이다.

FERGHANAH, Turkestan.

HÉRAULT, France.

ELIZABETHGRAD, Russia.

SPAGNUOLI, Bosnia.

ELIZABETHGRAD, Russia.

15.5 "유대인 유형", 윌리엄 Z. 리플리,
『유럽의 인종』(1899)

리플리의 "형태의 변화를 눈여겨보라!" 참조) 건강부회의 이 한 단락이 그 개념상
의 코에 관한 작업을 설명한다.

진정한 유대인의 코는 옆모습이 정말로 볼록한 경우가 그리 많지 않다. 그럼에도 갈
고리 모양으로 구부러졌다는 인상을 준다는 점을 인정하지 않을 수 없다. 이는 베도
박사의 표현대로 독특하게 "콧볼이 치켜 올라간 것" 때문인 듯하다.…… 제이컵스는
도해를 덧붙여 이 '코의 특징'을 독창적으로 묘사했다. 그는 이렇게 말한다. 꼬리가 긴
숫자 6을 써 보라(그림1). 그다음으로 구부러진 곳의 확 돌아간 부분을 제거하라. 그
러면 유대인 특성의 상당 부분이 사라진다. 그리고 그림 3에서 보듯이 낮은 쪽의 이어
진 부분을 수평으로 그리면 그것은 완전히 소멸한다. 형태의 변화를 눈여겨보라!

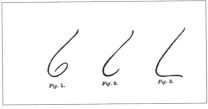

15.6 "형태의 변화를 눈여겨보라!", 윌리엄 Z. 리플리, 『유럽의 인종』(1899)

리플리는 유대인의 코가 도시 유대인 사이에서 두드러지지 않는다고, 게다가 많은 비유대인이 유대인 것처럼 보이는 코를 갖고 있다고 체념하듯 설명한다.[12]

오늘날의 독자라면 리플리가 영국 제도의 사람들에게 검음을 척도로 이용한 것이 흥미롭다고 생각할 수 있을 것이다. 그의 도구인 '검정 지수Index of Nigrescence'는 존경받는 영국 인류학자 존 베도의 발상이었다. 베도는 30여 년에 걸쳐 영국인 머리 크기를 수천 건 측정했다. 그는 나무랄 데 없이 완벽한 방법론을 이용하여 그 머리지수와 머리카락과 눈, 피부의 색깔을 분석했다. 그러한 측정치가 그의 고전적인 연구 『영국의 인종Races of Britain』(1885)의 토대가 되었다. 리플리와 그 세대의 과학자들은 그 책의 여러 쪽에 나와 있는 수많은 표를 보고 아일랜드인의 피부가 검다고 확신했다. 베도의 지도와 사진은 리플리의 『유럽의 인종』의 브리튼섬에 관한 장으로 쉽게 들어갔다.[13] (도판 15.7, 리플리의 "검정 속성 분포" 참조)

원문은 이렇다. "영국 제도의 검정 속성 분포, 베도의 1885년 발표 연구[『영국의 인종』]에 담긴 1만 3,088건의 관찰에 의거함." 오른쪽에 '검정 지수'의 등급이 나오는데, 옅은 색의 피부와 머리카락이 맨 위에 있고 검은색 피부와 머리카락이 맨 밑에 온다.

이 지도는 또한 언어집단의 경계를 정하려고 한다. 하이랜드 스코틀랜드와 로랜드 스코틀랜드를 가르는 선은 스코틀랜드와 아일랜드의 게일어(게일 켈트어) 영역을 표시하며, 또 다른 선은 영어를 웨일스와 해협 제도의 게

CORRECTION. — Gaelic is spoken only in the western half of Caithness. The linguistic boundary should be continued across this county on our map.

15.7 "영국 제도의 검정 속성 분포", 윌리엄 Z. 리플리, 『유럽의 인종』(1899)

일어(킴릭 켈트어)와 구분한다. 아일랜드를 관통하는 선은 게일 켈트어의 동쪽 한계선이다. 이 신뢰할 수 없는 언어 경계선은 앵글로색슨족과 켈트인 사이의 인종 간 경계로 종종 다시 등장한다. 토머스 칼라일과 로버트 녹스 같은 로랜드 스코틀랜드인들이 하이랜드 스코틀랜드 켈트인이 아니라 영국 색슨족이라서 기뻐했음을 앞에서 보았다.

『유럽의 인종』은 1899년 출간되자마자 엄청난 성공을 거두었다. 『뉴욕 타임스』는 두 면을 할애하여 책의 사진 여러 장과 함께 열렬한 서평을 실었다. 간략히 W.L로 자신의 신원을 밝힌 『뉴욕 타임스』의 어느 평자는 리플리의 "탁월한 연구"가 "모든 것을 망라한 정교한 시각"을 갖추었다고 격찬했다. 리플리의 가장 뛰어난 점은 "단일한 유럽 인종이나 백인종 같은 것이 존재한다는, 학교에서 가르치는 오류"를 뒤엎은 것이었다.[14] 『뉴욕 타임스』는 일반 독자를 겨냥하여 유럽인 이민에 대한 불안감이 컸던 시대의 핵심을 짚었다. 학자들도 『유럽의 인종』을 매우 좋아했다. 미국인류학회가 발간하는 주요 잡지인 『미국의 인류학자American Anthropologist』에서 한 평자는 리플리가 책에 쏟은 노고에 가슴이 벅차올라 "지난 20년간 자연인류학이 이뤄낸 최고의 성과"라며 흥분을 가라앉히지 못했다.[15]

1900년에 영국판이 나오자 영국인류학회는 즉각 리플리에게 인류학의 최고 영예인 헉슬리 메달을 수여했으며 1902년 헉슬리 강연 연사로 초청했다. 리플리는 매사추세츠 공과대학과 컬럼비아 대학교에서 시간강사로 일하다가 하버드 대학교에 정규직을 얻는 데 전념했기에 1902년 강연 초청을 받아들일 수 없었다. 나중에 그는 젊은이다운 오만함으로 세계에서 가장 유명한 통계학자이자 우생학의 아버지인 프랜시스 골턴이 자신이 마다한 기회를 받았다고 말했다.[16] 리플리는 결국 1908년 헉슬리 강연을 맡았다. 미국인으로는 처음으로 그 뛰어난 명예의 자리를 차지했다. 『뉴욕 타임스』는 그의 강연에 관하여 "미래의 미국인들은 가무잡잡해질 것이다"라는 함축적인 제목으로 기사를 내보냈다.[17]

『유럽의 인종』처럼 리플리의 헉슬리 강연도 인종주의적 관념을 학문적 어조로 전달했다.• 그는 앵글로색슨족 미국인들의 "완전한 침몰"에 뒤이어

• '인종주의'라는 말은 여기서 유색인에 적용되지 않는다. 그들은 아직 리플리의 관심 밖에 있었다. 그는 생물학적인 종족적 차이를 가리키는 의미로 말했다. 오늘날 백인으로 생각되는 사람들에게만 관련된 것이다.

많은 인종의 "강력한 이동과 비정상적인 혼합", 그리고 앵글로색슨족의 낮은 출생률이 나타날 것으로 예측했다. 그는 또한 유대인("러시아 유대인과 폴란드 유대인 모두")이 지독한 환경에서 살고 있음에도 너무 느린 속도로, "본토 태생의 미국인에 비해 절반의 속도로만" 죽어간다고 안달했다. 앵글로색슨족은 아이 갖기를 피하는 반면, 키가 작고 피부가 검으며 머리가 둥근 유대인은 열악한 공동주택에 살면서 놀랍도록 숫자를 늘렸다. 리플리는 조언자였던 프랜시스 애머서 워커의 표현을 빌려 이민이 "유럽의 정치적 시궁창"의 배수구를 열었다고 경고했다. 이민은 "슬라브인과 훈족, 유대인의 거대한 무리"를 들여왔고 "수많은 그리스인과 아르메니아인, 시리아인을 끌어들였다. 우리의 해변에 피신하려는 자들만큼 비천하거나 초라한 사람들은 없다."

리플리는 유럽 인종학의 단골 주제를 되풀이하며 도시민의 피부가 더 검어지는 경향이 "유럽인과 미국인의 장래의 안색에 깊은 영향을 미칠 수밖에 없다"고 경고한다. 이 검은머리 남자들의 성적 능력이 금발머리 남자들에 비해 더 강하다는 리플리의 추정은 에머슨 등의 견해를 반복하는 것으로서 근심의 분위기를 더했다. 리플리는 슬픈 듯이 전부 다 잃지는 않을 수도 있다고 단정하며 끝을 맺는다. 앵글로색슨족 미국인들이 아메리카 원주민과 버펄로를 따라 소멸할지라도, 이들이 다른 인종들과 뒤섞였음은 가치 있는 삶이 확실히 지속될 것임을 의미했다. 어쨌거나 "단일 백인종the white race의 모든 지파 사이의 기본적인 신체적 형제애"는 존재한다. 단일 백인종이라고?

1908년 이론의 뜨거운 부분을 다시 다루며 리플리는 1899년의 세 유형이 아니라 오직 단 하나의 백인종이 존재할 수 있다고 말한다. 어쩌면 더 나아가 "인간의 모든 종"이 단 하나의 형제 관계에 속해 있을지도 몰랐다. "인종들은 오직 신체와 정신의 발달 정도에서만 다르다."[18] 그렇지만 만약 그렇더라도, 몇몇 인종(백인)은 다른 인종(흑인)보다 더 발전했고 더 "진화했다."

　다윈 진화론과 멘델의 유전 이론을 불분명하게 왜곡한 이러한 견해가 20세기 초에 널리 퍼졌다. 당대의 동료 학자들이 대부분 그러했듯이 리플리도 인류의 인종들이 그레고어 멘델의 꼬투리 완두콩처럼 지능과 머리 모양, 색조, 신장 같은 '단위' 특성을 통째로 물려받는다고 믿었다. 리플리는 최초의 유럽인, 즉 쫓겨날 운명이었던 석기시대의 원시 켈트인의 피부가 검었다고 믿었기에 미국에서 민족들의 "비정상적 혼합"이 "원 종자로의 회귀"를 초래하리라고 결론 내린다. 혼혈은 종자의 "더 큰 분기" 때문에 검은 부모보다 더 훨씬 더 검을 수 있었다. 이탈리아 남자가 아일랜드 여자와 짝을 이루면, 검은 쪽으로 "더 강력한…… 역전의 경향"이 나타날 것이었다. 중간 색소는 있을 수 없었다.

　그렇게 터무니없는 생각이 오랫동안 과학적 진리로 인정된 데에는 하버드 대학교의 위신이 큰 역할을 했다. 그러나 『유럽의 인종』은 과학으로 위장된 견해를 전달함으로써 대체로 인종에 집착한 종족에게 먹혀들었다. 책이 꼼꼼한 독서를 버텨내지 못하리라는 것, 내적 모순으로 가득하다는 것, 그 표와 지도는 상충하는 분류법들의 바벨탑이라는 것은 전혀 신경 쓸 필요가 없었다. 윌리엄 리플리의 『유럽의 인종』은 이후 25년간 완전한 이론이었다.

　『유럽의 인종』은 오래도록 리플리에게 명성을 안겼지만, 그의 학문에서는 멀리 돌아가는 길이었다. 청년 리플리가 처음에는 인류학자가 아니라 전도유망한 경제학자였기 때문이다. 『유럽의 인종』 덕분에 그가 코넬 대학교

15.8 『뉴욕 타임스』에 실린 철도를 측정하는 리플리

와 컬럼비아 대학교, 예일 대학교, 하버드 대학교로부터 좋은 일자리를 제안받은 것은 사실이다. 그러나 1902년 그가 받아들인 자리는 하버드 대학교의 정치경제학과였다. 그는 내내 그곳에 머물다가 1933년 은퇴하여 조언자인 프랜시스 애머서 워커처럼 미국경제학회 회장으로 일했다.[19]

이 여러 해 동안 리플리의 명성은 밝게 빛났다. 그는 『뉴욕 타임스』에 주기적으로 등장했다. 1920년대 중반 그는 캘빈 쿨리지 대통령과 투자자들, 정치인들에게 불확실한 철도 건설 자금 조달의 위험성을 경고했고, 만화에 철도 건설 자금의 건전성을 측정하는 인물로 등장했다. (도판 15.8, 철도를 측정하는 리플리 참조) 후버 대통령 시절의 대공황 중에 그는 프랭클린 루스벨트 대통령의 뉴딜에서 나올 방침에 따른 정부 규제를 옹호했다. 실제로 리플리는 하버드 대학교에서 루스벨트를 가르쳤다. 그때의 강의는 확실히 미국 경제의 개혁에 영감을 주었다.[20]

『뉴욕 타임스』는 리플리를 내내 부지런히 다루었다. 그의 경고를 내보내고 그의 책에 대한 서평을 실었다. 리플리의 자동차 사고와 신경쇠약, 은퇴, 사망을, 25년 뒤에는 그의 아내가 사망했음을 알렸다.[21] 정점에 오른 학자였기에 이렇게 주목을 받았다. 그러나 독창적인 정신을 가진 이민자가 그의 명성에 도전하기 위해 부상하고 있었다.

16
프란츠 보아스, 이의를 제기하다

프로이센의 베스트팔렌주 민덴에서 중간계급 집안에서 태어난 프란츠 보아스(1858~1942)는 독일에서 훌륭한 교육을 받았다. 그는 프로테스탄트 계통의 고등학교에 다닌 후 독일에서 가장 오래된 대학교인 하이델베르크 대학교에서 공부했다.[•] 독일 학부생들이 대체로 그랬듯이 보아스도 결투와 음주로 유명한 동아리에 가입했다. 흥미롭게도 유대인이라는 사실은 그의 길을 방해하지 않았다. 1870년대에 그가 속한 동아리 '알레마니아Allemannia'는 유대인 학생을 받아들였기 때문이다. 19세기가 끝날 무렵에 가서야 '알레마니아'와 여타 동아리들은 독일 민족주의의 배타적이고 반유대주의적인 중추가 된다. 보아스는 하이델베르크에서 한 학기를 마친 뒤 본으로 옮겨 킬 대학교에서 대학원 과정을 마쳤다. 그는 1881년 물리학 박사 학위를 받았다. 보아스가 편협한 독일인의 기준을 통과했다는 말은 아니다. 하이델

• 프란츠 보아스는 베스트팔렌 사람이었어도 색슨족의 정체성을 희구했다면 색슨족으로 여겨졌을지도 모른다. 독일어권 지역에서 여러 왕국과 주의 경계가 지속적으로 바뀌었음을 생각하면, 작센 서부(니더작센)와 베스트팔렌의 관계는 모호했을 것이다. 실제로 독일에서 자랐지만 튜턴인에 그다지 열광하지 않은 그는 그러한 주장을 내놓지 않았다.

베르크와 킬 두 곳에서 똑같이 그는 막 싹트고 있던 독일의 반유대주의에, "언쟁과 싸움"을 도발한 "지독한 유대인 박해자들"에 마주했다.[1] 1880년대가 되면 그러한 괴롭힘은 만연해지지만, 보아스는 결투를 통해 부분적으로나마 이러한 모욕에 복수할 수 있었다. 결투가 그의 얼굴에 남긴 상처는 존경받을 만한 상층계급 독일인의 남자다움을 보여주는 상징이었다.

1881년 보아스는 베를린으로 가서 독일의 선구적인 인류학자 아돌프 바스티안과 독일 인류학의 아버지로 여겨지는 루돌프 피르호 밑에서 대학원 과정을 밟았다. 두 사람은 보아스에게 신체 측정의 자연인류학을 가르쳤으며 환경이 머리의 형태에 영향을 미칠 수 있다고 경고했다.[2] 독일에서 그보다 더 뛰어난 교육을 받을 수는 없었지만, 반유대주의가 밀어닥치는 상황이라 그는 조국에서 유망한 직업을 얻을 수 없었다. 독일 민족주의의 지적 화신 하인리히 폰 트라이츠케 교수가 이끈 베를린 운동이 유대인에 대한 공공연한 증오를 훌륭한 것으로 선전하고 널리 퍼뜨려서, 보아스는 이민을 신중히 고려했다.[3]

1883년 그에게 독일에서 멀리 떨어진 북극지방 컴벌랜드 해협에 있는 아나르니투크섬에서 정신물리학(신체의 감각과 정신의 지각 사이의 관계를 탐구하는 학문)을 연구할 기회가 찾아왔다. 보아스는 그곳에서 이누이트족과 함께 살면서 그들처럼 인식하고 생각하려고 노력했다. 그 2년간의 현장 연구는 유익하고 즐거웠다. 고생과 익숙하지 않은 음식조차도 매력적이었다. 그는 바다표범의 생간이 "내키지 않는 마음을 어느 정도 극복하면 맛이 나쁘지 않다"는 것을 알게 되었다.[4]

19세기 말 유럽의 인류학자들은 대체로 편협하고 거만했다. 이들은 백인의 타고난 우월성과 근대 엘리트 과학의 무오류성이라는 두 가지 기본적인 가정 위에서 활동했다. 유럽 학자들은 과학적 방법론을 채택했기에 보편적 지식에 도달했다고 추정되었다. 학생 때라면 그러한 교조적 주장을 받아들였을지 모르지만 보아스는 독립적인 성향을 지닌 사람이었다. 그는 이누이트족과 함께 보낸 시기 동안 정반대의 결론에 이르렀다. 예를 들어 보아스는 이누이트족의 언어를 기록하고 이해하려 했다가 실패했는데, 그는 한계가 이누이트족이 아니라 자신에게 있음을 깨달았다. 그는 유럽인 학자들이 자신들의 방식을 신성시한 탓에 무능해졌음을 서서히 알아챘다. 보아스는 이누이트족에 대해 "우리[문명인]에게는 그들을 경시할 권리가 없다"고 말했는데, 이는 당대에 거의 유례를 찾아볼 수 없는 이단적인 생각이었다.

이런 깨달음을 바탕으로 보아스는 20세기 인류학을 지배하게 될 문화적 상대주의에 많이 가까워졌다. 서구의 지식을 포함하여 모든 지식은 상대적이며 한계가 있었다. "우리의 생각과 개념은 우리 문명[즉 우리 문화]에 관해서만 진실이다."[5] 알아야 할 것을 모조리 다 알기란 불가능했다. 다른 사람들에 관해 무엇이든 알려면 그들의 세계 속으로 깊이 들어가야 했다. 어떤 의미에서는 그들 중의 한 사람이 되어야 했다.

1885년 이후 10년 동안 보아스는 태평양 북서부로 여러 차례 현장 연구 여행길에 올랐으며, 뉴욕의 미국자연사박물관, 1893년 시카고 세계콜럼버스박람회, 당시 G. 스탠리 홀이 총장을 맡은 초창기로 분위기가 들떠 있던 매사추세츠주 우스터의 클라크 대학교 등에서 일련의 임시직을 맡아 일했다. 보아스는 그러한 방랑 덕분에 독일에서 벗어나 충분한 연구 시간을 가졌지만, 안정적인 자금을 확보하지는 못했다. 마침내 1896년 서른여덟 살이라는 적지 않은 나이에 보아스는 컬럼비아 대학교의 인류학 강사 자리를 얻었다. 그가 합류한 교수진에는 유명한 청년 윌리엄 Z. 리플리도 있었다. 보아스의 삶이 갑자기 편해지지는 않았다. 리플리가 직업을 선택할 수 있었고 넉넉한 보수를 받은 반면, 보아스는 컬럼비아 대학교에서 하찮은 급여의

임시직으로 시작했다. 그나마 부자 삼촌의 보증 덕분에 가능했다. 당시 기세를 더하고 있던 미국의 반유대주의가 그러한 차이에 일정한 역할을 했음은 분명하다.[6]

그럼에도, 보아스는 신중하되 혁신적인 학자로서 빠르게 국제적 명성을 얻었다. 보아스의 동료들은 보아스가 자신들의 인종적 우월함과 문명에 대한 전통적인 관념에 이의를 제기했음에도 불구하고 곧 그의 현장 연구와 성과물을 존중하게 되었다. 그가 마흔한 살이던 1899년에 동료들은 그에게 종신 재직권을 부여했다. 보아스의 혁신 중 하나는 그가 1894년에 미국과학진흥협회의 인류학 분과에서 행한 연설에 등장한다. 연설 제목은 「인종으로 결정되는 인간의 능력Human Faculty as Determined by Race」이었다. 그 전제는 인종과 문화, 언어를 분리할 수 있는 독립적인 변수로 서로 혼동하지말아야 한다는 것이었는데, 이는 1911년에 초간되고 1930년대 말에 개정판이 나온 보아스의 걸작 『원시인의 마음The Mind of Primitive Man』의 토대가 되었다. 그러나 이러한 논점은 미국인에 적용되는 진술로서는 인류학자들이 인종 전문가가 되고 있던 1930년대가 되어야 대중의 의식 속에 서서히 침투한다. 그때 보아스의 『인류학과 현대의 삶Anthropology and Modern Life』(1932)이 중요한 과학적 선언으로 등장했다.

1894년 강연의 한 가지 논점은 백인성을 발전과 문명과 동일시한 진화론적 인종관에 의문을 제기한 것이다. 인종 간의 해부학적 차이가 중요하다고 여기지 않은 보아스는 인간의 몸과 정신을 형성하는 요인으로 인종이아니라 환경과 문화를 바라보았다. 바로 여기에 문화적 상대주의의 근본적인 배아가 있었다. 곧 이에 매료된 지지자들이 등장했는데, 그중에는 폴 브로카의 후계자로 당시 프랑스의 중요한 인류학자였던 폴 토피나르도 있었다. 토피나르는 보아스의 생각에 박수를 보내며 그를 "[자기가] 미국에서 보고 싶은 사람, 바로 그 인류학자"라고, 그와 더불어 "미국 인류학은 새로운 국면에 접어든다"고 선언했다. 보아스는 비록 유럽에서 마음이 불편했지만, 유럽인의 우월주의를 어느 정도 간직했다. 그는 미국의 인류학자들을 눌러버릴 수 있어서 즐거웠다. 그들에게는 자신이 받은 구세계의 교육이 없었기 때문이다. 그는 이렇게 인정했다. "실제로 이곳에서 최고의 인류학자 반열에 들기란 매우 쉽다."[7]

보아스의 1894년 연설은 독창적이었지만 여전히 낡은 관념이 많이 담겨 있었다. 그중 하나는 영국의 프랜시스 골턴과 헨리 캐벗 로지의 「미국의 능력 분포」와 같은 방식으로 '위인'의 숫자를 비교하는 것이 타당하다는 생각이었다. 그리고 보아스는 여전히 시험적이었다. 그는 이렇게 연설을 끝맺는다. "내가 증명하려 애썼듯이 인종 간에 재능이 어떻게 분포되었는지는 결코 알 수 없지만, 이 정도는 말할 수 있다. 백인의 평균적인 능력은 다른 모든 인종의 많은 개인에게서 같은 정도로 발견된다. [그렇지만] 이 인종들의 일부는 우리 인종만큼 위인을 높은 비율로 배출하지 못할 수 있다." 어쨌거나 당대에 완벽하다고 생각된 학문의 기조가 그러했으니, 보아스가 이렇게 위인의 숫자를 헤아려 다른 인종과 문화의 실패를 추론하더라도 그냥 넘어갈 수 있을 것이다. 보아스 말고도 많은 학자가 이와 같은 일을 했지만, 그는 머물러 있지 않았다. 보아스는 곧 상대적 지능이라는 관념을 기각했고, 더불어 '고등' 인종과 '하등' 인종이라는 명칭도 버렸다.[8]

1906년 보아스는 선구적인 아프리카계 미국인 사회과학자 W.E.B. 듀보이스(1868~1963)로부터 애틀랜타 대학교의 졸업식 연설을 해달라는 요청을 받고 이를 수락함으로써 다시금 다른 인종을 포용하는 담대함을 보여주었다. 보아스는 흑인 기관에 기꺼이 발을 들이려 한 백인 학자로 머물지 않았다. 그는 자신들에게 적의를 드러내는 미국 사회로 들어갈 흑인 청년들에게 격려의 메시지를 전했다. 1906년이었음을 생각하면 매우 놀라운 일이었다. 보아스는 부끄러울 일은 아무것도 없다며 그들을 격려했다. 다른 인종들도, 로마 제국의 선조와 북유럽 야만족도 저마다 암흑기를 견뎌냈다. 그러하니 교육받은 흑인 청년들은 "[자기] 인종의 능력"을 이해할 수 있다면 "[자기] 인종에 대한 모욕의 감정을 근본적으로" 공격할 수 있고, 그로써 "스스로 구원을 성취할" 수 있을 것이었다.[9]

이 애틀랜타 연설에서 보아스는 흥미로운 비교를 한다. 예를 들면, 그는 유럽의 유대인과 기독교인 사이의 차이를 유럽의 귀족과 농민 사이의 가공의 인종적 차이에 비유한다. 이 당시에 고비노와 라푸주 같은 프랑스 저술가들은 다른 많은 유럽 작가와 더불어 프랑스의 귀족은 튜턴인이며 평민은 다른 인종이요 열등한 인종으로 추정되는 켈트인이라고 생각했다. 그러나 보아스는 그렇지 않다고 선언한다. 유럽의 귀족은 "평민과 똑같은 혈통을" 지녔다. 유럽의 유대인도 마찬가지였다. 그들과 함께 사는 기독교도와 "약간 다른 유형의 민족"이었다.[10] 보아스가 "유럽" 유대인으로 독일인을 염두에 두었던 것은 분명하다. 다른 논평에서 그는 폴란드와 러시아에서 새롭게 들어온 유대인 이민자들과 거리를 두었다. 그는 그들에게 "동유럽 히브리인"이라는 이름을 붙여주었다.

자신을 독일계 미국인으로 생각한 보아스는 자신의 유대인성을 숨기지 않았지만 그렇다고 뚜렷이 드러내지도 않았다. 그래야 할 이유가 있었을까? 보아스에게 유대교는 하나의 종교였다. 보아스는 자신의 가족이 "교리의 족쇄를 끊었다"고 말했다. 그러므로 그는 "전통이 우리에게 가한" 속박에서 해방되었고 종교가 아니라 윤리를 삶의 지표로 삼기 위해 노력할 수 있었다.[11] 유대인 '인종' 따위는 있을 수 없었다. 왜냐하면 보아스에게 인종은 신체에, 치수와 무게를 잴 수 있는 몸에 있기 때문이다. 보아스는 리플리와 그의 전거 잉글랜드인 존 베도에게 아주 익숙한 인종적 기질이라는 관념을 전혀 신뢰하지 않았다. 보아스는 유대인성이 결국 동화를 통해 미국 사회 안으로 사라지리라고 추정했다. 그를 비롯하여 미국의 다른 대다수 독일 유대인은 그러한 믿음에 의지하여 살았다. 그러나 보아스는 러시아와 폴란드에서 새로 들어온 유대인들에 대해서는 다르게 판단했다. 20세기 초에 그들의 모습을 보고 보아스는 실망하지 않을 수 없었다.

당대의 편견을 모조리 내버릴 수는 없었던 보아스는 이민자의 생소함을 두 가지 방식으로 다루었다. 하나는 포용이요 다른 하나는 배제였다. 확실히 미국 사회는 수십 년 동안 마법을 부렸다. 미국에서 태어난 세대가 신체적으로나 문화적으로 동화되었기 때문이다. 그러나 미국 사회가 수많은 다른 민족뿐만 아니라 이 새로운 이민자도, "이탈리아인, 오스트리아와 러시아, 발칸반도의 다양한 슬라브인, 헝가리인, 루마니아인, 동유럽 히브리인"도 미국화하여 "북서 유럽인의 신체적 유형"에 가깝게 만들 수 있을까? 보아스에게 여러 점에서 매우 독특한 "이 사람들"은 "우리 자신과 다른 유형의 유입"으로서 걱정을 불러일으켰다.[12]

여기서 우리는 모순에 부딪힌다. 보아스는 이민규제를 지지하지 않았다. 과도한 인종주의였기 때문이다. 그러나 그가 사용한 "우리"라는 낱말은 "우리"와 "그들"이라는 이데올로기를 직접적으로 가리킨다. 매우 자유주의적인 이 사상가조차 인종주의 이데올로기에 내재한 우리와 타자의 구분을 피할 수 없었다. 1900년대 초는 인종 평등을 생각하기에는 특히 곤란한 시절이었고, 따라서 그러한 긴장이 보아스의 책 곳곳에서 거듭 나타난다.

「인종으로 결정되는 인간의 능력」은 21세기 독자에게는 소심한 연설로, 심지어 퇴행적인 연설로 받아들여질 수 있다. 애틀랜타의 흑인 청중 앞에서

한 "당신네 사람들your own people"은 불편하게도 밉살스러운 표현인 '너희들you people'에 가까운 의미로 들릴 수 있다.* 그러나 인종주의적 반목이 살벌하던 시절에 보아스가 흑백의 구분을 뛰어넘어 따뜻한 말을 한 것은 인상적이다. 19세기 말, 검은 피부의 가난한 사람들은 종종 잔인한 공격의 희생양이 되었다. 최악의 경우 린치로 죽임을 당했다. 백인 우월주의와 강력한 앵글로색슨주의가 창궐하고 앵글로색슨족에 속하지 않은 노동자들이 극악무도하게 혹사당하는 상황에서, 보아스는 놀랍도록 용감해 보인다.

당시에 린치가 불법이라는 사실은 중요하지 않았다. 1890년대에 인종을 불문하고 1,200명이 넘는 남녀가 린치를 당했는데, 당국은 눈길도 주지 않았다. 법률적으로는 인종 분리를 규정한 주법과 지역 법령에 따라 실제로 유색인은 공공 영역에서 쫓겨났다. 전국적인 차원에서 보면, 미국 연방대법원이 1896년 플레시 대 퍼거슨 재판에서 루이지애나주의 객차분리법이 유효함을 인정하여 사실상 남부인의 삶의 전 영역에서 인종 분리의 길을 열어놓았다. 그러한 법률과 판결은 지역적 관행과 결합하여 수십만 명의 참정권을 박탈했으며, 남부의 연방 권력 장악력이 강고해져 모든 국내 정치에 인종주의가 침투했다.

아메리카 원주민과 아시아 출신자에 관한 연방정부의 정책도 그들이 백인의 탐욕에 취약함을 드러냈다. 1882년 조직노동의 거센 요구에 따라 통과된 중국인이민금지법은 중국인 노동자의 이민을 금지했다. 미국노동조합총연맹 지도자이자 자신도 잉글랜드에서 건너온 유대인 이민자였던 새뮤얼 곰퍼스는 그 법률이 처음으로 통과되었을 때, 그리고 10년 뒤 연장될 때

---

* "you people"은 특정 집단의 외부인을 경멸적으로 지칭하는 말로 미국에서는 화자가 자신과 다른 인종에 속한 사람들을 앞에 두고 쓰면 인종주의적 함의를 갖는다. — 옮긴이주.

아시아인의 이민 금지를 큰소리로 요구했다. 곰퍼스는 심지어 중국인이 태평양의 미국령 섬에 정착하는 것과 파나마 운하에서 일하는 것도 막으라고 압박했다.[13] 중국인이민금지법의 최초 통과 전후로 서부의 아메리카 원주민과 아시아인도 그들의 땅과 일자리를 탐낸 백인들에 희생되었다. 현지의 백인들은 이웃의 중국인들을 괴롭히고 공격하고 내쫓았다. 1887년 도스법은 아메리카 원주민이 통제한 토지를 절반으로 줄여버렸다. 부족 영토를 분할하여 개별적으로 분배하고 이른바 잉여 토지에 백인이 정착할 수 있게 한 것이다. 남부의 여러 주는 미시시피와 사우스캐롤라이나를 필두로 1890년대에 인두세, 문해력 조건과 재산 조건, 기득권 조항이 포함되도록 주 헌법을 개정하여 남부에서 흑인의 정치적 삶을 끝장냈다.

경제적으로 어려운 시기였기에 노동과 관련된 긴장은 더욱 심해졌다. 1870년대 펜실베이니아주 서부에서 슬라브인과 이탈리아인 광부들은 혹사와 배척, 사취, 감금, 공격으로 고통을 당했다. 미군은 1890년 사우스다코타주 운디드니에서 라코타족(수족) 원주민을 학살했다. 린치는 흑인 미국인의 천형이었으나 1891년에는 뉴올리언스에서 이탈리아인 11명의 목숨을 앗아갔다. 다른 곳에서도 노사분쟁으로 회사의 사설경호대와 주방위군, 국방경비대가 나서서 이를테면 1892년 펜실베이니아 홈스테드의 철강공장에서 한 것처럼 파업 노동자들을 진압했다.[14] 지역의 경찰과 보안관, 그리고 1890년 셔먼 반트러스트법은 고용주들의 뜻에 따라 노동조합을 분쇄하고 파업 노동자들을 다시 일터로 돌려보냈다. 험악한 분위기는 노동자들을 뛰어넘어 미국 사회의 상층부에도 도달했다.

1877년, 주목할 만한 반유대주의 사건이 하나 발생했다. 새러토가스프링스의 한 호텔이 뉴욕의 금융가 조지프 셀리그먼을 들어오지 못하게 막은 것이다. 그의 은행은 남북전쟁 중에 연방군의 자금 조달을 지원했다. 반유대주의 폭력의 조직적 분출은 1890년대 경제침체기에 처음으로 나타났다. 루이지애나주와 미시시피주에서는 큐클럭스클랜 단원들이 유대인 가족과 사업을 공격했다. 그때까지 투석 행위 같은 개인적인 공격은 간간이 볼 수 있었지만 이제는 북부 전역에서 흔한 일이 되었다. 1891년 뉴저지의 노동자 500명은 고용주가 러시아 유대인 14명을 고용하자 사흘 동안 폭동을 일으켰고, 이에 유대인 노동자들과 주민들이 도피해야 했다. 보스턴의 명문가 출신 헨리 애덤스 같은 교양 있는 미국인들은 오랫동안 반유대주의적 감정을 숨기고 있다가 이제는 유대인이 국가를 장악하고 있다는 진부한 고정관념을 거리낌 없이 드러냈다.

폭도가 날뛰고 학자들이 앵글로색슨계 미국인의 절대적인 우월함을 주장하면서, 제국주의적 팽창은 이론에서 실천으로 넘어갔다. "거역할 수 없는 운명"이라는 앵글로색슨족 정체성은 1845년부터 뚜렷했다. 기자 존 오설리번이 (켈트인의 이름을 가졌는데도) 멕시코 국경에 찍힌 "앵글로색슨족의 발"과 북아메리카 서쪽 곳곳에 쏟아져 들어온 "앵글로색슨족 이주민의 막을 수 없는 군대"라는 이미지를 연상시키는 문구를 만들어냈을 때였다. 앵글로색슨족은 분명코 카리브해와 아시아를 점령해야 했다. 특히 1898년 스페인-미국 전쟁은 제국을 위한 꽤 명백한 약탈이었는바 미국 통치 계급에 새로운 변경을 약속했다. 이제 거의 신격화된 시어도어 루스벨트는 확실하게 결정권을 쥐었다. 네덜란드 혈통인 그는 때로 토머스 칼라일과 랠프 월도 에머슨을 따라 "미국 인종the American race"이나 "우리 인종our race"에 관해 얘기하기를 좋아했다.[15]

인종주의는 학문에 침투했다. 보아스의 분야에서 더 오래된 선도자들은 그의 인종적 상대주의를 재빨리 거부했다. 저명한 진화론자인 대니얼 브린턴은 1895년 미국과학진흥협회 회장 취임 연설에서 보아스의 1894년 이론을 거부하며 다음과 같이 단언했다. "흑인종과 갈색 인종, 적색 인종은 해부학적으로 백인종과 아주 많이 달라서······ 두뇌 용량이 동일하다고 해도, 똑같이 노력한다고 해도 결코 동일한 성과를 낼 수 없다."[16] 보아스의 컬럼비아 대학교 동료 존 W. 버지스 같은 사람들이 앵글로색슨족이 우월하다는 주장을 계속해서 쏟아냈다. 버지스는 1895년 『폴리티컬 사이언스 쿼털리Political Science Quarterly』에 쓴 글에서 미국으로의 자유로운 이민을 지지하는 자들은 무지하고 사악하다고 비난했다. 그는 새로이 유행할 만한 인종주의적 용어로 이렇게 주장했다. 그들은 "비아리아인 성분들로 [미국을] 오염시키려" 했다.[17] 인종적 우월주의로부터 조심스럽게 조금씩 멀어진 보아스보다 이러한 성격의 비열함을 내보인 사람들이 목소리가 훨씬 더 컸다.

윌리엄 Z. 리플리의 『유럽의 인종』은 1899년 출간되었고, 같은 해 컬럼비아 대학교의 동료 프란츠 보아스가 교수직을 받았다. 묘하게도 보아스가 미국과학진흥협회의 권위 있는 학술지 『사이언스』에 그 책의 서평을 실었다. 보아스의 비판은 세 가지 중요한 점에서 기존의 찬사에서 급격하게 이탈한다. 첫째, 보아스는 리플리가 개념적으로 설명한 규범적인 인종 유형에 이의를 제기했다. 보아스에게 그것은 무의미했다. 나아가 그는 유럽에 셋이나 그 이상의 인종이 존재한다는 견해를 의심했다. 마지막으로 그는 머리지수가 인종을 판단하는 시금석으로서 갖는 타당성에 진지하게 유보적 태도를 취했다.[18]

그러한 회의론은 리플리 책의 신뢰성을 훼손했으며 보아스가 새로운 세기에 인류학을 어디로 끌고 갈지를 보여주었다. 그러나 동시에 여기에는 해석의 문제가 있었다. 1899년 보아스 자신도 여전히 머리의 치수를 측정하고 있었기 때문이다. (그의 학생 중 가장 유명한 두 사람인 인류학자 마거릿 미드와 민속학자요 소설가였던 조라 닐 허스턴이 나중에 이 연구를 돕게 된다.) 클라크 대학교에 있을 때 보아스는 피르호의 방식으로 취학 아동의 머리지수를 연구했다. 그는 단순하게 독일에 있는 스승의 연구를 수행했을 뿐이다. 피르호는 1870년대에 취학 아동 수만 명의 머리를 측정하여 색조와 머리지수에 따라 분류했다. 그러나 1890년대 중반에 피르호는 회의적인 생각이 들었다. 그렇게 수천 건을 측정했어도, 언어와 문화, 신체가 깔끔하게 일치하지 않는다는 사실 이외에 달리 드러난 것이 없었다. 피르호는 북유럽인을 지칭하는 당대의 다른 용어인 '인도유럽인'이 전혀 단일한 신체 유형을 드러내지 않는다고 결론 내렸다.[19] 보아스로 말하자면 아직 그 정도로 멀리 나갈 준비는 되어 있지 않았다. 인종 유형과 머리지수라는 개념에 관하여 더 많은 연구가 이루어졌다면 절박했던 새로운 이민자 문제를 해결할 실마리가 생겼을지도 모른다.

보아스는 그러한 연구를 수행하던 중에 모리스 피시버그가 수집한 자료에 눈을 돌렸다. 그는 뉴욕에서 유대인이 압도적으로 많이 거주한 로어이스트사이드에서 개업한 의사였다. 피시버그는 두 세대에 걸쳐 49개 유대인 가구를 측정하여 흥미로운 결과를 얻었다. 다만 설득력 있는 결론을 뒷받침하기에는 표본이 너무 작았다.• 표본의 크기를 확대하려면 새로운 자금이 필요했고, 따라서 피시버그는 보아스에게 1907년에 의회가 설치한 상하원

• 우크라이나 남서부 출신의 이민자인 모리스 피시버그는 모교인 뉴욕 대학교에서 의학을 가르쳤다. 그는 뉴욕시의 유대인에 관하여 여러 편의 논문을 쓴 뒤 1911년에 『유대인: 인종과 환경에 관한 연구The Jews: A Study of Race and Environment』를 출간했는데, 보아스처럼 책에서 유대인의 골상이 매우 다양하며 유대인은 신체적으로 다른 유럽인과 다르지 않다고 주장했다. 『뉴욕 타임스』에서 그의 책을 익명으로 평한 자는 "유대 인종"이 순수하지 않다면 왜 "지구의 서로 매우 다른 구역에 있는 유대인 남녀가 서로 현저하게 닮았는지" 궁금해하며 그의 주장을 받아들이지 못했다.

합동 이민위원회에 접촉해보자고 제안했다. 18세기 말 미셸기욤장 드 크레브쾨르와 새뮤얼 스탠호프 스미스는 현저히 미국적인 새로운 신체 유형을 제시했고, 랠프 월도 에머슨은 몇십 년 후 그러한 방침에 따라 의문을 표했다. 보아스는 여기서 착상을 얻어 "환경 변화가 인간의 신체 특징"에 미치는 영향을 연구하겠다고 제안했다. 그는 특히 남유럽과 동유럽 출신의 이민자들이 미국의 환경에 적응할 수 있는지 알아보기를 원했다.

이민위원회는 보아스의 제안에 자금을 댔으며(그러한 문제들이 해결되지 않은 상태에 있었다), 보아스는 1908년에서 1909년까지 약 1만 8천 명에 달하는 동유럽 유대인과 러시아 유대인, 보헤미아인, 나폴리인, 시칠리아인, 폴란드인, 헝가리인, 스코틀랜드인의 측정을 지휘했다.[20] 여전히 미국으로 들어오고 있던 수만 명의 북유럽인은 대체로 아일랜드인과 독일인으로 아무런 불안도 일으키지 않았기에 이 연구에서는 거의 측정되지 않았다. 여기에 미국 백인성의 두 번째 확대가 가진 다른 특징이 있다.

1907년 이민위원회는 의장인 버몬트주 공화당 상원의원 윌리엄 딜링햄의 이름을 따서 딜링햄 위원회로 부르기도 했다. 위원회는 구성된 직후 이민규제를 향해 큰 걸음을 내디뎠다. 민주당의 그로버 클리블랜드 대통령은 1897년 문해력 시험 합격자의 수를 제한하는 (그리고 미국노동조합총연맹의 지지를 받은) 법안에 거부권을 행사함으로써 이민제한주의자들을 실망시켰다. 남부의 여러 주는 문해력 시험을 흑인과 가난한 백인의 투표권을 제한하는 수단으로 이용하기 시작했으며, 딜링햄 위원회는 이민제한이라는 대의를 강력하게 채택했다. 1910년 폐지될 때까지 위원회는 41권에 달하는 18건의 이민 보고서를 후원했고, 이 보고서들 대부분은 규제를 권고했다. 그러나 한 건은 보아스가 측정한 이민자와 그 자녀들에 관한 것이었다.

거의 600쪽에 이르는 보아스의 『이민자 후손의 신체 형태 변화Changes in

Bodily Form of Descendants of Immigrants』는 대체로 그래프와 삽화, 도표로 이루어져 있다. 리플리 등이 방법론상의 건전성을 보여주기 위해 사용한 바로 그 과학적 장치였다. 키와 몸무게를 상세히 기록했지만, 이는 인종 측정치의 핵심인 머리지수에 비하면 중요하지 않았다. 보아스가 조사한 여러 이민자 중 일부의 머리는 다른 이들보다 더 많은 관심을 받았고, 그의 결론 중에서 가장 유명한 것은 가장 못생긴 이민자들, 즉 남부 이탈리아인("시칠리아인과 나폴리인")과 러시아와 폴란드의 유대인("동유럽 히브리인")에 관한 것이었다.

보아스는 결과물을 일반적인 표의 형태로 제시한다. (도판 16.1, 보아스의 "표8" 참조) 예를 들면 표8은 미국 밖에서 출생한 아이들, 이민자 여성이 미국에 도착하고 10년 이내에 출산한 아이들, 그 이후에 태어난 아이들의 세 유형으로 나뉜 유대인 젊은이들의 머리 모양에 나타난 차이를 보여준다. 깜짝 놀랄 일은 오른쪽 칸에 있다. 여성이 미국에 산 기간이 길수록, 그녀가 미국에서 낳은 아이의 머리 모양이 미국 밖에서 낳은 아이의 머리 모양과 더 많이 달랐다.[21] 이러한 발견은 단연 혁명적이었다.

보아스는 결코 변하지 않을 것으로 생각되는 머리 모양이 실제로 변하고 있었음을 알아냈다. 둥근 머리의 "동유럽 히브리인"은 머리가 더 길게 변한 반면, "이탈리아에서는 지나치게 긴 머리를 가진 남부 이탈리아인들"은 머리가 점점 더 작아졌다. 모든 것을 종합하면 이렇게 보였다. "머리의 둥근 정도에 관하여 말하자면, 이 나라에서는 둘 다 단일한 형태에 가까워진다." 이는 보아스가 찾던 결과일 수도 있다. 이러한 변화는 비록 크지 않았지만, 보아스는 그 변화에 매우 큰 의미를 부여했다. 그는 이렇게 결론 내렸다. "신체의 이러한 특징들이 변할 때, 이민자의 신체적, 정신적 구조 전체가 변할 수 있다." 그러므로 알프스인과 지중해인, 유대인은 신체에서, 따라서 정신과 영혼에서도 앵글로색슨족에 합류하여 진정한 미국인이 될 것이다. 이유는 이렇다. "이민자의 적응력은 우리가 조사하기 전에 추정할 수 있던 것보다 훨씬 더 커 보인다." 보아스의 연구는 기본적으로 새로운 이민자들에게 지나치게 흥분할 필요가 없음을 증명했다.*

놀랍지도 않지만 딜링햄 위원회는 영구적 유형이라는 관념을 지지하는 반대의 결론에 도달했다. 위원회는 치열한 논쟁 끝에 단 하나의 보고서일망정 보아스의 연구에 담긴 학문적 의미에 충분히 주목했지만 그의 발견을 위원회 보고서에 넣기를 거부했다. 불완전하다고 보았기 때문에 모호하게 추가 연구를 권고했을 뿐이다.[22] 그렇지만 결국에 보아스가 승리했다. 사회과학자들과 교육받은 일반 대중이 그의 연구에 주목했고, 그는 국제적으로 명성을 얻었다.[23] 남유럽과 동유럽의 인종이 신체적으로 변화할 가능성이 있다는 견해가 이민과 미국인의 정체성에 관한 진보적 논의에 퍼져나갔다. 마침내 이민자 머리에 관한 보아스의 연구 덕분에 머리지수는 인류학의 쓰레기통에 버려졌고 유전 대 환경의 저울은 적어도 한동안은 환경 쪽으로 기울어졌다. 그렇게 기울기까지 참으로 오랜 시간이 걸렸다.

단기적으로 볼 때, 미국 이민정책은 전혀 변하지 않았다. 정확히 말하면, 이민제한주의자들의 운동이 이민자 단체들과 그 협력자들의 반대에 부딪혀 점차 소멸했다고 할 수 있다. 이민자 사회는 가게와 살롱부터 시작하여 신문사와 정치 단체까지 온갖 기관을 만들었다. 펜실베이니아 슬로바키아 가톨릭협회, 우크라이나 노동자협회, 폴란드 여성동맹, 이탈리아의 아들들, 세르비아 민족연맹, 『시카고어 아르바이터 차이퉁*Chicagoer Arbeiter Zeitung*』,

---

• 그렇지만 클래런스 그래블리와 리처드 잰츠, 코리 스파크스가 2001년과 2003년에 보아스의 이민자 연구를 재검토한 뒤 보아스가 발견한 변화는 너무 미미하고 서로 모순적이어서 '유형'이 변했다는 그의 주장을 지탱하기 어렵다고 결론 내렸음을 언급할 필요가 있다.

TABLE 8.—*Differences in head form of Hebrew males, between foreign-born, those born in America within 10 years after arrival of mother, and those born 10 years or more after arrival of mother*—Continued.

CEPHALIC INDEX.

Age.	Average of total series.		Differences in cephalic index of total series and those—					
			Foreign-born.		Born in America—			
					Less than 10 years after arrival of mother.		Ten years or more after arrival of mother.	
		Cases.		*Cases.*		*Cases.*		*Cases.*
5 years	83.5	71	+1.5	18	±0.0	29	−1.1	24
6 years	84.1	57	±0.0	16	+0.4	28	−0.8	15
7 years	83.3	75	+0.7	18	+0.2	32	−0.7	25
8 years	83.3	98	+1.0	27	+0.2	45	−1.6	26
9 years	83.0	185	+1.7	51	−0.5	34	−1.0	100
10 years	83.0	359	+1.6	83	−0.4	137	−0.6	139
11 years	82.9	442	+1.6	114	−0.2	189	−1.1	139
12 years	82.9	521	+1.7	153	−0.2	225	−1.2	163
13 years	82.8	498	+1.2	137	−0.2	208	−0.9	153
14 years	82.5	477	+1.6	120	−0.2	223	−1.0	134
15 years	82.4	331	+1.7	94	−0.4	174	−1.6	63
16 years	82.6	73	+1.1	36	−0.8	23	−1.6	14
17 years	82.2	40	+0.8	24	−1.4	10	−1.2	6
18 years	82.4	27	+0.6	22	−0.7	3	−5.4	2
19 years	82.8	37	+0.1	31	+1.0	4	−4.3	2
20 years and over	82.9	803	+0.1	764				

WIDTH OF FACE.

Age.	*Mm.*	*Cases.*	*Mm.*	*Cases.*	*Mm.*	*Cases.*	*Mm.*	*Cases.*
5 years	116.3	68	+1.0	15	+0.3	29	+0.6	24
6 years	116.5	53	−0.4	15	+0.3	23	±0.0	15
7 years	118.2	61	+1.1	15	+0.2	32	−1.0	24
8 years	121.1	95	+0.8	25	+0.3	44	−1.9	26
9 years	122.1	194	±0.0	50	+0.5	62	−0.4	82
10 years	123.4	358	+1.3	82	−0.3	141	−0.3	135
11 years	124.8	441	+0.9	113	−0.2	184	−0.4	144
12 years	124.8	520	+1.8	152	±0.0	225	±0.0	163
13 years	127.5	497	+0.1	136	−0.1	208	−0.1	153
14 years	129.8	475	+0.2	118	+0.3	215	−0.7	142
15 years	131.2	329	+1.1	93	−0.3	153	−0.1	83
16 years	131.9	72	+1.5	36	−1.3	23	−1.5	14
17 years	133.2	40	+0.8	24	−1.7	10	−0.7	6
18 years	135.0	27	+0.1	22			−0.4	5
19 years	135.1	36	−0.2	30			+1.2	6
20 years and over	138.4	793	+0.1	755			−1.5	58

16.1 프란츠 보아스, "표8. 히브리인 남성으로, 외국 태생, 여성이 미국에 도착하고 10년 이내에 출산한 아이들, 도착 후 10년이 지나 태어난 아이들의 머리 형태 차이." 미국 이민위원회 보고서(뉴욕: 컬럼비아 대학교 출판부, 1912)

『아이리시 월드*Irish World*』 같은 명칭들은 그들의 출신지를 드러내며, 그 숫자는 아주 많았다. 공제조합, 상호부조 단체, 장례조합, 민족주의적 단체, 살롱과 선술집, 외국어 신문이 이민자들을 계속 고국과 연결했으며 중요한 소식을 모어로 전달했다.[24] 1880년에 뉴욕의 일간지로 창간된 대중적인 이탈리아어 신문 『일 프로그레소 이탈로아메리카노*Il Progresso Italo-Americano*』는 독자가 10만 명을 넘었고, 1897년에 창간된 이디시어 신문 『주이시 데일리 포워드*Jewish Daily Forward*』는 17만 5천 부를 발행했다. 정치 클럽들은 이민자의 요구를 들어주는 자들에게 표를 몰아주어 의원으로 당선시켰다.

예를 들면, 이민규제가 1880년대에서 1920년대로 연기된 것은 특히 뉴욕에서 이민자 사회가 의회에 들여보낸 의원들의 정치적 영향력을 보여주는 증거이다. 최초의 이탈리아계 미국인 하원의원은 1890년에 선출되었다. 1882년부터 1890년까지 캘리포니아주 의회에서 일한 뒤였다. 19세기에 하원에 입성한 유대인의 수는 극히 적었지만, 1900년 이후 그 숫자는 인상적으로 증가했다. 제1차 세계대전 이전에 20명 이상의 유대인이 의회에서 활동했다. 대다수는 뉴욕주의 민주당원이었다.[25]

더불어 진보적인 성향을 지닌 자유사상가, 사회사업가, 인보관 사업가들이 인종주의의 올가미에 걸려 모욕을 당한 가난한 유럽 출신 이민자들에 대한 이해를 넓혔다. 진보주의의 약속을 실천으로 옮기며 자유주의자들은 공적 영역에서 영향력을 키워갔다. 이민자들과 그들의 자녀들, 그들의 기관, 그들의 친구들, 그리고 그들의 고용주들은 힘을 합쳐 이민, 나아가 노동자와 빈민에 더 우호적인 분위기를 형성했다.[26] 논란을 피하면서 공연히 긁어 부스럼을 만들고 싶지 않았던 윌리엄 태프트 대통령과 우드로 윌슨 대통령은 문해력 시험이 포함된 법안들에 거부권을 행사했다.

미국 정치 문화는 진보 시대로 진입하고 있었고, 보아스의 생각에 동의하는 사람들은 그러한 변화를 반영했다. 보아스는 자기 가족의 '48년 혁명가 Forty-eighter' 자유주의•를 오랫동안 자랑스럽게 여겼고, 그의 아내는 오스트리아 가톨릭 자유사상가 집안 출신이었다. 그의 친구인 펠릭스 아들러는 도덕문화협회를 설립했고, 보아스의 삼촌인 48년 혁명가 에이브러햄 야코비와 그의 친구 칼 슈어츠는 개혁을 옹호하며 특히 가난한 집 아이들의 빈곤을 중점적으로 다루었다. 보아스의 친구 중에는 또한 프랜시스 켈러와 빅토리아 얼 매슈스, 메리 화이트 오빙턴 같은 진보적 페미니스트도 있었다. 멜빌 허스코비츠와 오토 클라인버그, 루스 베네딕트, 조라 닐 허스턴, 마거릿 미드, 애슐리 몬터규 같은 그의 제자들은 앵글로색슨족이 아닌 자들을 연구했고 인간의 문화에서 환경이 결정적인 역할을 한다고 강조했다.[27]

공중위생과 빈민을 위한 사회사업을 옹호한 많은 인보관 사업가들과 도덕 개혁가들이 교육받은 여성이라는 사실이 중요했다. 시어도어 루스벨트가 자녀 양육의 의무를 저버린 여자들이라고 비난한 바로 그 여성들 말이다. 이들은 개인의 결점을 교정하는 것을 목표로 삼은 19세기 형태의 자선에서 벗어나 빈곤의 구조적 원인을 인식했다. 이들은 지역 자치단체와 주, 나아가 연방정부까지도 주민에게 특정 서비스를 당연히 받아야 할 권리로서 제공해야 한다고 말했다. 타고난 결점이 아니라 환경이 사람을 가난하게 만들기 때문이었다. 환경이 개선되면, 사람도 개선될 수 있었다.

대중문화는 혁신주의가 정점에 달한 이 시기에 중요한 역할을 했다. 이민위원회가 자료를 수집하고 보아스가 머리의 크기를 측정하는 동안, 미국의

• 유럽의 1848년 혁명의 여파로 자유주의적 성향의 독일인 수백 명이 망명했다. 이들은 마치 1968년 혁명가들이 그 활동 시기에서 이름을 가져온 것처럼 '48년 혁명가'로서 그 진보적 사상을 유지했다.

극장은 인보관과 이민자의 매력에 흠뻑 빠졌다. 1908년 10월 워싱턴디시에서 「도가니The Melting Pot」라는 연극이 상연되어 시어도어 루스벨트의 찬사를 받았고, 시카고와 뉴욕에서 장기 공연을 이어갔다. 이 작품을 쓴 영국 유대인 이민자 이즈리얼 쟁월은 이민자의 동화 과정을 보여주는 보아스의 그래프와 표를 멜로드라마 형태에 녹여 이민자가 미국인이 되는 창조 과정을 축하한다.•

「도가니」의 줄거리는 러시아의 같은 마을 키시너우(오늘날 루마니아와 우크라이나 사이에 있는 몰도바공화국의 수도)에서 이주했으나 서로 모르는 사이였던 두 인물을 중심으로 펼쳐진다. 귀족이요 혁명적인 기독교도였던 베라 라벤달은 이제는 뉴욕의 어느 인보관에서 일하고 있고, 유대인 음악가이자 작곡가인 다비드 키하노는 러시아 최악의 포그롬에서 부모가 학살당하는 광경을 목격했고, 그로 인한 정신적 상처 때문에 미국으로 이주했다. 조연으로 다비드의 정교도 삼촌 부부, 독일인 관현악단 지휘자, 키하노 가족의 아일랜드인 하인, 미국인 졸부 한량 등이 등장한다. 쟁월은 키하노 가족을 20세기 초에 무더기로 들어와 멸시당한 이민자인 아슈케나지 유대인 즉 '동유럽 히브리인'으로 그리지만, 그는 그들에게 상대적으로 더 존중받는 이베리아반도의 역사를 떠올리게 하는 세파르디 유대인의 이름을 부여한다. 영국 총리를 지낸 벤저민 디즈레일리는 총리로 취임하기 전인 1868년에 쓴 소설들에서 등장인물들에 세파르디 유대인 혈통을 부여한 바 있었다.[28]

「도가니」에서 사랑에 빠진 베라와 다비드는 옛 조국이 여전히 광분하여 들끓고 있음을 안다. 베라의 아버지가 이끈 포그롬으로 다비드의 부모가 살

• 쟁월은 러시아 유대인을 포그롬에서 구하여 미국에 재정착시키려는 위원회의 의장을 맡았던 경험이 희곡에 영감을 주었다고 말했다.

해되었음이 드러나고, 다비드의 삼촌 멘델은 가해자도 그 자식도 용서할 수 없다. 그러나 미국에서 다비드의 삼촌보다는 베라가 다비드의 감정을 더 잘 이해하며, 신세계는 그 젊은이들이 과거를 초월할 수 있게 해준다. 베라와 다비드는 각자 자기 종교를 버리지 않은 채 결혼하기로 한다.

희곡은 7월 4일에 다비드의 「미국 교향곡」이 감동적으로 연주되며 끝난다. 다비드와 베라는 자유의 여신상 뒤로 빛나는 일몰을 바라보며 미국이라는 도가니를 찬양한다.

다비드: [그 광경에 한껏 들떠 예언적으로]

신의 도가니를 비추는 신의 불꽃이야.

[잡았던 그녀의 손을 놓으며 아래쪽을 가리킨다.]

저기 놓여 있네, 위대한 도가니가 ─들어봐! 저 부글부글 끓어오르는 소리가 들리지 않아? 저기 입을 크게 벌리고 있잖아.

[그는 동쪽을 가리킨다.]

─세상 끝에서 저 항구로 거대한 배가 수없이 들어와

인간 화물을 쏟아붓네. 아, 정말 엄청난 소용돌이야!

켈트인과 라틴인, 슬라브인과 튜턴인, 그리스인과 시리아인, 그리고 흑인과 황인이 마구 뒤섞여 있어.

베라: [부드럽게 그에게 기대며]

유대인과 이방인들도.

다비드: 그래, 동쪽과 서쪽, 북쪽과 남쪽, 종려나무와 소나무, 극지와 적도, 초승달과 십자가도. 위대한 연금술사가 정화의 불꽃으로 저들을 녹이고 융합하는구나! 여기서 저들은 전부 하나가 되어 인간의 공화국과 신의 왕국을 건설하겠지.

베라, 모든 종족과 민족이 와서 일하고 앞을 내다보는 미국의 영광에 비하면 모든 민족과 종족이 숭배하고 뒤돌아보는 로마와 예루살렘의 영광이란 참으로 하찮아! [그는 감사 기도를 올리듯 빛나는 도시 위로 두 손을 치켜든다.] 이 거대한 대륙을 채울 운명을 지닌 채 태어날 수많은 그대들 모두에게 평화, 평화가 오기를. 우리 아이들의 신이 당신에게 평화를 주기를.

[그 순간 엄숙하게 잠시 멈춘다. 해는 떨어져 빠르게 사라지며, 광대한 전경은 더욱 평온한 황혼으로 물든다. 도시의 수많은 섬광이 여기에 밤의 부드러운 시를 더한다. 뒤쪽 먼 곳에서는 마치 외로운 길잡이별처럼 빛나는 자유의 여신상의 횃불이 어둑해지는 수면 위로 반짝거린다. 밑에서는 「나의 조국, 당신들의 나라」에 참여한 목소리들과 악기들의 부드러운 소리가 올라온다. 천천히 막이 내려간다.]29

전체적으로 보아, 1890년에서 1914년 사이에 이민과 동화의 문제는 혼란스러웠다. 보아스와 쟁월이 예시한 동화의 전망은 미국인들의 환영할 만한 태도 변화를 장려했다. 거꾸로 리플리의 명확하게 구분되는 세 유럽 인종이라는 관념은 더욱 견고한 힘을 유지했다. 두 상징적인 인물, 즉 귀족적인 대통령 시어도어 루스벨트와 학자 에드워드 로스는 이민자들이 자기들의 미국을 더럽힐까 두려워한 20세기 초의 교육받은 미국인 대다수의 생각을 표현했다. 이는 철저하게 인종주의적인 사고로 피부색이 하얀 인종을 향해 있었다.

17
루스벨트, 로스, 인종 자살

좋은 가문에서 태어났고 나무랄 데 없는 교육을 받은 의사소통의 거장 시어도어 루스벨트(1858~1919)는 인류 역사의 추동력으로서 인종을, 특히 '미국 인종American race'을 잊은 적이 없었다. 루스벨트는 정치적 상황에 따라 강조점이 바뀌기는 했지만 공인으로 사는 내내 책과 논문을 통해 꾸준히 이야기한 그 시대의 주요 인종 사상가였다.* 그리고 그는 시작이 빨랐다.

청년 루스벨트는 헨리 워즈워스 롱펠로의 『길가 여인숙 이야기Tales of a Wayside Inn』(1863) 중 "올라브 왕 이야기" 편에 묘사된 영웅시에 감탄했다. 루스벨트는 열네 살 때 독일의 드레스덴에서 여름을 보내던 중에 기독교가 전파되기 이전 시대에 용을 죽인 자 지크프리트에 관한 영웅담인 『니벨룽겐의 노래Nibelungenlied』를 읽고 튜턴인 유산을 더 깊이 이해하게 되었다.[1] 이

---

* 미국의 여론을 주도한 다른 대표적 인물인 호러스 M. 칼렌은 루스벨트를 "군악장이자 예언자"라고 불렀는데, 매우 적절한 표현이다.

후 하버드 대학교 학부생일 때에 그는 켄터키의 너새니얼 사우스게이트 셰일러 교수로부터 미국인의 인종적 위대함과 이민자의 열등함이라는 관념을 받아들였으며 미국 인종 담론의 일반적인 구조에 관하여 그의 견해에 동의했다. 루스벨트는 다른 많은 보수적 미국인처럼 키가 크고 호리호리한 이 켄터키 사람을 쉽게 미국 토착민의 전형으로 보았다. 루스벨트는 또한 컬럼비아 대학교에서 대학원에 다닐 때 독일 것이라면 무엇이든 찬미한 다른 보수주의자 존 버지스의 튜턴주의 관념을 흡수했다.

루스벨트가 정치에서 출세하는 과정은 눈이 어지러울 정도이다. 태생이 공화당원이었던 그는 1898년 해군 차관보에 임명되었고, 그 일을 마친 뒤에는 스페인-미국 전쟁에 자원하여 쿠바에서 복무했다. 루스벨트는 참전 이력이 널리 알려진 덕분에 뉴욕 주지사로 선출되었고, 1900년에는 윌리엄 매킨리가 이끄는 공화당 행정부의 부통령이 되었다. 루스벨트는 1901년 매킨리가 암살당한 뒤 대통령이 되었을 때 마흔두 살이었다. 그는 1901년부터 1909년까지 트러스트를 파괴하기까지 한 진보적인 대통령으로 일한 뒤 1912년 대통령 선거에 진보당 후보로 정치에 복귀했다. 선거에서 승리한 자는 민주당의 우드로 윌슨이었다.

이 기간 동안 루스벨트는 끊임없이 발언하고 글을 썼는데, 그 출발은 다음과 같은 일련의 튜턴주의적 역사와 전기였다. 『1812년 해전*The Naval War of 1812*』(1882), 『거버너 모리스*Gouverneur Morris*』(1888), 『토머스 하트 벤턴 *Thomas Hart Benton*』(1887), 『서부의 쟁취*The Winning of the West*』(1889~1896).[2] 미국역사학회는 1912년 루스벨트를 회장으로 선출하여 그가 역사 서술에 이바지한 바를 인정했다. 역사가로서 거둔 엄청난 성공을 고려하면 놀랄 일도 아니었다. 게다가 그는 집요한 튜턴주의자로 미국역사학회 전임 회장들과 잘 어울렸다. 1886년 보스턴 명문가 출신 정치인이자 역사학자인 조지

밴크로프트, 1899년 기업가에서 역사가로 전향하여 상까지 탄 제임스 포드 로즈, 1901년 보스턴 명문가 출신으로 대통령의 손자이자 증손자였던 찰스 프랜시스 애덤스 주니어*, 1902년 앵글로색슨주의자요 제국주의자였던 역사가 앨프리드 세이어 머핸, 1909년 루스벨트의 하버드 대학교 동창이자 친구였던 하버드 대학교 사학과 교수 앨버트 부슈널 하트.**

루스벨트의 『토머스 하트 벤턴』은 1880년대 칼라일의 노스먼 테제를 되풀이하듯 "가장 호전적인 인종"을 묘사한다. 그들은 강건한 변경 개척자들, "그 많은 스칸디나비아 바이킹들" 같은 서부의 정복자들이다. 『잉글랜드인의 특성』에서 에머슨이 그랬듯이, 루스벨트는 사실상 인디언에 맞선 전쟁의 "끔찍한 잔인함"을 음미한다. 확실히 루스벨트는 그 한계를 짐작하기 힘들 정도로 남성적인 폭력성을 열광적으로 좋아했다. 텍사스를 넘겨받은 용맹한 미국인들은 "스칸디나비아 해적들", "배를 꽉 채운 크누트의 종자들", "프랑스 해안에 내린 롤프의 노스먼" 같은 에머슨의 노스먼이 된다. 루스벨트는 샘 휴스턴을 "옛 바이킹"처럼 묘사한다. 휴스턴의 삶은 전반적으로 "하랄 하르로데의 삶처럼 생생하고 낭만적인" 것이었다.[3]***

<hr />

- 제6대 대통령 존 퀸시 애덤스의 손자이자 제2대 대통령 존 애덤스의 증손자이다 — 옮긴이주.
- ·· 1910년 프레더릭 잭슨 터너의 회장 선출은 튜턴주의 사상의 중단을 알렸다. 터너는 '프런티어 테제'를 채택하여 숲속에 살던 중세의 독일인이 아니라 미국의 변경을 미국 정체성의 원천으로 삼았다. 크레브쾨르처럼 터너도 미국인이 북유럽인들의 혼합이라고(여전히 북유럽인들만 포함되었다) 생각했지만, 이 혼합은 에머슨의 잉글랜드가 아니라 서반구에서 일어났다. 그러한 시각 때문에 터너는 순수한 튜턴주의자들의 클럽에 들지 못했다.
- ··· 노르웨이 왕 하랄 하르로데(1015~66), 즉 하랄 3세 시구르손은 여러 나라를 돌아다니며 살았다. 노르웨이와 스코틀랜드, 잉글랜드에 있었고, 러시아와 시칠리아, 불가리아에 갔으며, 어쩌면 예루살렘에도 갔을 것이다. 그는 잉글랜드 왕위를 주장하다가 잉글랜드 요크셔의 스탬퍼드 브리지 전투에서 잉글랜드 왕 해럴드 2세의 손에 죽임을 당했다. 한 달이 채 지나지 않아서 해럴드 2세는 헤이스팅스에서 사망했고, 노르망디의 기욤이 잉글랜드 왕 윌리엄 1세가 되었다.

그렇게 루스벨트는 일찍부터 미국 통치 제도의 튜턴주의적 가설을 전부는 아니더라도 대부분 받아들였다. 목사 조사이아 스트롱 같은 다른 이들은 앵글로색슨족이 다른 모든 인종을 굴복시켜 보편적으로 군림하리라고 예언하며 기뻐했다. 스트롱은 『우리의 조국: 그 미래와 현재의 위기Our Country: Its Possible Future and Its Present Crisis』(1886)에서 미국인들에게 앵글로색슨족과 다른 인종들 사이의 최후의 결전에 대비해야 한다고 말했다. 아일랜드인을 비롯한 다른 켈트인이 패자로 추정되었다.[4] 책은 한 세대 만에 17만 5천 부가 팔렸다.

루스벨트는 영국인과 미국인의 인종적으로 혼합된 성격을 당당하게 인정했다. 여기서 인종은 당연히 유럽의 인종들만을 얘기한다. 오늘날에는 하찮은 차이처럼 보이겠지만, 루스벨트는 보통 자신의 우월한 인종을 단순히 '영국인English'이 아니라 '영어를 말하는English-speaking' 사람들이라고 불렀다. 그럼에도 그의 추론에 따르면 '토착 미국인들', 즉 앵글로색슨계 프로테스탄트는 튜턴인 유산 덕분에 유례없이 자치에 걸맞은 인종이었다. 어느 정도 유명한 사람은 누구나 그 점에 동의할 수 있었다. 물론 모든 인종 담론에서 그렇듯이 가정들은 서로 충돌했고 결론들 사이에는 괴리가 생겼다. 백 년 전이었다면 피를 흘리며 싸웠을 것이다.

미국인, 잉글랜드인, 독일인 중 누가 중세 독일 숲속의 자치 능력을 유산으로 물려받았는지를 두고 논쟁이 벌어졌다. 잉글랜드의 앵글로색슨주의자 E. A. 프리먼은 잉글랜드를 선택했지만, 자신의 인종 클럽에 미국인도 받아들였다. 하이델베르크 대학교에서 박사 학위를 받은 허버트 백스터 애덤스는 (미국의 인종 이론가들은 대체로 한때 독일에서 공부했다) 존스 홉킨스 대학교에서 가르쳤다. 자부심 강한 뉴잉글랜드 사람이었던 애덤스는 잉글랜드를 건너뛴 채 뉴잉글랜드에 바로 중세 독일인의 후손이라는 관념을 도입했다.

하버드 대학교에서 박사 학위를 받은 젊은 하원의원 헨리 캐벗 로지는 스스로 프랑스 노르만의 유산을 물려받았다고 선언한 뉴잉글랜드 사람으로, 노르만이 잉글랜드에 많은 장점을 전해주었다고 생각했지만 자주, 그리고 거리낌 없이 '잉글랜드 인종'을 이야기했다. 로지는 칼라일을 지지하여 노르만을 우연히 프랑스어를 쓰게 된 색슨족으로, 따라서 완전한 튜턴인으로 여겼다. 1870년에서 1873년까지 괴팅겐에서 공부한 컬럼비아 대학교의 정치학자 존 버지스는 독일인이 인종적, 정치적 우월함을 독점했다고, 이는 자신의 시대까지도 이어진다고 주장했다.

오늘날의 독일인과 관련하여 인종 이론에는 적지 않은 불신이 스며들었다. 20세기 초 제국주의적 경쟁이 사납게 일었을 때, 버지스는 독일과 영국, 미국의 '튜턴인' 국가들에 프랑스에 맞서 정치적 동맹을 맺으라고 촉구했다. 그러나 로지는 영국과 독일 두 나라 다 불신했다. 한편 루스벨트는 독일을 "신민들을 내보내 살인을 사주하고 가련하게 억압당한 자들의 피와 땀으로 살을 찌운 돼지 같은 독일군주들"의 땅이라며 독일에서 멀어졌다.[5] 변호사, 철학자, 사회진화론을 신봉한 역사가이자 앵글로색슨주의를 미국에 대중화한 선도적인 인물이었던 존 피스크는 이렇게 주장했다. "우리 뉴잉글랜드 주민은 앨프레드 대왕이 다스린 잉글랜드의 후손"이지만 그럼에도 "우리 잉글랜드인은 적어도 4분의 3은 켈트인이다. …… 나는 우리가 혈통에서 독일인만큼이나 프랑스인과도 매우 가깝다고, 어쩌면 더 많이 가까울 수도 있다고 믿는다." 세기 전환기의 다른 튜턴주의자들은 대체로 앞서 에머슨처럼 프랑스인이 민주주의적이지만 혁명적이지는 않은 앵글로색슨족의 천성에 어울리지 않는 모든 것을 대표한다고 생각했다. 캐벗 가문의 후손임을 자랑한 헨리 캐벗 로지조차도 자신의 프랑스인 선조들을 색슨족에 집어넣어 타키투스와 카이사르의 게르만인을 더 높였다.[6]

그런 식이었다. 이러한 분란은 찻잔 속의 태풍이지만 당시에는 크고 중요한 문제였다.

당대의 대다수가 그렇게 생각했듯이, 루스벨트는 인종(말하자면 계급이 아니라)을 인류 역사의 주된 동력으로 보았지만, '미국 인종'에 대한 그의 생각은 시간이 지나면서 변했다. 초기 저작에서는 미국인과 영국인이 거의 같은 인종이었다. 독일인과 아일랜드인, 노스먼이 영국 제도에서 뒤섞인 결과물이었다. 루스벨트는 아일랜드인도 섞였다고 인정함으로써 동료 튜턴주의자들 일부와 다른 길을 걸었다. 예를 들면 그의 스승인 버지스는 아일랜드인을 튜턴인에서 배제했으며, 루스벨트의 친구 헨리 캐벗 로지는 애초에 아일랜드인에 거친 말을 쏟아냈다. 정치 영역에서 아일랜드인이 강력한 힘을 확보하면서 모든 것이 달라졌다. 로지가 정치에 입문한 뒤, 그는 루스벨트처럼 태도를 바꾸었다. 아일랜드계 미국인 유권자 때문에 그러한 비판을 누그러뜨릴 수밖에 없었다.

다윈 진화론은 더욱 큰 문제로 드러났다. 혁신주의 사상가였던 루스벨트는 진화의 타당성을 받아들였지만 이를 자신만의 방식대로, 인종주의적으로 해석했다. 그는 잉글랜드 역사와 미국 역사의 큰 발전을 생각하면서 리플리를 비롯한 근대 과학 사상가들의 견해에 동의했다. 다윈이 옳았다는 것이다. 그러나 모든 진화는 매우, 매우 천천히, 그리고 결정적으로 오늘날 우리가 아주 쉽게 문화로 여기는 것과 관련하여 이루어진다. 하나의 인종이 기질적으로 튜턴인의 수준에 이르기까지 발전하려면 분명코 1천 년 이상의 시간이 필요하리라는 말이다. 그렇게 튜턴인 혈통의 미국인들은 "여러 가지 강력한 사내다운 자질의 결합, …… 그 인종의 두드러진 특징인 더없이 소중한 자질, 빈틈없는 상식"을 획득했다. 남부 이탈리아인까지 포함하여 다른 인종들도 진화하겠지만, 우월한 수준으로의 진화는 빨리 일어날 수 없었다. 프린스턴 대학교의 정치학자로 훗날 대통령이 되는 우드로 윌슨도 이에 동의했다. 우월한 "잉글랜드 인종"은 "느리게 변하는 환경" 속에서 솟아났다.[7]* 그러므로 다른 모든 인종도 그래야만 했다. 인내심을 갖고 차례를 기다려야 했다.

이러한 심리적-문화적 진화 개념에 따르면, 기질이 가장 중요했다. 그러나 1890년 인구조사에서 분명하게 드러났듯이 올바른 기질은 포위공격을 받고 있었다. 잘못된 사람들은 증가하고 있었지만, 올바른 사람들은 늘지 않았다.

앞서 프랜시스 애머서 워커가 그랬듯이, 루스벨트는 1890년대 초에 오래된 종자인 뉴잉글랜드 주민들의 출생률 하락에서 먼저 위험을 감지했다. 루스벨트는 미국 섬유산업의 일자리를 찾아 이주한 프랑스계 캐나다인들을 "뉴잉글랜드로 불길할 정도로 빠르게 떼지어 몰려오는" 위험한 집단으로 보았다. 1895년 루스벨트가 말한 이른바 "요람의 전쟁"이 격렬해졌다. "고등 인종들이 고귀한 특징을 잃고 하등 인종들에 압도되는 것을 막기"는 점점 더 어려워지고 있었다.[8]

"인종 자살race suicide"이 "이 나라에서 다른 어떤 문제보다 근본적으로 대단히 더 중요한" 일로 떠올랐다.[9] 루스벨트에게 이는 노동자 대 자본의 문제나 빈민 대 부자의 문제가 아니었다. 그것은 토착 미국인이라는 고등 인종이 유전 때문에 열등하다고 여겨진 두 집단 즉 본토 출신의 "퇴화한" 백인 빈민 가족들과 남유럽과 동유럽 출신 이주 노동자들과 맞붙어 싸우는 일종의 인

---

* 루스벨트 등이 20세기에 들어설 무렵 '토착 미국인'에 대해 얘기했을 때 북유럽 혈통이 아닌 자들은 배제되었다. 인디언과 흑인, 아시아인, 남유럽과 동유럽 출신의 이민자들은 '토착 미국인'에 들지 못했다.

종 전쟁이었다. (아프리카계 미국인은 이 논의에 전혀 등장하지 않는다. 저명한 인종사상가들은 '니그로'는 노예제 밖에서 살아가기에는 적합하지 않아서 결국 소멸해 없어질 것이라고 확신했기 때문이다.) 노동자 소요가 증가하는 시대에 인종 평론가였던 루스벨트는 생애 마지막 몇십 년을 더 나은 계급들에 더 활발하게 재생산 활동을 벌여, 바라건대, 열등한 계급들의 인구학적 경쟁에 맞서 이를 극복하라고 권고하는 데 바쳤다.

멋진 표어는 드물다. 그리고 "인종 자살"이라는 이 표어는 시어도어 루스벨트가 자기 것으로 삼았지만 그가 창안한 것은 아니었다. 그것은 대중적으로 유명한 사회학자 에드워드 A. 로스(1866~1951)가 1901년에 만들어낸 신조어이다. 동료 사회과학자들에게 한 연설이자 『미국 정치학 · 사회학 학회 연보Annals of the American Academy of Political and Social Science』에 실려 널리 인용된 논문 「인종적 우월성의 원인The Causes of Racial Superiority」에서 로스는 생물학적 인종보다 이른바 "인종적 기질"을 더 강조한다.[10] 그는 인종적 기질의 지배, 생물학적 인종의 소소한 역할, 재앙 같은 인구 통계가 "인종 자살"을 낳는다고, "인종 자살"이 어렴풋이 모습을 드러내고 있다고 말한다. 이 상징적인 어구는 프랜시스 애머서 워커의 불길한 인구 통계를 끌어내며 그의 표현을 되풀이한다.

로스는 이러한 용어를 만들어내기 한참 전에 미국 학계의 최정상에 올랐다. 1886년 코 칼리지Coe College를 졸업한 뒤 베를린 대학교와 존스 홉킨스 대학교에서 공부했고(1891년 박사학위를 취득했다) 이후 꽤나 돌아다녔다. 인디애나 대학교, 코넬 대학교, 스탠퍼드 대학교, 네브래스카 대학교를 거쳐 사회

• 루스벨트처럼 로스도 사회사업가와 이민자, 아프리카계 미국인같이 강제 불임에 반대한 자들을 '감상주의자'라고 부른 혁신주의자 무리에 속했다.

과학에서 앞서나간 위스콘신 대학교에서 화려한 경력에 마침표를 찍었다.[•] 미국 대학교에서 사회학의 창시자였던 로스는 1914년과 1915년에 미국사회학회 회장으로 선출되었다. 그는 또한 사회과학적 진실을 널리 알린 자로서도 뛰어났다. 로스가 쓴 책들은 그의 생애 중에 50만 부가 팔렸다.[11]

인종에 관한 다른 선언과 마찬가지로, 「인종적 우월성의 원인」에도 모순이 드러난다. 로스는 구식의 인종 개념을 "하층민의 표어"라고 모욕하며 시작한다. 그는 머리 형태를 인종의 특징으로 보고 측정하는 것에 조금도 관심이 없었다. 로스에게 인종의 특징은 기질과 관련된다. "기후 적응력", "에너지", "자신감", "선견지명", "성격의 안정성", "혈통에 대한 자부심" 등이다.[12] 이러한 것들이 주목해야 할 개념이었다.

페이지를 넘길 때마다 로스는 시끄럽게 선전한다. "켈트인과 지중해 인종", "적응한 인종"과 "경제적 인종", "고등 인종", "위대한 인종", "고귀한 핏줄", 대문자로 강조한 "'우월한 인종the Superior Race", 에머슨의 견해를 되풀이하는 "노래하고 춤추는 종족들", "싸구려 옷을 입은 마냐나 인종들의 유치함과 시시함". 그는 이탤릭체로 강조하며 이렇게 결론 내린다. "경제적 가치는 인종의 함수이다."[13]^{••} 이 모든 것은 미국 정치사회과학학회의 학자들을 대상으로 한 강연에 나온다.

로스는 『인디펜던트Independent』의 일반 독자를 위해 쓴 글에서 미국 개척자들을 바이킹처럼 생각하는 에머슨과 루스벨트의 관념을 되풀이한다. 그들은 "가장 총명하게, 가장 고귀하고 고결하게 자랐기 때문이 아니라" "가장

• 로스는 법인의 권한과 무제한 이민을 공개적으로 비판했다가 스탠퍼드 대학교 설립자인 제인 스탠퍼드와 충돌했다. 그녀는 1900년 대학교 총장 데이비드 스타 조던을 압박하여 로스를 해고하게 했다.

•• 로스는 "기후 적응력"을 인종 우월성의 일면으로 중요하게 여기면서도 강인한 북부인들이 더 따뜻한 곳으로 이동한 후 무기력해졌음을 개탄한다.

강력하고 가장 정력적"이라는 사실 때문에 선택되었다.[14] 리플리와 튜턴주의자들처럼 로스도 키를 높이 평가하며 너무 작다고 생각되는 민족들을 이름을 거론하여 모욕한다. 사르데냐인은 탈락했다. "롬바르디아와 갈리치아의 오두막 출신으로 아이를 많이 낳지만 기진맥진한 하층민"도 마찬가지였다. "남동부 유럽 출신의……크로아티아와 달마치아, 시칠리아, 아르메니아 출신의 싸구려 벽토 마네킹 같은 난쟁이들, 그들이 우리에게 떼로 몰려온다. 기진맥진한 인종들의 기진맥진한 구성원들……슬로바키아인과 시리아인……몸이 작듯이 분명코 정신도 작은 자들."[15]

마지막으로, 쓸 수 있는 무기는 모조리 쓰려 한 로스는 당대의 인기 있는 유럽의 자칭 "인류사회학자" 즉 자연인류학자 오토 아몬과 조르주 바셰 드 라푸주의 추론을 받아들였다. 두 사람은 다윈 진화론의 자연선택설을 자신들의 두개골 측정 강박증에 이용했고 또한 윌리엄 리플리의『유럽의 인종』에 영향을 주었다. 아몬과 라푸주가 머리지수를 토대로 환상적인 인종 기질 이론을 지어내 유럽의 도시민들이 주변 시골 사람들(켈트인-슬라브인 기질이 더 강하고 열등한 자들)보다 머리가 더 길다(그들에게는 튜턴인 기질이 더 강하고 우월하다는 것을 의미한다)고 선언한 것은 잘 알려져 있다. 로스도 이들을 따라서 이렇게 결론 내린다. "도시는 모험심이 더 강한 자들을 끌어들이는 자석이며, 두개골이 넓은 인종보다 긴 인종을 더 많이 끌어들인다.……튜턴인의 우월한 이주 성향이 그를 번영의 중심으로 이끌고, 그에게 더 많은 보상과 더 높은 사회적 지위를 준다." 인종을 미신으로 치부하는 자에게 로스는 인종의 두개골 모양이라는 주술을 믿는 자였다.[16] •

• 그러나 로스는 예를 들면 영국의 아서 키스처럼 전쟁이 우생학적 목적에 이바지했다는 다른 인류학자들의 견해에 동의하지 않았다. 로스에 따르면 근대의 전쟁은 심히 산업화되어 더는 인간의 목적에 이바지할 수 없었다. 20세기에 전쟁은 물질적 이득이 없는 "지극히 위험한 공학 분야"와 비슷했다.

루스벨트는 로스에 발 맞추어 이러한 견해를 밝혔다. "비컨 스트리트와 뉴포트, 제5번가, 필라델피아에 있는 우리의 훌륭한 친구들이 전부 아이를 하나만 낳거나 전혀 낳지 않는데, 반면 피네건과 홀리건, 안토니오, 만델바움, 라빈스키가 전부 여덟이나 아홉, 열 명을 낳는다면 어떻게 될까? 이는 간단한 셈법의 문제이다. 우리는 이로부터 어떻게 벗어나야 할까?"[17] 그러나 루스벨트는 공적 영역을 자기 마음대로 할 수 없었다. 그는 "우리와 같은 유형의" 교육받은 여성들에게 아기를 낳으라고 잔소리를 해댔지만, 정연함이 부족하기는 해도 반대를 표한 담론이 나타나 그의 기본적인 가정을 무너뜨렸다. 노동자 중심의 논평은, 특히 외국어 신문에서(오로지 외국어 신문에서만 그런 것은 아니었지만), 상층계급의 인종적 우월함과 인종결정론 논리 둘 다 논박했다. 그러한 논평은 핵심을 짚었다. 이른바 기진맥진한 인종들의 기진맥진한 사람들이 노동의 대부분을 수행했기 때문이다. 의류산업과 제철산업에서, 광산과 공장에서 필수적인 체력을 제공하여 놀라운 미국 경제를 계속 돌아가게 만든 자들은 이민자였다. 그 나라의 많은 루스벨트와 로스가 내뱉는 표현은 인종에 관하여, 이탈리아 인종, 유대인 즉 히브리인 인종, 앵글로색슨 인종에 관하여 같은 말을 지겹도록 되뇔 수 있었을 것이다. 그러한 허튼소리는 계급 간의 깊은 간극을 모호하게 했을 뿐이다. 이제 노동계급이 발언하기 시작했다.

1905년에 설립된 세계산업노동자연맹은 노동계급의 동원을 가장 뚜렷하게 보여준 조직이었다. 세계산업노동자연맹은 오로지 숙련노동자만 받아들인 미국노동조합총연맹의 활동 모델을(영어를 쓰는 북서유럽인 특히 아일랜드계 미국인이 독점했다) 거부하고 비숙련 이민자 대중의 노동자로서의 이해관계를 강조함으로써 모든 종류의 노동자를 '산업별' 모델에 따라 노동조합

에 끌어들이려 했다.● 18

노동계급 독자층을 확보한 이탈리아어 신문과 이디시어 신문은 독자들의 무정부주의적이고 사회주의적인 견해를 반영하게 되었다. 최초의 이탈리아어 신문과 이디시어 신문은 1880년대 뉴욕에서 등장했고, 그다음 10년간 좌파 신문이 출현했다. 1897년 사회주의 신문 『주이시 데일리 포워드 Jewish Daily Forward』가 창간된 데 이어, 1902년 뉴저지주 호보켄에서 무정부주의적인 『일 프롤레타리오 Il Proletario』가 이탈리아 사회주의연맹의 기관지로 창간되었다. 그러한 신문들은 의사과학적, 의사역사적 용어로 인종 이론을 표현한 상류사회 신문과는 매우 다르게 미국 사회를 묘사했다.

특히 이탈리아 무정부주의자들은 다른 무엇보다도 부당한 대우를 받은 남부의 흑인과 관련하여 미국인의 독선적인 무분별함을 비웃었다. 분명코 다른 이주 노동자들도 혹사의 표적이 되었지만, 특히 더 고통을 겪은 것은 이탈리아 출신 이주 노동자들이었다. 1891년 뉴올리언스에서 열한 명의 이탈리아인이 린치를 당한 것이다. 마치 1835년 데이비드 워커의 고발을 되풀이하듯이, 『일 프롤레타리오』는 백인종이라는 관념을 뛰어넘어 흑인 미국인이 토착 백인에게 부당한 대우를 받고 있음을 강조했다. 1909년 『일 프롤레타리오』에 실린 격한 비난은 이렇게 묻는다.

이 거만한 백인들, 그들은 왜 자신들을 하나의 인종으로 생각하는가? 그들은 자신들이 어디서 왔다고 생각하는가? 흑인도 최소한 하나의 인종이나, 백인은……그들 중 얼마나 많은 사람이 혼혈인가? 그들의 '순수한' 피는 얼마나 많이 뒤섞이고 있

● 세계산업노동자연맹은 지도부와 일반 조합원 사이의 분리를 명확히 했다. 일반 조합원은 지역과 산업에 따라 여러 종족들과 민족들로 구성된 반면, 지도부는 대체로 아일랜드계 미국인으로 이루어졌다.

는가? 그 여인들은 힘세고 사내다운 흑인 하인들에게 얼마나 많은 키스를 요구했는가? 그들, 그러니까 백인 남자들이 흑인 여성의 관능적인 입술과 부드럽게 흔들리는 몸에서 따뜻한 위안을 받기를 바랐던 것처럼? 그러나 백인 기사들은 흑인 여성의 명예와 품위를 그다지 걱정하지 않는다. 그들은 원하는 대로 흑인 여성을 이용하고 학대한다. 이들에게 인종적 증오는 종족의 의무이다.

『일 프롤레타리오』는 점점 더 거친 말을 내뱉다가 큰 반향을 일으킨 다음과 같은 결론에 도달했다. "인종투쟁이 아니라 계급투쟁을".[19]

그러나 너무 일렀다. 그리고 『일 프롤레타리오』의 권고는 다른 성격의 분석, 즉 계급적 지위를 대체로 남부에 처박힌 아프리카계 미국인과의 영원한 인종적 차이로 해석한 분석에 주목한 자들의 귀에 들어갔다. 이 인종 문제의 '인종'은 흑인인 동시에 그만큼 백인이기도 했다.

18

퇴화한 가족의 발견

19세기가 끝나가면서, 미국 인종 이론은 4와 2분의 1 구도로 고착되었다. 맨 위에는 에머슨 이후로 늘 그랬듯이 강인하고 순수하며 감탄할 만한 앵글로색슨족이 있었다. 가톨릭신자인 아일랜드인과 독일인은 북유럽인이라는 선택된 클럽에 들어오는 중이었다. 유럽의 "기진맥진한 인종들의 기진맥진한 사람들"이 별개의 범주를 이루었다. 피부가 가무잡잡하고 머리가 둥근 이들은 아주 쉽게 눈에 띄었다. 최근의 유럽 학문이 미국인들에게 그 사람들이 열등하다는 점을 가르쳤기 때문이다. 차별받았고 빈곤에 처했으며 참정권이 없던 흑인은 남부에서 상당히 많은 논평을 유발했지만, 많은 사람이 보기에 흑인은 분명히 '미국인'에 포함되지 않았다. 그럴 수가 없었다. 인디언과 아시아인은 인종 계산에서 대체로 보이지 않았다.

이론가들에게는 이 정도로 괜찮았다. 그렇지만 가난한 백인, 본토 태생인 수백만 명의 불쾌한 앵글로색슨족 백인은 어떻게 해야 할까? 그들 중 많은 사람은 대체로 남부의 시골에 사는 떠돌이나 사냥꾼, 힘들게 일해서 겨우 입에 풀칠이나 하는 농민이거나 도시 언저리에서 간신히 생계를 꾸리는 자들이었다. 인종적으로 앵글로색슨족에 속하지만 생활방식은 확실히 열등했던 이들은 미국의 인종 구도에 들어맞지 않았다. 이들을 인종 구역 안에 가둘 필요가 있었고, 이론가들은 그 구역을 찾아냈다. 바로 '퇴화한 가족'이다.

고상한 리처드 L. 더그데일(1841~83)이 '퇴화한 가족'이라는 개념의 토대를 놓았다.[1] 영국인 부모에게서 태어난 더그데일은 물려받은 유산으로 뉴욕시에서 살았고, 1870년대에 뉴욕교도소협회 통신 간사와 전국교도소협회 간사로 일했다. 그에 대한 설명은 이러하다. "매우 조용하고 점잖으며 모든 인간에 대한 사랑으로 가득하다. …… 교도소 개선이라는 대의뿐만 아니라 그의 시대, 그의 세대에 두드러진 모든 큰 개혁에 헌신했다. …… [그리고] 장애인 누이 제인 마거릿을 많이 사랑했다. 그는 다른 여인에게 전혀 마음을 빼앗기지 않았으며, 부끄러움이 아주 많아 여인이 앞에 있으면 뒤로 물러났다." 그래서 더그데일은 나쁜 형질의 유전을 걱정한 남자들의 긴 명부에서 첫 자리를 차지한다(프랜시스 골턴, 헨리 H. 고더드, 매디슨 그랜트, 찰스 베네딕트 대븐포트가 여기에 포함된다).[2] 더그데일이 마흔두 살로 사망한 뒤, 그의 누이 제인 마거릿은 "미국의 건전한 정치적 지식과 견해를 증진하기 위한 리처드 L. 더그데일 기금"을 설립했다. 그녀는 한 해 뒤에 사망했다.•

몇 년 동안 더그데일은 교도소에 관심을 쏟았다. 그러다가 1873년 공황이 닥쳐 어려운 시절이 이어지면서 사회적 조건이 나빠졌다. 유럽의 두 범죄학자 체자로 롬브로소와 마르티노 벨트라니스칼리아는 최근에 범죄 예방 수단을 마련하고자 '가해자'를 중심으로 범죄에 대한 과학적 연구를 수

• 1900년 1,311달러 72센트의 기금 잔액이 '경제 관련 주제'를 다룬 도서의 구매에 쓰이도록 뉴욕공공도서관에 양도되었다.

행한 바 있었다. 더그데일은 그들의 연구에 끌렸고, 이들의 권고를 뉴욕주에 적용하려 했다.[3] 1874년 그는 13개 카운티 교도소를 방문했고, 1877년에는 수감자를 분석한 보고서『'주크 가문': 범죄와 빈곤, 질병, 유전의 연구이자 범죄자에 대한 후속 연구*"The Jukes": A Study in Crime, Pauperism, Disease and Heredity, also Further Studies of Criminals*』를 발표했다. 보고서는 크게 성공하여 1895년까지 다섯 판을 찍었다.

이 보고서에는 많은 표가 실려 있어 자료의 신뢰도가 높다는 인상을 준다. 더그데일은 특정 개인들을 묘사했을 뿐만 아니라 특정 유형의 가족을 커다란 사회 문제로 묘사했다. 더그데일의 계산으로는 75년간 1,200명의 "주크 가문"(가명) 사람들 때문에 뉴욕주는 130만 8천 달러를 썼다. "위스키에 지불한 현금은 계산하지 않았고, 세대를 연이어 살아남은 생존자들의 빈곤과 범죄로 인한 비용과 이 방탕함에서 생겨나 우리가 생각할 수 있는 범위를 벗어난 치유할 수 없는 질병과 바보 같은 짓, 미친 짓을 감안하지 않았다."[4] 더그데일에 따르면, 이러한 저주는 전부는 아닐지언정 대체로 결함이 있는 유전형질에 원인이 있었다.

더그데일은 그렇게 비참한 결과의 기원을 확실하게 밝히고자 주크 가문의 가계를 성姓도 없이 사냥과 낚시, 일시적인 노동으로 살아간 맥스라는 이름의 "유쾌하고 사교적"이며 술을 많이 마신 18세기 초의 조상까지 추적한다. 맥스는 자식을 많이 낳았는데, "그중 몇몇은 거의 틀림없이 사생아"였을 것이다. "주크"라는 가명은 맥스의 아들들과 결혼한 자매의 가족 이름에서 왔다. 더그데일은 그 가족에도 사생아가 있다고 의심한다.

범죄와 빈곤, 혈족관계의 이 이야기를 더그데일은 "일종의 일반화"로 제시하는 게 아니라 다음과 같은 극적인 결론을 뒷받침하는 엄연한 사실로 제시한다.

달리 말하자면 혈족 간의 일이든 아니든 '간통'은 그들의 기본적인 습성이며 그 옆으로 한편에는 '빈곤'이, 다른 한편에는 '범죄'가 자리 잡고 있다. 부차적인 특징은 '매춘'과 '피로', '질병'이다. 매춘에는 '사생아'가 따라오며 결과적으로 그 유년 시절은 돌봄과 적절한 교육을 제공받지 못 한다. 피로에는 '무절제'가 따라오며 결과적으로 정신이 불안정해진다. 질병에는 [가계의] '소멸'이 따라온다.[5]

주크 가문의 "피"와 "종자"에 대한 언급으로 가득한 텍스트는 "주크 가문의 독특한 경향"인 "해악"에 여러 쪽을 할애한다. "대물림되는 빈곤"의 가장 중요한 원인은 질병이며, 주크 가문의 "가장 흔한" 질병은 매독이다. 수줍음 많고 체구가 작은 더그데일에 따르면, 주크 가문의 무지한 남자들은 매독을 사내다움의 징표로 보았다.[6]

그렇다면 주크 가문과 그 일족을 어떻게 해야 했을까? 더그데일은 롬브로소와 벨트라니스칼리아를 따라서 해법을 제안한다. 산업사회에 어울리도록 기술과 근면, 순결을 확실하게 교육하는 것이 좋은 방법이겠지만, 주크 가문의 자녀들을 그 퇴화한 가정에서 빼내 좋은 가정으로 보내는 것이 가장 중요했다.[7] 더그데일은 범죄의 결정 인자를 생각하며 "유전"과 "환경" 사이에서 갈등했지만 결국 유전을 지지했다. 더그데일이 환경을 나쁜 유전형질을 완화하는 수단으로 보기는 했지만, 독자들은 더 뚜렷한 결론을 끌어냈다. 『주크 가문』의 여파로, 퇴화한 가족의 탄생에서 천성이 양육을 압도했으며, 발본색원의 조치를 향한 길이 열렸다.

1877년 『주크 가문』이 출간된 뒤, 각각 천성과 양육을 강조하는 두 진영 사이에 일종의 잠잠한 교착상태가 이어졌다. 이들은 가난한 백인의 유전적 결함이 심각한 문제라는 데, 나아가 그들 특유의 문제라는 데 의견 일치를 보았다. 그러나 이를 처리하고자 내놓은 제안은 서로 달랐다. 교육과 재정

주를 통한 교정을 지지한 자들이 어느 정도 진척을 보였다. 뉴욕의 다른 부자 사회개혁가인 조지핀 쇼 로웰(1843~1905)을 사례로 들 수 있다.

1879년 로웰은 더글러스가 기술한 주크 가문의 매춘에 주목했다.* 매춘과 빈곤, 사생아 출산이 대물림된 저능함의 결과라면, 저능한 자들에게 자식을 낳을 기회를 주지 말아야 했다. 실질적인 의미에서 로웰은 자신을 국가의 지위에 올려놓고 "성적으로 문란하고 범죄를 저지르기 쉬운" 여성들을 "치명적인 독"의 매개자라고 불렀다. 이들이 그 독을 "세 번째, 네 번째 세대까지도" 전달한다는 것이다. 로웰은 심지어 자선단체들을 고발하기에 이르렀다. 그녀는 자선단체가 "병들고 타락한 남녀에게 자신과 똑같은 자식을 낳게" 한다고 비난했다.[8] 이러한 생각은 뿌리를 내렸고, 로웰은 이를 바탕으로 뉴욕주 뉴어크에 정신적으로 장애가 있는 젊은 여성들이 아이를 낳지 못하도록 하기 위해 정신박약여성보호소를 세웠다.

그렇게 이른바 '소극적 우생학negative eugenics', 다시 말해 특정 부류의 인간이 재생산을 하지 못하도록 예방하는 제도가 시작되었다. 한편 시어도어 루스벨트는 자신의 우월한 종자 사이에서 모성을 장려하느라 여념이 없었다. 이 접근법은 '적극적 우생학positive eugenics'으로 생각되었다. 보호소는 1870년대에 비용 때문에 논란이 되기는 했지만 최선의 교정 수단으로 남았다. 1880년대 말 14개 주에서 15개 기관이 설립되어 4천 명이 넘는 아이들을 돌보았다.[9] 그러나 미국인에 대한 새로운 접근법이 검토되고 있었다. 이는

---

* 여기서 로웰은 우생학적 불임시술에 이르는 퇴화한 가족의 처리에서 하나의 연결고리처럼 보이지만, 그녀는 뉴욕주 사회사업의 역사에서 훨씬 더 큰 역할을 수행했다. 빈민 여성과 노동계급 여성을 돌보는 데 헌신한 뉴욕자선단체협회와 뉴욕소비자연맹, 기타 단체의 창립자였던 로웰은 노동자에 우호적이었고 제국주의에 반대했다. 로웰은 『공적 부조와 민간 자선활동Public Relief and Private Charity』(1884)에서 사회사업의 이론적 토대를 정립했다.

널리 열생학적이라고 생각된 것으로 더 독했다.

리처드 더그데일과 조지핀 쇼 로웰 같은 사회개혁가들이 바로 그런 일을 하려고 했음을 기억하자. 그들은 유전적으로 퇴화했기에 사회 전체의 복지에 위협이 된다고 생각한 가족들에 초점을 맞추어 사회적 경관을 개선하려 했다. 그들은 기독교인으로서 먼저 착한 일을 하려고 했다. 과학적 정당성이 자신들 편이어서 우생학적 개선책에 대한 지지를 얻는 수단이 된다면 더욱 좋았다. 더그데일의 『주크 가문』은 인도주의적으로 의심의 여지 없이 빈민에 헌신한 '사회복음운동가들'은 물론 교정학자들과 사회사업가들 사이에서도 큰 인기를 끌었다.

그중 한 사람으로 유전적 퇴화 분야의 유력한 연구자인 오스카 칼턴 매컬로크(1843~1891)는 애초에 『주크 가문』에서 영감을 얻었다. 인디애나의 떠돌이 대가족에 관한 그의 연구도 우생학과 사회복지학 문헌에서 고전이 되었다.

매컬로크는 행상인으로 살다가 상업을 버리고 종교를 선택했다. 그는 1870년 시카고 신학교를 졸업한 뒤 『주크 가문』이 출간된 해인 1877년 인디애나폴리스의 플리머스 조합교회로 갔다. 플리머스 교회에서 매컬로크는 사람을 가리지 않고 누구나 환영했으며, 강의를 하고 가르쳤고, 나아가 다양한 욕구를 충족시키고자 저축대출 조합을 설립하기도 했다. 매컬로크는 사업 수완이 좋았고, 인디애나주 전역에서 개혁가들이 몰려들어 그의 교회는 기독교 자선활동의 중심지가 되었다.[10] 매컬로크는 인기에 만족하지 않았다. 자신의 선한 행위를 뒷받침할 이론을 절실히 원했기 때문이다. 더그데일의 모범에 영감을 받은 그는 10년 넘게 인디애나주의 빈민을 깊이 연구함으로써 자신의 자선활동을 학문적으로 견고한 토대 위에 올려놓는 데 착수했다.

가난해진 가족, 더 구체적으로 말하자면 그 "오래 대물림된 빈곤의 역사"는 아주 좋은 사례 연구가 되었다. 『이슈메일 대가족: 사회적 퇴화 연구The Tribe of Ishmael: A Study in Social Degradation』(1889)에서 매컬로크는 그 가족의 기원을 버지니아주에서 켄터키주와 인디애나주 남부로 이주한 초기 잉글랜드인 정착민까지 추적한다. 여기에서 비록 잉글랜드 혈통임에는 의심의 여지가 없었지만 다른 종류의 유산이 드러났다. "이슈메일 가문 사람들"은 나쁜 잉글랜드인의 피를 물려받았던 것이다. 이슈메일 가문의 조상들은 "잉글랜드가 17세기에 이 땅에 내던진 옛 죄수들 종자" 출신이었다. 그들은 17세기와 18세기에 배에 태워져 쫓겨난 반사회적 남자들과 음란한 여자들의 거대한 물결이었다.• 매컬로크의 학문은 오랫동안 효과를 유지했다. 우생학자 아서 H. 이스터브룩은 1923년 「이슈메일 대가족」에서 매컬로크가 1880년대에 도달한 결론에 새로운 내용을 덧붙였다. "남자들은 변변찮고 여자들은 부도덕하며 아이들을 잘 먹이고 입히지 못한다. 오늘날 아주 쉽게 알아볼 수 있는 전형적인 저능아들이다."[11] (도판 18.1, 아서 이스터브룩의 "이슈메일 대가족" 사진 참조)

매컬로크는 나쁜 유전형질 탓에 이슈메일 대가족 사람들은 "빈곤, 음탕함, 방랑생활"이라는 세 가지 현저한 특징을 갖게 되었다. 그에 따르면, 이들은 열심히 일하지 않고 방랑과 구걸, 도적질, 번식에 몰두한다. 그들의 특

• 가난한 백인들이 잉글랜드 출신의 반사회적 계약 머슴들의 후손이라는 믿음은 20세기에 들어선 후로도 널리 받아들여졌다. 비교적 최근인 1941년에 하버드 대학교에서 공부한 미시시피강 삼각주의 농장주 윌리엄 알렉산더 퍼시는 미시시피강 하류의 '강 쥐river rat'를 잉글랜드인 채무 죄수debt prisoner의 후손이라고 설명했다. 퍼시는 "순수한 잉글랜드인 혈통"의 앵글로색슨족 강 쥐의 특징을 이렇게 묘사했다. "문맹인데다 의심이 많고 지극히 배타적이며 금발에 대개는 못생겼다. …… 인구가 희박한 지구 표면에서 가장 불쾌한 종족이다." 남부의 다른 엘리트 백인들처럼 퍼시도 인종주의적 폭력의 책임을 이 가난한 백인들에게 돌렸다. 그는 그들이 '니그로'보다 열등하다고 생각했다.

18.1 "이슈메일 대가족: 인디애나, 켄터키, 일리노이, 미주리, 아이오와에서 발견되는 일단의 퇴화한 인간들. 사진과 설명."

징은 "전반적인 불결함"이었다. "매춘과 사생아 출산이 흔하며, 그러한 경향 자체는 근친상간과 동물보다 못한 관계에 드러난다." 매컬로크는 이러한 논리에 따라 "이른바 자선"은 이슈메일 대가족이 사회에 기생하며 살도록 조장했을 뿐이며 따라서 제공되어서는 안 된다고 결론 내렸다.[12] 더그데일의 주크 가문에서 보듯이 환경은 이제 더는 문제를 키우는 요인이 아니었다. '퇴화'와 '기생'은 나쁜 유전형질과 방향을 잃은 자선이 결합하여 초래된 치명적인 결과였다. 나쁜 피 이론은 새롭지 않았다.

가난한 사람들은 실제로 식민지 시대에 영국령 북아메리카로 쫓겨났고, 범죄자라는 꼬리표는 확연히 드러났다. 앞서 보았듯이 영국과 아일랜드의 거리의 아이들, 집 없는 떠돌이들, 범죄자들, 계약 머슴들은 17세기와 18세기에 특히 버지니아에서 주민의 상당 부분을 차지했다. 강압에 의해 쫓겨난 이 이민자들은 다수가 실제로 가난 때문에 시시한 도적질, 즉 음식을 훔치거나 돼지고기 살점을 잘라가는 것 따위의 경범죄를 저질렀다. 가난하거나 쉽게 납치되어 팔려가 조직범죄를 초래한다는 것 자체가 범죄로 여겨졌다.[13]

이들이 대서양 횡단 항해와 매각, 재매각, 수년의 머슴 생활을 견디고 해방된다고 해도, 그들과 그 후손들이 가난에서 벗어나지 못하는 경향이 있었다는 것은 사실이다. 그러나 생존자들은 이따금 토지 소유자의 지위로 올라가기도 했다. 1670년에서 1680년 사이에 버지니아로 이송된 5천 명의 계약 머슴 중에서 241명이 자신의 땅을 갖는 데 성공했다. 상향 이동의 극적인 사례는 아일랜드 태생의 매슈 라이언이라는 사람에게서 볼 수 있다. 미국 독립전쟁의 타이콘데로가 전투에서 활약한 이선 앨런의 민병대 그린마운틴 보이스의 일원이었던 라이언은 미국 생활을 머슴으로 시작하여 버몬트주 창설자요 버몬트주 의회 의원, 미국 하원의원의 지위까지 올랐다.[14] 라이언 같은 사례는 더 있지만 그러한 예외적인 경우가 인종 이론에 영향을 주지는 못했다.

사회 최상층부 사람들은 언제나 기민하게 밑바닥 사람들을 영원한 예속의 지위에 처박았다. 시간이 흐르면서 이따금 개선이 이루어지기는 했어도 달라질 것은 없었다. 이미 미국 초창기에 혜택받은 계급 사이에는 유전성 범죄라는 관념이 널리 퍼졌다. 1783년 앤서니 스토크스라는 사람은 서부 버지니아와 노스캐롤라이나에 몰려든 이른바 "크래커cracker"라는 "인간 떼거리"에 관해 쓸 때 여러 차례 언급했다. "이들 중 다수는 각기 다른 때에 영국에서 버지니아로 이송된 죄수들의 후손이며, 조상으로부터 방탕한 기질을 물려받았기에 지구상에서 가장 타락한 인간들이다."[15] 이 관념은 강력하게 지속되어 시어도어 루스벨트에게까지 나타난다.

"거역할 수 없는 운명"을 찬양하여 엄청나게 큰 인기를 끈 루스벨트의 여러 권짜리 책 『서부의 쟁취』(1889)는 나쁜 유전형질이라는 주제를 다루었다. 루스벨트는 남부의 정착 과정을 기록하면서 변경 삼림지대의 일부 사람들이 "엄격하고 남자답고 정직하다"는 사실을 알게 된다. 이들은 그들 중의 최고였다. 그러나 나머지는 불쾌했다.

아마도 미국으로 들어온 최악의 이민자들, 즉 죄수 머슴•이나 리뎀프셔너•• 같은 자들의 후손일 것이다. 그들은 버지니아와 노스캐롤라이나, 사우스캐롤라이나 연안 저지대 주민들, 즉 그들만 아니었다면 훌륭했을 주민들의 밑에서 심히 바람직하지 않은 하층계급을 이루었다. 남부의 크래커 즉 가난한 백인들은 다수가 이 계층 출신이다. 이 계층은 변경 삼림지대에서 수 세대에 걸쳐 폭력적이고 상습적인 범죄자들을 배출했으며, 지구상의 무능하고 게으르며 소심한 훼방꾼은 훨씬 더 많이 내놓았다.[16]

• convict servant. 머슴살이 계약으로 팔려간 죄수들 — 옮긴이주.

•• redemptioner. 일정 기간 머슴살이를 하기로 계약하여 차후에 배 삯을 되갚기로 약속하고 미국행 선박에 올라탄 이민자들 — 옮긴이주.

더그데일과 매컬로크 둘 다 빈민과 긴밀히 협력한 사회복음운동가였기에 이를테면 하버드 대학교 교수였던 윌리엄 Z. 리플리의 과학과는 꽤나 무관한 사람처럼 보일 수 있다. 그러나 실제로 동부 학계와 미드웨스트 지역 학문 사이의 거리는 그렇게 멀지 않았다. 더그데일과 매컬로크가 루스벨트의 생각에 동의했고 과학적 표현 전략에 매우 뛰어났기 때문이다. 이들은 표를 연이어 제시함으로써 당시 정확한 인구통계학의 정점이 되고 있던 미국 인구조사를 모델 삼아 의견을 발표했다.[17] 1888년 전국자선교정협의회 회의에서 매컬로크는 자신의 연구 결과를 생물학적으로 서로 연결된 250개의 빈민 가구를 보여주는 도표를 포함하여 강력한 시각적 효과를 낼 수 있는 자료와 함께 제시했다. 매컬로크는 뛰어난 성공을 거두었다. 전국자선교정협의회 회장으로 선출된 그는 1891년 5월 볼티모어에서 연례 회의를 주재했다. 같은 해에 사망하기 전 마지막으로 모습을 드러낸 행사였다.[18]

그러한 가계도는 곧 빈민과 정신박약자들, 불결하고 엉망인 숙소 주변을 어슬렁거리는 그들의 거친 자녀들의 사진을 좋아하는 우생학 서적의 주된 특징이 되었다. 종교와 자선, 과학, 편견이 편안한 동반자처럼 뒤섞였지만, 과학자인 체한 개혁가들에게는 거기까지가 한계였다. 우생학이 견고해지면서 진짜 학자들이 개입했다.

매컬로크의 교회에 학구적인 신도들이 모여들었다. 데이비드 스타 조던 (1851~1931)은 젊은 시절 코넬 대학교에서 석사 학위를 받은 뒤 인디애나주로 건너가 인디애나폴리스에서 고등학교 과학을, 노스웨스턴 크리스천 대학교(훗날의 버틀러 대학교)에서 자연사를 가르쳤다. 10년이 지나지 않아서 조던은 서른네 살의 나이로 인디애나 대학교 총장 자리에 오름으로써 미국 최연소 대학교 총장이 되었고, 이어 스탠퍼드 대학교의 초대 총장이 되었다. 조던은 서로 연관된 두 운동에 마음을 빼앗겼다. 평화 운동과 우생학 운동이다. 평화에 대한 그의 믿음은 전쟁과 독신 (가톨릭) 성직자들이 "인종의 최선의 존재"인 군인전사와 학자가 그 재능을 물려주지 못하게 하기 때문에 '열생학적'이라는 확신에서 비롯했다. 조던에게 이들을 잃는 것은 이른바 퇴화한 가족과 이민자 즉 '외국인' 인종들의 무분별한 증가에 비추어 볼 때 의심의 여지가 없는 큰 재앙이었다.

조던은 인디애나폴리스에 사는 동안 매컬로크의 플리머스 조합교회 교인이 되었다. 그는 이사한 뒤에도 우생학과 종교에 관해 쓴 책에서 매컬로크를 계속 인용하고 찬미했다.● (종교와 도덕, 유전 사상을 뒤섞은 다른 단체인 미국 유니테리언 교단은 일반대중을 겨냥하여 조던의 우생학 책을 발간했다.)

여기에 연결고리가 있다. 조던의 나무랄 데 없는 학문적 신임장은 퇴화한 가족 연구를 널리 인정받는 지적 영역으로 끌어올렸다. 예를 들면『리처드 로의 유전형질The Heredity of Richard Roe』(1911)에서 조던은 하버드 대학교의 찰스 베네딕트 대븐포트와 런던 대학교의 빛나는 프랜시스 골턴과 나란히 더그데일과 매컬로크를 인용한다.

더그데일과 매컬로크, 시어도어 루스벨트처럼 조던도 퇴화한 앵글로색슨 족 대중을 분석할 때 손쉽게 엄정한 사실의 외투를 뒤집어썼다. 예를 들면, 조던은 노스캐롤라이나주 산악지대의 가난한 백인들을 애석하게도 "식민지로 이송된 뒤 평야에서 산악지대로 밀려난 잉글랜드 빈민의 혈통"에 할당한다. 그는 잉글랜드의 결함투성이 인간들이 "버지니아부터 노스캐롤라

● 우생학에 관해 조던이 발표한 책으로는 다음을 보라.『분별 있는 미국인의 종교The Religion of a Sensible American』(1909),『국민의 피: 부적절한 자들의 생존으로 발생한 인종 퇴화의 연구Blood of the Nation: A Study of the Decay of Races through the Survival of the Unfit』(1910),『리처드 로의 유전형질: 우생한 원리에 관한 논의The Heredity of Richard Roe: A Discussion of the Principles of Eugenics』(1911).『분별 있는 미국인의 종교』는 지금도 인쇄되어『포브스 매거진Forbes Magazine』북 클럽을 통해 19.50달러에 판매되고 있다. 캘리포니아의 고등학교 두 곳과 중학교 두 곳이 조던의 이름을 따서 학교 이름을 지었다.

이나와 사우스캐롤라이나, 켄터키, 인디애나, 미주리를 거쳐 캘리포니아와 오리건까지 빈곤과 범죄의 흔적"을 남겼다고 선언했다. 그리고 20세기 초에도 그런 일은 계속 일어나고 있었다. 조던은 유럽 민족들이 자신들의 결함투성이 인간들을 계속해서 배에 태워 미국에 보내 "똑같이 쓸모없는 남자들, 병약한 여자들, 추레한 아이들, 말라빠진 말, 마구 짖어대는 똥개, 부주의함, 복수심, 예절의 무시"를 재생산한다고 애석히 생각했다.[19] 세대를 더하고, 세기를 더하면서 이러한 가난한 백인들은 백인종에 지울 수 없는 결함을 물려준다고 조던은 경고했다. 상황이 너무도 위험하기에 단호한 조치, 단호한 과학이 필요했다. 정량화가 진행되었다.

19

퇴화한 가족에서 강제불임시술로

메인주 출신의 성격 좋은 퀘이커교도 헨리 H. 고더드 박사는 1906년부터 1918년까지 뉴저지주의 바인랜드 정신박약소년소녀훈련소에서 연구를 지휘했다. 인종 사상의 역사를 더 넓게 살피면, 그는 더그데일과 매컬로크의 자선교정 공동체를 유전학과 우생학에 연결함으로써 퇴화한 가족 연구와 이민자 지능검사라는 두 가지 중요한 분야 사이에 다리를 놓는다.[1]•

학자이자 인도주의자였던 고더드(1866~1957)는 1899년 클라크 대학교에서 박사 학위를 받았다.•• 고더드는 라이프치히 대학교에서 공부하고 펜실베이니아주 웨스트체스터의 주립 사범학교에 잠시 머물렀다가 1906년에 바인랜드로 옮겨와 그 교육기관을 과학적 교수법 연구를 위한 아동학

• 고더드는 또한 서던 캘리포니아 대학교 최초의 풋볼 코치로 일했다.
•• 당시 심리학자 G. 스탠리 홀이 이끈 클라크 대학교는 독일 학문의 이상에 헌신한 기관으로서 전성기를 구가했다. 고더드가 박사 학위를 받을 때 프란츠 보아스가 학교를 떠났다. 19세기 말과 20세기 초 인종과 유전에 관심이 있던 많은 사람처럼, 고더드도 야외 활동을 사랑한 양키였다. 그는 여러 해 동안 결혼생활을 유지했지만 자식은 없었다.

운동의 중심지로 만들었다.* 개인적인 교감이 뛰어나기로 유명했던 고더드는 자신에게 맡겨진 어린 학생들을 무척 친절하게 대했다. 누구나 그가 학생들 각각을 유일무이한 소중한 개인으로 존중했다고 전한다. 따라서 고더드는 훗날 나치와 결부되는 정책을 천거한 자의 후보가 되기에는 심히 부적절해 보일 것이다. 그런데도 이 이야기는 고더드와 바인랜드 훈련소로 이어진다. '정신박약자'를 세심히 돌보는 것이 그러한 치료의 일부였지만, 가족 계보의 함의를 캐는 것 역시 그러했다.

그러한 함의를 지닌 연구를 제안하기에 찰스 베네딕트 대븐포트(1866~1944)보다 더 적합한 사람이 있었을까? 대븐포트는 코네티컷주의 부자 가문 상속자로 퓨리턴의 후예를 자처했고, 그의 아버지는 가문의 기원을 1066년 잉글랜드까지 거슬러 올라가 추적했다. 대븐포트는 하버드 대학교와 시카고 대학교에서 학생을 가르치며 닭 품종 개량 연구로 명성을 얻은 뒤, 자연스럽게 '인종에서의 유전'을 연구하게 되었다. 그는 "우월한 혈통의 가치와 열등한 혈통이 사회에 가하는 위협"을 특별히 강조했다.[2]

1898년 대븐포트는 롱아일랜드섬 콜드스프링 하버에 있는 브루클린 예술과학연구소의 생물학연구소 여름학교 교장이 되었다. 시어도어 루스벨트의 별장이 있는 오이스터 베이에서 그리 멀지 않은 곳이다. 그곳에서 대븐포트는 새로 설립된 워싱턴 카네기 연구소로부터 보조금을 받았고, 1904년 콜드스프링 하버에 카네기 연구소 실험진화 지부를 설립했다. 1910년 대븐포트는 철도 부호 E. H. 해리먼의 도움으로 우생학기록연구소를 설립했다. 1910년부터 1918년까지 해리먼 집안은 우생학기록연구소에 50만

• 1880년에서 1918년 사이에 미국의 모든 주가 의무교육을 시행하면서 아동학 운동은 사회복음운동가들의 욕구를 더욱 전문화했고 크게 확산된 아동교육 기관에 이를 주입했다.

달러를 기부했다.[3]•

그렇게 야심적인 목표의 영감은 런던으로부터 왔다. 하버드 대학교의 촉망받는 젊은 교수였던 대븐포트는 1901년 우생학 창시자요 인간 번식을 통제하는 문제를 깊이 생각한 프랜시스 골턴(1822~1911)을 방문했다.

골턴은 유전을 사회적 탁월함 즉 '재능genius'과 연결한 우생학의 근원적인 텍스트『유전된 재능: 유전의 법칙과 그 귀결에 관한 연구Hereditary Genius: An Inquiry into Its Laws and Consequences』(1869)를 썼다.[4]•• 그즈음에 골턴은 주로 통계학의 창시자로, 특히 종형 곡선에서 식별되는 상관관계와 통계 편차의 이론으로 기억된다. 그러나 다방면으로 관심이 많았던 골턴은 수리통계학에서 자신의 문하생이자 열렬한 우생학자요 20세기 통계학의 다른 거물인 칼 피어슨과 함께 우생학을 창시했다.••• '우생학'이라는 용어도 골턴이 '좋은'과 '유전'이라는 뜻의 그리스어를 합쳐 만들어냈다. 많은 유전학자처럼, 찰스 다윈과 사촌지간이었던 골턴도 남의 도움이 필요 없는 부자였고, 인간 번식에 관심이 있던 다른 부자들처럼 자식이 없었다. 칼라일과 에머슨처럼, 골턴도 신경쇠약, 현기증, 심계항진 등 허약한 체질을 이야기하면서 남성다운 힘을 찬미했다.

골턴은 "활력 넘치는 [수컷] 동물"을 찬양하는 동시에 암컷의 아름다움을

•   콜드스프링 하버 연구소는 현재 인간 게놈 연구의 중심지가 되었다.

•• 골턴은『인간 능력 연구Inquiries into Human Faculty』(1883)에서 유전적 퇴화 연구의 발판을 놓은『주크 가문』을 칭찬했다.

••• 자신만의 퇴화한 가족 사례를 찾아낸 피어슨은 "1680년까지 거슬러 올라가 기원을 추적할 수 있는 어느 나쁜 종자"가 1900년에도 여전히 "과도한 음주, 광기, 신체의 쇠약"을 낳고 있다고 말한다. 이는 "이 유전 법칙이 중력의 법칙만큼이나 필연적"이라는 증거였다. "우리는 이에 맞선 싸움을 그만둘 것이다." 피어슨은 또한『과학의 관점에서 본 삶Life from the Standpoint of Science』(1905)에서 이렇게 선언했다. "정신 이상은 매우 확실하게 유전 특성으로 받아들일 수 있는 것 중 하나이다."

인정했다. 그는 영국을 여행하던 중에 영국에서 가장 추한 여성들을 공업지대요 노동자계급이 있는 켈트인의 스코틀랜드에 두고, 가장 아름다운 여성들은 부유한 앵글로색슨족의 런던에 두는 "아름다움 분포도"를 만들었다.[5] 골턴은 자서전에서 자신의 방법론을 이렇게 설명한다.

> 나는 기회가 있을 때마다 만나는 사람들을 "좋은, 중간, 나쁜"의 세 범주로 분류했는데, 그때 바늘을 송곳처럼 이용했다. 바늘로 종이에 보이지 않는 구멍을 뚫었는데, 그 구멍들은 대충 아래쪽이 긴 십자가 모양을 이루었다. 나는 위쪽 끝을 "좋은"으로, 십자가의 팔을 "중간"으로, 아래쪽 끝을 "나쁜"으로 삼았다. 구멍들은 뚜렷했고 여유로울 때 보면 쉽게 판독할 수 있었다. 종이에는 대상과 장소, 날짜를 적어놓았다. 나는 이 도면을 거리 등에서 만난 소녀들을 매력적인, 평범한, 혐오스러운 소녀의 세 범주로 분류하여 아름다움의 자료를 만드는 데 썼다. 물론 이것은 순전히 개인적인 평가이다. 그러나 동일한 모집단을 대상으로 시행한 여러 번의 시도에서 일치한 내용으로 판단하였기에 일관성이 있다. 내가 알아낸 바로는 아름다움에서 런던이 가장 높은 자리를 차지했고, 애버딘이 가장 낮은 자리를 차지했다.[6]

매우 흥미롭게도, 세기 전환기의 인종과 머리 모양의 상관관계를 생각하면, 골턴의 사진은 검은 머리카락과 평평한 후두부를 보여준다. 다시 말해 그는 장두형이 아니라 단두형이었다. 이는 그와 같은 시대에 산 일부 사람들에게는 매우 중요한 사실이었다.

골턴은 또한 민주주의를 불신했다. 그는 "평균적인 시민이 …… 현대 문명의 일상적인 일을 하기에는 …… 매우 열등하다"고 생각했다.[7] 그가 해석한 진화에서는 자연선택이 계급뿐만 아니라 인종에서도 성격을 결정하는 힘이었다. 『유전된 재능』은 "유대인은 기생적 생존에 적합하게 진화했다"고 선언한다.[8] 골턴의 명성과 영향력은 너무도 강력하여 이 편협한 견해는 제1

차 세계대전 이후에 과학적 상투어로 유포되었다.

"국민의 두뇌는 상층계급에 있다"고 확신한 골턴은 상류사회 사람들이 그들 사이에서만 자식을 낳는 것을 옹호했다. 동시에 그는 빈민의 부주의한 자녀 출산에 눈살을 찌푸렸지만 아이를 적게 낳는 것을 옹호하지는 않았다. 그 일은 다른 이들이 맡게 된다. 영락없는 귀족이었던 골턴은 루스벨트처럼 자신이 속한 상층계급에 주의를 집중했다. 골턴은 런던 대학교에 있는 자신의 우생학기록연구소에서 미국 우생학자들에게, 특히 찰스 대븐포트에게 자신이 발견한 보물을 제공했다.

골턴과 대븐포트의 의견이 완벽하게 일치했다는 말은 아니다. 골턴에게는 여러 변수를 결합하는 능력 ─ 즉 회귀 분석과 상관관계 분석 ─ 이 있었기에, 그의 인간유전 이론은 여러 요인을 동시에 고려할 수 있었다. 대븐포트와 대다수 미국 우생학자는 복잡한 것을 싫어했다. 그들은 인간의 유전형질이 그레고어 멘델의 완두콩의 크기와 색깔, 주름처럼 단순한 온 오프 방식으로 움직인다고 믿었다. 따라서 지능은 단일한 척도에 따라 파악하고 수치화할 수 있었으며, 이에 대븐포트는 지능이 "단위 형질unit character"이나 "단위 특성unit trait"이라고 말할 수 있었다.[9] 오늘날의 어법으로 말하자면, 그는 지능을 단일한 유전자로 보았다. 그러므로 당연하게도 개체는 단위 특성에 따라 정상적일 수도 정신박약일 수도 있었다. 단위 특성(유전자라고 할 수도 있는)은 또한 무능함, 방랑, "바다애착증thalassophilia"을 결정했다. 이는 퇴화한 가족 연구에서와 마찬가지로 전부 다 유전이다. 대븐포트는 바다애착증이 색맹처럼 성별과 연관된 퇴행성 특성이라고 생각했다. 왜냐하면 그는 바다애착층을 언제나 남성에게서만 발견했기 때문이다. 이러한 방식의 이론화에 칼 피어슨은 골턴에게 이렇게 털어놓았다. "우리 친구 대븐포트는 설득력 있는 사상가가 아니야."[10] 대븐포트가 바다애착증이라는 자신의 이상한 범주를 이를테면 무능력과 어떻게 연관시켰을지 궁금하다.

골턴과 대븐포트는 그들의 문화가 낳은 피조물이었다. 계급은 골턴의 영국과 그의 분류법을 지배했고, 인종은 대븐포트의 미국과 그의 분류법을 지배했다. 대븐포트에게 폴란드인과 아일랜드인, 이탈리아인, 히브리인 등은 각각 자기 인종에 따라 서로 다르게 행동했다. 윌리엄 Z. 리플리처럼 그도 남유럽과 동유럽에서 온 이민자들 때문에 미국 국민이 "색조는 더 어둡고 키는 더 작으며 더 변덕스럽고…… 절도와 납치, 폭행, 살인, 강간, 성적 문란의 범죄에 더 잘 빠지게" 되었다고 믿었다.[11] 대븐포트는 부분적으로는 프랜시스 골턴에게서 흡수한 이 왜곡된 인종 이론을 뉴저지의 바인랜드 정신박약소년소녀훈련소의 헨리 고더드에게 전해주었다. 뉴저지주에서 그 이론은 비옥한 토양을 만났다. 고더드가 바인랜드 훈련소에 들어온 아이들 중에서 '정신박약자'의 완벽한 사례를 찾아냈기 때문이다. 고더드는 그 아이를 데버러 칼리칵이라고 불렀다.

이는 만들어낸 이름이었다. 고더드는 그리스어에서 "아름다움"을 뜻하는 칼로스kallos와 "나쁜"을 뜻하는 카코스kakos를 합쳐 이 이름을 만들어냈다.[12] 가난한 미혼모에게서 태어난 아이인 데버러 칼리칵은 여덟 살 때인 1897년에 바인랜드 훈련소에 입소했다.[13] 아이는 고르게 발달하지 않았다. 스물세 살에 그녀는 바느질에 능한 예쁜 젊은이였지만 읽기와 쓰기는 발전이 더뎠다. 고더드가 보기에 그녀의 기술은 사실상 중요하지 않았다. 칼리칵과 그녀와 비슷한 수많은 사람은 인종의 복지에 위협이 되었다.

실로 데버러 칼리칵과 같은 사람의 큰 위험성은 그 평범한, 심지어 매력적인 외모와 그녀가 바인랜드를 떠난다면 성교를 하고 아이를 낳을 가능성에 있었다. 일단 기관의 보호를 벗어나면, "그녀는 즉시 사악한 남자나 사악한 여자의 음모에 먹이가 될 것이며 나쁘고 비도덕적인 범죄의 삶을 살 것이다." 고더드는 1910년 비네-시몽 검사법으로 그녀의 지능을 검사했고, 그녀의 정신 연령을 아홉 살로("노둔魯鈍" 등급의 낮은 지능으로) 판정했다. 그의 결론은 그녀는 정신 연령이 그렇게 낮기 때문에 도덕적 판단 능력이 없다는 것이었다.

비네-시몽 지능검사법은 "요람의 전쟁" 문헌에 고더드가 기여한 것 중 두 번째 절반이다. 그는 1908년 유럽 여행 중에 프랑스 학자 알프레드 비네와 그의 동료 테오도르 시몽의 연구를 알게 되었다.* 프랑스 교육부에 고용된 두 사람은 정신 검사법을 고안했고 검사 결과를 숫자상의 등급으로 나타냈다. 수치는 학교에서 특수교육이 필요한 학생들을 확인하는 데 도움을 주기 위한 것이었다.** 고더드는 비네의 검사법을 영어 구사력에 채택했고 즉시 바인랜드 훈련소 입소자들을 검사하기 시작했다. 결과를 세밀하게 정량화했기에 이 검사법은 빠르게 인기를 얻었다. 1910년 고더드는 뉴저지주 초등학생들을 대상으로 그 검사법을 썼고, 한 해 뒤에는 뉴욕시 아이들, 1913년에는 엘리스섬의 이민자들에게 썼다. 지능검사 결과로 데버러 칼리칵은 고더드가 만든 용어에 따르면 "노둔"이라는 꼬리표를 달았다. 대븐포트는 고더드에게 그녀가 왜 그렇게 되었을까 물었다.***

고더드는 데버러 칼리칵의 가계를 미국 독립전쟁 시기까지 거슬러 올라

* 비네는 미국에서 지능검사가 크게 유행하여 논쟁이 일기 전인 1911년에 사망했다. 그는 결코 성인의 등급을 정하고자 검사법을 만들지 않았다.
** 스탠퍼드 대학교의 심리학자 루이서 터먼이 1916년 이 검사법을 수정한 스탠퍼드-비네 검사법을 내놓았다 — 옮긴이주.
*** "노둔"은 "치우癡愚"보다 똑똑한 등급이며, "치우"는 "백치白癡"보다 똑똑한 것으로 여겨졌다.

가 추적했다. 그래서 두 개의 칼리칵 분가를 찾아냈다. 하나는 "현저한 전문 직업 성향"을 보여준 성실한 시민들로 구성되었다. 이들은 뉴저지의 최고 가문 사람들과 결혼했으며 "오로지 좋은 대표적 시민만" 배출했다. "의사와 변호사, 판사, 교육자, 상인, 지주, 요컨대 존경할 만한 시민들, 사회생활의 모든 분야에서 탁월한 남녀가 있었다."

데버러 칼리칵은 나머지 다른 분가 태생이었다. 그녀의 분가는 약 480명 이었는데, 사생아 36명, "대개 매춘부였던 성적으로 부도덕한 사람" 33명, 간질병 환자 3명(당시에 간질은 유전병이라고 생각되었다), 사산아 82명, 범죄자 3명, "평판이 나쁜 가정" 주부 8명이 포함되었다. 두 분가 모두 마틴 칼리칵 시니어라는 남자와 두 여인의 후손이었다. 열등한 칼리칵 분가는 마틴 칼리칵이 선술집에서 일한 "정신박약 처녀"와의 혼외정사에서 출발했다.

고더드의 책 『칼리칵 가문The Kallikak Family』은 1912년에 출간되어 좋은 평가를 받았고 잘 팔렸다. 사회과학자들은 "자료의 신뢰성과 연구의 정확성"을 칭찬하며 그 중요성을 널리 알렸다.* 아동학 연구에서, 또 그것을 넘어서서, 그 연구는 조상이 전부이고 환경은 아무것도 아니라는 유전학적 믿음을 강화하는 데 엄청난 영향력을 행사했다.** 책이 전달하려는 메시지는 널리 분명하게 울려 퍼졌다. 공공선을 위해 정신박약자는 자식을 낳지 말아야 한다는 것, 그렇지 않으면 사회가 고통을 받는다는 것이었다. 고더드는 이렇게 경고한다. "우리 주위 도처에 칼리칵 가족들이 있다. 이들은 보통사

---

* 그러나 그 책은 지능이 멘델 유전학의 단일한 단위 특성이라는 고더드의 가정에 관하여 어느 정도 유보적인 태도를 암시했기 때문에 일찍부터 긍정적인 평가를 받았다.

** 정신박약에 관한 고더드의 추론은(비록 그가 그 용어를 사용하지는 않았지만) 20세기 말 지능과 인간의 운명을 분석하여 베스트셀러가 된 리처드 J. 헌스타인과 찰스 머리의 『종형곡선: 미국 사회에서의 지능과 계급 구조The Bell Curve: Intelligence and Class Structure in American Life』(1994)에서 사회적 폐해와 장애인의 근원으로 다시 등장한다.

람들보다 두 배로 빠르게 늘어나고 있다." "요람의 전쟁"에서 열등한 종자는 언제나 우월한 종자보다 자손을 더 많이 퍼뜨리며, "아무리 좋은 교육과 환경이라도 결코 정신박약자를 정상인으로 바꿀 수 없다."[14] 피부색을 기준으로 흑인에게 안겨진 노예제처럼, 백인에게 안겨진 노예계약 머슴살이나 범죄, 사생아 신분도 영원한 저주였다. 불량 주택지구 개량 사업과 기타 일시적인 대책들도 똑같이 무익했다. "아무리 가르쳐도 결코 지금까지 살아온 방식과 다르게 살 수 없는 이 정신적으로 결함이 있는 자들"은 문란하게 번식하는 불결한 자들이기 때문이다.[15]

그렇다면 사회를 이들로부터 어떻게 보호해야 할까? 고더드는 처음에는 정신적으로 장애가 있는 자들의 격리에 표를 던졌지만, 격리에는 비용이 엄청나게 들었다. 고더드가 잘 알았듯이, 정신박약자들을 생식 가능 연령을 넘길 때까지 격리하는 비용은 만만치 않았다. 고더드는 조지핀 쇼 로웰의 주장으로 되돌아가 마침내 강제불임이라는 대안을 제창했다. 주사위는 던져졌다. 미국의 수많은 사람이 앵글로색슨족의 유전자 풀을 덮칠 것 같은 퇴화의 파고를 막을 준비를 하고 있었을 뿐만 아니라 간절히 그렇게 하기를 원했다.

1912년, 고더드가 『칼리칵 가문』을 출간했을 때, 이미 여러 주가 탐탁지 않은 자들의 재생산을 통제하는 저렴한 수단으로서 강제불임시술에 의지했다. 우생학자들이 이 운동의 선봉에 섰지만, 인도주의적 개혁 운동에서 자선과 교정을 강조한 파벌에 속하는 자유주의자들이 이들을 지원했다. 주요 사회개혁가들은 기꺼이 나서 "통제되지 않은 정신박약 여성들의 퇴화와 타락의 효과"를 개탄했다.[16]

의학의 발전으로 불임시술이 비교적 쉽고 안전해진 덕분에, 인디애나주는 1907년 "전문, 형질유전은 범죄와 백치, 저능아의 대물림에서 매우 중요한 역할을 한다"고 선포하는 법률을 제정함으로써 강제불임시술 물결의 선두에 섰다.[17●] 다른 주도 뒤따랐지만, 결과는 한결같지 않았다. 비자발적 불임시술에 여전히 논란이 있었기 때문이다. 법원은 잔인하고 비인간적인 처벌이라는 이유로, 합당한 절차의 결여와 법에 따른 평등한 보호의 실패를 이유로 그러한 법률을 무효화했다. 뉴저지주 대법원은 1913년 강제불임법을 신속히 파기했고, 버몬트주와 네브래스카주, 아이다호주의 주지사는 거부권을 행사했다.[18]

강제불임을 널리 확산시킬 수 있으려면, 전문가의 지도가 필요했다. 1922년 대븐포트의 우생학기록연구소는 각 주가 비자발적 불임시술 법률을 정교하게 입안하여 법원의 도전에 대처할 수 있게 하려고 우생학적 강제불임법의 모델을 제시했다. 1924년 버지니아주는 그러한 법률을 처음으로 통과시키며 이렇게 밝혔다. "형질유전은 정신이상과 백치, 저능아, 간질, 범죄의 대물림에서 중요한 역할을 한다."[19] 뒤이은 법원의 조사로 '퇴화한 가족'의 가시도가 증가했으며, 남부의 가난한 백인들에 대한 오랜 편견 때문에 퇴화는 가난한 남부 여성의 얼굴을 얻었다.

버지니아주 강제불임법에 따라 처음으로 불임시술을 받은 사람은 열여덟 살의 캐리 벅이다.[20] (도판 19.1, 캐리 벅과 그녀의 어머니 참조) 벅은 범죄로 고발당한 적이 없었다. 그녀는 버지니아주 간질환자 정신박약자 집단거주지에 사는 정신박약자 미혼모의 딸로 정신박약자 미혼 임산부라고 설명되었다. 저명한 우생학자들이 "무능하고 무지하고 쓸모없는 남부의 반사회적 백인 계층에 속한 이 사람들"의 번식을 중단시키고자 그녀를 상대로 소송

● 남자는 정관절제술, 여자는 난관결찰. 최초의 정관절제술은 1897년 시카고에서 시술되었다.

19.1 1924년 재판에 가기 직전 캐리 벅과 그녀의 어머니 에마 벅, 버지니아주 간질환자 정신박약자 집단거주지

에 들어갔다.[21]

미국 연방대법원은 버지니아주 강제불임법 제8조 제1항이 유효하다고 판결했다. 미국 법조계의 유력한 배후 인물인 여든한 살의 올리버 웬들 홈스가 다수의견의 판결문을 작성했다. 홈스는 벅의 약점이 유전에 기인한다는 고더드의 주장을 받아들였다. 그는 또한 범죄자는 만들어지는 것이 아니라 태어나는 것이며 사회는 그들의 출생을 예방하여 스스로를 보호할 수 있다는 널리 퍼진 논리에 동의했다. 홈스는 이렇게 판결했다. "퇴화한 자들의 자손을 범죄를 이유로 처형하거나 저능함을 이유로 그들이 굶어 죽기를 기다리는 대신, 사회가 명백히 건강하지 않은 자들이 자기 부류를 존속시키지 못하도록 예방할 수 있다면 그것이 온 세상에 더 좋다." "백치는 삼 대로 충분하다"는 그의 유명한 결론은 미국 법률 곳곳에 침투했다.[22] 전직 대통령 윌리엄 하워드 태프트와 루이스 D. 브랜다이스 두 사람의 배석판사가 동의했다. 그래서 강제불임은 여러 주에서 법률로 안착했다. 정신박약자로 판정된 자들, 특히 혼외로 자식을 낳은 모든 인종의 가난한 여성을 처리하는 수단으로 받아들여진 것이다.[23]

"벅 대 벨Buck v. Bell"* 재판에 이어 1930년대에 지역의 법률 집행관과 복지 담당 공무원이 빈민을 일괄적으로 체포하여 사실상 집단적으로 불임시술을 받게 했다. 1968년까지 약 6만 5천 명의 미국인이 본인의 의사에 반하여 불임시술을 받았다. 캘리포니아가 월등히 앞섰고, 버지니아가 격차를 두고 2위에 올랐다.[24]** 버지니아주의 1924년 법에 토대가 된 미국 강제불임법의 모델은 독일에서도 유효했다. 나치는 1933년 권력을 잡자마자 신속히 유전질환을 가진 아이의 출생을 예방하기 위해 법을 제정했다. 그러한 질병에는 정신장애와 정신적, 신체적 만성 질환은 물론 청각장애와 시각장애도 포함되었다. 20세기 초 미국과 마찬가지로 독일에서도 비자발적 불임시술의 주된 표적은 가난한 사람들이었다. 앵글로색슨족이나 튜턴인, 북유럽인 혈통은 주크 가족, 이슈메일 가족, 버크 가족으로 낙인찍힌 가난한 백인에게 인정을 베풀지 않았다.

알려진 바와 같이 캐리 벅은 개인의 취약함을 보여주는 너무도 흔한 사례를 대표한다. 그녀는 여덟 살에 위탁가정에 들어갔다. 몇 년 뒤 그 가족의 일원에게 강간당했다. 강간의 결과로 임신한 그녀는 버지니아주 간질환자 정신박약자 집단거주지로 보내져 출산 직후 강제로 불임시술을 받았다. 아무렇게나 시행한 초기의 유치한 스탠퍼드-비네 지능검사법은 벅과 그녀의 어머니를 "치우" 등급으로 판정했지만, 성인 캐리 벅에게 장애의 징후는 전혀 없었다. 가난한 백인을 악마로 취급하는 퇴화한 가족 연구를 배경으로 보면, 캐리 벅의 강제불임시술은 정신적 우둔함이 아니라 성폭행의 결과였다.[25]

- 원고가 간질환자 정신박약자 집단거주지 소장 존 헨드런 벨이었다 — 옮긴이주.
- 1907년에서 1956년까지 6만 166명이 정신박약이나 정신이상, 간질을 이유로 불임시술을 당했다. 캘리포니아가 1만 9,998명으로 선두에 섰고, 버지니아는 6,811명, 노스캐롤라이나가 4,777명, 미시간이 3,597명, 캔자스가 3,025명이었다.

강제불임시술은 사회적 폐해를 큰돈 들이지 않고 예방하겠다고 약속했음에도 결코 완전히 받아들여지지 않았다. 개인에게 그토록 중요한 결정을 누가 내려야 하는지에 관하여 의심이 해소되지 않았고 집행에 편견이 개입되었기 때문이다. 반대파의 목소리가 커졌다. 가톨릭은 이를 인체에 대한 능욕이라며 반대했고, 사회주의자들은 우생학의 계급적 편견을 지적했으며, 인류학자들은 강제불임시술로 소멸되리라고 추정된 특성은 생물학이 아니라 문화로 해명된다고 주장했다.

우생학적 강제불임시술은 결국 인기를 잃었지만, 그 과정은 더디고 점진적이었다. 독일 나치가 강제불임시술을 채택하여 우생학의 치명적이고 사악한 작동을 증명한 1930년대에, 그 분야는 객관적 과학의 지위를 상실했다. 1960년대와 1970년대 흑인 여성과 아메리카 원주민 여성, 라틴계 여성의 강제불임시술에 반대한 민권운동의 항의 시위로 그 관행은 사실상 공공정책의 지위를 잃었다. 윤리관이 달라지면 정책도 달라져야 했다. 버지니아주는 1974년 강제불임법을 폐기했지만, 캐리 벅은 권리를 회복하지 못하고 1983년에 사망했다. '벅 대 벨' 재판의 75주년이 되는 2002년 버지니아주는 벅의 고향 샬러츠빌에 그녀를 추모하여 안내판을 세웠고, 주지사는 정식으로 사과했다. 오리건주와 노스캐롤라이나주, 사우스캐롤라이나주가 버지니아주를 따라 우생학과의 관계를 끊었다.

이로써 퇴화한 가족 연구에서 시작한 강제불임시술의 이야기가 끝난다. 동시에 같은 뿌리에서 나온 다른 이야기, 이민자의 지능검사와 이민규제로 이어지는 이야기가 전개되었다.

20

새로운 이민자들의 지능검사

로버트 여키스 같은 선도적인 검사자는 지능검사가 인간 지능에 등급을 매기고 나아가 "한 인간의 가치"를 평가하는 간단하고 정확한 방법이라고 주장했다.¹ 헨리 고더드가 알프레드 비네와 테오도르 시몽의 지능검사법을 미국에 도입한 이래로, 그 유용성이 프랑스에서 맡은 제한된 역할을 크게 뛰어넘는다는 사실이 분명해졌다. 프랑스에서 그 검사법은 어떤 아이들이 특수교육 대상인지 판별했지만, 미국에서는 바인랜드 정신박약소년소녀훈 련소의 아이들을 평가했으며 이어 훨씬 더 큰 다른 목적에 이바지했다. 엘 리스섬의 관료들은 고더드가 바인랜드에서 쓴 검사법이 나라에 쏟아져 들 어오는 이민자 중에서 누가 머물 수 있고 누가 돌아가야 하는지 결정하는 데 도움이 될 수 있다고 생각했다.

그 검사는 어떠했는가? 1917년 징집에 응한 미군 병사 중 글을 읽을 줄 아는 많은 이가 이러한 질문에 답했다.

왜 군인은 주머니시계를 갖고 다니지 않고 손목시계를 차는가? 왜냐하면

□ 손목시계가 시간이 더 잘 맞기 때문이다.

□ 손목시계가 더 단단해서 잘 망가지지 않기 때문이다.

□ 손목시계가 더 편리하기 때문이다.

유리절연체는 전신선을 고정시키는 데 사용된다. 왜냐하면

□ 유리는 전신주가 불에 타는 것을 막아주기 때문이다.

□ 유리는 전류의 이탈을 방지하기 때문이다.

□ 유리는 값이 저렴하고 매력적이기 때문이다.

왜 우리는 국회의원이 필요한가? 왜냐하면

□ 국민을 통치해야 하기 때문이다.

□ 국회의원이 진정한 대의 정부를 보증하기 때문이다.

□ 다 만나보고 법안을 만들기에는 국민이 너무 많다.[2]

글을 읽을 줄 모르는 자들은 그림으로 된 질문에 답했다. 병사들은 각각
의 그림에서 무엇이 빠졌는지 말해야 했다.[3]• (도판 20.1, '문제 6' 참조.)

검사는 목표를 높게 잡았다. 단순히 특정한 문화적 환경에서 수년간 받은

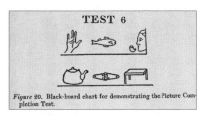

20.1 "문제 6." 칼 브리검, 『미국인 지능 연구』(1923)

• 하버드 대학교 교수 스티븐 제이 굴드는 사회적 무기로서의 생물학에 관한 강의에서 육
  군의 지능검사를 53명의 학생에게 시행했다. 학생들은 매우 잘 해냈다. 31명은 A, 16명
  은 B를 받았다. 그러나 6명은 C를 받았다. 굴드는 그들이 지적 경계선에 있다고, 신병의
  임무에나 어울린다고 보았다.

교육이나 훈련의 성과가 아니라 타고난 지능을 측정하겠다는 것이었다. 이러한 주장은 터무니없는 헛소리였지만 그건 중요하지 않았다. 지능검사의 유혹은 물리치기 어려웠다. 사람을 등급으로 배열할 필요성은 컸고, 그 처리 과정은 비용이 저렴했을 뿐만 아니라 명백히 과학적으로 보였기 때문에 특히 더 좋았다. 고더드가 퇴화한 가족에서 이민자의 지능검사로 나아간 것은 의회의 명령과 20세기 초 사회과학자들의 야심이 결합한 결과였다.

토착민 보호주의자들은 이민자가 열등하다고 추정하고 오랫동안 그들을 모욕했다. 당시에 하버드 대학교를 갓 졸업하고 1894년 이민제한연맹을 설립한 프레스콧 판스워스 홀은 퇴화한 가족과 이민자, 번식 경쟁을 뒤섞었다. "우리로 하여금 범죄자와 정신박약자를 격리하여 그들의 번식을 예방하게 한 논거는 이곳에 들어와 숫자를 늘려 우리 국민의 평균 수준을 저하시킬 가능성이 있는 자들을 국경에서 물리치는 데에도 똑같이 적용된다."[4] 이 논리는 꾸준히 기반을 넓혔다.

1890년대 이래로, 연방법은 "미치광이", "백치", 정부의 구호대상자가 될 가능성이 있는 사람, 정신이상자, 간질환자, 거지, 무정부주의자, "치우, 정신박약자, 신체나 정신에 결함이 있어서 생계를 꾸릴 능력에 영향을 받는 사람들"을 배제하는 기준을 엄격하게 했다.[5] 그러나 매일 5천 명의 이민자가 엘리스섬을 통과하는 상황에서 이들을 분류하는 일은 열 명 남짓의 공중보건국 의사에게 과중한 업무였다. 조치가 필요했다. 고더드의 방법을 알게 된 이민국장은 바로 그곳 뉴저지주에 도움의 손길이 있다고 결론 내렸다. 그는 고더드에게 그 최신 지능검사법을 이용하여 입국거부 절차의 속도를 높이자고 권했다. 고더드는 바인랜드에서 여성 검사관들을 데려와 이 임무를 수행했다.[6] 고더드의 보고서에서 몇 가지 놀라운 결론이 튀어나왔다.

평균적인 '세 번째 등급' 이민자의 지능은 낮다. 아마도 노둔의 수준일 것이다.

단독으로 시행된 모든 검사는 매우 높은 비율의 결점을 가리키는 듯하다. 여기에 예외는 없다. ……

근년의 이민은 초기의 이민과는 성격이 완전히 다르다. …… 우리가 지금 각 인종에서 가장 열등한 자들을 받아들이고 있음을 누구나 인정한다. …… "폴란드인 이민자 1천 명당 103명을 제외하고 전부 인부나 하인이다." ……

"표2. 여러 민족 이민자의 지능 등급"에 따르면, 유대인의 83퍼센트, 헝가리인의 80퍼센트, 이탈리아인의 79퍼센트, 러시아인의 87퍼센트가 정신박약자이다. 유대인의 60퍼센트는 노둔이다.[7]

요컨대 근자에 엘리스섬으로 들어온 이민자가 대부분 정신장애자였다는 것이다. 전시에 심리학이라는 새로운 분야가 기회를 잡으면서 지능검사는 이렇게 정량화한 결정적 의미에 따라 한 단계 더 나아갔다.

1917년 고더드는 자선 기관과 아무런 연관이 없는 새로운 이민 반대자 무리에 합류했다. 학계에 몸담고 있던 로버트 여키스와 루이스 터먼은 빈민과 교류하거나 그들의 복지를 염려하지 않았다. 그들은 학자로서 찾아낸 사실—그들 말로는 과학적으로 도출한—을 가지고 원하는 결과를 얻으려 했다. 이번에는 강제불임시술이 아니었다. 정량화할 수 있는 방법론을 토대로 미국 국민을 지능과 인종에 따라 분류하는 것이 목표였다. 이번에도 역

• 모두가 고더드의 의견에 동의하지는 않았다. 엘리스섬의 공중보건국 의사들은 비네에게서 착상을 얻은 그의 검사법을 회의적으로 보았다. 그들은 불가피하다고 생각하면 검사법을 바꾸거나 무시했다.

시 뉴욕 콜드스프링 하버 우생학기록연구소의 찰스 베네딕트 대븐포트가 빠진 고리를 채웠다.

전쟁 이전에 대븐포트의 연구소는 장애인 가정에 대한 유전적 연구를 부지런히 수집했다. 그의 통계학은 대븐포트가 멘델 유전학의 단위 특성으로 여겨진 제반 특성에, 다시 말해서 빈곤, 낮은 지능지수, 간질, 범죄, 정신이상, 키, 성적 문란에 잘 들어맞았다. 제1차 세계대전으로 그러한 퇴화한 가족 연구와 불임시술은 중단되었지만, 전시의 징집으로 우생학자들은 새롭게 집단적 지능검사의 엄청난 기회를 얻었다. 하버드 대학교에서 대븐포트의 학생이었던 로버트 여키스(1876~1956)가 전면에 나섰다.

여키스는 결코 자랑할 만한 뉴잉글랜드 사람이 아니었다. 여키스의 전기를 쓴 작가들은 그의 천한 출신에 크게 주목하지 않았다. 대븐포트 같은 자랑스러운 양키가 쓴 책이나 그들에 관한 책과는 뚜렷하게 대조된다. 엘리트들에 둘러싸인 환경에서 농장 출신이라는 그의 배경은 일찍이 평범한 지적 능력에 엄격함과 완고함, 절대금주주의자의 쾌활함 부족이 결합된 자라는 세평에 일조했다. 부와 권력, 명성, 인기, 신체의 아름다움에 무관심했던 그는 인기투표에서 표를 받을 유형의 인간이 아니었다. 펜실베이니아주 벅스카운티의 농장에서 태어난 여키스는 학년 구분이 없는 시골 학교에 다닌 뒤 고더드가 직업 생활을 시작한 웨스트체스터 사범학교에 들어갔다. 그는 허드렛일을 대가로 학비를 대준 삼촌의 도움으로 필라델피아 광역권의 어사이너스 칼리지로 옮겼다가 하버드 대학교에 입학하여 1898년에 학사 학위, 1902년에 박사 학위를 받았다.[8] 이번에도 나라에서 가장 명망 높은 학문의 중심지가 인종 이론에서 중추적인 역할을 수행한다.

우생학에서 하버드 대학교의 중요성은 단순히 극악한 계획이나 비열한 분위기에 있지 않았다. 오히려 이 이야기에서 하버드 대학교의 의미는 당대

우생학 관념이 학문적으로 높은 위상을 차지했음을 증명한다. 하버드 대학교에서 여키스에게 가장 큰 영향력을 끼친 선생은 독일인 철학자 후고 뮌스터베르크(사람을 위계적으로 평가하여 엘리트에게 사회의 결정권을 준다는 이유로 지능검사를 신뢰한 사람)와 프랜시스 골턴을 공경한 찰스 베네딕트 대븐포트였다.[9]

여키스는 1902년부터 하버드 대학교에서 가르쳤으며 1907년에 첫 책을 발표했다. 『춤추는 쥐들, 그리고 고릴라의 정신*The Dancing Mouse, and the Mind of a Gorilla*』이라는 제목의 그 책은 동물의 성행위를 진화의 관점에서 다루었다.[10] 여키스는 또한 보스턴 정신병원에서 존경받는 엘머 어니스트 사우서드와 함께 반일 근무로 일했다. 사우서드는 '종족퇴화학*cacogenics*'이라는 세련되지 못한 이름을 얻은 학문의 창시자였다. 여키스와 사우서드는 1913년에 지능검사를 시작했다. 고더드가 엘리스섬에서 이민자를 검사하기 시작한 바로 그때였다. 1916년 미국심리학회 회장에 당선된 여키스는 빠르게 출세했지만, 하버드 대학교에서 종신재직권을 얻지 못해 여전히 지위가 불안정했다. 하버드 대학교는 심리학이라는 새로운 분야를 확실히 낮게 평가했다.[11] 그리고 기묘한 상황이 펼쳐졌다.

미국심리학회 회장이었으나 여전히 종신재직권이 없던 여키스는 자기 분야의 학문적 지위가 낮아 안달했다. 그러한 편견에 장점이 없지는 않았다. 1910년대에 여전히 철학에서 독립하는 과정에 있던 심리학은 확실하지 않고 학문적 엄밀함이 부족하다고 생각되었다. 그래서 여키스 등은 지능검사의 훌륭하게 정량화한 결과가 학문적 위상을 획득하는 효과적인 수단임을 깨달았다. 미국이 제1차 세계대전 참전을 준비할 때, 여키스는 수많은 현역 군인에게 지능검사를 확대하려 했다. 그러한 대규모의 통계 자료는 유례가 없었기에 학계에서 존중받을 것이 분명했다.

그러나 그 정도 규모의 데이터뱅크를 마련하는 것은 확실히 엄청난 작업이었다. 여키스는 미국과학원에서 방법을 찾아냈다. 미국과학원이 1916년에 전쟁 수행에 과학자를 동원하고자 국립조사연구원을 설립했기 때문이다. 1917년 5월 여키스는 고더드와 스탠퍼드 대학교의 루이스 터먼이 포함된 검사관 위원회를 소집했다. 그 작업조는 고더드의 바인랜드 훈련소에서 일하면서 1917년 7월 육군 신병에 이용할 세 가지 검사 방안을 만들었다.[12] 알파 검사Army Alpha는 글을 읽을 줄 아는 자들에 썼고, 베타 검사Army Beta는 문맹자에 썼다. 특별한 경우에 필요하면 개별적인 검사를 시행했다. 적어도 이론상으로는 그랬다.

1919년 1월 이 기획이 종료되었을 때, 약 175만 명이 검사를 받아서 어마어마한 규모의 자료가 생성되었고 지능검사의 대폭적인 확대가 장려되었다. 전쟁 이전에 지능검사는 때때로 조롱을 유발했다. 검사 결과가 나왔을 때 유력한 인사가 치우로 판명되는 일이 적지 않았기 때문이다. 그러나 과학이라는 외양이 승리했다. 육군의 검사가 지능에 관한 과학의 결정적 판정이라는 점을 확실하게 했기 때문이다. 이러한 위신은 새로운 것이었다. 그 판정에는 대단한 야망이 숨어 있었다. 헨리 고더드는 진심으로 이렇게 선언했다. 지능검사는 "인류가 스스로에 관하여 획득한 역사상 가장 귀중한 정보이자…… 인간 행동의 주된 결정인자인 단 하나의 정신 작용"이다.[13]

여키스는 1923년 『애틀랜틱 먼슬리Antlantic Monthly』에 기고한 글에서 지능검사가 정신 능력 말고도 더 많은 것을 측정할 수 있다고 자신 있게 말했다. 그의 주장에 따르면, 지능검사로 한 사람의 인간적 가치 전체를 결정할 수 있었다. 여키스는 그가 보기에 육군의 효율성을 떨어뜨리고, 나아가 미국 사회의 활력을 갉아먹는 이민자들을 염두에 두었다. "군대의 통계에 따르면 미국 태생 병사의 정신 연령은 열세 살에서 열네 살 사이인 반면, 외국 태생으로 육군에 복무하는 병사의 정신 연령은 열두 살에 못 미친다." 이러한 수치는 유전학계에서 떠들썩하게 되풀이된다. 여키스는 근자에 도착한 외국 태생 이민자들에 관하여 이렇게 경고했다. "그들은 전체적으로 본토 태생의 미국인에 비해 정신의 총명함이 현저히 부족하다." 그는 이렇게 설명했다. 백인 인종 집단들 간의 차이는 "거의 육군에서 니그로와 백인 사이의 지적 차이만큼이나 크다."[14] 다시 한번 한 과학자가 '백인 인종 집단들'을 분류의 수단이라고 말하고 있었다.

전체적으로 보면, 여키스의 검사 기획은 적어도 열여덟 살은 되는 신병들의 평균적인 정신 연령을 13.08세로 확정했다. 소수점 둘째 자리까지 나올 만큼 정밀하다고 주장했지만 산술적으로 무의미했다. 어떻게 평균이 평균 아래일 수 있는가? 그래도 문제는 없었다. "단일 특성의 변치 않는 타고난 정신 능력"이라는 지능 개념을 지닌 여키스에게, 이는 그 이상의 지적 성장은 불가능하다는 뜻이었다. 지능검사로 '타고난' 선천적 지능이 드러났기 때문이다. 출생 이후 후천적으로 차이를 만들어낼 것은 전혀 없다. 언어 능력의 향상이나 효과적인 학교 교육, 미국 문화에 더욱 익숙해지는 것도 소용없다. 게다가 정신의 가치는 인종에 따라 달랐다. 여기서 인종이라는 용어는 20세기 초에 유럽 여러 지역과 그 변경 지역의 여러 민족들에 적용되는 범주로 이해된다. 여키스와 그의 동료들은 미국 주민 안에 여러 개의 인종 구분선을 그었다. 가장 심원한 구분선의 하나는 오래전에 이주한 조상의 후예인 이른바 토착민과 근자에 도착한 자들을 나누었다.

모든 것이 다 순조롭지는 않았다. 육군은 다른 무엇보다도 전쟁에 필요한 병력을 확보해야 했기에 검사 계획을 전혀 지지하지 않았다. 그리고 유능한 병사를 양성할 목적의 훈련 과정은 검사 과정과 심하게 충돌했다. 장교들은 불평했다. 베타 검사의 가장 낮은 두 등급 즉 D와 E를 받은 병사들도 일단 읽기를 배우면 훌륭한 병사로 탈바꿈하는 경우가 빈번하다는 것이었다. 어느 지휘관은 심리학자들을 쓸데없는 자들로, "나의 병사들 중 누가 가장 잘 생겼는지 조언하는 미술평론가 회의나 진정한 기독교도를 가려내는 고위 성직자단"으로 치부했다.[15]

그러나 지능검사는 육군 밖에서는 놀라운 성공을 거두었다. 종전 후 여키스는 1920년대 중반까지 워싱턴디시에 머물다가 예일 대학교의 연구소로 가서 영장류 연구로 엄청난 성공을 거둔다. 여키스의 육군 지능검사에 관한 미국과학원의 공식 보고서는 도표와 도형이 수두룩하게 포함된 890페이지 분량의 읽기 벅찬 문서여서 독자라고는 소수의 전문가뿐이었다.[16] 여키스는 당시 뜨겁게 타오르던 이민에 관한 논쟁을 고려하여 육군 지능검사단에서 자신 밑에서 검사관으로 일한 프린스턴 대학교의 칼 캠벨 브리검에게 일반 대중이 읽기 편한 축약판을 발간하라고 일렀다.

지능검사와 우생학, 인종 이론을 과학적 토대 위에 세우려 한 여러 학자처럼, 브리검(1890~1843)도 뉴잉글랜드의 고고한 부자 가문 출신이었다. 그는 특히 1630년 '메이플라워호 맹약'• 서명자의 후손임을 자랑했다. 그를 칭찬하는 전기를 쓴 작가에 따르면, "사회적 재능이 뛰어난" 브리검은 "유서 깊은, 존경받는 뉴잉글랜드 가문의 환경에서 비롯한 태도와 행동거지, 사회적 품위를 평생 유지했다."[17] 브리검은 학부 시절 막바지에 지능검사라는 새로운 분류법의 마력에 빠져들었다. 1916년 그는 프린스턴의 학생들에게 비네 검사법을 적용한 것으로 박사학위 논문을 써서 좋은 평가를 받았

• 주로 퓨리턴이었던 메이플라워호의 남성 탑승자들이 작성한 플리머스 식민지의 첫 번째 통치 문서 — 옮긴이주.

고, 그 덕에 프린스턴 대학교 교수로 임명되었다. 1917년 로버트 여키스는 브리검의 연구를 알게 되었고 육군 신병의 지능검사 시행에서 그의 도움을 받았다.[18]

종전 후 브리검은 프린스턴 대학교 교수 자리로 돌아가 재차 지능검사에 몰두했다. 검사는 이제 교육자 사이에서는 대학 지원자의 순위를 정하는 수단으로, 토착민 사이에서는 남유럽과 동유럽 출신의 이민자를 차단하는 과학적 논거로 상당한 인기를 누렸다. 명망 있는 사람들은 이러한 목적에서 지능검사를 하는 것을 지지했다. 우생학을 근거로 이민에 반대했던 매디슨 그랜트와 찰스 굴드는 둘 다 예일 대학교 졸업생이자 부유한 변호사로 서로 친구였는데, 이들은 여키스의 연구 결과를 일반 독자, 특히 국회의원이 읽기 편한 형태로 간행하려는 브리검의 계획에 자금을 제공했다.[19•]

1923년 프린스턴 대학교 출판부는 브리검의 『미국인 지능 연구*A Study of American Intelligence*』를 출간했다. 로버트 여키스가 이 책의 서문을 썼는데, 그는 독자들에게 이렇게 단언했다. "우리는 시민으로서 누구도 인종 퇴화의 위험성이나 이민과 국가 발전과 복지 사이의 명확한 관계를 무시할 수 없다." 여키스는 브리검이 "이론이나 의견이 아니라 사실"을 제시한다고 주장했다.[20]

『미국인 지능 연구』에는 도표와 그래프가 많이 들어 있다. 브리검은 미국 주민을 거의 20개에 가까운 범주로 나누었고 수많은 상대적 정신 연령을 제시했다. 맨 위의 단계인 미국 장교들은 18.84의 정신 연령으로 분류되었

• 그랜트와 굴드가 낸 책은 일반 독자층에서 서로 다른 대접을 받았다. 그랜트의 『위대한 인종의 소멸, 유럽사의 인종적 기반*Passing of the Great Race, or The Racial Basis of European History*』은 선풍적인 인기를 끈 반면, 굴드의 『미국: 가족 문제*America: A Family Matter*』(1922)는 여키스의 서문에 따르면 "순수한 혈통의 인종들"을 옹호한 것으로 추종자가 많지 않았다.

고, 최하의 '미국인(유색인)'은 10.41을 받았다. 토착 백인 미국인은 대략 그 중간으로 13.77의 정신 연령을 받았는데, 잉글랜드와 스코틀랜드, 네덜란드, 독일에서 온 이민자들보다 낮았다.[21] 아메리카 원주민과 아시아인은 평가하지 않았다.

결과는 다른 방식으로도 제시되었다. 인상적인 막대그래프가 가장 높은 점수를 A, 평균 수준을 C, 최하 점수를 E로 하는 낮은 점수 순으로 인종 집단과 민족 집단을 비교했다. (도판 20.2, 브리검의 막대그래프 참조) 배경과 무관하게 흑인을 전부 하나의 단위로 몰아넣은 브리검은 미국의 전통적인 흑백 이분법을 존중했다. 동시에 그는 남유럽과 동유럽 출신 이민자를 향한 당대의 반감을 반영하여 백인을 19개의 서로 중첩되는 범주로 나누었다. 4개 주요 집단은 토착 백인, 모든 백인, 외국 태생 백인, 흑인이었다. 이 집단들 안에서 브리검은 평균 이상의 외국인과 평균 이하의 외국인을 구분했다. 터키인과 그리스인은 외국 태생 백인의 평균을 간신히 넘은 반면, 러시아와 이탈리아, 폴란드 출신은 '흑인 징집병'과 함께 바닥을 차지했다. 북서유럽인이 도표의 맨 위에 올랐다.[22]

브리검의 주목할 만한 도판 중에는 표33도 있다. (도판 20.3, 브리검의 "표33" 참조) 이 통계는 인종 집단들(여전히 영향력을 유지한 윌리엄 Z. 리플리의 『유럽의 인종』에서 머리지수를 토대로 분류된 튜턴인, 알프스인, 지중해인)을 이민국이 이민자에 할당한 출신 국적별로 분류하는 일견 불가능한 임무를 달성했다.

브리검이 리플리의 '튜턴인'을 '북유럽인Nordic'으로 대체한 것은 우연이 아니다. 그가 매디슨 그랜트의 『위대한 인종의 소멸』에 상당한 신세를 졌기 때문이다. 1916년에 출간되어 1918년과 1921년에 대폭적으로 수정된 『위대한 인종의 소멸』은 1930년대 중반까지 150만 부가 넘게 팔렸다. 그

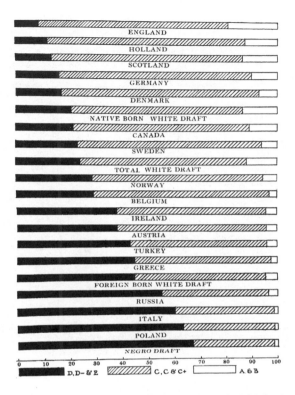

ENGLAND

HOLLAND

SCOTLAND

GERMANY

DENMARK

NATIVE BORN WHITE DRAFT

CANADA

SWEDEN

TOTAL WHITE DRAFT

NORWAY

BELGIUM

IRELAND

AUSTRIA

TURKEY

GREECE

FOREIGN BORN WHITE DRAFT

RUSSIA

ITALY

POLAND

NEGRO DRAFT

0 10 20 30 40 50 60 70 80 90 100

D, D- & E   C, C & C+   A & B

20.2 지능검사 결과를 보여주는 브리검의 막대그래프, 칼 브리검, 『미국인 지능 연구』(1923)

랜트는 아일랜드인과 독일인을 우월한 범주 안에 포함시키고자 '튜턴인' 대신 '북유럽인' 범주를 이용했다. 그렇지만 슬라브인과 유대인, 이탈리아인은 넣지 않았다.[23]

이 놀라운 표는 추정컨대 머리지수를 토대로 국가별 '혈통'을 불합리하게 계산했다. 방법론은 설명하지 않았는데, 우생학자들이 좋아하는 이론가인 조르주 바셰 드 라푸주에게서 가져온 것이다. 라푸주는 1899년 『아리아인: 그 사회적 역할』에 여러 나라에서 머리지수에 따라 '혈통의 비율'을 측

Tentative estimates of the proportion of Nordic, Alpine and Mediterranean blood in each of the European countries.

	PER CENT. NORDIC	PER CENT. ALPINE	PER CENT. MEDITERRANEAN
Austria-Hungary	10	90	0
Belgium	60	40	0
Denmark	85	15	0
France	30	55	15
Germany	40	60	0
Greece	0	15	85
Italy	5	25	70
Netherlands	85	15	0
Norway	90	10	0
Sweden	100	0	0
Russia (including Poland)	5	95	0
Poland	10	90	0
Spain	10	5	85
Portugal	5	0	95
Roumania	0	100	0
Switzerland	35	65	0
Turkey (unclassified)	0	20	80
Turkey (in Europe) (including Serbia, Montenegro and Bulgaria)	0	60	40
Turkey (in Asia)	0	10	90
England	80	0	20
Ireland	30	0	70
Scotland	85	0	15
Wales	40	0	60
British North America	60	40	0

20.3 "표33. 유럽 각국에서 북유럽인과 알프스인, 지중해인 혈통이 차지하는 비율의 시험적 계산", 칼 브리검, 『미국인 지능 연구』(1923)

정하여 만든 비슷한 표를 실었다.[24] ● 브리검으로 말하자면 그는 1923년 표에서 '러시아(폴란드 포함)'의 (유럽인?) 주민 중 5퍼센트가 북유럽인이고 95퍼센트가 알프스인이라고 제시한 반면 '폴란드'의 경우 10퍼센트가 북유럽인이고 90퍼센트가 알프스인이라고 제시했다. 터키는 세 가지 지역 조건에서 각각 지중해인이 40퍼센트, 80퍼센트, 90퍼센트였다. 마치 그 지역들이 '혈통'에 따라 나뉠 수 있고 아무도 다른 곳으로 이주하지 않은 것처럼 생각

● 라푸주는 북부 독일인의 70퍼센트와 미국인의 70퍼센트를, 그러나 남부 독일인은 20퍼센트만 장두형(즉 우월한) 인간이라고 보았다. 그는 장두형의 최고 비율을(85퍼센트) 스페인에서 찾았지만, 이들을 북유럽인이 아니라 지중해인으로 치부하려 했다. 그다음으로 높은 장두형 비율은 잉글랜드와 스칸디나비아에 있었다. 당연히 이들은 북유럽인이었다.

되었다. 아일랜드와 웨일스가 지중해인 비율이 높은 곳으로 제시된 이유는 아마도 아일랜드인과 웨일스인이 잉글랜드인보다 더 원시적인, 따라서 키가 더 작고 피부색이 더 짙은 장두형 인간들이라는 존 베도와 윌리엄 Z. 리플리의 인종주의적 가정을 반영했기 때문일 것이다. 독일인이 '훈족'이라는 고정관념을 얻은 전쟁이 끝난 뒤, 독일인 '혈통'은 북유럽인 비율이 높은 지위에서 밀려나 알프스인이 과반수를 차지하는 곳이 되었다. '북유럽인'과 '알프스인', '지중해인'에 할당된 가치 평가를 감안하면, 표33은 과학적 인종주의의 절묘한 사례이다. 그것은 '피'를 민족과 결합하려는 일련의 시도 중 하나였다. 이 표는 수용되었든 회의적인 평가를 받았든 사회과학자들의 호기심을 자아냈다.

1911년 버몬트주 상원의원 윌리엄 딜링햄이 주재한 미국 이민위원회는 리플리의 『유럽의 인종』을 토대로 이민자의 "진정한 인종적 지위"를 정리하기 위해 그의 지도 여러 장을 곁들여 안내서 『인종 민족 사전*Dictionary of Races or Peoples*』을 발간했다. 리플리처럼 『인종 사전』도 라푸주와 그의 독일인 동료 인류사회학자 오토 아몬처럼 신뢰성이 의심스러운 자들의 도움을 받았다.[25] 인종 분류를 체계화하려는 대부분의 시도가 그렇듯이, 『인종 사전』도 '인종', '종자', '집단', '민족', 리플리와 다른 학자들의 인종들을 나열하며 여러 전문가의 상충하는 범주들 사이에서 조화를 꾀했다. 범주들이 그렇게 뒤범벅이 되었기에 브리검이 메우려던 간극은 그대로 벌어져 있었다.

브리검은 이렇게 유럽 인종의 '혈통'을 평가했을 뿐만 아니라 이민자 지능지수와 미국 거주 연한 사이의 관계를 재해석했다. 예상대로 이민자는 미국에 오래 거주할수록 점수가 높았다. 그러나 브리검은 여키스의 추론을 따라서 명백한 인과관계에 주목했다가 곧 이를 거부했다.

우리의 곡선이 …… 거주 기간이 늘어남에 따라 지능도 높아짐을 가리킨다고 생각하는 대신 그림을 뒤집어서 그 곡선이 1902년 이래로 5년마다 이 나라에 들어온 이민자, 육군에서 검사받은 이민자 동기들의 점진적인 퇴화를 가리킨다는 가정을 받아들일 수밖에 없다.[26]

달리 말하자면, 미국에 들어온 지 오래된 이민자들은 현명하게 태어난 최상층에 속했기에, 대서양을 건너기가 여전히 힘들 때 이전에 살던 나라에서 일찍 자발적으로 떠난 사람들이었기 때문에 높은 점수를 받았다. 나중에 도착한 자들은 그러한 용기가 없었다. 이들은 선박회사에 돈을 주고 쉽게 대양을 건넌 열등한 인종에 속했기 때문에 점수가 낮았다. 도시민과 농촌 주민 사이의 머리 모양 차이에 관한 인류사회학의 저급한 관념은 이제 미국의 상황에 적용되었다.

『미국인 지능 연구』는 종전 직후의 민감한 시기에 나왔기에 자유주의적 신문의 몇몇 비판적인 평을 압도할 정도로 널리 인기를 끌었다. 브리검의 신뢰도는 몇 가지 뛰어난 장점에 힘입었다. 그는 프린스턴 대학교에서 박사학위를 받았고, 프린스턴 대학교 출판부에서 책을 냈으며, 프린스턴 대학교의 교수였고, 그랜트와 굴드로부터 자금 지원을 받았다. 이렇게 높은 수준의 지원을 받았기에 그의 책은 1920년대 초에 남유럽과 동유럽 출신 이민자가 주크 가문이나 칼리칵 가문 사람들처럼 태생적으로 결함이 있다는 과학적 증거로서 널리 퍼졌다. 그러한 관념은 경제적, 정치적, 사회적 불안으로 소란스러운 나라에, 그리고 그 의회에 큰 영향을 미쳤다.•

• 전쟁 이후 미국인은 다른 나라 사람들보다 더 열정적으로 지능검사를 신봉했지만, 지능검사는 대개 민간 부문에서만 시행되었다. 여키스는 1941년 미국 군대의 무관심에 불평했다. "독일은 군사심리학의 발달에서 오랫동안 선두에 섰다. …… 나치는 군사사에서 유례가 없는 성과를 거두었다. …… 독일에서 일어난 일은 1917~1918년 우리 육군의 심리, 인사 업무에서 일어난 일의 논리적 귀결이다."

21

거대한 불안

미국은 전쟁이 일어나고 3년이 지난 1917년까지 유럽의 전쟁 납골당 밖에 있었다. 그러나 미군 부대가 유럽으로 싸우러 갔을 때도, 미국은 그 전쟁을 참호전의 비극이 아니라 노사분쟁 증가와 이민 공포증의 시기로 경험했다. 1917년에서 1919년 사이에 파업과 노사 간 긴장 상태의 악순환에 정치적 성향과 상관없이 모든 미국인이 불안을 느꼈다. 미국에서 가장 대중적인 잡지였던 『새터데이 이브닝 포스트*Saturday Evening Post*』의 만평은 이민자와 급진주의, 인종이 얼마나 손쉽게 서로 연결되는지를 정확히 짚어냈다. 『새터데이 이브닝 포스트』 전속 만평가 허버트 존슨은 여기서 천진난만하게 활짝 웃으며 "이민"의 파도로 돌진하는 미국인 가정을 묘사한다.[1] (도판 21.1, 존슨, "저 강한 저류를 보라!" 참조) 어머니한테는 "감상주의자"라는 딱지를 붙이고 있다. 과학적 사고방식을 지닌 냉정한 인종 이론가들이 인간의

• 네브래스카 사람 허버트 존슨(1880년경~1947)은 1915년부터 죽을 때까지 『새터데이 이브닝 포스트』에서 만평을 그렸다. 프랭클린 루스벨트의 정책에 강경히 반대한 존슨은 뉴딜을 "사업에 간섭하는 정부"로, 정직한 사업을 방해하는 해로운 존재로 보았다.

21.1 허버트 존슨, "저 강한 저류를 보라!", 『새터데이 이브닝 포스트』(1921)

운명에서 환경이 중요한 역할을 한다고 믿는 사람, 특히 여성에게 상투적으로 붙여주는 명칭이다. 똑같이 아주 멍청한 아버지는 웃으며 가족을 "값싼 노동의 고용주"인 파도 속으로 데려간다. "미국의 미래"인 아이만이 앞으로 닥칠 위험을 감지하고 주춤거린다. "이민"의 파도와 함께 몰려드는 "저하된 수준", "인종 퇴화", "볼셰비즘", "질병"은 국가에 치명적인 위협이다. 이 만화에서 문제의 인종은 백인이고 위협도 백인이다.

1880년대 이래로 공화당 의원들은 얼마간 인종주의적인 근거에서 이민을 규제하려 했지만, 그다지 성공하지 못했다. 실제로 공화당은 분열했다. 저렴한 이민 노동자를 고용한 제조업자들은 명목상으로는 공화당과 동맹했지만 이민제한 법률 제정에 반대하여 부지런히 로비를 벌였다. 노동시장에서 공급 부족으로 임금이 인상되면 그들의 경제적 이익은 줄어들었다. 그래서 예기치 못한 동맹이 출현했다. 수많은 이민자를 대표하는 민주당 대통령들과 의원들도 인종주의적이고 차별적이라며 이민규제 법률에 반대했다. 귀화 전이든 이후든 이민자가 투표할 수 있는 한, 대체로 민주당원인 그들의 대변자들은 많은 규제 법안의 통과를 방해했다.

이러한 입법 폭풍의 중심에 아일랜드인이나 독일인은 없었다. 그들은 대체로 이미 받아들여졌고 동화되었다(전쟁 중에 독일인이 때로 근심의 대상으로 위협을 당하기는 했다). 주된 표적은 남유럽과 동유럽에서 쏟아져 들어온 자들로 상당수가 정신장애인이요 질병과 미국적이지 않은 이데올로기를 쉽게 받아들인다는 슬라브인과 이탈리아인, 유대인 집단이었다. 그들 속에 위협이 있었다. 이 이야기에서 아시아인은 어디에 있을까? 어디에도 없다. 중국인 노동자들은 대륙횡단철도의 서부 구간을 완공한 1882년 이래로 전부 시민권을 받기에 적합하지 않은 자들로 선언되었다. 미국의 새로운 정치경제에 속하지 못했다는 사실은 아시아인이 의회에서 아무런 영향력을 행사하지 못했다는 뜻이다. 이들이 동등한 자격을 얻기까지는 오랜 시간이 걸렸다.• 근본적인 문제는 노동력이었다. 낙인이 찍힌 이민자들이 노동자로 들어와 미국 산업을 지탱했다.

19세기 말에 미국의 산업화는 눈부시게 진행되었다. 미국 산업 생산고는 1890년대의 깊은 침체에서 벗어난 뒤 유럽에 못지않게 증가했다. 1900년

• 1882년 "아 엽 소송" 판결은 중국인은 백인이 될 수 없고 따라서 1790년 귀화법에 따라 귀화할 수 없다고 명확히 밝혔다. 1790년 법률의 문구가 오직 자유로운 백인(남성)만 귀화에 적합하다고 판단되기는 했지만, 1870년 수정헌법 제15조로 흑인은 귀화 시민권을 받을 수 있었다. 1882년의 중국인이민금지법으로 연방법은 중국인의 귀화를 금지했다. 시어도어 루스벨트 대통령이 1907년 일본 정부와 협의하여 결정한 '신사협정'에 따라 일본인 신사(학자와 외교관)의 입국은 허용되었지만 일본인 노동계급의 이민은 금지되었다.

에서 1920년 사이에 대개 남유럽과 동유럽 출신인 1,450만 명이 넘는 이민자가 들어왔다. 이들은 랠프 월도 에머슨이 "구아노 인종"이라고 경멸한 초라한 아일랜드인과 독일인의 숫자를 크게 뛰어넘었다.[2] 에머슨 시대에 아일랜드인은 운하와 동부의 철도에서 일자리를 얻어 쏠쏠한 수입을 올렸는데, 이제 이민자들은 농업과 운송이 아니라 제조업에 쏟아져 들어와 20세기 미국의 부를 창출했다.[3]

1890년대에 산업화로 존 D. 록펠러의 스탠더드오일, 앤드루 카네기의 유에스스틸, E. H. 해리먼이 운영한 유니언퍼시픽 철도와 서던퍼시픽 철도, 일리노이센트럴 철도 등 거대 기업들이 등장했다. 이러한 기업들의 부는 주 의회와 연방의회의 우호적인 의원들과 1913년까지 미국 상원의원을 선출한 주 의회의 수많은 회사 고문변호사들에 좌우되었다. 기업가적 정신을 지닌 관료들은 기업에 우호적이고 노동에 적대적인 법적 환경을 조성했다. 조직을 갖추려는 노동자들의 노력을 마음대로 짓밟고 주 정부의 권한을 이용하여 파업 노동자들을 신속히 진압한 기업들은 노동자의 임금을 올려주지 않으면서 자신들에겐 급여와 상여금, 이윤으로, 주주에게는 배당금으로 보답했다. 당연히 노동자들은 그러한 착취에 분개했다. 대중의 시각에 그들의 분노는 이민자의 얼굴을 하고 있었다.

1892년 펜실베이니아주 홈스테드의 대규모 철강노동자 파업과 1894년 시카고 인근 풀먼에서 시작된 파업 같은 파괴적인 행위들이 곧 주기적으로 일어났다. 노동자에 특별히 동정적이지 않던 유권자들까지도 항의의 뜻으로 두 거대 정당에 투표하지 않았다. 두 정당이 자본의 이익에 헌신했기 때문이다. 그 결과로 이른바 1915년 이전 진보 시대 동안 강력한 기업들의 바람이 아니라 민중의 요구에 맞춰진 좌파 정책이 지지를 얻었다.

1901년에 창당된 사회당이 기업에 유리한 현상을 고착시킨 공화당과 민주당에 불만을 품은 유권자들에 힘입어 앞장섰다. 사회당은 1910년경부터 전국적으로 급속히 성장하여 약 10만 명의 당원을 모았다. 뉴욕시가 주요 거점 중 하나였는데 이디시어를 쓰는 140만 명의 노동계급 이민자가 사회주의자 후보들을 당선시켰다. 주 의회 하원의원 열 명과 시 의회 의원 일곱 명, 지방법원 판사 한 명, 연방 하원의원 한 명이었다.[4] 사회당의 대통령 후보였던 유진 뎁스는 1912년 100만 표를 얻었다. 사회당 후보가 얻은 최고 득표였다.

한층 더 혁명적인 노동 단체였던 세계산업노동자연맹도 기회를 잡았다. 미국 산업의 탄생지로 상징적인 의미가 깃든 뉴잉글랜드의 심장부 매사추세츠주 로런스에서 언론의 영향력을 적절히 이용하여 섬유산업의 파업을 이끈 것이다. 세계산업노동자연맹은 1905년 사회당과 관계를 끊고 노동자 중심의 더 급진적인 정책을 추구했다. 많은 미국인에게는 사회당과 세계산업노동자연맹이 합체되어 미국 사회에 거대한 혁명적 위협을 가한 것 같았다. 그 위협은 이민자 "외국인 인종들"과 동일시되었다. 전시의 뜨거운 애국적 분위기에서 노동계는 전투성을 조금만 내비쳐도 성공하지 못했다.

1917년 4월 미국이 참전한 뒤로, 전시 생산이 급증했고, 노동력은 많은 경우에 이민자가 공급했다. 긴 노동시간과 급격한 인플레이션이 뒤따랐다. 모두가 높은 생계비에 불평했다. 걷잡을 수 없는 물가 상승을 임금이 따라잡지 못했기 때문이다. 파업이 급증했고 1917년에 정점에 달했다. 세계산업노동자연맹은 비록 숫자는 적었지만 멕시코인 이민자가 많은 서부에서 고도의 선전전이 동반된 싸움을 시작했다. 세계산업노동자연맹에는 멕시코인보다 토착 벌목 노동자와 광부가 훨씬 많았지만, 당시의 흥분된 분위기에 어울리게 많은 미국인이 그 조직 전체를 외국인 단체라고 추정했다. 이는 가혹한 법률 제정으로 이어지는 지름길이었을 뿐이다. 1917년에 통과된 이민법은 구체적으로는 세계산업노동자연맹을, 일반적으로는 급진적 노동운동을 표적으로 삼아 모든 "아나키스트, 즉 미국 정부를 폭력으로 전복하려거나 이를 옹호하는 자들"의 미국 입국을 막았다.[5] 자경단원들이 직접 신속하게 그 법을 집행했다. 이들은 몬태나주 뷰트에서 세계산업노동자연맹 조직원을 폭행했고, 가을에는 연방기관 요원들이 48개 도시에서 세계산업노동자연맹 본부를 급습했다. 전국에서 급여 인상을 위한 파업이 지속되고 있을 때도, 이러한 연방 차원의 조치로 세계산업노동자연맹은 법정에 서게 되었고 수세에 몰렸다.

한편 1917년 2월과 10월에 러시아에서 노동계급의 이름으로 첫 번째와 두 번째 혁명이 발생했다. 마르크스주의적 볼셰비키 혁명이자 소비에트의 혁명임을 선언한 두 번째 혁명으로 러시아는 유럽 전쟁의 도살장에서 빠져나왔다. 게다가 혁명과 더불어 사회주의는 무의미한 호전적 정책의 대안으로서 상당히 매력적이었으며, 마르크스주의는 인간의 조건에 관한 포괄적인 설명 틀로서 강한 호소력을 과시했다.

마르크스주의는 근본적으로 인종 갈등이 아니라 계급 갈등이 역사의 동력이라고 말했다. 그렇게 인종을 계급으로 대체한 것이 미국인들의 사회적 이데올로기를 바꾸지는 못했다. 인구조사 같은 정부 자료의 기본적인 법률과 그 정리 방식이 여전히 인종적 범주에 의존했기 때문이다. 러시아 혁명은 미국인들로 하여금 노동 문제와 정치를 계급의 관점에서 생각하도록 설득하지 못했다. 이들은 계속해서 온갖 종류의 인간의 차이를 인종으로 해석했다.

여기에 인종 이데올로기의 위기가 있었다. 유럽의 튜턴인 백인이 인류의 정점을 대표한다면, 이들은 어떻게 그렇게 쉽게 미개한 상태로 돌아갔을까? 아프리카계 미국인 사회학자 W. E. B. 듀보이스가 해답을 제시했다. "유럽이 미친 것이 아니다. 이것은 정신 이상도 정신 착란도 아니다. 바로 이것이 유럽이다. 일견 무섭게 보이는 이것이 …… 오늘날 볼 수 있는 발가벗은 백인 문화의 진짜 영혼이다."⁶ 백인성의 첫 번째 큰 위기에 직면하여 "백인 문화의 진짜 영혼"을 구하는 것은 종전 후 미국인의 과제가 되었다. 사상과 사건의 충돌 중에 떠맡겨지고 수용된 과제였다. 러시아 혁명과 연이은 파업의 물결은 리플리의 『유럽의 인종』식의 영구적인 인종 특징이라는 유전적 개념에 관심을 집중시켰다. "도가니"라는 관념은 전시의 불안으로 시험을 받으면서 이미 시련을 겪었다.

1918년 11월 종전으로 미국 대중의 마음속에서 '볼셰비즘'은 뒤집힌 세상을 의미했다. 독일에서 카이저 빌헬름 2세의 퇴위에 뒤이어 혁명이 일어나 사회주의의 붉은 물결이 확연하게 퍼졌다. 많은 미국인이 악몽에, 볼셰비키인 세계산업노동자연맹 조합원들이 사회를 이끌고 외국인 파업자들이 혼란을 조장하고 프롤레타리아트가 폭동을 일으키고 정부를 장악하여 시민을 살해하고 교회를 불태우며 전체적으로 문명을 파괴하는 악몽에 빠진 것처럼 느꼈다. 추하고 무지하며 불결한 이민자들이 토착 미국인을 짓밟으며 자유롭게 번식하는 것, 다시 말해 영원히 변치 않을 타고난 유전적 결함을 퍼뜨리는 것은 곧 문명의 종말을 의미했다. 1919년의 사건들은 사태를 더욱 악화시켰다.

온 세계가 동란을 겪는 것처럼 보였다. 파업과 혁명이 모든 대륙에서, 프랑스에서, 심지어 영국에서도 맹위를 떨쳤다. 미국의 1919년은 시애틀 노동자 10만 명의 총파업으로 시작했다. 상상조차 할 수 없을 정도로 미국에 어울리지 않는 사건이어서 외국에서 원인을 찾을 수밖에 없었다. 『새터데이 이브닝 포스트』의 다른 만평이 파업이 어디에서 오는지 설명하며 노동

21.2 레이 라운, "100퍼센트 불순한", 『새터데이 이브닝 포스트』(1921)

위기의 해법을 제안한다.[7] (도판 21.2, 라운, "100퍼센트 불순한" 참조) 사회주의
를 뜻하는 붉은 깃발을 모자에 꽂은 검은 피부의 지저분한 "탐탁지 않은 외
국인"이 어리둥절한 "노동자"에게 "순도 100퍼센트 파업"이라는 매력적인
특효약을 제안한다.[7] 당시 널리 퍼진 인종 이론에 따르면, 노동자의 머리 모
양은 무엇인가를 드러낸다. 노동자의 머리는 뒤가 평평하여 단두형 알프스
인임을 보여주며, 따라서 지능이 떨어져 "탐탁지 않은 외국인"에 쉽게 현혹
된다. "탐탁지 않은 외국인"의 여행 가방에는 독을 담은 네 개의 병이 들어
있다. 세 개의 병에는 각각 "불만", "노사분쟁", "투쟁"이라는 딱지가 붙어 있
다. 어이없이 말을 잊은 불쌍한 노동자를 구하러 제때 도착한 경찰은 "미국"
이라는 딱지를 붙이고 있다. 따라서 "탐탁지 않은 외국인"이 야기한 노동 문
제의 해법은 연방정부의 엄격한 통치에서 나와야 했다.

시애틀 총파업은 고작 한 주 만에 끝났지만, 보수주의자들에게 바로 이곳

국내에 볼셰비키가 침투했다고 선전하기에는 충분히 긴 시간이었다. 고조되는 파업이 볼셰비키의 침투를 증명하는 것 같았다. 3월에 175건, 4월에 248건, 5월에 388건, 6월에 303건, 7월에 360건, 8월에 373건의 파업이 일어났다. 파업은 1917년에 더 많이 발생했지만, 파업에 참여한 노동자는 1919년의 흥분된 분위기에서 더 많았다. 그해 여름에는 또한 북부의 공업에서 일자리를 찾기 위해 남부에서 올라온 아프리카계 미국인들이 잔인하게 공격당했다. 흑인을 겨냥한 포그롬으로 1919년은 붉은 여름이 되었다. 노사분쟁뿐만 아니라 유혈극으로도 붉게 물들었다.[8]

파업은 가을까지 이어졌다. 몇몇은 이전에 유명한 파업이 벌어졌던 곳에서, 몇몇은 파업이 일어날 것 같지 않은 곳에서 발생했다. 9월 35만 명의 철강노동자가 6개 주에서 유에스스틸 공장을 습격했다. 여덟 시간 노동제와 철강노조 인정을 위한 10여 년에 걸친 투쟁의 정점이었다. 11월 60만 명의 철도노동자가 20개 주에서 파업에 나섰고, 조합의 통제를 받지 않는 파업으로 지역에 따라 교통이 마비되었다. 미국의 가정과 학교가 석탄으로 난방을 해야 하는 11월에는 거의 50만 명에 달하는 광부들이 파업을 하겠다고 위협했다.

경찰도 한몫했다. 보스턴 경찰 1,200명이 임금 인상과 노조 인정을 요구하며 파업을 일으켜 도시가 혼돈에 빠졌다. 매사추세츠 주지사 캘빈 쿨리지는 경찰은 파업할 권리가 없다고 선언하고 주 방위군을 소집하여 순식간에 영웅으로 등장했다. 평론가들은 파업에 나선 보스턴 경찰을 볼셰비키에 비유했다. 쿨리지는 1920년 가을 대통령 선거에서 공화당 부통령 후보가 되었고, 1923년 대통령 워런 G. 하딩이 사망한 뒤 대통령이 되었다.

흥분된 분위기가 널리 퍼지면서 생각이 왜곡되었다. 대부분의 파업에서 주된 문제는 임금이나 노동 현장의 조건이었지만, 노동계의 전투성은 이제 외국 것이요 미국적이지 않다고 여겨진 사회주의와 아나키즘과 합체되었다. 어느 철강업 회보에 실린 한 편의 시는 정치를 출생에 비유했다.

댄 맥갠이 같은 자리에서 일하는
어느 외국인에게 말했다
"이 말을 하고 싶어." 그러더니 멍키렌치를
강조하듯 휘둘렀다.
"이 부르주아지에 대해서 내게 말하지 마, 입도
벙긋하지 마
너의 사회주의자나 너의 아나키스트에 관해서, 언급하지 마
볼셰비키를
그 외국 것들에 대해서는 충분히 들었어. 신물이 날 정도로
들었어
증오의 말을, 그리고 솔직히 말하는데,
이 나라는 나의 나라야."9•

아나키스트는 19세기 말부터 대중의 표적이 되었고, 당시의 소요 중에 매사추세츠주에서 일어난 살인 사건은 혁명적인 『크로나카 소베르시바(파괴의 신문)Cronaca Sovversiva』의 발행인 루이지 갈레아니와 교류한 이탈리아인 노동자 니콜라 사코와 바르톨로메오 반체티를 제물 삼아 아나키즘을 맹폭할 기회를 제공했다. 사코와 반체티는 브레인트리에서 강도짓을 하다가 경비원 두 명을 살해한 혐의로 유죄 판결을 받았는데 심리 과정이 문제가 되어 유명해졌다. 결국 두 사람은 격한 논쟁 끝에 1927년 교수형에 처해졌

• 아일랜드식 이름인 댄 맥갠Dan McGann은 이제 진짜 미국인을 대표한다.

다.*

조사가 급격히 증가했다. 약 1천만 명의 미국인이 구독한 『새터데이 이브 닝 포스트』는 이민자와 볼셰비키가 뒤얽혀 제기한 위협을 경고하는 일련의 "화재 경보" 기사를 실었다.[10] 미국 상원은 국내 볼셰비즘에 관한 조사에 착수하여 유대인이 러시아 혁명을 일으켰다는 증언을 들었다. 『새터데이 이브닝 포스트』의 과장된 설명과 더불어 파업과 혁명, 볼셰비즘, 사회주의, 생디칼리슴, 인종 '도가니'의 원인이 유대인에게 있다는 주장이 과민한 사회 속 곳곳에 퍼졌다.

폭탄 소동이 파업에 더하여 혼란을 부추겼다. 연방정부의 저명한 인사들에게, 그리고 전국의 우체국에 폭탄이 배달되었다. 이민규제 옹호자들을 꼭 집어 겨냥한 것이었다. 범인의 정체가 드러나지는 않았지만, 외국인 과격파와 노동조합 조직자들이 비난을 받았다. 미국 군단American Legion ** 회원들이 세계산업노동자연맹 본부로 쳐들어가 닥치는 대로 사람들을 구타했으며, 미국 법무부는 가을에 사회주의자들의 집회장을 대대적으로 습격했다. 11월 경찰의 수사망에 시민권이 없어서 추방 가능한 과격파 249명이 걸려들었다. 이들은 국외 추방을 위한 "빨갱이 전용차"에 태워져 엘리스섬으로 보내졌다. 추방된 자들 중에는 유명한 아나키스트 엠마 골드만도 있었다. 골드만은 사회주의자가 아니었고 분명히 러시아인도 아니었지만 볼셰비키라는 혐의를 뒤집어쓰고 러시아로 추방되었다.***

미국인을 괴롭힌 볼셰비즘의 유령 때문에 정치적이든 문화적이든 관습

• 1977년 주지사 마이클 듀카키스는 재판이 조악했다는 이유로 반체티와 사코의 '오명과 불명예'를 벗겨주는 선언문에 서명했다.

•• 1919년 파리에서 미국 원정군 장교들과 사병들이 결성한 단체로 출발한 예비군 비영리 기구로 전국에 조직을 갖추었다 — 옮긴이주.

••• 엠마 골드만(1869~1940)은 리투아니아에서 태어나 열일곱 살 때 미국으로 이민했다.

적인 사고방식에서 벗어난 자라면 누구나 혐의자가 되었다. 전쟁 이전과 전쟁 중에는 '미국화' 사업으로 이민자에게 영어를 가르쳐 그들을 미국인으로 바꿔놓으려는 시도가 있었다. 그러나 간첩 활동과 폭동 선동에 대한 전시의 두려움 때문에 이 캠페인은 '100퍼센트 아메리카니즘'을 추진하는 운동으로 변했다. 100퍼센트 아메리카니즘은 무조건적 전쟁 지지나 미국의 공공 생활을 날카롭게 비판한『일 프롤레타리오』같은 급진파 신문의 폐간만이 아니라 이민자가 모국에서 지녔던 생활방식과 언어 습관을 포기하는 것까지 의미했다. 여러 도시와 고용주들은 종업원들에게 미국화 과정을 강요하여 영어와 미국 공민학, 도덕적 생활방식을 강력히 권고했다. 전국미국인화 위원회는 명목상으로는 연방 기구였지만 뉴욕의 노동개혁가 프랜시스 켈러가 주도했기에 그의 미래상이 그 활동을 지배했다. 이 위원회는 자체의 활동을 이렇게 규정했다. "미국의 이상과 전통, 기준, 제도를 외국 태생의 사람들에게 설명해주는 것", "반미 선전 활동과 음모에 맞서 싸우고 어디서든 폭동 선동과 불충을 박멸하는 것", "반미 선전가들과 불충한 선동가들의 배양장이 되는 혼란과 불안, 불충의 원인 제거", "이민자의 미국에 대한 이해와 사랑, 미국에 남아 가정을 꾸리고 미국의 제도와 법률을 지지하고 싶은 욕망을 이끌어내는 것." 대개 열정적이었던 이들은 일주일에 여러 차례 모였고 당국의 면밀한 감시를 받았다.[11]

전쟁 이전에는 헨리 포드가 가장 오래 존속할 100퍼센트 아메리카니즘 제도의 하나를 미시건의 자동차 공장에 세웠다. 미국인화의 모델인 포드사의 사회문제부는 포드 자신의 "올바르게 살기" 관념에 따라 자동차 공장 노동자들에게 "깨끗하고 건강하게 사는 법"을 가르쳤다. 영어를 쓰고 정기적으로 집을 점검하고 술에 취하지 않고 저축 통장을 갖고 "좋은 습관"을 기르는 것은 의무적이었고, 난잡한 생활과 하숙은 엄격히 금지되었다.

포드 학교는 이민 노동자를 앵글로색슨화하려는 의도로 설립되었는데, 이는 졸업식에 상징적으로 표현되었다. 중앙 단상에 기름먹인 판지로 만든 거대한 도가니가 있고 양옆으로 의자들이 놓여 있었다. 악단이 감동적인 음악을 연주하면, 한쪽에서 각각의 민족의상을 입은 졸업생들이 계단으로 올라와 도가니에 들어갔다가 미국 국가인 "성조기"를 부르고 국기를 흔들면서 반대편으로 나왔다. 이들은 이제 중산모자를 쓰고 바지와 조끼, 재킷을 입고 흰색 깃을 빳빳이 세우고 물방울무늬 넥타이를 매고 포드 자동차 회사 배지를 양복의 양쪽 옷깃에 달았다.[12] 여성에게 미국인화는 올바른 살림살이, 요리, 복장, 자녀 양육이라는 사회사업가들의 관념을 따르는 것을 의미했다. 요컨대, 미국인화는 영어 사용과 애국적 순응을 강요했다. 사회주의적 관념은 여기에서 실로 미국 권력 구조의 그 어느 곳에서도 절대로 드러나지 말아야 했다.

22

도가니, 실패?

모든 국가적 신조에는 큰 목소리가 필요하다.『새터데이 이브닝 포스트』
는 반백 년이 훨씬 넘는 기간 동안 미국 인종주의를 대변하여 이민에 반대
했다. 1821년 창간된『새터데이 이브닝 포스트』는 1920년대가 되면 구독
자가 200만 명이 넘는 미국에서 가장 인기 있는 정기간행물이었을 뿐만 아
니라 동유럽과 남유럽 출신 이민자에 반대하는 무정한 이민 배척 운동의
훌륭한 기반이었다.

이민규제를 미국인의 생사가 걸린 문제라고 선언한『새터데이 이브닝 포
스트』의 편집장 호러스 로리머(1868~1937)는 여론을 주도하는 힘이 매우
강력했다. 그의 잡지는 공포에 사로잡힌 유권자를 진정시키기에 여념이 없
던 미국 입법자들에 영향을 미쳤다. 의회의 이민위원회는 로리머가 쓴『새
터데이 이브닝 포스트』1920년 2월 7일 자 사설에 주목했다. "인종 문제에
더 많이 주목해야 한다. …… 이 외국 민족들은 기질적으로나 인종적으로나
쉽게 동화되기에 적합하지 않다. …… 동화되지 않은 이 외국인 하층민은
정신적으로는 여전히 게토에 살고 있다. …… 그들은 머릿속에서는 여전히

기독교인들로부터 돌팔매질을 당하고 있다. …… 그들은 전통에 매인 노예이다. 편협하고 의심 많고 소심하며 잔인하고 탐욕스럽다."[1] 물론 문제의 그 인종들은 백인이었다.

로리머의 한 가지 뛰어난 재능은 유능한 작가와 화가를 데려와 자신의 메시지를 전달하는 데 있었다. 예를 들어, 1916년 로리머는 새파랗게 젊은 화가 노먼 록웰이 요행 삼아 두 차례 그린 표지 그림을 보고 그를 고용했다. 록웰은 이후 45년 동안 『새터데이 이브닝 포스트』의 표지 그림을 그린다. 로리머는 사사롭게는 정치적 견해가 지나치게 우파로 기울었지만, 자신보다 왼편에 있던 싱클레어 루이스와 F. 스콧 피츠제럴드, 시어도어 드라이저, 잭 런던, 스티븐 크레인 같은 작가들을 주저 없이 고용했다. 그러나 로리머는 과거의 그 누구보다도 더 위대한 사람이 자신과 완전히 의견이 같다고 정말로 확신했다.[2]

케네스 L. 로버츠(1885~1957)는 남유럽과 동유럽 출신 사람들, 특히 유대인을 상당히 싫어했고 인종의 '잡종화'를 혐오했다. 로버츠와 로리머 둘 다 이민 때문에 토착 미국인 인종이 소멸하리라고 생각했다. "인종이 서로 교잡하면 개와 마찬가지로 반드시 잡종화가 나타날 것이다." 자신의 조상이 1639년에 메인에 왔다고 떠들썩하게 주장한, 자부심 강한 메인주 양키였던 로버츠는 1908년에 코넬 대학교를 졸업했다.[3] 제1차 세계대전 중에 그는 미 육군 시베리아 원정군에서 복무했다. 로버츠는 1919년에 『새터데이 이브닝 포스트』 직원이 되었고 빠르게 성공했다. 1919년 첫 일곱 달 동안에만 7,700달러를 벌었다. 의사와 변호사가 1년에 2천 달러 남짓 벌 때였다.[4]

로버츠는 『새터데이 이브닝 포스트』에서 10년간 일하다가 1928년에 회사를 떠나 역사 소설을 썼다. 아직도 읽히고 높은 평가를 받는 책들이다. 특히 뉴욕주 북부 노스 카운티 라디오North County Radio의 청취자들과 개리슨 케일러의 라디오 프로그램「프레리 홈 컴패니언Prairie Home Companion」의 청취자들이 좋아했다.• 그렇게 로버츠는『새터데이 이브닝 포스트』에서 이민에 관해 그림을 그리고 약 20년이 지난 뒤에 가장 유명해졌다. 1940년, 새로운 소설『올리버 위즈웰Oliver Wiswell』의 발표에 맞춰『타임』은 베스트셀러 소설가로서의 이력을 일면 기사로 축하했다.[5]

로버츠의『북서항로』(1937)는 프랑스-인디언 전쟁에 참여한 선조들을 기리는 소설로 1940년에 스펜서 트레이시의 연기력이 돋보이는 영화로 만들어졌다. 널리 인기를 얻은 로버츠는 콜비 칼리지, 다트머스 칼리지, 보든 칼리지, 미들버리 칼리지에서 명예 학위를 받았으며, 1957년 사망 직전에 역사 소설로 퓰리처상 특별상을 받았다.『타임』은 그를 "제임스 페니모어 쿠퍼 이래로 가장 훌륭한 미국 역사소설가"라고 칭했다. (도판 22.1, 케네스 로버츠 참조) 그러나 로버츠에 대한 우리의 관심은 1920년대의 맥락 속에 있다.

로버츠의 친구들조차 그가 "살아 있는 인간 중에서 가장 화를 잘 내는 축에 드는……까다로운 사람으로 그의 대화는 불경스러운 말로 가득하다"고 인정했다.[6] 그러나 기본적으로 그는『새터데이 이브닝 포스트』의 편집장 로리머와 만평가 허버트 존슨처럼 진보적 개혁과 조금이라고 관련된 것은 모조리 혐오했다. 로버츠는 뉴딜과 그 기획자 프랭클린 루스벨트를 심히 증오했다. "그는 재떨이로 쓰던 조개껍데기에 루스벨트의 얼굴이 들어간 10센트짜리 동전을 접착제로 붙였다. 루스벨트의 얼굴에 담배를 비벼 끄기 좋으

• 노스 카운티 라디오의 2004년 여름 독서 목록에 로버츠의 매우 유명한 소설『북서항로 *Northwest Passage*』가 들어 있다.「프레리 홈 컴패니언」의 2005년 8월 권장 도서 목록은 "케네스 로버츠의 역사 소설은 무엇이든" 추천했다.

라고."[7] 로리머는 결코 이민자나 유대인을 지지하지 않았지만 로버츠의 글이 『새터데이 이브닝 포스트』에 실릴 수 있도록 그의 노골적인 인종주의를 누그러뜨려야 했다. 로버츠는 자신의 책에서 "절반은 흑인인 우라질 이탈리아인, 절반은 몽고인인 유대인, 완전히 타락한 그리스인과 레반트인"에 관하여 서슴없이 이야기했다.[8]

22.1 케네스 로버츠, "성난 남자의 이야기", 주간지 『타임』 특집 기사, 1940년 11월 25일

　제1차 세계대전 종전 후 사회가 거대한 불안에 휩싸여 있었을 때, 로리머는 로버츠에게 전후의 이민자들에 관해 조사해 달라고 요청했다. 그 결과물로 나온 것이 1920~1921년에 로버츠가 유럽을 직접 경험하고 써낸 신랄한 보고서였다. 『새터데이 이브닝 포스트』에 실린 글들은 1922년 단행본 『유럽인이 고향을 떠나는 이유Why Europe Leaves Home』로 출간되었다.

　로버츠는 이민이 위기를 불러올 정도로 많아졌다고 악을 썼다. 이민을 절대적으로 막아야만 했다. 로버츠는 한 편의 기사에서 편집장 로리머의 견해에 세 차례 동의하며 이민규제를 "미국인의 생사가 걸린 문제"로 규정했다. 위협은 인종적이었다. 미국이 일련의 인종 집단들로 분열하여 서로 다투고 언쟁하고 "자신들의 이질적인 인종적 차이"를 흠잡거나 "오늘날의 미국인과는 전혀 다른 새로운 혼합 인종"이 무능한 잡종으로 출현하든가 둘 중 하나였다. 두 번째가 더 나빴다.[9] 『새터데이 이브닝 포스트』의 자금으로 널리 돌아다닌 로버츠는 체코인을 "발달이 더디고 문맹이며 불결하고 아둔하다"

고, 영국의 노동자는 "성장이 부진하고 발육이 저해되었으며 외모가 흉하고 뻐드렁니에 영양 부족이 확연히 드러나며 질병이 있고 전체적으로 비참한 인간들"이라고 묘사했다. 남부 이탈리아인은 로마 제국의 혼혈 노예들의 후손이었다. 미국은 고대 그리스와 로마처럼 금발의 북유럽인 특성을 이어받았기 때문에, 잡종화는 고대인을 파멸시켰듯이 분명히 미국도 파멸시킬 것이었다.[10] 로버츠는 계속해서 이런 식으로 글을 써댔다.

로버츠의 극심한 반유대주의 독설은 널리 퍼져 추악한 증오의 물결에 합류했다. 유대인을 "비열한 얼굴에 신뢰감을 주지 못하는 눈"을 가졌고 "동화될 수 없는" "인간 기생충", "유럽에서 건너온 해로운 이민자", 볼셰비즘의 타고난 첩자들이라고 맹공을 퍼부은 로버츠의 글은 대중적 담론에서 유대인에 대한 편견이 심화될 것임을 예고했다.[11] 반유대주의는 이미 미국에 확고히 자리를 잡았지만 20세기 초에 점점 더 사나워졌다. 전쟁 이전에 유대인은 슬라브인과 이탈리아인과 나란히 열등한 유럽인의 하나였을 뿐이었지만 이제는 그 명부의 맨 위로 올라가 인종주의적 관점에서 이민과 볼셰비즘의 위협을 구현한 존재가 되었다.•

종종 '히브리인'이라고 지칭된 유대인 이민자에 붙여진 한 가지 고정관념은 위스콘신주의 교수 에드워드 A. 로스의 인기 있는 책에서 볼 수 있다. 1901년 인종 자살에 관해 강연을 한 이후로 이민 전문가로 알려진 로스는 많은 사람이 읽은 영향력 있는 책 『신세계 안의 구세계: 과거와 현재의 이민이 미국인에게 끼친 영향The Old World in the New: The Significance of Past and Present Immigration to the American People』(1914)에서 익숙한 고정관념을 되풀이했다. 유대인은 시끄럽고 뻔뻔스러우며, 거짓말로 남을 속이며, 유대인 남자들은 유

• 1915년 조지아주의 자경단원들이 교도소를 습격하여 애틀랜타의 유대인 사업가 리오 프랭크를 납치하여 린치를 가했다.

대인 여자보다 기독교도 여자를 더 따라다닌다는 것이다. 로스는 이민자 때문에 미국인의 지능과 아름다움의 수준이 저하된다는 당대의 익숙한 통설을 되풀이했다. 로스는 셰익스피어의 『폭풍우*The Tempest*』에서 가져온 유명한 문구로 새로운 이민자를 "대빙하기 끝 무렵 동물 가죽을 입고 윗가지를 엮어 만든 오두막에 살던" "캘리밴 유형"● 이라고 보았다 "이 황소 같은 남자들은 '언제나 뒤처진' 자들의 후손이다."[12] 로스는 당대의 다른 많은 사람처럼 인종의 순수성에서 아름다움이 나온다고 주장한다. 앞에서 보았듯이 윌리엄 리플리는 1908년에 이질적인 종자들이 마구 뒤섞이면 미국인이 추해질 것이라고 예언했다. 로스는 "[우리와] 닮지 않은" 유럽 인종들이 뒤섞인 결과로 "'혼란한 체질'의 얼굴이 상당히 많이" 생길 것이라고 예측했다.

로스에게 가장 "닮지 않은" 인종은 "히브리인", 즉 "우리의" 선조 혈통의 정반대 인종이다. 유대인은 "체구가 작고 근력이 약하다." 야외 활동을 싫어하고 자그마한 상처에도 비명을 지르는 그들은 강인한 청년 남자의 상징인 보이스카우트가 될 수 없다. 과연 20세기에 들어설 무렵 야외 공간은 상징적인 북유럽 환경이었던 반면, 열등한 인종들은 영원히 실내에 머물 수 있는 붐비는 도시 빈민가에 산다고 생각되었다.

로스에게 유대인의 결점은 아무리 도드라졌어도 영원하거나 태생적인 것은 아니었다. 그렇다고 해도 유대인이 개척자의 종자로 바뀌려면 영원에 가까운 장구한 세월이 필요하다고, 어쨌거나 그때가 오기는 할 것이라고 그는 암시했다.[13] 케네스 로버츠는 로스의 견해에 동의하지 않았다. 그에게 이민자의 결점은 타고난 것이며 영원했다. 그는 이민을 인종의 관점에서 규정했다.

● 셰익스피어의 희곡 『폭풍우』에서 마녀 사이커랙스의 아들로 나오는 육욕의 화신 ― 옮긴이주.

따라서 특정 인종의 이민자 숫자는 그들의 국적과 상관없이 엄격하게 제한해야 했다.『미국인 지능 연구』를 쓴 칼 C. 브리검처럼 로버츠도 점점 더 유행한 "노르딕(북유럽인)"이라는 용어를 우월한 인종을 가리키는 데 썼다. 브리검의 책은 저명한 우생학자 매디슨 그랜트의 권위에 기댔는데, 그랜트는『위대한 인종의 소멸』에서 "북유럽인(노르딕)"이라는 용어를 공적 담론 속에 집어넣었다. 로버츠는 매디슨 그랜트와 그의 조수 로스럽 스토더드를 개인적으로 알았으며 그들의 경고를 직접 되풀이했다.『유럽인이 고향을 떠나는 이유』에서 로버츠는 그랜트와 스토더드의 말을 인용하고 언급하고 추천하며 그랜트의 노르딕을 한 가문의 이름으로 삼는다.[14]

귀족적 인종주의자의 전형인 매디슨 그랜트(1865~1937)는 부고 기사에서 선구적인 자연보호주의자로 기려졌다. 틀린 말이 아니다.[15] 뉴잉글랜드의 청교도 후손임이 늘 뚜렷하게 드러났던 매디슨 그랜트는 미국의 자연을 자신의 가산으로 여겼다. 여러 점에서 실로 그러했다. 그는 캘리포니아 삼나무부터 아메리카들소까지 여러 멸종위기종을 구했으며, 브롱크스 동물원을 세웠다. 그랜트는 자신과 오랫동안 서신을 나누고 같이 열광적으로 야외 활동을 즐겼을 뿐 아니라 자신의 책에 추천사까지 써준 시어도어 루스벨트와 함께 자연보호 초기 단계에 관심이 있는 뉴욕 부자들의 동아리 분 앤 크로킷 클럽에서 활발하게 활동했다. 이 클럽이 없었다면, 특히 그랜트가 없었다면, 글레이셔 국립공원과 에버글레이즈 국립공원, 올림픽 국립공원은 존재하지 않았을지도 모른다. 예일 대학교를 졸업하고 드레스덴에서 4년간 공부한 그랜트는 유럽의 인류학 책을 원어로 읽을 수 있었다.[16] • 그랜트는 교양

• 드레스덴에서 공부할 때 그랜트의 동료 학생 중에는 나중에 『새터데이 이브닝 포스트』의 편집장이 되는 호러스 로리머도 있었다.

있는 사람이었지만, 교양 때문에 해로울 정도로 이상한 방향으로 나아갔다. 예를 들면 동물과 나무에 대한 지식은 그를 우생학과 이민규제를 통한 인종의 보전으로 이끌었다. 1910년대와 1920년대의 중요한 유전론자였던 그랜트는 콜드스프링 하버 우생학기록연구소에 큰 영향력을 행사했다.

윌리엄 리플리의『유럽의 인종』이 그랜트의 과학에 토대가 되었다. 그랜트는 미국의 근본적인 가치를 부정하는 대가를 치르면서까지 자신의 저작이 잔인할 정도로 객관적이고 과학적이라고 생각했다. 비관적인 걸작『위대한 인종의 소멸』(1916; 제4판, 1921)의 서문은 이렇게 경고한다. "이 세대는 '인종이나 신조, 피부색'의 구분을 인정하지 않는다는, 선조들이 자랑스럽게 떠벌린 말을 철저히 거부해야만 한다. 그렇지 않으면 토착 미국인은 분명코 역사의 책장을 넘기며 '미국의 종말'이라고 써야 할 것이다."[17] 그랜트에게 도가니는 북유럽 이민자가(그랜트와 로버츠의 경우에는 이제 아일랜드 가톨릭도 포함된다) 들어온 이전 시대에는 잘 작동했을지 몰라도 이제 북유럽인이 아닌 이민자가 급증하여 "무조건 실패"할 운명에 처했다.[18] 도가니도 필요 없고, 민주적인 인권도 필요 없다. "감상주의자들"을 그 외국인 인종들과 함께 침묵하게 만들어야 했다.

유전론을 단호히 옹호한『위대한 인종의 소멸』은 퇴화한 가족에 관한 연구와 골턴 우생학, 인종 자살론, 역사, 다원발생론(모든 인종이 동일한 기원을 갖는다는 관념의 거부)을 결합한다.[19] 인종 퇴화를 치유하는 한 가지 방법은 그의 동료 우생학자 해리 라티머에게서 나왔다. 그랜트는 감개무량하여 이렇게 말했다.

가장 바람직하지 않은 자들이 이를테면 사회의 10퍼센트라고 하자. 직업이 없고 일을 시킬 수도 없는 이 인간쓰레기와 그와 연결된 엄청나게 많은 범죄와 빈곤, 알코

올 중독, 정신박약을 함께 제거할 수 있다면, 아직도 남아 있는 가장 무가치한 유형들의 영속을 더욱 강력히 제한하는 것이 타당하다고 생각하기가 쉬울 것이다.

열등한 유형들을 점진적으로 "제거"함으로써 "생명력과 지능이 가장 뛰어난 혈통"을 마침내 선별하여 "인종을 이어갈" 수 있을 터였다.[20] 그랜트와 다른 우생학자들은 부정적 우생학이 진화의 영광스러운 미래가 되리라고 기대했다. 나치의 말처럼 들리는가? 분명히 그렇다. 독일의 나치는 그랜트로부터 교훈을 얻었다.

그랜트와 리플리, 다른 모든 튜턴주의자들은 키에 열광했다. 이 점에서도 사르데냐인은 인종적으로 "왜소"했다. "왜소한 키에 독특한 정신상태, 자기 이익에만 몰입하는 태도를 지닌 채 국민의 종자에 접목되고 있는 폴란드 유대인"도 마찬가지였다. 그랜트는 아마도 자신이 북유럽인에 포함시킨 몇몇 민족이 실제로 키가 작을 수 있다고 인정했을 것이다. 이러한 이론으로부터의 이탈을 설명하고자 그는 아일랜드인의, 심지어 일부 잉글랜드인의 타고난 키가 "키가 작은 원시적 종자의 사람들이 상당수" 계속 남아 있어서 작아졌을지도 모른다고 추정했다. "원시적 종자"는 언제나 키가 작고 피부가 검었기 때문이다. "키가 작은 원시적 종자"가 북유럽인에 영향을 끼친 사례로 그가 제시한 것은 우연히도 계급의 차이와 일치한 상이한 "인종"의 잉글랜드인을, "북유럽 인종인 피커딜리의 신사들과 구석기인 유형인 코크니 과일 행상인"*을 비교한 것이다. 『위대한 인종의 소멸』에서 머리카락 색깔과 눈 색깔은 중요했지만 피부색은 그만큼 중요하지 않았다. 피부색은 믿을 수가 없기 때문이다. 순수한 북유럽인은 "완전히 흰 피부"를 가졌기에 "가장

---

* 피커딜리는 런던 중심부의 번화가이고 코크니는 가난하기로 유명했던 런던의 이스트엔드 출신을 말한다 — 옮긴이주.

우수한 백인"이었다. 그러나 유감스럽게도 많은 진짜 북유럽인이, 스칸디나비아인까지도 피부색이 충분히 옅지 않을 수 있었다.[21]

키가 작은 잉글랜드인과 가무잡잡한 북유럽인, 미국 남부나 런던 이스트엔드의 가난한 백인은 전부 일관된 유전적 분류를 위한 그랜트의 억지스러운 노력을 훼손했다. 그랜트는 또한 시어도어 루스벨트의 스승 너새니얼 사우스게이트 셰일러가 널리 퍼뜨린, 켄터키인을 전형적인 북유럽 계통 미국인으로 보는 관념을 거부했다. '크래커'든 조지아주와 바하마 제도, 바베이도스의 무능한 백인이든 가난한 백인보다 조금도 나을 것이 없던 켄터키인은 높은 고도가 우월한 인종을 길러낸다고 생각되던 때에 낮은 고도에 산다는 핑계조차 댈 수 없었다. 그 밖에도 당황스러운 점이 있었다. 그랜트는 컴벌랜드산맥*이 "북유럽 혈통의 사람들"에게 좋을 거라고 판단했지만, 남부의 산악지대는 퇴화한 가족을 낳기로 악명이 높았다. 해답을 찾지 못한 그랜트는 어깨를 한번 으쓱하고 만다. 그의 결론은 이렇다. "아직 잘 이해하지 못한 다른 유전적 요인들이 필시 그곳에서 작동하고 있을 것이다."[22]

그랜트는 초야에 묻혔을지 몰라도, 미국 문학의 거장 시어도어 루스벨트는 이러한 추천사를 써줄 정도로 『위대한 인종의 소멸』 초판을 사랑했다. "훌륭한 책이다. 목적에서, 미래상에서, 우리 국민이 절실히 깨달을 필요가 있는 사실의 이해에서 …… 책은 누구도 감히 공격하지 못하는 통속적이고 해로운 감상주의자들과 매력적이나 우리를 좀먹는 거짓에 조금의 두려움도 없이 맞선다. 이 책은 미국인 학자이자 신사의 작품이다."

학계에서 내놓은 서평도 대체로 긍정적이었다. 자유주의자들과 유대인들은 이 책을 비판했지만, 이들의 의견은 출신 때문에 간단히 무시되었다. 프

• 애팔래치아 산맥 남동부. 버지니아주 서부, 웨스트버지니아주 남서부, 켄터키주 동쪽 끝이 접해 있다 ― 옮긴이주.

22.2 존 싱어 사전트, 「아폴로와 무사이」, 1921, 금발의 아폴로, 보
스턴 미술관

란츠 보아스는 과학적으로 충분한 신임을 받는 저자의 악의적이고 인종주
의적인 설명이 위험하다는 점을 간파했다. 보아스는 그랜트의 책을 "독단적
인 가정"을 토대로 한 "사실상 현대판 고비노 이론"이라고 비난했다. 보아스
는 그랜트의 지도가 갖는 환상적인 성격을 알아보았다. 다른 대다수 평자들
은 그 지도들에 현혹되었다.[23] 젊은 호러스 칼렌의 부정적인 서평에 그랜트
는 그것을 "유대인"의 글이요 "보아스의 추종자들에게서 나올 법한 것"이라
고 무시했다.[24] 장두형 금발의 북유럽인 전성시대에 이견을 지닌 반대파를
억누르는 데는 그렇게 오만한 무시로 충분했다.

"장두형 금발"의 인간은 그랜트의 아름다움의 이상을 구현했다. 지금은
사실상 잊혔으나 1920년대에는 세간의 이목을 끈 초상이다. 그랜트에 따
르면 북유럽인은 세상에 문명과 모험심, 용기를 주었을 뿐만 아니라 천상
의 아름다움도 지녔다. 사랑스러운 고대 그리스의 신들은 물론 금발이었

22.3 존 싱어 사전트, 「아폴로와 무사이」, 1921, 금발의 말, 보스턴 미술관

다. 1921년, 『위대한 인종의 소멸』의 베스트셀러 개정판이 나온 바로 그해에 미국인 화가 존 싱어 사전트는 보스턴 미술관의 벽화 「아폴로와 무사이이 Apollo and the Muses」에서 고대 그리스인과 그들의 신들을 '장두형 금발'로 묘사했다. (도판 22.2, 사전트 「아폴로와 무사이」, 금발의 아폴로 참조) 사전트의 그림에서는 말까지도 금발이다. (도판 22.3, 사전트, 「아폴로와 무사이」, 금발의 말 참조)

그랜트는 십자가에 못 박힌 예수상을 그린 화가 중에 "밝은 구세주와 대조되게 두 도둑을 거무스름하게 그리기를 주저한" 이는 아무도 없었다고 전혀 망설임 없이 주장했다. 르네상스 시대의 위대한 예술가 단테와 라파엘로, 티치아노, 미켈란젤로, 레오나르도 다빈치는 "전부 북유럽인 유형이었다."[25] 『위대한 인종의 소멸』에 들어 있는 놀라운 역사 해석은 당시 로마 몰락의 원인으로 받아들여진 설명을 더 진전시킨다. "장두형 금발"을 지닌 로마 귀족들이 자식을 낳지 않음으로써, 전쟁에 나감으로써, 노예들을 집에 남겨두고 자유롭게 번식하도록 함으로써 인종 자살의 죄를 범했다는 것이

다.[26] 스탠퍼드 대학교 총장이자 선도적인 평화 옹호자였던 데이비드 스타 조던과 그랜트가 우생학기록연구소의 위원회에서 함께 일한 데에는 이유 가 있었다. 예를 들어 조던은 유럽의 전쟁이 "관련 국가들의 최고의 인종 성 분들을 전례 없이 파멸시켜 …… 신체적으로나 정신적으로나 가까운 미래 를 탕진하고 빈곤을 초래했다"고 개탄했다.[27]

인류사회학: 외국인 인종을 연구한 학문

"이 책들은 전부 과학적이야." 스콧 피츠제럴드의 『위대한 개츠비*The Great Gatsby*』(1925)에서 톰 뷰캐넌은 이렇게 주장한다. 예일 대학교의 풋볼 스타로 비밀단체 회원인 뷰캐넌은 서른 살의 엄청난 부자로 롱아일랜드의 북쪽 해변에 있는 호화로운 '이스트에그'에서 대다수 미국인의 삶과 격리된 채 살고 있다.[1] 뷰캐넌과 그의 식구들에게 로스럽 스토더드("고더드")는 "증명된" "과학적 내용"의 전달자로 보인다.

뷰캐넌의 생각에는 일리가 있다. 이 모든 인종 이론가들은 유럽의 과학적 연구를 즐겨 찾았기 때문이다. 오늘날이라면 이 학문을 따라 불명료한 내용을 뒤지는 것이 이상해 보일지도 모른다. 그러나 20세기 초에는 우생학의 퇴화한 가족과 리플리의 머리지수에 따른 인종 분류가 매력적으로 뒤섞이면서 그런 일이 전면에 부상했다. 『위대한 인종의 소멸』은 그렇게 앞에서 "인류사회학"의 창시자로 언급한 프랑스 학자 조르주 바셰 드 라푸주(1854~1936)에 고무된 연구들의 직접적인 결과물이다. 라푸주는 몽펠리에와 렌, 푸아티에의 대학교에서 사서로 일했고 반유대주의적인 『아리아인:

그 사회적 역할』(1899)을 저술했다.

이론상 인류사회학은 인간의 신체와 사회의 관계를 분석하는 학문이다. 그러나 라푸주와 아몬, 베도, 그랜트 등의 인류사회학자들에게는 유전 즉 인종적 형질유전이 전부였다. 반면 환경과 계급의 위상, 개별적인 변이, 재산은 '단위 특성'에 대한 그들의 연구가 증명하듯이 무의미했다.* 1920년대 미국에서, 독일 나치가 가진 신조와 잘 맞는 신조를 가진 인종 사상가들은 그렇게 해로운 생각을 쉽게 이해했다. 나치는 푸아티에에 살았던 라푸주의 가족이 실제로 귀족이었든 아니었든 그를 백작이나 후작으로 부르며 우상처럼 떠받들었다.²

라푸주는 귀족인지 확실하지 않은 프랑스의 다른 인종주의자 아르튀르 드 고비노(1816~1882)를 사사했다고 밝혔다. 고비노의 걸작은 몇십 년 동안 대체로 잊힌 상태에 있었다. 다작 작가인 고비노는 1853~1854년에 『인종 불평등론』을 두 권으로 발표했지만, 책은 거의 언급되지 않을 정도로 실패했다. 비슷한 생각을 품은 인종주의자들만이 그 책을 읽었을 뿐이었다.³ 비관적 인종주의자였던 고비노는 역사를 금발과 흰 피부에 푸른 눈을 가진 아리아인의 부침으로 해석했다. 아리아인이 우월한 인종의 자질을 갖고 탄생했으나 경제 발전의 불가피한 결과로 인종 혼합이 진행되면서 몰락했다

• 런던 연구소에서 골턴의 후계자로서 통계학과 우생학을 연구한 칼 피어슨은 과학의 이러한 전용을 보여준 전형적인 인물이다. 피어슨은 『과학의 시각에서 본 종족의 삶 *National Life from the Standpoint of Science*』(1905)에서 과학의 이름으로 제국과 인종 정화를 설파하며 이렇게 말했다. "나의 견해는 ― 그리고 나는 이것을 종족에 관한 과학적 견해라고 말할 수 있다고 생각한다 ― 체계적으로 조직된 완전체의 견해이다. 그 완전체는 더 우수한 종자를 새로운 구성원으로 충분히 받아들임으로써 높은 수준의 내적 효율성을 유지하고 경쟁, 특히 열등한 인종과의 전쟁을 통해서 높은 수준의 외적 효율성을 유지한다."

는 것이다.* 고비노가 인종 혼합을 지독하게 비난하며 뜻한 바는 상이한 백인종 간의 뒤섞임이었다.

고비노와 라푸주는 둘 다, 비록 서로 다른 의미를 부여했지만, 인종 혼합을 극도로 혐오했다. 인종 혼합은 고비노에게는 아리아인과 비아리아인의 짝짓기를 의미했고 라푸주에게는 장두형 금발 인종과 단두형 갈색머리 인종의 짝짓기를 의미했다. 라푸주는 한 걸음 더 나아가 머리지수를 둘러싼 인종 간 갈등을 예언했다. "확신하건대 다음 세기에 머리지수의 작은 차이 때문에 상호 간의 학살로 수많은 사람이 죽을 것이다."⁴ 오늘날 이러한 머리 모양 이론들은 기괴하고 혼란스럽고 멍청해 보인다. 그러나 그들에게는 더할 나위 없이 완벽하게 합리적이었다. 고비노처럼 라푸주도 근대 프랑스에서 인종 혼합을 목도하고 절망했기 때문이다. 이들의 이론은 점차 신뢰를 얻었다.

고비노를 전형적인 반유대주의자로 볼 수는 없다. 흑인을 높이 평가했듯이 진부한 방식으로나마 유대인을 칭찬했기 때문이다. 고비노는 한층 더 하찮은 인종주의 사상가가 될 수도 있었다. 앞에서 보았듯이, 1850년대 앨라배마주 모빌에서 조사이아 놋이 고비노에게 박수를 보냈다. 놋은 『여러 인종의 도덕적 지적 다양성』이라는 제목으로 고비노 책의 발췌 번역을 후원했다. 라푸주가 자신이 "고비노 이후 첫 번째 북유럽 인종 예언자"라고 우쭐댄 것은 19세기 중엽 그 미국인 인종주의자들의 번역본을 무시한 처사였다. 그의 무시는 납득이 간다. 놋의 번역본은 원본과 마찬가지로 당시에 거의 주목을 받지 못했다. 그렇게 이해할 수 없고 이상한 내용이 20세기에 과학으로 인기를 끌 것이라고 누가 알 수 있었겠나?

* 다른 악명 높은 아리아인 우월주의자 아돌프 히틀러처럼 고비노도 분명히 갈색 머리에 갈색 눈을 지녔다.

고비노가 영어권에서 크게 성공한 것은 그가 죽고 나서 세월이 한참 흐른 뒤 오스카 레비라는 박사가 왜 그랬는지는 분명하지 않지만 런던과 미국에서 원본에 더 충실한 새로운 번역본의 출간을 후원했을 때였다.* 미국의 인종주의자들이 고비노에 주목하고 '아리아인'이 인종주의 용어로 애호된 것은 바로 이 1915년 번역본 때문이었다. 라푸주도 고비노처럼 프랑스에 두 적대적 인종이, 장두형 북유럽인/아리아인 귀족과 단두형 알프스인 농민이 살고 있다고 믿었다.5

이러한 인종주의 이론이 대서양을 뛰어넘어 서구 전역에 휘몰아쳤다. 매디슨 그랜트와 윌리엄 리플리는 라푸주의 인류사회학에 감격했다. 리플리의『유럽의 인종』참고문헌 목록에 라푸주는 스물다섯 번 나오며, 리플리의 표에는 라푸주의 통계가 거듭 등장한다.6 1908년 2월, 리플리는 뉴욕에서 그랜트의 귀족적인 해프문 클럽Half Moon Club을 앞에 두고 헉슬리 강연을 했다. 1912년 그랜트는 라푸주와 주기적으로 서신을 교환했다. 그는 라푸주를 심히 과장되게 "프랑스에서 가장 유명한 인류학자"라고 불렀다.7**

어떻게 보면 라푸주는 실로 인상적이다. 그는 87편의 논문을 발표했고 이를 세 권의 책으로 펴냈다. 1890년대 초 그의 연구는 폴 토피나르가 편집한 권위 있는 정기간행물『르뷔 당트로폴로지(인류학 평론)Revue d'anthropologie』에 실렸다. 토피나르는 폴 브로카의 프랑스학파 인류학으로부터 상당한 지적 명망을 물려받았다.8 예일 대학교의 유력한 사회학자 윌리엄 그레이엄 섬너는 널리 읽힌 사회진화론 서적『습속Folkways』의 주해와 참고문헌 목록

• 오스카 레비(1866~1946)는 옥스퍼드에 살던 독일인으로 1911년 프리드리히 니체 전집의 영어 번역본을 발행했으며, 날조된 반유대주의 서적『시온 장로들의 규약Protocols of the Elders of Zion』의 출간과도 관련이 있다.

•• 라푸주는 또한 그랜트를 비롯한 북유럽 인종우월주의자들처럼 야외의 건강한 자연생활을 뜨겁게 사랑했다.

에서 라푸주를 인용했다.[9] 라푸주의 학문적 영예는 여기서 끝났다. 두 번이나 아그레가시옹* 시험에 불합격하여 교수 자격을 얻지 못했기 때문이다. 1890년대 중반 라푸주는 무명의 지방 정기간행물에나 글을 실었다. 그의 가장 유명한 책『아리아인: 그 사회적 역할』은 1천 부를 찍어 겨우 430부를 팔았고 영어로 번역되지 않았다.[10] 라푸주는 독일인에 우호적인 인류사회학과 판단력 부족 때문에 고국에서 혼쭐이 났다.

20세기에 들어설 무렵, 라푸주는 프랑스에서 완전히 무시당했다. 그의 인종주의 신조를 드러내는『아리아인: 그 사회적 역할』은 드레퓌스 사건으로 큰 소동이 일어날 때 나왔으며, 귀에 거슬리는 반유대주의 탓에 그는 에밀 뒤르켐에서 이어지는 프랑스 사회과학 본류에서 멀어졌다.[11] 이후 라푸주는 1920년대와 1930년대에 미국 유전론자들과 독일 나치에게만 영향을 미쳤다. 라푸주는 그랜트 중심의 우생학자들로부터 초청을 받아 1920년에 그들의 골턴 협회에 합류했고 1921년에 미국자연사박물관에서 열린 유명한 제2차 국제우생학 대회에서 논문을 발표했다. 널리 찬사를 받은 페미니스트로 산아제한을 옹호한 마거릿 생어도 손을 내밀었다. 생어는 라푸주를 1925년 뉴욕에서 열린 제6차 국제 산아제한 회의에 초대했다.[12] 이에 라푸주는 그랜트의『위대한 인종의 소멸』의 프랑스어 번역본 출간을 준비했다. 라푸주의 긴 서문이 들어간 프랑스어 번역본은 1926년에 출간되었으나 흥행에 실패했다. 2천 부를 인쇄했는데 1천 부만 팔렸다. 라푸주는 나치 독일에서만 지식인 영웅으로 대접을 받았다. 독일 학교에서는 라푸주와 고비노의 책을 발췌하여 프랑스어 독본에 썼다. 『아리아인: 그 사회적 역할』은

• 아그레가시옹agrégation은 프랑스에서 대학 졸업 후 리세lycée와 대학에서 가르칠 수 있는 자격을 말한다. 분야별로 난이도와 위상이 다르다. 미국으로 말하자면 석사학위나 박사학위에 상응한다.

1939년에 가서야 독일어본이 나온다.

히틀러의 나치가 『아리아인: 그 사회적 역할』을 찬양한 것은 전혀 이상하지 않다. 책은 결론 삼아 한 장을 할애하여 '유대인'이 아리아인의 세계 지배에 맞서는 주된 경쟁자라고 길게 논했다. (라푸주는 유색인의 경쟁은 큰 문제로 보지 않았다. 어쩌면 먼 미래에 일본인과 미국과 카리브해의 흑인이 위험 요소가 될 수도 있겠지만 조만간에 그럴 일은 없을 것이었다.)[13] 열일곱 쪽에 걸쳐 유대인의 위협을 다룬 이 부분은 반유대주의적 헛소문을 있는 대로 다 되풀이한다. 이를테면 이런 식이다. 유대인은 영리해서 민주주의 이야기로 무지한 단두형 갈색머리 인간들을 속여 넘겼다, 유대인은 북유럽인을 따라잡았다, 유대인은 기생 생활에 특화되어 있으며 생산적인 일을 할 수 없다, 유대인은 군인 정신이 부족하다 등등. 한 장씩 넘길 때마다 라푸주의 중상은 유대인 통치의 패배로 끝난다. 유대인은 정치에 재능이 없으며 어쨌거나 점점 더 많은 숫자가 기독교로 개종하고 있기 때문이라고 그는 주장한다.

결국 그랜트처럼 라푸주에게도 단두형 알프스인이 가장 큰 문제였다. 그들이 급속하게 늘어나 "세상을 그 유순하고 평범한 후손들로 뒤덮고" 있기 때문이었다.[14] 미국에서 라푸주의 인류사회학과 '퇴화한 가족' 연구, 유대인에 대한 공격이 매디슨 그랜트의 패거리에서 뒤섞여 해악을 드러냈다.

그랜트는 자신의 과학이 세월의 시험을 이겨낼 것처럼 말했지만, 『위대한 인종의 소멸』은 실제로 제1차 세계대전의 사실들에 맞게 판을 거듭할 때마다 수정해야 했다. 1918년 판은 튜턴인을 이전보다 덜 찬미했고 머리지수에서 단두형과 장두형의 수치에 대한 혼동을 바로잡았다. 반독일 정서도 그랜트로 하여금 리플리의 용어를 바꾸게 했다.[15] 리플리는 세 유럽인 인종을 튜턴인, 알프스인, 지중해인으로 지칭했지만, 미국인이 독일인에 맞서 싸우

던 중에 그랜트는 튜턴인을 북유럽인으로 대체했다. 이는 독일인의 인종 정체성을 더욱 혼란스럽게 했다.[*]

독일인의 인종 정체성 문제는 그랜트에게 영향을 준 두 명의 유럽인 휴스턴 스튜어트 체임벌린과 라푸주를 갈라놓았다. 둘 다 훗날 나치의 인종 정책에서 대부가 되는 사람이다. 원래 잉글랜드에서 태어났으나 독일에 정착한 체임벌린은 민족주의자 작곡가 리하르트 바그너의 딸과 결혼했다. 체임벌린은 1899년에 발표한 튜턴주의적이고 반유대주의적인 애가 『19세기의 토대』에서 독일인을, 고대 게르만인과 근대 독일인을 찬미했다.[**] 구태여 과학으로 북유럽인의 우월함을 증명할 필요를 느끼지 못한 체임벌린은 예수를 포함하여 역사상의 위인은 전부 실제로 북유럽인이라고 주장했다. 체임벌린보다는 신비적인 성격과 범게르만 민족주의 성향이 약간 덜한 라푸주는 자신의 이론 때문에 숫자의 늪에 빠지기는 했지만 머리지수 과학을 신뢰했다. 놀랍게도 인종학은 그의 측정치를 주저 없이 받아들였다.

체임벌린이 모든 독일인을 숭배한 반면, 라푸주는 장두형 금발의 북유럽인을 높이 평가했다. 라푸주가 호모 에우로파이우스Homo Europaeus라고 부른 이들은 근대 독일인과 완전히 달랐다. 그는 북부 독일인의 70퍼센트를 장두형으로, 20퍼센트만 순수한 호모 에우로파이우스로 분류했다. 남부 독일에서 장두형과 순수한 호모 에우로파이우스는 각각 20퍼센트와 3퍼센트에

- 프랑스의 인종분류학자 조제프 데니커는 "북유럽인Nordic"이라는 용어를 썼다. 그랜트는 데니커의 저작을 잘 알았을 것이다. 미국에서는 잘 알려지지 않았지만 유럽에서는 패나 높은 평가를 받았기 때문이다.

- •• 『19세기의 토대』는 널리 인기를 끌고 좋은 평을 받아 발행 첫해에만 세 판을 찍었으며 전쟁이 발발할 때까지 약 10만 부를 팔았다. 『애틀랜틱 먼슬리』의 편집장과 알베르트 슈바이처, 조지 버나드 쇼 등 많은 지식인이 체임벌린의 책을 아낌없이 칭찬했다. 체임벌린이 독일인의 위대함에 과학적 증거 따위는 필요하지 않다고 믿었음에도, 쇼는 그 책을 "진정으로 과학적인 역사의 걸작"이라고 칭했다.

불과했다. 나머지는 가망 없는 단두형 알프스인이었다. 라푸주는 프랑스에는 금발의 장두형 인간이 극소수에 지나지 않는다고 한탄했지만, 하느님이 보우하사 미국인의 북유럽인 비율은 북부 독일인의 북유럽인 비율 정도는 되었다.[16●] 이는 프랑스인에게는 나쁘지만 미국인에게는 좋다고 생각되었다. 알프스인이 초라한 평판을 얻고 있었기 때문이다.

그랜트는 독일인을 튜턴인이나 북유럽인이 아니라 알프스인으로 만든 편에 속했다. 그랜트에게 근대인과 고대인은 완전히 별개의 주민이었다. 근대 그리스인이 아름다운 고대 그리스인의 후손이 아니라고 얘기되고 근대 이탈리아인이 고대 로마 제국 사람들과 아무런 관련이 없다고 추정되듯이, 인류사회학자들은 근대 독일인에게 '고대 튜턴인'의 장점이 있다는 주장을 모조리 부정했다. 이에 독일인이 튜턴인의 인종 정체성을 지닌다는 주장은 "그들의[근대 독일인의] 가장 허황된 주장"이 되었다.[17] 그랜트는 알프스인이 노예근성이 있으나 잔인한 농민이라는 오래된 가정을 채택하면서 기존의 정통 인종주의 이론에 따라 독일인이 '벨기에 대학살'●● 같은 전쟁 범죄를 저지를 수 있었음을 설명했다. 장루이아르망 드 카트르파주 같은 프랑스 인류학자들과 이들과 비슷한 생각을 지닌 미국인들은 중세 이래로 독일 주민이 근본적인 변화를 겪었다고 상상했다. 빈에서 지크문트 프로이트와 알프레트 아들러와 함께 공부한 건강 전도사였던 제칠일안식일예수재림교 신도 윌리엄 새들러는 『장두형과 단두형; 독일은 어떻게 된 것인가_Long Heads_

●　라푸주의 표에서 가장 윗자리를 차지한 것은 잉글랜드인이다. 80퍼센트가 장두형이었고 25퍼센트가 순수한 호모 에우로파이우스였다. 라푸주는 프랑스 대혁명으로 노예근성을 지닌 단두형 알프스인 집단의 신분이 상승하면서 프랑스가 '탈북유럽화'했다고 생각했다. 이 이론에 따르면 대혁명은 북유럽 인종의 일원인 귀족들을 죽였으며 프랑스에 평범함의 형벌을 내렸다.

●●　제1차 세계대전 중 독일군의 잔학행위로 많은 벨기에 민간인이 사망한 사건 — 옮긴이주.

and Round Heads, or What's the Matter with Germany』(1918)에서 이 견해를 받아들였다. 단두형의 알프스인이 독일에 들어가면서 인종적 균형이 변했고, 이로써 "오늘날의 유럽 전쟁에서 독일군이 보여준 미증유의 잔인함과 충격적인 잔학행위, 기타 불가해한 야만적 행위가 제대로 설명된다."

답변은 이러했다. 독일은 더는 북유럽인이 아니라 알프스인의 나라였다. 인종주의자들은 계속해서 튜턴인을 진보적이고 지적인 인종으로 이상화하면서 알프스인을 다시 정의했다. 이제 알프스인은 유순하고 게으른 옛 알프스인과 달리 태생적으로 사악한 강간범으로 등장했다. 독일인종 기질의 이러한 변화는 17세기에 나타났다고 추정되었다. 매디슨 그랜트에 따르면 30년 전쟁 중에 독일의 "가장 훌륭한 사내들, ⋯⋯ 크고 호전적인 금발의 남자들"이 전멸했다. 그 세대의 유혈극 때문에 주민에 공백이 생겼고, 열등한 알프스인, 즉 "벤드족과 폴란드인 유형의 인간들이" 몰려들어와 그 틈을 메웠다.[18]

그렇다면 빠르게 미국의 '옛 종자' 정체성을 획득하고 있던 독일계 미국인에 관하여 인종 이론가들은 무슨 말을 할 수 있었을까? 1900년에서 1920년 사이에 독일인은 미국에 들어온 이민자의 4퍼센트를 넘은 적이 없으며, 그들의 정치적 평판은 낮았다. 1914년 독일계 미국인들이 독일 편을 들지 않았을 때, 1917년 미국이 참전하여 독일에 맞서 싸웠을 때, 독일계 미국인이 발행하는 신문들과 협회들은 독일에 반대하여 미국을 옹호하는 충성심을 분명하게 드러냈다.[19]

그럼에도 독일계 미국인은 1917년 말에서 1918년 초 반독일 정서가 분출했을 때 상당한 고충을 겪었다. 여러 지역사회와 주가 독일어 사용을 금지했고, 지역 자경단들은 독일어 서적을 불태웠으며, 1918년 일리노이주에서는 독일인 이민자가 린치를 당했다. 이러한 공격에 따라 많은 독일계 미국인 신문이 폐간했고, 교회에서는 영어로만 예배를 진행했다. 전쟁이 끝날 무렵, 독일계 미국인 단체의 숫자와 중요성이 급격하게 줄어 동화를 더욱 촉진했다.[20] 독일에 있든 미국에 있든 독일인은 귀족적인 미국 인종주의자들의 관심을 받지 못했다. 그들은 자신들만의 계급 분석을 선호했다.

이 길고 음침한 이야기에 나오는 많은 유전론자처럼, 로스럽 스토더드(1883~1950)도 옛 뉴잉글랜드 종자 출신이었다. 매사추세츠주 노샘프턴의 목사 조너선 에드워즈와 조상이 같은 것이 분명했다. 스토더드는 드레스덴에서 공부한 뒤 하버드 대학교를 졸업하고 컬럼비아 대학교에서 법을 공부했으며 이어 법조인의 삶을 그만두고 하버드 대학교에서 역사학으로 박사학위를 취득했다. 스토더드는 일찍부터 본능적으로 유색인의 위협을 경고했다. 1914년 호턴 미플린 출판사는 그의 박사학위 논문 『산 도밍고의 프랑스 혁명*The French Revolution in San Domingo*』을 출간했다. 스토더드는 논문에서 흑인과 갈색인의 독립국 아이티가 백인을 스무 명 남짓 남기고 전부 학살하면서 탄생하는 과정을 병적인 집착을 보이며 기록한다.[21] 스토더드는 우생학에서 매디슨 그랜트의 문하생이 되었고, 그랜트는 스토더드의 책으로는 처음으로 널리 읽힌 『백인의 세계 패권에 맞서는 유색인의 거센 물결*The Rising Tide of Color against White World Supremacy*』(1920)에 서문을 써주었다. 그 시점에 두 사람은 인구학적 불안을 얘기했지만, 강조점은 약간 달랐다. 그랜트는 열등한 유럽 인종들을 훨씬 더 걱정한 반면, 스토더드는 황화黃禍를 경고했다.[22]

그다음으로 나온 것은 1922년에 발표된 스토더드의 광적인 백인종 이론 논문(분명코 노동계급에 대한 공격이었다) 『문명에 맞선 반란: 하등 인간의 위협*The Revolt against Civilization: The Menace of the Under Man*』이었다. 『문명에 맞선 반

23.1 로스럽 스토더드의 『문명에 맞선 반란』(1922) 표지

란』은 표지에 망치와 낫을 그려 넣어 그 공격 대상이 공산주의 즉 프롤레타리아트 운동임을 선언한다.(도판 23.1, 스토더드, 『문명에 맞선 반란』 표지 참조) 속표지는 저자의 나무랄 데 없이 완벽한 학문적 자격을 선언한다. "로스럽 스토더드, 석사, 박사(하버드 대학교)." 그러나 책을 열면 퇴화한 가족-유대인-볼셰비즘-지능검사-유전설을 뒤섞은 스토더드의 이야기에서 사악하고 어리석으며 빠르게 번식하는 단두형 갈색머리의 알프스인이 쏟아져 나온다.

스토더드는 계급을 인종 개념과 동등한 위상의 범주로 가져온다. 스토더드는 고더드와 여키스, 육군 지능검사의 권위에 의존하여 지능이 인종과 "유전으로 미리 결정된다"고 선언한다. 지능은 또한 계급의 순위와 함께 간다. 계급의 지위가 높을수록 지능도 높다는 것이다. 당연했다. 스토더드의 배열에서 '미국인'의 범주는 '이탈리아인'과 '유색인'을 배제한다. 그 둘은 지능지수에서 단 1점 차이밖에 나지 않아서 단일한 집단이나 마찬가지였다.[23] (도판 23.2, 스토더드의 계급과 인종에 따른 지능검사 결과 참조)

스토더드는 유전의 근본적인 결정인자 역할에 관하여 그랜트를 비롯한 인류사회학자들에 동의한다. 스토더드에 따르면 "인종의 퇴화"는 "고칠 수 없다."[24] 그가 내놓은 치유책은 다섯 쪽에 걸쳐 여덟 차례 언급되는 우생학적 "인종 청소", "인종 정화", 그리고 "하등 인간"의 불임시술을 통한 "인종 개량" 등이다.[25]

더할 나위 없이 생생하게 스토더드는 마치 영화의 한 장면을 보는 듯한

```
Americans of social status (1)...........I. Q. = 125
     "      "    "      "    (2)........I. Q. = 118
     "      "    "      "    (3)........I. Q. = 107
     "      "    "      "    (4)........I. Q. =  92
All Americans grouped together.........I. Q. = 106
Italians..................................I. Q. =  84
Colored..................................I. Q. =  83
```

23.2 계급과 인종에 따른 지능검사 결과. 로스럽 스토더드, 『문명에 맞선 반란』(1922)

말을 만들어낸다. 정신박약의 주크 가문 – 칼리칵 가문 – 폴란드인 – 러시아인 – 유대인 – 프랑스인 – 캐나다인 – 잡종 – 알프스인 하등 인간, 이 하등 인간은 "본능적으로 자연스럽게 '문명에 맞선 반란'을 일으킬 운명을 타고났다." 반란 잠재력은 불변이지만, 보통의 조건에서는 사회가 하등 인간을 억누른다. 그렇지만 "그는 살아남아 숫자를 늘리고 때를 기다린다." 전후 당시처럼 혼란스러운 시절에 하등 인간은 러시아 혁명이 증명했듯이 갑자기 일어나 문명을 파괴한다. 스토더드는 이렇게 말한다. "하등 인간의 철학은 오늘날 볼셰비즘이라고 불린다." 볼셰비즘은 "유대인 정신"의 산물이다.[26] 백인 우월주의자들 사이에 유대인이 알프스인이든 하등 인간이든 유색인이든 무지한 노동 대중을 조종한다는 믿음이 지극히 오래 지속되고 있음이 입증되었다.•

스토더드가 보기에 이 하등 인간은 어리석다. 미국인은 전체적으로는 정신 연령이 열네 살 미만이겠지만(여키스의 육군 지능검사에서 추정되듯이), 그는 최근에 들어온 이민자들이 한층 더 멍청하다고 본다. 스토더드의 표는

• 애국동맹 지도자 윌리엄 루서 피어스가 디스토피아를 그려 널리 인기를 끈 배타적 백인 우월주의 소설 『터너의 일기The Turner Diaries』(1978)는 유대인이 흑인을 사주하여 격렬한 반란을 일으키게 한 파멸한 세상을 배경으로 펼쳐진다.

Country of Birth		Country of Birth	
England	19.7	Ireland	4.1
Scotland	13.0	Turkey	3.4
Holland	10.7	Austria	3.4
Canada	10.5	Russia	2.7
Germany	8.3	Greece	2.1
Denmark	5.4	Italy	.8
Sweden	4.3	Belgium	.8
Norway	4.1	Poland	.5

23.3 "표2: 우월함의 비율", 로스럽 스토더드, 『문명에 맞선 반란』(1922)

유럽 전역에서 들어온 이민자를 상대적인 능력에 따라 순서대로 나열했다. "우월함의 비율"을 보여주는 그의 표에서 가장 높은 자리는 잉글랜드인이, 가장 낮은 자리는 폴란드인이 차지한다. (도판 23.3, 스토더드, "표2: 우월함의 비율" 참조) 마치 이탈리아인과 포르투갈인이 똑같이 정신박약자임을 증명하려는 것처럼, 스토더드는 미국인과 북유럽인, 이탈리아인, 포르투갈인 이민자 초등학생들의 지능검사 결과를 비교한다. 자료의 전거는 없다.[27] (도판 23.4, 스토더드, "지능검사 비교" 참조)

스토더드는 1920년대 초에 도표와 섬뜩한 이야기로 유명인사가 되었다. 호러스 로리머는 『새터데이 이브닝 포스트』의 사설에서 "모든 미국인"에게 "우리의 이민에 깃든 문제점이 심상치 않다는 것을 완전히 이해하고 싶다면" 그랜트와 스토더드의 글을 읽으라고 강력히 권고했다.[28] 로리머는 삽화가 곁들여진 케네스 로버츠의 기고문으로 두 사람의 경고를 뒷받침했다.

시각에 호소하는 것이 유전학 문헌에서 결정적인 역할을 했다. 그 시초는 1870년대에 여러 쪽에 걸쳐 통계표를 집어넣은 더그데일이다. 인쇄 기술이 발전하면서 잡지는 점차 화보 이용을 늘렸다. 『새터데이 이브닝 포스트』가 앞장섰다. 케네스 로버츠는 『새터데이 이브닝 포스트』에 여러 차례 실은

American	I. Q. = 106
North European	I. Q. = 105
Italian	I. Q. = 84
Portuguese	I. Q. = 84

23.4 "지능검사 비교", 로스럽 스토더드, 『문명에 맞선 반란』(1922)

이민 반대 기고문에서 이민하여 들어올 가능성이 있는 자들, 특히 무명의 동유럽 유대인을 이름이 있는 개인이 아니라 본질적으로 이질적인 유형으로 표현하여 이미지의 힘을 활용했다. (도판 23.5, 로버츠, 폴란드 유대인 참조)

자칭 북유럽인 혈통이라는 유전학자들은 뚜렷한 차이가 있음을 보여주고자 자신의 이미지를 제시했다. 하버드 대학교에서 가르친 잉글랜드인 윌리엄 맥도걸은 1921년에 발표한 책의 제목에서 이렇게 물었다. "미국은 민주주의에 안전한가?Is America Safe for Democracy?" 나쁜 부류의 이민자들이 계속해서 미국에 쏟아져 들어와야 하는가? 두 질문에 대한 맥도걸의 답변은 분명했다. "아니오." 맥도걸은 주장을 뒷받침하고자 건강하고 야외생활을 많이 한 장두형 금발에 앞으로 키가 클 것으로 예상되는 자신의 자녀 다섯 명의 사진을 제시했다.[29] (도판 23.6 맥도걸의 자녀들 참조) 이들은 머리 크기를 더 잘 보여주고자 옆모습이 드러나는 자세를 취했다. 맥도걸이 인종 자살을 막기 위해 제 역할을 다하고 있었음은 분명하다.

23.5 "폴란드 유대인", 케네스 로버츠, 『유럽이 고향을 떠나는 이유』(1922)

23.6 윌리엄 맥도걸의 자녀들, 윌리엄 맥도걸, 『미국은 민주주의에 안전한가?』(1921)

앞서 언급했듯이 미국 의회는 이미 이민제한 법률을 제정했다. 그리고 1920년 매디슨 그랜트의 동료 해리 H. 라플런의 주도로 이 문제가 다시 수면 위로 떠올랐다. 우생학기록연구소의 연구 프로그램 책임자였던 라플런은 의회에서 공식 '우생한 전문요원'으로 일했다. 의회는 이민 재개의 가능성에 직면하여, 그리고 라플런과 케네스 로버츠, 기타 인종주의적 이민제한주의자들의 끊임없는 로비에 따라 행동에 나섰다. 1921년 긴급이민법은 각국의 이민자 할당량을 1910년 기준으로 미국 내 그 나라 출신자의 3퍼센트로 제한했다. 그러나 이민 반대 정서가 하늘을 찌르는 가운데 일시적인 조치만으로는 상존하는 위협을 처리하기에 충분하지 않은 듯했다. 의회는 추가적인 이민규제에 관하여 청문회를 열었다.

유일한 반대 증언은 이민자가 많은 선거구를 대표한 뉴욕주의 자유주의적 하원의원 이매뉴얼 셀러의 간곡한 부탁에 따른 것이었다. 그조차도 급조된 것이고 제한이 있었다. 존스 홉킨스 대학교의 생물학 교수였던 허버트 S. 제닝스는 하버드 대학교에서 찰스 대븐포트와 함께 공부했고 대학원생 때에는 그의 집에 세를 들어 살기도 했다. 라플런의 자료에 대한 제닝스의 증언은 거듭 연기되다가 1923년 11월에 가서야 이루어졌는데, 정신병원에 가장 많은 사람을 보낸 지역은 남유럽이나 동유럽의 어느 곳이 아님을 증명했다. 그곳은 이제는 북유럽의 품에 안착한 아일랜드였다.[30]

이민위원회는 제닝스의 증언을 전혀 존중하지 않고 가혹한 조치를 담은 법안을 통과시켰다. 1924년 이민제한법은 특별히 이탈리아인과 유대인을 겨냥했고, 남유럽인과 동유럽인의 이민이 대폭적으로 증가하기 이전에 시행된 1890년 인구조사를 기준으로 2퍼센트로 이민을 제한했다. 이러한 할당량은 1965년까지 유효했다. 돌이켜 보면, 이민국장은 로버츠의 기고문과 책, 그리고 『새터데이 이브닝 포스트』의 이민자 문제를 다룬 기사를 결정적으로 신뢰했고 이를 바탕으로 의회를 설득하여 이민을 축소하게 했다.[31]

1920년대 초 미국 정치와 산업의 정점에 오른 미국인들은 백인 외국인 인종들에 관한 학문을 널리 퍼뜨렸다. 부통령 캘빈 쿨리지는 「이 나라는 누구의 나라인가?Whose Country Is This?」(1921)에서 당대 미국 여성들이 가장 좋아하는 잡지 『굿 하우스키핑Good Housekeeping』의 독자들에게 필그림 파더스와 플리머스록*, 하버드 칼리지의 미국에 "동화될 능력을" 지닌 올바른 부류의 이민자만 받아들여야 한다고 경고했다. "손해를 끼칠" 것이 분명한 나쁜 부류의 이민자들은 "인종적 전통이나 민족적 경험"에 따라 제한하여 막아야 했다. 쿨리지는 인종과 민족, 정치를 당대의 특징적인 방식으로 혼합하여 서로 다른 인종의 사람들이, 즉 이탈리아인과 유대인이 섞임으로써 인종이 '퇴화'하는 것을 강력히 비난했다. "우리는 이 상황에 단호히 대처해야

- Plymouth Rock. 메이플라워호를 타고 대서양을 건너와 1620년 12월 플리머스 식민지를 건설한 필그림 파더스의 상륙지 ─ 옮긴이주.

한다. …… 그렇게 감상적으로 대해서는 안 된다. …… 감상적인 이유로 털어버리기에는 너무나 중대한 인종적 고려사항들이 있다."[32] 이듬해 10월 대통령 워런 하딩은 어느 연설에서 스토더드의 『유색인의 거센 물결』을 직접 권하여 그 가치를 높였다.

『새터데이 이브닝 포스트』의 편집장 조지 호러스 로리머는 이미 매디슨 그랜트와 로스럽 스토더드의 책을 선전하고 있었고 이민을 국가의 재앙으로 묘사한 케네스 로버츠의 글을 출판하고 있었다. 1924년 로리머는 스토더드가 유럽에서 들어온 새로운 이민자에 관해 쓴 일련의 기고문을 실어 판을 키웠다. 스토더드는 그랜트의 『위대한 인종의 소멸』을 통째로 가져와 과학의 허울을 뒤집어썼다. 그랜트의 그 책은 북유럽인과 알프스인, 지중해인 인종 유형을 보여주는 리플리의 사진들과 머리지수, 그리고 독일인을 북유럽인과 알프스인 유형으로 번갈아 표시하는 그랜트 자신의 우스꽝스러운 유럽 인종의 지도를 담았다. 스토더드는 유럽인과 일본인에게서 드러나는 것과 같은 "인종적" 요인을 "이 세계에 나타나는 문제들"의 근본적인 원인으로 보았다.[33] 큐클럭스클랜은 북유럽인 우월주의의 이와 같은 출판물을 통한 맹공에 의지하여 새로이 활력을 얻고 현실의 삶 속에 유령처럼 떠돌았다.

원래의 큐클럭스클랜은 남북전쟁 이후 흑인을 배척하고 공화당에 반대하는 의용대로 창설되었는데 재건 시기에 연방정부의 반테러 기소로 위세가 꺾였다가 제1차 세계대전이 일으킨 병적 흥분 상태로 인해 1915년 조지아주 스톤마운틴에서 새로이 재건되었다. 1920년대의 이 새로운 큐클럭스클랜은 이전 조직보다 더 넓게 그물을 쳤다. 이제는 정치적 원한으로 흑인을 공격하는 것에서 그치지 않았다. 1920년대에 큐클럭스클랜의 조직원은 무려 500만 명에 달했고, 메인주에서 오리건주까지, 인디애나주에서 플로리다주까지 광범위하게 퍼져 있었다. 이들은 "가톨릭Katholics과 카이크 Kikes, 컬러드Koloreds"를, 시적인 표현을 거두고 더 정확하게 말하자면 가톨릭과 유대인, 흑인, 외국인, 조직노동자, 이상한 여자를 추적했다.[34] 1921년 오클라호마 주 털사에서 경찰과 부보안관들이 큐클럭스클랜 조직원들에 합세하여 아프리카계 미국인 학살에 가담했다. 이들은 집과 사업체, 생명을 불태웠지만, 이 사건들은 미국인에 대한 공격으로 애도되지 않았다. 흑인은 미국인의 범주 밖에서 살아가는 일종의 외국인 인종 취급을 받았다. 큐클럭스클랜의 사고방식은 그 정도로 널리 퍼졌다.

큐클럭스클랜 조직원들은 1924년 뉴욕에서 열흘간 이어진 민주당 대통령 후보 지명 전당대회에서 민주당을 거의 접수할 뻔했다. 가톨릭 이민자의 손자인 뉴욕 주지사 앨프리드 E. 스미스가 두 명의 유력한 후보자 중 한 사람인 상황에서(다른 한 명은 우드로 윌슨의 사위인 조지아주 출신의 윌리엄 깁스 매커두 주니어였다) 큐클럭스클랜에 우호적인 대의원들은 당 강령에 큐클럭스클랜에 반대하는 조항이 들어가지 못하게 방해했다.[*] 매커두 세력은 세 번이나 민주당 대통령 후보로 지명된 윌리엄 제닝스 브라이언의 지원을 받아 큐클럭스클랜 반대 조항에 맞서 싸웠다. 이 싸움에서 브라이언은 통합을 빌

• 좌초된 큐클럭스클랜 반대 조항은 다음과 같다.

우리는 어디서든 자유로운 정치활동을 파괴하고 인종적, 종교적 증오를 조장하려는 모든 종류의 비밀 정치결사를 자유로운 정부의 탄생에 반대되는 것으로 보고 규탄한다.
  우리는 그 활동이 헌법의 자구까지는 아니더라도 헌법의 정신에 위배되는 것으로, 미국 제도의 영속성을 중대하게 위협하는 것으로 보고 비난한다.
  우리는 그러한 결사의 회원은 누구든지 정당하게 토머스 제퍼슨의 제자임을 주장할 수 없다고 선언한다.
  우리는 민주당이 큐클럭스클랜의 활동에, 자유로운 정치 활동이나 정당한 법 절차를 통제하거나 방해하려는 유사한 조직의 활동에 반대할 것임을 서약한다.

며 대회장 바닥에 무릎을 꿇기까지 했다.[35] 결국 『뉴욕 타임스』는 이렇게 한 탄했다. "남부 주들은 사람이 아니라 종교를 이유로 스미스 주지사에 반대 했다. …… 이들은 단지 그가 가톨릭이라는 이유로, 가톨릭을 미국의 공직에 서 배제하라는 명령을 감히 거스르지 못할 정도로 큐쿨럭스클랜이 그들의 주에서 강력한 정치력을 행사한다는 이유로 그에 반대한다."[36] 이듬해 완전 하게 복장을 갖춰 입은 큐클럭스클랜 조직원 수천 명이 워싱턴디시의 펜실 베이니아 대로를 따라 행진하는 장관을 연출했다.

쿨리지와 하딩, 그 밖의 그들과 같은 부류의 사람들에게 인종과 민족은 정치적 이데올로기와 같았다. 올바른 인종과 민족은 중간계급의 앵글로색 슨 미국에 동화될 것이고, 이질적인 인종과 민족은 노동자의 권리를 요구하 며 분란을 일으킬 것이다. 쿨리지는 그러한 위험성이 세대를 거쳐 이어진다 고 보았다. "동화되지 않은 외국인 아이들"은 "외국인 산업노동자"와 완전히 똑같이 "우리 산업을 위협한다."[37] 아버지에서 아들로, 어머니에게서 딸로, 외국인 인종들은 계속 이질적인 존재로 남는다.

1920년대 초는 또한 가장 노골적인 반유대주의 출판물도 목도했다. 어떤 기이한 비주류 인물이 이 책을 쓴 것이 아니었다. 저자는 다름 아닌 미국 산 업의 상징적인 영웅이자 랠프 월도 에머슨의 『잉글랜드인의 특성』을 찬미 한 헨리 포드였다.[38] 포드는 많은 미국 중간계급 가정에 모델 T 자동차를 대 량생산으로 공급한 "플리버 킹Flivver King"으로서 20세기 미국 기술의 진보를 구현했다.• 1913년 말 미시간주 디어본의 조립라인은 50만 대의 자동차를 생산했다.[39] 자칭 평화주의자였던 포드는 1915년 유럽으로 보낼 "평화의

• 플리버는 모델 T의 별칭이다 — 옮긴이주.

배Peace Ship"의 건조를 후원함으로써 전쟁을 끝내려 했다.[40] 그때쯤 포드는 또한 유럽에서 믿음을 얻고 있던 관념, 즉 '유대인'이 전쟁을 일으켰다는 관념을 받아들였다. 그러한 확신 때문에 포드는 이 관념을 널리 퍼뜨릴 수단을 신문의 형태로 만들었다. 포드는 모든 T모델 신차에 신문을 넣었다.

포드의 『디어본 인디펜던트*The Dearborn Independent*』는 반유대주의를 토해내고 악명 높은 거짓 문서들을 국제적으로 유포함으로써 미국 문화에서 새로운 역할을 수행했다. 인종 담론이 증가하던 시절에 헨리 포드는 유럽 반유대주의의 "국제 유대인"을 조르주 바셰 드 라푸주의 인류사회학이 할 만한 방식으로 자기 것으로 만들었다. "포드의 페이지Own Page"를 대신 쓴 W. J. 캐머런이라는 자가 잉글랜드와 미국의 종교, 즉 앵글로-이스라엘리즘 속에 모호하지만 끊이지 않고 이어진 믿음을 공급했다. 이 종파에 따르면, 앵글로색슨족이 이스라엘의 잃어버린 열 개 지파Ten Lost Tribes의 진짜 후손이며 잉글랜드와 미국이 진짜 성지였다. 이 논리로 앵글로색슨족은 선민이 되고 "현대의 히브리인들"은 선민을 사칭하는 자들이 된다. 예수는 진정한 유대인이 아니었다. 실제로 그는 현대 독일인과 스칸디나비아인, 잉글랜드인의 조상인 북유럽인이었다.[41] 포드의 망상 속에서 유대인은 선민 사칭자라기보다는 그가 증오한 노동조합을 구축하여 경쟁을 줄이고 값을 올리려는 국제 금융가들이었다. 포드는 그렇게 생각했다. 완전히 허황된 얘기였는데도 그는 멈추지 않았다.[42]

『디어본 인디펜던트』는 1920년과 1921년에 첫 번째 일련의 반유대주의 기사를 실었다. 네 권짜리 『국제 유대인, 세계에서 가장 중요한 문제*The International Jew: The World's Foremost Problem*』(1920~1922)로 편집된 이 글들은 국제사회에 널리 퍼졌고, 독일의 지원을 받아 16개 언어로 번역되었다. 『디어본 인디펜던트』는 위서인 『시온 장로들의 규약』을 간행함으로써 추가로 해악을 끼쳤다. 원래 1917년에 러시아에서 간행된 이 문서는 세계 정복을 계획한 유대인 지도자들의 1897년 비밀회의 의사록인 듯 조작되었다. 『디어본 인디펜던트』는 유럽의 인류사회학 이론을 미국식으로 비틀어 유대인이 멍청한 알프스인들을 부추겨 전쟁 중에 잔학행위를 저지르게 했다고 썼다. 포드에게 유대인은 다른 죄도 저질렀다. 남부의 흑인들을 속여 그곳을 벗어나 자신의 땅인 북부로 들어오게 한 것이다.[43] 인종 정치학의 이 새로운 비틀기는 곧 인종 정의의 변화라는 형태로 결실을 맺게 된다. 그렇지만 당분간 '인종 문제'는 계속해서 남유럽과 동유럽에서 들어온 이민자, 즉 백인을 의미했다.

24

인종학에 대한 이의 제기

인종학은 미국에서 수십 년간 위세를 떨쳤고, 유럽에서 일어난 사건들만 아니었다면 아마도 훨씬 더 오래 지속되었을 것이다. 미국의 유전학자들과 사회학자들은 나치 독일 때문에 자신들의 학문이 어떤 의미를 지녔는지 자각했다. 그들은 이른바 인종 '과학'이라는 것이 단순한 편견일 뿐임을 깨달았다. 유전론의 인기가 시들해진 데는 주요 인물이 무대에서 사라진 것도 한몫했다. 『새터데이 이브닝 포스트』의 편집장 조지 호러스 로리머와 우생학의 거물 매디슨 그랜트 둘 다 1937년에 죽었다. 하지만 그보다 더 중요한 변화가 있었다. 학문적으로 진실한 학자들이 누구나 들을 수 있도록 큰 목소리를 내기 시작한 것이다.

그때까지 이견이 전혀 없지는 않았다. 일찍이 제1차 세계대전이 발발할 즈음부터 조용히 재평가가 시작되었다. 컬럼비아 대학교의 주요 유전학자들이 여전히 미국육종가협회American Breeder's Association라고 부르던 주요 우생학 단체에서 탈퇴했다. 1921년 프란츠 보아스는 『예일 리뷰*Yale Review*』에 육군 지능검사의 인종적 해석에 이의를 제기하는 논문을 발표했고, 1922년 월터 리프먼은 『뉴 리퍼블릭New Republic』에서 타고난 불변의 지능을 측정한다는 지능검사론자들의 주장을 비난했다. 그는 그러한 종류의 지능검사는 "수많은 일시적 유행과 비타민, 선腺, 아마추어 심리분석, 의지력 통신교육 과정과 마찬가지로 과학적 근거가 없다"고 썼다. "지능검사는 이들과 함께 골상학과 손금 보기, 성격학, 기타 인도 신사들의 기술이 처박힌 망각 속으로 사라질 것이다."[1]

그러나 완고한 지능검사론자들은 그러한 반대 의견을 한낱 감정적인 대응으로 무시하고 유대인 비평가라면 누구도 인종 문제에 관하여 객관적으로 사고할 수 없다고 주장하며 버텼다.[2] 앞서 언급했듯이, 존스 홉킨스 대학교 교수 허버트 제닝스가 하원 법률상임위원회 이민귀화소위원회의 반이민 자료를 조사한 결과 남유럽이나 동유럽 출신 이민자를 나쁘게 평가하는 데 쓰인 자료가 잘못 해석되었고, 이민자 중에서 (이제 훌륭한 북유럽 '옛 이민자'로 여겨진) 아일랜드인이 시설에 들어갈 가능성이 가장 크다는 점이 밝혀졌다. 이는 위원회가 듣고 싶은 얘기가 아니었으며, 따라서 위원회는 이러한 조사 결과를 묵살했다. 제닝스는 한정된 독자층에 유포되는 두 간행물에, 즉 사회사업가들과 자선사업가들의 정기간행물인 『서베이Survey』와 학자를 대상으로 한 『사이언스Science』에 자신의 견해를 발표했다. 그는 "그릇된 생물학이 특히 인간의 인종 문제와 관련하여 마구 퍼졌다"고 조용히 결론지었다.[3]

아프리카계 미국인 사회과학자들은 병사들의 지능지수를 인종과 민족에 따라 분류한 칼 브리검을 공격했다. 흑인이 압도적으로 많은 오클라호마주 랭스턴 대학교의 교육학부 학부장 호러스 맨 본드는 시카고의 저명한 사회학자 로버트 파크 밑에서 박사 과정을 밟았다. 1924년 본드는 전국유색인진흥협회의 기관지로 W.E.B. 듀보이스가 편집인으로 있던 『크라이시스*Crisis*』에서 지능지수와 교육비 조달 사이의 상관관계를 증명하여 브리검의 추론을 반박했다. 따라서 지능지수의 핵심은 인종이 아니라 국가의 정책즉 환경에 있었다.[4] 전국도시연맹 기관지『오퍼튜니티*Opportunity*』에서 본드는 만약 북유럽인이 가장 영리하다는 브리검의 주장이 옳다면 "지금 미국에 거주하는 이른바 북유럽 분파의 인종적으로 가장 순수한 종자인" 남부의 남자들이 가장 높은 점수를 받았어야만 한다고 덧붙였다.* 그러나 남부백인들은 전국 평균보다 한 살 적은 고작 열두 살 반의 정신 연령을 보여주었다.[5]

존스 홉킨스 대학교 생물통계학 교수 레이먼드 펄이『아메리칸 머큐리*American Mercury*』1927년 11월호에 논문을 발표하여 인종학 비판을 이어갔다. 펄은 우생학을 "근거 없고 무비판적인 사회학과 경제학, 인류학, 정치학이 뒤섞인 잡탕"이라고 부르며 "엄숙하게 과학으로 제시되고 불행히도 일반 대중이 그렇게 받아들이고 있지만 사실 계급과 인종 편견에 대한 감정적 호소로 가득 차 있다"고 비난했다.[6]

학계 분위기에서도 변화가 감지되었다. 과거에 이루어진 연구들은 "유럽의 인종들" 같은 표현이 드러내듯이 당연히 인종은 실질적으로 존재한다고여겼다. 따라서 인종의 정신적 차이도 객관적으로 연구할 수 있는 흥미로운과학적 탐구 주제 가운데 하나로 생각되었다. 그러나 1920년대 말에 이르면 심리학과 사회학이 사회 내 인종 차별의 주관적 성격에 초점을 맞추기시작한다. 곧 인종 편견이 분석할 만한 주제가 되었다.[7]

이 점에서 선구적인 인물은 본드의 박사학위 논문 지도교수 로버트 파크

---

* 전국도시연맹은 북부로 이사한 남부 흑인들에게 일자리와 주거를 제공한다는 목표로 1911년 인종을 초월하여 모인 사회사업가들과 자선사업가들이 세운 단체이다.

였다. 1928년에 발표된 파크의 고전적인 논문 「인간의 이주와 경계인Human Migration and the Marginal Man」은 인종과 문화를 단호히 분리했다. 이민자는 해방되고 계몽된 인간, 나아가 세계주의적인 인간으로 보아야 했다. 근래 미국에 들어온 이민자들은 문명을 훼손하기는커녕 창조하고 있었다. 이들은 "상호 침투와 융합이 결코 완전하게 이루어진 적이 없는 두 문화와 두 사회의 경계에" 거주하는 사람들이었을 것이다. 그러나 이는 좋은 일이었다. 베를린에서 태어나 사우스캐롤라이나주에서 성장한 소설가이자 평론가 러드윅 레비손 같은 해방된 유대인을 예로 들어보자. 그는 1922년 자서전 『역류: 미국 연대기Up stream: An American Chronicle』를 발표했다. 파크가 보기에 레비손은 두 문화를 연결했기에 "문명과 진보의 과정"을 가장 잘 보여주는 사례였다.[8] 여기서 변화와 희망이라는 관념이 우생학의 얼어붙은 생물학적 결정론을 대체했다. 전쟁 이전에 이민자를 쓰레기로 취급한 에드워드 A. 로스는 1936년에 이렇게 쓸 수 있었다. "'인종의 차이'는 이제 나에게 이전만큼 큰 의미로 다가오지 않는다."[9] 바인랜드의 헨리 고더드조차도 다른 생각을 하게 되었다. 아마도 그는 지능검사를 지나치게 신뢰했던 것 같다. 고더드는 1927년 『사이언티픽 먼슬리Scientific Monthly』에 발표한 논문에서 서투른 방식으로 검사를 받은 그의 정신박약 학생들을 일반 주민과 함께 살도록 해야 하고 나아가 자녀를 낳을 수 있게 해야 한다고 인정했다.[10]

프란츠 보아스보다 더 큰 목소리로 상식을 외친 사람은 없다. 1920년대에 그는 미국에 산 지 40년이나 된 60대의 원로 학자였다. 1887년 그가 미국에 도착했을 때 인류학을 지배해온 자들은 박물관에 오래된 뼈와 유물을 쌓아둔 메이플라워호 신사들이었다. 보아스는 20세기 중반에 인류학을 선도하게 될 학자들 대다수를 길러냈다. 인류학이 인종에 관한 새로운 과학적 진실을 전달하던 바로 그 시점에 다수가 이민자의 후손이었던 이 박사들은 대학에서 교수로 활동하고 있었다. 보아스에게 과학적 인종주의란, 특히 뛰어나다고 소문난 인종 검사법은 논리적으로 옳은 적이 없었다. 불변의 머리지수는 실제로 사람의 환경이 변함에 따라 매우 빠르게 변할 수 있다고 그는 지적했다. 중요한 것은 문화였는데, 문화는 세대를 거치며 변했다. 문화와 인종, 언어는 서로 독립적인 특성, 따라서 동등한 특성이었다. 보아스는 인종 개념을 절대 포기하지 않았지만 인종주의에는 지속적으로 반대했다.[11] 1920년대 초, 보아스의 학생이었고 이제 버클리의 캘리포니아 대학교 교수가 된 앨프리드 L. 크로버는 육군 지능검사에서 북부의 흑인들이 남부의 백인들보다 더 높은 점수를 받았음을 지적했다.[12] 보아스의 다른 학생 오토 클라인버그(1889~1992)는 두 가지 중요한 방향에서 연구를 추진했다.

캐나다 이민자의 아들인 클라인버그는 맥길 대학교에서 철학 학사, 하버드 대학교에서 심리학 석사, 맥길 대학교에서 의학 박사, 컬럼비아 대학교에서 심리학 박사학위를 받았다. 1926년에 보아스의 동아리에 들어간 클라인버그는 인류학자들이 그러했듯이 인간의 행동은 그 문화적 배경을 벗어나 이해할 수 없음을 곧 깨달았다. 클라인버그는 오랜 시간의 국제적 경험, 즉 연구와 유네스코 활동, 브라질과 프랑스에서의 교수 생활을 통해 인종의 차이, 인종적 편견, 인종 차별을 계속해서 연구했다.[13]

북서부의 콰키우틀족 원주민 중에서 보호구역에 사는 자들과 그곳을 떠난 자들의 지능지수에 차이가 있음을 발견한 클라인버그는 칼 브리검이 『미국인 지능 연구』(1924)에서 제시한 유럽 인종들과 그 지능지수 사이의 상관관계를 조사했다. 클라인버그는 1920년대에 이탈리아와 프랑스, 독일에서 조사를 수행하여 지중해인과 알프스인, 북유럽인의 능력에 아무런 차이가 없음을 발견했다.[14] 1929년 미국으로 돌아온 클라인버그는 어느 심리학 모임에서 브리검을 만나 기뻤고 선배 학자와의 대결을 간절히 원했다. "나는 그에게 만나게 되어 얼마나 기쁜지 모른다고 말했다. 그의 연구와 연관된 조사를 막 끝낸 참이었기 때문이다. 하지만 그의 반응에 나는 완전히 전의를 상실했다. 그는 이렇게 말했다. '아, 나는 이제 그 책에서 내가 했던 단 한 단어도 고수할 생각이 없소.'"[15]

과연 브리검은 1930년에 지능지수가 '지능'이라고 부르는 '단일 사항'을 대표한다는 주장을 철회하는 논문을 발표했다.[*] 브리검은 '지능'을 검사한다고 주장하는 심리학자들이 "명명의 오류를 저지른 잘못이 있다"고 인정했다. 브리검은 자신의 책 『미국인 지능 연구』를 겨냥하여 자신의 방법이 "불합리하다"고 했으며, 자신과 여키스의 방법론이 "인종의 차이라는 가설적 상부구조 전체와 더불어 완전히 무너졌다"고 덧붙였다. 브리검은 자신의 책을 돌아보며 "이 비교인종학의 가장 거짓된 연구의 하나"에는 "근거가 없다"고 선언했다.[16] 그러나 브리검의 논문은 제한적으로만 유포되었기에 결과적으로 『미국인 지능 연구』는 여러 해 동안 권위 있는 인종주의 연구서의 지위를 유지한다.

클라인버그의 두 번째 주요 연구는 인종학에 다시 타격을 가했다. 여키스를 비롯하여 1910년대와 1920년대의 지능검사론자들은 언제나 교육이나

---

[*] 브리검을 가장 신랄하게 비판한 학자의 한 사람으로 트루먼 리 켈리를 들 수 있다. 스탠퍼드 대학교의 통계학, 교육학 교수였던 켈리는 그곳에서 당대의 가장 열정적인 지능검사론자에 속하는 루이스 터먼의 동료였다. 켈리는 『교육평가의 해석 Interpretation of Educational Measurement』(1927)에서 "인종적 동질성"이 부족한 다수의 백인을 대상으로 시행한 지능검사를 비교하고 뒤이어 여러 상이한 검사의 결과를 뭉뚱그려 단일한 등급 체계를 내놓는 기술을 비판했다. 켈리는 또한 0점에서 100점까지 평가하는 방식에 이의를 제기했다.

환경의 영향이 아닌 타고난 지능을 검사한다고 주장했다.[*] 북부의 흑인은 남부의 흑인보다 지능지수가 더 높았고, 흑인이 남부 밖에서 오래 살수록 그들의 지능지수도 더 높았다. 그렇다면 북부의 일부 흑인이 남부 백인보다 지능지수가 더 높을 때, 이는 무슨 의미일까?[**]

점점 더 많은 인류학자가 클라인버그의 분석을 이용하여 환경이 지능에 끼치는 역할을 강조하고 흑인이 아닌 자들에게도 적용된 인종학의 생물학적 결정론을 약화시켰다. 문화가 인종을 능가하고 있었다. 이는 나치 독일의 공격 때문에 속도를 더했다. 그리고 프란츠 보아스의 다른 학생이 등장한다.

1885년 어머니의 배서 칼리지 동급생 중 '첫 아이'였던 루스 풀턴 베네딕트(1887~1948)는 뉴욕에서 상층계급의 편안한 삶이 보장된 가정에 태어났다. 그녀의 아버지는 의사였고, 부모 둘 다 메이플라워호 이민자의 후손이었다. 그러나 루스가 두 살이 채 되지 않았을 때 아버지가 죽으면서 어머

- 인종 이론가들은 또한 "선택적" 이주가 시골 사람들의 머리 형태와 도시 주민의 머리 형태 사이의 차이를 설명해준다는 유럽 인류사회학자들의 이론을 채택했다. 우월한 장두형 유럽인이 단두형의 열등자들을 나라에 남겨놓고 떠나기로 결정했다는 것이다. 보아스가 머리 형태의 변화 가능성을 증명했어도, 선택적 이주라는 관념은 1920년대까지 힘을 발휘했다. 육군 지능검사로 도시와 북부의 아프리카계 미국인이 시골과 남부의 아프리카계 미국인보다 더 높은 점수를 받았음이 드러났을 때, 인종 이론가들은 상대적으로 더 총명한 자들이, 다시 말해 '백인 피'를 더 많이 가진 자들이 남부와 시골에서 빠져나왔다고 설명했다. 클라인버그는 『흑인 지능과 선택적 이주Negro Intelligence and Selective Migration』(1935)에서 결론적으로 두 주장을 다 논박하여 선택적 이주 이론을 완전히 쓰레기통에 처박았다.
- 클라인버그의 인종별, 지역별 지능지수 표. 백인 중앙값: 미시시피(41.25); 켄터키 941.50); 아칸소(41.55); 조지아(42.12). 흑인 중앙값: 펜실베이니아(42.00); 뉴욕(45.02); 일리노이(47.35); 오하이오(49.50).

니는 오랫동안 금전적으로 어려움을 겪었다. 그리고 어릴 때 앓은 홍역으로 루스는 청력의 일부를 잃었다.

어머니가 돈이 되는 일자리를 찾아 돌아다닌 데 따른 빈번한 이사와 울분, 의기소침으로 루스 풀턴의 어린 시절은 어두웠다. 1900년경 가족은 버펄로에 정착했다. 그곳에서 루스의 어머니는 시립 도서관 사서로 일했고, 루스와 여동생 마저리는 성공회가 운영하는 멋진 사립학교에 장학금을 받으며 다녔다. 1905년 가을 일면식도 없는 사람들이 베푼 자선 덕분에 두 자매는 배서 칼리지에 입학했다. 미국 동부의 명문 여대 중 하나였던 배서 칼리지는 지성과 감성 둘 다 계발한다는 자부심이 강한 대학이었다.[17] 루스는 확실히 지성이 풍부했다. 자매는 어머니를 따라 파이베타카파 클럽의 회원이 되었다. 영문학을 전공한 루스는 몇십 년 동안 계속해서 글을 쓰고 시를 발표했다.*

루스 풀턴은 1909년 배서 칼리지를 졸업한 뒤 상류층의 필수 과정인 유럽 여행에 나섰다. 석 달 동안은 독일에 있었는데 드레스덴에서만 두 달을 보냈다.[18] 버펄로로 돌아온 그녀는 지역 자선단체협회에 폴란드인과 이탈리아인 가정의 "우호적 관찰자"로 합류했다. 스물네 살에 이 활동의 오만함과 무익함을 깨달은 루스는 목사와 결혼하여 캘리포니아주 패서디나에 살고 있는 여동생 곁으로 갔고, 그곳 여자 고등학교에서 2년 동안 가르쳤다.[19] 그러나 그녀는 지적으로나 정서적으로나 교사 생활에 만족할 수 없었다. 이때 배서 칼리지 동창의 오빠였던 스탠리 로시터 베네딕트가 적극적으로 구애했고, 두 사람은 1914년에 결혼했다.

메이플라워호 이주자의 후손으로 아내보다 세 살 많은 스탠리 베네딕트

---

* 컬럼비아 대학교 인류학과에 교수로 임용되기 전인 1920년대에 그녀는 앤 싱글턴이라는 가명으로 시를 발표했는데 1930년대에 가명을 버렸다.

는 1908년 예일 대학교에서 생화학 박사학위를 취득했다. 그는 외골수에 집요하고 엄격한 남자로 아내의 바깥 생활에 반대했다. 스탠리는 뉴햄프셔주의 위니피소키 호수에서 휴가를 보낼 때면 모터보트를 타고 돌아다녔고, 반면 루스는 카누 타기를 더 즐겼다.[20] 가정생활도 그녀에게 맞지 않았다. 남편이 뉴욕시의 코넬 의과대학으로 통근하며 지내는 동안 루스는 교외에 있는 집에서 소일하며 주목받지 못한 페미니스트 작가들의 전기를 썼다. 1919년 호턴 미플린 출판사는 그녀가 쓴 메리 울스턴크래프트의 생애에 관한 원고를 거절했는데, 이는 더 공부해야겠다는 그녀의 결의를 굳혔을 뿐이다. 루스는 우선 컬럼비아 대학교에서 철학자 존 듀이의 수업을 들었고, 이어 신생 교육기관인 뉴 스쿨 포 소셜 리서치The New School for Social Research에서 공부했다.

뉴 스쿨에서 루스 베네딕트는 부자에다 발이 넓은 인류학자 엘시 클루스 파슨스와 함께 여러 상이한 문화의 젠더를 연구했다. 파슨스는 컬럼비아 대학교에서 박사학위를 받았고 보아스 동아리의 일원이었다. 파슨스는 베네딕트의 능력에 깊은 감명을 받았다. 파슨스는 뉴 스쿨에서 베네딕트를 가르친 다른 교사와 함께 그녀를 보아스에게 데려갔다. 1921년 봄 보아스는 정식 자격 조건을 무시하고 그녀를 컬럼비아 대학교 인류학과 박사과정에 등록시켰다. 이때 베네딕트는 서른세 살이었고, 보아스는 예순세 살이었다.[21] 두 사람은 가까운 협력자가 되어 보아스가 1936년 (강제로) 은퇴할 때까지 컬럼비아 대학교 인류학과를 이끌었다.

1922년 가을 베네딕트는 보아스 밑에서 조교로 일하면서 종종 바너드 칼리지의 학부생들을 미국자연사박물관에 데리고 가서 안내했다. 그 학생들 중에는 마거릿 미드(1901~1978)도 있었다. 미드는 유니언 신학교 학생인 약혼자와 가까운 곳에 있으려고 뉴욕시로 이사했지만, 베네딕트의 인류학에 대한 열정에 전기가 오른 듯 큰 충격을 받았다. 루스 베네딕트는 미드의 스승이 되었고, 보아스와 함께 미드를 설득하여 대학원에서는 심리학에서 인류학으로 전공을 바꾸어 "그 문제들"을 연구하게 했다. 베네딕트와 미드의 관계는 꾸준히 깊어져 교사와 학생에서 동료로, 동료에서 친구로, 연인으로, 평생에 걸친 지적 동반자로 바뀌었다. 1939년 12월 미드의 딸이 태어났을 때, 베네딕트는 캘리포니아에서 인종에 관한 책을 쓰고 있었고 남편과는 9년째 별거 중이었다. 그녀는 뜨개질을 해서 아기에게 선물을 보냈다.[22] 두 사람의 유대는 1948년 베네딕트가 사망한 이후로도 끊기지 않았다.[23] 미드는 베네딕트의 유저 관리인이 되었고 그녀에 관한 책을 두 권 발표했다.[24]

미드는 베네딕트를 "매우 수줍어하고 넋이 빠져 있을 때가 많은 중년[그녀는 서른네 살이었다] 여인"으로 회상했다. "쥐색의 고운 머리는 핀을 꽂아도 가지런하지 않았다. 몇 주 동안이나 계속 아주 평범한 모자를 쓰고 우중충한 색깔의 같은 드레스를 입었다. …… 그녀는 우리와 이야기할 때 다소 말을 더듬었고 때로는 얼굴이 새빨개졌다."[25] 베네딕트는 언제나 자신이 잘 어울리지 못하는 사람이라고 생각했지만 또한 어렴풋이 그러한 비정상적 면모가 지적 창의성을 키웠다고 보았다.[26] 미드가 자서전 『블랙베리 겨울, 나의 어린 시절Blackberry Winter: My Earlier Years』에서 전하듯이, 베네딕트는 우울증과 편두통을 앓았다. 그녀는 "사람들로부터 최악을 예상했고 이에 맞서고자 강해졌다."[27]

베네딕트는 정말로 사교적이지 못했으나 자신 탓은 아니었다. 젠더의 문제가 있었다. 그녀는 컬럼비아 대학교에서 박사학위를 받고 그 대학교의 교수가 되었지만, 십여 년 넘게 학생을 가르치고 박사학위 논문을 지도하고 베스트셀러를 발표한 이후 1931년이 되어야 조교수가 된다. 베네딕트는 또한 여러 해 동안 『미국 민속학 저널Journal of American Folklore』의 편집장으로 일했다. 1936년 그녀는 마침내 부교수에 임명되었으나 미국인류학회 회장에 당선된 이후인 1948년에 가서야 정교수가 된다.

컬럼비아 대학교 밖에서는 이와 대조적으로 베네딕트는 전공 분야의 지도자로 군림했고 대외적으로 인류학을 대표하는 인사였다. 그녀는 미국 전역에서, 특히 뉴욕 지식인 사회에서 엄청난 영향력을 행사했다.[28] 1920년대에 루스 베네딕트는 인류학자가 아닌 사람들에게 인류학을 설명하고 『네이션』, 『뉴 리퍼블릭』, 『아메리칸 머큐리』, 『스크라이브너스』, 『하퍼스』 등의 잡지에 글을 발표하면서 적극적으로 활동을 시작했다. 미드는 그녀를 인류학의 "언론 대책반"이라고, 여성 한 명으로 구성된 홍보단이라고 생각했다.[29] 그녀가 정신적으로 갈등을 느낀 것도 당연했다!

하지만 먼저 성공한 사람은 미드였다. 베네딕트보다 열다섯 살 어린 미드는 1928년 경쟁보다 협동을 강조하고 성적인 자극도 제공하는 여성의 사춘기에 대한 연구인 『사모아에서 성년 되기Coming of Age in Samoa』로 일약 베스트셀러 작가의 반열에 올랐다. 6년 뒤 베네딕트의 첫 번째 책 『문화의 패턴Patterns of Culture』도 성공했다. 1946년 저렴한 보급판이 나오면서 더 잘 팔렸다. 1980년대까지 그 책은 거의 200만 부가 팔렸으며 21개 언어로 번역되었다. 오늘날에도 『문화의 패턴』은 생물학보다 문화가 더 중요하며 문화는 학습된 행위, "분명하게 드러난 개성"이라고 말함으로써 비전문가 대중에게 인류학을 소개한다.

이 책은 세 가지 문화를 서술한다. 미국 남서부의 주니족과 미국 북서부의 콰키우틀족, 뉴기니의 도부족의 문화이다. 베네딕트는 프리드리히 니체의 용어를 빌려와 주니족을 침착한 아폴로 유형, 콰키우틀족을 격정적인 디오니소스 유형으로 보았고 도부족은 명백한 과대망상증을 갖고 있다고 보왔다.[*] 베네딕트는 이 집단들의 뚜렷한 행동 방식의 차이를 드러내어 그들을 인종이 아니라 문화에 따라 구분한다. 이어서 책은 변화 가능성에 초점을 맞춘다. 문화가 생물학적으로 유전되는 것이 아니라 시간이 흐르면서 변하기 때문이다. 반면 인종은 불변의 조건으로 추정된다. 그런데 베네딕트는 흥미롭게도 자신의 계급과 문화를 회피할 수 없었다. 그녀는『문화의 패턴』에 자신과 자신의 책을 읽을 것으로 생각되는 사람들을 단호히 북유럽인의 대열에 넣는 표현을 슬쩍 집어넣는다. 베네딕트는 머리말에서 인종 편견에 전체적으로 반대하면서 "혈연에서 우리의 형제인 아일랜드인"을 배제하는 "이른바 인종 구분선"의 설정을 개탄했다. 프랑스인과 독일인은 "신체 형태에서 똑같이 알프스인 범주의 인종에 속하는데도" 프랑스인은 이 가상의 인종 구분선 너머의 독일인과 대결한다.[30] 보아스 동아리 안에서도 오래된 사고 습관은 쉽게 사라지지 않았다.

1930년대에 베네딕트는 중견 학자로서 할 수 있는 역할을 다했다. 그녀는 대학 당국이 여성 학과장을 상상할 수 없었기에 따로 직함은 없었지만 사실상 컬럼비아 대학교 인류학과를 이끌었다. 랠프 린턴이 보아스의 후임자가 되었을 때 사정은 더 나빠졌다. 린턴은 베네딕트를 싫어했고 학과의 분위기를 그녀에게 불리하게 만들었다. (베네딕트가 사망한 뒤, 린턴은 멜라네시아의 어떤 주문을 외며 자신이 이를 이용하여 그녀를 죽음에 이르게 했다고 허풍을 떨었다.)[31] 늙어 지치고 병든 보아스는 여전히 한 주에 한두 번 학과에 나왔지만, 독일에서 벌어진 사건들에 점차 마음을 빼앗겼다. 베네딕트는 처음

- 베네딕트는 인류학에서 문화와 개성 학파culture and personality school의 개척자였다. 『문화의 패턴』에서 그녀는 주니족에 관한 자신의 연구, 콰키우틀족에 관한 보아스의 연구, 도부족에 관한 리오 포천의 연구를 이용했다. 포천은 미드의 두 번째 남편이다. 베네딕트는 미드의 세 남편과 다 잘 지냈다.

에는 보아스가 "좋은 일을 위해 학문을" 포기하는 것이 학문적 에너지의 낭비라며 유감스럽게 생각했다. 그러나 나치가 유대인 박해의 강도를 높이자, 그녀도 보아스의 비통한 마음에 공감하며 그의 반인종주의 활동에 가담했다.[32] 나치의 폭력으로 많은 미국 지식인이 각성하면서, 베네딕트의 반인종주의 활동은 학자들 가운데 점차 뚜렷해지는 하나의 경향을 대표했다. 나치의 반유대주의로 이들은 유대인종이라는 개념을 버렸으며, 나아가 유럽인과 그 후손들을 인종적으로 구분하는 행태도 그만두었다.

베네딕트는 1939년 패서디나에서 안식년을 보내면서 『인종: 과학과 정치*Race: Science and Politics*』(1940)를 썼다. 이 책은 인종에 관한 인류학의 시각을 명료하게 설명하여 널리 높은 평가를 받았으나 궁극적으로는 모호했고 독자들도 혼란스러워했다. 초판에서 베네딕트는 인류학자로서 일반인을 위해 인종과 인종주의의 차이를 정리한다. 그녀는 머리말의 첫 페이지에서 이렇게 설명한다. "인종은 과학적으로 신중하게 연구해야 할 문제이다. 반면 인종주의는 증명되지 않은 가정이다." 본문에서는 유전되는 생물학적 인종과 문화와 언어의 학습된 행위를 조심스럽게 구분한다. 문화는 인종에 좌우되지 않으며, 이탈리아인과 유대인, 영국인은 인종이 아니다. 북유럽인 문명 따위는 없다.[33]

과학적 인종주의의 유혹이 지속되고 있음을 감안하면, 베네딕트는 훌륭하게 핵심을 짚었다. 그렇지만 『인종: 과학과 정치』는 그 시대와 아주 잘 어울렸다. 조르주 바셰 드 라푸주의 인류사회학의 긴 그림자 속에서(베네딕트는 본문 첫 페이지에서 라푸주의 이름을 거론하며 그에게 맞선다), 그리고 머리지수와 북유럽인, 알프스인, 지중해인에 완전히 사로잡힌 상태에서 나온 진술이었다.[34] 베네딕트는 인종의 구덩이를 아주 깊이 파고들려 했으나 완전히 명확하게 밝히지는 못했다. 그 시대의 혼란에는 그 정도가 어울렸다.

이 책은 의도는 좋았지만 예측 가능한 모순을 담고 있었다. 20세기 초의 인종에 관한 사고방식에서 볼 수 있듯이, 『인종: 과학과 정치』는 비유럽인을 전혀 다루지 않는다. 마치 모든 미국인은 유럽인의 후손이고 아프리카계 미국인은 전혀 중요하지 않다는 듯이, 문제의 '인종들'은 주로 백인이다. 베네딕트는 '백인종'을 북유럽인으로, '다른 여러 인종'은 '알프스인과 지중해인'으로 바꿔 쓴다. 그녀는 유럽인은 너무나 심하게 뒤섞여서 인종으로 분리할 수 없다고 말하지만, 그러면서도 계속해서 캅카스인을 모발 구조와 머리 형태, 피부색에 따라 구분되는 북유럽인과 알프스인, 지중해인의 세 개 '하위 범주'로 나눈다.

이는 1899년의 윌리엄 Z. 리플리를 따른 것이지만, 한 가지 차이가 문제가 된다. 베네딕트는 이러한 특성들이 실제로 그러한 하위 범주와 전혀 상관없다고 인정한다. 따라서 리플리의 범주는 이제 적용되지 않는다. 베네딕트에게 실제로 존재하는 것은 세 개의 큰 인종 '캅카스인과 몽골인, 흑인'뿐이다. 이들이 가장 '명확한' 인종이다. 그렇지만 그녀도 인정하듯이 보아스는 이에 회의적이었고 단지 두 인종만 보았다. '캅카스인'을 포함하는 몽골인, 그리고 흑인.[35] 판을 거듭하며 내용은 한층 더 모호해진다.

1941년 12월에 미국이 참전한 뒤, 베네딕트는 백인이 아닌 사람들을 충분히 고려하여 『인종: 과학과 정치』를 수정했다. 이제 베네딕트는 교전국의 시민으로서 말을 하는데, 그 나라의 협력자에는 아시아인과 아프리카인도 포함되었다.[36] 나치즘 때문에 미국 인종주의에 대한 베네딕트의 인식이 강화되었고, 그녀는 1945년 판의 서문에서 이 점을 언급한다. 이제 베네딕트가 보는 '인종'에는 유럽인의 후손은 물론 아프리카계 미국인도 포함된다.

베네딕트는 『인종: 과학과 정치』의 세 판에서 공히 메이플라워호 이민자의 후손으로서 이야기한다. 책이 공정하다는 느낌을 주려면 그런 자세가 필요하다는 보아스의 권고가 있었다. 1940년 판에서 베네틱트는 "자랑스러운 인종의 일원이요 미국혁명의 후손인 우리들"로서 이야기했다. 1943년 판과 1945년 판에서는 이렇게 말한다. "우리 백인종, 우리 북유럽인은 인종주의자들이 우리에게 약속하는 저급하고 오만한 우월함을 원하지 않는다는 점을 분명히 해야 한다."[37] 이처럼 저자와 독자 사이에 유대가 있다는 가정은 1900년대 초에도 볼 수 있다. 그때에는 뉴잉글랜드 혈통이 지적 올바름을 보장한다고, 독자는 똑같이 높은 수준에 속한다고 생각되었다. 독자층이 넓지 않고 협소했다는 뜻이다. 그러나 전쟁과 더불어 인종주의에 반대하는 생각을 지닌 독자층의 확대는 더욱 중요해졌다.

『인종: 과학과 정치』의 개정판이 거듭되는 사이에 베네딕트는 컬럼비아대학교의 동료 진 웰트피시와 공동으로 32페이지로 된 10센트짜리 소책자 『인류의 인종The Races of Mankind』(1943)을 발표했다. 학교와 교회, YMCA, 미국위문협회를 염두에 두고 낸 『인류의 인종』은 인종 우월주의를 비난한다. 책은 인종주의자와 반인종주의 전문가의 말을 인용하여 이렇게 설명한다. "어떤 유럽인도 순수하지 않다." "아리아인과 유대인, 이탈리아인은 인종이 아니다."

인종의 실존을 의미 있는 분석 범주로 설명한 베네딕트와 웰트피시는 문학평론가 자크 바전과 인류학자 애슐리 몬터규만큼 멀리 갈 생각은 없었다. 1937년 바전은 『미신 연구A Study in Superstition』를 발표했는데, 제목이 모든 것을 말해준다.• 몬터규가 1942년에 발표한 『인간의 가장 위험한 신화: 인종이라는 오류Man's Most Dangerous Myth: The Fallacy of Race』는 인종 개념을 "우리

• 바전은 1965년에 이러한 이유로 개정판의 필요성을 느꼈다. "책이 다루는 관념이, 거듭 없애버렸는데도, 여전히 살아 있다." 그는 끝없는 인종의 측정과 등급화를 "지성의 낭비"라며 개탄했다

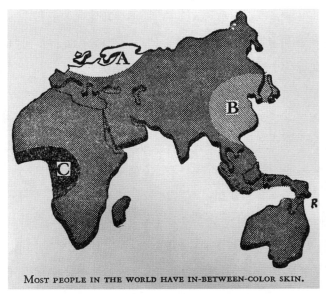

MOST PEOPLE IN THE WORLD HAVE IN-BETWEEN-COLOR SKIN.

24.1 "세상 사람들은 대부분 중간 피부색을 갖고 있다", 루스 베네딕트, 진 웰트피시, 『인류의 인종』(1943)

시대의 마술"이라고 불렀다.[38] 이 두 책은 판을 거듭하며 많이 팔렸지만, 세계 곳곳의 사회과학자들은 이들의 주장에 동의할 수 없었다. (인종주의에 반대하는 유네스코의 [1952년] 인종 성명서조차도 인종이 실제로 존재한다는 관념을 담고 있다.)[39] 베네딕트와 웰트피시는 비록 당시에 혼란스러운 상태에 있기는 했지만 주류 학문 안에서 글을 썼다.

베네딕트와 웰트피시가 보기에 인종은 캅카스인(A), 몽골인(B), 흑인(C) 셋뿐이었다. 두 사람은 지도로 세 인종의 위치를 보여준다. (도판 24.1, 베네딕트, "세상 사람들은 대부분 중간 피부색을 갖고 있다" 참조) 캅카스인은 북서유럽에 있고(지중해 유럽이 아니다), 몽골인은 동아시아에서 반원 지대를 차지하고 있으며(동남아시아나 시베리아, 몽골이 아니다), 흑인은 베넹 만 주위에 몰려 있다(북아프리카와 사하라 사막, 남아프리카, 동아프리카 등 나머지 지역이 아니다).

추정컨대 다른 모든 사람은 "중간 피부색"을 갖고 있다. 이 지도는 매력적일 수도 있지만 미국의 인종에 관해서는 전혀 설명하지 않는다. 네 대륙의 사람들이 교잡하여 미국의 아이들을 낳는 곳 말이다.[40]

이 지도는 마치 서반구 사람들은 존재하지도 않고 어떤 인종에도 속하지 않는 것처럼 완전히 생략한다. 추가 설명도 도움이 되지 않는다. "아메리카 원주민은 신체적으로는 자신들끼리도 다르고 중국의 몽골인과도 다르지만 몽골인이다. 오스트레일리아 원주민은 때때로 네 번째 주요 인종으로 불린다. 그들은 유럽인처럼 털이 많지만, 그들이 사는 곳의 다른 사람들은 체모가 매우 적다."[41] 이렇게 심한 모순이 책의 핵심 요지와 나란히 존재한다. "모든 사람은 거의 똑같다." "관습은 인종적이지 않다." "성격은 타고나지 않는다." "문명은 인종이 세우지 않았다." "인종 편견은 피할 수 없는 것이 아니다." 오늘날이라면 그러한 모순 때문에 베네딕트와 웰트피시는 인종주의의 쓰레기통에 내던져질 것이다. 그러나 그러한 판단은 너무 성급하다. 당대의 맥락에서 보면, 이들이 보여준 반인종주의의 요점은 절실히 필요했고 어느 정도 용기를 끌어내기도 했다.

다른 요점 —"지능은 어떤가?"— 이 일으킨 소동 때문에 그 책은 미국위문협회에서 금서가 되었다. 베네딕트와 웰트피시는 지능의 인종적 성격을 반박하고자 오토 클라인버그의 책에서 두 페이지를 인용했고 남부 백인 남성에 비해 북부 흑인 남성의 지능지수가 훨씬 더 높다는 사실을 보여주는 표를 실었다. 목적은 환경이 지능에 결정적인 영향을 미친다는 가르침을 주는 것이었다.[42] 그러나 이 가르침을 의회는 좋게 받아들이지 않았다.

켄터키주 하원의원으로 국방상임위원회 위원장이었던 앤드루 J. 메이는 그 책자가 육군에 배포되지 못하게 막았다. 클라인버그의 표에 켄터키주의 백인이 북부의 흑인보다 지능지수가 낮다고 나오기 때문이었다. 메이는 이

점에서 '공산주의'의 영향력을 간파했다. 그러나 그의 검열 때문에 오히려 이 책자는 더 유명해졌다. 『인류의 인종』은 십 년 만에 거의 100만 부가 팔렸고, 프랑스어와 독일어, 일본어로 번역되었으며, 이를 바탕으로 만화책과 작은 영화, 『헨리의 뒷마당에서In Henry's Backyard』(1948)라는 제목의 아동 도서가 나왔다. 베네딕트는 인종에 관한 두 권의 책을 작업할 때 즐겁지 않았다고 인정했다. 둘 다 독창적인 연구가 아닌 일종의 종합을 요구했기 때문이었다. 그럼에도 두 책 덕분에 그녀는 이 분야의 전문가가 아니었음에도 거의 반백 년 전 경제학자 윌리엄 Z. 리플리가 세운 지침에 따라 미국에서 인종에 관한 권위자가 되었다.

베네딕트의 책들은 "유럽의 인종"에 과학적 정당성이 없음을 주장했으나, 다른 학자들은 여전히 그 반대의 주장으로 기울었다. 1939년, 하버드 대학교의 인류학자 칼턴 S. 쿤(1904~1991)이 리플리의 고전을 잇는 책을 발표했다. 쿤의 교수였고 이제는 하버드 대학교의 동료인 어니스트 후턴이 1934년에 리플리의 책을 새롭게 수정하여 내자고 제안했고, 당시 조교수였던 쿤은 우쭐하여 리플리와 얘기를 나눈 뒤 자신에게 이로울 그 연구 과제를 떠맡았다. 리플리는 그때에도 하버드 대학교에서 경제학을 가르치며 철도 분석에 몰두하고 있었다.[43]

그 일은 참으로 기묘했다. 쿤은 우선 리플리의 분류법을 하찮게 여겼다. 그를 "세분한 사람이 아니라 뭉뚱그린 사람"이라고, 머리지수와 키, 피부색의 세 가지 기준밖에 없는 사람이라고 무시했다. 쿤 같은 20세기 자연인류학자에게 그러한 기준은 도움이 되지 않았을 것이다. 임무를 완수하는 데 5년이 걸렸다. 1939년 마침내 결과물이 발표되었을 때, 쿤이 발표한 『유럽의 인종The Races of Europe』은 유럽인의 정면과 측면을 조사한 무수히 많은 수치와 사진을 포함했다. 이는 "카르파티아와 발칸반도의 보레비인 같은 유형들", "아일랜드의 후기 구석기시대 생존자", "독일의 알프스인종", "서유럽과 중부유럽의 변종 알프스인 유형", "서아시아 고지대의 장두형 지중해인" 등의 범주로 정리되었다.

분류법에 관한 쿤의 생각은 과학적이라기보다 미학적이었다. 그는 어떤 사람을 거부한 일화에서 이 점을 자인했다. 그가 좋아 보이지 않았다는 것이 이유였는데, "어느 유럽 국가의 영사"였던 문제의 그 인물은 "턱이 거의 없었다." 이는 그가 대표한다고 생각되는 유형에 어울리지 않았다. 출판사는 쿤의 책이 조롱거리가 될 것임을 알고는 출판을 막으려 했으나 실패했다. 그 책은 당혹스러운 옛 유물로 남아 있다.[44]

앵글로색슨주의는 1910년대와 1920년대에 인종 이론가들 사이에서 전성기를 보낸 뒤 대공황과 제2차 세계대전을 거치며 쇠락했다. 새로운 세대의 사회과학자들은 인종에 관한 그러한 헛소리를 내던졌다. 이제 학자들은 특정한 인종 개념, 모든 인종 개념의 의미 자체에 의문을 제기하며 인종 편견이라는 골치 아픈 사실을 연구했다.[45•] 루스 베네딕트가 프란츠 보아스와 그 비슷한 사람들과 더불어 승리했다.

보아스와 베네딕트 둘 다 스페인 내전에서 공화파를 지지했으며, 1930년대 말 컬럼비아 대학교에서 학문의 자유를 위해 싸웠다. 당시 보아스가 의장을 맡고 있던 '민주주의와 지적 자유를 위한 미국위원회'와의 관계 때문에 두 사람은 공산주의에 동조한다는 비난을 받았다.[46] 보아스는 베네딕트가 지켜보는 가운데 손에 포도주 한 잔과 막 불을 붙인 담배를 들고 죽었다. 그는 1942년 "새로운 인종 이론"을 발표하기 직전에 컬럼비아 대학교 교수

• 　이민에 반대한 프랜시스 워커와 에드워드 A. 로스의 신조를 발표한 『미국 정치학 사회학 학회 연보』는 1946년 3월 간행본에서 "집단 편견 억제"라는 주제를 다루었다.

회관에서 점심을 먹다가 죽음에 무릎을 꿇었다.

베네딕트는 제2차 세계대전 중에 다시 평화가 찾아오면 비서구인들을 상대해야 할 미국 전쟁정보국 관료들에게 그들에 관한 지식을 바탕으로 외국 문화를 설명해주었다. 일본에 관한 베네딕트의 연구는 1946년에 일본 문화를 분석한 『국화와 칼*The Chrysanthemum and the Sword*』로 귀착되었다. 그녀의 책으로는 세 번째로 많이 팔렸다. 베네딕트는 1948년 9월 학기가 시작되자마자 심장마비로 사망했다.

인종에 관한 새로운 학문적 견해의 확산에서 베네딕트는 중요한 역할을 했다. 그녀는 유럽인이 여러 상이한 인종에 속하며 유럽 이민자의 자녀들이 극복할 수 없는 사회적 문제를 야기했다는 관념을 없애버리지는 못했어도 크게 바꿔놓았다. 그녀의 역할은 "유럽의 인종"으로부터 결정적으로 벗어나는 것이었고, 이는 미국인의 삶에 나타난 근본적인 변화로 강화되었다.

25

새로운 백인종 정치

다행스럽게도 학자들이 백인종의 수에 관하여 생각을 바꿨다는 사실은 확연히 드러났지만, 그렇다고 사회 전체가 변하지는 않았다. 인종 관념에 사로잡힌 1920년대였는데도, 루스 베네딕트 같은 인류학자들이 인종학을 수정하는 동안 상아탑 밖에서도 변화가 일어나고 있었다. 예를 들면 1920년 헨리 포드의 두 번째 "국제 유대인" 기고문이 발표된 후, 뉴욕의 저명한 독일계 유대인 변호사 루이스 마셜이 포드에게 그의 글이 명예훼손이라고 전보를 보냈다.[1] 미국유대인위원회는 1920년 11월 포드의 주장을 반박하는 마셜의 소책자를 배포했다. 영국 태생의 사회주의자 존 스파고는 1921년 1월 책 한 권 분량의 긴 반박문 「유대인과 미국인의 이상The Jew and American Ideals」을 냈고 전국의 여러 신문에 성명서를 발표했다. "윌슨 대통령이 반유대주의에 맞선 저항을 이끈다"는 제목의 성명서에 내로라하는 미국인들이 서명했다. 윌리엄 제닝스 브라이언, 클래런스 대로, W.E.B. 듀보이스, 인보관 운동 지도자 제인 애덤스, 컬럼비아 대학교 역사학 교수 찰스 A. 비어드, 탐사보도 기자 아이다 타벨, 스탠퍼드 대학교 총장 데이비드 스타 조던 등

이 서명에 참여했다.[2]

이보다 더 중요한 사실은 이민자들과 그 자녀들이 스스로를 대변하여 자신들이 아웃사이더에서 미국인으로 변화하는 과정을 생생하게 이야기하기 시작했다는 것이다. 메리 앤틴의 『약속의 땅*The Promised Land*』(1912)과 에이브러햄 카한의 『다비드 레빈스키의 출세*The Rise of David Levinsky*』(1917)를 필두로 새뮤얼 오니츠의 『엉덩이살, 뱃살, 목살*Haunch, Paunch, and Jowl*』(1923)과 안지아 예지에르스카의 『빵 나눠주는 사람들*The Bread Givers*』(1925)같이 이민자를 인간답게 묘사한 자서전이 많이 나왔다. 대학의 영문학과는 여전히 종류를 불문하고 미국인의 글이라면 무엇이든 진정한 영문학 작품으로 인정하기를 꺼렸으며, 이 이민자들의 작품은 중요하지 않은 "소수민족" 문학으로 남았다. 그러나 대중문화에서는 그러한 구분이 없었다. 1920년대에 미국에서 가장 유명한 이민자는 영화배우 루돌프 발렌티노였다. 세기 전환기에 미국으로 이주한 많은 이탈리아인의 고향인 이탈리아 남부 풀리아에서 태어난 발렌티노는 1926년 서른한 살의 나이로 사망했지만 지금까지도 상징적인 인물로 남아 있다.

정치에서도 밝은 빛이 보였다. 1924년 민주당이 큐클럭스클랜 반대 조항을 둘러싸고 길고 힘든 싸움을 하던 중에, 남부 출신까지도 포함하여 많은 대의원이 큐클럭스클랜을 비난할 준비가 되어 있음이 드러났다. 그 노력은 수포로 돌아갔지만 표 차이는 단 한 표였다. 1920년 대통령 선거에서 민주당 부통령 후보였던 프랭클린 루스벨트는 앨프리드 스미스 지지 세력을 통합하여 폴리오로 마비를 겪은 후인데도 목발을 집고 매디슨 스퀘어 가든에서 싸움을 이어갔다. 4년 뒤 민주당은 가톨릭인 스미스를 대통령 후보에 지명했다. 앞서 보았듯이, 스콧 피츠제럴드의 『위대한 개츠비』처럼 소설도 "외국인 인종"의 문제에 맞섰다.

"문명이 박살나고 있어." 톰이 갑자기 격하게 소리쳤다. "난 지독한 염세주의자가 되었어. 고더드라는 사람이 쓴 『유색인 제국의 발흥』을 읽어 봤어?"

"아니, 왜?" 나는 그의 말투에 다소 놀라 대답했다.

"그렇군, 좋은 책이야. 누구나 읽어야 해. 만일 우리가 정신 차리지 않으면 백인종은 철저히 가라앉을 거라는 게 요점이지. 전부 과학적인 얘기야. 증명이 되었지."

"톰은 생각이 아주 깊어지고 있어요." 데이지가 생각 없이 슬픈 기색을 드러내며 말했다. "긴 낱말이 많이 들어 있는 어려운 책을 읽어요. 그 낱말이 뭐였지, 우리가……."

"참 나, 이 책들은 전부 과학적이라니까." 톰이 참지 못하겠다는 듯이 그녀를 힐끗 쳐다보며 강력히 주장했다. "이 친구가 그 모든 것을 밝혀냈어. 잘 지켜보는 것은 지배 인종인 우리가 할 일이야. 그렇지 않으면 다른 인종들이 세상을 장악할 거야."

"우리가 저들을 쓰러뜨려려 해요." 데이지가 이글거리는 태양에 눈이 부신 듯 과장되게 눈을 깜박이며 속삭였다…….

"요점은 우리가 북유럽인이라는 거야. 나도 그렇고, 너도, 그리고 너도 말이야……." 그는 아주 잠깐 망설이는 듯하더니 가볍게 고개를 끄덕이며 데이지를 포함시켰다. 그러자 그녀가 나를 향해 다시 눈을 깜박였다……. "……그리고 문명을 이루는 것은 전부 우리가 만들었어. 과학과 예술, 그 모든 것을. 무슨 말인지 알겠어?"[3]

그러나 톰 뷰캐넌은 영웅이 아니다. 그는 한낱 시골뜨기에 지나지 않는다. 그의 북유럽인 우월주의는 촌스러움을 드러내는 표지이다. 로스럽 스토더드가 『위대한 개츠비』에 "고더드라는 사람"으로 등장한 그 이듬해에 피츠제럴드의 친구이자 경쟁자인 어니스트 헤밍웨이가 중편소설 『봄의 격류: 위대한 인종의 소멸을 기리는 낭만적인 소설The Torrents of Spring: A Romantic Novel in Honor of the Passing of a Great Race』을 발표했다. 매디슨 그랜트의 책에서 제목을 따왔으나 이번에도 그 의미는 조롱이었다. 인용한 문구가 풍자로 보이기 때문이다. 인종 히스테리는 마음 약한 사람들의 표지가 되었다. 아니면 위선의 표지이든가.

인종주의자들은 스스로 그 붕괴에 한몫했다. 인디애나주에서 매우 강력했던 큐클럭스클랜의 그랜드 드래곤* 데이비드 스티븐슨이 1925년 백인 여교사를 납치하여 강간하고 폭행하여 숨지게 했다. 이 잔학행위 후에 큐클럭스클랜은 도덕의 십자군으로 자처하며 인종 혼합, 행실이 좋지 못한 여자, 가톨릭, 유대인을 공격하여 유명세를 탔다. 스티븐슨은 투옥되었고, 큐클럭스클랜은 서서히 망가졌다. 비방반대연맹과 전국유색인진흥협회 같은 차별 반대 단체들이 점차 효율적으로 맞서면서 약해진 것이다. 두 단체는 큐클럭스클랜이 다시 세력을 확장하던 1910년을 전후해 창설되었다.** 1930년대 대공황의 위기는 한층 더 강력한 충격을 초래했다.

1920년대의 히스테리가 1940년대의 문화다원주의로 바뀌는 과정은 정치와 문화에서 동시에 진행되었다. 아일랜드인의 경험이 보여주었듯이, 투표는 멸시당한 켈트인을 미국인으로 만드는 데 결정적인 역할을 했다. 아일랜드계 미국인은 이제 북유럽인의 품에 안겼지만 여전히 가톨릭교도라는 이유로 차별을 받았다. 그러나 이들의 다름은 이제 더는 켈트인의 일원으로서 경멸을 받을 때처럼 본질적이고 영구적인 차이로 보이지 않았다.

전체적으로 투표율은 유권자의 약 80퍼센트가 투표한 1896년에 고점을 찍은 이래로 꾸준히 하락했다. 20세기에 들어선 후, 공화당이나 민주당, 사

---

* 주에 해당하는 '왕국realm'을 관장하는 고위 직책 — 옮긴이주.
** 전국유색인진흥협회는 1909~1910년에 창설되었고, 비방반대연맹은 1913년 리오 프랭크 재판이 계기가 되어 창설되었다.

회당 어떤 정당도 서민 대중 유권자를 동원하지 못했다. 이민자들과 그 자녀들은 더욱 투표에 참여하지 않았다. 여성의 투표권을 인정한 1920년 제정된 수정헌법 제19조 덕에 유권자 숫자는 두 배로 늘었지만 여성들은 좀처럼 투표장으로 가지 않았다. 결과적으로 이미 낮은 투표율은 더욱 낮아졌다. 대학의 참정권 운동 클럽 밖에 있는 가난한 노동계급 여성은 투표를 방해하는 사회적 장애를 거의 극복하지 못했다. 1924년에 실제로 투표한 사람은 자격 있는 유권자의 49퍼센트에 불과했다.[4]

실제로 투표에 참여한 사람들은 토착민 부모를 둔 경제적으로 유복한 토착민일 가능성이 컸다. 의회의 공화당과 민주당이 똑같이 이민규제와 금주를 지지했기에, 두 정당은 기자 월터 리프먼이 말했듯이 여전히 "잘못 짚었다." 결과적으로, 남유럽과 동유럽 출신 이민자들이 차츰 시민권을 얻고(대개 10년 이상이 걸렸다) 미국에서 태어난 자녀들이 성년에 이르면서, 이들은 투표장에 갈 동기를 잃었다. 오직 아일랜드인과 그 자녀들만 정치를 최대한 이용했다. 후원으로 일자리를 나누어준다는 것을 잘 알았기 때문이다.[5] 슬로바키아 출신의 기자 루이스 애더믹은 『밀림에서 웃다Laughing in the Jungle』 (1932)에서 미국에 영구히 정착한 이민자의 정치적 의식 상태를 이렇게 묘사한다. "동유럽 출신의 보헝크(이민 노동자)는······ 미국의 사건과 제도, 정치에 관심이 없다. ······ 토요일 저녁과 일요일 오후 그들이 함께 모여 나누는 얘기는 대체로 고향 마을의 사건들에 관한 것이다. 그들의 신문은 지면의 상당 부분을 남동부 유럽 작은 마을 신문의 기사로 채웠다."[6] 그런데 1920년대 말부터 서서히 상황이 변했다.

1928년 민주당원인 뉴욕 주지사 앨프리드 스미스의 대통령 선거운동은 큰 논쟁을 초래하여 금주와 종교를 둘러싸고 시민을, 특히 프로테스탄트 대가톨릭으로 분열시켰다. 패배한 스미스 쪽은 이민자 지역에서 많은 유권자를 투표장으로 이끌었지만, 쌀쌀맞은 극단적 앵글로색슨주의자 허버트 후버가 승리하면서 이민자들은 투표장에서 물러났다. 현실적인 스미스가 승리했다면 결과가 달라졌을지도 모르지만, 1928년 유권자의 형세를 감안하면 가톨릭에다 이민자 배경을 지녔다는 사실은 너무나도 큰 장애물이었다.[7] 배경과 무관하게 노동계급 유권자에게 정치를 흥미롭게 만든 것은 뉴딜 정책이 유일했다.

1933년 첫 100일 동안의 뉴딜 정책, 특히 시민보호단과 공공사업청은 실로 새로운 유권자를 떼로 끌어냈다. 연방정부는 처음으로 노동자가 직면한 위기를 다루었다. 그들 다수가 이민자 가정 출신이었다.[8] 1934년, 그리고 특히 1936년에 많은 청년 유권자가 투표장에 몰려들었다. 이전에 투표하지 않았던 사람들이 투표장에 나와 민주당에 표를 주었다. 예를 들면, 1936년에 시카고의 유권자는 1920년에 비해 100퍼센트 많았다.[9]

프랭클린 D. 루스벨트를 지지한 뉴딜 동맹의 핵심은 노동계급이었다. 제1차 세계대전 중에 수십만 명의 남부 흑인이 북부와 미드웨스트의 공업 중심지로 일자리를 찾아 이동했는데, 이들이 그 동맹의 4분의 1을 차지했다. 좋은 교육을 받고 정치적으로 진보적인 중간계급 지식인이 그다음으로 많았다. 전통적으로 민주당에 투표한 솔리드 사우스*의 남부 백인들이 세 번째였고, 마지막으로 대체로 노동자 조직에 합류한 이민자와 그 자녀들의 동맹이 있었다.

새롭게 등장한 산별노동조합회의의 보호 아래 산업노동자 조직이 급증

* Solid South. 민주당의 확고한 기반이었던 남부의 여러 주를 느슨하게 지칭하는 용어. 1877년 재건 시대가 끝난 이후 1964년 민권법 통과 때까지 유지되었다.

하여 1930년대 중반에 수많은 사람이 노동운동의 품에 안기면서, 노동조합은 뉴딜로부터 엄청난 혜택을 입었다. 노동조합이 대담해졌다는 것은 노동계의 힘이 커졌다는 뜻이다. 독단적인 작업장 관리가 사라지고 장기적으로 임금이 인상되었다. 이민 노동자 계급─남부를 벗어나면 이민자와 그 자녀가 노동계급의 압도적 다수를 차지했다─에 임금 인상은 경제적 이동의 토대였다. 뉴딜 동맹 전체가 노동계에 우호적이었다는 말은 아니다. 전혀 그렇지 않았다.

뉴딜 동맹은 실제로 내부적으로 서로 이익을 두고 다투는 오합지졸이었다. 예를 들면 북부 흑인 노동계급 유권자들의 욕구는 백인 우월성에 집착하고 노동조합을 혐오한 남부의 강력한 민주당원들에 의해 밀려났다.[10] 남부 출신 의원들은 흑인 주민이 노동과 주거, 교육에 관한 정책에서 대체로 배제되도록 뉴딜을 차별적인 정책으로 만들었다. 예를 들면 새로 설치된 사회보장청은 흑인 노동자의 가장 큰 두 범주 즉 농장 노동자와 가사 노동자를 배제했다. 물론 군대도 여전히 흑인을 차별하거나(육군과 해군) 배제했다(해병대와 공군). 아프리카계 미국인은 패배했고, 루스벨트 대통령도 라디오로 방송한 신부 찰스 코글린의 경우에서 보듯이 유대인 유권자의 이익과 가톨릭의 우선적인 요구를 견주어 이해득실을 따졌다.

코글린은 헨리 포드의 디어본에서 멀지 않은 곳으로 큐클럭스클랜의 거점이었던 미시간주 로열오크에서 방송했다. 둘 다 디트로이트 인근에 있다. 1920년대 말, 70대에 접어든 포드는 신문을 접고 반유대주의 십자군에서도 대체로 물러나 전국적인 유명인사인 코글린에게 일을 넘겨주었다. 두 사람은 매달 점심을 함께했다.[11] 코글린은 처음에는 뉴딜을 지지했고, 루스벨트는 코글린을 가톨릭 유권자와 만나는 통로로 생각했다. 루스벨트가 코글린에게 수월하게 다가갈 수 있도록 두 명의 유력한 아일랜드인 가톨릭이 중간에서 역할을 했다. 매사추세츠주의 부자 조지프 P. 케네디(존 케네디와 로버트 케네디, 에드워드 케네디의 아버지)와 디트로이트 시장 프랭크 머피였다.[12] 그렇지만 이 접근의 성과는 오래 지속되지 않았다. 코글린이 뉴딜에 대한 관심을 잃고 반유대주의적 방송의 강도를 높였기 때문이다.[13] 미국의 반유대주의는 1933년 독일에서 나치가 권력을 장악하면서 눈에 더 잘 띄었다.

유대인을 수많은 직업과 기관에서 내쫓은 1935년 뉘른베르크법으로 미국에서 독일에 우호적인 정서는 점점 더 논란이 되었지만 그렇다고 독일 나치의 지지자가 없지는 않았다. 1922년 이래로 이탈리아의 파시스트 독재자였던 베니토 무솔리니를 찬미한 윌리엄 랜돌프 허스트 같은 저명한 미국인들이 히틀러의 독일에서 물러난 것은 사실이다. 히틀러는 공멸의 폭력과 소극적 우생학, 유대인 박해, 불법적 재무장으로 더욱 해로웠기 때문이다.[14] 그럼에도 헨리 포드와 미국 기술의 또 다른 영웅은 독일을 찬양할 길을 찾아냈다. 찰스 린드버그는 1927년 작은 비행기에 올라타 단독으로 대서양을 횡단함으로써 '고독한 독수리Lone Eagle'로서 전설이 되었다. 그는 1930년대에 영웅이었고, 실로 개인적인 기술과 용맹함을 보여준 놀라운 위업으로 지금도 여전히 영웅으로 대접받는다.

린드버그는 프랑스에서 금의환향한 후 1927년 8월 예순네 살의 포드를 비행기에 태웠다. 포드는 그 답례로 린드버그를 기술 고문으로 삼았고, 두 사람은 1935년 린드버그의 아들이 납치되어 살해된 세간을 떠들썩하게 한 사건 뒤에 린드버그 부부가 미국을 떠날 때까지 가깝게 지냈다. 훗날 포드는 이렇게 기억했다. "찰스가 이곳에 오면 우리는 오직 유대인 얘기만 한다." 1939년 유럽에서 전쟁이 재개되자, 린드버그는 『리더스 다이제스트

Readers' Digest』에 지독히 인종주의적인 글을 발표했다. 기고문에서 그는 비행을 가리켜 "아시아에 붐비는 수많은 사람과 유럽의 그리스인의 후예 사이에 놓인 또 다른 장벽 …… 백인종이 황인종과 흑인종, 갈색인종의 괴로운 바다에서 살 수 있게 해주는 소중한 재산"이라고 말했다. "유럽 문화의 계승자인 우리는 비참한 전쟁, 우리 자신의 과에 속한 종족들 간의 전쟁, 백인종의 힘을 빼앗고 그 보물을 파괴할 전쟁에 직면해 있다. …… 우리의 싸움에서 벗어나 백인의 보루를 다시 건설할 때가 왔다."[15] 포드는 동의한다는 뜻으로 고개를 끄덕였다.

포드와 린드버그는 또한 같은 독일 훈장을 받았다. 두 사람은 1938년 특출한 외국인에게 수여하는 최고 훈장인 독일독수리대십자훈장을 받았다. 린드버그는 독일에서 받았고, 포드는 디트로이트에서 1,500명의 저명한 시민들 앞에서 받았다.[16] 형세가 바뀐 것은 1938년 '수정의 밤'에 유대인이 학살당하고 독일과 오스트리아의 유대인이 한층 광포한 공격을 받은 이후였다. 나치를 좋게 말하기는 점점 더 어려워졌다.

1939년에 다시 시작된 전쟁에 미국이 참전하자, 프랭클린 루스벨트 대통령과 뉴딜 지지자들을 필두로 한 미국인들은 나치의 인종주의와 미국의 포용성을 더욱 날카롭게 부각했다. 이들은 나라의 주적인 독일과 일본이 국가 정체성을 인종에서 찾은 반면 미국은 국가들의 국가nation of nations(월트 휘트먼이 1955년에 발표한 시집『풀잎*Leaves of Grass*』에서 쓴 말이다), 다양성 속에서 통합된 국가가 되었다고 지적했다. 이러한 사회 해석은 일찍이 20세기 초에 볼 수 있었다.

비록 제1차 세계대전과 연관된 히스테리에 짓눌려 소멸했지만, 이와 비슷한 문화다원주의의 씨앗이 형태를 갖추던 때가 있었다. 이른 시기의 사례로는 1915년 종교적 정체성과 국민적 정체성 사이에서, 유대인의 삶과 미국인의 삶 사이에서 중도를 모색하던 하버드 대학교의 유대인 학생들이 만든 잡지 『미노라 저널*Menorah Journal*』을 들 수 있다. 이들 중 한 사람인 호러스 칼렌(1882~1974)은 먼저 1915년 2월 『네이션』에 기고한 두 편의 글에서, 이어 책 『문화와 민주주의: 미국인의 집단심리학 연구*Culture and Democracy in the United States: Studies in the Group Psychology of the American Peoples*』(1924)에서 에드워드 A. 로스의 무절제한 책 『신세계 속의 구세계』(1914)에 답변했다.[17] 칼렌은 미국이 순수하게 앵글로색슨적인 성격을 지녔다는 주장을 거부했는데, 이것이 '문화다원주의cultural pluralism'로 알려지게 되었다.•

칼렌은 영국인과 아일랜드인, 독일인, 스칸디나비아인부터 시작하여 '새로운 이민자들'로서 오랫동안 모욕적인 대접을 받은 프랑스 캐나다인, 이탈리아인, 슬라브인, 유대인까지 유럽인의 연이은 이주 물결을 기록했다. 이 '새로운 이민자들'은 미국 사회에 통합될 만했지만, 힘이 소진된 뉴잉글랜드에서든 남부에서든 앵글로색슨족 종자가 지나치게 높은 평가를 받았다. 남부에서는 "대체로 퇴화하고 뒤처진 토착 백인 종자가 백인들 중에서 우세하다……. 그들은 고유의 생활방식으로 단지 그 규모만으로도 백인을 오염시키는 경향이 있는 900만 명의 흑인과 함께 살아가고 있다."[18] 비유럽인은 이민자로나 칼렌의 이상적인 미국을 구성하는 주민으로나 등장하지 않는다는 사실에 주목하라.

당황스럽게도 유럽인 이민자의 자녀들도 그다지 성공적이지 않다. 칼렌

• 칼렌은 1906년과 1907년에 하버드 대학교에서 가르칠 때 문화다원주의라는 개념을 처음 썼지만, 이 개념이 인쇄물에 등장한 것은 1915년이다. 칼렌은 학자로서 성공을 이어갔다. 매디슨의 위스콘신 대학교 철학 교수를 거쳐 1919년 뉴욕시에서 뉴 스쿨 포 소셜 리서치를 설립했다. 시오니즘의 국제적인 구성원이자 지지자로 활동한 그는 1974년 죽을 때까지 뉴 스쿨에서 가르쳤다.

은 이민자의 친구가 되려 한 수많은 사람 중 하나이지만 미국에서 태어난 그들의 자녀를 삐딱하게 바라보았다. 그는 이민자의 두 번째 세대가 "[앵글로색슨족과] 닮으려고 열심히 노력하는" 것을 유감스러워했다. "오래된 사회적 전통은 마모되어 사라지거나 이익을 위해 버려진다." 범죄와 비행이 부와 천박한 재미를 얻는 수단으로 매력을 떨친다.[19] 부모 세대의 그림 같은 이민자의 삶으로 돌아가는 것이 더 낫다. 도가니 얘기는 이제 그만하자.

칼렌은 헨리 포드 방식으로 미국화의 도가니를 제안하는 대신 미국 문화를 "진정으로 민주적인 위대한 공화국"으로, "인류의 교향악"으로 상상했다. 포드 방식의 미국화의 도가니에서는 "다양한 민족 유형"에 속하는 이민자들이 가짜 앵글로색슨족에 통합되거나 아니면 미국을 떠날 수밖에 없기 때문이다. "관현악단에서 모든 유형의 악기가 재질과 형태에 따라 특정한 음색과 조성을 지니듯이, 모든 악기가 교향곡 전체에서 고유의 주제와 멜로디를 갖듯이, 사회에서도 각각의 민족 집단은 천연의 악기이며, 그 정신과 문화는 그 주제요 멜로디이고, 이들의 화성과 불협화음, 잡음이 전부 문명의 교향곡을 만든다."[20] 그러나 칼렌의 교향곡은 순전히 유럽 문명의 교향곡이었다.

1916년과 1917년에 진보적 지식인 랜돌프 본과 존 듀이가 민족 고유의 색채를 좋아한 칼렌의 방식을 재빨리 되풀이했다. 본은 "우리의 외국인들"을 앵글로색슨족과 동등한 파트너로서 미국 문화에 기꺼이 받아들이며 새로운 미국의 기치를 높이 들었다. "우리는 모두 부지불식간에 최초의 국제적인 민족을 건설하고 있었다. …… 미국은 이미 …… 서로 나란히 평화롭게 살아가는 축소판 세계연방이다." 듀이는 이렇게 인정했다. "도가니 이론은 언제나 내게 고통스럽게 다가왔다." 왜냐하면 그는 "균일하고 변화하지 않는 산물"이라는 개념을 싫어했기 때문이다. 듀이는 유대인 대학생들에게 차이를 매우 높이 평가한다고 말하며, 시오니즘의 대의를 기꺼이 지지했다.[21]

이러한 정서는 출발점으로서 유망했지만, 그러한 환영의 말은 1920년대에는 대체로 들리지 않았다. 이후 1930년대에 와서 이민자의 미국인 자녀들을 옹호한 사람이 대중문화에 등장한다.

루이스 애더믹(1898/1899~1951)은 오스트리아 영토였던 슬로베니아의 블라토에서 알로이스 아다미치로 태어났다.* 부농이었던 그의 부모는 애더믹을 고등학교에 보냈지만 그는 1913년 미국으로 이민을 떠났다. 자칭 "젊은 보헝크"였다. 뉴욕시에 정착한 애더믹은 이민자들이 자신들의 공동체를 위해 만든 수많은 기관 중 하나인 슬로베니아어 신문 『나로드니 글라스(민족의 목소리)Narodni Glas』 사무실에서 잡일을 했다. 열심히 일하는 야심 찬 젊은이였던 애더믹은 『뉴욕 월드New York World』의 기사를 슬로베니아어로 번역했고, 이어 차츰 미국의 슬로베니아인에 관하여 글을 썼다. 제1차 세계대전 중인 1916년 『나로드니 글라스』가 외국어 정기간행물 탄압에 희생되어 폐간되었을 때, 애더믹은 육군에 입대하여 미국 시민권을 획득했다. 1923년 로스앤젤레스에서 바다로 나가는 항구인 캘리포니아주 샌피드로에서 제대한 그는 이후 6년간 그곳에서 일했고 자신과 샌피드로의 크로아티아인 노동자들에 관해 다채롭게 글을 쓰며 지냈다.[22]

이때 쓴 글에 캘리포니아의 지식인, 특히 캐리 맥윌리엄스와 메리 오스틴, 업턴 싱클레어가 큰 매력을 느낀 덕에 그는 쉽게 헨리 루이스 멩켄에게 다가갔고, 멩켄은 1928년 애더믹이 쓴 여덟 편의 글 중 첫 번째를 1920년대에 가장 큰 사랑을 받은 문예지 『아메리칸 머큐리American Mercury』에 발표했다.[23]

● 독립국 슬로베니아는 이탈리아와 오스트리아, 헝가리, 크로아티아 사이에 있다. 아드리아해로 나가는 항구는 이탈리아의 트리에스테이고, 가장 큰 도시는 류블랴나인데 애더믹은 그곳에서 고등학교를 다녔다.

1929년 다시 뉴욕시로 이사한 애더믹은 맹렬한 속도로 글을 발표했다. 진정한 첫 번째 책이라고 할 수 있는 『다이너마이트: 미국의 계급 폭력 이야기*Dynamite: The Story of Class Violence in America*』는 1931년에 나와 노벨문학상 수상자인 소설가 싱클레어 루이스로부터 우호적인 평과 격려를 받았다.[24]• 『다이너마이트』는 노동자에 대한 애더믹의 변치 않을 공감을 보여주었고, 이에 그는 곧 뉴딜에서 탄생한 거대한 노동조합 연맹인 산별노동조합회의의 지지자가 되었다. 1932년에 발표한 자서전 『밀림에서 웃다』는 일련의 풍자적인 단편 모음집으로 역시 좋은 평가를 받았다. 이 책으로 애더믹은 1932년 명망 있는 구겐하임 펠로십 문학 분야 수상자가 되었다.

애더믹은 구겐하임 펠로십 수상자로서 20년 만에 처음으로 비슬라브계 미국인 아내 스텔라와 함께 고향을 방문할 수 있었다(제1차 세계대전 종전 이후 슬로베니아는 유고슬라비아의 일부가 되어 있었다). 달마치아의 스플리트에서 애더믹은 시카고에서 외국어 신문을 발행한 적이 있는 이보 루피스부키치를 만났는데, 그는 애더믹에게 대다수 미국인이 이해하지 못하는 '이방인'인 미국 이민자 제2세대의 중요성에 관해 설교했다. 애더믹은 그 생각을 가슴에 담았다.[25]

유고슬라비아에 체류한 경험을 담은 기록 『원주민의 귀환*The Native's Return*』(1934)은 "이 달의 책" 클럽 선정 주요 도서가 되었고 빠르게 5만 부가 팔려나갔으며 거의 2년 동안 베스트셀러 자리를 지켰다. 이 책 때문에 애더믹은 미국에 사는 슬라브인들로부터 하루에 스무 통이 넘는 편지를 받

• 애더믹은 1934년에 『다이너마이트』를 개작하여 더 큰 찬사를 받았다. 그의 첫 번째 책 『로빈슨 제퍼스*Robinson Jeffers: A Portrait*』는 단지 캘리포니아의 운둔 시인을 다룬 소책자로 1929년 시애틀의 워싱턴대학교 서점이 출간했다. 『나의 아메리카*My America*』에 나온다.

왔다. 그는 슬라브인이 다수 거주하는 공업 중심지들에서 책을 홍보하면서 「엘리스섬과 플리머스록Ellis Ireland and Flymouth Rock」이라는 제목의 강연을 수없이 되풀이했고 이민자와 그 자녀들의 주된 대변인이 되었다. 청중에 대한 그의 반응과 『새터데이 이브닝 포스트』의 조지 호러스 로리머가 쓴 다른 토착민 보호주의적 사설에 대한 그의 반응은 1934년 11월 『하퍼스 매거진』에 실린 글 「3천만 명의 새로운 미국인Thirty Million New Americans」에서 하나로 합쳐졌다. 가르치려 드는 어조를 지녔음에도 이 글은 곧 1930년대 문화다원주의의 고전적인 성명서가 되었다.

「3천만 명의 새로운 미국인」과 뒤이은 애더믹의 여러 책과 글은 미국인의 근본적인 정체성을 재구성하려 했다. 그의 주요 논점은 간단했다. 미국 주민은 다양하다, 본질적으로 앵글로색슨족이 아니다, 이민자들은 어엿한 미국인이다. 애더믹이 자주 얘기했듯이, 이민자들이 이민국 심사를 받는 엘리스섬은 메이플라워호가 도착한 플리머스록 다음으로 미국인의 주된 발원지가 될 만하다. 이민자의 자녀들은 다양한 지역과 문화의 소산으로 "이 신세계에서 문명을 풍요롭게 하고 문화의 깊이를 더할" 엄청난 잠재력을 지녔다.[26]

애더믹은 여러모로 부지불식간에 19세기와 20세기 초입의 주제들을 다루었다. 이민자를 바라보는 그의 시각은 랠프 월도 에머슨과 어떤 면에서는 관점을 공유하기까지 했다. 하지만 에머슨은 이 "구아노 인종"에 고된 노동과 죽음을, 단순한 비료처럼 미국의 더 큰 이익에 봉사하는 역할을 떠안긴 반면, 애더믹은 살아남은 이민 노동자들을 애정을 갖고 바라본다. 애더믹은 그들에게 피터 몰렉* 같은 이름을 붙여주었고 그들의 지혜로운 말을 경청

* 『밀림에서 웃다』에 나오는 등장인물이다 ― 옮긴이주.

했다. 미국의 광산과 제철소에서 수십 년 동안 위험한 일을 하다가 망가진 그들은 어떨 때는 미국 진보의 건설자요 어떨 때는 그들 자신의 말마따나 "똥"이 되는 처지를 인식했다.

애더믹은 자서전에서 이렇게 인정한다. "보헝크는 정말로 '똥'이다." 그렇지만 그는 "그들의 타고난 건강함, 정력, 웃을 줄 아는 힘"을, 자신들을 받아들인 나라에서 노동계급으로 처신하는 태도를 사랑했다. 소설 속의 몰렉처럼 정식 교육을 받은 적 없는 슬라브인이라면 "다이아몬드로 이를 해 박고 악단에 연주를 시키며 샴페인으로 목욕하는 백만장자들"이 있는 곳에서 불공평을 볼 것이다. 초라한 빈민가에 사는 가난한 이민 노동자들은 미국 사회의 근본적인 결함은 부의 불공정한 분배에 있음을 깨달았다.[27]

실제로 동료 이민자들을 향한 애더믹의 태도에는 양면성이 두드러졌다. 칼렌은 20년 전 하버드 대학교에서 글을 썼고 애더믹은 펜실베이니아주와 미드웨스트의 공업지대에 있는 노동계급 이웃에 초점을 맞추었지만, 두 저자는 미국 태생의 이민자 자녀들을 그다지 호의적이지 않은 시선으로 묘사한다.• 애더믹이 묘사하고 있듯이 이민자 2세대는 대부분 부모를 부끄럽게 여겼고 열등감에 젖어서 "한결같이 내실이 없고 어리석으며 못마땅한 인간들"이었다. 그들의 "흐느적거리는 손과 악수하면" 섬뜩했다.[28] 그들은 시간이 지나면 사회에 공헌할 수도 있겠지만 당시에는 곤란한 문제였다. 이 점에서 애더믹의 양면성이 뚜렷이 드러난다. 이민자의 자녀들은 "이 나라의 가장 크고 기본적인 문제의 하나, 몇 가지 점에서 실업 문제보다 더 크고 기본적인, 거의 절박한 문제"였다. 이들은 열한 쪽짜리 글에서 열세 번이나 "문제"로 등장한다. 문제의 원인은 "열등감"이었다(글에서 "열등감"이란 단어는

• 애더믹은 호러스 칼렌이 1915년에 시작한 문화다원주의를 알지 못했던 것 같다.

열여섯 번이나 반복해서 등장한다). 이들은 "인종" 정체성(이 단어는 열 번 등장한다) 때문에 "옛 [앵글로색슨족] 종자의" 미국인들과(아홉 번 등장한다) 구분된다. 애더믹은 이들을 옹호했으면서도 인종이라는 말을 써가며 우울한 묘사를 내놓았다.

그러나 애더믹은 1934년 칼렌에 합세하여 인종이라는 말을 썼을 수는 있지만 두 가지 중요한 점에서 그와 달랐다. 마치 영속성을 주장한 것에 대해 변명하듯이, 애더믹은 일반적으로 인종을 문화와 연결한다. 그가 말한 이민자 2세대는 '인종과 문화'에서 분명하게 구분되는 반면, 한 세대 전의 칼렌에게 인종은 문화와 동일했다. 애더믹은 3천만 명의 새로운 미국인에게서 변화의 가능성을 얼핏 보았다. 소수의 젊은이들이 매력을 갖추고 성공할 가능성이 있다고 적고 있기 때문이다. 이들이 완전한 미국인이 되는 데 필요한 것은 격려뿐이다.

격려는 여러 곳에서, 특히 뉴저지의 퀘이커교도로 우드버리 고등학교 교사인 레이철 데이비스 듀보이스(1892~1993)에게서 왔다. W.E.B. 듀보이스로부터 영향을 받은 그는 찰스 코글린의 반유대주의 방송에 분노했다. 듀보이스는 1934년 이문화교육지원소를 설립하여 이른바 "이문화 교육intercultural education"을 창시했다. 지원소의 목적은 다른 교사들이 이민자 2세대와 3세대 학생들에게 다가가 그들에 관한 정보를 교과과정에 통합하는 것이었다. 다문화주의multiculturalism라는 용어가 아직 등장하기 전의 일이었다.[29] ● 듀보이스가 외국인 인종의 실추된 이미지를 뒤집으려는 계획을 갖고

● 듀보이스는 101살까지 살면서 1980년대 말까지 지속적으로 인권을 위해 봉사했다. 그녀는 남부기독교지도자협의회에 합류하여 1960년대 중반에 퀘이커교도에 관한 논의를 진행했다.

연방정부와 라디오방송국을 찾았을 때, 그를 지원한 사람 중에 애더믹이 있었다.•

1940년경, 미국 가정의 약 83퍼센트가 라디오를 보유했다. 미국 내무부 교육국은 미국 역사에 관한 듀보이스의 프로그램을 전할 지방방송국들을 찾을 수 있었다면 기꺼이 라디오를 이용했을 것이다. 그의 미국사는 (거의) 모든 미국인 집단의 기여를 통합한 역사였다.•• NBC 라디오는 듀보이스를 거부했다. 예일 대학교 총장을 지낸 제임스 R. 에인절은 NBC를 대변했는데 듀보이스의 주제가 지나치게 논쟁적이라는 사실을 알아채고 이렇게 결론 내렸다. "나는 이 개를 잠재워야 한다고 생각한다. 분명코 나는 바로 이 순간에 이 동물을 흔들어 깨울 생각이 없다." 그러나 CBS는 그 기획을 환영했고 1938년 11월에서 1939년 5월까지 주 1회씩 모두 스물여섯 차례 「모두 미국인, 모두 이민자」를 라디오로 송출했다. (도판 25.1, 「모두 미국인, 모두 이민자」 참조)

이 시리즈의 제목은 1938년 프랭클린 루스벨트가 '미국혁명의 딸들'•••에서 한 연설에서 따왔다. 연설에서 루스벨트는 이렇게 선언했다. "우리는 모두 이민자다." 그 프로그램은 다음과 같은 방송 순서로 초점을 맞추었다. 잉글랜드계 미국인, 히스패닉계 미국인, 스코틀랜드-아일랜드계와 웨일스계 미국인, 흑인, 프랑스어를 쓰는 미국인, 아일랜드계 미국인, 독일어를 쓰

• 애더믹은 유고슬라비아의 요시프 티토를 확고히 지지했다는 이유로 빨갱이 사냥을 당해 비판받은 후 1951년 뉴저지주의 농가에서 쓸쓸히 사망했다. 애더믹의 사망은 자살로 판정되었으나 사망 원인에 의혹이 남아 있다.

•• 「모두 미국인, 모두 이민자Americans All, Immigrants All」는 아메리카 원주민과 동인도제도인, 서인도제도인, 푸에르토리코인을 무시했다.

••• 미국 독립을 위해 헌신한 자들의 후손인 여성들이 조직한 단체. 1889년 설립된 '미국 혁명의 아들들'이 여성의 가입을 거부하자 1890년 몇몇 여성들이 주도하여 설립한 단체이다. ─옮긴이주.

25.1 「모두 미국인, 모두 이민자」 광고 책자의 표지, (1938)

는 미국인, 스칸디나비아계 미국인, 유대계 미국인, 슬라브계 미국인, 동양
계 미국인, 이탈리아계 미국인, 근동 출신 미국인.[30] 전부 성공 이야기였다.
다양한 외부인들이 헌신적으로 열심히 일하여 미국 사회의 주류에 진입하
는 데 성공했다. 정확히 말하자면 전부는 아니다. 광고의 왼쪽 아래 구석에
찌그러져 있는 흑인은 과거에 노예를 보유한 남부의 마력에 걸려 왜소하게

보이는데 여전히 미국인에 포함되려고 분투하고 있었다. 그렇더라도 「모두 미국인, 모두 이민자」는 아프리카계 미국인을 미국인에 포함시킴으로써 전환점이 되었다. 대부분의 미국인에게 흑인을 미국인으로 보는 것은 완전히 처음 있는 일이었다.

1782년 크레브쾨르에서 1915년 호러스 칼렌을 거쳐 1930년대 말에 이르기까지 미국 '인종들'을 말하는 것은 다소간 불변이라고 추정된 정체성인 유대계, 슬라브계, 이탈리아계, 아일랜드계, 독일계 미국인을, 심지어 '앵글로색슨족'과 '튜턴인' 배경을 지닌 미국인도 얘기하는 것이었다. 흑인은 아메리카 원주민 인디언과 아시아인과 더불어 별개의 하등 인종으로 분류되었다. 흑인은 완전한 외국인도 완전한 미국인도 아니었다. '미국인'은 유럽의 전통을 물려받은 사람이었다.

그러나 1930년대 말 인종주의 국가인 나치 독일과 전쟁할 가능성이 보이면서 미국인 개념이 확대되었다. 결과적으로 백인이 아닌 자들, 특히 흑인이 발판을 마련했다. 당대에 큰 인기를 끈 라디오 방송 하나가 흑인을 미국인으로 받아들이는 새로운 현상을 반영했다. 문제의 그 방송은 미국에서 최고로 인기 있는 라디오 프로그램은 아니었다. 「아모스 앤 앤디 쇼Amos n' Andy Show」는 백인이 흑인 역할을 맡은 특별 방송이었다.

아프리카계 미국인 변호사이자 배우, 가수인 폴 로브슨(1898~1976)은 1939년 11월 CBS 라디오 청취자 앞에서 「미국인을 위한 발라드Ballad for Americans」를 초연함으로써 이 확대된 미국인 정체성을 무대에 올렸다. 원래 1937년에 연방정부 연극 프로젝트를 위해 만들어진 11분짜리 성악곡인 「미국인을 위한 발라드」는 "나는 미국인인가?"라는 질문에 이렇게 힘차게 답한다. "나는 아일랜드계, 흑인, 유대계, 이탈리아계, 프랑스계와 잉글랜드계, 스페인계, 러시아계, 중국계, 폴란드계, 스코틀랜드계, 헝가리계, 리투

아니아계, 스웨덴계, 핀란드계, 캐나다계, 그리스계, 터키계, 체코계 미국인이다. 이것이 전부는 아니다. 나는 세례받은 침례교도, 감리교도, 조합교회 신도, 루터교도, 무신론자, 로마가톨릭교도, 정통파 유대교도, 장로교도, 제칠안식일 신도, 모르몬교도, 퀘이커교도, 크리스천사이언스교도, 기타 등등이다."

노래가 끝나자 20분간 열렬한 박수가 이어졌고, 감사의 전화로 교환대가 두 시간 동안 마비되었다. 엄청난 성공을 거둔 「미국인을 위한 발라드」는 1940년 공화당 전당대회에서 주제곡으로 쓰였다.[31] 두 가지 인종 체계, 즉 유럽 인종과 '외국인' 인종의 체계와 흑인/백인 이분법의 체계가 서로 충돌하기 시작했고, 미국의 뿌리를 너그럽게 열거한 로브슨의 방식과 더불어 단일한 국민 정체성(미국인the American)을 복수의 정체성으로 대체하는 매우 더디고 순탄하지 않은 과정이 시작되었다.

26

미국 백인성의 세 번째 확대

제2차 세계대전으로 인해 수백만 명의 미국인이 재배열되었다. 인구 1억 3,170만 명의 약 12퍼센트에 해당하는 1,600만 명 정도가 군대에서 복무했는데, 그 안에서 서로 만난 사람들은 유럽 전역에서 들어온 이민자들의 자식이었다.[1] 수백만 명의 민간인이 일자리를 찾아 나라 곳곳으로 이주하면서 지방적인 관습은 더욱 약해졌다. 약 250만 명이 남부를 떠났고, 북부인들은 군사 훈련을 받으러, 또 전시의 일자리를 찾아 남부로 갔다.[2] 루이스 애더믹은 두 번째 이민자 세대, 다시 말해 좀 더 균질적인 이민자 세대를 꿈꾼 바 있었다. 뉴딜 초기의 성과로 시민보호단에서 이미 한 세대가 이미 출발한 터였다. 그로부터 10년이 지난 지금, 수만 명이 아니라 수백만 명이 고향을 떠났다.

이처럼 사람들이 뒤섞이는 과정에 몇 가지 주목할 만한 예외가 있었음을 기억해 둘 필요가 있다. 당연하게도, 1940년에 약 1,330만 명에 이르던 흑인 미국인은 대체로 배제되었다. 이들의 시간은 한참 뒤에 혁명처럼 급작스럽게 찾아온다. 하지만 아시아계 미국인도 배제되었다. 그렇더라도 연방정부의 목적에 맞게 백인의 자격을 갖춘 다른 미국인들은 혁명을 경험했다. 실제로 백인의 범주 자체는 유럽인 이민자와 그 자녀들을 뛰어넘어 엄청나게 확대되었다. 이제 멕시코인과 멕시코계 미국인도 포함되었다.

샌안토니오 출신의 미남 홀리오 마르티네스는 노먼 메일러의 베스트셀러 전쟁 소설 『벌거벗은 자와 죽은 자*The Naked and the Dead*』(1948)에 나오는 육군의 다문화 분대에서 지휘관 역할을 맡는다. 결코 비중이 작지 않은 등장인물인 마르티네스는 몬태나주 출신의 스웨덴계 미국인 레드 발센과 텍사스주에서 온 앵글로색슨계 사냥꾼 샘 크로프트처럼 소설에서 한 장을 할애받는다.[3] 1930년대 중반 이래 멕시코인은 연방법과 텍사스주 법에 따라 백인으로 규정되었고 텍사스주의 백인 예비선거에서 투표할 수 있었다.[4] 아시아계 미국인과 아프리카계 미국인 현역 복무자는 일반적으로 격리되어 혹사당했지만, 멕시코계 미국인은 백인 부대에 편입되어 싸웠으며 전쟁 매체에 등장했고 쿠바 출신인 데시 아르나스가 주연을 맡은 「바탄Bataan」(1944) 같은 전쟁 영화가 급증했다. 또한 데시 아르나스는 1950년대에 장편 연속극 「루시를 사랑해I Love Lucy」에서 루실 볼의 남편 역을 맡아 텔레비전 스타가 된다.

새로운 장소에서 사람들이 서로 만나면서 장벽이 허물어졌다. 소설가 조지프 헬러(1923~1999)는 브루클린에 있는 코니섬의 유대인 구역을 떠나 남쪽의 버지니아주 포츠머스에 있는 노퍽 해군 조선소로 갔다. 헬러는 조선소에서 흑인 동료를 애써 무시하는 현지 백인들을 보고도 놀라지 않았다. 그러나 "가톨릭교도를 향한 프로테스탄트의 한결같은 악의"에는 크게 놀랐다. 헬러에게는 다행스럽게도 그러한 적대감이 그에게는 문제가 되지 않았다. 뉴욕 출신 유대인이었던 그는 흔하게 볼 수 있는 사람이 아니었다. 그들은 헬러를 좋게 대우했고 점심시간에는 친절하게 그와 대화를 나누었다. 하지만 예외적인 상황이 있었다.

헬러는 회고록에 이렇게 썼다. 한 번은 이야기가 "종교로 흘러갔고, 나는 예수가 실제로 유대인이라고, 유대인으로 추정되는 부모에게서 태어났다고 설명했다. 순간 백인들은 하나같이 얼굴이 굳어졌다. 그것은 이전에 그런 말을 들은 적이 없으며 지금이나 앞으로 영원히 그런 말을 듣고 싶지 않다는 즉각적인 경고였다. 아주 가까운 동료들도 벌컥 화를 냈다."[5] 비슷하게 문화적 차이가 있음을 깨닫게 한 사례는 무수히 많았다.

연방정부는 정책적으로 다양성을 함양하고자 했지만 그 한계도 분명히 했다. 11만 명에 이르는 일본계 미국인을 엄격히 격리하여 감금했고 흑인 현역병을 백인과 분리하고자 흑인 '피'가 조금이라도 섞인 사람들을 일일이 헤아렸다.[6] 하지만 격리된 자들과 그 친척들 말고는 격리가 있었다는 사실은 아주 오랫동안 알려지지 않았다.* 전시의 기록은 포용을 강조했고, 여러 해 동안 형제애의 노래가 울려 퍼졌다.

이 포용이라는 주제는 1930년대 뉴딜 중에 민주당이 이민자 지구의 새로운 유권자들로부터 더 많은 지지를 얻기 위한 방편으로 등장했다. 루스벨트 대통령은 이민자와 그 자녀들에게 우리는 하나라는 정신으로 다가갔다. 1939년 유럽에서 전쟁이 발발하자 미국은 불관용을 더욱 심하게 비난했다. 전쟁 목적을 명확히 밝힌 대통령의 "네 가지 자유" 중 하나는 종교의 자유였다.[7]**

● 아프리카계 미국인 공군병의 차별은 1948년 제임스 굴드 코즌이 발표한 잘 알려지지 않은 전쟁 소설 『명예로운 파수꾼Guard of Honor』의 주제였다. 책에서 지휘관은 분리를 끝내라는 흑인의 요구가 정당함을 깨닫고도 흑인에 반대하는 백인들이 숫자에서 우세했기에 그들 편을 들어 충돌을 피한다.

●● 1941년 연두교서에서 루스벨트는 온 세계에 빛진 네 가지 자유에 관해 설명했다. 언론과 표현의 자유, 종교의 자유, 가난에서 벗어날 자유, 공포에서 벗어날 자유.

1940년 대중적인 화보집 『룩Look』은 반유대주의를 비난하는 특집호를 발행하여 종교적 편견이 얼마나 지지를 받지 못하는지 보여주었다. 1941년 9월 찰스 린드버그가 전쟁 책임이 영국에 있다고 말했을 때, 루스벨트 정부와 유대인, 그리고 보통은 신중했던 『뉴욕 타임스』까지 그의 반유대주의를 비난했다.[8]• 전시의 공식적인 아메리카니즘의 사례는 미국 육군통신단이 의뢰한 일곱 편의 홍보영화에 드러나 있다. 할리우드의 프랭크 캐프라(1897~1991)가 감독한 「우리는 왜 싸우는가Why We Fight」라는 제목의 이 영화는 입대한 병사들에게 그 전쟁의 민주주의적 토대를 가르치려 했다.

시칠리아 출신 이민자 가족인 캐프라 가족의 이야기는 두 가지 경험의 적절한 사례이다. 하나는 오래된 경험이고 하나는 근래의 경험이다. 엄청나게 성공한 영화감독이 되는 프랭크 캐프라는 군계일학처럼 두드러진다. 그의 형 벤은 그다지 성공적이지 못했다. 프랭크와 다른 가족은 1903년 캘리포니아로 이주하여 벤에 합류한다. 벤의 삶은 이탈리아인 이민자의 불운을 더 전형적으로 보여주었다.

벤 캐프라는 루이지애나의 사탕수수 농장에서 다른 이탈리아인들과 아프리카계 미국인들과 함께 일하던 중에 말라리아에 걸렸다. 어느 흑인 여성의 간호를 받아 건강을 회복한 그는 그 흑인 가족과 2년 동안 함께 지냈다. 이후 뉴올리언스에서 벤은 당대에 공격에 취약했던 수많은 이민자처럼 폭행을 당하고 납치되었다. 배에 태워져 태평양의 설탕 생산 섬으로 끌려가 노예처럼 일하던 벤은 동료와 함께 나룻배를 타고 탈출했고 오스트레일리아의 정기선에 기적적으로 구조되어 캘리포니아에 당도했다. 벤은 그곳에

• 『뉴욕 타임스』의 사설은 린드버그의 말에 개탄을 금치 못하면서 "신도가 거의 모든 문명국에 퍼져 있고 서구의 거의 모든 언어를 쓰는데 그러한 종교 집단을 '인종'이라고 부를 수 있는지" 의심스럽다고 했다.

정착했고,[*] 그의 말에 따르면 그곳에서 남동생 프랭크는 불쌍한 미국 아이로 지냈다. "나는 가난이 지겹도록 싫었다. 농사꾼인 것이 몹시 싫었다. 로스앤젤레스의 초라한 시칠리아인 게토에 갇혀 음식을 찾아다니는 아이인 것이 너무 싫었다. 내 가족은 글을 읽을 줄도 쓸 줄도 몰랐다. 떠나고 싶었다. 빨리 벗어나고 싶었다."[9] 군대가 탈출로를 제공했다.

프랭크 캐프라는 미국 육군으로 제1차 세계대전에 참전했으며 1920년 미국 시민권을 얻었다. 그의 대단한 영화 이력은 1930년대에 시작하여 「어느 날 밤에 생긴 일It Happened One Night」(1934), 「도회지로 간 미스터 디즈Mr. Deeds Goes to Town」(1936), 「너는 그것을 가져갈 수 없다You Can't Take It with You」(1938), 「워싱턴에 간 미스터 스미스Mr. Smith Goes to Washington」(1939) 같은 대표작들로 정점을 찍었다. 「도회지로 간 미스터 디즈」와 「워싱턴에 간 미스터 스미스」에서는 평범한 미국인들이 부패한 세력의 금전적이고 정치적인 악행을 응징하여 소도시의 정직한 개인들이 지닌 힘을 보여준다. 훌륭한 사내들은 언제나 예외 없이 앵글로색슨족이었다.[**] 도시와 농장을 찍은 장면들도 전부 배경은 대표적인 미국인인 앵글로색슨족 군중뿐이었고 주인공도 전부 게리 쿠퍼나 지미 스튜어트 같은 자들이 연기하는 대표적인 미국인인 앵글로색슨족이었다.[***] 작가, 감독, 제작자 등 영화 제작에 관여한 사

- 벤 캐프라의 이야기는 그곳에서 끝난다. 그의 나머지 생애에 관해서는 알려진 바가 없다.
- 인기 영화배우는 일상적으로 이름을 더욱 앵글로색슨족답게 바꿨다(또는 바꿔야만 했다). 커크 더글러스(이수르 뎀스키), 앤 밴크로프트(안나 마리아 이탈리아노), 리타 헤이워스(마르가리타 칸시노), 조지 번스(나탄 비른바움), 앨런 올다(알폰소 다브루초), 프레드 애스테어(프레데리크 아우스터리츠)가 전부 그렇다.
- 캐프라는 아카데미 시상식에서 세 개 부문에 후보가 된 「도회지로 간 미스터 디즈」로 감독상을 받았다(두 번째 수상이었다). 「워싱턴에 간 미스터 스미스」는 열한 개 부문에 후보가 되어 각본상을 받았다. 캐프라는 또한 육군에서 격리되어 지낸 아프리카계 미국인의 사기를 진작하기 위해 「흑인 병사The Negro Soldier」도 감독했다.

람들은 유대인과 가톨릭이라는 이민자 배경을 지녔음에도, 그 시기 할리우드 장편영화의 특징은 만연한 북유럽주의였다.

프랭크 캐프라의 시나리오 작가 로버트 리스킨과 시드니 버크맨은 동유럽 유대인이었다. 공산주의자였던 버크맨은 반공주의가 위세를 떨친 1950년대였다면 요주의 인물 명부에 올랐을 것이다. 캐프라와 리스킨, 버크맨이 좌파로부터 손쉽게 민족적 다문화주의의 사례를 얻었으리라고 추정되기 때문이 아니다. 공산당이 그들의 영화로부터 실마리를 발견했기 때문이다. 미국의 유명한 공산주의자들은 일상적으로 유럽의 인종적 특성을 드러내는 이름을 온건하게 들리는 영어식 이름으로 바꿨다. 핀란드계 미국인 아브로 할베리는 거스 홀이 되었고, 유대인 미국인 솔로몬 이스라엘 레겐슈트라이프는 조니 게이츠가 되었으며, 크로아티아 출신 스체판 메사로스는 스티브 넬슨이 되었고, 도로시 로센블룸은 도로시 레이 힐리가 되었다. 공산당의 전형적인 노동자 이미지조차도 '미국인' 노동자에게 북유럽인의 얼굴과 큰 키에 근육질 몸매를 부여했다.[10]

대중 문학도 그런 영화들을 반영했다. 원활한 전쟁 수행을 위해 당국이 다양성을 강조하는 동안에도 말이다. 컬럼비아 대학교의 응용사회조사연구소가 1945년에 수행한 연구에 따르면, 1937년에서 1943년 사이에 독자가 모두 합쳐 2천만 명에 달하는 여러 잡지에 발표된 소설에 나오는 889명의 등장인물 중 90.8퍼센트가 앵글로색슨족이었다. 앵글로색슨족이 아닌 몇 안 되는 인물은 대개 비천한 노동자나 악당, 비열한 격투 시합 주선자, 나이트클럽 주인으로 등장하지만, 중요한 역을 맡은 앵글로색슨족은 정직하고 존경받을 만한 사람들로 당연히 우월한 존재로 여겨졌다.[11] 미국 대중문화에 구석구석 침투한 광고는 자유롭고 아름다우며 호감 가는 미소 띤 북유럽인의 이미지를 투사했다.

진정한 미국인의 정체성이 인종을 기준으로 결정되었기에, 진정한 미국인이 된다는 것은 흑인에 반대하는 인종주의에 동참하고 스스로를 흑인을 적대시하는 백인으로 인식한다는 뜻이었다. 어느 이탈리아계 미국인은 전쟁 시절을 되돌아보며 1943년 할렘 폭동 중에 솔깃한 권유를 받았던 일을 떠올렸다. "길가 모퉁이에 서 있을 때 한 사내가 문을 열고 이렇게 말했다. '내려와.' 그들은 폭동에 가담하러 할렘으로 가는 중이었다. 이렇게 말했던 것 같다. '니그로를 몇 놈 패주자고.' 놀라웠다. 그리고 새로웠다. 이탈리아계 미국인들은 이제 이탈로Italo가 아니라 미국인이 되고 있었다. 우리는 그 패거리에 합세했다. 이제 우리도 너희들과 똑같이. 그렇지?"[12] 유럽인 이민자들은 그러한 유혹에 혹했다. 흑인 민족주의 운동인 네이션 오브 이슬람Nation of Islam 대표자인 맬컴 엑스와 노벨문학상 수상자인 토니 모리슨은 훗날 유럽인 이민자들의 입에서 제일 먼저 튀어나온 영어 단어는 종종 '검둥이nigger'였다고 썼다. 실제로는 모리슨이 말했듯이 '오케이' 다음으로 많은 두 번째였다.[13]

인종주의적 어휘들의 상당수가 이미 유행에 뒤처져 있었는데도, 1940년대 미국 문화의 많은 것, 아니 너무나 많은 것이 여전히 인종주의적인 1920년대에 고착되어 있었다. '북유럽인Nordic'이라는 말은 매디슨 그랜트의 나치를 연상시키는 우생학에 뿌리가 있었기에 1940년대에는 쓸 수 없었다. 연방수사국의 '공개수배' 포스터와 악당의 얼굴 사진은 계속해서 앞모습뿐만 아니라 옆모습도 묘사하기는 했지만, 장두형과 단두형이라는 전쟁 이전의 범주 명칭도 사라졌다. 머리 형태는 여전히 많은 얘기를 해주는 것 같았다. 미국인의 이상적인 얼굴 모양(단두형의 네모꼴이나 둥근 형태가 아닌 노먼 록웰이 그린 전형적인 미국인의 타원형 장두형)에서 보듯이 머리지수가 서서히 사라진 것도 아니다. 키가 커야 했고 눈은 푸른색이어야 했으며 여성이라면 금발이어야 했다.

1940년대에 태어난 미국인의 자전적 진술을 보면 미국인의 표준적인 아름다움과 점차 '소수민족적ethnic'이라고 부른 여성의 신체 사이에 나타난 차이가 선명하게 인식되었다. 이 용어는 1920년대부터 쓰였지만, 제2차 세계대전 후 루이스 애더믹의 이민자 2세대의 자녀와 손주를 분류하는 방법으로 일상적인 대화에 자주 등장했다. 영국과 독일, 스칸디나비아, 아일랜드 출신의 미국인은 '소수민족' 항목에 들어가지 않았다. 그것이 이전의 '외국인 인종'을 대신한 새로운 표지였기 때문이다. 어느 이탈리아계 미국인은 1940년대에 자기 어머니가 "같은 구역에 사는 아일랜드인 가족들을 '미국인'이라고 불렀던" 일을 떠올렸다.[14] 꽤 오랫동안 소수민족 미국인들은 '블론드 피플blond people'을 멀찍이서 바라보았다. 이 용어는 인류학자 캐런 브로드킨이 잡지와 텔레비전에 나오는 "'신화적'이고 '표준적'인 미국인"을 가리키기 위해 만든 것이었다. 그녀는 이렇게 썼다. 키가 크고 날씬한 '표준적'인 미국인의 실루엣을 추구하며 "어머니와 나는 언제나 늘 다이어트를 하고 있었다. 다이어트는 블론드 피플 여성의 표준적인 아름다움에 도달하려는 나와 어머니의 열망 때문이었다."[15]

뒤이어 그들은 코를 성형하고 머리카락을 곧게 펴고 탈색했다. 앵글로색슨족의 이상은 특히 여성과 소녀에게 엄격했다. 이민자 세대 노동계급 여성의 힘과 자기주장이 중간계급의 여성성에는 적절하지 않았기 때문이다. 크고 날씬한 앵글로색슨족의 신체가 우수했을 뿐 아니라, 그 신체는 노동계급보다는 중간계급의 신체처럼 보여야 했다.

그리고 중간계급은 실제로 늘어나고 있었다. 한 번 더 조지프 헬러는 군복무와 더불어 시작된 경제적 변화를 설명한다. "공군에 입대하여 사병으로 받은 총 급여는 밖에서 모을 수 있었던 것만큼은 되었고, 장교로서 비행할

때는 제대 후 민간인으로 일할 때보다 더 많은 돈을 벌었다." 종전 후 그 금액은 더 많아졌다.[16]

헬러 얘기를 더 해보자. 1945년 그는 세상의 꼭대기에 올라선 기분이었다. "거리를 걸을 때면 형편이 좋은 느낌이 들어서 기쁨에 젖는다. 뭐가 더 필요할까? 사랑에 빠졌고 (사랑하는 그 젊은 여인과) 약혼해서 결혼을 앞두고 있다. 나는 스물두 살이다. 서던 캘리포니아 대학교에 신입생으로 입학하려고 한다. 수업료와 기타 비용은 정부가 지불한다." 그리고 이웃의 사내들도 더할 나위 없이 형편이 좋다.

전쟁이 끝난 후 헬러의 이웃인 마티 캅은 해군의 V-12 프로그램에서 시작한 기술 교육을 이어갔고 토목기사 자격증을 따고(내가 이전에는 들어보지 못한 것이었다) 졸업했다. 그는 평생토록 뉴욕 항만공사에서 토목기사로 일했으며—비행장과 건물, 내가 알기로는 교량과 터널 공사도 했다— 죽기 전에 이사 비슷한 지위까지 승진했다. 그는 아주 잘 살아서 골프 코스에서 죽음을 맞이했다. …… 나는 대학에 갈 수 있었다. 루 버크맨은 고물상을 버리고 뉴욕주 미들타운에 배관 자재 회사를 차렸으며, 부동산을 살펴 과감히 투자한 것이 성공하여 이익을 남겼다. …… 복무 중에 러시아어를 배워 통역병이 될 수 있었던 사이 오스트로는 대학으로 돌아왔고, 마음이 아팠지만 체념하고 현실적으로 법을 공부하는 것보다 더 나은 대안이 없음을 깨달았다.[17]

전쟁 이전에 빈민가에 조밀하게 모여 살았고 일상적으로 '웝wops', '데이고 dagos', '기니guineas'라고 불린 이탈리아계 미국인들은 1940년대에 완전 새로운 돈을 벌어 대학 공부와 가정에 쓸 수 있었다. 전쟁 이전에 이탈리아계 미국인이 고등교육을 받는 경우는 드물었다. 그러나 1940년 전후 이들의 대학 입학률은 빠르게 전국 평균에 근접했다. 교육적 이동은 경제적 이동으로 이어졌고, 경제적 이동은 정치적 영향력을 키웠다. 이탈리아계 미국인이 많이 살던 로드아일랜드에서는 1946년 처음으로 이탈리아계 미국인 존 패스토어가 주지사로 선출되었다. 로드아일랜드주 의회에서 이탈리아계 미국인의 숫자는 1948년 이전에 4명이었는데 그때 두 배로 늘었고, 1960년대 말이 되면 16명으로 증가한다.[18] 슬라브계 미국인은 그보다 숫자가 적었기에 정치에서 그만큼 성공하지 못했다. 공직 진입의 시간표가 대체로 비슷하기는 했다. 슬로베니아인으로 처음 주지사가 된 오하이오의 프랭크 J. 라우시는 1945년에 당선되었고 1956년에 상원에 입성했다.[19]

전후의 번영이 이동의 속도를 높였고, 연방정부의 지출은 경제를 북돋웠다. 가장 눈에 띄는 것은 흔히 미군병사권리법GI Bill of Rights이나 더 간단히 미군병사법GI Bill이라고 부른 1944년 퇴역군인재정착법이었다. 다방면의 혜택을 담은 이 정책은 실업수당과 교육비 지원, 창업과 주택 매입을 위한 장기 저리의 고정금리 대출을 제공했다. 1944년에서 1956년 사이에 미군병사법은 퇴역군인의 대략 절반인 약 780만 명에게 교육비를 지원하며 145억 달러를 썼다.[20]•

연방주택청은 퇴역군인저당보증 제도와 함께 퇴역군인과 택지개발업자에게 저축대출 기관과 은행보다 훨씬 유리한 조건으로 연방정부가 보증하는 융자와 대출을 제공했다. 연방주택청과 보훈청은 계약금 10퍼센트만 요구했고, 그 매력적인 저리 이자는 30년간 고정되었다. 적당한 소득을 올리는 자들은 장기간에 걸쳐 집값을 지불할 수 있었다. 만기에 거액의 잔액을

• 엘리트 교육기관들은 퇴역군인들이 교정을 습격할 가능성에 늘 기뻐하지만은 않았다. 시카고 대학교 총장은 자신의 학교 같은 기관들이 "교육 부랑자들의 밀림으로 바뀐" 것을 상상했다.

일괄 지불할 필요가 없었다. 이제 도시에서 집을 임대하는 비용보다 구매하는 비용이 더 적게 들었다. 주택의 가치가 올라가면 후세대는 재산이 늘어나 중간계급의 지위를 얻을 수 있었다.[21]

연방주택청과 보훈청은 1934년에서 1964년 사이에 주택 자금으로 1200억 달러 이상을 공급했는데, 1950년대와 1960년대 초에 정점을 찍었다. 그때 연방주택청은 주택담보대출의 절반가량을 책임져 나라에서 가장 중요한 융자 제공자가 되었고, 보훈청은 추가로 거의 500만 건이 넘는 주택담보대출에 보증을 섰다.[22] 그 집들은 대개 새로운 교외 주택지구에 있었다. 초기에 건설되어 유명한 것으로는 뉴욕주 롱아일랜드 내소 카운티(1947년에서 1951년 사이에 지어졌다)와 펜실베이니아주 벅스 카운티(1951년에 지어졌다)에 세워진 두 개의 레빗타운이 있다.(도판 26.1, 레빗타운 참조)[23]•

동질성이 교외지구에서 두드러지게 나타났다. 홀로코스트조차 좀처럼 언급되지 않았지만, 대중문화는 유대인을 삐딱하게 보았다. 1945년 베스 마이어슨(1924년생)이 유대인으로는 처음으로(그리고 유일하게) 이름에 대한 격론 끝에 미스 아메리카 왕관을 썼다.•• 미스 아메리카 주최 측은 언제나 메이플라워 소녀를 선호했고 마이어슨에게 100퍼센트 미국인에 가까운 이름으로 개명하라고 압박했다.[24] 그러나 마이어슨은 압력에 저항했고 왕관을 썼다. 성공은 로라 Z. 홉슨(1900~1986)에게도 찾아왔다. 1947년에 발표한 소설 『신사의 협정Gentleman's Agreement』은 최고 인기도서가 되었고, 영화로 제작되었다. 그레고리 펙이 미국의 반유대주의를 폭로하기 위해 유대인

• 레빗 가족은 유대인이었지만, 그 첫 번째 교외 지역사회 "스트래스모어 앳 맨해싯 Strathmore-at-Manhasset"은 유대인을 막았다. 윌리엄 레빗은 이렇게 썼다. "탐탁지 않은 계급이 공동체를 빠르게 망가뜨릴 수 있다는 사실을 레빗보다 더 잘 아는 사람은 없다."

•• 규정 제7조에 따르면 오랫동안 미스 아메리카 선발 대회 참가자들은 "건강한 백인"이어야 했다. 첫 번째 아프리카계 미국인 참가자는 1970년 미스 아이오와 셰릴 브라운이었다.

26.1 레빗타운, 펜실베이니아주, 1950년대 중반

행세를 하는 기독교도 기자로 나오는 이 영화는 아카데미 작품상을 수상했다. 1950년대의 성서 영화는 기독교도에게 유대인 배역을 맡겼다. 잉글랜드와 스코틀랜드 혈통인 찰턴 헤스턴은 「십계The Ten Commandments」(1956)에서 모세 역을 맡았고, 빅터 머추어는 「삼손과 데릴라Samson and Delilah」(1950)에서 삼손 역을 맡았다. 1948년 이스라엘 공화국의 독립전쟁은 이스라엘 사람들을 미국 혁명가들로 만들었고 미국이 유대-기독교 국가라는 관념을 굳혔다.[25]

여전히 대체로 노동계급이었던 이탈리아계 미국인들은 유대인보다 더 오랫동안 미국 백인성의 언저리를 맴돌았지만, 1950년대에 프랭크 시나트라(1915~1998)와 월트 디즈니의 「미키 마우스 클럽Mickey Mouse Club」에서 마우스케티어로 인기를 끈 애넷 푸니첼로(1942년생) 같은 사람들이 100퍼센트 미국인이 되었다. 그들은 우연히 이탈리아인이었을 뿐이다. 이러한 블록버스터 책과 영화, 인물의 환영할 만한 간명한 사실, 즉 (윌 허버그의 인기도서에 나온 표현을 빌리자면) 프로테스탄트와 가톨릭, 유대인의 본질적인 동질성은 전후 시대에도 효력을 발휘한 주제였다.* 그러나 동질성이 순응으로, 그다지 위안이 되지 않는 관념으로 보일 수 있음을 지적한 사람들도 있다.

데이비드 리스먼의 베스트셀러 『고독한 군중: 미국인 성격 변화에 대한 연구The Lonely Crowd: A Study of the Changing American Character』(1950)와 윌리엄 H. 화이트의 『조직 인간The Organization Man』(1956)은 전후 미국인의 아노미와 순응주의에 주의를 환기했다. 『고독한 군중』은 예일 대학교 출판부에서 양장본으로 먼저 나온 뒤 보급판으로 축약되어 나왔는데 100만 부 이상 팔렸다. 물론 책에서 말하는 '미국인'은 백인, 북부인, 중간계급으로, 그들은 한정된 지역에 살았다. 흑인 미국인, 가난한 미국인, 그리고 인종을 가릴 것 없이 모든 남부인은 오래된 전통의 '잔재'로서 지나가는 식으로만 언급될 뿐이었다. 대부분의 미국인에게 이러한 제한은 대수롭지 않았다. 리스먼은 『타임』 표지에 등장했다. 사회과학자로는 처음으로 전국적인 중요 인물로 인정받은 것이다.[26]

유대계 미국인 작가들, 특히 필립 로스는 구도심에서 교외로의 이동을 유

---

* 허버그의 『프로테스탄트, 가톨릭, 유대인: 미국 종교사회학에 관한 소론Protestant, Catholic, Jew: An Essay in American Religious Sociology』(1955)은 흑인 프로테스탄트를 미국 종교를 구성하는 요소로 포함하지 않는다. 1965년 9월 허버그는 『내셔널 리뷰 National Review』에 민권운동이 "폭도를 끌어모으는 선동으로…… 이 나라 내부 질서의 토대를 의도적으로 훼손한다"고 비판하는 글을 발표했다.

대인의 이야기만이 아닌 미국인의 이야기로 기록했다. 허먼 오크가 1955년에 발표한 베스트셀러 소설에서 마조리 모르겐슈테른은 진정한 미국인이 되려는 자들 사이에서 개명과 코 성형, 머리 펴기, 식이 요법이 급격히 확산되면서 전형적인 유대인 성인 독일어 모르겐슈테른Morgenstern을 영어의 모닝스타Morningstar로 바꾼다. "싸구려 재료로 지은 작은 상자"에 사는 "그들은 전부 똑같이 보였다."

동질성과 순응주의가 완전히 나쁘게 보였다는 말은 아니다. 말비나 레이놀즈의 1963년 히트곡 「작은 상자들Little Boxes」의 가사에 나오는 이 표현은 대학교에 들어가 의사와 변호사, 기업 이사가 되는 과정의 정점이다. "똑같은 모습으로 나온" 자들은 좋은 학교가 딸린 새롭고 멋진 주택지구에서 정말로 그런 모습으로 나왔다.[27] 1960년, 미국 주택의 4분의 1이 지어진 지 10년 미만이었고, 교외의 핵가족 주택에 사는 사람들이 시골이나 나중에 '도심'으로 부르게 되는 곳에 사는 사람들보다 많았다.[28] 교외는 단조로울 수 있었지만, 그것은 애써 얻어내야 할 동질성이었다.

교외화는 주거뿐만 아니라 문화도 바꾸었다. 놀랄 일도 아니다. 문학평론가 루이즈 데살보는 미군병사법에 의거한 대출을 이용하여 도시 밖으로 이사한 수백만 명의 전후 유대인과 이탈리아인, 기타 백인 소수민족 노동계급 가족들을 대변했다. 그녀의 가족은 뉴저지주 호보컨의 4층짜리 임대 아파트에서 교외의 리지필드에 있는 집으로 이사했다. 데살보의 어머니는 곧 이민자인 자신의 어머니가 집에서 만든 농민의 빵을 먹기를 거부했다. 데살보의 회상에 따르면 그 빵을 "나의 어머니는 멸시한다. 그것이 내 할머니가, 그리고 내 어머니가 1950년대 뉴저지의 교외에서 결코 되고 싶지 않았던 모든 것을 상징했기 때문이다." 데살보의 어머니는 가게에서 파는 얇게 썬 흰빵을 더 좋아했다.

어쩌면 나의 어머니는 이 다른 빵을 충분히 많이 먹으면 더는 이탈리아계 미국인이 아니고 진짜 미국인다운 미국인American American이 될 거라고 생각했을지 모른다. 사람들은 브루클린에서 이따금 우리를 찾아오는 내 아버지의 친척이 이탈리아계 미국인이고 새로 산 검정색 자동차에 뉴욕 번호판을 달았으며 검은 넥타이와 뾰족구두, 눈이 안 보일 정도로 이마 위에서 밑으로 눌러 쓴 보르살리노 모자를 과시한다는 이유로 마피아라고 생각하겠지만, 어쩌면 더는 그렇게 생각하지 않을지도 모른다.[29]

같은 세대의 다른 많은 사람처럼 데살보도 이민자인 조부모의 유럽 언어를 쓰지 않았다. 그녀는 이탈리아의 풀리아에 사는 사촌들보다 교외의 유대계 미국인과 아일랜드계 미국인과 공통점이 더 많았다. 데살보는 예순 살이 될 때까지 풀리아를 방문하지 않았다. 미군병사법과 연방주택청, 교외 덕분에 그녀는 미국인다운 미국인이라는 이상을 마주한 중간계급 미국인이 되었다.

미국인다운 미국인이 된다는 것은 곧 '중간계급'이 된다는, 따라서 백인이 된다는 의미였다. 마치 하나가 되면 자동적으로 다른 하나가 되는 것처럼 '백인'과 '중간계급'이 쉽게 등치되었기 때문이다. 계급과 인종의 이와 같은 융합은 전후 정책으로 조직노동이 약해진 결과였고 노동계급이 점차 눈에 띄지 않게 되는 결과를 초래했다.

1946년 파업의 물결이 전국을 휩쓸고 지나간 뒤 통과된 1947년의 태프트-하틀리법은 동조파업과 제2차 보이콧, 집단 피켓팅을 금지함으로써 조직노동의 힘을 심각하게 제약했다. 이러한 전술은 많은 작업장과 산업에서 노동자의 핵심적인 수단이었다. 이제 고용주들은 유리한 위치를 점했고, 노동조합의 성장세가 둔화되었다. 공산주의자들의 노동조합 활동을 금지한 태프트-하틀리법은 조직노동에서 헌신적인 조합원들을 제거했다.[30] 노동계에 우호적인 태도는 공산주의자나 적어도 빨갱이pinko라는 냄새를 풍기는 것이었다. 빨갱이는 공산주의 공포증이 만연한 1950년대에는 위험한 혐의였다. '일하는 사람'의 이미지 자체도 옛것처럼 보였다. 화가들이 노동자를 주제로 다루지 않았기 때문이다. 화가들은 사회주의 리얼리즘에 대응하여 인물이 등장하지 않는 추상표현주의를 발명했고, 이를 국제사회에 미국 미술이 성숙했다는 증거로 널리 알렸다. 현저한 번영이 풍요롭고 새로운 미국의 시대를, 고유의 신화를 만들어낸 시대를 열었다.

미군병사법-연방주택청 세대에 속한 자들은 그 시기가 저물 때 뒤를 돌아보며 자신들의 경제적 성공을 크게 자축했다. 레너드 줄리아노라는 사람은 이렇게 자기 가족사를 털어놓았다. "단호하고 참을성 있게……그 이탈리아인은……제힘으로 일을 처리할 수 있었다.……물론 그의 가장 큰 욕망은 자기 아이들과 가족이 이탈리아에 있을 때보다 더 나은 삶을 영위하는 것이었지만, 그는 이를 거저 얻으려 하지 않았다. 그는 일을 해야 했다." 알 리카르도 비슷한 얘기를 했다. "우리 가족도 힘든 시절을 보냈다. 그러나 우리에게 뭐라도 준 사람은 아무도 없다."[31] 봉제공장 노동자의 딸인 어느 유대인은 이렇게 동의했다. "나의 조부모는 마치 러시아인 농노 같았지만, 우리는 가난에서 벗어났다. 우리는 힘들게 일해서 성공했다. 우리는 자랄 때 가난했지만, 정부의 구호에 의지한 적이 없으며, 우리 가족은 여전히 서로 돕고 보살핀다!"[32] 열심히 일한 것은 맞다. 그렇지만 정부의 지원 덕분에 전진할 수 있었다. 이들은 나중에 이 점을 좀처럼 인정하지 않았다.

누구나 정부의 아낌없는 지원 혜택을 받았을까? 그렇지는 않다. 경제적 보조금은 워싱턴이 만들고 끝없이 고친 장막 뒤에 여전히 격리된 아프리카계 미국인에게는 거의 도달하지 않았다. 연방주택청과 보훈청의 융자가 낳은 소산인 교외의 멋진 새 주택지구는 백인 전용이었다. 연방정부 정책은 그곳을 전부 흰색으로 칠했다. 의도적으로.[33]

뉴딜 때처럼, 남부가 지배한 의회가 수립한 전후 정책도 극빈층을, 특히 남부의 흑인을 의도적으로 무시했다. 미시시피주의 존 엘리엇 랭킨은 하원의 세계대전 퇴역군인입법위원회 위원장을 맡았다. 그는 미군병사법에 차별금지 조항이 포함되지 않도록, 모든 지원을 짐 크로법의 방침에 따라 지역적으로 관리하도록 조치했다.[34]

1940년, 흑인 미국인의 77퍼센트가 남부에 살았다. 이들은 다른 곳에서 일자리가 생기면 빠르게 떠났지만, 1950년에도 여전히 68퍼센트가 남부에 머물렀다. 소수의 과감한 흑인은 길을 뚫어 미군병사법의 지원을 얻어냈지만, 언제나 백인이었던 지역의 공무원들은 흑인의 대규모 진입을 방해했다. 일찍이 1947년에 미군병사법이 인종차별적 방침에 따라 적용되고 있음이 흑인 신문들의 조사와 메타분석으로 분명하게 밝혀졌다. 보고서 「우리의 흑인 퇴역군인Our Negro Veteran」은 미군병사법이 "백인 퇴역군인 전용"으로 입안된 것 같다고 결론 내렸다.[35] 이러한 피부색에 따른 구분은 교외 주택지구에서 더욱 선명했다.

예를 들면 레빗타운은 계약서에 소유주가 백인이 아닌 사람에게 주택을 팔거나 임대하는 것을 막는 '금지 조항'을 담아 아프리카계 미국인을 배제했다. (펜실베이니아주 레빗타운처럼 흑인이 드물게 주택 매입에 성공한 곳에서는 이웃들이 폭력을 썼다.) 뉴욕주 레빗타운의 8만 2천 명에 달하는 새로운 입주자 중 흑인은 단 한 명도 없었다. 이 차별 정책은 1960년대까지도 유지되었다. 전혀 문제되지 않았다. 1950년 7월 3일 윌리엄 레빗은 『타임』지 표지에 등장했고, 레빗타운 같은 교외 주택지구에 관한 논의는 수십 년간 백인 전용에 관해 언급하지 않았다.[36]

미국의 여러 레빗타운은 흑인을 외면하라고 연방주택청과 보훈청을 설득할 필요가 없었다. 정확히 "주택지구의 안정을 유지"하고 "흑인의 침투"를 예방하기 위해 인종 규제를 옹호하는 정책을 입안한 것이 바로 그들이었다.[37] 결과적으로, 이를테면 뉴욕시의 도심 지구에 투입된 주택 보조금은 레빗타운이 들어선 롱아일랜드의 내소 카운티에 비해 급격하게 줄어들었다. 연방주택청이 롱아일랜드의 주택담보대출에 빌려준 일인당 액수는 브루클린보다 11배 많았으며 노동자 지구인 브롱크스보다는 60배 많았다. 연방 자금의 이러한 불균등 분배는 인종을 막론하고 모든 도시의 가족들에게 영향을 끼쳤다. 그래서 도시들은 신용 부족으로 쇠퇴했고, 신축 주택보다 더 많은 주택을 철거한 '도시 재개발'로 망가졌다.[38] 흑인 가족은 교외 주택지구로 이사하는 것이 금지되었기에 그대로 남아야 했다.

1960년대가 되면 미국의 쇠락해가는 "초콜릿" 도시들은 새로운 "바닐라" 교외 주택지구에 둘러싸였다.* 탈산업화로 상황은 더욱 나빠졌다. 1940년대와 1950년대에 노동조합이 결성되어 급여가 좋은 일자리를 이민자 자녀들에게 제공하던 산업들이 해외로 빠져나갔기 때문이다. 얼마 지나지 않아 미국의 논평에 '흑인 게토'의 이미지가 등장했고, 흑인의 형상은 20세기 전반의 '퇴화한 가족'과 '외국인 인종'과 사실상 뒤섞였다. 1960년대의 도시 폭동은 물론 1950년대와 1960년대의 민권운동도 인종 차별과 인종 분리, 실업, 사회적이고 경제적인 고사의 길고 음울한 역사에 대한 저항이었다. 멀리 떨어진 안락한 교외 주택지구의 거주자들은 행동에 나선 흑인들을 보았지만 그 너머를 내다보지 못했다. 1968년 커너 위원회 보고서는 그 모든 사정을 명백하게 밝혔으면서도 쓸 만한 제안을 내놓지 못했다. 권고 사

---

* 초콜릿 도시는 흑인 거주 지역을 뜻하는 속어다 — 옮긴이주.

항 중 하나인 공정주택법이 이듬해 의회에서 통과되어 주택 공급에서 차별 행위를 불법화했다.

공정주택법은 민권 입법의 획기적인 두 법률, 즉 1964년의 민권법과 1965년의 투표권법에 이어 제정되었다. 대부분의 미국인이 주목하지 않았지만 이러한 법률은 제1차 세계대전 이래로 지속된 흑인 민권운동이 거둔 성과였다. 1941년 워싱턴 행진운동과 제2차 세계대전의 "더블 브이Double Vee"운동(해외의 파시즘과 국내의 차별에 반대하는 운동)에 루스벨트 대통령은 공정한 고용 관행을 요구하는 행정명령 제8802호를 발포했다. 1948년 트루먼 대통령은 민권위원회를 설치했고 민권 조항을 포함하는 정강 정책을 기반으로 재선에 나섰다.* 시간이 흘러 텔레비전이 민권운동의 소식을 전하면서, 민권운동은 더 많은 주목을 받았다.

1960년이 되면 민권운동은 눈에 잘 띄었으며, 정의는 확실히 민권운동 편이었다. 자유세계의 지도자인 미국 대통령이 어떻게 인종 분리와 흑인 참정권 박탈을 용납할 수 있을까? 존 F. 케네디는 용납하지 않았다. 그는 한발 더 나아가 흑인 민권의 대의를 끌어안았다. 그의 후임자인 린든 존슨도 마찬가지였다. 존슨은 1960년대 중반에 나라 자체만큼이나 역사가 긴 통치 관행을 시정하는 입법을 밀어붙였다. 그렇지만 큰 고통이 따랐다.

1960년대 중반 온 세계가 텔레비전으로 미국의 인종 드라마를 지켜보았다. 말하는 자가 분노하면 할수록, 듣는 자는 더욱 귀를 기울였다. 가장 큰 분노의 목소리를 낸 사람은 맬컴 엑스였다.

* 1948년 민권 조항에 남부의 민주당원들이 격분했다. 그들은 전당대회에서 퇴장하여 자신들만의 주권당States' Rights Party(딕시크랫Dixiecrat)을 창당하고 사우스캐롤라이나 주지사 제임스 스트롬 서먼드를 대통령 후보로 지명했다.

27

흑인민족주의와 백인 소수민족

흑인민족주의 단체인 네이션 오브 이슬람의 대변인으로 뛰어난 웅변가였던 맬컴 엑스(1925~1965)는 네브래스카주 오마하에서 맬컴 리틀로 태어났다. 흑인민족주의자였던 아버지는 조지아주에서 이주했고, 어머니는 카리브해의 섬 그레나다 출신이었다. 가난했던 맬컴 가족은 떠돌이 생활을 했다.[1] 청소년기에 말썽꾸러기였던 맬컴은 훌륭한 도서관을 갖춘 매사추세츠 교도소에 들어가게 되었고, 그곳에서 독서와 토론을 통해 독학하여 그가 "백인the white man"이라고 부른, 흑인 사이에 널리 퍼진 단일한 미국 백인성 개념을 정립했다. 1952년에 석방된 맬컴은 네이션 오브 이슬람에 가입하여 연설자이자 기자, 조직자로 빠르게 성장했다. 1961년 서른여섯 살에 이름을 매우 상징적인 맬컴 엑스로 바꾼● 그는 네이션 오브 이슬람의 전국적인

●　네이션 오브 이슬람의 회원들은 '노예 이름'을 '엑스X'로 변경했다. 이는 이제는 알지 못하는 아프리카 성과 이름의 상실을 상징했다. 맬컴 엑스는 1964년 네이션 오브 이슬람을 떠나 메카를 순례했을 때 엘하즈 말리크 엘샤바즈El-Hajj Malik El-Shabazz라는 이름을 취했다.

주간지 『무하마드 스피크스Muhammad Speaks』를 창간했다. 처음에는 퀸스에 있는 집의 지하실에서 찍어냈다. 이 신문은 네이션 오브 이슬람 운동과 미국 민권운동 전반과 더불어 성장했다.

동시에 할렘에 있는 맬컴 엑스의 제7사원은 종교적으로는 물론 지적으로도 중요한 곳이 되었다. 그곳은 이 비할 데 없는 연사의 훌륭한 강단이 되었다. 맬컴 엑스는 명료한 언어로 '백인'에 회초리를 들며 당당하게 이렇게 인정했다. "모든 흑인은 분노하며, 나는 그중에서도 가장 많이 화난 사람이다."[2] 이 메시지에 모든 미국인이 전율했다. 맬컴의 뛰어난 언변 때문에 네이션 오브 이슬람의 이론이 참으로 무의미한 인종 사상의 오랜 역사에 속한다는 명백한 사실이 모호해졌다는 것은 잠시 잊도록 하자.

네이션 오브 이슬람은 백인을 계급이나 지역, 환경과 상관없이 '악마들', '표백된 백인'의 '악마 인종', 단일한 통일적 집단으로 생각했다. 네이션 오브 이슬람 이론에 따르면 약 6천 년 전 야쿠브라는 사악한 흑인 과학자가 최초의 블랙맨Blackman으로부터 선택적 교잡을 통해 백인 악마를 창조했다. 야쿠브의 백인 악마들은 6천 년을 지배하지만, 그들의 시간은 제1차 세계대전이 발발한 1914년부터 서서히 종말을 향해 간다. 한편 흑인은 백인에게서 떨어져야 하며, 분명코 미국 사회에 통합되려 해서는 안 된다. 흑인은 인종주의 폭력의 표적이었기에, 자결권 획득에 헌신한 '이슬람의 열매Fruit of Islam'라는 단체처럼 자위를 위한 의용대를 조직해야 한다.[3]

확실히 중요한 것은 이데올로기라기보다는 맬컴 엑스의 카리스마였다. 수많은 흑인을 네이션 오브 이슬람으로 끌어들이고 온갖 기자와 학자를 홀린 것은 그의 카리스마였기 때문이다. 1959년 7월 마이크 월러스의 5부작 텔레비전 다큐멘터리 「증오가 낳은 증오The Hate That Hate Produced」가 나온 뒤로 언론은 맬컴 엑스의 이야기에 더욱 깊이 빠져들었고, 보스턴 대학교의 박사

학위 논문과 여러 권의 학술서, 경이로울 정도로 많이 팔린 자서전, 장편영화, 수많은 논평이 이어졌다. 1959년 이후로 늘 여기저기 불려 가는 연사였던 맬컴 엑스는 학계의 소중한 인물이 되었다.

1960년대 초, 맬컴 엑스는 미국 대학교에서 두 번째로 많이 찾은 강연자였다. (가장 인기 있는 자는 애리조나주의 보수적인 공화당 상원의원 배리 골드워터였다. 그는 1964년 노동조합과 뉴딜, 민권법에 반대하며 대통령 후보로 나섰다.)[4] 1963년 5월 잡지 『플레이보이*Playboy*』는 곧 맬컴의 전기를 쓰는 알렉스 헤일리와 인터뷰를 하여 맬컴 엑스를 소개했고, 『새터데이 이브닝 포스트』는 1964년 『맬컴 엑스 자서전*The Autobiography of Malcolm X*』에서 열네 쪽을 발췌하여 대중에 전했다. 전면 천연색 삽화를 곁들인 긴 이야기로 제목은 "백인이여, 내가 그대에게 말한다"였다.

맬컴 엑스의 상징과도 같은 발언을 몇 마디 들어보자. "내가 백인이 악마라고 말할 때는 역사의 권위를 빌려 말하는 것이다. …… 역사의 기록은 백인은 하나의 민족으로서 좋은 일을 한 적이 없음을 보여준다. …… 백인은 우리의 아버지와 어머니를 비단과 공단의 문화에서 훔쳐가 배의 화물칸에 태워 이 땅으로 데려왔다. …… 우리가 이곳에 온 이래로 그들은 우리를 늘 사슬에 묶어 두었다. …… 이제 이 푸른 눈을 가진 악마의 시간은 거의 다했다."[5] 이러한 비난의 홍수에 유럽인 이민자의 후손들, 즉 루이스 애더믹이 그린 피터 몰렉의 자식들은 이렇게 대답했다. "인종주의자? 우리 조상은 노예를 갖지 못했다. 우리는 대부분 지난 200년 동안에야 농노의 처지에서 벗어났다."[6] 그러나 이들의 말을 듣는 사람은 없었다. 한동안 블랙파워가 모든 시선을 빨아들였다.

아주 중요한 사실은 맬컴 엑스가 학계와 흑인 민족주의자들이 서로 강한 친밀감을 느끼도록 만들었다는 점이다. 1964년 맬컴이 네이션 오브 이

슬럼을 떠나고 1965년에 암살당한 뒤에도 이들의 관계는 여전히 끈끈했다. 그가 만들어낸 블랙파워 운동은 블랙팬서당Black Panthers 당원들을 대학교로 밀어넣었고 소설가 제임스 볼드윈 같은 흑인 지식인들의 용기를 북돋아 마음속에 담아둔 생각을 드러내게 했다. 볼드윈은 백인 독자를 심란하게 한 훌륭한 에세이 『단지 흑인이라서, 다른 이유는 없다The Fire Next Time』에서 미국의 백인과 유럽의 관계를 '거짓'이라고 말했다. 이들은 이름을 영어식으로 바꾼 위선자다. 진짜 아메리카는 결코 백인의 세계일 수 없음을 알면서도 진짜 백인이요 미국인인 척했기 때문이다. 이민자 2세대가 백인의 우월함을 받아들이고 자신들의 민족적 정체성을 잃은 것은 미국 백인성으로 가는 표를 얻기 위해 지불한 대가라고 볼드윈은 주장했다.[7] 1971년에 간행된 볼드윈과 마거릿 미드의 베스트셀러 『인종론A Rap on Race』은 블랙파워의 무척이나 매력적인 상징인 블랙팬서당 창립자 휴이 P. 뉴턴이 예일 대학교에서 전후 시대 미국의 매우 유명한 심리학자 에릭 H. 에릭슨과 대담을 나눌 때까지 빛을 잃지 않았다.[8] 이 대담은 나중에 책으로 나왔다.

언론의 뜨거운 관심을 받으며 성장한 블랙파워 운동은 미국인의 인종 정체성 개념을 다시 만들었다.[9] 이제 가장 매혹적인 인종 정체성은 백인이 아니라 흑인이었다. 앵글로색슨족의 표준에 도달하기 위해 그토록 열심히 싸운 자들을 혼란에 빠뜨릴 변화였다. 무시당하는 것에 분개한 백인 노동계급과 학계에서 취약함을 느낀 가톨릭, 결정권을 쥐는 데 익숙한 유대인 전부 크게 기분이 상했다. 그리고 백인이 반격했다. "백인 소수민족white ethnic" 정체성은 맬컴 엑스와 그의 블랙파워 계승자들에 대한 직접적인 대응으로 출현했다.

흑인이 스스로 흑인임을 선언하고 자랑할 수 있다면, 백인은 그 백인성을 과시할 수 있었다. 그러나 백인 민족주의라는 미국의 오래된 전통에는 커다란 문제가 하나 있었다. 큐클럭스클랜과 백인 민족주의자들이 백인이라는 꼬리표를 선점하면서, 괴롭힘을 당한 유럽인 이민자 제3, 제4 세대는 '소수민족ethnic'이라는 이름을 얻었다. 이들은 자신들에게는 죄가 없다고 주장했다. 노예제나 짐 크로법과는 무관하다는 것이었다. 이들은 여전히 20세기 초인 듯이 유럽에 뿌리를 둔 여러 정체성을 끌어안았다.

그러나 그 시절은 지나갔다. 백인 소수민족은 호러스 칼렌의 1915년 판 문화다원주의를 되살릴 수 없었다. 더는 옛 언어를 말하지 않았고 조상의 옷을 입지 않았으며 시대에 뒤진 조부모의 남녀별 풍습을 존중하지 않았기 때문이다. 20세기 말 백인 민족성은 미국 기업가들이 환영한 여가 활동의 요소에 지나지 않았다. 민족성을 드러내는 소비자들은 유럽의 국기를 날염한 티셔츠를 구매하고 과거의 조국을 여행하고 민족 축제 때 거리에서 행진했다. 이러한 '상징적 민족성'은 비인간적이고 완고한 중간계급 프로테스탄트 앵글로색슨족과 폭력적이고 무질서한 가난한 흑인 사이에서 가족 지향적인 따뜻한 중도를 제공하는 듯했다.[10]

1970년대에 '민족성ethnicity'이라는 용어는 백인종들의 오래된 개념들을 밀어냈다. 인종과 소수민족의 차이는 확실히 지금도 분명하지 않다. 어느 선도적인 사회학자가 고백했듯이, "인종 체계와 민족 체계는 공통점이 많은 것이 사실이다."[11] 『옥스퍼드 영어 사전』조차 "ethnic"의 두 번째 의미로 "인종에 관한; 인종이나 민족에 관한; 민족학의"라는 뜻풀이를 제시하고 있다. 오늘날 인종race은 시민권 혁명이 확연했던 남부의 흑/백 구도에서 그렇듯이 흑인종으로 곧바로 연결된다.[12] 블랙파워는 그 개념을 한층 더 멀리 끌고 가서 흑인종을 긍정적인 신호로, 백인종은 떳떳하지 못한 나쁜 짓의 표지로 만들었다. 이 등식에서 떳떳하지 못한 나쁜 짓에 관한 부분은 한 책에서 수정이 이루어진다.

마이클 노박의 『융합되지 않는 민족들의 등장Rise of the Unmeltable Ethnics』(1972)은 하층중간계급 백인의 국가가 되었다. 1933년 제철 공업 지역인 펜실베이니아주 존스타운에서 슬로바키아인 이민자의 손자로 태어난 노박은 매사추세츠주 노스이스턴의 스톤힐 칼리지를 졸업했고, 로마 교황청의 그레고리오 대학교에서 가톨릭 사제에 관하여 공부했다.

노박은 그레고리오 대학교와 하버드 대학교에서 대학원을 다니며 1966년 석사학위를 받았다. 1961년 그는 신이라는 관념과 가톨릭교회의 교리와 씨름하는 젊은 신학생 이야기인 소설 『테베레강은 은빛이었다The Tiber Was Silver』를 발표했다. 1962년부터 1965년까지 프리랜서 기자로 활동한 노박은 전후 세계에 관한 제2차 바티칸 공의회를 취재했고, 이후 스탠퍼드 대학교와 올드웨스트버리 뉴욕주립대학교의 실험적인 칼리지에서 학생을 가르쳤다. 시대에 완벽히 어울린 『융합되지 않는 민족들의 등장』에서 노박은 융합되지 않는 'PIGS' 즉 폴란드인과 이탈리아인, 그리스인, 슬라브인에 집중했다. 스스로 아주 오랫동안 비난을 받았다고 생각한 자들이다. "자유주의자들은 언제나 우리를 경멸했다. 우리는 대체로 하찮은 직업을 가졌고, 우리는 맥주를 마시며, 하느님 맙소사, 우리는 볼링을 하고 텔레비전을 본다. 우리는 책을 읽지 않는다. 빌어먹을 더러운 속물근성이다. 우리는 상층계급 흑인이 나오는, 인종을 가리지 않는 이 모든 엉터리 텔레비전 광고에 신물이 난다. 우리는 그들이 가짜라는 것을 안다." 이들은 자신들이 혐오의 대상이라고 느꼈지만, 스스로 흑인보다 더 영리하고 칼리지 학생들보다 더 강인하다고 판단함으로써 전통이 있는 민족임을 자랑스럽게 생각했다. 노박은 나아가 자신이 프로테스탄트와 유대인 지식인들에게서 본 '편협함'을 개탄했다. 그들은 소수민족에 심한 편견을 지녔고 흑인 전사들을 매우 두려워했다.[13]

노박의 영웅 중에는 볼티모어에서 스피로 T. 아나그노스토풀로스로 태어난 직설적 화법의 부통령 스피로 애그뉴와 앨라배마 주지사 조지 월러스가 있다.● 노박은 이 강인한 사내들에게서 존스타운 이발소에서 논쟁하는 슬로바키아 사람들이나 자신의 삼촌을 떠올렸다. "맥주를 너무 많이 마셔 현관 난간에 자기 물건을 꺼내 올려놓고, 맷돌이 자신을 누르고 있다고 느끼듯이 아래쪽 맷돌의 흑인과 위쪽 맷돌의 양키를 저주하면서, 제기랄 김을 내뿜는 오줌으로 길거리를 온통 적시려 한 삼촌."[14] 1963년에 주지사에 당선된 조지 월러스는 "지금 격리, 내일 격리, 영원한 격리"를 선포했고 앨라배마 대학교에 두 명의 흑인 학생을 들이지 않기 위해 "교실 문 앞을 지킴으로써" 공약을 뒷받침했다.[15] 앨라배마 대학교는 결국 그 학생들을 받아들였지만, 월러스도 1964년과 1968년, 1972년, 1976년에 귀찮을 정도로 여러 번 대통령 후보 경선에 나감으로써 승리했다.●●

리처드 닉슨은 1968년 월러스가 고취한, 흑인에 반대하는 '남부 전략'을 취하여 그 문제를 다시 꺼내 들었다. 로널드 레이건 시대가 오기 훨씬 전에 공화당을 이롭게 한 계책이었다. 노박은 레이건의 여론조사원들이 자신에게서 "일자리와 가족, 이웃, 평화, 힘"을 표절했으며 그 구호를 이용하여 레

● 애그뉴는 뇌물죄로 기소된 후 부통령직에서 사퇴했다. 형법상의 유죄 선고 가능성 때문에 사퇴한 첫 번째 인사였다.

●● 1965년 비비언 멀로니(1942~2005)는 아프리카계 미국인으로는 처음으로 앨라배마 대학교를 졸업했다. 제임스 A. 후드(1943년생)는 1963년에 그녀와 함께 입학했지만 궤양으로 몇 달간 고생한 뒤 자퇴했다. 그는 1997년에 그 대학교에서 교육학 박사학위를 받았다.

이건에 대한 민주당원의 찬성을 이끌어냈다고 자랑스럽게 전한다.[16]● 인종은 지난 100년간과 마찬가지로 여전히 고유의 기질을 갖는다고 추정되었고, 따라서 소수민족 백인ethnic whites은 기질적으로 정직하고 근면하다는 설명은 수명이 아주 길었다. 본질적으로 남부 전략은 그러한 가치가 없다고 판단되는 퇴화한 흑인 가족의 외국인 '인종'과 백인 즉 '미국인'을 대비시켰다. 전후 시대의 전도유망한 형제애가 어떻게 1970년대의 흑/백 갈등의 시대로 바뀌었는가! 학술적인 관점에서 두 시대를 아울러 각 시대의 분위기를 포착해낸 고전적인 텍스트가 곧 나왔다.

1950년대 말 네이선 글레이저와 대니얼 패트릭 모이니핸 같은 사회학자들은 하나의 추세를 발견했고, 뉴욕시의 여러 인종 집단과 소수민족 집단에 대한 연구를 구상했다. 1923년생인 글레이저는 이디시어를 쓰는 이민자 집안 출신으로 이스트 할렘과 브롱크스의 노동계급 지구에서 성장했다. 그는 학비가 무료인 시티 칼리지에 다녔고, 1944년에 졸업한 뒤 펜실베이니아 대학교와 컬럼비아 대학교에서 학업을 지속하여 박사학위를 취득하고 데이비드 리스먼과 함께 공동 연구로 『고독한 군중』을 내놓았다.●● 1960년대 초 케네디 행정부 시절에 글레이저는 워싱턴시의 '빈곤 퇴치 전쟁'에서 활동했으며 노동부 차관보였던 대니얼 패트릭 모이니핸을 알게

● 노박은 계속해서 성공 가도를 달린다. 1978년 이래로 워싱턴시의 보수적인 미국기업연구소에서 조지 프레더릭 주잇 종교 공공정책 석좌교수직을 유지했다. 1994년에는 버킹엄궁에서 템플턴 종교발전상을 수상하여 100만 달러를 받았고, 웨스트민스터 성당에서 템플턴 연설을 했다.

●● 글레이저는 1930년대와 1940년대에 뉴욕 시티 칼리지에 다니고 미국의 선도적인 대중적 지식인이 된 뉴욕의 유대인 지식인들에 관한 영화 「세상을 논한다Arguing the World」에 등장한다. 이들은 트로츠키주의자로 출발했지만 1950년대와 1960년대에 대체로 강력한 반공주의자가 되었고 1960년대의 소동 이후로는 신보수주의의 주역이 되었다.

되었다.

오클라호마주 털사에서 태어난 모이니핸은 여섯 살 때 가족과 함께 뉴욕으로 이사했다. 글레이저처럼 모이니핸도 가난한 동네에서 살았고 시티 칼리지에서 공부했다. 그러나 모이니핸은 터프츠 대학교에서 해군 장교 양성 과정을 이수했고 종전 후 그 대학교에서 석사학위와 박사학위를 받았다. 워싱턴에서 모이니핸과 글레이저는 함께 일하기로 했다. 모이니핸은 글레이저의 뉴욕 소수민족 집단들에 관한 논문에 뉴욕 아일랜드인 사회에 관한 글과 종합적인 결론을 덧붙였다. 1963년 두 사람의 공저『도가니를 넘어: 뉴욕의 흑인과 푸에르토리코인, 유대인, 이탈리아인, 아일랜드인Beyond the Melting Pot: The Negroes, Puerto Ricans, Jews, Italians, and Irish of New York City』은 당대에 가장 큰 영향력을 끼친 사회학 연구의 하나였다.[17] 글레이저는 1969년에 하버드 대학교 교수가 되었고, 1964년부터 그곳의 교수였던 모이니핸은 곧 뉴욕주 상원의원이 된다.[•]

『도가니를 넘어』 초판은 흑인과 푸에르토리코인을 포함하여 뉴욕의 다양한 소수민족을 낙관적으로 묘사했다. 이들은 그 도시의 권력을 두고 경쟁했으며 상호 간에 요구를 조정했다. 글레이저와 모이니핸은 어떤 민족 집단도 따분한 미국인의 특성 안으로 녹아들지 않았다고 주장한다. 민족 집단은 "순수하게 생물학적인 현상이 아니었다." 과거의 모어와 문화는 대체로 사라졌지만, 민족 집단은 "미국에서의 새로운 경험으로 끝없이 재창조되고" 있었다.[18]

• 1965년 모이니핸은 '모이니핸 보고서'로 알려진『흑인 가족: 국가가 개입해야 하는 이유 The Negro Family: The Case for National Action』를 발표했다. 이 책은 아프리카계 미국인을 퇴화한 가족 문헌에 추가했다. 그는 1973년부터 1975년까지 미국의 인도 대사를 지냈으며, 1976년에 상원의원에 당선되어 네 번 연임한다.

이 책이 쉽게 읽히는 이유는 상당 부분 불확실한 일반화에 의존했기 때문이다. 이는 이따금 진부한 고정관념으로 흐른다.[19] 유대인은 지능과 근면한 점에서 으뜸이었다. 어리둥절한 푸에르토리코인은 체제를 이용하는 법을 이해할 수 없었다. 흑인은 차별의 유산에 맞서 싸웠는데, 켄터키주 정부의 도시 정책은 그들에게 필요한 지원을 제공한다. 이탈리아인은 "지성의 결핍" 탓에 밀려나고 있었다.[20] 글레이저와 모이니핸은 야비한 여담으로 "'어느 이탈리아계 미국인이 뉴욕시장 후보에 나간다고 선언한 날' 식사 중에 '이탈리아인들이 정말로 열등한 종족이 아니라면, 그들은 내가 본 열등한 종족을 가장 잘 모방했다'고 발언한 세계적으로 유명한 예일 대학교 교수"의 발언을 인용한다. (나중에 마리오 프로카치노*에 대한 얘기도 나온다. 그는 당선을 너무도 확신한 나머지 뉴욕시 관저 바닥에 새로 깔 리놀륨을 주문했다고 한다.) 이탈리아인 얘기는 신경 쓸 필요 없다. 어쨌거나 미래는 희망적으로 보였다.

1970년에 나온 『도가니를 넘어』 개정판은 매우 다른 느낌을 주었다. 글레이저는 새로 쓴 긴 서문에서 자신들의 독특함을 고집스럽게 주장한 흑인 전사들의 출현을 유감스럽게 보았다. 그는 이렇게 한탄했다. 이제 "우리는 흑인과 백인이라는 새로운 한 짝의 범주로 이동하는 것으로 보이고, 그것은 불길한 일이다."[21] 20세기의 4분의 3이 지난 시점에 미국 백인성이 도달한 지점이 그곳이었다. 민권운동은 블랙파워의 추한 망령을 배태한 것 같았다. 백인을 소원하게 만드는 원인이었다. 미국의 백인들은 맬컴 엑스가 그들에게 씌운 백인 유죄의 짐을 거부하면서 이탈리아계 미국인과 유대계 미국인, 아일랜드계 미국인으로 형태를 바꾸고 있었다. 이들의 공통점은 흑인이 아니라는 데 있었다.** 기본적으로 백인 대 흑인은 미국의

• 　1912~1995. 이탈리아 태생의 이민자. 1969년 뉴욕시 시장 선거에 민주당 후보로 나섰다가 패했다 — 옮긴이주.

인종 구도로 충분했다. 당분간은 말이다.

•• 네이선 글레이저는 1975년 『긍정적인 차별: 민족적 불평등과 공공정책*Affirmative Discrimination: Ethnic Inequality and Public Policy*』에서 차별철폐 조치를 처음으로 전면적으로 거부했다. 1997년 그는 『이제 우리는 모두 다문화주의자다*We Are All Multiculturalists Now*』에서 마지못해 (일시적으로나마) 다문화주의를 수용한다.

28

미국 백인성의 네 번째 확대

미국 민권운동과 블랙파워 운동이 선동적이고 언론을 지배하기는 했지만, 대다수 백인은 그러한 소동이 자신들과 깊은 관계가 있다고 생각하지 않았을 것이다. 이들은 자기 힘으로 성공했다고, '인종'은 언제나 자기 힘으로 성공하지 못한 흑인을 의미한다고 생각했을 것이다. 실제로 1960년대에 '유럽 인종' 담론은 완전히 시대에 뒤졌다. 한때 인종에 관한 필독서였던 윌리엄 Z. 리플리의 『유럽의 인종』 같은 책들은 이제 재고가 쌓여 할인판매에 들어갔고, 유대인이 아닌 사람이 유대인을 한 인종으로 언급하면 곧장 반유대주의자의 대열에 끼게 되었다.

한 세대 전에 유대인과 이탈리아인에게 '인종'이라는 꼬리표가 달렸음을 기억하는 사람들은 과거에는 '인종'이 더 느슨한 의미로 쓰였다고 반박했을지도 모른다. 맞는 말이다. 그러나 '인종'의 모든 용법은 흑인이나 백인, 황인종, 갈색인종, 적색인종 등 어떤 사람들에 쓰였든 언제나 느슨했다. 인종의 숫자에 관해, 심지어는 백인종의 숫자에 관해서도 합의가 이루어진 적은 없다. 개인의 취향과 정치적 필요에 따라 기준은 늘 변한다. 그렇지만 지난 시절 짐 크로법이 '유색' 인종을 백인과, 그리고 대체로 격리의 장막 뒤에 가려진 아프리카계 미국인과 구분한 것은 분명하다. 제2차 세계대전 종전 직후 합법적 분리가 종식되면서 전국적으로 흑인의 가시성은 전에 없이 증가했다.

동시에 곧 다른 변화가 찾아오면서 미국인의 '인종' 이해는 크게 바뀐다. 당시에는 그다지 주목을 받지 못했으나, 1960년대 중반의 개방성은 흑/백의 피부색 기준을 뛰어넘었다. 1965년 특히 아시아인과 관련하여 북유럽 기조의 앞선 이민 법령에 배치되는 이민국적법(하트셀러법)이 제정되었다. 이 법으로 서반구와 아프리카에서 들어오는 이민이 더욱 폭넓게 허용되었다. 여기에 인구 혁명의 씨앗이 들어 있었다.

1965년 이후에 새로이 미국에 들어온 이민자 중에는 유럽이 아닌 지역에서 온 사람들이 압도적으로 많았다. 이들은 미국이 원래 가지고 있던 인종 구성을 완전히 바꾸었다. 엄청나게 늘어난 아시아인이 곧 본토 태생의 백인보다 더 영리하며 결국에는 더 부유하다는 평가를 받았다. 2000년에 라틴아메리카 출신은 전체 인구의 13퍼센트를 차지하여 아프리카계 미국인을 밀어내고 가장 많은 소수민족이 되었다.

국민의 인종 구성을 다른 어느 나라보다 잘 기록한 미국의 인구조사는 1940년대에 스페인 성을 가진 잡다한 사람들을 헤아리고 이들을 성급히 '히스패닉'으로 뭉뚱그림으로써 조금씩 라틴아메리카인에 주목했다. 더없이 조잡한 측정 방식이기는 했으나 1977년까지 이러한 방식이 지속되었다. 그 시기에 와서 연방정부는 민권법의 시행을 위해 좀 더 정확한 인종 통계가 필요했다. 이를 위해 백악관 관리예산처는 통계정책명령 제15호를 발포했다.

여기에 주목할 만한 변화가 있다. 20세기 초 인종적으로 긴장된 시절에 중앙정부에서 지역 정부에 이르기까지 모든 수준에서 행정부는 미국인을 인종으로 분리하는 법을 제정했다. 짐 크로법의 격리는 동등하되 분리한다는 것으로 생각되었으나 실제로는 도서관이나 학교, 수영장, 투표소 등 어디서든 백인이 아닌 자들을 배제하여 차별했다. 1964년 민권법과 1965년 투표권법으로 이 모든 것이 서서히 바뀌었다. 그 결과로 20세기 말이 되면 국민을 인종으로 구분하여 집계해야 한다는 논거는 민권법의 시행을 위한 수단으로 변했다. 통계정책명령 제15호는 통계청을 비롯한 연방기구에 네 인종(흑인, 백인, 아메리카 원주민/알래스카 원주민, 아시아인/태평양 도서인)과 하나의 소수민족 범주(히스패닉/라티노. 인종적 구분이 아니다)에 따라 자료를 수집하라고 명령함으로써 미국 사회 전역에서 인종과 소수민족의 분류 조건을 정했다. 정교한 분류는 민권에 이로웠지만 혼돈의 길을 열었다.

이러한 지침에서 히스패닉/라티노 범주는 엄청난 혼란을 예고했다. "비非히스패닉 백인non-Hispanic white"이라는 범주가 있으니 히스패닉 백인도 존재한 게 아닌가? 그렇기도 하고 아니기도 하다. 그리고 다른 얘기도 가능하다. 2000년 인구조사에 주어진 인종 선택 문항에서 라티노의 42.2퍼센트가 '흑인'이나 '백인'이 아닌 '기타 인종'에 표시했다. 미국인의 6퍼센트에 가까운 숫자가 일종의 인종적 중간지대에 빠진 것이다.[1]

게다가 2000년 미국 인구조사는 다인종 정체성에 대한 더 깊고 개인적인 인식을 늘려야 했다. 응답자들은 처음으로 자신을 열다섯 개의 '인종' 정체성 중에서 하나 이상에 속한다고 설명할 수 있었다. 과거에 흔히 그랬듯이 인종 목록에 민족이 포함되었고, 이는 더 큰 혼란을 초래했다.[2] (도판 28.1, 2000년 미국 인구조사 질문 제6번 참조) 이러한 확장으로 이제 126개의 소수민족 집단과 (순혈주의자들에게는) 63개의 인종이 인정되었다. 인종 개념이 심하게 희석되어서 효과를 상실했음을 알아보는 데는 특별한 분석 능

> ☞ **❻ What is this person's race?** *Mark ☒ one or more races to indicate that this person considers himself/herself to be.*
>
> ☐ White
> ☐ Black, African Am., or Negro
> ☐ American Indian or Alaska Native—*Print name of enrolled or principal tribe.* ⬇
>
> _____
>
> ☐ Asian Indian   ☐ Native Hawaiian
> ☐ Chinese   ☐ Guamanian or
> ☐ Filipino   Chamorro
> ☐ Japanese   ☐ Samoan
> ☐ Korean   ☐ Other Pacific
> ☐ Vietnamese   Islander—
> ☐ Other Asian—*Print race.* ⬇ *Print race.* ⬇
>
> _____
>
> ☐ Some other race—*Print race.* ⬇
>
> _____

28.1 2000년 미국 인구조사 질문 제6번

력이 필요하지 않았다. 인종 간 섹스가 늘면서 분류법은 한층 더 빠르게 무너졌다.

이 점에서 새로운 것은 없다. 미국인의 무질서한 성생활 습성은 언제나 뚜렷한 인종 구분선을 넘나들었고 인종 사상가들을 미치게 만들었다. 아시아인과 아메리카 원주민이 가장 높은 인종 간 결혼 비율을 보였지만, 아프리카계 미국인을 비롯한 다른 이들도 이제는 종종 자신들의 인종-민족 집단 밖의 사람들과 결혼하여 자식을 낳았다. 1990년경 미국인 가족은 매우 이질적이어서 백인의 7분의 1, 흑인의 3분의 1, 아시아인의 5분의 4, 아메리카 원주민의 20분의 19가 다른 인종 집단에 속한 사람과 가까운 친척이었다. 젊은이의 약 12퍼센트가 스스로 다인종에 속한다고 생각하는 상황에서, 2050년이 되면 백인과 흑인의 10퍼센트, 라티노와 아시아인, 아메리카 원주민의 50퍼센트 이상이 자신들의 인종 집단 밖에 있는 사람과 결혼할 것으로 예상된다.[3]

미국에서 매우 많은 비백인과 백인이 닥치는 대로 결혼하는 상황에서 유럽 이민자의 후손들 사이에 세워졌던 장벽은 대체로 사라졌다. 1980년에 이르러서는 결혼한 백인 네 명 중 세 명은 이미 민족의 경계를 넘어섰다. 한 세대가 더 지나면 백인 미국인의 조부모 네 명이 같은 나라 출신인 경우는 거의 없다.[4] 크레브쾨르의 유럽에서 유래한 "미국인, 이 새로운 인간"이 도래했다. 윌리엄 Z. 리플리는 1908년에 특히 이탈리아 남자와 아일랜드 여자의 "조화롭지 못한" 교접을 걱정하며 이러한 결과를 예견했다. 그러나 지금이라면 그는 그러한 '인종적' 혼합이 미국인을 추하게 만들리라는 예견을 거두어야 할 것이다.

1940년대 유럽인 이민자의 후손을 지칭하는 말로 '소수민족'이 '인종'을 대체했을 때부터 인종의 문턱이 낮아졌음을 앞서 보았다. 백인에게 썼던 '인종 집단racial groups'도 죽은 범주가 되었다. 백인이 심히 뒤섞인 것이 한 가지 이유가 된다. 마지막으로 단순히 피부가 희다는 특권적인 속성은 작금의 상황에서 중요성이 떨어진다. 반면 검다는 오점은 치명성이 줄어든 것 같다 (한때 백인처럼 보이는 사람을 저주하는 데 흑인의 피 단 한 방울이면 족했다).

20세기로 돌아가 보자. 백인은 더 아름답고 강하고 영리할 뿐만 아니라 부유하다고, 최소한 중간계급으로 추정되었다. 시민이자 학자로서 그들은 알아야 할 것을 말했고 다른 사람들에 관한 연구를 독점했다(그러면서도 자신들은 전혀 평가나 조사를 받지 않았다). 프랜시스 A. 워커와 윌리엄 Z. 리플리를 생각해보라. 그들에게는 정식 교육과 뉴잉글랜드 가문, 유용한 연줄이

권위를 보장했다. 반백 년 뒤 민권운동 시대의 격변으로 상황은 역전되었다. 백인이 면밀한 조사를 받은 것이다. 맬컴 엑스와 제임스 볼드윈을 생각해보라.

민권 혁명 중에 미국 남부가 철저히 조명을 받을 때, 백인성을 면밀히 연구한 초기 인사 중 한 사람이 조지아주 북부에서 등장했다. 남부의 백인 수필가이자 소설가로서 일생의 동반자인 폴라 슈넬링과 함께 소녀를 위한 멋진 여름 캠프를 조직한 릴리언 스미스(1897~1966)가 『꿈을 죽이는 자들 *Killers of the Dream*』(1949/1961)에서 자신이 살던 남부를 뛰어나게 묘사했다. 책은 남부 문화를 병리적이라고, 백인 우월주의자인 남부인들은 섹스와 범죄, 인종차별의 악순환에 빠졌다고 조롱했다.[5]• 백인성을 도덕적으로 병들었다고 묘사한 이 책은 큰 영향력을 행사했다.

스미스에 이어 텍사스의 백인 기자 두 명이 흑인을 가장함으로써 백인을 비판했다. 존 하워드 그리핀(1920~1980)은 피부를 검게 칠하고 남부 곳곳을 여행하면서 잡지에 글을 연재했다. 이는 1961년 『블랙 라이크 미*Black Like Me*』로 출간되었다. 세계적 베스트셀러인 『블랙 라이크 미』는 1964년 장편영화로 제작되었다. (당시 작가였고 나중에 선구적인 여성사가가 되는 게르다 레너가 각본을 썼다.) 『블랙 라이크 미』에 나오는 남부 백인들은 정말로 변태적이고 역겨운 무리였다. 여자들은 이웃의 흑인을 "증오의 시선"으로 바라보며 인간 대접을 하지 않았고, 흑인성에 대한 남자들의 관념은 처음부터 끝까지 포르노그래피였다.[6] 그리핀은 그레이스 할셀(1923~2000)에게 영

• 『꿈을 죽이는 자들』에는 귀스타브 드 보몽의 『마리』를 떠올리게 하는 일련의 인종 정체성 오류가 보인다. 어린 릴리언의 어머니가 애초에 백인으로 보였으나 나중에 유색인으로 밝혀지는 아이를 거부한다.

감을 주었다. 할셀은 피부를 검게 물들여 흑인 여성을 가장했다. 다소 이상하게 보이기는 했지만, 그녀가 『흑인 여성Soul Sister』(1964)에 썼듯이, 북부와 남부에서 똑같이 인종주의자들의 모욕을 유인하기에는 충분할 정도로 검었다.[7]• 1990년대가 되면 백인성은 더는 숨겨진 규범이 아니었으며, 학문 영역에서 백인에 대한 비판적 연구가 흑인 연구의 형태로 싹트고 있었다.[8]

백인성에 관한 비판적 연구는 1991년 데이비드 R. 로디거의 『백인성의 임금: 인종과 미국 노동계급의 형성The Wages of Whiteness: Race and the Making of the American Working Class』과 1995년 노엘 이그내티에브의 『아일랜드인은 어떻게 백인이 되었나How the Irish Became White』로 시작되었다. 19세기 백인 정체성의 창조에서 노예제와 흑인이 중심이었다고 본 이 두 책은 유럽인 이민자 노동계급, 특히 아일랜드인이 미국적 상황에서 백인으로 분류되는 방식을 어떻게 이용했는지 밝혀준다. 아일랜드인들은 작업장과 노동조합, 정치를 장악했다. 그들은 상향 이동의 중요한 단계들을 밟아갔다. 그리고 중간계급 지위를 획득함으로써 곧 완전한 미국인이 되었다.

이후 백인성의 의미를 해부하는 책과 논문이 쏟아져 나왔다.[9] 백인성 연구는 흑/백 이분법에서는 대체로 보이지 않는 백인종을 조명한다. 이 연구에서 백인성은 생물학적인 개념이 아니라 사회적인 개념으로 나타난다. 백인으로 하여금 자신을 한 사람의 개인으로 생각할 수 있게 하는 강력한 사회적 개념인 것이다. 백인이 자신을 인종으로 취급하지 않을 수는 있겠지만, 백인의 특권은 백인종 정체성의 중대한 일면으로 드러난다. 동시에 다른 많은 특징, 즉 계급과 지역, 젠더, 나이, 강건한 신체, 성적 지향 전부 이 특권의 현시에 영향을 준다.

•   그레이스 할셀은 흑인으로 지낸 뒤에 아메리카 원주민 행세를 했으며 나중에는 이스라엘에 관한 논평으로 시온주의자들의 화를 돋우었다.

오늘날 백인성 연구는 동시대 인종 경계의 투과성을 분석한다. 여러 인종에 속하는 사람은 19세기와 20세기의 경우와 대조적으로 자신이 별개의 범주에 속한다고 주장할 수 있다.[10] 그러나 이전 시대에는 아무리 먼 조상일지라도, 단 한 명의 흑인 조상만 있어도 흑인성의 영원한 '오점'이 따라와 한 사람을 흑인으로 만들 수 있었다. 귀스타브 드 보몽의 주인공 마리의 경우가 그렇다. 인종은 정체성의 중심이었고, 사람들은 특히 낙인찍힌 인종의 경우에 영원히 태어난 상태 그대로 머문다고 추정되었다. 랠프 월도 에머슨의 말을 빌리자면, "2천 년 동안 어느 기후에 있든 동일한 특성과 직업을 유지한 유대인의 경우에 인종은 지배적인 영향력이다. 흑인의 경우에 인종은 섬뜩할 정도로 중요하다."[11] 앞서 보았듯이 토머스 제퍼슨 같은 유력인사도 노예와 안정적이고 친밀한 관계를 맺고 아이를 가짐으로써 이율배반의 행태를 보이기는 했지만 인종 순수성이라는 이상에 굴복했다(그는 인종 간 섹스는 분명코 퇴화를 초래한다고 주장했다).[12] 오늘날에는 오로지 백인 우월주의자와 나치만이 백인종의 순수성을 맹신한다.

색슨족과 앵글로색슨족, 북유럽의 백인들에게서만 볼 수 있다고 추정된 매력적인 속성들은 오늘날 다른 곳에서도 발견된다.* 백인이 아닌 미스 아메리카가 연이어 나온 뒤 제니퍼 로페즈와 비욘세 놀스가 할리우드의 미녀로 추앙받고, 비제이 싱과 타이거 우즈, 비너스 윌리엄스와 세리나 윌리엄스 자매는 엘리트 스포츠를 지배하고 있으며, 로버트 존슨(흑인 연예 텔레비전 BET 창립자)과 빌 코스비, 금융가 앨폰스 플레처 주니어는 수백만 달러를

---

* 21세기에도 여전히 버티는 자들은 백인-앵글로색슨족-프로테스탄트라는 이상화된 관념을 고수한다. 이를테면 하버드 대학교의 정치학자로 지금은 사망한 새뮤얼 헌팅턴의 『우리는 누구인가?: 미국 국민 정체성에 대한 도전Who Are We?: The Challenges to America's National Identity』(2004)를 예로 들 수 있다.

벌어들였고, 오프라 윈프리는 부자이며 유명인사다. 콜린 파월과 콘돌리자 라이스는 국무부 장관을 지냈고, 앨버토 곤잘러스는 법무부 장관을 지냈다. 권력과 아름다움을 결합한 사례로 더욱 적절한 사람은 미국 대통령 버락 오바마이다. 영부인 미셸 오바마는 20세기였다면 단지 피부색 때문에 추한 사람이라고 비난을 받았겠지만 세계무대에서 아름다움과 지성의 상징으로 두각을 나타냈다. 오늘날 백인이라는 사실은 과거의 의미를 잃었다.

그러므로 '미국인'이 네 번째로 크게 확대되고 있다는 결론은 합리적이다. 인종은 아직도 힘을 발휘하고 있을지는 모르나 법으로 인정받지 못하는 상황에서 예전처럼 중요하지는 않다. 남아시아인과 아프리카계 미국인, 히스패닉 등 어두운 피부색을 지녔으나 부자가 된 사람들과 출신을 불문하고 옅은 피부색을 지닌 아름다운 사람들은 지금 포용되고 있다. 그렇다면 미국에서 인종은 종말을 고한 걸까?

21세기에 들어서면서 서서히 그렇게 보였다. 1997년 미국 자연인류학회는 미국 정부에 인종을 자료의 범주에서 단계적으로 제거하고 대신 민족이라는 범주를 쓰라고 촉구했다.[13] DNA(우리의 몸에 환경에 반응하도록 지시를 내리는 유전자의 구성 물질)를 연구하는 유전학자들도 인종은 생물학적 범주로서 의미가 없다고 결론을 내렸다.

인간의 형질유전을 환경과 연관 짓는 관행은 고대까지 거슬러 올라가 찾아볼 수 있지만, 19세기 초 인종사상가들은 그 관념을 뒤집어 인종을 내재적인 우월함과 열등함의 영구적인 표지로 여겼다. 1850년대에 찰스 다윈의 『종의 기원』이 발표되면서 환경이 유전형질에 미치는 영향은 구원을 받았다. 다윈은 성서의 5천 년보다 훨씬 더 오래된 세계를 설명하면서 형질유전은 고정된 것이 아니며 생물체는 세대를 거치며 주변 환경에 따라 변한다고 추론했다.[14] 리플리 같은 인종사상가들은 19세기 말에 다윈의 진화론을 선별적으로 재해석하여 자연선택을 동등하지 않은 인종들 간의 경쟁으로 바꿔놓았다. 비슷하게 우생학자들도 가담하여 그레고어 멘델이 발견한 형질유전을 다듬어 인종적 단위 특성(이를테면 지능)의 이론을 만들어냈다. 1953년 제임스 왓슨과 프랜시스 크릭이 형질유전의 기능적 단위 즉 유전자를 운반하는 염색체 속의 분자인 디옥시리보핵산DNA을 발견하면서 분자유전학 분야가 출현했다.* 유기체의 각 세포에 들어 있는 모든 유전자의 총합인 게놈은 우선은 과실파리 같은 단순한 유기체에서, 이어 큰 동물에서, 그리고 인간 게놈에 이르기까지 기능에 따라 서열 데이터베이스를 구축할 수 있다. 완전한 인간 게놈에 가까이 다가갈수록, 그것을 완성하려는 경쟁은 뜨거워지며, 더 많은 학자가 그 의미를 해석하려 한다.[15]

인종 이론에 대못을 박은 것이 바로 이 분자유전학이다. 인간 게놈 지도가 완성되기 전인 1995년 미국과학진흥협회는 생물학적인 관점에서 인종은 과학적 타당성이 없다고 결론 내렸다. 이제 인종의 유일한 중요성은 여러 유형의 차별을 폐지하는 데 쓰일 사회적 범주로서만 의미가 있다. 주요 신문은 미국과학진흥협회에 관한 기사를 내보내며 이러한 제목을 달았다. "유전학은 말한다. 인종 따위는 없다고."[16] 인간 게놈 전체가 분석된 후에도 이 판단은 유지될 것인가?

2000년 6월, 빌 클린턴은 백악관에서 당시 여러 해 동안 진행 중이던 미국 국립보건원(정부기관)과 셀레라 지노믹스(민간 기업) 간의 경쟁이 무승부

* 환경에 반응하여 활성화되는 단백질 정보인 유전자는 DNA와 RNA로 이루어진다(그 기능은 이제야 이해되고 있다). 게놈이 유전자로만 구성되어 있는 것은 아니다. 게놈의 97 퍼센트는 다양한 종류의 DNA의 혼합으로 그 목적을 알 수 없는(목적이 있다면 말이다) DNA 덩어리라고 요약할 수 있다.

라고 선언했다.* 결과의 일부는 실망을, 나아가 경악까지 초래했다. 예를 들면, 인간은 100조 개의 세포에 약 4만 개의 유전자를 지닌 것으로 드러났다. 예상보다 적었다. 인간 같은 영리한 종에는 10만 개 정도의 더 많은 유전자가 있을 것으로 기대한 사람들에게는 꽤나 실망스러운 결과였다.[17] 당시 셀레라 지노믹스의 대표였던 크레이그 벤터는 이렇게 말했다. "인종은 사회적 개념이지 과학적 개념이 아니다. 우리는 모두 지난 10만 년 동안 아프리카를 벗어나 세계에 널리 퍼진 소수의 부족에서 진화했다." 각각의 인간은 다른 모든 인간의 유전 물질을 99.99퍼센트 공유한다. 변이의 관점에서 말하자면 동일한 인종의 사람들이 상이한 인종의 사람들보다 더 다를 수 있다.[18] 유전적인 의미에서 모든 인간은, 모든 미국인은 아프리카인의 후손이다.

클린턴 대통령은 2000년에 어느 자리에서 다음과 같이 분명하게 얘기했다. "유전적 관점에서 모든 인간은 인종과 상관없이 99.9퍼센트 동일하다. 무슨 뜻인가 하면, 우리가 고대의 믿음에서 먼저 배운 것을 현대 과학이 확증했다는 말이다. 지구상의 생명에 관한 가장 중요한 사실은 우리가 공유한 인간성이다." 언론은 이 뉴스를 크게 다루었다.

뒤이어 유대인 사이에서 인종과 유전학에 관하여 흥미로운 논의가 진행되었다. 한 편은 유대인이 거의 언제나 하나의 인종으로 자처했으며 유대인 DNA 연구는 유대인 종교의 '부족적' 성격을 강조한다고 주장한다.[19] 다른

---

* 엄밀히 말하면, 분석된 인간 게놈은 모든 인간의 '유일한' 게놈이 아니었다. 인간의 유전자가 99퍼센트 비슷하지만 각 개인의 게놈은 독특하기 때문이다. 셀레라 지노믹스가 분석한 게놈은 특정 개인, 즉 회사 설립자인 크레이그 벤터의 게놈이었다. 따라서 셀레라 지노믹스가 보유한 '유일한' 인간 게놈은 특정한 백인 미국인의 게놈이다. 인간 게놈의 완전한 분석에는 거의 10만 달러가 든다. 따라서 이 정도로 자신에 대해 알고 싶은 사람은 거의 없다. 벤터의 유전자 배열은 당분간은 표준이 될 것이다.

편은 유대인성의 생물학적 토대를 지나치게 강조하여 초래될 수 있는 혼란을 경고한다. 유대인 남녀가 같은 한 벌의 유전자를 공유하지 않기 때문이다. 유대인 남성의 Y염색체는 세계적으로 비교적 높은 수준의 유사성을 보이지만 출신과 무관하게 중동인의 형태와 특별히 가깝다. 반면 대조적으로 유대인 여성의 미토콘드리아 DNA는 유사성이 그렇게 크지 않아서 유대인 남성이 자주 비유대인 여성과 결혼했다는 결론으로 이어진다.[20] (세계의 다른 여러 지역에서도 남녀 간에 유전적 불균형이 보인다는 점을 지적해야 한다. 예를 들면 영국에서 Y염색체는 남성 바이킹의 역사적 존재를 증언하지만, 미토콘드리아 DNA를 보면 로마에 정복되기 전 브리튼 제도 주민의 일반적인 유전적 배열인 켈트인의 것이 더 견고하게 남아 있다.)[21] 유대인성을 유전자 안에 들어 있는 어떤 것으로 취급하는 태도는 이미 이질적인 사회를 더 잘게 쪼갤 위험성이 있다.

인간을 인종에 따라 분류하는 것이 생물학적으로 무의미하다는 점은 학문적으로 합의된 문제였으나, 2002년 무렵에 인구 집단별로 DNA 유형을 구분하려는 연구가 조명을 받았다. 이 연구는 DNA가 아프리카인, 유럽인과 중동인, 동아시아인, 멜라네시아인, 아메리카 원주민 등 다섯 개의 큰 집단으로 구분된다는 이론을 제시했다. 이는 우연히도 요한 프리드리히 블루멘바흐와 대중적 견해의 분류법에 일치한다.● (혼란스러운 인종의 역사에 어울리게 2003년 『사이언티픽 아메리칸*Scientific American*』에 실린 한 연구는 인간을 네 개집단으로 분류하는 방식에 관해 이야기했다.) 『뉴욕 타임스』는 이 연구에 관한 기사에 긴 천연색 막대그래프를 그려 넣었다. 기사는 마지막 단락에 가서야 모든 인간이 "대부분의 유전적 변이를 공유"하지만 도표는 "매우 큰 공통의

●　코 앤 파우스토스털링에 따르면 닐 리시와 그의 동료들은 심지어 유럽인과 중동인의 그룹에 블루멘바흐의 용어인 '코케이션'을 쓴다.

형질유전이 아니라 이 유전적 차이"를 토대로 삼았다고 설명한다.[22] 요컨대 이 도표는 압도적인 유사성은 거론하지 않고 차이만 크게 과장한다는 점에서 유용하지도 않고 정확하지도 않다.[23] * 인종주의적 사고에 적합하게 차이는 강조되고 유사성은 무시되었다. 생물학적 인종이라는 관념은 유전학으로 다시 출현하고 있었다.

이러한 성격의 재해석은 섬뜩할 정도로 익숙해 보였다. 자유주의적 사회과학자들과 유전학자들은 일부 유전학자들이 다시금 당뇨병과 심혈관계 질환처럼 계급과 역사의 상처에 뿌리를 내린 것 같은, 인종적 상위를 반영하는 질병의 유전적 원인을 탐색하고 있다고 걱정했다. 그러한 사고방식에서는 그러한 질병들이 피부색과 머리카락 구조 같은 외형적 특징을 지배하는 소수의 유전자가 아니라 환경과 여러 유전자의 상호작용 간의 복잡한 작용과 반작용에 기인한다는 분명한 사실이 사라져 보이지 않는다.[24] 게다가 유전학은 빈곤과 사회적 혼란, 불평등한 보건 이용을 다루기보다는 계급과 인종의 현상 유지를 강화하여 20세기 초 유전학의 유전론 신조를 되풀이할 가능성이 있다.[25]

2002년에서 2005년 사이에 인종의 유전적 차이에 대한 이러한 강조는 의학을 파고들었고, 의사들과 제약회사들은 인간이 인종으로 구분되고 의학도 인종으로 구분된다는 관념을 밀어붙였다. 이들은 흑인에 관해 이야기하고 있었다.[26] 유럽 유대인의 후손인 사람들의 테이색스 병과 스웨덴 사람들의 혈색소침착증같이 특정 주민 집단에서만 발병하는 유전병의 매우 명백한 사례들이 백인만 걸리는 질병인데도, 그들은 흑인을 이야기했다.[27]

• 여기에 쓰인 방법론은 Alu유전자와 SNP(단일유전자변이)의 추적인데 Alu와 SNP가 인간 행동에서 어떠한 적극적 역할을 하는지 설명하지 못한다.

흑인으로 해석되는 인종 정체성은 또한 2004년 완벽한 마케팅 기회를 제공했다. 제약회사 니트로메드가 심장병 치료제로 최초의 인종 약품인 비딜BiDil(이소소르비드 이질산염과 히드랄라진 염산염의 혼합물)의 승인을 신청했다. 사실을 말하자면 비딜은 이 회사가 대체로 효과가 없던 오래된 약품을 흑인에게 팔아먹으려고 다시 포장한 것이다. 식품의약품국FDA은 처음에는 거부했지만 2005년에 승인했고, 그래서 비딜은 현재 아프리카계 미국인을 대상으로 광고되고 있다. 일반적으로 입수할 수 있는 두 약품의 혼합인 비딜은 회사에 큰 이익을 안겨주고 있다. 비딜은 비록 지금 사회의 특정 부문에만 팔리고 있지만 심장병을 앓는 일부 환자에게 실제로 도움이 된다.[28]

인간 게놈에서 인종을 둘러싼 논거는 인간의 외모에 관하여 몇 가지 흥미로운 자료를 남긴 채 최근 퇴조했다. 지배적인 인종적 구도는 이제 한 번 더 피부색의 개념에, 즉 '검은' 사람과 '흰' 사람에 의존한다. 그러나 널리 인정되는 바는 '검은' 사람이 실제로 갈색과 노란색의 다양한 색조를 지녔지만 '흰' 사람들도 마찬가지라는 사실이다. 그들은 단지 약간 더 옅고 때로 분홍빛을 더 많이 포함한 색깔을 지녔을 뿐이다. 18세기 말에 블루멘바흐가 깨달았듯이, 한 집단의 피부색은 점차 다른 집단의 피부색으로 조금씩 변한다. 뚜렷하게 구분되는 경계는 전혀 없다. '흑인'으로 확인되는 사람들 중 일부는 '백인'으로 확인되는 다른 사람들보다 더 옅은 피부색을 가질 수 있다. 같은 어머니와 아버지 밑에서 태어난 형제자매가 다양한 피부색을 보여줄 수 있다. 인종은 색소의 문제일지도 모른다. 그러나 사람의 피부색을 옅거나 짙게 하는 것은 무엇인가?

피부색은 두 종류의 멜라닌 즉 빨간색에서 노란색까지의 페오멜라닌과 짙은 갈색에서 검은색까지의 유멜라닌이 햇빛에 반응하여 생겨난 부산물이다.[29] 여러 유전자가 서로 반응하여 사람들의 색깔을 옅거나 짙게, 불그스름하거나 갈색, 노란색으로 보이게 한다. 고대의 학자들은 피부색을 기후와 연관지었는데, 이는 그들 스스로 알던 것보다 더 현명한 판단이었다. 오늘날의 생물학자들도 동의한다. 사람들이 피부에 어떤 멜라닌을 얼마큼 갖고 있는지, 그것이 어느 정도로 발현되는지는 전적으로 태양의 자외선에 노출된 시간이 결정한다. 멜라닌은 과도한 자외선 방사를 막아주는 동시에 자외선이 충분히 신체 안으로 들어오게 한다. 지나치게 많은 자외선은 피부암을 일으켜 죽음을 초래할 수 있다. 비타민 D와 B3(폴산염)가 결정적인 역할을 한다.

비타민 D와 비타민 B3는 또한 생명의 중요한 활동인 임신에 기여한다. 폴산염이 부족하면 골수의 성장이 방해를 받으며 신경관에 결함이 생기고 새로운 세포의 생성이 중단되어 기형이 초래된다. 그러나 자외선이 파괴하기만 하는 것은 아니다. 자외선은 칼슘의 흡수와 뼈의 성장에 결정적으로 중요한 비타민 D를 생성한다. 햇빛으로부터 비타민 D를 충분히 만들어내지 못하면 칼슘의 흡수가 방해를 받아 뼈가 약해진다. 번식과 관련하여 말하자면, 피부색은 DNA 합성에 충분한 어둠과 비타민 D의 흡수에 충분한 밝음 사이의 균형을 보여준다. 인간이 세계 곳곳으로 퍼져나가면서 그들의 피부색은 조정을 거쳤다.

인간 종의 기원은 약 120만 년 전 아프리카에 있다. 침팬지 같은 영장류에서 진화한 것이다. 다른 많은 동물처럼 침팬지도 검은 털 밑에 옅은 피부를 갖고 있다. 두터운 털가죽을 벗어던진 인간은 빠르게 검은 피부를 갖게 되었고, 약 10만 년 전 아프리카를 떠나 구름이 더 많이 끼는 지역으로 들어갈 때까지 검은 피부를 유지했다가, 북유럽과 북부 아시아같이 어둡고 싸늘한 곳에 살면서 다른 색으로, 이번에는 검은색에서 밝은색으로 피부색이 바뀌었다. 옅은 피부색의 유럽인과 아시아인은 유럽과 아시아에서 상이한 유전적 과정을 거치며 색소를 잃었다.

인간은 자연선택을 통해 무척 빠르게, 대략 1천 년 안에, 아니면 다른 피부색을 지닌 짝을 선택함으로써 즉시 피부색을 바꿀 수 있다.● 예를 들면, 극지방에 사는 사람들은 시간이 흐르면서 강력한 자외선을 막느라 피부색이 다시 어둡게 변했다. 지구온난화로 지구가 더 많은 자외선에 노출되면서, 인간은 멜라닌 결핍으로 값비싼 대가를 치를 수도 있다.

요컨대 인간은 다양한 방식으로 피부색이 바뀐다. 계절에 따라 바뀌기도 하고 화장으로 바꿀 수도 있다. 멜라닌이 부족한 사람은 이미 선크림을 사용하거나 부지불식간에 더 어두운 피부를 가진 사람과 결혼하여 후손을 보호하기 위한 조치를 취하고 있다. 여러 인종의 피가 섞인 가족의 구성원은 부모의 피부색이 영구적인 것이 아님을 안다. 섹스가 즉각 다음 세대에 영향을 미치기 때문이다. 게다가 인간 염색체 제15번의 SLC24A5 유전자가 변이하면 피부가 곧 다소 검게 바뀔 수 있다. 이 책을 읽는 독자는 지구 온난화가 인간의 피부색에 미치는 엄청난 효과를 볼 수 있을 만큼 오래 살지 못하겠지만, 호모 사피엔스가 존속하는 한 그러한 변화는 분명히 일어날 것이다.

그렇다면 마지막으로 묻자. 피부색과 인종에 관해 무슨 말을 할 수 있는가? 인종적 사고방식에 따르면, 인종과 피부색은 일치해야 한다. 그렇기에 인종은 피부색을 따라 '흑인', '백인', '황인', '적인'으로 지칭되었다. 그리고

● 20세기 중반 네이션 오브 이슬람의 이상한 이론은 기묘하게도 전체적으로 바보 같은 구도 안에 일말의 진실을 담았다. 네이션 오브 이슬람에 따르면, 어느 미친 흑인 과학자가 사악함에 대한 처벌로서 선택적 교잡을 통해 흑인을 백인으로 바꿔놓았다. 그러한 과학자는 존재한 적이 없지만, 실제로 수천 년에 걸쳐 상이한 기후에 거주한 결과로 흑인이 백인이 되었다.

인종은 타고난 것으로 불변이어야 한다. 그러나 18세기에 인종학이 발명된 이래로 피부색이 세대를 거치며 급격하게 변할 수 있음은 늘 분명했다. 필요한 것은 상이한 피부색을 지닌 사람들 간의 섹스가 전부다. 그리고 사람들이 만나면 그런 일은 곧 벌어졌다. 미국의 인구조사에서 보듯이 '혼성 인종'의 존재를 인정한다는 것은 인종이 영구적이지 않다고 인정하는 것이나 다름없다.

우리는 지금 어디에 있는가? 인간 게놈의 분석은 처음에는 전 세계의 인간이 혈족관계에 있음을 선언하는 계기가 되었다. 이후 인종 담론은 인종적 차이를 유전자에 새겨 넣었다. 그러한 담론은 사라지지 않았지만, 이상적으로 말하자면 우리는 인간의 짧은 역사 속에서 우리가 서로 피를 나누었음을 깨달을 것이다. 인종적 관점에서 말하자면, 인간의 부단한 이주 때문에 우리는 다인종 인간이 되었다.[30] 인간 게놈이나 민권, 인종 분리의 종식이 미국에서 인종의 폭정을 종식시켰다는 말인가?

그렇지 않다는 것이 거의 확실하다. 백인성이라는 범주가, 좀 더 정확히 말하자면 비흑인성이라는 범주가 실제적으로 확대되기는 했어도, 기본적인 흑/백 이분법은 지속되고 있다. 이전처럼 가난한 흑인은 미국인 개념 밖에 '퇴화한 가족'의 '외국인 인종'으로 남아 있다. 다문화적 중간계급이 교외와 대학 캠퍼스를 다채롭게 만들지는 몰라도, 고립된 도심에서 가난하게 살아가는 사람들의 피부색은 여전히 검은색이다.[31] 꽤 오랫동안 많은 평자가 돈과 인종 간 섹스로 인종 문제가 해결되리라고 주장했고, 실제로 그런 경우가 있다. 그렇지만 백인성의 반대로서 검은 피부의 가난은 지속되고 있다. 그 배후에는 가난한 사람들을 영원한 타자로, 본질적으로 열등한 존재로 낙인찍으려는 오래된 사회적 열망이 도사리고 있다.

누가 백인인가? 누가 미국인인가?

인간을 외모와 성격, 능력에서 영구불변의 유전적 특징을 갖는 상이한 인종으로 분류할 수 있고 그러한 속성에서 인종 간에 확연한 우열의 차이가 드러난다는 관념이 한때 지배적이었다. 이른바 인종주의이다. 이는 국제적으로는 우월한 인종이 열등한 인종을 지배하는 것을 정당화했고, 다인종 국가 안에서는 인종에 따라 정치적으로나 사회적으로나 권한과 지위가 차별적으로 부여되는 것이 당연하다는 관념을 퍼뜨렸다. 지금은 학문적으로 백인종과 흑인종, 황인종 따위로 인간을 분류하는 방식이 폐기되었고 인종주의적인 편견과 차별이 근거가 없고 부당하다는 것이 널리 인정된다고 할 수 있다. 과거에 '인종'은 곧 생물학의 문제였지만, 20세기 중반 이후로 '인종'은 하나의 이데올로기로 받아들여진다.

그렇지만 피부색을 기준으로 인종을 이야기하는 방식은 여전하며, 인종주의적 편견이 특히 미국에서는 사라졌다고 할 수 없을 것 같다. 미국 경찰에 의해 사망한 흑인들의 사례는 그 증거로 거론되곤 한다. 2020년 5월 미네소타 주의 미니애폴리스에서 46살 아프리카계 미국인 남성 조지 플로

이드가 경찰에 체포되던 중에 사망한 사건이 널리 항의를 촉발한 일은 국내에도 잘 알려져 있다. 2015년에 시작된 기획인 '경찰 폭력 조사Mapping Police Violence'가 2013년 1월에서 2021년 5월까지 미국 경찰에 죽임을 당한 9,179명을 대상으로 분석한 결과를 보면, 흑인은 전체 인구의 13퍼센트에 불과한데 경찰에 의해 살해된 사람의 27퍼센트이고 비무장 상태에서 경찰에 죽임을 당한 사람 중에서는 35퍼센트를 차지했다. 2013년부터 2021년까지 경찰에 죽임을 당한 흑인은 1백만 명당 61명으로 21명인 백인에 비해 거의 세 배 많다. 이러한 통계가 인종주의적 함의를 갖는다고 볼 수 있지 않을까? 특히 인종주의적 발언을 일삼은 도널드 트럼프가 대통령에 당선된 후 백인우월주의는 더 힘을 얻은 것 같다.

이 책은 백인성에 관한 연구이자 미국인 관념의 변화에 관한 연구이다. 저자는 '백인'이나 '백인성'이라는 개념이 어떠한 과정을 거쳐 만들어졌는지, 그리고 미국을 중심으로 어떠한 변화를 거치며 확장되었는지를 설명한다. 저자는 '백인성'의 주요 특성으로 여겨진 것들의 허구성을 폭로하여 그 관념의 토대를 허문다. 우선 '희다'는 속성은 유전이 아니라 환경에 의해 결정된다. 피부색은 인체의 멜라닌 색소가 햇빛에 반응하여 나타난 결과물이다. 그러므로 피부색은 환경에 따라, 지리와 기후에 따라 변할 수 있으며, 또한 상이한 피부색을 가진 사람들이 만나 자식을 낳으면서도 변한다.

백인종이 아름다울 뿐만 아니라 강인하고 지적으로 뛰어나다는 관념도 근거가 없다. 18세기에 아프리카인 노예무역이 성행하면서 흑인은 태생적으로 노예에 적합한 인종이라는 관념이 생겨났지만, 그 이전에 서구 역사에서 오랫동안 백인 노예가 있었다는 사실은 가려졌다. 그러므로 백인은 자유롭다는 관념도 지탱하기 어렵다. 저자가 여러 강연에서 직접 밝히고 있듯이 이 연구의 출발점은 왜 백인을 코케이션(코카서스인)이라고 부르는가라는 의문이었다. 오늘날 흑해와 카스피해 사이의 험준한 산악지대인 캅카스에서 백인의 명칭이 유래한 이유는 무엇인가? 두개골로 인간을 분류하는 데 관심이 있던 18세기 말의 독일 학자 요한 프리드리히 블루멘바흐는 수집한 인간 두개골 중에서 캅카스 지방의 조지아인 여성의 두개골에 아름다운 캅카스인이라는 이름을 붙여주었다. 캅카스 지방 여성이 희고 아름답다는 고대부터 지속된 관념을 무심코 받아들여 일개인을 인종의 대표로 삼은 것이다. 그 두개골의 주인은 러시아 군대에 포로로 잡혀 모스크바에 끌려가 성노예로 살다가 성병에 걸려 일찍 사망한 젊은 조지아인 여인으로 추정되었다. '백인' 관념과 전혀 어울리지 않는다. 오늘날 러시아에서 캅카스 지방의 체첸과 조지아는 검고 더럽다는 이미지를 갖고 있다.

또한 '백인종'이라는 관념은 고정된 적이 없다. 20세기 중반에 이르러 인종은 백인과 흑인, 황인으로 고착되지만, 단기적으로나 장기적으로나 인종의 숫자와 특성에 관하여 합의된 견해는 존재하지 않았다. 18세기 계몽사상 시대에 이른바 과학적으로 인종을 규정하고 분류하려는 시도가 이루어졌지만, 언제, 어디서, 누가, 누구에게 얘기하는가에 따라 인종의 숫자는 달랐다. 인종의 숫자는 물론 백인종도 단일한 인종이 아니었다. 블루멘바흐가 '백인'을 인종적 위계질서의 정점에 올려놓았지만, 인종학자들은 두개골 형태와 피부색, 키 등의 외적 요소로써 백인종 자체를 여럿으로 구분하고, 이러한 외적 기준에 따라 내적 자질도 다르다고 보았다. 진정으로 '백인'다운 인종은 말하는 사람에 따라 달랐다.

이는 특히 미국의 상황에서 살펴볼 문제이다. 이미 유럽에서 학자에 따라 앵글로색슨족과 튜턴인, 스칸디나비아인이 가장 '백인'다운 존재로, 반면 켈트인으로 분류되는 아일랜드인은 열등한 인종으로 규정되었다. 프랑스인과 독일인은 학자에 따라 곤란한 문제가 되었다. 이러한 관념은 미국에 처음으로 들어와 뉴잉글랜드에 정착한 순혈주의자들의 이념이 되었고, 차후에 들어오는 아일랜드인과 독일인, 이탈리아인, 동유럽의 슬라브인과 유대인은 '백인'이었음에도 앵글로색슨족-프로테스탄트라는 진정한 '미국인'의 범주에 들지 못하여 오랫동안 흑인과 여성에 비견되는 열등한 종족의 대우를 받았다. 이러한 관념에도 인종학과 우생학이 역할을 했다. 가난과 범죄, 질병 따위를 생물학적으로 이들에게 연결한 것이다. 전부 형질유전을 통해 이어져 내려온 것으로 생각되었다. 문제가 있었다. 앵글로색슨족 출신이지만 남부의 가난한 백인들을 어떻게 설명할 것인가? 결론은 유전이었다. 그들은 17세기와 18세기에 영국 제도에서 버려진 죄수들의 후손이었다. 그리하여 유전적으로 결함이 있는 자들로부터 사회를 보호하기 위해 강제불임시술과 지능검사 같은 조치를 시행했다. 그리고 인종의 뒤섞임이 결국 인종의 퇴화로 이어져 미국이 망하게 할 수 있다는 우려는 이민규제를 낳았다. 산업화가 본격화되면서 쏟아져 들어온 이민 노동자들이 공산주의 이념을 쉽게 받아들일 수 있다는 걱정도 인종주의적 해석을 낳았다. 20세기 초까지도 '인종'은 주로 백인을 의미했던 것이다.

이들은 미국의 정치적, 경제적 상황이 변하면서 차츰 받아들여졌다. 학문적으로도 유전이 아니라 환경이 인간을 설명하는 주된 요인으로 등장했다. 그러면서 '인종'이 아니라 인종주의적 편견이, 다시 말해 인종 차별의 주관적 성격이 관심의 대상이 되었다. 특히 제2차 세계대전이 백인 범주를 크게 확대시켰다. 그런데 이러한 '미국인'의 확대에 흑인은 포함되지 않았다. 당분간 인종 구도는 흑인 대 백인으로 고착된다. 그렇지만 민권운동의 성과와 아시아계 이민의 증가로 '미국인' 개념은 다시 한 번 확대되었다. 이제 '인종'은 종말을 고한 것처럼 보였다. 또한 DNA 연구를 통해 인간을 생물학적으로 분류하는 것은 무의미하다는 것이 인정되었다. 저자는 어느 강연에서

2013년 10월에 『뉴욕타임스』에 실린 기사를 인용한다. 기사 제목은 "두개골 화석은 인간의 계보가 더 단일하다고 암시한다"이다. 조지아에서 180만 년 전의 두개골 5개가 발굴되었다. 형태는 서로 다르지만 단일한 인간 집단의 것으로 판단되었다. 단 한 개의 두개골을 집단의 것으로 여긴 블루멘바흐의 경우와 반대이다.

정치가 사회나 국가의 자원을 분배하는 일이라면, 결국 인종도 정치의 문제이다. 인종은 세계적인 차원에서나 국가적인 차원에서나 권력과 자원을 독점한 자들이 그렇지 못한 자들을 열등한 존재로 규정하고 현상을 유지하고 정당화하기 위한 방편으로 만들어낸 이데올로기였다. 이 점에서 인종은 계급과 젠더, 그리고 국제적인 세력 질서와 교차한다. 캅카스 지방은 백인에게 코케이션이라는 이름을 주었지만, 그때나 지금이나 처지가 좋지는 못한 것 같다. 백인에게 이름을 준 두개골은 러시아 제국의 침공을 받아 포로로 끌려가 성노예 생활을 하다 죽은 조지아인 여성의 것이다. 2008년 조지아는 러시아의 침공을 받았다. 미국의 현실에 던지는 질문이지만, 저자의 마지막 말은 마음에 새겨둘 만하다. "인간 게놈이나 민권, 인종 분리의 종식이 미국에서 인종의 폭정을 종식시켰다는 말인가? 그렇지 않다는 것이 거의 확실하다. ……백인성의 반대로서 검은 피부의 가난은 지속되고 있다. 그 배후에는 가난한 사람들을 영원한 타자로, 본질적으로 열등한 존재로 낙인찍으려는 오래된 사회적 열망이 도사리고 있다." 한국에도 외국에서 이주한 사람이 많이 늘어났으니 우리에게도 여러 가지 생각할 것을 던져주는 책이다. 그리고 꽤 많은 학자와 그들의 저술을 다루고 있어 지성사에 속하니 그러한 관점에서 책을 읽어보는 것도 흥미로울 것이다.

주

머리말

1 예를 들면 다음을 보라. Ariela J. Gross, "Litigating Whiteness: Trials of Racial Determination in the Nineteenth-Century South," *Yale Law Review* 108, no. 1 (October 1998): 109~88, and Walter Johnson, "The Slave Trader, the White Slave, and the Politics of Racial Determination in the 1850s," *Journal of American History* 87, no 1 (June 2000): 13~38.

2 Martin Bernal, *Black Athena: The Afroasiatic Roots of Classical Civilization,* vol. 2, *The Fabrication of Ancient Greece, 1785~1985* (New Brunswick, NJ: Rutgers University Press, 1987), and "Race, Class, and Gender in the Formation of the Aryan Model of Greek Origins," *South Atlantic Quarterly* 94 no. 4 (Fall 1995): 786~1008, and Michele V. Ronnic, ed. *The Autobiography of William Sanders Scarborough: An American Journey from Slavery to Scholarship* (Detroit: Wayne State University Press, 2005), 175, 207, 243, 351.

1. 그리스인과 스키타이인

1 Norman Davies, *Europe: A History* (New York: Oxford University Press, 1997), 7. 19세기 학자들은 비록 고고학적 유적지와 언어나 생물학적 계보와의 상관성이 신뢰할 만하지 않기는 했지만 아리아인이나 인도유럽인 조상을 찾으려 했다. 다음을 보라. Peter S. Wells, *Beyond Celts, Germans and Scythians* (London: Duckworth, 2001), Malcolm Chapman, *The Celts: The Construction of a Myth* (New York: St. Martin's Press, 1992), and J. P. Mallory, *In Search of the Indo-Europeans: Language, Archaeology and Myth* (London: Thames and Hudson, 1989).

2 "Europe als Bewegung: Zur literarischen Konstruktion eines Faszinosm"(미발표 논문, 2001)

에서 Ottmar Ette는 유럽이라는 관념의 부존재성을 논의한다. 캅카스라는 관념처럼 유럽이라는 관념도 모호한 경계지대에서 생겨났다. 특히 5, 15~17을 보라.

3   Robert Bedrosian, "Eastern Asia Minor and the Caucasus in Ancient Mythologies," http://www.virtualscape.com/rbedrosian/mythint.htm.

4   Fritz F. Pleitgen, *Durch den wilden Kaukasus* (Cologne: Kiepenheuer & Witsch, 2000), 22~24, 26.

5   이 논의는 주로 다음에 의존했다. Wells, *Beyond Celts*, esp.74~77, 104.

6   Hippocrates, *Airs, Waters, Places*, part 23, in *Hippocrates, with an English Translation by W. H. S. Jones*, vol. 1 (Cambridge: Harvard University Press, 1923), 24.

7   Tony Judt, "The Eastern Front, 2004," *New York Times*, 5 Dec. 2004; Davies, *Europe*, 53. 다음도 보라. Bryan Sykes, *The Seven Daughters of Eve* (New York: W. W. Norton, 2001).

8   http://www.martinmchale.com/clan/celt.html.

9   http://www.livius.org/he-hg/hecataeus/hecataeus.htm.

10   Pergamon and Altes Museum, Berlin, in http://www.livius.org/he-hg/herodotus/herodotus03.html.

11   "Herodotus," *Encyclopædia Britannica Online*, 21 May 2007, http://www.search.eb.com/eb/article- 9040200.

12   O. Kimball Armayor, "Did Herodotus Ever Go to the Black Sea?" *Harvard Studies in Classical Philology* 82 (1978): 57~62, Cheikh Anta Diop.*The African Origin of Civilization*, ed. and trans. Mercer Cook (Chicago: Lawrence Hill, 1974), 1:115 (n. 3), and Frank Martin, "The Egyptian Ethnicity Controversy and the Sociology of Knowledge," *Journal of Black Studies* 14, no. 3 (March 1984): 295~325. 다음도 보라. J. Harmatta, "Herodotus, Historian of the Cimmerians and the Scythians," Giusepp.Nenci, "L'Occidente 'barbarico,'" and discussion, in *Hérodote et les peuples non grecs*, ed. Olivier Reverdin and Bernard Grange, Entretiens sur l'antiquité classique, vol. 35 (Geneva: Vandoeuvres, 1988), 115~30, 301~20. 다음도 보라. Michael Novak, *The Rise of the Unmeltable Ethnics: Politics and Culture in the Seventies* (New York: Macmillan, 1972), 96~97.

13   Herodotus, *Histories*, 4.75:239.

14   Francis R. B. Godolphin, "Herodotus; On the Scythians," *Metropolitan Museum of Art Bulletin*, n.s., 32, no. 5, From the Lands of the Scythians: Ancient Treasures from the Museums of the U.S.S.R., 3000 B.C.~100 B.C. (1973~74), 137. 인용은 다음. Herodotus, *Histories*, 4.64 and 4.65.

15   Herodotus, *Histories*, 4.67:236; 4.110~16:249~51.

16   Hippocrates, *Airs, Waters, Places*, part 24:135, 137.

17   Ibid.

18 Ibid., part 20:125.

19 Ibid., part 18:117, 119.

20 Ibid., parts 21~22:125, 127, 129.

21 Ibid., part 16:115; part 23:131, 133.

22 Ibid., part 16:115; part 23:131, 133.

23 Ibid., part 23:133.

24 D. C. Braund and G. R. Tsetskhladze, "The Export of Slaves from Colchis," *Classical Quarterly*, n.s., 39, no. 1 (1989): 114, 118~19; M. I. Finley, *Economy and Society in Ancient Greece* (New York: Viking Press, 1982), 169, 173; Orlando Patterson, *Slavery and Social Death: A Comparative Study* (Cambridge: Harvard University Press, 1982), 149~50.

25 British Broadcasting Corporation, "Ancient Greek Slavery and Its Relationship to Democracy," http://www.bbc.co.uk/dna/h2g2/A471467; Finley, Economy and Society in Ancient Greece, 167~73, 175.

26 M. I. Finley, "Was Greek Civilization Based on Slave Labour?" in *Slavery in Classical Antiquity: Views and Controversies* (Cambridge: Heffer, 1968), 150~52.

27 Herodotus, *Histories*, 4.1~4:215~18.

28 Ibid., 3.97:193.

29 Finley, "Was Greek Civilization Based on Slave Labour?" 146.

2. 로마인, 켈트인, 갈리아인, 게르만인

1 Tacitus, *Germania*, ed. and trans. J. B. Rives (Oxford: Clarendon Press, 1999), 21.

2 *The Geography of Strabo*, Loeb Classical Library, 8 vols., Greek texts with facing English translation by H. L. Jones (Cambridge: Harvard University Press, 1917~32), book 4, chap.4: 2, 238~39. Loeb edition on the web, http://penelope.uchicago.edu/Thayer/E/Roman/Texts/Strabo/home.html.

3 *The Geography of Strabo*, book 7, chap.1 (Loeb vol. 3, p.151), http://penelope.uchicago.edu/Thayer/E/Roman/Texts/Strabo/7A*. html.

4 고대 게르만인을 고상한 야만족으로 보는 것에 관해서는 다음을 보라. Audrey Smedley, "Race," *Encyclopædia Britannica Online*, 5 Sept. 2007, http://www.search.eb.com/eb/article-234682. 다음도 보라. Bruce Baum, *The Rise and Fall of the Caucasian Race: A Political History of Racial Identity* (New York: New York University Press, 2006), 37.

5 카이사르의 생애와 갈리아 전쟁이 그 생애에서 차지하는 위치에 관한 폭넓은 해석은 다음을 보

라. Arnold Toynbee, "Caesar, Julius," *Encyclopaedia Britannica Online*, 9 Sept. 2007, http://www.search.eb.com/eb/article-9737. 노예 매매와 로마 노예 거래의 역할에 관해서는 다음을 보라. Julius Caesar, *Seven Commentaries on the Gallic War*, ed. and trans. Carolyn Hammond (Oxford: Oxford University Press, 1996), 52, 62, 227.

6 Caesar, *Gallic War*, xxvii, 3. 카이사르의 세 구분은 지금은 익숙하지만 그 시대에는 이견이 있었다.

7 Ibid., 181, 183, 193.

8 Ibid., 51, 57, 66, also 104, 116, 158, 186, 193, 236~37.

9 Ibid., 186.

10 Ibid., 29, 31. 근대 프랑스에서 쓰인 언어 중에서 라틴어인 프랑스어보다 브르타뉴어(켈트어)가 카이사르가 말한 갈리아 언어와 더 가까운 듯하다.

11 Ibid., 3, 131.

12 Ibid., 124, 129~31.

13 Ibid., 33.

14 Ibid., 95~96.

15 Pliny the Elder, *Natural History: A Selection*, trans. and ed. John F. Healy (Harmondsworth, UK: Penguin Books, 1991), 89.

16 Ibid., 42~43, 75, 376.

17 Ibid., 75~78, 105, 122.

18 Tacitus, *Germania*, 77~78.

19 Ibid., 83.

20 Ibid., 81~83, 86~87.

21 Ibid., 52~57, 62~63.

22 Ibid., 77.

23 Ibid., 85.

24 Ibid., 78.

25 Ibid., 77.

26 Caesar, *Gallic War*, 37, 95~96. 다음도 보라. Norman Davies, *Europe: A History* (New York: Oxford University Press, 1996), 53, 84, 214~18.

27 Peter John Heather, "Germany," *Encyclopædia Britannica Online*, http://www.search.eb.com/eb/article-58082; Rives, in Tacitus, *Germania*, 64~71.

28 *Oxford English Dictionary Online*, http/dictionary.oed.com/cgi/entry/50094001=3fquery_type=3dword&queryword=3dgerman&first=3d1&max_to_show=3d10&sort_type=3dalpha&result_place=3d2&search_id=3dBPKR-KKy4Nh-5252& hilite=3d50094001.

29 Davies, *Europe*, 222.

30 Robert J. C. Young, *The Idea of English Ethnicity* (Malden, Mass.: Blackwell, 2008), 16~23, and Tom Shippey, "Tests of Temper," TLS, 17 October 2008, p.12.

31 Edward James, "Ancient History: Anglo-Saxons," BBC.co.uk, http://www.bbc.co.uk/history/ancient/anglo_saxons/overview_anglo_saxons_01.shtml.

32 Tacitus, *Germania*, 214.

3. 백인 노예

1 Robert L. Paquette, "Enslavement, Methods of," in *Macmillan Encyclopedia of World Slavery*, vol. 1, ed. Paul Finkelman and Joseph C. Miller (New York: Macmillan Reference, 1998), 306, *Historical Encyclopedia of World Slavery*, ed. Junius P. Rodriguez (Santa Barbara, Calif.: ABC-CLIO, 1997), 368~69, and Junius P. Rodridguez, *Chronology of World Slavery* (Santa Barbara, Calif.: ABC-CLIO, 1999), 51~53.

2 James McKillop. "Patrick, Saint," in *A Dictionary of Celtic Mythology* (Oxford University Press, 1998), *Oxford Reference Online*, http://www.oxfordreference.com/views/ENTRY.html?subview=Main& entry=t70.e3369.

3 David Pelteret, "The Image of the Slave in Some Anglo-Saxon and Norse Sources," *Slavery and Abolition* 23, no. 2 (Aug. 2002): 76, 81~83.

4 Jenny Bourne Wahl, "Economics of Slavery," in *Macmillan Encyclopedia of World Slavery*, 1:271; Orlando Patterson, "Slavery," *Annual Review of Sociology* 3 (1977): 420.

5 수치는 다음에서 인용했다. *Domesday Book* of 1086, the Norman census of newly conquered Britain. 다음을 보라. Robin Blackburn, "The Old World Background to European Colonial Slavery," in *The Worlds of Unfree Labor*, ed. Colin Palmer (Aldershot, UK: Ashgate, 1998), 90. originally published in *William and Mary Quarterly*, 3rd ser., S4, no. 1 (1997).

6 David Turley, *Slavery* (Oxford: Blackwell, 2000): 142~43.

7 Robert Brennan, "The Rises and Declines of Serfdom in Medieval and Early Modern Europe," and Christopher Dyer, "Memories of Freedom: Attitudes towards Serfdom in England, 1200~1350," in *Serfdom and Slavery: Studies in Legal Bondage*, ed. M. L. Bush (London: Longman, 1996), 271, 277~79.

8 David Brion Davis, *Slavery and Human Progress* (New York: Oxford University Press, 1984), 54~55.

9 Alan Fisher, "Chattel Slavery in the Ottoman Empire," *Slavery and Abolition* 1, no. 1 (May 1980): 34~36; Iris Origo, "The Domestic Enemy: The Eastern Slaves in Tuscany in the

Fourteenth and Fifteenth Centuries," *Speculum: A Journal of Mediaeval Studies* 30, no. 3 (July 1955): 312~24, 326~27, 337, 354.

10 Linda Colley, *Captives* (New York: Pantheon, 2002), 47~52, 58, and Robert Davis, *Christian Slaves, Muslim Masters: White Slavery in the Mediterranean, the Barbary Coast, and Italy, 1500~1800* (Houndsmills, UK: Palgrave Macmillan, 2003), 3~6.

11 "Chapter II-Slavery and Escape" and "Chapter III-Wrecked on a Desert Island," The Project Gutenberg Etext of Robinson Crusoe, by Daniel Defoe, http://www.gutenberg.org/dirs/etext96/rbcru10.txt.

12 '취약한 이방인vulnerable aliens'이라는 표현은 다음을 보라. M. I. Finley, quoted in Blackburn, "Old World Background to European Colonial Slavery," 111.

13 J. H. Galloway, *The Sugar Cane Industry: An Historical Geography from Its Origins to 1914* (Cambridge: Cambridge University Press, 1989), 11, 22~23; J. H. Galloway, "The Mediterranean Sugar Industry," *Geographical Review 67*, no. 2 (April 1977): 180~81, 189~90.

14 Sidney W. Mintz, *Sweetness and Power: The Place of Sugar in Modern History* (New York: Viking, 1985), 23~24, 28.

15 Blackburn, "Old World Background to European Colonial Slavery," 83~84, and Galloway, "Mediterranean Sugar Industry," 180~90.

16 Davis, *Slavery and Human Progress*, 56.

17 Galloway, *Sugar Cane Inudstry*, 27, 31, 32, 42. 역사가들은 지중해 노예제와 라틴아메리카-카리브해 노예제가 어느 정도로 유사한지에 관하여 의견을 달리한다. Blackburn은 플랜테이션 농업과 자본주의적 가공과 유통에서 가능한 규모에서, 그리고 이데올로기에서 두 노예제의 차이를 강조하는 반면, Galloway와 Mintz는 유사성을 강조한다.

18 Don Jordan and Michael Walsh, *White Cargo: The Forgotten History of Britain's White Slaves in America* (New York: New York University Press, 2008), 76~77.

19 Ibid., 84~85.

20 Ibid., 76, 171.

21 Ibid., 114~15.

22 *Historical Encyclopedia of Slavery*, 369.

23 Edmund S. Morgan, American Slavery, *American Freedom: The Ordeal of Colonial Virginia* (New York: W. W. Norton, 1975), 236, A. Roger Ekirch, *Bound for America: The Transportation of British Convicts to the Colonies, 1718~1775* (Oxford: Clarendon Press, 1987), 125, and Grady McWhiney, *Cracker Culture: Celtic Ways in the Old South* (Tuscaloosa: University of Alabama Press, 1988), xiv.

24 Ekirch, *Bound for America*, 1, 26~27, 135, 139, 193; Gwenda Morgan and Peter Rushton,

Eighteenth Century Criminal Transportation: The Formation of the Criminal Atlantic (Houndsmills, UK: Palgrave, 2004), 5, 7, 1; David W. Galenson, "Indentured Servitude," in *A Historical Guide to World Slavery*, ed. Seymour Drescher and Stanley L. Engerman (New York: Oxford University Press, 1998), 239.

25 Michael A. Hoffman II, *They Were White and They Were Slaves: The Untold History of the Enslavement of Whites in Early America*, 4th ed. (Coeur d'Alene, Idaho: Independent History & Research Co., 1991), 6, 14, 39.

4. 아름다움의 이상으로서의 백인 노예

1 François Bernier, "A New Division of the Earth," originally published anonymously in *Journal des Sçavans*, 24 April 1684, trans. T. Bendyshe, in *Memoirs Read before the Anthropological Society of London* 1 (1863~64): 360~64, in *The Idea of Race*, ed. Robert Bernasconi and Tommy L. Lott (Indianapolis: Hackett, 2000), 2~4.

2 이 내용은 1999년 2월 13일 파리 제4대학교(소르본)에서 디르크 판 더 크라위서Dirk van der Cruysse가 한 발언의 음성 기록에서 가져왔다. 여행기연구소Centre de Recherche sur la Littérature des Voyages의 웹사이트에서 볼 수 있다. http://www.crlv.org/outils/encyclopedie/afficher.php?encyclopedie_id=13. 다음도 참조하라. van der Cruysse, *Chardin le Persan* (Paris: Editions Fayard, 1998). 페르시아인의 용모가 조지아인과 체르케스인과의 통혼으로 개선되었다는 논의는 다음을 보라. http://www.iranian.com/Travelers/June97/Chardin/index.shtml. 다음도 보라. Georgette Legée, "Johann Friedrich Blumenbach (1752~1840): La Naissance de l'anthropologie à l'epoque de la Révolution Française," in *Scientifiques et société pendant la Révolution et l'Empire* (Paris: editions du CTHS, 1990), 403.

3 *Journal du Voyage du Chevalier Chardin en Perse & aux Indes Orientales, par la Mer Noire & par la Colchide* (The Travels of Sir John Chardin into Persia and the East Indies, 1673~1677(London: Moses Pitt, 1686), 78, 81~82. 번역은 필자.

4 Ibid., 70, 77, 80, 82.

5 Ibid., 105~6, 82~83.

6 Ibid., 105.

7 Ibid., 183, 204~5.

8 http://kaukasus.blogspot.com/2007/04/young-georgian-girl.htm and http://www.flickr.com/photos/24298774@N00/108738272, http://commons.wikime dia .org/wiki/Image:Ossetiangirl1883.jpg, Corliss Lamont, *The Peoples ofthe Soviet Unio*n (New York:

Harcourt, Brace, 1946), facing 79.

9   Londa Schiebinger, *Nature's Body: Gender in the Making of Modern Science* (Boston: Beacon Press, 1993), 129~39, and "The Anatomy of Difference: Race and Sex in Eighteenth-Century Science," *Eighteenth-Century Studies* 23, no. 4 (Summer 1990): 401.

10 Pierre H. Boulle, "François Bernier and the Origins of the Modern Concep.of Race," in *The Color of Liberty: Histories of Race in France*, ed. Sue Peabody and Tyler Edward Stovall (Durham: Duke University Press, 2003), 11.

11 Amjad Jaimoukha, *The Circassians: A Handbook* (Richmond, UK: Curzon, 2001), 16, 168~69.

12 *Oxford English Dictionary Online*, http/dictionary.oed.com/cgi/entry/00330118=3fsingle=3d1 &query_type=3dword&queryword=3dodalisque&first=3d1& max_to_show=3d10.

13 Immanuel Kant, *Observations on the Feeling of the Beautiful and Sublime* (1763), trans. John T. Goldthwait (Berkeley: University of California Press, 1960), 89.

14 Johann Gottfried von Herder, *Ideas for the Philosophy of History of Humanity* (1:256), quoted in Cedric Dover, "The Racial Philosophy of Johann Herder," *British Journal of Sociology* 3, no. 2 (June 1952): 127.

15 Edward Daniel Clarke, *Travels in Various Countries of Europe, Asia and Africa* (London: T. Cadell and W. Davies, 1810~23), 1:35~36.

16 Annette Gordon-Reed, *The Hemingses of Monticello: An American Family* (New York: W. W. Norton, 2008), 55~56, 120, 193, 162, 202, 536~39, 605.

17 "Horrible Traffic in Circassian Women—Infanticide in Turkey." *New York Daily Times*, 6 Aug. 1856, http://chnm.gmu.edu/lostmuseum/lm/311/. 다음을 보라. "Letter from P. T. Barnum to John Greenwood, 1864," http://chnm.gmu.edu/lostmuseum/lm/312. 바넘은 1865년 체르케스 미인이요 인종 순수성의 사례로 추정되는 여인을 전시했다. 이 내용은 다음을 참조하라. "The Lostmuseum" website of American Social History Productions, Inc., Geroge Mason University and the City University of New York. 다음도 참조하라. Sarah Lewis, "Effecting Incredulity: comic Retraction as Racial Critique in the Circassian Beauty Spectacle," paper given at the 20th James A. Porter Colloquium on African American Art, Howard University, 18 April 2009.

18 *Classic Encyclopedia Online*, http://www.1911encyclopedia.org/Circassia.

19 Joan DelPlato, *Multiple Wives, Multiple Pleasures: Representing the Harem, 1800~1875* (Madison, N.J.: Fairleigh Dickinson University Press, 2002), 22~25, 230~39, and Linda Nochlin, "The Imaginary Orient," in *The Politics of Vision: Essays on Nineteenth-Century Art and Society* (New York: Harper & Row, 1989), 33~59.

20 Stephen Railton and the University of Virginia, *Uncle Tom's Cabin and American Culture,*

http://www.iath.virginia.edu/utc/sentimnt/grslvhp.html.

21 Linda Nochlin, "The Imaginary Orient," *Art in America* 71, no. 5 (May 1983): 126.

22 Reina Lewis, "'Oriental' Femininity as Cultural Commodity: Authorship.Authority, and Authenticity," in *Edges of Empire: Orientalism and Visual Culture*, ed. Mary Roberts and Jocelyn Hackforth-Jones (Malden, Mass.: Blackwell, 2005), 95~120.

23 오리엔탈리즘 연구는 미술과 문학에 드러난 유럽인의 시선과 그 주체들이 회고하는 방식을 지속적으로 탐구했다. 예를 들면 다음을 보라. Reina Lewis, *Gendering Orientalism: Race, Femininity and Representation* (London: Routledge, 1996), *Rethinking Orientalism: Women, Travel and the Ottoman Harem* (London: Tauris, 2004), and *Orientalism's Interlocutors: Painting, Architecture, Photography*, ed. J. Beaulieu and Mary Roberts (Durham: Duke University Press, 2002).

24 Lewis " 'Oriental' Femininity," 100.

25 이 웹사이트에 따르면, 웹사이트는 "러시아 제국에 의해 자기 땅에서 추방된 체르케스인 집단학살 희생자들을 추모하여" 만들어졌다. 다음을 보라. http://www.circassianworld.com/About_Site.html.

5. 과학으로서의 백인의 아름다움이라는 이상

1 이 논의는 주로 다음에 의존했다. Alex Potts, *Flesh and the Ideal: Winckelmann and the Origins of Art History* (New Haven: Yale University Press, 1994). 다음도 유익했다. Water Pater, "Winkelmann."in *The Renaissance: Studies in Art and Poetry* (1873)(Oxford: Basil Blackwell, 1973), E. M. Butler, *The Tyranny of Greece over Germany: A Study of the Influence Exercised by Greek Art and Poetry over the Great German Writers of the Eighteenth, Nineteenth and Twentieth centuries* (New York: Macmillan, 1935), and Edouard Pommier, *Winckelmann, inventeur de l'histoire de lart* (Paris: Gallimard, 2003). 견고한 이상적 신체에 대한 현대의 시각은 다음을 보라. Leslie Heywood, *Dedication to Hunger: The Anorexic Aesthetic in Modern Culture* (Berkeley: University of California, 1996).

2 Sander Gilman, *On Blackness without Blacks: Essays on the Image of the Black in Germany* (Boston: G. K. Hall, 1982), 26, Potts, *Flesh and the Ideal*, 160~61, and Steven Daniel deCaroli, "Go Hither and Look: Aesthetics, History and the Exemplary in Late Eighteenth-Century Philosophy" (Ph.D. diss., State University of New York at Binghamton, 2001), 248~316.

3 David Bindman, *Ap.to Apollo: Aesthetics and the Idea of Race in the 18th Century* (Ithaca: Cornell University Press, 2002), 89~90.

4   Pater, "Winckelmann," in The Renaissance, 191~92. 다음도 보라. Michael Bronski, "The
      Male Body in the Western Mind," *Harvard Gay & Lesbian Review 5*, no. 4: 28~30, and "Greek
      Revival: The Implications of Polychromy" and Thomas Noble Howe, "Greece, Ancient:
      Architectural Decoration, Colour," both *Grove Art Online*, http://www.groveart.com/shared/
      views/article.Html?section=art.034254.2.2.3.3. 다음도 보라. Miles Unger, "That Classic
      White Sculpture Once Had a Paint Job," *New York Times*, 14 Oct. 2007, Art 35, and Penelop.
      Dimitriou, "The Polychromy of Greek Sculpture: To the Beginning of the Hellenistic
      Period," (Ph.D. diss., Columbia University, 1951), 1~15.

5   A. D. Potts, "Greek Sculpture and Roman Copies: Anton Raphael Mengs and the
      Eighteenth Century," *Journal of the Warburg and Courtauld Institutes* 43 (1980): 150~51,
      Mark Stevens and Annalyn Swan, *de Kooning: An American Master* (New York: Knopf, 2004), 67,
      102.

6   파르테논 신전 조각상을 여러 방식으로 세척한 논란의 역사는 두 가지 해석으로 제시된다. 다
      음을 보라. Ian Jenkins, *The 1930s Cleaning of the Parthenon Sculptures in the British Museum*,
      http://www.thebritishmuseum.ac.uk/parthenon/indes.html, and *Cleaning and Controversy:
      The Parthenon Sculptures 1811~1939*, British Museum Occasional Paper no. 146 (2001).

7   Potts, *Flesh and the Ideal*, 17; Pater, "Winckelmann," 185, 192; Butler, *Tyranny of Greece over
      Germany*, 28~34, 42~43.

8   E. M. Butler는 이렇게 결론 내린다. "독일인은 그리스인을 더 비굴하게 모방했다. 그들은 그리
      스인에 더 심하게 집착했고, 그리스인을 다른 어느 종족보다 많이 흡수하지 못했다. 그리스는
      유럽 전역에 무한한 영향을 끼쳤는데, 강도가 가장 높은 곳은 독일이다." *Tyranny of Greece over
      Germany*, 6.

9   Johann Kaspar Lavater, *Essays on Physiognomy*, vol. 2, part 2, 362, 369.

10   Bindman, *Ap.to Apollo*, 95, 118, 123.

11   Miriam Claude Meijer, *Race and Aesthetics in the Anthropology of Petrus Camper* (1722~1789)
      (Amsterdam: Rodopi, 1999), 97~115, Stephen Jay Gould, "Petrus Camper's Angle," *Natural
      History*, July 1987, pp.12~18.

12   Charles White, *An Account of the Regular Gradation in Man, and in Different Animals and
      Vegetables; and from the Former to the Latter* (London, 1799), 134~35. 다음도 보라. Angela
      Rosenthal, "Visceral Culture: Blushing and the Legibility of Whiteness in Eighteenth-
      Century British Portraiture," *Art History* 27, no. 4 (Sept. 2004): 567~68, 572~74, 578.

6. 블루멘바흐가 백인을 '캅카스인'이라고 이름 짓다

1 K. F. H. Marx, "Zum Andenken an Johann Friedrich Blumenbach," in *The Anthropological Treatises of Johann Friedrich Blumenbach . . . With Memoirs of Him by Marx and Flourens and an Account of His Anthropological Museum by Professor R. Wagner, and the Inaugural Dissertation of John Hunter, M.D., on the Varieties of Man*, trans. Thomas Bendyshe (London: Longman, Green, Longman, Roberts, & Green, 1865), 26~27. 다음을 보라. Lisbet Koerner, *Linnaeus: Nature and Nation* (Cambridge: Harvard University Press, 1999), 56; Tore Frängsmyr, "Introduction," in *Linnaeus: The Man and His Work*, ed. Tore Frängsmyr, rev. ed. (Canton: Mass.: Science History Publications, 1994 [originally published 1983]), ix; and Luigi Marino, *Praeceptores Germaniae: Göttingen 1770~1820* (Göttingen: Vandenhoeck & Ruprecht, 1995), 48~52, 74.

2 Patricia Fara, *Sex, Botany and Empire: The Story of Carl Linnaeus and Joseph Banks* (Cambridge: Icon Books, 2003).

3 David M. Knight, *Science in the Romantic Era* (Aldershhot, UK: Ashgate Variorum, 1998), x; F. W. P. Dougherty, ed., *Commercivm Epistolicvm J. F. Blvmenbachii: Aus einem Briefwechsel des Klassischen Zeitalters der Naturgeschichte: Katalog zur Ausstellung im Foyer der Niedersächsischen Staats- und Universitätsbibliothek Göttingen 1. Juni~21. Juni 1984* (Göttingen: Göttingen University, 1984), 116.

4 Rudolp. Wagner, "On the Anthropological Collection of the Physiological Institute of Göttingen" (Göttingen, 1856), in *Anthropological Treatises of Johann Friedrich Blumenbach*, 384.

5 Stefano Fabbri Bertoletti, "The Anthropological Theory of Johann Friedrich Blumenbach," in *Romanticism in Science: Science in Europe, 1790~1840*, ed. Stefano Poggi and Maurizio Bossi (Dordrecht: Kluwer Academic, 1994), 111~13.

6 *On the Natural Variety of Mankind*, 3rd ed. (1795), in *Anthropological Treatises of Johann Friedrich Blumenbach*, 227, 214.

7 *On the Natural Variety of Mankind*, 1st ed. (1775), in *Anthropological Treatises of Johann Friedrich Blumenbach*, 116~17.

8 Comte de Buffon, *Histoire naturelle, génèralle et particulière, avec la description du Cabinet du Roy*, vol. 3, "Variétés dans l'Espèce Humaine," 373, 380, 384, http://www.buffon. cnrs.fr/ice/ice_book_detail.php?lang=fr&type=text&bdd=buffon&table=buffon_ hn&bookId=3&typeofbookId=1& num=0.

9 *On the Natural Variety of Mankind*, 1st ed. (1775), 122.

10 Ibid., 99~100. 다음도 보라. Michael Charles Carhart, "The Writing of Cultural History in

Eighteenth-Century Germany" (Ph.D. Diss., Rutgers University, 1999), 38~39.

11 *On the Natural Variety of Mankind*, 3rd ed. (1795), 226~27.

12 블루멘바흐는 또한 세 번째 판에서 '몽골인'이라는 이름을 추가했다. 다음을 보라. Michael Keevak, *How East Asians Became Yellow* (Princeton: Princeton University Press, forthcoming).

13 *On the Natural Variety of Mankind*, 3rd ed. (1795), 209.

14 Ibid., 229, 264~65.

15 이는 요한 프리드리히 블루멘바흐가 『인간의 자연발생적 변종들에 관하여』 세 번째 판(1795) 의 한 주에서 인용한 것이다. Chardin, vol. 1, p.171. in Thomas Bendyshe, trans. and ed. *The Anthropological Treaties of Johann Friedrich Blumenbach* (London: Anthropological Society, 1865), 269.

16 Marx, "Zum Andenken an Johann Friedrich Blumenbach," 30 n. 1.

17 Dougherty, ed., *Commercivm Epistolicvm J. F. Blvmenbachii*, 76, 114~16, 148, 150, 171, and Helmut Rohlfing, ed., *"Ganz Vorzügliche und Unvergeßliche Verdienste"-Georg Thomas von Asch als Förderer der Universität Göttingen* (Niedersächsische Staats-und Universitätsbibliothek: Göttingen, 1998), 2~3; and Rolf Siemon, "Soemmerring, Forster und Goethe: 'Naturkundliche Begegnungen' in Göttingen und Kassel", http://www.sub.uni-goettingen.de/archiv/ausstell/1999/soemmerring.pdf.

18 러시아의 맥락에서 캅카스 주민의 위상에 관한 깊은 논의는 다음을 보라. Bruce Baum, *The Rise and Fall of the Caucasian Race: A Political History of Racial Identity* (New York: New York University Press, 2006), chap.7: "'Where Caucasian Means Black':'Race,' Nation, and the Chechen Wars," 192~233. Baum의 책은 인종 이데올로기, 정치 이데올로기, 지리 이데올로기 속에서 '캅카스인'이라는 용어의 역사를 추적한다.

19 괴팅겐에 있는 블루멘바흐의 편지와 서류를 편집한 캐나다 태생의 F. W. P. Doughterty는 1990 년대 중반에 사망했다. 그래서 그 사업은 미완으로 남았고 블루멘바흐의 사생활은 알 수 없다.

20 인용문은 다음을 보라. Suzanne L. Marchand, *Down from Olympus: Archaeology and Philhellenism in Germany, 1750~1970* (Princeton: Princeton University Press, 1996), 193.

21 Suzanne Zantop.*Colonial Fantasies: Conquest, Family, and Nation in Precolonial Germany, 1770~1870* (Durham: Duke University Press, 1997), 67~68.

22 Luigi Marino, *Praeceptores Germaniae: Göttingen 1770~1820* (Göttingen: Vandenhoeck & Ruprecht, 1995), 112~16.

23 Britta Rupp-Eisenreich, "Des choses occultes en histoire des sciences humaines: Le Destin de la 'Science Nouvelle' de Christop.Meiners," *L'Ethnographie* 2 (1983): 151. 다음도 보라. Frank W. P. Dougherty, "Christoph Meiners und Johann Friedrich Blumenbach im Streit um den Begriff der Menschenrasse," in *Die Natur des Menschen: Probleme der physischen*

Anthropologie und Rassenkunde (1750~1850), ed. Gunther Mann and Franz Dumont (Stuttgart: Fischer, 1990), 103~4, Marino, *Praeceptores Germaniae*, 111~14, and Suzanne Zantop."The Beautiful, the Ugly, and the German: Race, Gender and Nationality in Eighteenth-Century Anthropological Discourse," in *Gender and Germanness: Cultural Productions of Nation*, ed. Patricia Herminghouse and Magda Mueller (Providence, R.I.: Berghahn Books, 1997), 23~26.

24 Zantop."The Beautiful, the Ugly, and the German," 28~29, and *Colonial Fantasies*, 87~90.

25 David Bindman, *Ap.to Apollo: Aesthetics and the Idea of Race in the 18th Century* (Ithaca: Cornell University Press, 2002), 219~20.

26 다음에서 인용. Zantop."The Beautiful, the Ugly, and the German," 28~29. 다음도 보라. Rupp-Eisenreich, "Des choses occultes en histoire des sciences humaines," 151, and Dougherty, "Christoph Meiners und Johann Friedrich Blumenbach," 103~4, Marino, *Praeceptores Germaniae*, 111~14.

27 Léon Poliakov, *The History of Anti-Semitism* (Philadelphia: University of Pennsylvania Press, 2003), 136; Baum, *Rise and Fall of the Caucasian Race*, 98.

7. 제르멘 드 스탈이 가르친 독일

1 스탈의 전기를 쓴 유명한 작가 J. Christopher Herold는 책에 이러한 제목을 붙였다. "한 시대를 지배한 여인." 다음을 보라. *Mistress to An Age: A Life of Madame de Staël* (Indianapolis: bobbs-Merrill, 1958). 스탈 부인의 전기로 유익한 것은 다음을 보라. Ghislain de Diesbach, *Madame de Staël* (Paris: Perrin, 1983), Maria Fairweather, *Madame de Staël* (New York: Carroll & Graf, 2005), and Francine du Plessix Gray, *Madame de Staël: The First Modern Woman* (New York: Atlas, 2008). 스탈 부인의 초상화를 그린 로코코 양식 미술가 엘리자베트루이즈 비제르브룅Élisabeth-Louise Vigée-Lebrun(1755~1842)은 당대 일류의 인물화가였는데 유럽의 귀족들을 그린 초상화로 유명했다. 1783년 왕립 회화조각 아카데미Académie Royale de Pinture et de Sculpture 회원이 된 두 여인 중 한 사람인 그녀는 혁명 중에 프랑스를 떠나야 했지만 나폴레옹이 황제가 되었을 때 돌아왔다.

2 Tess Lewis, "Madame de Staël: The Inveterate Idealist," *Hudson Review* 54, no. 3 (2001): 416~26.

3 다음에서 Emile Faguet를 인용. Jean de Pange, *Mme de Staël et la découverte de l'Allemagne* (Paris: Société Française d'Editions Littéraires et Techniques, 1929), 9.

4 Lydia Maria Child, *The Biographies of Madame de Staël and Madame Roland* (Boston: Carter and Hendee, 1832), 24.

5   Helen B. Posgate, *Madame de Staël* (New York: Twayne, 1968), 19.

6   Child, *Biographies*, 90, 92.

7   Ibid., 1, 16.

8   Bonnie G. Smith, "History and Genius: The Narcotic, Erotic, and Baroque Life of Germaine de Staël," *French Historical Studies* 19, no. 4 (Fall 1996): 1061.

9   Richmond Laurin Hawkins, *Madame de Staël and the United States* (Cambridge: Harvard University Press, 1930), 33~34, 72, 75.

10 Ibid., 9~11, 14, 27~28, 65.

11 Quoted ibid., 64.

12 Quoted ibid., 4.

13 De Staël, *De l'Allemagne* (Paris: Didot Frères, 1857), 9~10.

14 Ian Allan Henning은 이렇게 주장한다. "샤를 드 빌레를 말하지 않고는 독일과 프랑스를 중개한 자로서의 스탈 부인을 말할 수 없다." 빌레와 스탈 부인 사이에 오간 편지를 편집한 Kurt Kloocke 는 빌레의 영향력이 뚜렷하다고, 『독일에 관하여』에 영감을 주었다고 할 수 있을 정도라고 생각한다. 다음을 보라. Henning, *L'Allemagne de Madame de Staël et la polémique romantique: Première fortune de l'ouvrage en France et en Allemagne* (1814~1830)(Paris: Ancienne Honoré Champion, 1929), 207, and Kloocke, ed., *Correspondence : Madame de Staël, Charles de Villers, Benjamin Constant* (Frankfurt am Main: Peter Lang, 1993), 3.

15 Ruth Ann Crowley, *Charles de Villers, Mediator and Comparatist* (Bern: Peter Lang, 1978), 17~19.

16 De Staël, *De l'Allemagne*, 85.

17 Emma Gertrude Jaeck, *Madame de Staël and the Spread of German Literature* (New York: Oxford University Press, 1915), 7.

18 Henning, *L'Allemagne de Madame Staël*, 210.

19 Ibid., 211.

20 De Staël, *De l'Allemagne*, 128, 130.

21 Vivian Folkenflik, *Major Writings of Germaine de Staël* (New York: Columbia University Press, 1987), 183.

22 Henning, *L'Allemagne de Madame de Staël*, 240~43, 252~53.

23 Child, *Biographies*, 82.

24 Pange, *Mme de Staël*, 140~41.

8. 미국 초창기 백인에 대한 관찰

1 Margo J. Anderson, *The American Census: A Social History* (New Haven: Yale University Press, 1988), 9, 12~14; Frederick G. Bohme, *200 Years of U.S. Census Taking: Population and Housing Questions, 1790~1990* (Washington, D.C.: Bureau of the Census, U.S. Department of Commerce, 1989), 1.

2 Alexander Keyssar, *The Right to Vote: The Contested History of Democracy in the United States* (New York: Basic Books, 2000), xxii-xxiii, 20~34, 52~76, 102, and Sean Wilentz, *The American Democracy: Jefferson to Lincoln* (New York: W. W. Norton, 2005), 27~28, 82~83, 17, 485. Keyssar 와 Wilentz 둘 다 역사가들이 특히 계급과 관련하여 투표권의 기본적인 역사를 오랫동안 무시 했음에 주목한다. 다음도 보라. "On Class and Politics and Jacksonian America," *Reviews in American History* 10, no. 4 (Dec. 1982): 45~48, 59.

3 J. Hector St. John de Crèvcoeur, *Letters from an American Farmer and Sketches of Eighteenth-Century America* (originally published 1782)AS@UVA Hypertexts, Letter 3, 54, http://xroads. virginia.edu/~HYPER/CREV/letter03.html. 탈산업사회의 세인트존스버리는 버몬트주 헤로 인 중독의 중심지로 여겨진다.

4 Ibid., 170. Letter 9, 223~25, 229, http://xroads.virginia.edu/~HYPER/CREV/letter09.html.

5 Thomas Jefferson, *Notes on the State of Virginia* (originally published 1787), AS@UVA Hypertexts, Query 18, http://xroads.virginia.edu/~HYPER/JEFFERSON/ch18.html.

6 Stanley R. Hauer, "Thomas Jefferson and the Anglo-Saxon Language," *PMLA* 98, no. 5 (Oct. 1983): 879, 881.

7 Thomas Jefferson, "A Summary View of the Rights of British America" (July 1774), in *The Papers of Thomas Jefferson*, ed. Julian P. Boyd et al. (Princeton: Princeton University Press, 1950~), 1:121~35, http://press-pubs.uchicago.edu/founders/documents/v1ch14s10.html.

8 Dumas Malone, *The Sage of Monticello: Jefferson and His Time*, vol. 6 (Boston: Little, Brown: 1981), 202~3.

9 John Adams to Abigail Adams, Philadelphia 14 Aug. 1776, in Charles Francis Adams, *Familiar Letters of John Adams and His Wife Abigail Adams, during the Revolution, with a Memoir of Mrs. Adams* (Boston: Houghton Mifflin, 1875), 210~11. 다음도 보라. Malone, *Sage of Monticello*, 6:202. 국새의 이면에 대해서 제퍼슨은 황야에 있는 이스라엘의 아이들을 암시했다.

10 Thomas Jefferson, *Essay on the Anglo-Saxon Language*, in *The Writings of Thomas Jefferson*, ed. Andrew A. Lipscomb, vol. 18 (Washington, D.C.: Thomas Jefferson Memorial Association of the United States, 1904), 365~66.

11 Hauer, "Thomas Jefferson and the Anglo-Saxon Language," 883~86, 891.

12 Mark A. Noll, *Princeton and the Republic, 1768~1822: The Search for a Christian Enlightenment in the Era of Samuel Stanhope Smith* (Vancouver: Regent College, 2004), 68; Mark A. Noll, "The Irony of the Enlightenment for Presbyterians in the Early Republic," *Journal of the Early Republic* 5, no. 2 (Summer 1985): 166.

13 W. Frank Craven, from Alexander Leitch, *A Princeton Companion* (Princeton: Princeton University Press, 1978), http://www/hsc/edu/pres/presidents/samuel_smith.html, and Hampden-Sydney College website: www.hsc.edu/hschistory/ images/smith.jpg.

14 Winthrop D. Jordan, "Introduction," in Samuel Stanhope Smith, *An Essay on the Causes of the Variety of Complexion and Figure in the Human Species,* ed. Winthrop D. Jordan (Cambridge: Harvard University Press, 1965), xi~xxvi, William H. Hudnut III, "Samuel Stanhope Smith: Enlightened Conservative," *Journal of the History of Ideas* 17, no. 4 (Oct. 1956): 541~43.

15 Smith, *Essay on the Causes of the Variety,* 29, 40.

16 Mary Wollstonecraft, *Analytical Review,* vol. 2 (Dec. 1788): 432~39, 457~58, in *The Works of Mary Wollstonecraft,* ed. Janet Todd and Marilyn Butler (London: Pickering, 1990), 50~55, and Ramsay Notes from New York Public Library, comp.Mary B. MacIntyre, New York, 1936 (New York Public Library APV/Ramsay: http://www.southern-style.com/Ramsay%20Family%20Notes. htm).

17 Hudnut, "Samuel Stanhop.Smith," 544~46.

18 Smith, *Essay on the Causes of the Variety,* 106, 157, 109.

19 Ibid., 47.

20 Ibid., 104.

21 Ibid., 43~44, 199; James Axtell, "The White Indians of Colonial America," *William and Mary Quarterly,* 3rd ser., 32, no. 1 (Jan. 1975): 57, 64.

22 Smith, *Essay on the Causes of the Variety,* 163.

23 이어진 분석에 관해서는 다음을 보라. Mia Bay, *The White Image in the Black Mind: African-American Ideas about White People, 1830~1925* (New York: Oxford University Press, 2000).

24 *David Walker's Appeal to the Coloured Citizens of the World,* ed. Peter P. Hinks (University Park: Pennsylvania State University Press, 2002), xxxi~xxxii, 9~10, 19, 27, 58.

25 Bay, *White Image in the Black Mind,* 32~36.

26 *David Walker's Appeal,* 9, 33, 65.

27 Ibid., 12, 14.

28 Ibid., xv~xl.

29 Ibid., xli~xlii.

30 Bay, White *Image in the Black Mind,* 46~50, and George R. Price and James Brewer Stewart, "The Roberts Case, the Easton Family, and the Dynamics of the Abolitionist Movement in

Massachusetts, 1776~1870," *Massachusetts Historical Review* 4 (2002): *The History Cooperative*, 89~116.

31 George R. Price and James Brewer Stewart, eds., *To Heal the Scourge of Prejudice: The Life and Writings of Hosea Easton* (Amherst: University of Massachusetts Press, 1999), 71, 74, 80~81.

32 *Du système pénitentiaire aux Etats-Unis, et de son application en France; suivi d'un appendice sur les colonies pénales et de notes statistiques. Par MM. G. de Beaumont et A. de Tocqueville* (Paris: H. Fournier jeune, 1833).

33 Alexis de Tocqueville, *Democracy in America and Two Essays on America*, trans. Gerald E. Bevan, ed. Isaac Kramnick (New York: Penguin Classic, 2003), 479, 4.

34 Ibid., 440~41.

35 Ibid., 408, 426.

36 Ibid., 420.

37 Ibid., 412, 720, 742.

38 Ibid., 406~8.

39 Margaret Kohn, "The Other America: Tocqueville and Beaumont on Race and Slavery," *Polity* 35, no. 1 (Fall 2002): 170, esp.note 3, and Thomas Bender, "Introduction," *Democracy in America* (New York: Modern Library, 1981), xliii.

40 Gustave de Beaumont, *Marie, or Slavery in the United States* (1835), trans. Barbara Chapman (Baltimore: Johns Hopkins University Press, 1958), 5. 다음도 보라. Nell Irvin Painter, "Was Marie White?: The Trajectory of a Question in the United States," *Journal of Southern History 74*, no. 1 (Feb. 2008): 3~30.

41 Beaumont, *Marie*, 13, 15.

9. 외국인의 첫 번째 대규모 유입

1 Kerby A. Miller, "'Scotch-Irish' Myths and 'Irish' Identities in Eighteenthand Nineteenth-Century America," in *New Perspectives on the Irish Diaspora*, ed. Charles Fanning (Carbondale: Southern Illinois University Press, 2000), 76~79, and Kerby A. Miller and Bruce D. Boling, "The New England and Federalist Origins of 'Scotch-Irish' Identity," in *Ulster and Scotland, 1600~2000: History, Language and Identity*, ed. William Kelly and John R. Young (Dublin: Four Courts, 2004), 105, 114~18.

2 *Catholic Encyclopedia*, http://www.newadvent.org/cathen/08677a.htm.

3 *Alexis de Tocqueville's Journey in Ireland: July-August, 1835*, ed. and trans. Emmet Larkin

(Washington, D.C.: Catholic University of America Press, 1990), 2.

4   Gustave de Beaumont, *Ireland: Social, Political and Religious* (1839), http://www.swan.ac.uk/history/teaching/teaching%20resources/An%20Gorta% 20Mor/travellers/beaumont.htm.

5   David Nally, "'Eternity's Commissioner': Thomas Carlyle, the Great Irish Famine and the Geopolitics of Travel," *Journal of Historical Geography* 32, no. 2 (April 2006): 313~35.

6   Thomas Carlyle, "The Present Time," http://cepa.newschool.edu/het/texts/carlyle/latter1.htm.

7   Thomas Carlyle, *Occasional Discourse on the Nigger Question* (1853), http://cepa.newschool.edu/het/texts/carlyle/odnqbk.htm.

8   Peter Gray, *Victoria's Irish: Irishness and Britishness, 1837~1901* (2004), and Robert Knox, *The Races of Men: A Philosophical Enquiry into the Influence of Race over the Destinies of Nations* (1862)[this is the 2nd edition of *Races of Men: A Fragment*, published in 1850], in *Race: The Origins of an Idea, 1760~1850,* ed. Hannah Franziska Augstein (Bristol, UK: Thoemmes Press, 1996), 253.

9   Samuel F. B. Morse, *Imminent Dangers to the Free Institutions of the United States* (1835), http://www.wwnorton.com/college/history/archive/resources/documents/ch12_04.htm.

10   Ray Allen Billington, *The Protestant Crusade, 1800~1860: A Study of the Origins of American Nativism* (originally published 1938(Chicago: Quadrangle, 1964), 122~27; Bruce Levine, "Conservatism, Nativism, and Slavery: Thomas R. Whitney and the Origins of the Know-Nothing Party," *Journal of American History* 88, no. 2 (Sept. 2001): 470.

11   *St. Joseph Messenger Online:* http://www.aquinas-multimedia.com/stjoseph/knownothings.html.

12   Marie Anne Pagliarini, "The Pure American Woman and the Wicked Catholic Priest: An Analysis of Anti-Catholic Literature in Antebellum America," *Religion and American Culture* 9, no. 1 (Winter 1999): 99.

13   Billington, *Protestant Crusade*, 99~104, 107~8. 몽크의 고백은 처음에는 1835년 뉴욕의 *Protestant Vindicator*에 연재되었다. 다음을 보라. Rebecca Sullivan, "A Wayward from the Wilderness: Maria Monk's Awful Disclosures and the Feminization of Lower Canada in the Nineteenth Century," *Essays on Canadian Writing* 62 (Fall 1997): 201~23.

14   Susan M. Griffin, *Anti-Catholicism and Nineteenth-Century Fiction* (New York: Cambridge University Press, 2004).

15   Michael D. Pierson, "'All Southern Society Is Assailed by the Foulest Charges': Charles Sumner's 'The Crime against Kansas' and the Escalation of Republican Anti-Slavery Rhetoric," *New England Quarterly* 68, no. 4 (Dec. 1995): 533, 537, 545.

16   Pagliarini, "The Pure American Woman," 97.

17   Campbell J. Gibson and Emily Lennon, "Historical Census Statistics on the Foreign-Born Population of the United States: 1850~1990," U.S. Bureau of the Census, Washington, D.C., Feb. 1999, Population Division Working Paper no. 29, http://www.census.gov/population/www/documentation/twps0029/twps0029.html. 이민자에는 아시아인 1,135명, 이탈리아인 3,679명, 멕시코인 1만 3,317명, 캐나다인 14만 7,711명이 포함되었다. 1850년에 외국 태생 인구는 전체의 9.7퍼센트였다. 다음도 보라. *Historical Statistics of the United States*, part 1, 1975: 106~7.

18   Kathleen Neils Conzen, "Germans," in *Harvard Encyclopedia of American Ethnic Groups*, ed. Stephan Thernstrom (Cambridge: Harvard University Press, 1980), 406~12; Library of Congress, European Reading Room, "The Germans in America," http://www.loc.gov/rr/european/imde/germchro.html. 대략적인 계산에 따르면 독일인 이민자의 3분의 1은 가톨릭이고 3분의 2는 주로 루터파와 칼뱅파였다. 독일인 이민자 중에서 감리교도와 침례교도, 유니테리언교도, 경건파, 유대인, 자유사상가는 비교적 적었다. "The German Americans: An Ethnic Experience," http://www.ulib.iupui.edu/kade/adams/chap6.html.

19   Sir Richard Steele, *Poetical Miscellanies, Consisting of Original Poems and Translations* (London, 1714), 201; Oxford English Dictionary Online.

20   Journal F No. I (1829?), pp.113~14, in *The Journals and Miscellaneous Notebooks of Ralph Waldo Emerson*, (hereafter JMNRWE vol. 12, 1835~1862, ed. Linda Allardt (Cambridge: Harvard University Press, 1976), 152, and Journal GO (1952), p.233, in *JMNRWE*, vol. 13, *1852~1855*, ed. Ralph H. Orth and Alfred R. Ferguson (Cambridge: Harvard University Press, 1977), 112.

21   Journal TU (1849), p.171, in *JMNRWE*, vol. 11, *1848~1851*, ed. A. W. Plumstead, William H. Gilman, and Ruth H. Bennett (Cambridge: Harvard University Press, 1975), 148.

22   Journal GO (1852), p.105, in *JMNRWE*, vol. 13, 77.

23   Frank Shuffelton, *A Mixed Race: Ethnicity in Early America* (New York: Oxford University Press, 1993), 181.

24   Edward B. Rugemer, "The Southern Response to British Abolitionism: The Maturation of Proslavery Apologetics," *Journal of Southern History* 70, no. 2 (May 2004): 221.

25   *Canibals All!*은 웹에서 볼 수 있다. *Documenting the American South*, University of North Carolina at Chapel Hill, http://docsouth.unc.edu/fitzhughcan/fitzcan.html#fitzix.

26   더글러스는 다음에서 인용. Patricia Ferreira, "All but 'A Black Skin and Wooly Hair': Frederick Douglass's Witness of the Irish Famine," *American Studies International* 37, no. 2 (June 1999): 69~83.

27   오코넬은 다음에서 인용. Gilbert Osofsky, "Abolitionists, Irish Immigrants, and the Dilemmas

of Romantic Nationalism," *American Historical Review* 80, no. 4 (Oct. 1975)˸ 892.

28 Ernest Renan, *Poetry of the Celtic Races*, VI, in Literary and Philosophical Essays, the Harvard Classics, 1909~14, http://www.bartleby.com/32/307.html.

29 Matthew Arnold, *On the Study of Celtic Literature. Complete Prose Works*, vol. 3, ed. R. H. Super (Ann Arbor, University of Michigan Press, 1960), 291~395.

30 Ray Allen Billington, "The Know-Nothing Uproar," *American Heritage* 10, no. 2 (Feb. 1952)˸ 61; Billington, *Protestant Crusade*, 220~31.

31 Tyler Anbinder, "Ulysses S. Grant, Nativist," *Civil War History: A Journal of the Middle Period* 43, no. 2 (June 1997): 130.

32 Dale T. Knobel, "Beyond 'America for Americans': Inside the Movement Culture of Antebellum Nativism," in *Immigrant America: European Ethnicity in the United States* (New York: Garland, 1994), 10; Michael F. Holt, "The Politics of Impatience: The Origins of Know Nothingism," *Journal of American History* 60, no. 2 (Sept. 1973)˸ 313.

33 Knobel, "Beyond 'America for Americans,'" 11.

34 *Catholic Encyclopedia*, http://www.newadvent.org/cathen/08677a.htm.

35 Stephen E. Maizlish, "The Meaning of Nativism and the Crisis of the Union: The Know-Nothing Movement in the Antebellum North," in *Essays on American Antebellum Politics, 1840~1860*, ed. Stephen E. Maizlish and John J. Kushma (College Station: University of Texas at Arlington, [1982]), 166.

36 Maizlish, "Meaning of Nativism," 187.

37 Gregg Cantrell, "Sam Houston and the Know-Nothings: A Reappraisal," *Southwestern Historical Quarterly* 96, no. 3 (Jan. 1993)˸ 326~43; Anbinder, "Ulysses S. Grant, Nativist," 119~41. Cantrell과 Anbinder는 휴스턴과 그랜트의 전기를 쓴 사람들이 두 사람의 배외주의적 열정에 대해 침묵하거나 이를 무시했음에 주목한다.

38 Cantrell, "Sam Houston," 330; Anbinder, "Ulysses S. Grant, Nativist," 123.

39 Congressman William Russell Smith, 15 Jan. 1855, in Jeff Frederick, "Unintended Consequences: The Rise and Fall of the Know-Nothing Party in Alabama," *Alabama Review*, Jan. 2002, p.3.

10. 랠프 월도 에머슨의 교육

1 Robert C. Gordon, *Emerson and the Light of India: An Intellectual History* (New Delhi: National Book Trust, 2007), 21~23, and Ralph Waldo Emerson, *Lectures and Biographical Sketches*,

371~404, http://emersoncentral.com/mary_moody_emerson.htm.

2   Philip Nicoloff, "Historical Introduction," in *Complete Works of Ralph Waldo Emerson*, vol. 5, *English Traits* (hereafter CWRWE, vol. 5, English Traits)(Cambridge: Harvard University Press, 1994), xiv.

3   John Bernard Beer, "Coleridge, Samuel Taylor," *Encyclopædia Britannica Online*, 24 Oct. 2005, http://www.search.eb.com/eb/article-1409.

4   Phyllis Cole, *Mary Moody Emerson and the Origins of Transcendentalism: A Family History* (New York: Oxford University Press, 1998), 5, 164, 170, 180, 242, 307.

5   Kenneth Marc Harris, *Carlyle and Emerson: Their Long Debate* (Cambridge: Harvard University Press, 1978), 10, 11, 56.

6   Simon Heffer, *Moral Desperado: A Life of Thomas Carlyle* (London: Weidenfeld and Nicolson, 1995), 48, 52, 66.

7   Ibid., 129.

8   에머슨이 찬탄한 칼라일의 글은 다음과 같다. "Jean Paul Friedrich Richter," *Edinburgh Review*, 1827; "State of German Literature," ibid., 1828; "Goethe's Helena," *Foreign Review*, 1828; "Goethe," ibid., 1828; "Life of Heyne," ibid., 1828; "Novalis," ibid., 1829; "Signs of the Times," *Edinburgh Review*, 1829; "John Paul Friedrich Richter Again," *Foreign Review*, 1830; "Schiller," *Fraser's Magazine*, 1831; "The Nibelungen Lied," *Westminster Review*, 1831; "German Literature of the Fourteenth and Fifteenth Centuries," *Foreign Quarterly Review*, 1831; "Taylor's Historic Survey of German Poetry," *Edinburgh Review*, 1831; "Characteristics," ibid., 1831. 이러한 소론과 평론은 칼라일이 『의상철학』을 쓰기 직전에 나왔고, 그가 독일 문학에 깊이 몰두해 있음을 보여준다. 다음을 보라. Henry Larkin, *Carlyle and the Open Secret of His Life* (originally published 1886(New York: Haskell House, 1970), 13. Larkin은 칼라일 생애의 마지막 10년간 그의 연구 조교이자 심부름꾼으로 일했다.

9   Lawrence Buell, *Emerson* (Cambridge: Harvard University Press, 2003), 15.

10   Frederick Wahr, *Emerson and Goethe* (Ann Arbor: George Wahr, 1915), 79.

11   *CWRWE*, vol. 5, *English Traits*, 9~12; Robert E. Burkholder, "Notes," ibid., 356.

12   Larkin, *Carlyle*, 59.

13   Wahr, *Emerson and Goethe*, 22.

14   Fred Kaplan, *Thomas Carlyle: A Biography* (Ithaca: Cornell University Press, 1983), 232~33, 369; Townsend Scudder, *The Lonely Wayfaring Man: Emerson and Some Englishmen* (London: Oxford University Press, 1936), 29, 34~37.

15   1849년의 발언으로 다음에서 인용. Harris, *Carlyle and Emerson*, 27.

16   Scudder, *Lonely Wayfaring Man*, 139. Ruskin quoted in Buell, *Emerson*, 328.

17 Matthew Guinn, "Emerson's Southern Critics, 1838~1862," *Resources for American Literary Study* 25, no. 2 (1999): 174~91, 186.

18 Phyllis Cole, "Stanton, Fuller, and the Grammar of Romanticism," *New England Quarterly* 73, no. 4 (Dec. 2000): 556.

19 제퍼슨은 다음에서 인용. Buell, *Emerson*, 370.

20 Nicoloff, "Historical Introduction," xxi; L. P. Curtin Jr., *Anglo-Saxons and Celts: A Study of Anti-Irish Prejudice in Victorian England* (Bridgeport, Conn.: Conference on British Studies at the University of Bridgeport, 1968), 76.

21 Joan von Mehren, *Minerva and the Muse: A Life of Margaret Fuller* (Amherst, University of Massachusetts Press, 1994), 236.

22 역사가들은 칼라일의 독일 민족주의와 20세기 독일 나치의 민족주의 사이의 유사성에 주목했다. 다음을 보라. Salwyn Schapiro, "Thomas Carlyle, Prophet of Fascism," *Journal of Modern History* 17, no. 2 (June 1945): 97~115.

23 Heffer, *Moral Desperado*, 52.

24 Quoted ibid., 165~67.

25 Quoted ibid., 197.

26 "Permanent Traits of the English National Genius," in *The Early Lectures of Ralph Waldo Emerson*, ed. Stephen E. Whicher and Robert E. Spiller, vol. 1 (Cambridge: Harvard University Press, 1959), 241.

27 *Early Lectures of Ralph Waldo Emerson*, 233, 234~35; CWRWE, vol. 5, *English Traits*, 54.

28 CWRWE, vol. 5, *English Traits*, 71.

29 Carlyle to Emerson, London, 12 Aug., 1834, The Project Gutenberg EBook of The Correspondence of Thomas Carlyle and Ralph Waldo Emerson, 1834~1872, vol. 1, http://www.gutenberg.org/dirs/1/3/5/8/13583/13583.txt; Harris, *Carlyle and Emerson*, 138.

30 Quoted in Kaplan, *Thomas Carlyle*, 249.

31 Carlyle to Emerson, Annan, Scotland, 18 Aug., 1841, http://www.gutenberg.org/dirs/1/3/5/8/13583/13583.txt.

32 다음에서 인용. Harris, *Carlyle and Emerson*, 147~48. 다음도 보라. Phyllis Cole, "Emerson, England, and Fate," in *Emerson-Prophecy, Metamorphosis, and Influence: Selected Papers from the English Institute*, ed. David Levin (New York: Columbia University Press, 1975), 83~105.

33 Carlyle to Emerson, London, 24 June 1833, http://www.gutenberg.org/dirs/1/3/5/8/13583/13583.txt.

34 Quotes in Scudder, *Lonely Wayfaring Man*, 153, 169.

35 CWRWE, vol. 5, *English Traits*, 170.

11.잉글랜드인의 특성

1 Philip Nicoloff, "Historical Introduction," in *The Collected Works of Ralph Waldo Emerson*, vol. 5, *English Traits* (hereafter CWRWE, vol. 5, *English Traits*)Cambridge: Harvard University Press, 1994), xiii~xiv, 이 부분은 에머슨의 장난기와 저자의 "자신의 주제를 완전히 즐기는" 태도를 보여주는 위트를 드러낸다. Wallace E. Williams는 "역사적으로 설명한 서론"에서 『잉글랜드인의 특성』을 에머슨의 "가장 재치 있는 책"이라고 말한다. *CWRWE, vol. 4, Representative Men: Seven Lectures* (Cambridge: Harvard University Press, 1987), xlix. 다음도 보라. Nell Irvin Painter, "Ralph Waldo Emerson's Saxons," *Journal of American History* 95, no. 4 (March 2009): 977~85.

2 *The Early Lectures of Ralph Waldo Emerson*, ed. Stephen E. Whicher and Robert E. Spiller (Cambridge: Harvard University Press, 1959), 234~41, 248.

3 Nicoloff, "Historical Introduction," xlviii~xlix, liii. 프린스턴 대학교 도서관에는 『잉글랜드인의 특성』이 선집에 포함된 것 말고도 1856년 판, 1857년 판, 1869년 판, 1916년 판, 1966년 판의 다섯 판이 소장되어 있다.

4 Journal entry for 30 Sept. 1856, in *The Journals of Charlotte Forten Grimké*, ed. Brenda Stevenson (New York: Oxford University Press, 1988), 164, 191~92.

5 다음을 보라 Elisa Tamarkin, "Black Anglophilia: or, The Sociability of Antislavery," *American Literary History* 14, no. 3 (Fall 2002): 447, 452, 455.

6 여러 역사가가 미국 백인의 인종-젠더 근심을 깊이 분석했다. 고전적인 연구는 Richard Slotkin의 *Regeneration through Violence: The Mythology of the American Frontier, 1600~1860* (Middletown, Conn.: Wesleyan University Press, 1973)이다. C. Anthony Rotundo는 원시적인 생식력의 이상화를 '수컷의 원시인'이라고 부르며, '문명이 위험에 빠졌다'는 느낌에 주목한다. 이러한 역사가들은 종종 20세기 전환기의 위기에 집중한다. 그러나 위대한 미국 사상가인 에머슨은 남북전쟁 이전의 그러한 관념을 19세기 말의 사전 속에 들어온 문구로 표현했다. 에머슨에게 문제의 중요한 종족은 켈트족에 반대되는 '색슨족'이었다. 20세기 중반, 역사가들은 '색슨'이나 '앵글로색슨'을 '백인'으로 대체하여, 세 가지 명칭이 같은 의미였는데도, 비백인에 대한 대립을 분명하게 했다. 그러나 후세대의 역사가들에게 편한 흑인/백인의 대립이 이전에 쓰인 글들의 의미를 늘 따른 것은 아니다. 다음을 보라. E. Anthony Rotundo, *American Manhood: Transformations in Masculinity from the Revolution to the Modern Era* (New York: Basic Books, 1993), Gail Bederman, *Manliness and Civilization: A Cultural History of Gender and Race in the United States, 1880~1917* (Chicago: University of Chicago Press, 1995), Michael S. Kimmel, *Manhood in America: A Cultural History* (New York: Free Press, 1996), and John Pettegrew, *Brutes in Suits: Male Sensibility in America, 1890~1920* (Baltimore: Johns Hopkins University Press, 2007).

7   "Permanent Traits of the English National Genius," in *Early Lectures of Ralph Waldo Emerson*,
     241. Michael S. Kimmel은 19세기 말 미국인들이 "구식 야만적 상태의 구원의 손길"을 바랐음
     을 거론한다. 다음을 보라. "Consuming Manhood: The Feminization of American Culture
     and the Recreation of the Male Body, 1832~1920," *Michigan Quarterly Review* 3, no. 1 (Winter
     1994): 7~10, 13~16, 29.

8   *CWRWE*, vol. 5, *English Traits*, 23, 155.

9   Gildas, *The Ruin of Britain* (ca. 540), quoted in Bryan Sykes, *Saxons, Vikings, and Celts: The
     Genetic Roots of Britain and Ireland* (New York: W. W. Norton, 2006), 256~57.

10   *CWRWE*, vol. 5, *English Traits*, 23.

11   Emerson, "Permanent Traits of the English National Genius," 242.

12   *CWRWE*, vol. 5, *English Traits*, 33. 민족을 과일 나무에 비유한 것은 다음을 보라. *CWRWE*, vol.
     4, *Representative Men* (1987), 56; *Journals and Miscellaneous Notebooks of Ralph Waldo Emerson*
     (hereafter Journals), vol. 11, *1848~1851*, ed. A. W. Plumstead, William H. Gilman, and Ruth
     H. Bennett (Cambridge: Harvard University Press, 1975), 8, 42, 131, 142, 152, 283, 357; *Journals*,
     vol. 10, *1847~1848*, ed. Merton M. Sealts Jr. (Cambridge: Harvard University Press, 1973), 5, 91,
     99~100. 다음도 보라. Horace S. Kallen, *Culture and Democracy in the United States: Studies in
     the Group Psychology of the American Peoples* (New York: Boni and Liveright, 1924), 329.

13   *CWRWE*, vol. 5, *English Traits*, 32, 154.

14   Ibid., 36.

15   Ibid., 2.

16   *Journals*, vol. 10, 221. 그리나우에 관해서는 다음을 보라. F. O. Matthiessen, *American
     Renaissance: Art and Expression in the Age of Emerson and Whitman* (1941, 1968), 140, 148, 다
     음에서 인용. Robert D. Richardson Jr., *Emerson: The Mind on Fire: A Biography* (Berkeley:
     University of California Press, 1995), 539. 다음도 보라. "Horatio Greenough," Smithsonian
     American Art Museum online, http://americanart.si.edu/search/artist_bio.cfm?ID=1935.

17   *CWRWE*, vol. 5, *English Traits*, 34.

18   Ibid., 18.

19   Ibid., 35.

20   Ibid., 169.

21   Robert Knox, *The Races of Men: A Philosophical Enquiry into the Influence of Race over the
     Destinies of Nations* (1862) [this is the 2nd edition of *Races of Men: A Fragment*, published in
     1850.] 다음도 보라. Hannah Franziska Augstein, ed., *Race: The Origins of an Idea, 1760~1850*
     (Bristol, UK: Thoemmes Press, 1996), 246.

22   *CWRWE*, vol. 5, *English Traits*, 118~19.

23 *Journals*, vol. 13, *1852~1855*, ed. Ralph H. Orth and Alfred R. Ferguson (Cambridge: Harvard University Press, 1977), 83, 128~29.

24 Ibid., 39.

25 Ibid., 398.

26 *CWRWE*, vol. 2, *Essays: First Series* (Cambridge: Harvard University Press, 1979), 33, 43. Journal AZ (1849), p.20, in *Journals*, vol. 11, 192.

27 *Journals*, vol. 13, 1852~1855, 115~16, 248.

28 *CWRWE*, vol. 5, *English Traits*, 171.

29 http://www.fordham.edu/halsall/source/magnacarta.html and "Magna Carta," *Encyclopædia Britannica Online*, http://www.search.eb.com/eb/article-9050003.

30 Hugh A. MacDougall, *Racial Myth in English History: Trojans, Teutons, and Anglo-Saxons* (Hanover: University Press of New England, 1982), 26~37, 56~62, 81~86, 91~92.

31 James A. Secord, "Behind the Veil: Robert Chambers and Vestiges," in *History, Humanity and Evolution*, ed. James Moore (Cambridge: Cambridge University Press, 1989), 178, 182, 185~86. 다음도 보라. James A. Secord, *Victorian Sensation* (Chicago: University of Chicago Press, 2000).

32 Editor's note, "Robert Chambers, *Vestiges of the Natural History of Creation* (New York, 1845), in Emerson's library," in *Journals*, vol. 9, *1843~1847*, ed. Ralph H. Orth and Alfred R. Ferguson (Cambridge: Harvard University Press, 1971), 64, 211.

33 Robert Chambers, *Vestiges of the Natural History of Creation* (1st ed., 1844), ed. James Secord (Chicago: University of Chicago Press, 1994), 306, from the Unofficial Stephen Jay Gould Archive online, http://www.stephenjaygould.org/library/vestiges/chapter16.html.

34 Chambers, *Vestiges of the Natural History of Creation*, chap.16; Milton Millhauser, *Just before Darwin: Robert Chambers and Vestiges* (Middletown, Conn.: Wesleyan University Press, 1959), 33, 118, 128, 147.

35 Millhauser, *Just before Darwin*, 5, 8~9, 22~28, 31~34.

36 Nicoloff, "Historical Introduction," xxii, xxvi.

37 Millhauser, *Just before Darwin*, 32.

38 Richardson, *Emerson*, 518. Also xxii~xxvi in *CWRWE*, vol. 5, *English Traits*, and Journal CO (1851), p.81: "녹스의 인종 법칙, 자연은 잡종을 좋아하지 않고 절멸한다. 인종에서 절연된 인종 집단은 게로 퇴화한다." Note, "See Robert Knox, M.D., *The Races of Men: A Fragment* (Philadelphia, 1850), pp.52, 86, 107, 317," in *Journals*, vol. 11, *1848~1851*, 392.

39 Knox, *Races of Men* (1850), 6.

40 Knox, *Races of Men* (1862), in Augstein, ed., *Race*, 248. 녹스가 과학에 끼친 실질적인 영향력에 관한 논쟁은 다음을 보라. Peter Mandler, "The Problem with Cultural History," *Cultural and*

Social History (2005): 101~2.

41 Athena S. Leoussi, "Pheidias and 'L'Esprit Moderne': The Study of Human Anatomy in Nineteenth-Century English and French Art Education," *European Review of History* 7, no. 2 (Autumn 2000): 16~188.

42 Knox, *Races of Men* (1850), 7, 다음에서 인용. Cora Kaplan, "White, Black and Green: Racialising Irishness in Victorian England," in Peter Gray, ed., *Victoria's Ireland?: Irishness and Britishness, 1837~1901* (Dublin: Four Courts Press, 2004), 51. 칼라일처럼 남부 스코틀랜드인 이었던 녹스도 "우리 색슨족"의 관점에서 글을 썼다.

43 Emerson, *CWRWE*, vol. 5, *English Traits*, 28.

44 Ibid., 29.

45 Ibid., 32, 86, 91. Cornel West는 에머슨의 '이중적 의식double consciousness'을 나와는 다소 다른 의미로 인용한다. West는 에머슨에게 역사적 상황은 인종과 떼어놓고 이해할 수 없다고 말한다. 다음을 보라. West, *The American Evasion of Philosophy: A Genealogy of Pragmatism* (Madison: University of Wisconsin Press, 1989), 34, 39.

12. 미국 백인 역사 속의 에머슨

1 너새니얼 호손의 아내가 되는 Sophia Peabody는 1838년 지적 동지인 여자 친구에게 에머슨에 관하여 이렇게 썼다. 에머슨이 유명세의 극치에 도달하기 전이었다. 다음에서 인용. Robert D. Richardson Jr., *Emerson: The Mind on Fire: A Biography* (Berkeley: University of California Press, 1995), 524; 다음도 보라, 522~23.

2 Theodore Parker의 1850년 발언, 다음에서 인용. Neil Baldwin, *The American Revelation: Ten Ideals That Shaped Our Country from the Puritans to the Cold War* (New York: St. Martin's Press, 2005), 61.

3 예를 들어 다음을 보라. Joel Porte, *Representative Man: Ralph Waldo Emerson in His Time* (originally published 1979)(New York: Columbia University Press, 1988), 1, 8, 19.

4 *The Collected Works of Ralph Waldo Emerson*, vol. 5, *English Traits* (hereafter CWRWE, vol. 5, English Traits)(Cambridge: Harvard University Press, 1994), 24.

5 에머슨이 흑인을 영원한 노예상태의 비참한 인종으로 묘사한 사례는 가장 분명하게 노예 제에 반대하는 진술의 하나에 나온다. *An Address delivered in the court-house in Concord, Massachussetts, on 1st August, 1884: on the anniversary of the emancipation of the negroes in the British West Indies* (Boston: J. Munroe, 1844).

6 Journal V, pp.62~63, in *The Journals and Miscellaneous Notebooks of Ralph Waldo Emerson*

(hereafter Journals), vol. 9, *1843~1847*, ed. Ralph H. Orth and Alfred R. Ferguson (Cambridge: Harvard University Press, 1971), 125.

7 *Journals*, vol. 11, *1848~1851*, ed. A. W. Plumstead, William H. Gilman, and Ruth H. Bennett (Cambridge: Harvard University Press, 1975), xv. 1850년 도망노예법에 대한 에머슨의 논평은 다음을 보라. pp.343~65 of vol. 11 of *Journals*.

8 Journal CO, p.59, in *Journals*, vol. 11, 385.

9 Journal DO, p.188, and Journal VS, p.280, in *Journals*, vol. 13, *1852~1855*, 54, 198.

10 *Journals*, vol. 9, *1843~1847*, 233.

11 Journal Y (1845), pp.119~20, *Journals*, vol. 9, *1843~1847*, 299~300.

12 *Journals*, vol. 14, *1854~1861*, ed. Susan Sutton Smith and Harrison Hayford (Cambridge: Harvard University Press, 1978), 171.

13 Journal AB (1847), pp.105~7, and Journal GH (1847), p.3, *Journals*, vol. 10, 1847~1848, ed. Merton M. Sealts Jr. (Cambridge: Harvard University Press, 1973), 44~45, 131.

14 Philip L. Nicoloff는 에머슨의 인종 사상을 보여주는 사례가 "거의 헤아릴 수 없을 정도로 많다"는 것을 알아냈다. 다음을 보라. *Emerson on Race and History: An Examination of English Traits* (New York: Columbia University Press, 1961), 120. Lawrence Buell은 에머슨이 "앵글로색슨족이 우월하다는 인종주의적 견해를 버린 적이 없다"고 덧붙인다. *Emerson* (Cambridge: Harvard University Press, 2003), 248.

15 *The Conduct of Life*의 '운명'을 신중히 분석한 것으로는 다음을 보라. Eduardo Cadava, "The Guano of History," in *Of Mourning and Politics* (Cambridge: Harvard University Press, forthcoming), and Eduardo Cadava, *Emerson and the Climates of History* (Stanford: Stanford University Press, 1997). Cadava와 내가 '운명'을 이용하는 방법은 한 세대 전의 Phyllis Cole의 방법과 다르다. "Emerson, England, and Fate," in *Emerson: Prophecy, Metamorphosis, and Influence: Selected Papers from the English Institute* (New York: Columbia University Press, 1975), 83~105.

16 Journal CO, 1851, pp.28~29, in *Journals*, vol. 11, *1848~1851*: 376.

13. '미국학파' 인류학

1 Henry S. Patterson, "Memoir of the Life and Scientific Labors of Samuel George Morton," in *Types of Mankind, or Ethnological Researches, Based upon the Ancient Monuments, Paintings, Sculptures, and Crania of Races, and upon Their Natural, Geographical, Philological, and Biblical History: Illustrated by Selections from the Inedited Papers of Samuel George*

   Morton, M.D. (Late President of the Academy of Natural Sciences at Philadelphia) *and by Additional Contributions from Prof. L. Agassiz, LL.D.; W. Usher, M.DD; and Prof. H. S. Patterson, M.D. by N. C. Nott, M.D., and Geo. R. Gliddon* (Philadelphia: J. B. Lippincott, 1857), xxx.

2 Paul A. Erikson, "Morton, Samuel George (1799~1851)," in *History of Physical Anthropology*, vol. 1, ed. Frank Spencer (New York: Garland, 1997), 65~66.

3 Samuel George Morton, *Crania Ægyptiaca, or Observations on Egyptian Ethnography, Derived from Anatomy, History and the Monuments* (Philadelphia: John Penington, 1844), 3~4, 46.

4 Ibid., 65~66; Patterson, "Memoir of Samuel George Morton," xxxvii, xlii.

5 다음에서 인용. Karen E. Fields, "Witchcraft and Racecraft: Invisible Ontology in Its Sensible Manifestations," in *Witchcraft Dialogues: Anthropological and Philosophical Exchanges*, ed. George Clement Bond and Diane M. Ciekawy (Athens: Ohio University Center for International Studies, 2001), 304; Max Weber, "The Religion of Non-Privileged Strata," in *Economy and Society*, ed. Geunther Roth and Claus Wittich (Berkeley: University of California Press, 1978), 490~91.

6 다음에 설명된 논쟁을 보라. *Bulletins de la Société d'Anthropologie de Paris* (1861): 176, 184~88, 259, 274. 이 논의에 관한 설명은 모턴, 놋, 글리던, 그리고 모턴의 전기를 쓴 J. Aitken Meigs을 인용한다.

7 Reginald Horsman, *Josiah Nott of Mobile: Southerner, Physician, and Racial Theorist* (Baton Rouge: Louisiana State University Press, 1987), 113~18.

8 Ibid., 206.

9 Arthur de Gobineau, *The Inequality of Human Races*, trans. Adrian Collins, preface by George L. Mosse (New York: Howard Fertig, 1999), xii. 다음도 보라. Stephen Jay Gould, "Ghosts of Bell Curves Past," *Natural History* 104, no. 2 (Feb. 1995): 12~19.

10 "Jones, Sir William," *Encyclopædia Britannica Online*. 1 Oct. 2007, http://www.search.eb.com/eb/article-9043950.

11 Tocqueville to Gobineau, Saint-Cyr, 20 Dec. 1853, in Alexis de Tocqueville, *"The European Revolution" and Correspondence with Gobineau*, ed. and trans. John Lukacs (Westport, Conn.: Greenwood Press, 1959), 231~33. 다음도 보라. Tocqueville to Gobineau, Paris, 15 May 1852, ibid., 221~23.

12 Robert J. C. Young, *Colonial Desire: Hybridity in Theory, Culture and Race* (London: Routledge, 1995), 130~35. 헨리 호체에 관해서는 다음을 보라. Robert E. Bonner, "Slavery, Confederate Diplomacy, and the Racialist Mission of Henry Hotze," Civil War History 51, no. 3 (2005): 288~311. 다음도 보라. Horsman, *Josiah Nott*, 205~9.

13 Jean Boissel, *Gobineau: Biographie: Mythes et réalité* (Paris: Berg International, 1993), 129~30.

14 특히 다음을 보라. Arthur de Gobineau, *Essai sur l'inégalité des races humaines, in OEuvres*, vol. 1, ed. Jean Gaulmer and Jean Boissel (Paris: Gallimard, 1983), 243, 275, 285~86, 344, 773, 922, 923, 978.

15 The Cornell University Library's electronic texts: http://cdl.library.cornell.edu/cgi-bin/ moa/pageviewer?frames=1&cite=http%3A%2F%2Fcdl.library.cornell.edu%2Fcgi-bin%2Fmoa%2Fsgml%2Fmoa-idx%3Fnotisid%3DABK9283-0007%26byte%3D145175 765&coll=moa&view=50&root=%2Fmoa%2Fputn%2Fputn0007%2F&tif=00007.TIF& pagenum=102.

16 *American Journal of the Medical Sciences* 6 (1843): 252~56.

17 J. C. Nott, "Postscriptum," *Types of Mankind*, xiii.

18 Paul A. Erickson, "American School of Anthropology," in *History of Physical Anthropology*, vol. 2, ed. Frank Spencer (New York: Garland, 1997), 690.

14. 미국 백인성의 두 번째 확대

1 Geoffrey C. Ward, *The Civil War: An Illustrated History* (New York: Alfred A. Knopf, 1990), 50; Ella Lonn, *Foreigners in the Union Army and Navy* (Baton Rouge: Louisiana State University Press, 1951), 146~47, 659~61, 666~74.

2 David W. Blight, *Race and Reunion: The Civil War in American Memory* (Cambridge: Harvard University Press, 2001), 75~76는 현충일을 "미국 최초의 다인종, 다민족 기념일"이라고 말한다.

3 Ibid., 74~75, 276.

4 Erika Lee, "American Gatekeeping: Race and Immigration Law in the Twentieth Century," in *Not Just Black and White: Historical and Contemporary Perspectives on Immigration, Race, and Ethnicity in the United States*, ed. Nancy Foner and George M. Fredrickson (New York: Russell Sage Foundation, 2004), 124.

5 백인성 연구의 기본적인 두 텍스트가 이 과정을 고찰한다. 다음을 보라. David R. Roediger, *The Wages of Whiteness: Race and the Making of the American Working Class* (London: Verso, 1991 and 1999), and Noel Ignatiev, *How the Irish Became White* (New York: Routledge, 1995).

6 "Fate," in *Conduct of Life, CWRWE*, vol. 6 (Cambridge: Harvard University Press, 2003), 9.

7 Journal CO, 1851, pp.102~3, in *Journals and Miscellaneous Notebooks of Ralph Waldo Emerson*, vol. 11, *1848~1851*, ed. A. W. Plumstead, William H. Gilman, and Ruth H. Bennett (Cambridge: Harvard University Press, 1975), 397~98.

8 Henry Cabot Lodge, *A Short History of the English Colonies in America* (New York: Harper &

Brothers, 1881), 66, 72, 73.

9   Henry Cabot Lodge, "The Distribution of Ability in the United States," *Century Magazine* 42, n.s. 20 (Sept. 1891): 688~89; Dumas Malone, "The Geography of American Achievement," *Atlantic* 154, no. 6 Dec. 1934): 669~80; John Hammond Moore, "William Cabell Bruce, Henry Cabot Lodge, and the Distribution of Ability in the United States," *Virginia Magazine of History and Biography* 86, no. 3 (July 1978): 355~61.

10 Lodge, "Distribution of Ability," 693~94.

11 James Phinney Munroe, *A Life of Francis Amasa Walker* (New York: Henry Holt, 1923), 5.

12 Francis Amasa Walker, "Immigration and Degradation," *Forum* 2 (1891): 418~19, 420, 421, 425~26.

13 Francis A. Walker, "Restriction of Immigration," *Atlantic Monthly* 77, no. 464 (June 1896): 829.

15. 윌리엄 리플리와 『유럽의 인종』

1   Arthur Mann은 "Gompers and the Irony of Racism," *Antioch Review* 13, no. 2 (June 1953): 212쪽에서 오랫동안 미국노동조합연맹AFL의 우두머리였던 새뮤얼 곰퍼스가 이 말을 썼다고 하지만 틀렸다. (잉글랜드에서 이주한 유대인인) 곰퍼스가 남유럽과 동유럽 출신의 이민자들에 대해 인종주의적 발언을 한 것은 분명하지만, 인용된 표현은 여성참정권 운동가 리디아 킹스밀 커맨더Lydia Kingsmill Commander가 쓴 글에 나온다. "Evil Effects of Immigration," *American Federationist* (Oct. 1905): 749.

2   "When Ripley Speaks, Wall Street Heeds," by H.I.B., *New York Times*, 26 Sept. 1926, SM7; William Z. Ripley, "Race Progress and Immigration," *Annals of the American Academy of Political and Social Science* 34, no. 1 (July 1909): 130.

3   "When Ripley Speaks, Wall Street Heeds."

4   William Z. Ripley, *The Races of Europe: A Sociological Study* (New York: D. Appleton, 1899), ix.

5   Michael Dietler, "'Our Ancestors the Gauls': Archaeology, Ethnic Nationalism, and the Manipulation of Celtic Identity in Modern Europe" (originally published 1994), in *American Anthropology, 1971~1995: Papers from the American Anthropologist*, ed. Regna Darnell (Arlington, Va: American Anthropological Association, 2002): 732, 738.

6   Ripley, *Races of Europe*, 37.

7   Ibid., 332.

8   C. Loring Brace은 『유럽의 인종』을 "딱딱한 표현······ 낭만주의의 반과학적 태도에 대한 설명의

고전"이라고 말한다. 다음을 보라. *"Race" Is a Four-Letter Word: The Genesis of the Concept*(New York: Oxford University Press, 2005), 171.

9   Charles W. Chesnutt, "What Is a White Man?" *Independent*, 30 May 1889, pp.693~94.

10 Ripley, *Races of Europe*, following p.208.

11 Ibid., facing p.394.

12 Ibid., 394~95.

13 Ibid., 318.

14 Review by W.L. of "The Races of Europe," *New York Times*, 27 Aug. 1899, IM 10~11.

15 Otis Tufton Mason, "The Races of Europe: A Sociological Study," *American Anthropologist*, n.s. 1, no. 4 (Oct. 1899): 770~73. Mason은 채플힐의 노스캐롤라이나 대학교의 인류학과 소속이었고 *American Anthropologist*에 정기적으로 서평을 썼다.

16 Ripley to Edward Robert Anderson Seligman, Boston, 27 Nov. 1901, Butler Rare Book and Manuscrip.Library, Columbia University.

17 "Future Americans Will Be Swarthy. Prof. Ripley Thinks Race Intermixture May Reproduce Remote Ancestral Type. TO INUNDATE ANGLO-SAXON. His Burden, Though Physically Thus Engulfed, Will Be to Bear Torch of Civilization," New York Times, 29 Nov. 1908, p.7.

18 William Z. Ripley, "The European Population of the United States," *Journal of the Royal Anthropological Institute of Great Britain and Ireland* 38 (July 1908): 224~25, 234, 239~40.

19 Ripley to Edward Robert Anderson Seligman, Cambridge, Mass., 21 Nov. 1901, Butler Rare Book and Manuscrip.Library, Columbia University.

20 Arthur Schlesinger Jr., "The 'Hundred Days' of F.D.R.," *New York Times Book Review*, 10 April 1983, http://www.nytimes.com/books/00/11/26/specials/schlesinger-hundred.html.

21 Ida S. Ripley는 1966년에 사망했다. 다음을 보라. *New York Times*, 19 March 1966, p.29.

16. 프란츠 보아스, 이의를 제기하다

1   Claudia Roth Pierpont, "The Measure of America: How a Rebel Anthropologist Waged War on Racism," *New Yorker*, 8 March 2004, p.52.

2   George W. Stocking Jr., *Race, Culture, and Evolution: Essays in the History of Anthropology* (Chicago: University of Chicago Press, 1968, 1982), 167.

3   Douglas Cole, *Franz Boas: The Early Years, 1858~1906* (Seattle: University of Washington Press, 1999), 60.

4 다음에서 인용. ibid., 72.

5 Ibid., 132, 136.

6 Lee D. Baker, *From Savage to Negro: Anthropology and the Construction of Race, 1896~1954* (Berkeley: University of California Press, 1998), 103.

7 Boas to President Nicholas Murray Butler, New York, 15 Nov. 1902, in *A Franz Boas Reader: The Shaping of American Anthropology, 1883~1911*, ed. George W. Stocking Jr. (Chicago: University of Chicago Press, 1974 and 1982), 290; Stocking, *Race, Culture, and Evolution*, 166 ; Cole, *Franz Boas*, 220, 284. 다음도 보라. Vernon J. Williams Jr., *Rethinking Race: Franz Boas and His Contemporaries* (Lexington: University Press of Kentucky, 1996), 9~12.

8 *Franz Boas Reader*, 242.

9 "The Outlook for the American Negro," in *Franz Boas Reader*, 310~11, 314~15.

10 Ibid., 310~11, 314~15.

11 Leonard B. Glick, "Types Distinct from Our Own: Franz Boas on Jewish Identity and Assimilation," in *American Anthropology, 1971~1995: Papers from the American Anthropologist* (Lincoln: University of Nebraska Press, 2002), 356~58, 360~61.

12 Glick, "Types Distinct from Our Own," 341.

13 곰퍼스는 한층 더 멀리 나아가 중국인들이 "미국 소녀들을 먹이로 삼기"를 좋아하며 "소년들의 나이도 가리지 않는다"고 비난한다. 다음을 보라. Arthur Mann, "Gompers and the Irony of Racism," *Antioch Review* 13, No. 2 (June 1953): 208~9.

14 George M. Fredrickson, "Prejudice and Discrimination, History of," in *Harvard Encyclopedia of American Ethnic Groups*, ed. Stephan Thernstrom (Cambridge: Harvard University Press, 1980), 836~37, 843~45; John Higham, *Strangers in the Land: Patterns of American Nativism, 1860~1925* (New Brunswick: Rutgers University Press, 1955), 46~48, 69.

15 Higham, *Strangers in the Land*, 26~27, 92~93.

16 Williams, *Rethinking Race*, 23~24. Williams는 인류학자들이 보아스에게 보인 반응이 "거의 히스테리에 가깝다"고 말한다.

17 Thomas F. Gossett, *Race: The History of an Idea in America* (Dallas: Southern Methodist University Press, 1963), 307.

18 Franz Boas, "The Races of Europe" (review), *Science*, n.s. 10, no. 244 (1 Sept. 1899): 292~96.

19 Allan Chase, *The Legacy of Malthus: The Social Costs of the New Scientific Racism* (New York: Alfred A. Knopf, 1977), 96, and Cole, *Franz Boas*, 268.

20 Stocking, *Race, Culture, and Evolution*, 174~77.

21 Franz Boas, *Changes in Bodily Form of Descendants of Immigrants* (reprinted from the Reports of the United States Immigration Commission)(New York: Columbia University Press, 1912), 33, 59. 다음도

보라. Corey S. Sparks and Richard L. Jantz, "Changing Times, Changing Faces: Franz Boas's Immigrant Study in Modern Perspectives," *American Anthropologist* 105, no. 2 (June 2003): 333~37.

22 U.S. Immigration Commission, *Brief Statement of the Conclusions and Recommendations of the Immigration Commission, with Views of the Minority* (Washington, D.C.: Government Printing Office, 1910), 12~13, 35~36.

23 Baker, *From Savage to Negro*, 107.

24 John Bodnar, *The Transplanted: A History of Immigrants in Urban America* (Bloomington: Indiana University Press, 1985), 86~89, 102~11, 123~28.

25 Humbert S. Nelli, "Italians," and Arthur A. Goren, "Jews," in *Harvard Encyclopedia of American Ethnic Groups*, 554, 585~86; "Jews Who Have Served in the United States House of Representatives," Jewish Virtual Library of the American-Israeli Cooperative Enterprise, http://www.jewishvirtuallibrary.org/jsource/US-Israel/housejews.html.

26 세계주의적인 새로운 도시 문화의 전면적인 검토는 다음을 보라. Ann Douglas, *Terrible Honesty: Mongrel Manhattan in the 1920s* (New York: Farrar, Straus and Giroux, 1995).

27 Williams, *Rethinking Race*, 6, 16~17.

28 「도가니」에 관한 상세한 논의는 다음을 보라. Werner Sollors, *Beyond Ethnicity: Consent and Descent in American Culture* (New York: Oxford University Press, 1986), 66~99, and David Biale, "The Melting Pot and Beyond: Jews and the Politics of American Identity," in *Insider/ Outsider: American Jews and Multiculturalism*, ed. David Biale, Michael Galchinsky, and Susan Heschel (Berkeley: University of California Press, 1998), 17~33. 다음도 보라. Todd M. Endelman, "Benjamin Disraeli and the Myth of Sephardi Superiority," *Jewish History* 10, no. 2 (Sept. 1996): 22, 25, 28, 30~32.

29 Online version at V Dare.com, http://www.vdare.com/fulford/melting_pot_play.htm.

17, 루스벨트, 로스, 인종 자살

1 Thomas G. Dyer, *Theodore Roosevelt and the Idea of Race* (Baton Rouge: Louisiana State University Press, 1980), 2~3. 다음도 보라. Horace M. Kallen, *Culture and Democracy in the United States: Studies in the Group Psychology of the American People* (New York: Boni and Liveright, 1924), 129.

2 *The Naval War of 1812* (New York: Putnam's Sons, 1882); *Thomas Hart Benton* (Boston: Houghton Mifflin, 1887); *Gouverneur Morris* (New York: Houghton Mifflin, 1888); *The Winning of the West*, 4 vols. (New York: Putnam's Sons, 1889~96).

3 다음에서 인용. Dyer, *Theodore Roosevelt*, 51~52, 66.

4 Neil Baldwin, *Henry Ford and the Jews: The Mass Production of Hate* (New York: Public Affairs, 2001), 33~34.

5 Dyer, *Theodore Roosevelt*, 53, and Edward N. Saveth, *American Historians and European Immigrants, 1875~1925* (New York: Columbia University Press, 1948), 18~25, 51~52, 62.

6 Saveth, *American Historians*, 35, n. 11, 41, 59.

7 다음에서 인용. Dyer, *Theodore Roosevelt*, 53, and Saveth, *American Historians*, 139.

8 다음에서 인용. Dyer, *Theodore Roosevelt*, 144~45.

9 다음에서 인용. ibid., 152.

10 Edward A. Ross, "race suicide," in "The Causes of Racial Superiority," *Annals of the American Academy of Political and Social Science* 18 (1901): 67~89. 다음도 보라. Daniel T. Rodgers, *Atlantic Crossings: Social Politics in a Progressive Age* (Cambridge: Harvard University Press, 1998).

11 Howard W. Odum, *American Sociology: The Story of Sociology in the United States through 1950* (New York: Longmans, Green, 1951), 98~102, http://spartan.ac.brocku.ca/~lward/Odum/BiographicalSketches/Ross.html.

12 Ross, "Causes of Race Superiority," 68, 70, 73, 75, 83, 85.

13 Ibid., 75, 79, 84~86.

14 Edward Alsworth Ross, "The Value Rank of the American People," *Independent* 57 (Nov. 1904): 1061.

15 Ross, "Causes of Race Superiority," 89; Ross, "The Value Rank of the American People," 1063.

16 Ross, "Causes of Race Superiority," 74, 80.

17 Jonathan Peter Spiro, "Patrician Racist: The Evolution of Madison Grant" (Ph.D. diss., University of California at Berkeley, 2000), 265. 다음도 보라. Jonathan Peter Spiro, *Defending the Master Race: Conservation, Eugenics, and the Legacy of Madison Grant* (Burlington: University of Vermont Press, 2008).

18 인종 형성에서 조직노동이 수행한 역할에 관한 상세한 설명은 다음을 보라. David R. Roediger, *The Wages of Whiteness: Race and the Making of the American Working Class* (London: Verso, 1991 and 1999). *Journal of American Ethnic History* 16, no. 3 (Spring 1997): 6, 16~18, 31, and Patrick J. Blessing, "Irish," Humbert S. Nelli, "Italians," and Arthur A. Goren, "Jews," in *Harvard Encyclopedia of American Ethnic Groups*, ed. Stephan Thernstrom (Cambridge: Harvard University Press, 1980), 538, 553, 582, 585.

19 Rudolp.J. Vecoli, "'Free Country': The American Republic Viewed by the Italian Left, 1880~1920," in *In the Shadow of the Statue of Liberty: Immigrants, Workers, and Citizens in*

the American Republic, 1880~1920, ed. Marianne Debouzy (Urbana: University of Illinois Press, 1992), 34; Salvatore Salerno, *"I Delitti della Razza Bianco* (Crimes of the White Race): Italian Anarchists' Racial Discourse as Crime," in *Are Italians White? How Race Is Made in America,* ed. Jennifer Guglielmo and Salvatore Salerno (New York: Routledge, 2003), 112, 120

18. 퇴화한 가족의 발견

1   Philip R. Reilly, *The Surgical Solution: A History of Involuntary Sterilization in the United States* (Baltimore: Johns Hopkins University Press, 1991), 9~10, and Nicole Hahn Rafter, *White Trash: The Eugenic Family Studies, 1877~1919* (Boston: Northeastern University Press, 1988), 1~17.

2   첫 번째 묘사에는 더그데일의 '고귀한 혈통'에 대한 언급이 들어 있다. "그의 가족은 정복왕과 함께 잉글랜드에 왔다." 두 번째 묘사는 다음에 나온다. Arthur H. Estabrook, *The Jukes in 1915* (Washington, D.C.: Carnegie Institution, 1916), v~vii. 1844년에 설립된 뉴욕교도소협회는 1961년 뉴욕교정협회로 이름이 바뀐다.

3   Cesare Lombroso, *L'uomo delinquente* (1876); Martino Beltrani-Scalia, *La riforma penitenziaria in Italia* (1879).

4   Richard L. Dugdale, *"The Jukes": A Study in Crime, Pauperism, Disease and Heredity, also Further Studies of Criminals,* 5th ed. (New York: G. P. Putnam's Sons, 1895), 70.

5   Ibid., 13.

6   Ibid., 18~26, 31, 38.

7   Ibid., 60~61.

8   Nicole H. Rafter, "Claims-Making and Socio-Cultural Context in the First U.S. Eugenics Campaign," *Social Problems* 38, no. 1 (Feb. 1992): 17, 20~22, and Joan Waugh, *Unsentimental Reformer: The Life of Josephine Shaw Lowell* (Cambridge: Harvard University Press, 1997), 3~11.

9   Reilly, *Surgical Solution,* 12~13.

10 Christine Rosen, *Preaching Eugenics: Religious Leaders and the American Eugenics Movement* (Oxford: Oxford University Press, 2004), 27~29, and Genevieve C. Weeks, *Oscar Carleton McCulloch, 1843~1891: Preacher and Practitioner of Applied Christianity* (Indianapolis: Indiana Historical Society, 1976).

11 *Eugenics, Genetics and the Family* 1 (1923): 398~99, http://www.eugenicsarchive.org/eugenics/image_header.pl?id=1489. 다음도 보라. William Alexander Percy, *Lanterns on the Levee: Recollections of a Planter's Son* (originally published 1941)(Baton Rouge: Louisiana State University Press, 1973), 19~20.

12 Oscar C. McCulloch, *The Tribe of Ishmael: A Study in Social Degradation*, 4th ed. (originally published 1888)(Indianapolis: Charity Organization Society, 1891), 3, 5, 7.

13 Don Jordan and Michael Walsh, *White Cargo: The Forgotten History of Britain's White Slaves in America* (New York: New York University Press, 2008), 87~90, 128~31, esp.130.

14 Michael A. Hoffman II, *They Were White and They Were Slaves: The Untold History of the Enslavement of Whites in Early America*, 4th ed. (Coeur d'Alene, Idaho: Independent History & Research Co., 1991), 99~100.

15 조지아 출신의 왕당파 망명자였던 스토크스가 1783년에 쓴 것이다. A. Roger Ekirch, *Bound for America: The Transportation of British Convicts to the Colonies, 1718~1775* (Oxford: Clarendon Press, 1987), 193.

16 Theodore Roosevelt, *The Winning of the West* (originally published 1889)(New York: G. P. Putnam's Sons, 1917), 105~6.

17 Mai M. Ngai, "The Architecture of Race in American Immigration Law: A Reexamination of the Immigration Act of 1924," *Journal of American History* 86, no. 1 (June 1999): 74~75, and Rosen, *Preaching Eugenics*, 27.

18 [Alice McCulloch, ed.], *The Open Door. Sermons and Prayers by Oscar C. McCulloch, Minister of Plymouth Congregational Church, Indianapolis, Indiana* (Indianapolis: Press of Wm. B. Burford, 1892), xx. 다음도 보라. Weeks, *Oscar Carleton McCulloch*, and Nathaniel Deutsch, *Inventing America's "Worst" Family: Eugenics, Islam, and the Fall and Rise of the Tribe of Ishmael* (Berkeley: University of California Press, 2009).

19 David Starr Jordan, *The Heredity of Richard Roe: A Discussion of the Principles of Eugenics* (Boston: American Unitarian Association, 1911), 100, 121.

19. 퇴화한 가족에서 강제불임시술로

1 Lelia Zenderland, *Measuring Minds: Henry Herbert Goddard and the Origins of American Intelligence Testing* (Cambridge: Cambridge University Press, 1998 and 2001), 16, 28, 41~42, 54~57, 338, and Philip R. Reilly, *The Surgical Solution: A History of Involuntary Sterilization in the United States* (Baltimore: Johns Hopkins University Press, 1991), 20.

2 Allan Chase, *The Legacy of Malthus: The Social Costs of the New Scientific Racism* (New York: Alfred A. Knopf, 1977), 114.

3 Ibid., 118~19.

4 Ibid., 144~45. 골턴에 관해서는 다음도 보라. Stephen Jay Gould, *The Mismeasure of Man*, rev ed. (New York: W. W. Norton, 1996), 105~13.

5   Daniel J. Kevles, *In the Name of Eugenics: Genetics and the Uses of Human Heredity*, 2nd ed. (Cambridge: Harvard University Press, 1995), 7~9, 12.

6   Francis Galton, *Memories of My Life* (London: Methuen, 1908), at http://galton.org/books/memories/chapter-XXI.html.

7   In Chase, *Legacy of Malthus*, 101~2.

8   In C. Loring Brace, *"Race" Is a Four-Letter Word: The Genesis of the Concep.*(New York: Oxford University Press, 2005), 180 (강조는 원문).

9   긴 설명은 다음을 보라. Gould, *Mismeasure of Man*, 191~93.

10 Kevles, *In the Name of Eugenics*, 48~49.

11 Ibid., 47.

12 Zenderland, *Measuring Minds*, 153~55, 175.

13 Ibid., 154, 169~70.

14 In Chase, *Legacy of Malthus*, 151. 다음도 보라. John Lisle, "The Kallikak Family, A Study of Feeble-Mindedness by Henry Herbert Goddard," *Journal of the American Institute of Criminal Law and Criminology* 4, no. 3 (Sept. 1913): 471.

15 In Chase, *Legacy of Malthus*, 148~50.

16 1907년 전국자선교정협의회에서 회장 에이머스 버틀러Amos Butler가 한 연설의 문장. Allison C. Carey, "Gender and Compulsory Sterilization Programs in America: 1907~1950," *Journal of Historical Sociology* 11, no. 1 (March 1998): 81.

17 In Reilly, *Surgical Solution*, 46.

18 Zenderland, *Measuring Minds*, 149~50, 189, 227.

19 In Reilly, *Surgical Solution*, 86. In *Segregation's Science: Eugenics and Society in Virginia* (Charlottesville: University of Virginia Press, 2008), 8~13, 25~33, 98~104, Gregory Michael Dorr는 버지니아 사람들이 토머스 제퍼슨의 『버지니아주 해설』부터 이종결혼금지법을 폐기한 1967년 미국 연방대법원의 러빙 대 버지니아 재판 판결에 이르기까지 인간 운명의 동력으로서 '피'에 지속적으로 매료된 것을 지적한다.

20 Paul Lombardo, "Eugenic Sterilization Laws," Image Archive on the American Eugenics Movement, Dolan DNA Learning Center, Cold Spring Harbor Laboratory, http://www.eugenicsarchive.org/html/eugenics/essay8text.html.

21 Harry H. Laughlin, director in charge of the Eugenics Record Office of the Department of Genetics of the Carnegie Institute of Washington, D.C., in Stephen Jay Gould, "Carrie Buck's Daughter," *Natural History* 111, no. 6 (July~Aug. 2002): 12 (originally published July 1984).

22 Gould, "Carrie Buck's Daughter."

23 Carey, "Gender and Compulsory Sterilization Programs," 74.

24 Chase, *Legacy of Malthus*, 126, 135; Zenderland, *Measuring Minds*, 324.

25 Paul A. Lombardo, "Facing Carrie Buck," *Hastings Center Report*, 1 March 2003, 15.

20. 새로운 이민자들의 지능검사

1 Robert M. Yerkes, *"Testing the Human Mind," Atlantic Monthly* 131 (March 1923): 359, 364~65, 370. 보아스 파의 인류학자인 버클리 캘리포니아 대학교의 Robert Lowie는 민족 집단들을 인종의 관점에서 해석했다고 여키스를 비판했다(여키스가 『애틀랜틱 먼슬리』에 실은 글 pp.364~65). 다음을 보라. Robert Lowie, "Psychology, Anthropology, and Race," *American Anthropologist*, n.s. 25, no. 3 (July~Sept. 1923): 299.

2 Carl C. Brigham, *A Study of American Intelligence* (Princeton: Princeton University Press, 1923), 13. 스티븐 제인 굴드는 육군 지능검사를 자세히 논하면서 0점 비율이 높다고 지적하며 병사들이 질문에 아예 답을 하지 못했다고 밝힌다. 그러한 결과에 검사관들은 놀라 검사가 적절하지 않다고 생각했을 것이다. Gould, *The Mismeasure of Man*, rev. ed. (New York: W. W. Norton, 1996), 230~33. Truman Lee Kelley는 다음에서 비슷한 결론에 도달했다. *Interpretation of Educational Measurement* (Yonkers-on-Hudson, N.Y.: World, 1927).

3 Brigham, *Study of American Intelligence*, 48.

4 다음에서 인용. Leila Zenderland, *Measuring Minds: Henry Herbert Goddard and the Origins of American Intelligence Testing* (Cambridge: Cambridge University Press, 1998 and 2001), 264.

5 Henry H. Goddard, "Mental Tests and the Immigrant," *Journal of Delinquency* 1, no. 5 (Sept. 1917): 224.

6 Zenderland, *Measuring Minds*, 266, 273.

7 Goddard, "Mental Tests and the Immigrant," 243, 252, 266. 이 글에서 고더드는 정신적인 약점이 유전이나("노둔은 노둔을 낳는다") 빈곤의 결과일 수 있음을 인정한다. 그는 또한 이른바 노둔이 막일꾼이 될 수 있으리라고 인정한다. 269, 270쪽을 보라. 1920년대의 외국인혐오증적인 이민 규제 논의에서 이러한 조건은 사라졌다.

8 Donald A. Dewsbury, "Robert M. Yerkes: A Psychobiologist with a Plan," in *Portraits of Pioneers in Psychology*, ed. Gregory A. Kimble, C. Alan Boneau,and Michael Wertheimer, vol. 2 (Washington, D.C.: American Psychological Association, 1966), 92, 87~88.

9 Daniel J. Kevles, "Testing the Army's Intelligence: Psychologists and the Military in World War I," *Journal of American History* 55, no. 3 (Dec. 1968): 565.

10 Wade Pickren, "Robert Yerkes, Calvin Stone, and the Beginning of Programmatic Sex

Research by Psychologists, 1921~1930," *American Journal of Psychology* 110, no. 4 (Winter 1997): 608.

11 Daniel J. Kevles, *In the Name of Eugenics: Genetics and the Uses of Human Heredity*, 2nd ed. (Cambridge: Harvard University Press, 1995): 80.

12 Ibid., 80~81.

13 Zenderland, *Measuring Minds*, 293, 297.

14 Yerkes, "Testing the Human Mind," 359, 364, 370.

15 다음에서 인용. Gould, *Mismeasure of Man*, 224~25n. 굴드는 군대의 주저가 검사 시행에 영향을 미치고 결과의 신뢰성을 떨어뜨린 방식을 설명한다. 군대의 반응을 상세히 설명한 것으로는 다음을 보라. Kevles, "Testing the Army's Intelligence," 571~80.

16 『미국 육군 심리 검사*Psychological Examining in the United States Army*』라는 제목의 보고서는 1921년에 간행되었다.

17 David Owen, "Inventing the SAT," *Alicia Patterson Foundation Reporter* 8, no. 1, 1985, http://www.aliciapatterson.org/APF0801/Owen/Owen.html.

18 Matthew T. Downey, *Carl Campbell Brigham: Scientist and Educator* (Princeton: Educational Testing Service, 1961), 5~7.

19 Ibid., 26.

20 Brigham, *Study of American Intelligence*, vii.

21 Ibid., 124.

22 Ibid., 146.

23 Ibid., vi, 159. 다음도 보라. Jonathan Peter Spiro, "Patrician Racist: The Evolution of Madison Grant" (Ph.D. diss., University of California at Berkeley, 2000), 428, 437.

24 Georges Vacher de Lapouge, *L'Aryen: Son rôle social* (Paris: A. Fontemoing, 1899), 345.

25 U.S. Senate, 61st Cong., 3rd sess., Reports of the Immigration Commission, *Dictionary of Races or Peoples* (Washington, D.C.: Government Printing Office, 1911), 5

26 Brigham, *Study of American Intelligence*, 100, 101, 107, 110~11.

21. 거대한 불안

1 다음을 보라. "Lost Laughter," *Time.com*, 26 Oct. 1936, http://www.time.com/time/magazine/article/0,9171,788569-1,00.html, Roger Penn Cuff, "The American Editorial Cartoon: A Critical Historical Sketch," *Journal of Educational Sociology* 19, no. 2 (Oct. 1945): 93, 95, and S. K. Stevens, "Of Men and Many Things," *Pennsylvania History* 14 (Jan. 1947): 55.

2   Richard A. Easterlin, "Immigration: Social Characteristics," in *Harvard Encyclopedia of American Ethnic Groups, ed. Stephan Thernstrom* (Cambridge: Harvard University Press, 1980), 482.

3   아래 내용은 다음을 보라. Nell Irvin Painter, *Standing at Armageddon: The United States*, ev. ed. (New York: W. W. Norton, 2008), 261~63, 293~390.

4   Tony Michels, *A Fire in Their Hearts: Yiddish Socialists in New York* (Cambridge: Harvard University Press, 2005), 3.

5   William Preston, *Aliens and Dissenters: Federal Suppression of Radicals,1903~1933*, 2nd ed. (Urbana: University of Illinois Press, 1994), 99.

6   W. E. B. Du Bois from *Darkwater: Voices from Within the Veil* (1920) in *W. E. B. Du Bois: A Reader*, ed. David Levering Lewis (New York: Henry Holt,1995), 458.

7   Ray Roun cartoon, *Saturday Evening Post*, 12 Feb. 1921, p.21. 이 만평은 케네스 L. 로버츠의 "보통의 미국인을 위한 이민에 관한 평이한 설명"을 보여준다.

8   Painter, *Standing at Armageddon*, 362~65, 368~70.

9   Ibid., 372~73.

10 Jan Cohn, *Creating America: George Horace Lorimer and the Saturday Evening Post* (Pittsburgh: University of Pittsburgh Press, 1989), 103, 130~31.

11 Howard C. Hill, "The Americanization Movement," *American Journal of Sociology* 24, no. 6 (May 1919): 630.

12 다음을 보라. Neil Baldwin, *Henry Ford and the Jews: The Mass Production of Hate* (New York: Public Affairs, 2001), 38~42. 졸업식 설명은 42쪽을 보라.

22. 도가니, 실패?

1   Jonathan Peter Spiro, "Patrician Racist: The Evolution of Madison Grant" (Ph.D. diss., University of California at Berkeley, 2000), 498. 다음도 보라. Jonathan Peter Spiro, *Defending the Master Race: Conservation, Eugenics, and the Legacy of Madison Grant* (Burlington: University of Vermont Press, 2008).

2   Jan Cohn, *Creating America: George Horace Lorimer and the Saturday Evening Post* (Pittsburgh: University of Pittsburgh Press, 1989), 10, 28~29, 166, and "Lorimer, George Horace" (2007), in *Encyclopedia Britannica Online*, http://searchj.eb.com/eb/article-9048978. 다음도 보라. Frederick Allen, "Star-Spangled Bigot," *American Heritage*, Nov.-Dec. 1989, pp.63~64.

3   John T. Frederick, "Kenneth Roberts," *English Journal* 30, no. 6 (June 1941): 436~37, 438.

4   Jack Bales, *Kenneth Roberts* (New York: Twayne, 1993), 11.

5   "Angry Man's Romance," cover story, *Time*, 25 Nov. 1940, http://www.time.com/time/magazine/article/0,9171,884165, 00.html.

6   Jack Bales, *Kenneth Roberts: The Man and His Works* (Metuchen, N.J.: Scarecrow Press, 1989), viii.

7   Ibid., xvi; Edgar Allen Beem, *Downeast Magazine*, Aug. 1997, in "Kenneth Lewis Roberts," http://www.waterborolibrary.org/maineaut/r.htm. 인종에 집착한 다른 많은 작가처럼 로버츠 도 자식 없이 죽었다.

8   Bales, *Kenneth Roberts* (1989), 23~24.

9   Kenneth L. Roberts, "Plain Remarks on Immigration for Plain Americans," *Saturday Evening Post*, 12 Feb. 1921, pp.21, 22, 44; Roberts, *Why Europe Leaves Home* (Indianapolis: Bobbs-Merrill, 1922), 21~22, 96, 104, 113~14.

10   Roberts, *Why Europe Leaves Home*, 20~22, 54, 230~32, 271.

11   Ibid., 15, 37, 41, 76~78.

12   E. A. Ross, *The Old World in the New: The Significance of Past and Present Immigration to the American People* (New York: Century, 1914), 150~51, 256, 285~89 (강조는 원문).

13   Ibid., 289~90.

14   Roberts, *Why Europe Leaves Home*, 48, 50; Bales, Kenneth Roberts (1989), 17.

15   예를 들어 다음을 보라. *New York Times*, 31 May 1937, p.15.

16   Spiro, "Patrician Racist," viii, 6~22, 209, 225~26.

17   Madison Grant, *The Passing of the Great Race, or The Racial Basis of European History*, 4th ed. (New York: Charles Scribner's Sons, 1921), xxxiii. 그랜트 책의 속표지는 학자로서 그가 가진 자격을 보여준다. 뉴욕동물협회New York Zoological Society 회장, 미국자연사박물관American Museum of National History 이사, 미국지리학회National Geographic Society 고문. 스크리브너스 출판사에서 그랜트의 책을 편집한 사람은 F. 스콧 피츠제럴드와 어니스트 헤밍웨이, 토머스 울프의 책을 편집한 전설적 편집자인 맥스웰 퍼킨스였다. 1926년 스크리브너스 출판사는 그랜트의 책을 제목에서 인용한 헤밍웨이의 중편소설 『봄의 격류: 위대한 인종의 소멸에 바치는 낭만적인 소설*The Torrents of Spring: A Romantic Novel in Honor of the Passing of a Great Race*』을 출간했다. 다음도 보라. Spiro, "Patrician Racist," 334~35.

18   Madison Grant, "Discussion of Article on Democracy and Heredity," *Journal of Heredity* 10, no. 4 (April 1919): 165.

19   Spiro, "Patrician Racist," 325.

20   Grant, *Passing of the Great Race* (1921), 54.

21   Ibid., 13, 16, 18~19, 27~29.

22   Ibid., 39.

23   Franz Boas, "Inventing a Great Race," *New Republic*, 13 Jan. 1917, pp.305~7.

24 Spiro, "Patrician Racist," 355, 358, 363.

25 Grant, *Passing of the Great Race* (1921), 215, 229~30.

26 Ibid., 217~19.

27 "An Appeal for Coöperation toward Lasting Peace" (1916), in David Starr Jordan, *The Days of a Man: Being Memories of a Naturalist, Teacher and Minor Prophet of Democracy*, vol. 2, *1900~1921* (Yonkers-on-Hudson, N.Y.: World Book, 1922), 688.

23. 인류사회학:외국인 인종을 연구한 학문

1 F. Scott Fitzgerald, *The Great Gatsby*, Ruth Prigozy, ed. (New York, Oxford University Press: 1998), 14.

2 Benoit Massin, "L'Anthropologie raciale comme fondement de la science politique: Vacher de Lapouge et l'échec de l' "anthroposociologie" en France (1886~1936)," in *Les Politiques de l'anthropologie: Discours et pratiques en France* (1860~1940), ed. Claude Blanckaert (Paris: L'Harmattan, 2001), 296. 다음도 보라. George Mosse, *Toward the Final Solution: A History of European Racism* (New York: H. Fertig, 1978).

3 그러나 자크 바전은 "수십 명의 명사"가 즉시 고비노의 『인종불평등론』을 읽었다고 말한다. 르낭과 텐, 니체, 바그너, 카트르파주, 쇼펜하우어 등으로 전부 이미 인종결정론을 수용한 자들이었다. 바전은 놋의 번역을 빠뜨린다. 다음을 보라. Barzun, *Race: A Study in Superstition*, rev. ed. (New York: Harper & Row, 1965), (originally published in 1937 as *Race: A Study in Modern Superstition*), x, 61, 200~218.

4 Georges Vacher de Lapouge, "L'Anthropologie et la science politique," *Revue d'Anthropologie* (1887): 150~51, in Jonathan Peter Spiro, "Patrician Racist: The Evolution of Madison Grant" (Ph.D. diss., University of California at Berkeley, 2000), 290.

5 이러한 관념의 역사는 다음을 보라. Jacques Barzun, *The French Race: Theories of Its Origin and Their Social and Political Implications prior to the Revolution* (New York: Columbia University Press, 1932). 다음도 보라. Anthony M. Ludovici, "Dr. Oscar Levy," *New English Weekly* 30 (1946~47): 49~50, and "A Book to Stir Up Prejudice," *New York Times Review of Books*, 28 July 1906, BR 472.

6 Spiro, "Patrician Racist," 287.

7 Ibid., 493.

8 Pierre-André Taguieff, *La Couleur et le sang: Doctrines racistes à la française*, new ed. (Paris: Mille et une Nuits, 2002), 239, 272. 라푸주의 책은 다음과 같다. *Les Sélections sociales* (1896),

L'Aryen: Son rôle social (1899), Race et milieu social: Essais d'anthroposociologie (1909).

9   Mike Hawkins, Social Darwinism in European and American Thought, 1860~1945 (Cambridge: Cambridge University Press, 1997), 117.

10 Massin, "L'Anthropologie raciale," 302; Jennifer Michael Hecht, The End of the Soul: Scientific Modernity, Atheism, and Anthropology in France (New York: Columbia University Press, 2003), 168, 172, 193. 다음도 보라. Hecht, "Vacher de Lapouge and the Rise of Nazi Science," Journal of the History of Ideas 61, no. 2 (April 2000): 285~304.

11 Taguieff, La Couleur et le sang, 270~71; Massin, "L'Anthropologie raciale," 283, 305, 290.

12 Taguieff, La Couleur et le sang, 288~93; Massin, "L'Anthropologie raciale," 274.

13 Georges Vacher de Lapouge, L'Aryen: Son rôle social (Paris: A. Fontemoing, 1899), 483.

14 Ibid., 464~83.

15 Spiro, "Patrician Racist," 283~84, 365~66.

16 Lapouge, L'Aryen, 345.

17 Madison Grant, Passing of the Great Race, or The Racial Basis of European History, 4th ed. (New York: Charles Scribner's Sons, 1921), 231~32.

18 Ibid., 184~85.

19 Russell A. Kazal, Becoming Old Stock: The Paradox of German-American Identity (Princeton: Princeton University Press, 2004), 4~6, 151~92.

20 Kathleen Neils Conzen, "Germans," in Harvard Encyclopedia of American Ethnic Groups, ed. Stephan Thernstrom (Cambridge: Harvard University Press, 1980), 410, 422~23.

21 J. B. Moore, review of The French Revolution in San Domingo, by T. Lothrop Stoddard, in Political Science Quarterly 31, no. 1 (March 1916): 179~80.

22 Matthew Pratt Guterl, The Color of Race in America, 1900~1940 (Cambridge: Harvard University Press, 2001), 51~52; Spiro, "Patrician Racist," 439~42.

23 Lothrop Stoddard, The Revolt against Civilization: The Menace of the Under Man (New York: Charles Scribner's Sons, 1922), 56, 63.

24 Ibid., 10.

25 Ibid., 245, 248, 252, 254, 262~63.

26 Ibid., 23~25, 63~64, 69, 71~72, 94~96, 113, 151~52, 163, 210.

27 Ibid., 63, 71, 72.

28 『새터데이 이브닝 포스트』의 사설들은 1921년 4월과 5월에 나왔다. 다음을 보라. Jan Cohn, Creating America: George Horace Lorimer and the Saturday Evening Post (Pittsburgh: University of Pittsburgh Press, 1989), 135~36, 155.

29 William McDougall, Is America Safe for Democracy? (New York: Charles Scribner's Sons, 1921),

appendix V, 209.

30 Elazar Barkan, *The Retreat of Scientific Racism: Changing Concepts of Race in Britain and the United States between the World Wars* (Cambridge: Cambridge University Press, 1992), 190~203.

31 Jack Bales, *Kenneth Roberts: The Man and His Works* (Metuchen, N.J.: Scarecrow Press, 1989), 19.

32 Spiro, "Patrician Racist," 448.

33 Cohn, *Creating America*, 195~96.

34 Richard Slotkin, *Lost Battalions: The Great War and the Crisis of American Nationality* (New York: Henry Holt, 2005), 459.

35 Richard V. Oulahan, "Tense Feeling on Ku Klux," *New York Times*, 29 June 1924, pp.1, 7. 다음도 보라. *New York Times*, 23 June 1924, p.1.

36 "Deeper Causes," editorial, *New York Times*, 5 July 1924, p.12.

37 Calvin Coolidge, "Whose Country Is This?" *Good Housekeeping*, Feb. 1921, pp.13, 14, 109.

38 Neil Baldwin, *Henry Ford and the Jews: The Mass Production of Hate* (New York: Public Affairs, 2001), 45~47.

39 Ibid., 25.

40 '평화의 배'에 관해서는 다음을 보라. Nell Irvin Painter, *Standing at Armageddon: The United States, 1877~1919*, rev. ed. (New York: W. W. Norton, 2008), 308~9.

41 Baldwin, *Henry Ford and the Jews*, 98, 263~65, 306. W. J. 캐머런은 『디어본 인디펜던트』가 폐간한 후에도 자신만의 앵글로-이스라엘 신문을 계속 발간했다.

42 Baldwin, *Henry Ford and the Jews*, 309.

43 Ibid., 82~83, 97, 144, 201.

24. 인종학에 대한 이의제기

1 Walter Lippmann, "A Future for the Tests" *New Republic* 33 (29 Nov. 1922): 10.

2 Franz Samelson, "From 'Race Psychology' to 'Studies in Prejudice': Some Observations on the Thematic Reversal in Social Psychology," *Journal of the History of the Behavioral Sciences* 14 (1978): 273.

3 Daniel J. Kevles, "Annals of Eugenics: A Secular Faith-III," *New Yorker*, 22 Oct. 1984, pp.100~101, 107~8; Elazar Barkan, *The Retreat of Scientific Racism: Changing Concepts of Race in Britain and the United States between the World Wars* (Cambridge: Cambridge University Press, 1992), 209.

4 Vincent P. Franklin, "Black Social Scientists and the Mental Testing Movement,

1920~1940," in *Black Psychology*, ed. Reginald L. Jones, 3rd ed. (Berkeley, Calif.: Cobb & Henry, 1991), 207.

5 Bond in the *Crisis* 28 (1924), 다음에서 인용. John P. Jackson Jr., "'Racially Stuffed Shirts and Other Enemies of Mankind': Horace Mann Bond's Parody of Segregationist Psychology in the 1950s," in *Defining Difference: Race and Racism in the History of Psychology*, ed. Andres S. Winston (Washington, D.C.: American Psychological Association, 2004), 264~65. 다음도 보라. Franklin, "Black Social Scientists," 205~7. 프랭클린은 흑인의 지능이 흑인 개인에 들어있는 '백인 피'의 양과 관계가 있다는 이론을 논한다. 흑인이 흴수록 더 똑똑하다는 것이다. 오토 클라인버그는 1935년에 발표한 *Negro Intelligence and Selective Migration*에서 이에 반대한다.

6 Kevles, "Annals of Eugenics," 107.

7 Samelson, "From 'Race Psychology' to 'Studies in Prejudice,'" 268~71.

8 Robert E. Park, "Human Migration and the Marginal Man," *American Journal of Sociology* 33, no. 6 (May 1928): 887~90, 892~93.

9 Edward Alsworth Ross, *Seventy Years of It: An Autobiography* (New York: D. Appleton-Century, 1936), 276.

10 Lelia Zenderland, *Measuring Minds: Henry Herbert Goddard and the Origins of American Intelligence Testing* (Cambridge: Cambridge University Press, 1998, 2001), 324~26; *Human Intelligence: Historical Influences, Current Controversies, Teaching Resources*, Indiana University, http://www.indiana.edu/%7Eintell/kallikak.shtml

11 Franz Boas, *Anthropology and Modern Life* (originally published 1932), with a new introduction and afterword by Herbert S. Lewis (New Brunswick, N.J.: Transaction Publishers, 2004), 273, 282~83.

12 Barkan, *Retreat of Scientific Racism*, 94.

13 Otto Klineberg, "Reflections of an International Psychologist of Canadian Origin," *International Social Science Journal* 25, nos. 1~2 (1973): 40~41. 다음도 보라. Wayne H. Holtzman and Roger W. Russell, "Otto Klineberg: A Pioneering International Psychologist," *International Journal of Psychology* 27, no. 5 (Oct. 1992): 346~65.

14 Otto Klineberg, *A Study of Psychological Differences between 'Racial' and National Group.in Europe*, Archives of Psychology, no. 132 (New York, 1931).

15 Klineberg, "Reflections," 41~42.

16 Carl C. Brigham, "Intelligence Tests of Immigrant Groups," *Psychological Review* 37, no. 2 (March 1930): 164, 165.

17 Judith Schachter Modell, *Ruth Benedict: Patterns of a Life* (Philadelphia: University of Pennsylvania Press, 1983), 23~26, 56; Margaret M. Caffrey, *Ruth Benedict: Stranger in This Land* (Austin:

University of Texas Press, 1989), 17, 21~22, 40~41.

18 Caffrey, *Ruth Benedict*, 64.

19 Modell, *Ruth Benedict*, 64~67.

20 Ibid., 84; Caffrey, *Ruth Benedict*, 75~81; Margaret Mead, *Ruth Benedict* (New York: Columbia University Press, 1974), 8. 미드의 책에는 사진과 발췌한 베네딕트의 일지와 편지가 들어 있다.

21 Caffrey, *Ruth Benedict*, 93~98; Virginia Heyer Young, *Ruth Benedict: Beyond Relativity, Beyond Pattern* (Lincoln: University of Nebraska Press, 2005), 7~8.

22 Lois W. Banner, *Intertwined Lives: Margaret Mead, Ruth Benedict, and Their Circle* (New York: Alfred A. Knopf, 2003), 411.

23 Banner, *Intertwined Lives*의 주제가 바로 이것이다.

24 Margaret Mead, *An Anthropologist at Work: Writings of Ruth Benedict* (Boston: Houghton Mifflin, 1959), and *Ruth Benedict*.

25 Mead, *Ruth Benedict*, 2.

26 Mary Catherine Bateson, "Foreword," in Ruth Benedict, *Patterns of Culture* (originally published 1934)(Boston: Houghton Mifflin, 1989), ix.

27 Margaret Mead, *Blackberry Winter: My Earlier Years* (originally published 1972)(New York: Kodansha International, 1995), 130~31.

28 Louise Lamphere, "Unofficial Histories: A Vision of Anthropology from the Margins," *American Anthropologist* 106, no. 1 (March 2004): 134.

29 Caffrey, *Ruth Benedict*, 122, 160~61, 187. 다음도 보라. Banner, Intertwined Lives, 202.

30 Benedict, *Patterns of Culture*, 11, 15, 78~79, 233~37.

31 Caffrey, Ruth Benedict, 278, 284~85.

32 Ruth Benedict, *Race: Science and Politics* (New York: Modern Age Books, 1940), v~vi.

33 Benedict, *Race* (1940), 9, 12~17.

34 Ibid., 3, 119~27.

35 Ibid., 6, 30~31, 37.

36 Ruth Benedict, *Race: Science and Politics*, rev. ed. (New York: Viking Press, 1943), v.

37 Benedict, *Race* (1940), vii; (1943), xi~xiii; (1945), xi.

38 Jacques Barzun, *Race: A Study in Superstition*, rev. ed. (New York: Harper & Row, 1965); M. F. Ashley Montague, *Man's Most Dangerous Myth: The Fallacy of Race*, 3rd ed. (New York, Harper & Brothers, 1952), 1. 다음도 보라. Karen E. Fields, "Witchcraft and Racecraft: Invisible Ontology in Its Sensible Manifestations," in *Witchcraft Dialogues: Anthropological and Philosophical Exchanges*, ed. George Clement Bond and Diane M. Ciekawy (Athens: Ohio University Center for International Studies, 2001), 283~315.

39 United Nations Educational, Scientific and Cultural Organization, *The Race Concept: Results of an Inquiry* (Paris: United Nations, 1952), 7~8.

40 Ruth Benedict and Gene Weltfish, *Races of Mankind* (1943), in *Race: Science and Politics*, rev. ed. (1943), 176.

41 Ibid., 176~77.

42 Ibid., 182~83.

43 Carleton S. Coon, *Adventures and Discoveries: The Autobiography of Carleton S. Coon* (Englewood Cliffs, N.J.: Prentice-Hall, 1981), 129.

44 Ibid., 131, 137~38.

45 Samelson, "From 'Race Psychology' to 'Studies in Prejudice,'" 268, 272~73.

46 Mead, *Ruth Benedict*, 53.

25. 새로운 백인종 정치

1 Neil Baldwin, *Henry Ford and the Jews: The Mass Production of Hate* (New York: Public Affairs, 2001), 108~20.

2 Ibid., 148~51.

3 In *Anthology of American Literature*, 4th ed., vol. 2, ed. George McMichael, Frederick Crews, J. C. Levenson, Leo Marx, and David E. Smith (New York: Macmillan, 1989), 1351~52.

4 Donald W. Rogers, "Introduction—The Right to Vote in American History," in *Voting and the Spirit of American Democracy: Essays on the History of Voting Rights in America*, ed. Donald W. Rogers (Urbana: University of Illinois Press, 1990), 11~12; Paul Kleppner, *Who Voted?: The Dynamics of Electoral Turnout, 1870~1980* (New York: Praeger, 1982), 20~62.

5 Kristi Andersen, *The Creation of a Democratic Majority, 1928~1936* (Chicago: University of Chicago Press, 1979), 38~40, 42, 51, 87~88, 90; Kleppner, *Who Voted?*, 68~70.

6 Louis Adamic, *Laughing in the Jungle: The Autobiography of an Immigrant in America* (New York: Harper & Brothers, 1932), 105.

7 Allan J. Lichtman, *Prejudice and the Old Politics: The Presidential Election of 1928* (Chapel Hill: University of North Carolina Press, 1979), 5~6, 200~201, 231, 233. Lichtman은 1928년 선거를 결정 적이라고 칭한 Samuel Lubell에 이의를 제기한다. Lichtman이 보기에 스미스는 도시 유권자를 이끌어냈지만 그 선거가 미국 정치가 새로운 시대에 접어들었다는 신호는 아니었기 때문이다 (pp. 94~95, 122).

8 Michael Denning에 따르면, 1904년에서 1923년 사이에 태어난 미국인이 거대한 노동계급 세

대를, "미국사의 노동계급 무리 대부분"을 구성했다. 역사상 자신을 노동자로 본 사람이 가장 많을 때였다. *The Cultural Front: The Laboring of American Culture in the Twentieth Century* (London: Verso, 1997), 8~9.

9 Andersen, *Creation of a Democratic Majority*, 112~13, 93.

10 See Nancy Weiss, *Farewell to the Party of Lincoln: Black Politics in the Age of FDR* (Princeton: Princeton University Press, 1983), 209~39.

11 Baldwin, *Henry Ford and the Jews*, 294, 297.

12 David M. Kennedy, *Freedom from Fear: The American People in Depression and War, 1929~1945* (New York: Oxford University Press, 1999) 216, 230~31.

13 Alan Brinkley, *Voices of Protest: Huey Long, Father Coughlin, and the Great Depression* (New York: Alfred A. Knopf, 1982), 82~121. 코글린은 특히 1934~35년에 영향력이 컸다.

14 David Nasaw, *The Chief: The Life and Work of William Randolph Hearst* (Boston: Houghton Mifflin, 2000), 488~90, 494~98.

15 *Reader's Digest*, Nov. 1939, pp.62~67.

16 Baldwin, *Henry Ford and the Jews*, 281~88.

17 Horace M. Kallen, "Democracy versus the Melting-Pot," *Nation*, 18 Feb. 1915, pp.190~94, and 25 Feb. 1915, pp.217~20, and *Culture and Democracy in the United States: Studies in the Group Psychology of the American Peoples* (New York: Boni and Liveright, 1924). 다음도 보라. Sidney Ratner, "Horace M. Kallen and Cultural Pluralism," *Modern Judaism* 4, no. 2 (May 1984), 185.

18 Kallen, "Democracy versus the Melting-Pot," 192.

19 Ibid., 194.

20 Ibid., 220. Werner Sollors는 칼렌의 해석을 이렇게 요약한다. "한번 트롬본은 영원한 트롬본이다!" *Beyond Ethnicity: Consent and Descent in American Culture* (New York: Oxford University Press, 1986), 185.

21 Randolp.Bourne, "Trans-National America," *Atlantic Monthly* 118 (July 1916): 93; John Dewey, "The Principle of Nationality," *Menorah Journal* 3, no. 3 (Oct. 1917): 206, 208.

22 Adamic, *Laughing in the Jungle*, 67~70, 98, 101~2, 109.

23 Ibid., 262~65; Louis Adamic, *My America, 1928~1938* (New York: Harper & Brothers, 1938), 48; Dale E. Peterson, "The American Adamic: Immigrant Bard of Diversity," *Massachusetts Review* 44, nos. 1~2 (Spring-Summer 2003): 235.

24 Adamic, *My America*, 135, 191.

25 Ibid., 188.

26 Louis Adamic, "Thirty Million New Americans," *Harper's Magazine* 169 (Nov. 1934): 684, 694.

27 똥으로서의 이민자는 다음을 보라. Adamic, *Laughing in the Jungle*, 18~20, 104, 254, 292~93, 298, 320; 인용은 104. 애더믹은 산재가 얼마나 많은 이민자의 목숨을 앗아갔는지 놓치지 않았다. 작업장의 사고는 피에트로 디 도나토Pietro di Donato의 작품에서 일상적인 일로 등장한다. 이탈리아인 이민자 벽돌공들을 다룬 1937년 발표 소설 『콘크리트 속의 예수*Christ in Concrete*』는 끔찍한 산재 사고를 묘사한다. 『콘크리트 속의 예수』는 처음 발표되었을 때 크게 성공한 뒤 이민자 문학의 표준 작품에서 대체로 사라졌다. Thomas J. Ferraro, *Feeling Italian: The Art of Ethnicity in America* (New York: New York University Press, 2005), 52~60.

28 Adamic, "Thirty Million New Americans," 684, 687, 694.

29 Barbara Diane Savage, *Broadcasting Freedom: Radio, War, and the Politics of Race, 1938~1948* (Chapel Hill: University of North Carolina Press, 1999), 22~24. 다음도 보라. "Inventory of the Rachel Davis DuBois Papers, 1920~1993" in the Friends Historical Library of Swarthmore College, http://www.swarthmore.edu/Library/friends/ead/5035dubo.xml# bioghist.

30 Savage, *Broadcasting Freedom*, 24~26, 291.

31 Ibid., 61; *Kennedy, Freedom from Fear*, 761.

26. 미국 백인성의 세 번째 확대

1 Gary Gerstle, *American Crucible: Race and Nation in the Twentieth Century* (Princeton: Princeton University Press, 2001), 188, 196, 203~4.

2 James N. Gregory, "The Southern Diaspora and the Urban Dispossessed: Demonstrating the Census Public Use Microdata Samples," *Journal of American History* 82, no. 1 (June 1995): 112, 117; Gerstle, *American Crucible*, 35, 196.

3 Norman Mailer, *The Naked and the Dead* (New York: Rinehart, 1948), 18~20, 63~67, 156~64, 222~35.

4 Thomas A. Guglielmo, "Fighting for Caucasian Rights: Mexicans, Mexican Americans, and the Transnational Struggle for Civil Rights in World War II Texas," *Journal of American History* 92, no. 4 (March 2006): 1215~16. 1945년 이후 아메리카 원주민은 코케이션에 포함되었다(1232).

5 Joseph Heller, *Now and Then: From Coney Island to Here* (New York: Alfred A. Knopf, 1998), 152~53.

6 Ira Katznelson, *When Affirmative Action Was White: An Untold History of Racial Inequality in Twentieth-Century America* (New York: W. W. Norton, 2005), 101~2. 다음도 보라. John M. Kinder, "The Good War's 'Raw Chunks': Norman Mailer's *The Naked and the Dead and*

James Gould Cozzen's Guard of Honor," *Midwest Quarterly* 46, no. 2 (Winter 2005): 106, 187~202.

7   David M. Kennedy, *Freedom from Fear: The American People in Depression and War, 1929~1945* (New York: Oxford University Press, 1999), 760.

8   "Lindbergh Sees a 'Plot' for War," *New York Times*, 12 Sept. 1941, p.2; "The Un-American Way," ibid., 26 Sept. 1941, p.22. 다음도 보라. "Lindbergh Is Accused of Inciting Hate," ibid., 14 Sept. 1941, p.25.

9   다음에서 인용. Gerstle, *American Crucible*, 173~74. 153, 170~75페이지도 보라. Jonathan J. Cavallero는 독자에게 캐프라가 1920년대에 제작한 세 편의 영화가 미국 이민자들의 경험을 다루고 아메리칸드림의 핵심에 있는 물질주의를 비판한다는 점을 일깨운다. "Frank Capra's 1920s Immigrant Trilogy: Immigration, Assimilation, and the American Dream," *MELUS* 29, no. 2 (Summer 2004): 27~53.

10 Gerstle, *American Crucible*, 166, 172.

11 Louis Adamic, *A Nation of Nations* (New York: Harper & Brothers, 1945), 7.

12 Gary Gerstle, "The Working Class Goes to War," in *The War in American Culture: Society and Consciousness during World War II*, ed. Lewis A. Erenberg and Susan E. Hirsch (Chicago: University of Chicago Press, 1996), 118. Cynthia Skove Nevels도 비슷한 주장을 한다. *Lynching to Belong: Claiming Whiteness Through Racial Violence* (College Station: Texas A&M University Press, 2008), 1, 6~7, 36, 154~160.

13 David R. Roediger, ed., *Black on White: Black Writers on What It Means to Be White* (New York: Schocken, 1998), 19. 1965년 저명한 아프리칸 아메리칸 신학자 하워드 서먼Howard Thurman은 이렇게 주장했다. "새로운 집을 찾아 이 나라에 오는 이민자는 곧······ 지배적인 분위기를 받아들이자마자, 자신이 외국인이 아니라 백인 미국인으로 수용될 것임을 깨닫는다······ 자신이 고향에서 인종적 박해나 종교적 박해, 정치적 박해의 희생양이었을 수도 있다는 사실은 중요하지 않다. 전반적인 경향은 그가 높은 지위의 백인으로서 백인 사회에 영합함으로써 새로운 세상에서 안정된 자리를 확보하는 것이다. Thurman, *The Luminous Darkness: A Personal Interpretation of the Anatomy of Segregation and the Ground of Hope* (New York: Harper & Row, 1965), 36.

14 Michael Novak, *The Rise of the Unmeltable Ethnics: Politics and Culture in the Seventies* (New York: Macmillan, 1972), 106~7.

15 Karen Brodkin, *How Jews Became White Folks and What That Says about Race in America* (New Brunswick: Rutgers University Press, 1998), 10~11, 17.

16 Heller, *Now and Then*, 167.

17 Ibid., 167~68.

18 Richard D. Alba, *Italian Americans: Into the Twilight of Ethnicity* (Englewood Cliffs, N.J.:

Prentice-Hall, 1985), 75, 83~84.

19 Rudolp.M. Susel, "Slovenes," in *Harvard Encyclopedia of American Ethnic Groups*, ed. Stephan Thernstrom (Cambridge: Harvard University Press, 1980), 941.

20 Theda Skocpol, "The G.I. Bill and U.S. Social Policy, Past and Future," *Social Philosophy and Policy* 14 (Summer 1997): 96~97.

21 Kenneth T. Jackson, *Crabgrass Frontier: The Suburbanization of the United States* (New York: Oxford University Press, 1985), 206.

22 Katznelson, *When Affirmative Action Was White*, 112~15.

23 David Kushner, *Levittown: Two Families, One Tycoon, and the Fight for Civil Rights in America's Legendary Suburb* (New York: Walker, 2009). 다음도 보라. Tom Vanderbilt, "Alien Nations," *Bookforum* 15, no. 5 (Feb.~March 2009): 14.

24 The American Experience, "Miss America," http://www.pbs.org/wgbh/amex/missamerica/peopleevents/e_inclusion.htm.

25 Michelle Mart, "The 'Christianization' of Israel and Jews in 1950s America," *Religion and American Culture: A Journal of Interpretation* 14, no. 1 (2004): 116~25.

26 Robert Zussman, "Review: Still Lonely after All These Years," *Sociological Forum* 16, no. 1 (March 2001): 157~58.

27 Carol A. O'Connor, "Sorting Out the Suburbs: Patterns of Land Use, Class, and Culture," *American Quarterly* 37, no. 3 (1985): 383.

28 Lizabeth Cohen, *A Consumers' Republic: The Politics of Mass Consumption in Postwar America* (New York: Alfred A. Knopf, 2004), 122~23.

29 Louise DeSalvo, *Crazy in the Kitchen: Food, Feuds, and Forgiveness in an Italian American Family* (New York: Bloomsbury, 2004), 9~13.

30 Cohen, *Consumers' Republic*, 152~53.

31 Thomas A. Guglielmo, "'No Color Barrier' Italians, Race, and Power in the United States," in *Are Italians White? How Race Is Made in America*, ed. Jennifer Guglielmo and Salvatore Salerno (New York: Routledge, 2003), 29.

32 Jonathan Rieder, *Canarsie: The Jews and Italians of Brooklyn against Liberalism* (Cambridge: Harvard University Press, 1985), 27~28.

33 Douglas S. Massey and Nancy A. Denton, *American Apartheid: Segregation and the Making of the Underclass* (Cambridge: Harvard University Press, 1993). 시카고의 우울한 로버트 테일러 프로젝트 같은 도시 빈민을 위한 공공 주택의 창출과 유지에서 정부의 역할은 매우 명확했고 불쾌했던 반면, 연방정부가 교외화의 재정 지원에서 수행한 결정적인 역할은 감추어졌다. 그래서 주택 구매자들은 오로지 자신들이 힘들게 고생하여 집을 마련했다고 믿을 수 있었다. 다음을 보라.

David Freund, "Marketing the Free Market: State Intervention and the Politics of Prosperity in Metropolitan America," in *The New Suburban History*, ed. Kevin M. Kruse and Thomas J. Sugrue (Chicago: University of Chicago Press, 2005), 11~32, Thomas J. Sugrue, *Sweet Land of Liberty: The Forgotten Struggle for Civil Rights in the North* (New York: Random House, 2008), 201~7, and Thomas J. Sugrue, "The New American Dream: Renting," *Wall Street Journal*, 14~15 Aug. 2009, W1~2.

34 James Loewen, *Sundown Towns: A Hidden Dimension of American Racism?* (New York: New Press, 2005), 6~17.

35 Katznelson, *When Affirmative Action Was White*, 114~15; Cohen, *Consumers' Republic*, 167~72.

36 Herbert J. Gans의 선구적인 연구 *The Levittowners: Ways of Life and Politics in a New Suburban Community* (New York: Pantheon Books, 1967)는 185페이지에 가서야 지나치는 식으로만 인종 제한을 언급한다.

37 제한적인 내용의 약관은 대지 크기를 명문화하는 것부터 소유자가 나무를 자를 수 있는 곳을 정하는 것까지 다양한 목적에 쓰일 수 있다. 그러나 여기서 문제가 되는 제한적 내용의 약관은 인종을 다룬다. 1934년 루스벨트 행정부가 연방주택청을 신설했을 때, 판매자들에 알린 그 지침에는 인종과 관련한 제한 규정이 포함되었다. 이유는 다음과 같다. "주택지구가 안정을 유지하려면, 사회적으로나 인종적으로 동질적인 집단이 지속적으로 자산을 점유할 필요가 있다." 연방대법원이 셸리 대 크레이머 재판(1948)에서 인종을 제한하는 약관의 시행을 불법으로 판결한 이후에도, 연방주택청과 보훈청은 문서상으로는 아니었지만 계속해서 격리를 시행했다. 그들은 1970년대가 되어야 아프리칸 아메리칸에게 교외 주택을 개방한다. 다음을 보라. http://www.developmentleadership.net/current/worksheet.htm.

38 Kenneth T. Jackson, "Race, Ethnicity, and Real Estate Appraisal: The Home Owners Loan Corporation and the Federal Housing Administration," *Journal of Urban History* 6 (1980): 433. 20세기 중반 북부의 인종 분리에 관해서는 다음을 보라. Sugrue, *Sweet Land of Liberty*.

27. 흑인민족주의와 백인 소수민족

1 Bruce Perry, *Malcolm: The Life of a Man Who Changed Black America* (Barrytown, N.Y.: Station Hill Press, 1991), 2~3, 113~17, 139~41, 161~62.

2 *Autobiography of Malcolm X as Told to Alex Haley* (New York: Ballantine Books, 1965), 404. 다음도 보라. Thulani Davis and Howard Chapnick, *Malcolm X: The Great Photographs* (New York: Stewart Tabori and Chang, 1993).

3 Perry, *Malcolm*, 115~16; Nell Irvin Painter, *Creating Black Americans: African-American History and Its Meanings* (New York: Oxford University Press, 2006), 254.

4 Perry, *Malcolm*: 181. 다음도 보라. Nell Irvin Painter, "Malcolm X across the Genres," *American Historical Review* 98, no. 2 (April 1993): 396~404.

5 Perry, *Malcolm*, 175~76.

6 Michael Novak, *The Rise of the Unmeltable Ethnics: Politics and Culture in the Seventies* (New York: Macmillan, 1972), 71~77.

7 James Baldwin, *The Price of the Ticket: Collected Nonfiction, 1948~1985* (New York: St. Martin's Press, 1985), xiv, xviv, xx, 431~32.

8 Margaret Mead and James Baldwin, *A Rap on Race* (Philadelphia: Lippincott, 1971), and Kai T. Erikson, *In Search of Common Ground: Conversations with Erik H. Erikson and Huey P. Newton* (New York: W. W. Norton, 1973).

9 Michael Omi and Howard Winant, *Racial Formation in the United States from the 1960s to the 1990s*, 2nd ed. (New York: Routledge, 1994), 99.

10 Mary Waters, *Ethnic Options: Choosing Identities in America* (Berkeley: University of California Press, 1990), 90~93, and Micaela de Leonardo, "Racial Fairy Tales," *Nation* 253, no. 20 (9 Dec. 1991): 752~54. Herbert Gans coined the phrase "symbolic ethnicity" in "Symbolic Ethnicity: The Future of Ethnic Group.and Cultures in America," *Ethnic and Racial Studies* 2 (Jan. 1979): 1~20.

11 Pierre L. van den Berghe, *Race and Ethnicity: Essays in Comparative Sociology* (New York: Basic Books, 1970), 10. Van den Berghe는 이렇게 설명한다. "한 사회를 다인종 사회로 만드는 것은 집단 간 물리적 차이의 존재가 아니라 존재할 수도 있는 그러한 물리적 차이에 사회적 의미를 부여하는 것이다."

12 Richard Alba, *Ethnic Identity: The Transformation of White America* (New Haven: Yale University Press, 1990), and Waters, *Ethnic Options*.

13 Novak, *Rise of the Unmeltable Ethnics*, 135, 166~67, 198.

14 Ibid., 67, 71, 77.

15 Dan T. Carter, *The Politics of Rage: George Wallace, the Origins of the New Conservatism, and the Transformation of American Politics* (New York: Simon and Schuster, 1995), 137~38, 146~51.

16 Michael Novak, "Novak: The Rise of Unmeltable Ethnics, Part I," 30 Aug. 2006, http://www.firstthings.com/onthesquare/?p=450.

17 James Traub, "Nathan Glazer Changes His Mind, Again," *New York Times*, 28 June 1998.

18 Nathan Glazer and Daniel P. Moynihan, *Beyond the Melting Pot: The Negroes, Puerto Ricans, Jews, Italians, and Irish of New York City*, 2nd ed. (New York: MIT Press, 1970), 16~17.

19 Alejandro Portes, "The Melting Pot That Did Happen," *International Migration Review* 34, no. 1 (Spring 2000)˸ 243~44.

20 Glazer and Moynihan, *Beyond the Melting Pot:* lxii~lxvi, lxviii, lxxiv (quote on lxxxiii). 마이클 노박은 다음에서 이 모욕을 인용했다. *Rise of the Unmeltable Ethnics*, 93.

21 Glazer and Moynihan, *Beyond the Melting Pot*, xvi.

28. 미국 백인성의 네 번째 확대

1 Victoria Hattam, "Ethnicity and the Boundaries of Race: Rereading Directive 15," *Daedalus* 134, no. 1 (Winter 2005)˸ 61~62, 67.

2 *Measuring America: The Decennial Census from 1790 to 2000*, U.S. Department of Commerce, U.S. Census Bureau (Washington, D.C.: Government Printing Office, 2002), 100, and Jennifer L. Hochschild, "Looking Ahead: Racial Trends in the United States," *Daedalus* 134, no. 1 (Winter 2005)˸ 71.

3 Hochschild, "Looking Ahead," 76.

4 Richard D. Alba, *Ethnic Identity: The Transformation of White America* (New Haven: Yale University Press, 1990), 9~12.

5 Lillian Smith, *Killers of the Dream*, rev. ed. (New York: W. W. Norton, 1978), 36~37, 84, 90~94, 123~24, 163~65.

6 John Howard Griffin, *Black like Me* (Boston: Houghton Mifflin, 1961)˸ Robert Bonazzi, *Man in the Mirror: John Howard Griffin and the Story of Black like Me* (Maryknoll, N.Y.: Orbis Books: 1997), 54~92.

7 Grace Halsell, *Soul Sister: The Journal of a White Woman Who Turned Herself Black and Went to Live and Work in Harlem and Mississipp.* (New York: World Publishing, 1969), and Grace Halsell, *In Their Shoes* (Forth Worth: Texas Christian University Press, 1996), 123~68.

8 Troy Duster, "The 'Morphing' Properties of Whiteness," in *Making and Unmaking of Whiteness*, ed. Birgit Brander Rasmussen, Eric Klineberg, Irene J. Nexica, and Matt Wray (Durham: Duke University Press, 2001), 129.

9 David R. Roediger, *The Wages of Whiteness: Race and the Making of the American Working Class* (London: Verso, 1991), and *How Race Survived U.S. History: From the American Revolution to the Present* (New York: Verso, 2008). 다음도 보라. Kimberlé Crenshaw et al., eds., *Critical Race Theory: The Key Writings That Formed the Movement* (New York: New Press, 1995), Richard Delgado, ed., *Critical Race Theory: The Cutting Edge* (Philadelphia: Temple University

Press, 1995), Richard Delgado and Jean Stefancic, eds., *Critical White Studies: Looking behind the Mirror* (Philadelphia: Temple University Press, 1997), and Ian F. Haney Lopez, *White by Law: The Legal Construction of Race* (New York: New York University Press, 1996)는 유용한 안내이다. 다음도 보라. Theodore W. Allen, *The Invention of the White Race, Volume 1: Racial Oppression and Social Control* (London: Verso, 1994) and *Volume 2: The Origin of Racial Oppression in Anglo-America* (London: Verso, 1997).

10 Rasmussen et al. eds., *Making and Unmaking of Whiteness*, 7. 사회학자들은 다인종에 속하는 사람들이 상황에 따라 정체성을 바꾼다는 사실을 알아냈다. 그래서 혼란이 더욱 심해진다. 타인의 인식이 그들의 정체성 표현 방식에 영향을 준다.

11 제11장을 보라. 다음에서 인용. *The Collected Works of Ralph Waldo Emerson*, vol. 5, *English Traits*, ed. Philip Nicoloff (Cambridge: Harvard University Press, 1994), 26.

12 Annette Gordon-Reed, *The Hemingses of Monticello: An American Family* (New York: W.W. Norton, 2008), 536~39.

13 Editorial, *Nature Genetics* 24, no. 2 (Feb. 2000): 쪽 수 표시 없음.

14 Joseph L. Graves Jr., *The Emperor's New Clothes: Biological Theories of Race at the Millennium* (New Brunswick: Rutgers University Press, 2001), 155~56.

15 William S. Klug and Michael R. Cummings, *Concepts of Genetics*, 6th ed. (Upper Saddle River, N.J.: Prentice Hall, 2000), 5~7, 17~18, and Matt Ridley, *Genome: The Autobiography of a Species in 23 Chapters* (New York: HarperCollins, 2000), 123~24.

16 신문의 이야기는 1995년 2월 21일 자. Graves, *Emperor's New Clothes*, 155~56.

17 Ridley, *Genome*, 247, and Arthur L. Caplan, "His Genes, Our Genome," New York *Times*, 3 May 2002, p.A23.

18 Natalie Angier, "Skin Deep," *New York Times*, 5 Feb. 2001, pp.14~15.

19 기자 Jon Entine의 견해이다. 그는 마이클 노박처럼 미국기업연구소 특별회원이자 다음 책의 저자이다. *Taboo: Why Black Athletes Dominate Sports and Why We are Afraid to Talk about It* (2000) and *Abraham's Children: Race, Identity, and the DNA of the Chosen People* (2007).

20 Hillel Halkin, "Jews and Their DNA," *Commentary*, Sept. 2008, pp.37~43, and reader letters from *Commentary*, Dec. 2008, unpaginated. Halkin은 *New York Sun*의 칼럼니스트이고 *Commentary*에 자주 기고한다.

21 Bryan Sykes, *Saxons, Vikings, and Celts: The Genetic Roots of Britain and Ireland* (New York: W. W. Norton, 2006), 279~87.

22 Nicholas Wade, "The Palette of Humankind," *New York Times*, 24 Dec. 2002, p.F3. 다음도 보라. Anne Fausto-Sterling, "Refashioning Race: DNA and the Politics of Health Care," *differences* 15, no. 3 (2004): 10.

23 Michael Bamshad and Steve E. Olson, "Does Race Exist?" *Scientific American*, Dec. 2003, pp.78~85.

24 Fausto-Sterling, "Refashioning Race," 30. 다음도 보라. a report from the National Human Genome Center of the Howard University College of Medicine: Charmaine D. M. Royal and Georgia M. Dunston, "Changing the Paradigm from 'Race' to Human Genome Variation," *Nature Genetics Online*, 26 Oct. 2004.

25 Lehrman, "Reality of Race," 33. Troy Duster, *Backdoor to Eugenics* (New York: Routledge, 1990).

26 Sally Satel, "I Am a Racially Profiling Doctor," *New York Times*, 5 May 2002, p.56.

27 Fausto-Sterling, "Refashioning Race," 17~18. 낫 모양 적혈구 빈혈증은 흔히 아프리카인 후손에게게만 발생한다고 추정되지만 그렇지 않다. 말라리아 지역에서 나타난 낫 모양 적혈구 특성과 이탈리아와 그리스 같은 곳 출신의 사람들도 낫 모양 적혈구 빈혈증에 걸리기 쉽다.

28 Michael J. Bamshad and Steve E. Olson, "Does Race Exist?" *Scientific American.com* 10 Nov. 2003. Bamshad and Olson은 이렇게 결론 내린다. "만일 인종이 유전적으로 별개인 집단으로 규정된다면, 그렇지 않다. 그러나 연구자들은 개인을 의학적 관련성이 있는 무리로 분류하는 데 몇몇 유전 정보를 이용할 수 있다. Troy Duster, "Race and Reification in Science," *Science* 307, no. 5712 (18 Feb. 2005): 1050~51. 다음도 보라. *Wikipedia*, "Isosorbide dinitrate/hydralazine," http://en.wikipedia.org/wiki/Isosorbide_dinitrate/hydralazine, and BiDil's website, headlined, "Prescription Drug for African Americans with Heart Disease," and showing an Asian American M.D. and an African American patient, http://www.bidil.com/.

29 이 부분은 여러 자료를 바탕으로 한다. Nina G. Jablonski and George Chaplin, "The Evolution of Human Skin Coloration," *Journal of Human Evolution* 39 (2000): 57~106, and "Skin Deep," *Scientific American*, Oct. 2002, pp.74~82; and R. L. Lamason, V. A. Canfield, and K. C. Cheng, "SLC24A5, a Putative Cation Exchanger, Affects Pigmentation in Zebrafish and Humans," *Science* 310 (Dec. 16, 2006): 1782~86. 다음도 보라. Rick Weiss, "Scientists Find a DNA Change That Accounts For White Skin," *Washington Post*, 16 Dec. 2005, p.A01, *Scientific American.com*, 16 Dec. 2005, Christen Brownlee, *Science News Online*, week of 17 Dec. 2005 (vol. 168, no. 25), and Wikipedia: http://en.wikipedia.org/wiki/Human_skin_color.

30 Aravinda Chakravarti, "Kinship.Race Relations," *Nature* 457 (22 Jan. 2009): 쪽수 표시 없음.

31 "파멸"의 상징으로 여겨진 곳인 뉴저지주의 뉴어크를 생각해보라. "살인과 파괴, 무력한 흑인성으로만 알려진 도시 …… 정신적, 도덕적 무기력함 …… 성난 줄루족 …… 무가베가 되고 싶은 자들 …… 뉴어크 어둠의 심장." Scott Rabb, "The Battle of Newark," *Esquire*, July 2008, pp.66~73, 116~17.

도판 출처

4장 도판 1. http://kaukasus.blogspot.com/2007/04/young-georgian-girl.html, 29 April 2007, and http://www.flickr.com/photos/24298774@N00/108738272.

4장 도판 2. http://commons.wikimedia.org/wiki/Image:Ossetian_girl_1883.jpg.

4장 도판 3. Courtesy Bowdoin College Museum of Art, Brunswick, Maine. Gift of the Homer Family.

4장 도판 4 Courtesy Réunion des Musées Nationaux / Art Resource, N.Y., Louvre, Paris, France.

4장 도판 5. Courtesy Réunion des Musées Nationaux / Art Resource, N.Y., Louvre, Paris, France.

4장 도판 6. Gift of William Wilson Corcoran. Corcoran Gallery of Art, Washington, D.C.

4장 도판 7. Courtesy Sterling and Francine Clark Art Institute, Williamstown, Massachusetts.

4장 도판 10. Courtesy Thomas Zummer.

5장 도판 1. Courtesy the Metropolitan Museum of Art/Art Resource, N.Y.

5장 도판 2. Alinari/Art Resource, N.Y.

5장 도판 3. Courtesy Princeton University Archives. Department of Rare Books and Special Collections. Princeton University Library.

5장 도판 4. figure 4. Reproduced by permission of the Huntington Library, San Marino, California.

6장 도판 3. Courtesy Sovfoto, Inc.

6장 도판 4. Courtesy Niedersächsische Staats- und Universitätsbibliothek, Göttingen, Germany.

7장 도판 1 Bildarchiv Preussicher Kulturbesitz/Art Resource, N.Y.

15장 도판 8. Courtesy *New York Times* archives.

18장 도판 1. Courtesy American Philosophical Society.

19장 도판 1. Courtesy Arthur Estabrook Papers, M. E. Grenander Department of Special Collections and Archives, University of Albany Libraries (SUNY Albany).

22장 도판 1. Courtesy *Time* magazine.

24장 도판 1. Map from "The Races of Mankind," copyright 1943 by The Public Affairs Committee, Inc., from *Race: Science and Politics*, by Ruth Benedict. Used by permission of Viking Penguin, a division of Penguin Group (USA), Inc.

25장 도판 1. Courtesy Immigration History Research Center, University of Minnesota.

26장 도판 1. Courtesy Picture History.

28장 도판 1. *Measuring America: The Decennial Censuses from 1790 to 2000.* (US Department of Commerce, US Census Bureau, Washington, D.C.: Government Printing Office), 2002: 100.

찾아보기

옮긴이 조행복

1966년 경기도 화성에서 태어났다. 서울대학교 대학원 서양사학과를 졸업하고 같은 학과 박사 과정을 수료했다. 토니 주트, 티머시 스나이더, 브루스 커밍스, 존 키건, 애덤 투즈 등 걸출한 역사가들의 현대사 저술을 한국어로 옮겼다. 옮긴 책으로 『브루스 커밍스의 한국전쟁』, 『폭정』, 『나폴레옹』, 『20세기를 생각한다』, 『재평가』, 『세계 전쟁사 사전』, 『1차세계대전사』, 『독재자들』, 『블랙 어스』, 『전후 유럽』, 『대격변』 등이 있다.

백인의 역사

발행일 2022년 11월 21일 초판 1쇄
지은이 넬 어빈 페인터
옮긴이 조행복
발행인 안성열
펴낸곳 해리북스

출판등록 2018년 12월 27일 제406-2018-00156호
주소 경기도 고양시 일산동구 정발산로 24 웨스턴타워 3차 815호
전자우편 aisms69@gmail.com
전화 031-901-9619
팩스 031-901-9620

ISBN 979-11-91689-09-9 03900